Die gesellschaftlichen Leiden
und das Leiden an der Gesellschaft

Hans Peter Dreitzel:

Die gesellschaftlichen Leiden und das Leiden an der Gesellschaft

Vorstudien zu einer Pathologie des Rollenverhaltens

Deutscher
Taschenbuch
Verlag

Ferdinand Enke
Verlag
Stuttgart

Prof. Dr. *Hans Peter Dreitzel*
Institut für Soziologie
Freie Universität Berlin

Gekürzte Taschenbuchausgabe
Die Originalausgabe erschien 1968 als Band 14 der „Göttinger Abhandlungen zur Soziologie" im Ferdinand Enke Verlag, Stuttgart.

Satz und Umbruch: A. Oelschlägersche Buchdruckerei GmbH, Calw

Druck: Druckhaus Dörr KG, Ludwigsburg

ISBN dtv 3 423 04128 5

ISBN Enke 3 432 01760 X

FÜR DORIS

IM VERHÄLTNIS

VON THEORIE UND PRAXIS

Die Leute meinen immer, sie bekennen sich als dumm, wenn sie bekennen, daß eine Gemeinheit gegen sie verübt wurde. Warum eigentlich?

Bertolt Brecht

Vorwort zur zweiten Auflage

Dieser Versuch einer Pathologie des Rollenverhaltens ist aus Beobachtungen und Erfahrungen meiner Assistentenzeit in Göttingen entstanden. Er verdankt seine Entstehung den pathologischen Zuständen unserer Universität, in der wir alle — Assistenten und Studenten, Professoren und Dienstkräfte — uns mit Rollenspielen plagen, deren Inhalt und Sinn immer undeutlicher wird. Unter der defizienten Verfassung unserer Institutionen leidet ein jeder individuell und anders. So müßte auch einem jeden anders und individuell geholfen werden. Aber der institutionelle Status quo wird von individuellen Aktionen kaum berührt, wie sehr sie auch mit der individuellen Verfassung des einzelnen das Potential der Veränderung insgesamt stärken mögen. Daß die repressive Trägheit der Institutionen die verändernde Kraft des einzelnen schließlich allemal übersteigt, bedarf aber der Erläuterung. Um solche Erläuterungen geht es in diesem Buch.

Der Text, im ersten Halbjahr 1967 geschrieben, wurde freilich noch vor dem Höhepunkt der Studentenbewegung und der von ihr ausgelösten institutionellen Veränderungen fertiggestellt. Sein Stil spiegelt noch nicht das veränderte Klima der Diskussion und verhält sich spröde gegenüber dem inzwischen gängig gewordenen Jargon linker Progressivität. Die dadurch unwillkürlich entstandene Distanz zu den gegenwärtigen ideologischen Auseinandersetzungen mag die Rezeption meiner Überlegungen erschweren, scheint mir aber insgesamt eher von Vorteil: Das Rollensystem der reformierten Universität ist komplizierter und vielgestaltiger geworden und bietet mit seinen vergrößerten Interpretationsspielräumen und seinen verschärften Rollenkonflikten erst recht Anlaß zur Entwicklung einer Pathologie des Rollenverhaltens, und das ist mit etwas Distanz von den Grabenkämpfen des Alltags leichter.

Nun ist diese Studie zwar aus meinem eigenen Erfahrungsbereich heraus entstanden — und das merkt man ihren Beispielen an —, aber sie erhebt doch den Anspruch von Gültigkeit für die Rollensysteme hochindustrialisierter Gesellschaften insgesamt. Innerhalb wie außerhalb der Universität hat das Buch denn auch — mit einer Ausnahme — kaum Widerspruch gefunden. Die wenigen Arbeiten, die inzwischen zur Rollentheorie erschienen sind, vor allem die Untersuchungen von Dieter Claessens und Uta Gerhard[1], haben in meiner Sicht eher ergänzenden Charakter, während zu meiner zentralen Fragestellung, der Problematik einer Verbindung von Psychopathologie und Sozialpathologie, nur die beiden historischen Arbeiten von Michel Foucault und Klaus Dörner[2], sowie der familiensoziologische Versuch von Richter zu nennen sind[3]. Es schien mir deshalb gerechtfertigt, an dieser Neuauflage nur unwesentliche Korrekturen und Veränderungen vorzunehmen: mehr zum besseren Verständnis als zur Berücksichtigung neuerer Literatur habe ich den Text an einigen Stellen neu gefaßt. Um eine unnötige Überlastung der Anmerkungen zu vermeiden, habe ich außerdem den Originaltext der fremdsprachlichen Zitate, die im Haupttext in meiner eigenen Übersetzung erscheinen, weggelassen. Die einzige grundsätzliche Kritik an meinem Versuch kam von Peter Furth, der in seiner „Nachträglichen Warnung vor dem Rollenbegriff"[4] sich freilich auf diesen schon gar nicht mehr einläßt, und mit dem ich mich daher im Rahmen einer Rollentheorie auch nicht auseinandersetzen kann. Furths Kritik ist allerdings symptomatisch für die Unterschätzung der Bedeutung des kommunikativen Handelns für jede politische Aktion, wie sie besonders im Kreis der neuen marxistischen Dogmatiker weit verbreitet ist. Es mag daher nützlich sein, meine Erwiderung auf diese Kritik, die unter dem Titel „Soziale Rolle und Politische Emanzipation" erschienen ist[5], als Ergänzung zu dieser Studie mit heranzuziehen. Dort sind unter anderem auch schon Probleme angesprochen, die mein *eigenes* Unbehagen an der vorliegenden Studie kennzeichnen und die einer Lösung noch harren. Es sind dies vor allem drei Fragenkomplexe:

1. Die Verbindung zwischen Rollenanalyse und Klassenanalyse. Dazu hat Uta Gerhard einen ersten, freilich noch unzureichenden Versuch unternommen. Meine eigenen Überlegungen sind derzeit noch nicht über die in dem genannten Aufsatz aufgeworfenen Fragen hinausgelangt. Allerdings kann die notwendige Verbindung der Rollentheorie zur marxistischen Klassenanalyse erst hergestellt werden, wenn zuvor die Frage nach der

2. Unterscheidung zwischen kommunikativem und instrumentalem Handeln geklärt ist. Jürgen Habermas, der auf der analytischen Trennung dieser beiden Handlungstypen zu Recht insistiert, hat erst jüngst wieder die Differenz charakterisiert: „Handlungsnormen regeln kommunikatives Handeln. Ihre Geltung beruht nicht auf empirischem Wissen über Dinge und Ereignisse, sondern auf der intersubjektiven Anerkennung durch sprach- und handlungsfähige Subjekte. Ein abweichendes Verhalten, das geltende Normen verletzt, löst Sanktionen aus, aber es scheitert nicht wie das inkompetente Verhalten desjenigen, der gültige technische Regeln verletzt, an der Realität"[6]. In diesem Sinne ist die vorliegende Rollentheorie eine Theorie des kommunikativen Handelns. Dennoch scheint es mir eine offene Frage, wieweit und unter welchem Umständen instrumentale Handlungsstrategien zu einem Bestandteil von Rollenerwartungen und Rollenhandeln werden können. Vieles, was als „objektives" Element determinierend in die Interaktionssituationen mit eingreift und deren kommunikative Möglich-

keiten beschränkt, entsteht, vor allem in den Arbeitssituationen, aus den Zwängen des instrumentalen Handelns. Hier wären zunächst die Typen der Rationalität, des „rationalen Handelns", näher zu analysieren, durch die die Formen der Produktion und der Reproduktion jeweils bestimmt sind. Es könnte sich dann zeigen, daß nicht nur technisch-naturwissenschaftlich orientiertes Handeln, sondern auch das von der Kritik der Politischen Ökonomie gemeinte Produktionshandeln instrumentalen Charakter hat, das heißt, an der Realität scheitern kann. Wenn diese Vermutung richtig ist, dann würden zwar immer noch die Erscheinungsformen, aber nicht mehr die Ursachen sozialpathologischer Phänomene allein im Bereich des kommunikativen Handelns zu suchen sein. Damit müßte die spezifische Verbindung von instrumentalen und kommunikativen Verhaltenszwängen, die mir charakteristisch für zahlreiche der entscheidenden Interaktionssituationen in den Industriegesellschaften zu sein scheint, erst näher untersucht werden. In der vorliegenden Studie erscheint instrumentales Handeln — ohne daß der damals von Habermas noch nicht eingeführte Terminus benutzt würde — nur als defizienter Modus des kommunikativen Handelns, nämlich als Affektverdrängung beim Rollenspiel. Damit ist zwar auf eine wichtige Folge der Ausbreitung und Institutionalisierung instrumentaler Handlungsstrategien aufmerksam gemacht, aber die Analyse der Ursachen bleibt unzureichend. Es zeigt sich hier allerdings nur auf neue Weise, daß die Pathologie des Rollenverhaltens durch eine Ideologiekritik der Institutionen ergänzt werden muß. Der verdinglichte Charakter unserer Institutionen könnte nicht zuletzt auf der ideologischen Fixierung in sie integrierter instrumentaler Handlungsorientierungen beruhen: Menschen, mit deren Sanktionen man rechnen könnte, werden dann scheinbar ersetzt durch Realitäten, vor denen man scheitern muß.

3. Ein weiteres Problem schließlich betrifft das obskure Verhältnis von Verhaltensnormen und Interpretationsregeln. Soziale Normen können nur verstanden, soziale Rollen können nur gespielt werden, wenn die Interaktionspartner sich gemeinsam an bestimmte Eigenschaften ihrer Intersubjektivität halten können: die Reziprozität der Perspektiven, die Existenz gemeinsamer Typisierungsschemata, und die Indexikalität der Sprache. Die vorliegende Rollentheorie hat dieses Fundierungsverhältnis zwischen „basic rules" und „rules of conduct"[7] von vornherein mit berücksichtigt. Aber es ist klar, daß das Verhältnis von Sprache und Rollenspiel einerseits, und das Verhältnis von Normen und Typisierungsschemata andererseits noch sehr viel eingehenderer Klärung bedürfen. Für beide Fragestellungen hat die Auseinandersetzung zwischen Jürgen Habermas und Niklas Luhmann einen neuen Ausgangspunkt geschaffen, der in dieser Arbeit noch nicht berücksichtigt ist[8]. Da-

mit hängt im weiteren auch zusammen, daß ich der Unterscheidung zwischen Rollennormen einerseits und Relevanzbereichen als den noematischen Bezugspunkten des Rollenhandelns andererseits noch nicht genügend Aufmerksamkeit gewidmet habe: eine schärfere Herausarbeitung dieses Unterschieds würde zu weiteren Differenzierungen im rollenanalytischen Schema der Verhaltensstörungen führen. Das kann im Rahmen dieser Untersuchung, deren Umfang dem Leser ohnehin kaum mehr zuzumuten ist, nicht mehr geschehen. So mag hier der Hinweis genügen, daß heute die Arbeit einerseits im Kontext der Habermas'schen Argumentation gegenüber Luhmann verstanden, andererseits im Hinblick auf die Entwicklung des ethnomethodologischen Forschungsansatzes gelesen werden sollte. In der Tat ist diese Arbeit noch unfertig, diese Theorie noch ausbaufähig — es ging mir um einen Anfang, nicht um ein Ende.

Bei aller Bedeutung einer weiteren Entwicklung der Theorie sollte freilich nicht vergessen werden, daß viele Probleme hier erst durch die noch fehlenden empirischen Studien zur Pathologie des Rollenverhaltens gelöst werden können. Insbesondere in der Sozialmedizin, bei der Untersuchung abweichender Verhaltensweisen, und in der Familien- und Sozialisationsforschung könnte der hier entwickelte interpretative Rollenbegriff zu tieferen Einsichten verhelfen.

Mein im Vorwort zur ersten Auflage ausgesprochener Dank für die wissenschaftlichen Anregungen, dic mir Helmuth Plessner, Hans Paul Bahrdt und Jürgen Habermas zu Teil werden ließen, gilt ebenso unvermindert fort, wie der für die technische Hilfe durch Erika Pillardy und Helmut Faßhauer. Hinzufügen möchte ich heute meinen Dank an Hans Joas, dessen Argumente mir die erneute Vertiefung in den Gegenstand zu einer kritischen Erfahrung gemacht haben.

Berlin, im Februar 1972.

H. P. D.

Anmerkungen

[1] Dieter Claessens, Rolle und Macht, 1. Auflage München 1968; Uta Gerhard, Rollenanalyse als kritische Soziologie, Neuwied und Berlin 1971.

[2] Michel Foucault, Madness and Civilization, New York 1965; Klaus Dörner, Bürger und Irre, Frankfurt 1969.

[3] Horst-Eberhard Richter, Patient Familie, Reinbek/Hamburg 1970.

[4] Peter Furth, Nachträgliche Warnung vor dem Rollenbegriff, in: Das Argument, Nr. 66, 13. Jg. Oktober 1971.

[5] Hans Peter Dreitzel, Soziale Rolle und Politische Emanzipation, in: Das Argument, Nr. 71, 14. Jg. Februar 1972.

[6] Jürgen Habermas, Niklas Luhmann, Theorie der Gesellschaft oder Sozialtechnologie, Frankfurt 1971, S. 220.

[7] Aaron V. Cicourel, Basic and Normative Rules in the Negotiation of Status and Role, in: H. P. Dreitzel, (Hrsg.), Recent Soziology, No 2: Patterns of Communicative Behavior, New York 1970.

[8] Siehe vor allem: Jürgen Habermas, Vorbereitende Bemerkungen zu einer Theorie der kommunikativen Kompetenz, und: Konstitution der Erfahrungswelt und sprachliche Kommunikation, beides in: Fußnote 6.

Inhalt

Tabellen und Schaubilder

I.

II.

Kapitel I

Über die Möglichkeiten einer Pathologie des Sozialen

Der Mensch ist ein leidendes Wesen, daran besteht kein Zweifel. Die Quellen seiner Leiden hingegen sind unterschiedlicher Art. Mit seiner körperlichen Verfassung hält ihn die Natur in ihrem Griff, begrenzt seinen Bewegungsspielraum, setzt seiner Existenz mit dem Tod ein Ende, schlägt ihn zuvor schon mit Krankheit und Verfall. Aber seit je galten neben den Seuchen die Kriege, neben dem Tod der Teufel als die ärgsten Feinde des Menschen. Anders als das Tier lebt er nicht unmittelbar aus seiner Natur, sondern muß seine Existenz absichern durch Versachlichung seiner Umwelt und Produktion seiner Lebensbedingungen. Erst auf dem Umweg über andere, erst wenn er sich der von ihm immer neu reproduzierten gesellschaftlichen Ordnung unterwirft, kann er als Mensch leben und sich seiner selbst als solcher gewiß sein. Seine Konstitution zwingt ihn nicht nur zu sein, was er körperlich ist, sondern sich in der Vermittlung durch materiale und soziale Umwelt als ein Selbst zu haben. Deshalb leidet er nicht nur unter der Bürde seiner Körperlichkeit, sondern auch unter dem Druck der Ordnungen, die er sich gibt und geben muß. Nur der Mensch muß sich dazu verstehen, seiner Welt einen Sinn abzugewinnen, der ihm Legitimation der gesellschaftlichen Ordnungen und Orientierungsmaßstab seines Handelns ist. Wird ihm dieses Sinnverständnis zweifelhaft, so erleidet er die gesellschaftlichen Ordnungen als Zwang.

Seit ihren Ursprüngen in der Philosophie der Aufklärung und später des Positivismus verstand sich die Soziologie als eine Krisenwissenschaft. Die Auflösung überlieferter Ordnungen, das Fragwürdigwerden hergebrachter Wertvorstellungen, die Unterdrükkung schließlich sich entfaltender Emanzipationsbewegungen galten ihr als gesellschaftliche Leiden, die nach wissenschaftlich angeleiteter Diagnose und Therapie verlangten. Die Analogie zwischen dem biologischen und dem Sozialkörper lag nahe: wie der Körper des Individuums krank sein und geschwächt werden kann, so mochte auch die gesellschaftliche Verfassung als ganze ihre Störungen kennen, die einzelne ihrer Glieder oder den Gesamtzusammenhang ihrer Ordnung lähmten. Mehr als alles andere dürfte der Wunsch, es den Medizinern gleichzutun, dazu beigetragen haben, daß der Vergleich der Gesellschaft mit einem Organismus sich bis in unser Jahrhundert hinein so ausdauernder Beliebtheit bei den Soziologen erfreute. Am kräftigsten ist dieser Gedanke wohl von

Paul von Lilienfeld vertreten worden, nach dessen Auffassung der Regierung die Funktion eines Arztes im Falle einer Erkrankung des Sozialkörpers zukommt[1]. Aber auch wo ein so krasser Organizismus schon früh abgelehnt wurde, fand die Idee, daß die Soziologie eine therapeutische Wissenschaft sei, Eingang in das Denken des 19. Jahrhunderts: von Saint-Simon und Comte bis zu Emile Durkheim, Franz Oppenheimer und Edward Alsworth Ross waren die Pioniere der Soziologie von dem Gedanken fasziniert, den gesellschaftlichen Leiden mit den rationalen Mitteln der Wissenschaft zu Leibe zu rücken. „Was hier also versucht werden soll", schrieb Franz Müller-Lyer noch 1914 in seiner „Soziologie der Leiden", „ist eine ganz allgemeine Pathologie, eine soziologische Pathologie, die weit über die der Medizin gesetzten Grenzen hinausgeht, von der die Medizin vielmehr nur einen sehr kleinen Teil ausmacht, eine ‚größere Medizin', die die gesamten Leiden und Übel, denen die menschliche Gesellschaft und das Individuum unterworfen sind, der wissenschaftlichen Bearbeitung unterziehen will."[2]

Solcher Wissenschaftsoptimismus ist heute verflogen; mit den Organismus-Theorien kann die allzu simple Analogie zwischen Körper und Gesellschaft im wesentlichen als überwunden gelten, seit das struktur- und funktionsanalytische Denken der Soziologie zu einem neuen methodologischen Ansatz verholfen hat, der zunächst von der Erkenntnis ausgeht, daß die Gesellschaft eine selbständige Realitätssphäre ist, die, wenn auch in biologischen und psychologischen Prozessen fundiert, ihre eigenen Gesetze hat. Die gesellschaftlichen Leiden und das Leiden an der Gesellschaft aber sind geblieben; die krisenartigen Erscheinungen in der Gesellschaft sind nicht seltener und die Störungen des sozialen Handelns sind nicht geringer geworden. Die Aufgabe, eine Pathologie des Sozialen zu entwickeln, bleibt. Die Frage ist nur, ob und mit welchen Mitteln sich die Soziologie dieser Aufgabe unterziehen kann. In der folgenden Untersuchung geht es zunächst darum, ob die Sozialpathologie einer von mehreren möglichen Aufgabenbereichen oder sogar der Inhalt der Soziologie überhaupt sein kann, und dann um die Entwicklung eines theoretischen Ansatzes, mit dessen Hilfe sich pathologische Erscheinungen in der Gesellschaft erforschen lassen.

I.

Ist die Soziologie vor allem eine Krisenwissenschaft, die sich mit den Störungen der gesellschaftlichen Ordnung und der gesellschaftlichen Entwicklungsprozesse beschäftigt, dann ist sie gleichzeitig eine diagnostische Wissenschaft, die sich von vornherein eine Pathologie sozialer Erscheinungen zur Aufgabe gemacht hat. Lassen wir für einen Augenblick noch die Probleme beiseite, die der

Begriff Pathologie sogleich impliziert, so kann kein Zweifel daran bestehen, daß diese Beschreibung der Soziologie und ihrer Aufgaben richtig ist. Allerdings darf nicht aus dem Blickfeld geraten, daß eine Untersuchung von Störungen, Krisen oder Leidenszuständen immer die Untersuchung auch des ungestörten, „heilen" Zustands voraussetzt. Wie aber ein Körper nicht entweder krank oder gesund ist, sondern immer nur relativ gesund und relativ krank zugleich, so ist auch die Gesellschaft – und nur soweit trägt der Vergleich – immer mit Störungen belastet und von Krisen heimgesucht. Die gesellschaftliche Verfassung ist gleich dem Menschen, der sie hervorbringt, niemals perfekt, stets in Veränderung begriffen und immer nur relativ geordnet. So ist es denn von vornherein schwer, wissenschaftliche Kriterien für eine Abgrenzung der abnormen Zustände von der normalen Ordnung bereitzustellen, wie evident die gesellschaftlichen Leiden im konkreten Fall auch sein mögen: ein aus der Sachlage gewonnenes Urteil läßt sich, so wie gesellschaftliche Sachverhalte nun einmal beschaffen sind, nur schwer gewinnen, so daß man der Neigung zu von außen in die soziologische Analyse hineingetragenen Werturteilen nur allzu leicht nachgibt.

Dies war denn auch in der Pionierzeit der Soziologie im 19. Jahrhundert die Regel. Die ersten Ansätze der Soziologie entstanden aus den diagnostischen Bemühungen um jene gesellschaftliche Krise, die sich seit der Aufklärung und der industriellen Revolution als permanent in unserem Bewußtsein etabliert hat[3]. Diese Bemühungen verfolgten aber stets auch politische Zielsetzungen – ob sie nun aus dem Geist der Restauration erwuchsen, wie die Schriften von de Bonald[4], oder aus dem neu erwachten politischen Bewußtsein des Bürgertums, wie bei Saint-Simon und Auguste Comte, oder aus der Fortschrittsphilosophie der Aufklärung[5] und bald darauf der materialistischen Geschichtsphilosophie von Marx. An der Französischen Revolution zunächst schieden sich die Geister: für die einen war sie ein vorübergehender Einbruch in die traditionelle, prinzipiell unveränderliche Ordnung der Gesellschaft, für die anderen erster Durchbruch zum „Stadium des positiven Wissens" (A. Comte), in dem die Soziologen zu Ärzten der Gesellschaft würden, oder gar nur notwendiges Durchgangsstadium auf dem Wege zur endgültigen Befreiung des Menschen von jeder nur durch Herrschaftsinteressen bestimmten Ordnung wie bei Marx. Bei aller Vielfalt der Perspektiven wurden doch diese Vorläufer der Soziologie als Wissenschaft schon von einem alles andere überschattenden Gegensatz gespalten, der bis heute, zumal bei der Frage nach einer Sozialpathologie, noch nachwirkt: der Gegensatz nämlich zwischen jenen, die die Gesellschaft als prinzipiell stabile, naturhaft gegebene Ordnung der menschlichen Beziehungen sahen und ihre pathologischen Zustände als vorüber-

gehende und heilbare Erscheinungen betrachteten, und jenen, für die Gesellschaft sich als ein von Interessengegensätzen zu kontinuierlicher Entwicklung getriebenes Aggregat konfligierender Beziehungen darstellte; der Gegensatz also, so könnte man in fast unerlaubter Vereinfachung sagen, zwischen einer geschichtlichen und einer ungeschichtlichen Auffassung von der Gesellschaft. Allzu vereinfachend ist diese Formel, weil auch die „konservativen" und „liberalen" Vorläufer der Soziologie, wie de Bonald, Auguste Comte oder Lorenz von Stein, historisch dachten. Das wesentlich Neue und eben auf eine radikalere Weise Geschichtliche am Historischen Materialismus war der Gedanke, daß die Interessengegensätze notwendig zu jeder Gesellschaft gehören und sie stets dialektisch zu einem neuen Stadium ihrer Entwicklung mit neuen Antagonismen vorantreiben. Unter dieser Perspektive mußte die Diagnose gesellschaftlicher Krisen einen anderen Aspekt bekommen: einerseits ist jede gesellschaftliche Ordnung, indem sie die herrschenden Interessengegensätze nur zudeckt, aber nicht überwindet, ein Ausdruck der Entfremdung, andererseits kann und wird jede Krise dieser Ordnung überwunden, weil sie nur Symptome der Zuspitzung jenes Antagonismus ist, der auch vorher schon die Gesellschaft beherrschte, nun aber seinem Ende zusteuert. Seit Marx ist der Begriff der Entfremdung zu einer zentralen Kategorie der Soziologie geworden; kaum ein Begriff hat in der Entwicklung dieser Wissenschaft eine ähnlich umfassende Rolle gespielt wie dieser: Entfremdung wurde für alle historisch-dialektisch verfahrende Soziologie zu einem Begriff, in dem der Zusammenhang des Leidens an der Gesellschaft mit den gesellschaftlichen Leiden sich ausdrückte. Zugleich ist Entfremdung freilich einer der unschärfsten Begriffe der Soziologie; leicht dient er als Chiffre für ein undeutlich geahntes, aber weder in seinen Ursachen noch in seinen Symptomen erkanntes Gefühl der Unzufriedenheit, das sich in allen möglichen Bereichen der Gesellschaft in dieser oder jener Form artikuliert. Die Unschärfe des Begriffs ist schon bei Marx angelegt, ihre Wurzeln aber reichen bis in die Identitätsphilosophie des deutschen Idealismus zurück. Marx übernahm den Begriff von Hegel, der zumeist von „Entäußerung" sprach und damit jene dem Menschen eigentümliche Möglichkeit des Subjekts meinte, aus sich heraus zu produzieren, was ihm dann als ein ihm Äußerliches gegenübertritt. Bei Marx tritt dann der Entfremdungsbegriff in vierfacher Gestalt auf:
1. als Entfremdung vom Arbeits*prozeß*, 2. als Entfremdung vom Arbeits*produkt*, 3. als *Selbst*entfremdung und 4. als Entfremdung vom *anderen*[6]. Alle vier Formen der Entfremdung hängen freilich miteinander zusammen, gehen auseinander hervor, wobei die ökonomische Klassenlage, die das Individuum zum Objekt oder Subjekt der Ausbeutung macht, der letzte Grund jeder Entfremdung

ist. Indem der Arbeiter seine Arbeitskraft verkaufen muß, ist er nicht mehr das, was er als Mensch ist, sondern nimmt den Charakter einer Ware an, die in den ökonomischen Tauschprozeß eingeht. Zugleich entfremdet er sich durch die zunehmende Arbeitsteilung von seiner Tätigkeit und dem Produkt seiner Tätigkeit, weil ihm der Zusammenhang zwischen dem, was er tut, und dem Produkt – also dem auch, was ihm als Konsumenten in Gestalt einer Ware wiederbegegnet – nicht mehr einsichtig ist. Ebenso entfremdet sich auch der Kapitalist von seiner Tätigkeit und von seiner Menschlichkeit, weil er den Gesetzmäßigkeiten des Warentausches und der Kapitalakkumulation unterworfen ist. Die mangelnde Einsicht in die entfremdete Praxis, die seine Lage bestimmt, stellt sich dann als seine Entfremdung von der Praxis dar, das heißt: als falsches Bewußtsein. Es entsteht ein „Verblendungszusammenhang", in dem die Entfremdung von den Produktionsverhältnissen sich als entfremdetes Bewußtsein niederschlägt und aus dem nur die revolutionäre Praxis herausführt.

Somit wäre aber alles und jedes Ausdruck der Entfremdung, was nicht revolutionäres Bewußtsein oder revolutionäre Praxis ist. Der Marxsche Entfremdungsbegriff ist scheinbar ein psychologisches Nebenprodukt der ökonomischen Analyse der kapitalistischen Warenwirtschaft. Er bringt das allgemeine Elend des Menschen in einer Gesellschaft, deren Produktionsverhältnisse ihm verbieten, sich in seiner Arbeit und in seinen gesellschaftlichen Beziehungen selbst zu verwirklichen, auf einen Begriff. Aus diesem Entfremdungsbegriff läßt sich also als ein Allgemeines entnehmen, daß der Mensch, solange die Geschichte (als Geschichte von Klassenkämpfen) andauert, stets entfremdet ist, und als Spezifisches, daß diese Entfremdung auf den ökonomischen Verhältnissen beruht. Die allgemeine Aussage hat eher philosophischen als soziologischen Wert – ist ohnehin alles in einem „Verblendungszusammenhang" der Entfremdung begriffen, dann lassen sich die *spezifischen* gesellschaftlichen Leiden nicht mehr ausmachen. Die Verankerung der Entfremdung in den ökonomischen Verhältnissen dagegen verdient Beachtung. Sie weist auf den Ausbeutungscharakter der Herrschaftsverhältnisse und den Warencharakter der Arbeit hin, beides Erscheinungen, die in der Tat Ursache spezifischer Entfremdungen sind. Für die soziologische Analyse sozialpathologischer Phänomene wird dieser Hinweis freilich erst dann fruchtbar, wenn die These von der Determination aller menschlichen Verhältnisse durch ökonomische Verhältnisse aufgegeben, beziehungsweise differenziert wird. Herrschaft *kann* Ausbeutung bedeuten, Arbeit *kann* Warencharakter annehmen – aber es muß nicht so sein. Anderes ließe sich nur behaupten aus der Perspektive des Marxismus-Leninismus, für den das Wesen auch der spätkapitalistischen Gesellschaft *allein* durch ihren Charakter als Klassengesellschaft bestimmt ist, der auf der Ausbeutung der Lohnabhängigen beruht. Eben dies aber ist für hochindustrialisierte Gesellschaften fraglich: gewiß werden die Lohnabhängigen des von ihnen produzierten Mehrwerts beraubt, aber die Verwendung dieses Mehrwerts unterliegt nicht mehr monokausal der Verwertungsproblematik des Kapitals, sondern wird zunehmend politisch bestimmt – solange die Produktivitätssteigerung das oberste Ziel bleibt, scheinen sich die Zwänge der technischen Rationalität auch unabhängig von der Eigentumsordnung durchzusetzen, und wo die Produktivität ihren infrastrukturellen Voraussetzungen davonzulaufen beginnt, werden politische Entscheidungen nötig, die sich nicht mehr an kurzfristigen Profitinteressen allein orientieren können. Deshalb reicht es nicht mehr aus, die gesellschaftlichen Leiden, geschweige denn das Leiden an der Gesellschaft, allein aus der Analyse des Kapitalismus (der „Anatomie der bürgerlichen Gesellschaft") herleiten zu wollen. Für unsere Untersuchung genügt es, die Verursachung bestimmter Entfremdungserscheinungen durch die ökonomischen Verhältnisse festzuhalten, wobei aber zwischen schlichter Ausbeutung und den Zwängen technisch-instrumentalen Handelns noch unterschieden werden müßte.

Die Vermutung, daß der Entfremdungsbegriff bei Marx ein psychologisches Nebenprodukt seiner ökonomischen Analysen war, impliziert, daß Entfremdung einen durch ökonomische Verhältnisse verursachten *psychischen* Zustand meint.

Aber diese Feststellung ist nicht unproblematisch: ob Marx mit dem Entfremdungsbegriff einen psychischen oder einen sozialen Zustand bezeichnen wollte, läßt sich nicht sogleich entscheiden — ihm kam es vor allem auf die Beschreibung des gesellschaftlichen Antagonismus und seiner immanenten Dialektik an, damit aber auch auf eine Sozialpathologie und nicht auf die Analyse psychischer Störungen. Das zeigt sich besonders deutlich in dem Begriff der „Charaktermaske", den Marx gelegentlich zur Bezeichnung des entfremdeten Bewußtseins verwendet[7]: Er bezeichnet diejenige Existenzform eines Menschen, die ihm durch seine ökonomische Klassenlage aufgezwungen wird. „Bei Marx umfaßte die Charaktermaske sowohl Kapitalisten als auch Proletarier in ihrer entfremdeten Existenz."[8] Sie ist somit Ausdruck des falschen Bewußtseins auf Grund der Klassenlage; ein „richtiges" Klassenbewußtsein erlaubt dann zwar eine Reflexion auf den Maskencharakter der eigenen entfremdeten Existenz, nicht aber schon dessen Überwindung, die erst die proletarische Revolution bringen wird. „Die Maskenmetapher weist also über die bestehende Gesellschaftsform hinaus auf den nicht-entfremdeten Menschen in der kommunistischen Gesellschaft, deren Realisation im proletarischen Bewußtsein vorweggenommen ist."[9] Mit dem Begriff der Charaktermaske ist also ein in *dieser* Gesellschaft unaufhebbarer Wesenszug des Menschen bezeichnet; nicht ein psychologisches Merkmal bestimmter Menschen, sondern das in den Kontext einer historischen Anthropologie gehörige Kennzeichen des Menschen überhaupt, insofern er noch nicht zu sich selbst gekommen ist. Der Begriff entspricht daher, wie Jutta Matzner zu Recht betont, nicht dem soziologischen Rollenbegriff, der Verhaltenserwartungen meint, an denen sich nicht alle, sondern nur die jeweils in bestimmten Positionen befindlichen Menschen orientieren. Jedoch ist er verwandt mit dem anthropologischen Rollenbegriff, wie er von Helmuth Plessner entwickelt worden ist[10], mit dem Unterschied freilich, daß die Verkörperung in Rollen für Plessner notwendiges Attribut der menschlichen Existenz, für Marx dagegen Ausdruck der prinzipiell überwindbaren Entfremdung ist.

Der Mensch ist in der chiliastischen Perspektive der Marxschen Anthropologie in seiner ökonomisch bedingten Charaktermaske entfremdet, und diese Entfremdung wird erst mit der Überwindung der Geschichte selbst überwunden. Solange also die Geschichte Vorgeschichte der kommunistischen Gesellschaft ist, verharrt die Gesellschaft als das Subjekt und Objekt dieser Geschichte in dem pathologischen Zustand der Entfremdung. Da wir aber vorerst keine andere Geschichte als diese kennen[11], eignet sich der Entfremdungsbegriff in dieser *Allgemeinheit* nicht zum begrifflichen Instrument einer Sozialpathologie; wohl könnte er das Elend der conditio humana erhellen, als differentia specifica aber des relativen Elends verschiedener Gesellschaften taugt er nicht. Es hat daher auch nicht an Versuchen gefehlt, den Entfremdungsbegriff zu „entideologisieren", ihn von seinen geschichtsphilosophischen Implikationen zu befreien, um ihn zu einer brauchbaren soziologischen Kategorie zu machen. In der Regel ist dieser Versuch mißlungen, weil mit dem geschichtsphilosophischen auch der soziologische Gehalt des Begriffs dabei verlorenging. Melvin Seeman hat die verschiedenen Bedeutungsvarianten, in denen der Entfremdungsbegriff gegenwärtig in der soziologischen Literatur gebraucht wird, zu klären und in eine moderne Terminologie zu übertragen versucht[12]. Seeman unterscheidet fünf Dimensionen des Entfremdungsbegriffs:

1. Machtlosigkeit,
   das heißt: die Erwartung oder Wahrscheinlichkeit, daß das eigene Verhalten auf das gewünschte Ergebnis keinen Einfluß hat;
2. Bedeutungslosigkeit,
   das heißt: der Verlust eines Minimums an Klarheit über die eigene Orientierung beim Entscheidungsprozeß;
3. Normlosigkeit,
   das heißt: die Erwartung, daß man bestimmte Ziele nicht errei-

chen kann, ohne gesellschaftlich mißbilligte Verhaltensweisen an den Tag zu legen;

4. Isolierung,
das heißt: die relativ niedrigere Bewertung von Werten und Zielen, die gesellschaftlich hoch geschätzt werden;
5. Selbstentfremdung,
das heißt: die Unmöglichkeit oder Unfähigkeit, Tätigkeiten zu finden, die in sich wertvoll erscheinen[13].

Diese Unterscheidungen bewirken eine Differenzierung des Entfremdungsbegriffs, die seine Verwendung in soziologischen Analysen erlaubt. Zweifellos ist damit ein erster Ansatz für die Untersuchung spezifischer sozialpathologischer Erscheinungen gewonnen. Aber eben nur ein erster Ansatz. Ein näherer Blick auf die von Seeman unterschiedenen Dimensionen des Entfremdungsbegriffs enthüllt eine Reihe von Problemen, die genauerer Klärung bedürfen. Zunächst drängt sich die Frage auf, ob Normlosigkeit und Bedeutungslosigkeit nicht Zustände meinen, die soziologisch eher unter dem Begriff der Anomie als unter dem der Entfremdung zu subsumieren wären. Dieser Frage werden wir uns im nächsten Kapitel zuwenden. Dann fällt die Gleichsetzung von Erwartung und Wahrscheinlichkeit (bei Machtlosigkeit) beziehungsweise von Unmöglichkeit und Unfähigkeit (bei Selbstentfremdung) auf: offenbar ist Entfremdung in allen fünf Dimensionen ein individueller Zustand, der ebensogut psychische wie soziale Ursachen haben kann. Das mag im Ergebnis richtig sein, setzt jedoch eine Klärung des Verhältnisses von Individuum und Gesellschaft voraus. Denn es handelt sich ja gewiß nicht um ein bloßes Nebeneinander psychischer und sozialer Zuständlichkeiten, sondern um eine spezifische Verschränkung, die der Analyse bedarf. Damit hängt schließlich ein dritter Mangel zusammen, nämlich die Ablösung des Entfremdungsbegriffs von seinen bei Marx beschriebenen sozialen Ursachen in der Arbeitssituation und in der ökonomischen Lage. Denn daß ein Zusammenhang zwischen ökonomischer Lage, Arbeitssituation und Entfremdung besteht, dafür sind gerade die großen Analysen von Marx ein hinreichender Beleg. Dieser Zusammenhang muß aber, und auch dies ist eine Einsicht, die wir Marx verdanken, auf dem Hintergrund der individuellen Bedürfnisse und der Chancen zu ihrer Befriedigung gesehen werden, wie sie eine Gesellschaft jeweils bietet.

II.

Bleibt also das Phänomen der Entfremdung doch gebunden an die ökonomischen Verhältnisse der Gesellschaft als ganzer? Gewiß nicht unmittelbar. Entfremdung kann, so sagten wir, aber muß nicht das Ergebnis bestimmter ökonomischer Zwänge sein. Vielmehr meint der Begriff einen spezifischen, das Verhalten nachweisbar affizierenden Zustand der Entfremdung von sich selbst, der, wie sich später zeigen wird, nur auf dem Umweg über eine bestimmte Art von sozialen Normen im Dienste von Herrschaftsverhältnissen entsteht, die ihrerseits Ausdruck einer ökonomischen Lage sind. Wenn die ökonomischen Bedingungen einer Gesellschaft insgesamt bereits zur Entfremdung führen, wie Marx unterstellt, dann wären nicht einzelne Individuen, auch nicht einzelne Situationen oder Gruppen entfremdet, sondern von vornherein die ganze Gesellschaft. Aber kann eine Gesellschaft als solche in einen pathologischen Zustand verfallen? Verweilen wir einen Augenblick bei dieser für die Möglichkeiten einer Sozialpathologie zentralen Frage.

Überraschenderweise haben tatsächlich einige Autoren die These vertreten, daß nicht nur Individuen, sondern auch Gesellschaften „krank" werden können. Nun ist schon der auf den individuellen Organismus bezogene Krankheitsbegriff der Medizin nicht unproblematisch, weil Krankheit und Gesundheit eines Körpers stets nur relativ sind: selbst der kranke Körper hält, solange er lebt, ein gewisses, wenn auch wenig leistungsfähiges Gleichgewicht aufrecht, während umgekehrt auch der gesunde Körper nur ein labiles, stets gefährdetes und nur relativ leistungsfähiges Gleichgewicht besitzt. Ist nun einmal zugestanden, daß die Gesellschaft sich nicht mit einem biologischen Organismus vergleichen läßt, weil sie von Normen und Institutionen, sozialen Beziehungen und ökonomischen Verhältnissen bestimmt ist und nicht von natürlichen Prozessen des Aus-, Um- und Abbaus, dann erscheint die Rede von einer „kranken" Gesellschaft einigermaßen mutig. Die Vermutung, ähnlich dem physischen Körper kenne auch der Sozialkörper Krankheiten, stammt nach der Überwindung eines solchen Organizismus teils aus marxistischen, teils aus psychoanalytischen Denktraditionen. Am bekanntesten sind hier die Theorien von Erich Fromm geworden, der beide Traditionen zu verbinden sucht. Für ihn drückt die Rede von „kranken" und „gesunden" Gesellschaften nicht eine Analogie aus, sondern er meint sie buchstäblich und in einem wissenschaftlichen Sinne. Allerdings sind seine Äußerungen dazu insofern ambivalent, als für ihn dann doch die Gesellschaft nur die Summe ihrer Individuen ist[14]. Fromm glaubt, es gebe universale und objektive Kriterien für die „geistige Gesundheit" des einzelnen und schließt daraus auf den Zustand der Gesellschaft selbst:

„Geistige Gesundheit ist durch die Fähigkeit zu lieben und zu schaffen gekennzeichnet, durch die Lösung von inzestuösen Bindungen an Sippe und Boden, durch das Gefühl der Identität, das auf der Selbsterfahrung als Subjekt und Agent der eigenen Kräfte beruht, durch einen Sinn für

Realität innerhalb und außerhalb unserer selbst, das heißt: durch die Entwicklung von Objektivität und Vernunft."[15]

Ob die Individuen diesen Kriterien der „geistigen Gesundheit" genügen oder nicht, hängt aber nicht von ihnen selbst ab, sondern wird von der Gesellschaft, in der sie leben, bestimmt: eine Gesellschaft, die überwiegend „gesunde" Menschen in diesem Sinne hervorbringt, ist „gesund", während in einer „kranken" Gesellschaft notwendig auch die Menschen „krank" sind[16].
Lassen wir die Frage, ob der Begriff der „geistigen Gesundheit" sich überhaupt halten läßt, einen Augenblick beiseite, so ergibt sich ein eigentümlicher Zirkel in Fromms Argumentation: ist die Gesellschaft „krank", so sind es auch (mindestens überwiegend) ihre Mitglieder; ob eine Gesellschaft „krank" ist, läßt sich aber offenbar nur an dem „Kranksein" — auch Fromm spricht hier von Entfremdung („alienation") — ihrer Mitglieder feststellen.
Man täte Fromm allerdings Unrecht, wollte man es dabei belassen. Tatsächlich führt er wie Marx die „Krankheit" der Gesellschaft auf das sozio-ökonomische System des Kapitalismus zurück. Die ökonomischen Verhältnisse sind es auch bei ihm, die den „Sozialcharakter" einer Gesellschaft prägen[17]. Die „Krankheit" der modernen Gesellschaft heißt „Entfremdung", sie beruht auf einer zu starken Arbeitsteilung und auf dem, was Fromm als die herrschende „marketing orientation" bezeichnet. Hier zeigt er sich überraschend als ein eher konservativer Sozialreformer: der Arbeitsteilung, die mit ihrer Vervielfältigung der Rollen eines Individuums und der Segmentierung der Arbeit in für den einzelnen bedeutungslose Tätigkeiten auch schon für Emile Durkheim das Erzübel der modernen Gesellschaft war, stellt er die Schlichtheit eines Lebens in ländlicher Gemeinschaft („rustic community") gegenüber. An anderen Stellen freilich fordert er ein freies, autonomes Individuum, unabhängig von Autorität und selbständig in der Entscheidung. Doch sind diese Widersprüche im Werk Erich Fromms nicht unser Gegenstand[18]. Worauf es hier ankommt, ist die Frage, welchen Beitrag Fromm zu einer möglichen Sozialpathologie geleistet hat. Auch wenn man festhält, daß Fromms Werk eher die Überzeugungen eines Sozialreformers als die Analysen eines Soziologen spiegelt, ist sein Versuch dafür nicht bedeutungslos: Fromm zeigt wie Marx die Abhängigkeit sozialpathologischer Zustände von dem ökonomischen System einer Gesellschaft; aber er geht darüber hinaus, indem er den Zustand der Entfremdung bei den Individuen selbst aufsucht und zu beschreiben versucht:

„Mit Entfremdung ist eine Erfahrungsweise gemeint, in welcher die Person sich selbst als entfremdet empfindet ... Sie erfährt sich nicht als das Zentrum ihrer Welt, als der Schöpfer ihrer eigenen Handlungen — sondern ihre Handlungen und deren Folgen sind ihre Beherrscher geworden, denen sie gehorcht und die sie sogar anbeten mag. Der entfremdete

Mensch hat den Kontakt mit sich wie mit allen anderen Menschen verloren. Er erfährt sich und die anderen wie Gegenstände: mit den Sinnen und mit dem Verstand, aber gleichzeitig, ohne sich mit sich selbst oder der Welt draußen schöpferisch verbunden zu sehen."[19]

Damit wird der „Sozialcharakter", das heißt, die typische psychische Struktur der Mitglieder einer bestimmten Gesellschaft, zum Symptom für deren „Krankheit": das Leiden an der Gesellschaft ist Ausdruck der gesellschaftlichen Leiden. Offen bleibt bei Fromm, ob man von der Verbreitung psychopathologischer Symptome bei den Individuen auf den Stand der Gesellschaft schließt, oder ob man umgekehrt die Struktur der Gesellschaft untersucht und von ihr auf die Befindlichkeit ihrer Mitglieder schließt. Fromm kann sich für keinen der beiden Wege entschließen; psychopathologische und sozialpathologische Überlegungen laufen parallel nebeneinander her, und eine theoretische Verknüpfung beider Perspektiven unterbleibt. So versucht er einerseits mit der Analyse des kapitalistischen Systems nachzuweisen, daß unter diesen ökonomischen Verhältnissen notwendig Entfremdung entstehen muß, andererseits meint er, die weite Verbreitung bestimmter Neurosen und Formen der Überanpassung lasse gemeinsame soziale Ursachen vermuten.

Diese Ambivalenz hat ihren Grund vor allem in der Problematik des Begriffs „geistige Gesundheit", der bei Fromm eine zentrale Rolle spielt. Der Unsinn, der mit dieser vor allem in den amerikanischen Sozialwissenschaften als Gegenbegriff zu „Geisteskrankheit" („mental health" — „mental illness") entwickelten Kategorie getrieben worden ist, dürfte kaum zu überschätzen sein. Das mag an einigen Beispielen illustriert werden[20]:

„Geistige Gesundheit besteht in der Fähigkeit, (1) innerhalb der Grenzen, die die Beschaffenheit des Körpers uns setzt, (2) mit anderen Menschen, (3) glücklich, (4) schöpferisch, (5) ohne daß man Ärgernis erregt, zu leben."

„Ein normales Individuum ist jeder, der frei von Symptomen und unbehindert von psychischem Konflikt ist und der eine zufriedenstellende Arbeitskapazität zeigt und die Fähigkeit besitzt, außer sich selbst noch jemanden zu lieben."

„Wir wollen geistige Gesundheit als die Anpassung der Menschen an die Welt und aneinander mit dem Maximum an Effektivität und Glück definieren. Nicht nur einfach Tüchtigkeit oder einfach Zufriedenheit — oder als den Anstand, den Spielregeln fröhlich zu gehorchen. Es ist alles dies zusammen."

„Ein geistig gesundes Individuum ist als ein Mensch definiert worden, der sich einer guten physischen und geistigen Konstitution erfreut, dessen Persönlichkeit sich harmonisch entwickelt und der sich an sich selbst und die äußere Welt so gut anpaßt, daß sein emotionales und intellektuelles Gleichgewicht weder durch innere Konflikte noch durch die Wechselfälle des Lebens gestört werden kann."

„Glück ist im allgemeinen ein Zeichen geistiger Gesundheit. Aber es sollte dauerhaftes Glück sein; denn natürlich kann jemand momentan glücklich sein wie der Irre oder der Trinker, ohne ein wirklich glückliches Gemüt zu haben."

„Das Kriterium für geistige Gesundheit ist die Fähigkeit zur Anpassung an sich verändernde Bedingungen, ohne daß man Konflikte heraufbeschwört oder anderen Menschen Schmerzen oder Verlegenheit zufügt."

„Eine relativ einfache Arbeitsdefinition der geistigen Gesundheit wäre außerordentlich nützlich, auch wenn sie nicht vollkommen ‚wissenschaftlich' ist..., ich habe mich zu einigen einfachen Kriterien entschlossen wie: die Fähigkeit, einen Arbeitsplatz zu halten, eine Familie zu haben, keinen Ärger mit dem Gesetz zu bekommen und die üblichen Möglichkeiten des Vergnügens zu genießen."[21]

In der Tat, von wissenschaftlich kann bei diesen Bestimmungen keine Rede sein. Man versteht Kingsley Davis, wenn er meint, daß es schwer sei, hinter der Emotionalität und Beredsamkeit der Literatur über „geistige Hygiene" einen sachlichen Kern zu sehen[22]. Deutlich wird allein die allen Autoren gemeinsame Ideologie der Anpassung mit ihrem harmonischen, konfliktlosen und primitiv konformistischen Gesellschaftsbild. Freilich unterscheidet sich Erich Fromm von ihnen nur dadurch, daß seine Sozialutopie weniger konservativ ist und schon durch ihre Verbindung mit einer Analyse des Kapitalismus ein höheres Niveau besitzt.

Der Begriff der „geistigen Gesundheit" aber ist bei ihm nicht weniger verschwommen. Fromm wehrt sich allerdings — an Marx geschult — gegen die Identifikation von Glück mit „geistiger Gesundheit", von Unzufriedenheit mit Entfremdung. Für Marx freilich war Entfremdung ein anthropologischer Begriff, der einen mit der Geschichte des Menschen unlösbar verbundenen Zustand meinte. Fromm argumentiert dagegen mit der psychoanalytischen Kategorie des Unbewußten: wenn die Arbeiter zufrieden sind, so heißt das nur, daß ihnen ihre Entfremdung noch nicht bewußt ist[23]. Auf der anderen Seite aber führt er bei der Analyse zweier Studien über Berufszufriedenheit den relativ hohen Prozentsatz der Unzufriedenen als Beweis für einen hohen Grad der Entfremdung an[24]. Die empirischen Untersuchungen, die er zitiert, sprechen also in jedem Fall für seine Thesen: wenn die Arbeiter sagen, daß sie unzufrieden sind, ist ihnen ihre Entfremdung bewußt; äußern sie dagegen Zufriedenheit, dann sind sie eben unbewußt entfremdet. „Diese Art der Manipulation ist in Fromms Werk besonders ärgerlich, weil er behauptet, daß sein System auf empirischen Befunden sowohl der Sozialwissenschaft als auch aus seiner ärztlichen Praxis beruhe, obwohl es weitgehend aus bestimmten philosophischen Überzeugungen abgeleitet ist."[25] So kommt Fromm zu einem Begriff von „geistiger Gesundheit", der zwar reflektierter erscheint, aber weder empirisch brauchbarer noch theoretisch haltbarer ist als bei den zitierten Autoren. „Geistige Gesundheit" ist bei Erich Fromm keine wissenschaftliche Kategorie, sondern erweist sich als das Ziel eines Sozialreformers, das wir für realistisch oder utopisch, für wünschenswert oder bedenklich halten mögen, das aber jedenfalls nicht Maßstab dessen sein kann, was am einzelnen wie an der Gesellschaft als „krank" angesehen werden könnte.

Aber, so stellt sich sogleich die Frage, gibt man nicht mit einem Begriff von „geistiger" oder „seelischer" Gesundheit zugleich auch jeden Begriff von Geisteskrankheit oder psychischer Störung auf? Tatsächlich kann man zu dieser Konsequenz gelangen: Thomas Szasz etwa hat von dem „Mythos der Geisteskrankheit" gesprochen und nachzuweisen versucht, daß die Psychiater sich nicht mit Erkrankungen, sondern mit persönlichen, sozialen und ethischen Problemen befassen[26]. Der Begriff der Geisteskrankheit, so meint er, sei heute wissenschaftlich unhaltbar; er beruhe nur auf einem stillschweigenden Einverständnis der Psychiater mit der populären Rationalisierung, wonach diejenigen Probleme des menschlichen Lebens, die durch körperliche oder psychische Symptome erlebt und ausgedrückt werden, eine signifikante Ähnlichkeit mit den Erkrankungen des Körpers aufweisen. Diese These hat im Hinblick auf die in der psychoanalytischen Praxis behandelten Fälle zweifellos ihre Berechtigung; sie löst aber das Problem des Pathologischen nicht. Denn wenn wir nun wissen, daß, was wir bisher für psychische Erkrankungen gehalten haben, bloß ungelöste Probleme sind, dann kann man zwar zunächst auf die problematische Unterscheidung von gesund und krank verzichten, sieht sich aber bald darauf vor die gleiche Frage in neuem Gewande gestellt, nämlich wodurch sich die soziale Situation derjenigen Menschen, die mit ihren Problemen so wenig fertigwerden, daß sie bestimmte Symptome entwickeln, von der Situation jener unterscheidet, die ohne Symptombildung mit ihren Problemen leben. Mit anderen Worten: Szasz verlegt das Problem nur von der psychischen Ebene auf die soziale. Damit hat er fraglos den Weg zu einem fruchtbaren Ansatz für sozialpathologische Untersuchungen freigemacht[27]. Dabei schießt er allerdings ein wenig über das Ziel hinaus — so wichtig die sozialpathologische Analyse ist, so wenig sinnvoll ist es deshalb schon, auf die doch immerhin vorhandenen Erkenntnisse der Psychiatrie und der Tiefenpsychologie gänzlich zu verzichten[28]. Es geht also nicht an, das Problem des Pathologischen dadurch zu eliminieren, daß man es anders bezeichnet. Die Behauptung, in Wirklichkeit seien alle Menschen „geistig gesund", wenn sich auch einige etwas ungewöhnlich verhalten, führt ebenso in eine Sackgasse wie die umgekehrte These, daß alle Menschen entfremdet seien, auch wenn sich einige dabei recht wohl fühlen und ihren Zustand deshalb nicht einsehen.

III.

Daß manche Menschen mit ihren Problemen nicht fertig werden, scheint auf zweierlei Weise interpretierbar zu sein: entweder sind sie unfähig, ihre Probleme zu lösen, oder diese lassen sich tatsächlich mit den vorhandenen Möglichkeiten nicht bewältigen. Im Grunde aber laufen beide Interpretationen auf das gleiche hinaus — auch die Unfähigkeit ist ein Mangel an Möglichkeiten. Ferner: wenn man mit Thomas Szasz die Ansicht vertritt — und ich meine, daß er darin recht hat —, daß die entsprechenden Probleme, soweit sie nicht ausschließlich somatischer Natur sind, sozialen und ethischen Charakter haben, dann scheinen die üblicherweise als Neurosen und Psychosen bezeichneten Störungen sozial bedingt zu sein. Wenn es im Hinblick auf das Ausmaß des Leidens signifikante Unterschiede zwischen den Individuen gibt und wenn dieses Leid mindestens zum Teil darauf zurückzuführen ist, daß sie bestimmte soziale und moralische Probleme nicht oder nur unzureichend lösen können, dann gibt es offenbar pathogene Erscheinungen in der Gesellschaft, die auf ihre Struktur selbst zurückverweisen. Es ist nicht nötig, auf die hergebrachte Terminologie der Psychopathologie zu verzichten, wenn man davon ausgeht, daß die psychischen Störungen, soweit sie nicht auf somatische Gründe zurückzuführen sind, sozial verursacht werden. Auch die Psychoanalyse geht ja von einer sozialen Verursachung der Neurosen aus, wenn sie auch die Pathogenese etwas einseitig allein im Lernmilieu der frühkindlichen Entwicklung sehen will. Insofern das Individuum von vornherein homo socialis ist, also nicht nur auf gesellschaftliche Beziehungen hin angelegt, sondern durch diese Beziehungen von Anbeginn und bis in die individuelle Identitätsbildung selbst hinein geprägt ist, scheint die soziale Verursachung psychischer Störungen geradezu selbstverständlich.

Es stellt sich allerdings die Frage, was genau unter psychischen Störungen zu verstehen sei. Die Psychiatrie hat sich als ein besonderer Zweig der naturwissenschaftlichen Medizin entwickelt. Sie ist daher zunächst von der Hypothese einer somatischen Pathogenese ausgegangen. Im Laufe der Zeit ist diese Monopolstellung des naturwissenschaftlichen Denkens in der Psychiatrie durch die Entwicklung der Psychoanalyse und der Sozialpsychiatrie verlorengegangen. Zusätzlich hat sich inzwischen ein psychosomatischer Ansatz in der Medizin entfaltet, der das naturwissenschaftliche Denken auch außerhalb des Bereichs der sogenannten Geisteskrankheiten modifiziert und ergänzt hat. Damit ist aber die Frage nach dem Wesen der psychischen Störungen erst wirklich problematisch geworden. Wie immer es nun damit bestellt sein mag, für unser Problem der Möglichkeiten einer Sozialpathologie kann diese Frage unbeantwortet bleiben. Denn, soviel ist gewiß, die psychischen

Störungen werden im Kontext der sozialen Beziehungen erst dann relevant, wenn sie sich als Verhaltensstörungen manifestieren, während umgekehrt damit noch nicht ausgemacht ist, daß Verhaltensstörungen notwendig Ausdruck psychischer Störungen sein müssen. Die für eine Sozialpathologie wesentliche Kategorie ist also die der *Verhaltensstörung*, deren Merkmale im Laufe unserer Untersuchung bestimmt werden sollen. Was immer psychische Störungen sein mögen — Verhaltensstörungen jedenfalls müssen sich am Verhalten des Individuums sichtbar ablesen lassen.

Auch wenn wir vorläufig über die Natur der Verhaltensstörungen weiteres noch nicht wissen, kann nun die oben aufgeworfene Frage noch einmal gestellt werden: in welchem Sinne, wenn überhaupt, kann man davon sprechen, daß eine Gesellschaft „krank" sei? Die Diskussion um diese Frage entwickelte sich anhand der Erfahrungen mit dem Faschismus. Die alte, wohl zuerst von Gustave Le Bon systematisch untersuchte[29] Beobachtung, daß sich bei größeren Menschenansammlungen eine Neigung zu Verhaltensweisen zeigt, die jeder einzelne Teilnehmer für sich allein nicht an den Tag legen würde, suchte man nun mit psychopathologischen Analogien zu erklären. Dieses unheimliche Phänomen der Massenreaktionen, das besonders der Faschismus kräftig auszunutzen wußte, kann auf dreierlei Weise interpretiert werden[30]: entweder es handelt sich um ein gemeinsames traumatisches Erlebnis, wie es zuweilen in besonderen Stress-Situationen, z. B. bei Soldaten im Krieg vorkommt; oder es handelt sich um die Ausbreitung eines Deliriums, das von einzelnen ausgeht und durch eine Art Ansteckungseffekt übertragen wird, der aber bei jedem einzelnen eine bestimmte Disposition schon voraussetzt — wir kennen dieses Phänomen von Selbstmordepidemien oder seuchenartig sich ausbreitenden Vorurteilen und Wahnvorstellungen; und drittens gäbe es eben die Möglichkeit, daß eine ganze Gesellschaft neurotisch wird. Die ersten beiden Möglichkeiten sind unbestritten; sie rechtfertigen in gewisser Weise die Rede von kollektiven neurotischen Reaktionen, wobei aber hier das sozialpsychologisch Interessante das Phänomen der Ansteckung ist[31]. Die dritte Möglichkeit einer Interpretation ist erst seit der kollektiven Durchführung und Duldung von Massenmorden im Dritten Reich aufgetaucht. Neben Erich Fromm haben auch andere Autoren im Hinblick auf den Nationalsozialismus und andere faschistische Bewegungen behauptet, daß die Gesellschaft selbst neurotisch sei[32]: wenn vom gesunden Menschen ein selbständiges Sich-Anpassen und Zurechtfinden in der Gesellschaft verlangt wird und wenn man ferner damit rechnet, daß er bestimmte Normen und Werte seines Lernmilieus im Laufe des Sozialisationsprozesses internalisiert hat, dann muß man unterstellen, daß die Mitglieder dieser Gesellschaft, soweit sie sich ihr angepaßt haben, ebenfalls neurotisch sind. Der gesunde

Mensch dagegen — so lautet die These — wird in einer neurotischen Gesellschaft zum Rebellen.

Diese letzte Behauptung muß wohl eher als eine moralische Forderung der Autoren denn als realistische Beschreibung eines Sachverhalts verstanden werden. Aber darüber hinaus scheint mir die These, daß eine Gesellschaft neurotisch sein könne, unnötig und irreführend. Sie erklärt im Grunde nichts, sondern trägt eher zur Verschleierung der sozialen Bedingungen bei, unter denen es zu solchen Erscheinungen wie dem weithin gebilligten Massenmord kommen kann[33]. Das Subjekt von Neurosen und Psychosen ist immer ein Individuum; eine Gesellschaft könnte neurotisch nur sein, wenn sie ein Kollektivbewußtsein besäße. Das zu behaupten aber wäre eine Mystifikation. Die Gesellschaft ist nichts Substantielles, sondern ein Geflecht von Wirkungszusammenhängen, die die psychische Struktur ihrer Mitglieder freilich beeinflussen. Im psychopathologischen Sinne kann deshalb eine Gesellschaft nicht „erkranken". Richtig ist dagegen, „daß die Gesellschaft die morbiden Tendenzen ihrer Mitglieder verstärkt; daß in ihr Situationen entstehen können, durch die sie die Zahl der psychisch Kranken in ihrer Mitte vermehrt. Kurz, wir haben es dabei nur mit einem besonderen Fall der Soziogenese zu tun ..."[34]. Man sollte deshalb nicht fragen, ob und wieso Gesellschaften „krank" sein, sondern unter welchen Umständen sie eine krankheitserregende Wirkung haben können. Das Individuum unterliegt den pathogenen Einflüssen der Gesellschaft auf doppelte Weise: zum einen durch die Prägungen des sozialen Lernmilieus während der Kindheit und zum anderen durch den Druck, den die Anforderungen der Gesellschaft ausüben. In den ersten Sozialisationsphasen besteht die Gefahr vor allem darin, daß dem Individuum ein unzureichendes Angebot von internalisierbaren Werten und Normen gegenübersteht; später wächst die umgekehrte Gefahr, daß die Werte und Normen die individuellen Entfaltungsmöglichkeiten zu sehr einengen. In beiden Fällen können zusätzliche Störungen in den sozialen Kontakten und Beziehungen pathologische Reaktionen hervorrufen. Die auftretenden Störungen des Verhaltens sind dann möglicherweise ein Symptom für psychische Erkrankungen (diese Frage kann hier ausgeklammert bleiben), mit Sicherheit aber Symptome für Friktionen in der normativen Struktur der sozialen Umgebung des Individuums oder für ein unzureichendes soziales Beziehungsgeflecht oder für beides. In *diesem* Sinne mag man von „sozialer Krankheit" sprechen, wie es Alexander Mitscherlich tut:

„Soziale Krankheit entsteht, wenn die soziale Matrix zu schwach geworden ist, um die Sozialisierung des einzelnen in verbindlicher Weise zu fordern, den einzelnen also ohne Anleitung in vielen Lebenslagen sich selbst überläßt und damit unbewußte mehr als bewußte Angst erweckt. Soziale Krankheit entsteht am anderen Ende des Spektrums, wenn der

Anspruch der Gesellschaft so terroristisch in das Individuum hinein vorgetragen wird, daß Abweichungen von den Geboten und Verhaltensnormen permanente, intensive Angst erwecken und damit die spontane Rückäußerung des Individuums auf die gesellschaftlichen Zustände gelähmt erscheint. Beide Zustände gefährden die Gesellschaft in jedem einzelnen ihrer Mitglieder und veranlassen pathologische Verhaltensweisen. Deshalb kann man mit Recht unter solchen Voraussetzungen von sozialer Krankheit sprechen."[35]

Damit ist zweifellos Notwendigkeit und Legitimität der Sozialpathologie bereits hinreichend begründet. Ich würde dennoch vorsichtig sein mit der Verwendung des Begriffs „soziale Krankheit", denn er weckt allzu leicht unangemessene Assoziationen an den medizinischen Krankheitsbegriff und suggeriert damit ein falsches substantielles Verständnis der Gesellschaft. Man sollte vielleicht besser nur von sozialpathologischen Erscheinungen sprechen. Jedoch ist dies nur eine terminologische Frage, die an den Sachverhalten nichts ändert. — Wichtiger ist ein anderes Problem, nämlich die Erkennbarkeit sozialpathologischer Zustände. Wenn sich das Pathologische der Gesellschaft in den Verhaltensstörungen niederschlägt, so kann man vom individuellen Verhalten offenbar auf die Sozialstruktur zurückschließen. Der Psychoanalytiker würde noch weiter gehen: wenn Mitscherlich etwa meint, daß die Schwäche der „sozialen Matrix" „unbewußte mehr als bewußte Angst erweckt", dann muß man vermuten, daß sich der sozialpathologische Zustand nicht unbedingt aus dem Verhalten ersehen läßt. Vielmehr ergäbe sich, was an der Gesellschaft pathologisch ist, erst aus der psychologischen Anamnese vieler einzelner. Damit aber kann sich der Soziologe nicht zufriedengeben, nicht, weil er die Abhängigkeit vom Analytiker zu scheuen brauchte[36], sondern weil er unter der Voraussetzung arbeitet, daß die Gesellschaft eine Realität sui generis ist, die bei aller Verflechtung mit Psychischem doch ihren eigenen Gesetzmäßigkeiten unterliegt. Es müßte sich also an der Sozialstruktur selbst ablesen lassen, welche sozialen Erscheinungen eine pathogene Wirkung auf ihre Mitglieder ausüben. Das kann freilich erstens nicht ohne Kontrolle am individuellen Verhalten geschehen und zweitens nicht ohne Berücksichtigung der Tatsache, daß Entfremdungserscheinungen unbewußt sein können und mit subjektiver Unzufriedenheit sich keineswegs decken. Andernfalls kommt es zu bloßer Kulturkritik, die häufig nur auf einer Projektion der Entfremdung des Intellektuellen auf die ganze Gesellschaft beruht und jedenfalls ihre Maßstäbe aus — sei es konservativen, sei es progressiven — Sozialutopien gewinnt und nicht aus der Sozialstruktur selbst.

Nun ist die Analyse des individuellen Verhaltens selbst schon überaus problematisch, wenn man es auf die Erforschung von Verhaltensstörungen abgesehen hat. Denn woran ließe sich erkennen, ob ein Verhalten gestört ist oder nicht? Man spricht dann gern von „normalen" und „abnormen" Verhaltensweisen, als wäre selbstverständlich, was diese Begriffe besagen. Man kann hier natürlich der statistischen Mehrheit recht geben und die jeweilige Minderheit für gestört erklären. Eine solche Vorstellung liegt zahlreichen Untersuchungen zugrunde, die mit einem simplen Anpassungsbegriff arbeiten. Wenn es aber möglich scheint, daß die Mehrheit einer Gesellschaft neurotisch ist, weil diese Gesellschaft selbst strukturelle Störungen aufweist, dann ist offenbar doch in manchen Fällen nicht die Mehrheit, sondern die Minderheit „normal". Mit einem statistischen Normalitätsbegriff kommt man hier also nicht weiter. Eine andere Möglichkeit besteht darin, diejenigen Verhaltensweisen für „abnorm" zu erklären, die von den herrschenden Normen einer Gesellschaft abweichen. Damit ist zwar das Problem, das von der Möglichkeit einer überwiegend pathologischen Gesellschaft aufgeworfen wird, nicht gelöst, denn gerade die normative Struktur kann ja unter Umständen gestört sein, aber die Frage nach den Verhaltensstörungen ist doch von der Ebene statistischer Überlegungen auf die Ebene normativer Phänomene gehoben worden, wo erst sich Möglichkeiten einer strukturellen Betrachtung ergeben. In der Tat geht ein großer Teil der sozialpathologischen Literatur einfach davon aus, daß pathologisches Verhalten ein von den herrschenden Normen abweichendes Verhalten ist, ohne daß sich die Autoren weiter um die Möglichkeit von Störungen in der normativen Struktur selbst kümmerten. Bevor die Frage nach den Kriterien für eine Verhaltensstörung einer Antwort nähergebracht werden kann, müssen wir noch einen Blick auf diese Literatur werfen.

IV.

In der amerikanischen Soziologie erscheinen sozialpathologische Untersuchungen in der Regel unter dem Titel „Social Problems". Die enge Verbindung, die die amerikanische Soziologie seit ihren Anfängen durch das „social case work" und die „muckracker" zu sozialen Fragen aller Art gehabt hat, schlug sich früh schon in einem pragmatischen Ansatz nieder, der als Problem hinnahm, was dem überwiegenden Teil der Gesellschaft problematisch erschien. Die außerordentlich reiche Literatur über Probleme der Kriminalität und der rassischen und ethnischen Integration legt Zeugnis davon ab, welche Mißstände in den USA als vordringlich empfunden wurden. Der im amerikanischen Meliorismus wurzelnde Reformeifer, der sich in einer Fülle von Lehr- und Sammelwerken zu diesem Thema niederschlägt, wird dabei als unmittelbarer und unabdingbarer Bestandteil einer staatsbürgerlichen Erziehung aufgefaßt, die sich an dem Ziel einer möglichst glatten Anpassung an die bestehende Gesellschaftsordnung orientiert und in der sozialpathologische Erscheinungen als verhältnismäßig leicht kurierbare Sonderprobleme erscheinen. Vielleicht war und ist dieser naive Optimismus eine Kompensation dafür, daß gerade in dem „melting pot" der amerikanischen Gesellschaft Kriminalität und Rassenkonflikte, Rauschgiftsucht und Prostitution besonders verbreitete Erscheinungen sind.

Schon 1943 hat C. Wright Mills diese „Berufsideologie der Sozialpathologen" einer scharfen Kritik unterzogen[37]. Seine Analyse beruht auf der Durchsicht von dreißig meist weitverbreiteten Text- und Lehrbüchern über „social problems". Mills stellte dabei starke Übereinstimmungen in den Vorstellungen über die Natur der Gesellschaft, über die Ursachen sozialer Probleme und über die Auswahlkriterien fest, die die Autoren diesen Arbeiten zugrunde legten. Die Gesellschaft erscheint als das vergrößerte Modell der amerikanischen Kleinstadt: das Ideal ist kleinbürgerlich-ländlich, eine Gesellschaft von netten und hilfsbereiten Menschen, in der Veränderungen nur allmählich und in geordneter Weise vorkommen. Entsprechend sehen die Ursachen der sozialen Probleme aus, mit denen sich die Textbücher beschäftigen: entweder Schwierigkeiten der Anpassung an veränderte Bedingungen durch sozialen Wandel (die berühmte „cultural lag"-Theorie von William Ogburn gehört hierher) oder Desorganisation, worunter einfach das Fehlen einer Gesellschaft kleinstädtischen Musters verstanden wird, oder schließlich Abweichung von den herrschenden Normen und dem Status quo der Gesellschaft. Die Auswahl und Behandlung der Probleme zeigt dann eine Neigung der Autoren zu „praktischen Problemen des Alltags", sie verbindet sich mit einem niedrigen Abstraktionsgrad und völligem Fehlen theoretischer Erwägungen. — Gewiß sind diese Bücher vorwiegend für „undergraduates" und künftige Sozialarbeiter geschrieben, was sich natürlich auf Auswahl und Darstellung der Themen auswirkt. Mills meint darüber hinaus, daß die schichtspezifischen Erfahrungen der Autoren ihr Gesellschaftsbild eingeengt haben. Wie dem auch sei — sowohl für die Entwicklung einer wirksamen Sozialpolitik als auch einer theoretischen Durchdringung der „social problems" war die Ideologie der Sozialpathologen in Amerika eines der Hindernisse. Überdies scheint sich diese Situation nur wenig geändert zu haben. In einer Analyse der neueren Literatur zu diesem Thema jedenfalls[38] werden die Ergebnisse von Mills weitgehend bestätigt. Zwar hat sich die Terminologie stark verändert — die inzwischen entwickelten soziologischen Begriffe sind durchweg rezipiert worden — , aber nach wie vor zeichnen sich die Textbücher durch einen Mangel an theoretischer Perspektive aus. So kommt es, daß sich in jedem Textbuch eine andere, mehr oder weniger beliebige Zusammenstellung von sozialen Problemen findet: Kriminalität,

Rassenprobleme, Bevölkerungsprobleme, Jugendprobleme und Altersprobleme, Verstädterungsprobleme, sexuelle Probleme, Rauschgiftsucht, Prostitution, Krankheiten — nur äußerst selten aber politische Probleme, etwa die Apathie der Wähler, oder sozialpolitische Fragen, wie die Monopolstellung der American Medical Association (AMA)[39]. Zweifellos hat diese Situation dazu beigetragen, daß wir über eine Fülle amerikanischer Untersuchungen verfügen, in denen sozialpathologische Einzelphänomene empirisch erforscht worden sind und unter denen sich hervorragende Beispiele befinden[40]. Auf der anderen Seite hat diese Literatur zur theoretischen Klärung der Frage nach den Möglichkeiten der Sozialpathologie wenig beigetragen. Solange es sich um die Untersuchung von Erscheinungen handelt, deren sozialpathologischer Charakter unbestritten und allgemein sichtbar ist, wie etwa die Kriminalität, mag das noch angehen. Wenn es sich hingegen um Entfremdungserscheinungen handelt, die verdeckt, vielleicht auch unbewußt sind und die sich nur mittelbar im Verhalten niederschlagen, dann wirkt die beschriebene Ideologie sich verhängnisvoll aus. Der alloplastische Charakter der Anpassung verkürzt sich zu bloßem Konformismus, und es wird dabei übersehen, daß die Struktur der Normen selbst pathologische Züge annehmen kann. So erscheint jeder Widerstand gegen gesellschaftliche Zwänge als pathologisch, während die strukturellen Antinomien der Gesellschaft unbeachtet bleiben[41].

Mit der Entwicklung der strukturell-funktionalen Theorie hat sich diese Perspektive kaum geändert. In dem von T. Parsons und R. K. Merton entwickelten Ansatz einer funktionalen Analyse sozialer Probleme erhalten sie den Stellenwert einer Störung des gesellschaftlichen Gleichgewichts. Ihre Wirkung innerhalb des als relativ stabil vorgestellten sozialen Systems ist „dysfunktional", das heißt: der Erhaltung des Systems abträglich[42]. Hier ist offensichtlich der gesellschaftliche Status quo zum Vorbild für ein soziologisches Modell geworden. Aber nicht nur dies macht die strukturell-funktionale Theorie zu einem Ansatz, der für die Analyse sozialpathologischer Erscheinungen unfruchtbar ist. Sie kann darüber hinaus die von abweichenden Verhaltensweisen in Gang gesetzten Rückkoppelungsprozesse nur unzureichend behandeln, weil diese nur unter dem Aspekt der sozialen Kontrolle (mit dem Ziel der Reintegration) und nicht als der Beginn einer Umstrukturierung des ganzen Systems gesehen werden. Bezeichnenderweise gibt es denn auch kaum Untersuchungen, die versucht hätten, soziale Probleme mit dem Begriff der „Dysfunktion" zu analysieren. Das empirische Material zeigt regelmäßig die Abhängigkeit abweichender Verhaltensweisen von vielseitig verflochtenen Interaktionsprozessen, die mit dem Begriffspaar „funktional" — „dysfunktional" nicht beschrieben werden können. Fruchtbar ist hier

allein die von Merton in den Kontext strukturell-funktionaler Analyse eingebaute Anomie-Theorie von Emile Durkheim geworden, für die der Begriff der „Dysfunktion" bedeutungslos ist.
Bevor wir im nächsten Kapitel ausführlich auf die Einzelheiten der Anomie-Theorie zu sprechen kommen, müssen wir nun endgültig klären, welche Möglichkeiten sich für eine Sozialpathologie ergeben. Wir haben festgestellt, daß es in einem gewissen Sinne berechtigt ist, von „Krankheiten" der Gesellschaft zu sprechen, wenn es auch terminologisch klüger erscheint, es bei dem Ausdruck „sozialpathologische Erscheinungen" zu belassen, — berechtigt, weil die individuellen Leiden in der Sozialstruktur gründen. Zwar hat sich herausgestellt, daß die Begriffe „geistige" oder „psychische Erkrankung" und „geistige" oder „psychische Gesundheit" unbrauchbar sind, weil sie keine Alternative, sondern relative Zustände bezeichnen, für deren Abgrenzung sich nur schwer objektive Kriterien finden lassen. Aber die beobachtbaren Verhaltensstörungen können statt dessen als ein Kriterium für soziale und normative Probleme dienen, die das Individuum nicht gelöst hat — gleichviel, ob es dazu die Möglichkeit hatte oder nicht. Diese sozialen und normativen Probleme sind es dann, die wir als sozialpathologische Erscheinungen bezeichnen.
Zur soziologischen Analyse dieser Erscheinungen sind drei verschiedene Ansätze entwickelt worden, deren jeder seine eigenen Schwierigkeiten hat. Ausgangspunkt ist bei jedem Ansatz, daß die sozialen Beziehungen immer von Normen und Werten geregelt und geleitet werden. Der erste Ansatz betrachtet die sozialpathologischen Phänomene als ein Problem der *Desorganisation*. Dabei wird die Gesellschaft als ein System sozialer Kontrollen gesehen, denen jeder einzelne unterworfen ist. Die Schwächung oder der Zusammenbruch dieser Normen wird als Desorganisation oder auch Desintegration bezeichnet[43]. Obwohl dieser Ansatz schon früh in der sozialpathologischen Literatur der amerikanischen Soziologie entwickelt wurde, ist er erst neuerdings von Albert K. Cohen einer gründlichen theoretischen Analyse unterworfen worden[44]. Cohen geht davon aus, daß die Handlungssequenzen des Individuums jeweils bestimmten „Spielregeln" folgen. Wenn diese Regeln durch äußere Einwirkungen durchbrochen werden oder wenn Umstände eintreten, die es verbieten, weiterhin nach den bisherigen Regeln zu „spielen", dann tritt ein Zustand der Desorganisation ein[45]. Die Schwierigkeit liegt dabei darin, die Durchbrechung von Verhaltensregeln des einen „Spiels" von dem Verhalten nach den Regeln eines neuen „Spiels" zu unterscheiden, oder anders ausgedrückt: Unterscheidungskriterien für die „Verhaltensspiele" zu entwickeln. Jedoch scheint mir diese Schwierigkeit nicht unüberwindlich: wenn man die Analyse solcher „Spiele" mit den Überlegungen der Rollentheorie verbindet, kann es sehr

wohl gelingen, entsprechende Kriterien zu finden, die mindestens eine Unterscheidung im jeweils empirisch untersuchten Fall erlauben. Ein anderer berechtigter Einwand, der oft gegen diesen Ansatz vorgebracht worden ist, wiegt schwerer: daß er nämlich jedem Fall von Desorganisation sogleich einen pathologischen Charakter unterstellt. Es gibt aber sehr viele Verhaltensweisen im alltäglichen Leben, die keineswegs festen „Spielregeln" folgen, und die gerade dann gestört wirken, wenn sie sich an solche Regeln klammern. Hier müßte eine Analyse der Struktur verschiedenartiger Interaktionssituationen den beschriebenen Ansatz ergänzen.

Eine zweite Weise, sozialpathologische Phänomene voneinander zu unterscheiden, geht davon aus, daß ihre Ursache in gesellschaftlichen *Wertkonflikten* zu suchen sei[46]. Gegen diesen Ansatz spricht zweierlei: zum einen gehen solche Wertkonflikte häufig auf strukturelle Konflikte in der Gesellschaft zurück, also auf ökonomische, politische, rassische und religiöse Konflikte. Zum anderen sind keineswegs alle Konflikte schon pathologische Erscheinungen; im Gegenteil: Interessenkonflikte gehören zu jeder Gesellschaft und haben für ihren Fortschritt und ihre Anpassung an veränderte Bedingungen eine wesentliche Bedeutung. Gewiß können manche Konflikte eine Gesellschaft über lange Zeit hin geradezu paralysieren, wie es zeitweilig die Religionskriege in Europa getan haben. Aber solche Konflikte werden in der Regel allmählich auf ähnliche Weise neutralisiert, wie es auch mit der Religionsfrage geschah. Von pathologischen Konflikten wird man umgekehrt gerade dann sprechen müssen, wenn es sich nicht um gegensätzliche Wertauffassungen handelt, sondern etwa um widerstreitende Machtinteressen, und vor allem, wenn der Konflikt außerhalb gewisser Spielregeln abläuft. Denn auch Konflikte richten sich in der Regel nach bestimmten Normen, die eine relative Verhaltenssicherheit gewährleisten.

Der dritte Ansatz schließlich geht vom *„abweichenden"* Verhalten aus; hier hat die soziologische Anomie-Theorie einen wichtigen Beitrag geleistet, indem sie das „abweichende" Verhalten nicht aus der Beziehung zwischen dem Handeln und der Persönlichkeitsstruktur, sondern aus seiner Beziehung zu den institutionalisierten Verhaltenserwartungen zu erklären sucht. Wie wir noch sehen werden, sind dabei aber wiederum nur die Anpassungsmöglichkeiten des Verhaltens an gegebene strukturelle Bedingungen beachtet worden und nicht die Rückkoppelungsprozesse, die das „abweichende" Verhalten selbst auslösen. Mit anderen Worten: die Orientierung des Handelnden an bestimmten Bezugsgruppen und seine Einbettung in bestimmte Lernmilieus sowie die Reaktion der sozialen Umwelt auf ein „abweichendes" Verhalten wirken gemeinsam auf dieses Verhalten ein. Der Fehler liegt hier darin, daß eine Verhaltensweise als ein Zustand der Anpassung an die Umstände einer Situation aufgefaßt wird und nicht als ein Prozeß, der diese Umstände selbst mit umgestaltet. — Ein weiteres Problem der Analyse von „abweichenden" Verhaltensweisen besteht schließlich in der Bestimmung dessen, was als „abweichend" gelten soll. Da es keine objektiven Kriterien einer Abgrenzung hier geben kann, sieht man sich wiederum verwiesen auf das, was die Gesellschaft jeweils als „abweichend" empfindet. Eine Untersuchung darüber wäre nun gewiß nicht ohne Bedeutung. Im Gegenteil: gerade hier könnte eine Prozeß-Analyse der Wechselwirkung zwischen bestimmten Verhaltensweisen und bestimmten sozialen Kontrollmechanismen außerordentlich fruchtbar sein. Damit wären jedoch bei weitem nicht alle sozialpathologischen Erscheinungen erfaßt; besonders Störungen, die als solche gar nicht zum Bewußtsein kommen, lassen sich als „abweichendes" Verhalten gerade nicht beschreiben.

Insgesamt ergibt sich also folgendes Bild: die Analyse sozialpathologischer Erscheinungen in der Gesellschaft darf nicht mit dem Modell einer statischen Sozialstruktur arbeiten, sondern muß den *Interaktionsprozeß* zwischen den Individuen als einen dynamischen Vorgang wechselseitiger Beeinflussung zu ihrem Ausgangspunkt machen. Ernest W. Burgess hat auf diese Notwendigkeit einer auf den Prozeß bezogenen Interaktionsanalyse bereits aufmerksam gemacht:

„Der Begriff des sozialen Prozesses umgreift die Begriffe der sozialen Desorganisation und des Wertkonfliktes und geht zugleich darüber hinaus. Indem die soziale Desorganisation in den sozialen Prozeß eingebettet wird, wird ihre Vermittlungsfunktion für die soziale Reorganisation deutlich. Auch wird der Wertkonflikt in dem größeren Kontext seiner Funktion gesehen, die Kultur einer Gesellschaft dem sozialen Wandel anzupassen."[47]

Im Interaktionsprozeß lassen sich nun die Störungen des Verhaltens lokalisieren, die zugleich immer Störungen der Interaktion selbst sind. Solche Störungen, so hatte ich reichlich allgemein gesagt, beruhen auf Problemen, mit denen die Individuen nicht fertig geworden sind. Da nun alles Verhalten sich an bestimmten Zielen und Regeln orientiert, die gesellschaftlich weitgehend vorgegeben sind, darf man vermuten, daß den Individuen zur Lösung ihrer Probleme, gleichviel welcher Art sie sein mögen, eine solche Orientierung oder bestimmte materiale Voraussetzungen fehlen, die es ihnen ermöglichten, ihr Verhalten entsprechend zu richten. Offenbar also liegen die Störungsursachen in den sozialen Normen und den gesellschaftlich institutionalisierten Handlungszielen. Nun wird ein Komplex vorgeformter Handlungsziele und Verhaltensmuster in der soziologischen Terminologie gemeinhin als eine soziale Rolle bezeichnet. Man kann also sagen, daß die Individuen den sozialpathologischen Erscheinungen in ihren sozialen Rollen begegnen und daß ihre Reaktion sich in einer Störung ihres Rollenverhaltens niederschlägt. Sozialpathologische Erscheinungen, so können wir als erstes Ergebnis festhalten, lassen sich demnach *rollenanalytisch* untersuchen. Die Störungen des Rollenverhaltens sind ein Symptom für bestimmte Störungen in der normativen Struktur der Gesellschaft, wie sie sich in einzelnen Komplexen von Verhaltenserwartungen, also sozialen Rollen, artikuliert.

Störungen in der normativen Struktur auszumachen, wenn sie sich *nicht* sichtbar im Rollenverhalten niederschlagen, bleibt allerdings schwierig. Hier muß zunächst das Verhältnis zwischen den Individuen und ihren Rollen geklärt werden. Doch bleibt *ein* Problem auch dann: was nämlich ein gestörtes Rollenspiel sei, wenn man es nicht am Leidensdruck des Rollenspielers ermitteln kann und am Urteil der Mitspieler nicht messen will. Könnten doch diese selbst mit „gestörten" Normen urteilen, mit anderen Worten, ein falsches Bewußtsein haben, jener aber seiner eigenen Entfremdung vielleicht nicht gewahr werden, weil er darin von anderen sich nicht unterscheidet. Das Vertrauen in die Legitimität der sozialen Normen, die ein Verhalten als gestört oder ungestört erscheinen lassen, trügt ebenso wie die Hoffnung auf Einsicht der Individuen in ihre eigene soziale Lage: eine Sozialpathologie wird niemals ganz ohne Bewertungen auskommen[48]. Zwei Umstände vor allem tragen dazu bei: einmal ist es nötig, ein Urteil darüber zu fällen, was jeweils in einer Gesellschaft und zu einer Zeit typische Verhaltensmuster sind. Hier muß man sich um objektive Beobachtung bemühen, aber die Möglichkeiten eines Fehlurteils durch die Voreingenommenheiten des Zeitgenossen sind zweifellos groß. — Zweitens, und noch wichtiger, ist die Notwendigkeit, gesellschaftliche Institutionen kritisch zu beurteilen, auch ohne daß man dabei individuelles Verhalten zum Anhaltspunkt nehmen könnte. Hier muß der *rollenanalytische* Ansatz einer Sozialpathologie, den ich hier zu entwickeln versuchen werde, *ideologiekritisch* ergänzt werden. Beide Ansätze haben ihre besonderen Schwierigkeiten und ihre besonderen Schwächen, die ich im Hinblick auf die Rollenanalyse ausführlich erörtern, im Hinblick auf die Ideologiekritik am Schluß dieser Untersuchung noch einmal streifen werde. Zusammengenommen aber erschließen sie trotz der Fährnis hier und da notwendig werdender Bewertungen die Möglichkeit, eine Pathologie des Sozialen zu entwickeln, die den genannten theoretischen Problemen gerecht wird. Rollenanalyse und Ideologiekritik müssen allerdings stets zum tatsächlichen *Leidensdruck* der Individuen in Beziehung gesetzt werden, wenn sie nicht Gefahr laufen wollen, in sozialutopistische Konstruktionen zu verfallen. Das ist auch dann noch richtig, wenn man beachtet, daß viele Leiden dem Subjekt selbst verdeckt und nur auf dem Umweg über Symptombildungen erkennbar sind. Eine Sozialpathologie, die auf das wirklich empfundene Leiden der Menschen keine Rücksicht mehr nimmt, kann in ihrer dogmatischen Intoleranz schließlich selbst mit zur Ursache solcher Leiden geraten.

Im Rahmen dieser Möglichkeiten einer Sozialpathologie ist die *Absicht dieser Untersuchung* bescheiden: es gilt einige Begriffe und Theoreme kritisch zu überprüfen und in einen logischen Zusammenhang zu bringen, um einen theoretischen Bezugsrahmen zu erarbeiten und damit einer künftigen Erforschung sozialpathologischer Phänomene den Boden zu bereiten. Dabei wähle ich den rollenanalytischen Ansatz und lasse die Möglichkeiten der Ideologiekritik unberücksichtigt, und zwar deshalb, weil die Lücke in der soziologischen Theorie eher auf seiten der Rollentheorie liegt. Es soll allerdings im Blickfeld bleiben, daß dieser Versuch einer ideologiekritischen Ergänzung bedarf, und zwar dergestalt im Blickfeld, daß die Nahtstelle, an der Rollenanalyse und Ideologiekritik sich zu einer Sozialpathologie vereinen müssen, stets deutlich wird.

Schon dieser flüchtige Überblick über die Möglichkeiten der Sozialpathologie hat gezeigt, daß sie sich nicht auf die Analyse von Normen und Institutionen beschränken kann, sondern stets das Verhalten selbst mit untersuchen muß, ja, oft gerade ihm als dem Ausgangspunkt ihrer Überlegungen besondere Beachtung schenken wird. Zwar geht es hier nur um Verhaltensweisen, für deren Charakter die Struktur der sozialen Normen verantwortlich gemacht werden muß, und niemals um solche, deren somatischer oder sonstiger Ursprung *keinerlei* Einfluß der normativen Struktur erkennen läßt, doch lassen sich dabei kontinuierliche Überschneidungen mit medizinischen und psychopathologischen Theorien nicht vermeiden. Denn in aller Regel ist das Verhalten überdeterminiert — es können somatische, psychische und soziale Faktoren zusammenkommen, um ein bestimmtes Verhalten zu verursachen, es kann aber jeder dieser Faktoren unter Umständen schon allein ein und dasselbe Verhalten hinreichend erklären. Das gilt insbesondere für den Bereich der sogenannten psychischen Störungen. Barbara Wootton schreibt dazu:

„.. viele der Symptome jedenfalls der leichteren psychischen Störungen, für die heute psychiatrische Hilfe allgemein in Anspruch genommen wird, sind im *wesentlichen* Verhaltenssymptome. In dem Maße, wie die Definitionen der Geisteskrankheit immer vager oder doch immer enger an akzeptierte Verhaltensnormen gebunden werden, wird immer deutlicher, daß viele von denen, die als psychisch gestört ("mentally sick") bezeichnet werden, diese Bezeichnung nur deshalb erhalten, weil sie in dieser oder jener Weise daran gescheitert sind, ihr Leben in Übereinstimmung mit den Anforderungen der eigenen sozialen Umgebung zu führen."[49]

Aber selbst wenn alle Verhaltensstörungen auf physiologische Prozesse zurückführbar wären (und es mag sein, daß wir eines Tages dahin kommen), wäre die Doppelseitigkeit des Phänomens damit noch nicht überwunden: auch dann bliebe es dabei, daß einige Verhaltensstörungen beklagt werden, weil sie Schmerzen bereiten, und andere, weil sie irgendwelche Normen verletzen. Mit anderen Worten: was letzten Endes die Verhaltensstörungen soziologisch relevant macht, ist immer ihre Wirkung auf andere im Interaktionsprozeß, mag sie nun in Sanktionen oder in Hilfsmaßnahmen bestehen. Deshalb scheint es mir auch legitim, in den weiten Bereich möglicherweise oder bestimmt auch nicht sozial determinierter Verhaltensweisen mit soziologischen Mitteln einzudringen. Dabei werden eine Reihe von psychologischen und vor allem psychoanalytischen Kategorien in die Untersuchung eingehen, jedoch stets nur im Kontext einer soziologischen Perspektive benutzt werden. Angesichts der tiefen und mit spitzen Pfählen gespickten Gräben zwischen den etablierten Disziplinen ist es vielleicht erlaubt, wenn ich hier die Verteidigung meines Vorgehens einem Berufeneren anvertraue. In einem Aufsatz über die soziale Bedeutung der Psychoanalyse schreibt Peter L. Berger:

„Die wichtigste positive Voraussetzung für eine solche soziologische Analyse ist es, daß sie sich innerhalb eines Bezugsrahmens bewegt, der selbst soziologisch ist. Das bedeutet, daß die soziologischen Untersuchungsverfahren bis zu ihren eigenen immanenten Grenzen entwickelt werden und nicht durch Grenzen, die von einer anderen Disziplin festgesetzt sind, sich hemmen lassen. Dieses Vorgehen schließt die allgemeine Praxis amerikanischer Soziologen aus, innerhalb der soziologischen Diskurs-Welt den Psychologen exterritoriale Gehege zuzugestehen (eine Höflichkeit, die übrigens selten von den Psychologen erwidert wird). Was immer die methodologischen Verdienste anderer Disziplinen sein mögen, die Soziologen können sich die Reichweite ihrer Arbeit von ihnen nicht vorschreiben lassen. Ebensowenig kann der Soziologe in anderen Forschungsbereichen dem Juristen oder dem Theologen erlauben, Halt-Schilder auf einem Territorium aufzubauen, das nach den Spielregeln legitimes soziologisches Jagdgebiet ist. Im Rahmen des Phänomens, das uns hier interessiert, kann der Soziologe dem Psychologen keine Exklusivrechte für jenes weite Gebiet zugestehen, das wie gewöhnlich als psychologisch bezeichnen. Eben dies war die große Leistung von George Herbert Mead, daß er gezeigt hat, wie der Soziologe dieses Gebiet betreten kann, ohne die Voraussetzungen seiner eigenen Disziplin zu verletzen."[50]

Ich werde versuchen, diesem Beispiel zu folgen.

Anmerkungen

[1] Vgl. P. v. Lilienfeld, La pathologie sociale, Paris 1896.

[2] F. Müller-Lyer, Soziologie der Leiden, München 1914, S. 2. Vgl. dazu Thomas Manns ironische Bemerkungen zu diesem Unternehmen im „Zauberberg", Kap. V, „Enzyklopädie".

[3] Zur Geistesgeschichte dieses Krisenbewußtseins vgl. etwa.: R. Kosel-

leck, Kritik und Krise; Beiträge zur Pathogenese der bürgerlichen Welt, München 1959.

4 Vgl. dazu: R. Spaemann, Der Ursprung der Soziologie aus dem Geist der Restauration; Studien über L. G. A. de Bonald, München 1959.

5 Vgl. dazu: A. Salomon, Fortschritt als Schicksal und Verhängnis; Betrachtungen zum Ursprung der Soziologie, Stuttgart 1957.

6 So am deutlichsten in den „Ökonomischen und philosophischen Manuskripten von 1844", MEGA, Bd. 3, I. Abt.

7 Vgl. dazu die Arbeit von J. Matzner, Der Begriff der Charaktermaske bei Karl Marx, in: Soziale Welt, Jg. 15, 1964, S. 130 ff., in der die entsprechenden Belegstellen zusammengetragen sind.

8 J. Matzner, aaO, S. 134.

9 J. Matzner, aaO, S. 130.

10 Vgl. H. Plessner, Soziale Rolle und menschliche Natur, in: Diesseits der Utopie. Ausgewählte Beiträge zur Kultursoziologie, Düsseldorf, Köln 1966, S. 23 ff.

11 Marx war nicht der Auffassung, daß die kommunistische Gesellschaft geschichtslos sei, sondern behauptete nur, daß in ihr die bisherige Geschichte als eine Geschichte von Klassenkämpfen ihr Ende finde. Gegen die Möglichkeit einer solchen Gesellschaft sprechen allerdings gewichtige anthropologische Gründe. Vgl. dazu: H. Plessner, Das Problem der Öffentlichkeit und die Idee der Entfremdung, in: Diesseits der Utopie, aaO, S. 9 ff.

12 Siehe M. Seeman, On the Meaning of Alienation, in: American Sociological Review, Vol. 24, 1959, S. 783 ff.

13 Auf diesen Unterscheidungen beruht auch die vorzügliche Arbeit von Robert Blauner, Freedom and Alienation; The Factory Worker and his Industry, Chicago und London 1964. Blauner behandelt allerdings — zu Recht, wie ich im Verlaufe dieser Untersuchung zeigen werde — Normlosigkeit nicht als eine Dimension der Entfremdung. Auch sonst hebt sich seine Untersuchung von Seemans Aufsatz vorteilhaft ab, und zwar erstens, weil er auf die rigide Terminologie der strukturell-funktionalen Theorie völlig verzichtet, und zweitens, weil er auf die Analysen von Marx selbst zurückgreift, so daß die Bindung des Entfremdungsbegriffs an Arbeitsprozeß und ökonomische Lage nicht gänzlich verlorengeht.

14 Vgl. E. Fromm, The Sane Society, New York 1955, S. 273: "The cure of social pathology must follow the same principle (as in cases of individual mental diseases), since it is the pathology of so many human beings, and *not of an entity beyond or apart from individuals.*" (Unterstreichung von mir, H. P. D.)

15 aaO, S. 69.

16 Vgl. The Sane Society, aaO, S. 72 f.: "A healthy society furthers man's capacity to love his fellow men, to work creatively, to develop his reason and objectivity, to have a sense of self which is based on experience of his own productive powers. An unhealthy society is one which creates mutual hostility, distrust, which transforms man into an instrument of use and exploitation for others, which deprives him of a sense of self, except inasmuch as he submits to others or becomes an automaton."

17 Fromms Analyse des kapitalistischen Systems, auf deren Darstellung wir im Zusammenhang unseres Problems ebenso verzichten können und müssen wie auf die entsprechenden Theorien bei Marx, findet sich in:

Escape from Freedom, New York 1941, und in: The Sane Society, op. cit., S. 83—103. Fromm unterscheidet verschiedene Phasen des Kapitalismus; aber in der ganzen Geschichte des Kapitalismus bleiben ihm vier charakteristische Kennzeichen immer erhalten: die Existenz von politisch und rechtlich freien Menschen, die Tatsache, daß freie Menschen ihre Arbeitskraft den Besitzern der Produktionsmittel verkaufen, die Existenz eines freien Marktmechanismus und die Prinzipien des Profitstrebens und der Konkurrenz. Fromms Analyse des Spätkapitalismus stützt sich weitgehend auf das klassische Werk von A. A. Berle und S. G. Means, The Modern Corporation and Private Property, New York 1932.

18 Eine vorzügliche Darstellung und Kritik des Gesamtwerkes von Erich Fromm stammt von J. H. Schaar, Escape from Authority; The Perspectives of Erich Fromm, New York 1961.

19 The Sane Society, aaO, S. 120.

20 Die Zitate sind alle der Untersuchung von Barbara Wootton, Social Science and Social Pathology, London 1959, entnommen.

21 Alle Nachweise finden sich bei B. Wootton, aaO, S. 211—214.

22 Vgl. K. Davis, Mental Hygiene and the Class Structure, in: Psychiatry, Februar 1938, S. 60, zit. nach B. Wootton, aaO, S. 214. — Neben den ausgewählten Zitaten finden sich in B. Woottons ausgezeichneter Analyse dieser Literatur noch zahlreiche weitere Belege. Dabei handelt es sich durchweg um amerikanische sozialwissenschaftliche Literatur.

23 Auch Blauner ist bei seiner empirischen Untersuchung auf diese Schwierigkeit gestoßen, aber er interpretiert sie anders: für ihn ist Entfremdung Ausdruck einer objektiven sozialen Situation, Zufriedenheit aber Ausdruck einer subjektiven Befindlichkeit.

24 Vgl. The Sane Society, aaO, S. 296 ff.

25 J. H. Schaar, aaO, S. 205.

26 Vgl. Th. Szasz, The Myth of Mental Illness, London 1962.

27 Szasz entwickelt eine Verhaltensanalyse auf der Basis einer Spieltheorie, die soziologisch ist, ohne es zu wissen. Seine Theorie ist eng verwandt mit der soziologischen Rollentheorie, von der Szasz aber kaum Notiz nimmt. Dennoch bringt seine Arbeit eine Fülle von Einsichten. Einige davon sind in veränderter Terminologie in die vorliegende Arbeit mit eingegangen, ohne daß ich mich im weiteren speziell mit den Überlegungen von Szasz kritisch auseinandersetze.

28 Szasz kann allerdings dann doch nicht verleugnen, daß er Psychiater ist, und macht reichlich Gebrauch von den Erkenntnissen seines Fachs.

29 Vgl. G. Le Bon, Psychologie des foules, 1. Aufl., Paris 1885.

30 Siehe dazu: Roger Bastide, Sociologie des maladies mentales, Paris 1965, S. 100 ff.

31 Es gibt verhältnismäßig wenige brauchbare Untersuchungen über diese Massenphänomene. Besonders die Frage, worauf der Ansteckungseffekt beruht, über dessen Phänomenologie schon Max Scheler in einem leider zu wenig beachteten Buch Wesentliches geschrieben hat (Wesen und Formen der Sympathie, 5. Aufl., Frankfurt 1948), bedürfte eingehender Erforschung. Über kollektive Reaktionen auf gemeinsame Stress-Situationen vgl. R. R. Grinker, I. P. Spiegel, Men under Stress, Blakiston, Phil., 1945. Hysterische Massenreaktionen können durch die Massenmedien hervorgerufen oder verstärkt werden. Ein berühmt gewordener Fall dieser Art war die Panik, die eine Radiosendung von Orson Welles, in der eine Invasion von Marsmenschen gemeldet wurde, in Amerika hervor-

rief. Vgl. dazu: H. D. Lasswell, Propaganda and Mass Insecurity, in: Psychiatry, Jg. 13, 1950, S. 283 ff. Der bislang einzige nennenswerte Versuch einer theoretischen Analyse von Massenreaktionen stammt aus der strukturell-funktionalen Schule; vgl. Neil Smelser, Theory of Collective Behavior, London 1962.

[32] Vgl. E. Fromm, The Sane Society, aaO; R. E. Money-Kyrle, Psychoanalysis and Politics; A Contribution to the Psychology of Politics and Morals, New York 1951; G. Devereux, Maladjustment and Social Neurosis, in: American Sociological Review, Jg. 24, 1959, S. 844 ff. Zur Psychologie des MacCarthyismus vgl. J. Gabel, Formen der Entfremdung; Aufsätze zum falschen Bewußtsein, Frankfurt 1964.

[33] Vgl. etwa R. Laforgue, Libido, Angst und Zivilisation, Wien 1932, wo von einem Kollektivbewußtsein die Rede ist, dessen psychische Struktur genau der des individuellen Bewußtseins entspricht. Ebenso gefährlich ist die in Amerika zeitweilig beliebte Vorstellung, daß der politische Führer (etwa Hitler) seinen Wahn auf die Bevölkerung übertragen könne, so daß es zu einer Massenerkrankung kommt. Vgl. etwa: R. Bain, Sociology and Psychoanalysis, in: American Sociological Review, Jg. I, 1936, S. 203 ff. — Ein Ergebnis dieser Vorstellung ist dann die unsinnige Idee, man könne ganze Bevölkerungen psychoanalysieren.

[34] R. Bastide, Sociologie des maladies mentales, aaO, S. 101.

[35] Vgl. A. Mitscherlich, Krankheit als Konflikt; Studien zur psychosomatischen Medizin I, Frankfurt 1966, S. 29/30.

[36] Im Gegenteil: Erhebungen, die unter anderem mit anamnetischen Methoden arbeiten, dürften gerade für sozialpathologische Untersuchungen von größter Bedeutung sein.

[37] Vgl. C. W. Mills, The Professional Ideology of Social Pathologists, in: American Journal of Sociology, Vol. 49, 1943.

[38] Vgl. E. Bend und M. Vogelfanger, A New Look at Mill's Critique, in: B. Rosenberg, I. Gerver, F. W. Howton (Eds.), Mass Society in Crisis; Social Problems and Social Pathology, New York, London 1964, S. 111 ff.

[39] Inzwischen sind einige wenige Textbücher über „Social Problems" erschienen, auf die diese Charakteristik nicht mehr paßt. Es sind dies vor allem zwei: der schon erwähnte Sammelband von B. Rosenberg, I. Gerver und F. W. Howton, Mass Society in Crisis, aaO, und die von M. Stein, A. J. Vidich und D. M. White herausgegebene Textsammlung: Identity and Anxiety; Survival of the Person in Mass Society, New York und London 1960. Zwei gute Arbeiten aus jüngster Zeit sind: Jack D. Douglas, Observations of Deviance, New York 1970, und das phänomenologisch orientierte Textbuch von H. Taylor Buckner, Deviance, Reality, and Change, New York 1971.

[40] Es sei hier nur an die bis heute vorbildlichen Untersuchungen der »Chicago-Schule« in den zwanziger und dreißiger Jahren erinnert.

[41] Vgl. A. K. Cohen, The Study of Social Disorganization and Deviant Behavior, in: R. K. Merton, L. Broom, L. S. Cotrell, Jr., Eds., Sociology Today; Problems and Prospects, 2. Aufl., New York 1965, Vol. 2, S. 461 ff. Auf S. 463 heißt es dazu: "One reason for the undeveloped state of the sociology of deviant behavior is the tendency to focus on a few kinds of behavior that are usually deviant in our society and to study these in a diffuse and encyclopedic way, rather than to concentrate on the theoretical problems inherent in the fact of deviance itself."

[42] Über Geschichte und Bedeutung des Gleichgewichtsmodells in der Soziologie vgl. die kritische Analyse von C. E. Russet, The Concept of Equilibrium in American Social Thought, New Haven und London 1966.
[43] So z. B. M. A. Elliot und F. E. Merrill, Social Disorganization, New York 1934. Vgl. auch die Literaturangaben bei C. W. Mills, The Professional Ideology of Social Pathologists, aaO.
[44] Vgl. A. K. Cohen, The Study of Social Disorganization and Deviant Behavior, aaO.
[45] Vgl. die folgenden von Cohen erwähnten Beispiele: "A children's ball game is disrupted when their only ball falls into the creek. A meeting of a learned society is disrupted when some members of the local Chamber of Commerce appear and announce that the room has been reserved for their use during that hours. A military mission is disrupted when the leader is killed and no one steps forward to assume command." (Op. cit., S. 475.)
[46] So z. B. J. F. Cuber und R. A. Harper, Problems of American Society; Values in Conflict, New York 1948.
[47] Vgl. E. W. Burgess, Social Problems and Social Processes, in: A. Rose, Human Behavior and Social Processes; An Interactionist Approach, London 1962, S. 381 ff., Zitat S. 383.
[48] Eigentlich ist das auch nicht überraschend. Don Martindale hat z. B. in einer Übersicht über die amerikanische Literatur zu "social problems" festgestellt, "... the one thing ... all the critics from Mills to Lemert — and many others in addition — are agreed upon is the presence of valuations in the theory of social disorganization. There is no question whatsoever that they are correct." (Don Martindale, Social Disorganization, in: H. Becker und A. C. Boskoff, Eds., Modern Sociological Theory, New York 1961, S. 348.) Die Schwierigkeit, hier werturteilsfrei zu arbeiten, haben, wie man sieht, auch andere schon gehabt.
[49] B. Wootton, Social Science and Social Pathology, aaO, S. 225.
[50] Vgl. P. L. Berger, Towards a Sociological Understanding of Psychoanalysis, in: Social Research, Vol. 32, 1965, S. 26 ff.; Zitat S. 32.

Kapitel II

Angepaßtes und abweichendes Verhalten

1. Die Entwicklung des Anomie-Begriffs bei Emile Durkheim

Für die theoretische Klärung derjenigen gesellschaftlichen Phänomene, die das Zusammenleben der Menschen in irgendeiner Weise zu stören scheinen, kommt in der gegenwärtigen Soziologie dem Begriff Anomie eine besondere Stellung zu. In der soziologischen Literatur wird dieser Begriff zuerst von Emile Durkheim verwandt. Es handelt sich um eine Neubildung aus dem altgriechischen „nomos" und bezeichnet dementsprechend einen Zustand der Gesetzlosigkeit und Zügellosigkeit[1].

Durkheim führt den Anomie-Begriff in seiner 1893 erschienen Untersuchung über die Arbeitsteilung ein[2].

Bekanntlich stellt er in diesem Buch die „mechanische Solidarität" einer Gesellschaft mit geringer Arbeitsteilung der „organischen Solidarität" einer Gesellschaft mit hochgradiger Arbeitsteilung gegenüber. Nach Durkheim kommt es in Gesellschaften mit starker Funktionsdifferenzierung — also in den modernen Industriegesellschaften — zu einer Schwächung der „conscience collective" und zu einer stärkeren Betonung der individuellen Unterschiede. In dieser Entwicklung sieht Durkheim eine dreifache Gefahr: erstens führt eine hochdifferenzierte Arbeitsteilung leicht zu einer erzwungenen Spezialisierung, in der der einzelne seine Begabung nur noch unvollständig entfalten kann, so daß die Verteilung der Arbeit nicht der Verteilung der Talente entspricht. Zweitens kann eine zu weit gehende Arbeitsteilung die Entwicklung eines Solidaritätsgefühls behindern, weil sie dem Arbeiter nur noch Partialfunktionen beläßt, die ihm eine Identifikation mit dem Produkt seiner Arbeit unmöglich machen. Das entspricht also dem, was Marx in einer bestimmten Bedeutungsvariante des Begriffs als Entfremdung bezeichnet hat. Die dritte Gefahr zu großer Arbeitsteilung sieht Durkheim in einem Mangel an Integration oder wechselseitiger Anpassung der unterschiedlichen Arbeitsfunktionen. Die Ursachen einer solchen Desintegration der Funktionen sind die mit zunehmender Arbeitsteilung immer häufiger auftretenden Wirtschaftskrisen und Arbeitskämpfe, daneben aber auch die wachsende Spezialisierung der Wissenschaften. Diesen dritten durch die Arbeitsteilung verursachen Zustand nennt Durkheim anomisch. Anomie ist also nach dieser ersten Formulierung ein Zustand der sozialen Desintegration, der dadurch herbeigeführt wird, daß die wachsende Arbeitsteilung ausreichend wirksame

Kontakte zwischen den Arbeitenden und damit befriedigende soziale Beziehungen zunehmend verhindert.

Diese Analyse enthält nun freilich einen eigentümlichen Widerspruch: einerseits führt die fortschreitende Arbeitsteilung zu einer Schwächung der „conscience collective“, andererseits soll eine Gesellschaft mit großer Funktionsdifferenzierung aber doch durch eine „organische Solidarität“ gekennzeichnet sein. Durkheims Argumentation richtet sich vor allem gegen den Utilitarismus. Die liberalen Gesellschaftstheoretiker — so z. B. John Stuart Mill — wollten die auch in einer arbeitsteiligen Gesellschaft vorhandene Ordnung der Tauschbeziehungen allein aus der Tatsache erklären, daß die Individuen ein unmittelbares Interesse an dem Vorhandensein solcher Beziehungen haben. Gegenüber diesem „psychologischen Atomismus“ behauptete Durkheim die Existenz eines gesonderten, nicht auf die einzelnen Individuen zurückführbaren Elements, das er als „organische Solidarität“ bezeichnete. Durkheim beginnt seine Argumentation[3] mit der Erklärung, daß die Arbeitsteilung sich nicht aus dem „Naturzustand“ einer Vielzahl unterschiedlicher Individuen habe entwickeln können. Vielmehr setze jede Differenzierung bereits eine Gesellschaft voraus. Also habe sich die „organische Solidarität“ aus der „mechanischen Solidarität“ einer primitiven Gesellschaft mit geringer Arbeitsteilung entwickelt. Solche Gesellschaften sind aber nach Durkheim durch eine „conscience collective“ gekennzeichnet, welche den blinden Gehorsam gegenüber dem Diktat der Tradition ermöglicht; ihr Rechtssystem ist auf die Bestrafung derjenigen abgestellt, die den kollektiven Glauben und die kollektiven Gefühle verletzen. Hier wird also die „mechanische Solidarität“ mit der „conscience collective“ identifiziert. Damit entsteht eine Hypostasierung des „kollektiven Bewußtseins“ zu einem „kollektiven Gewissen“, dessen Schwächung im Zuge der Arbeitsteilung von vornherein den Keim der Unordnung, ja der Anomie in sich trägt.

So bleibt die Frage, wie es zur „organischen Solidarität“ in der arbeitsteiligen Gesellschaft kommt und in welcher Weise sie die „conscience collective“ ersetzen kann, im Buch über die Arbeitsteilung weitgehend offen. Den ersten Teil der Frage beantwortet Durkheim nur sehr vage — seine Argumentation läuft schließlich darauf hinaus[4], daß die Arbeitsteilung selbst die ihr entsprechende Form der Solidarität produziert, und zwar durch allmähliche Gewöhnung an neue Verhaltensweisen, die im Laufe der Zeit zu bindenden Verhaltensregeln sich verfestigen. Nicht weniger vage ist die Beantwortung des zweiten Teils der Frage: Durkheim weist immer wieder darauf hin[5], daß ein rein egoistischer oder hedonistischer Individualismus niemals eine Solidarität schaffen könne, die als Basis der sozialen Kohäsion dient. „Organische Solidarität“ ist also die kollektiv gesetzte Einschränkung der Rechte des Individuums, einer Befriedigung seiner Bedürfnisse unmittelbar nachzugehen. Durkheim versteht unter Individualismus eine bewußte moralische Haltung, die dem Typus der arbeitsteiligen Gesellschaft angemessen ist; ihr Inhalt ist weniger das Recht auf individuelle Bedürfnisbefriedigung als die Pflicht, seine Talente so zu entfalten, daß der Gesellschaft daraus ein größtmöglicher Nutzen entsteht. Darüber hinaus betont Durkheim[6], daß friedliche und nutzbringende Vertragsverhältnisse nur ihm Rahmen einer rechtlichen und moralischen Ordnung möglich sind, die die möglichen Vertragstypen begrenzt und die aus dem Vertrag folgenden Obligationen klar definiert und durchsetzt. Die „organische Solidarität" besteht also in einer moralischen Haltung der Individuen, deren Befolgung von bestimmten gesellschaftlichen Institutionen, z. B. einem kodifizierten Zivilrecht, kontrolliert wird.

Auch wenn man von Durkheims eigener Absicht ausgeht, ist diese Darstellung der Verhältnisse ausgesprochen unbefriedigend: erstens ist die Behauptung eines in der utilitaristischen Argumentation nicht enthaltenen überindividuellen Elements nicht stichhaltig, wenn die „organische Solidarität" aus der Gewohnheit der Individuen abgeleitet wird und nicht aus dem Zwang einer „conscience collective". Zweitens aber war ja sein ursprüngliches Problem, das „noncontractual element in contract"[7], also die überindividuellen Momente in der sozialen Ordnung des „Gesellschaftsvertrags" zu analysieren[8].

Der Begriff der „conscience sociale" wird von Durkheim zunächst entwickelt, um die gemeinsamen religiösen und moralischen Vorstellungen zu bezeichnen, die der „Gesellschaftsvertrag" bereits voraussetzt. Gerade mit diesem Begriff hoffte Durkheim, den „psychologischen Atomismus" des 19. Jahrhunderts zu überwinden und zu einem soziologischen Ansatz vorzudringen, der „Soziales nur durch Soziales erklärt". Auf der anderen Seite wird die „conscience collective" mit der „mechanischen Solidarität" identifiziert, die bei dem Entstehen einer arbeitsteiligen, vorwiegend auf Vertragsverhältnissen beruhenden Gesellschaft allmählich verschwindet und von der auf individueller moralischer Haltung basierenden „organischen Solidarität" abgelöst wird[9].

Der beschriebene Widerspruch in Durkheims Werk ist nicht unwichtig für unser Problem, weil der Begriff der Anomie offensichtlich als Gegenbegriff zur normativen Ordnung der Gesellschaft konzipiert ist. Je nachdem, wie diese Ordnung aussieht und durchgesetzt wird, ist auch die Desintegration dieser Ordnung von unterschiedlicher Art. Wenn Anomie als ein Zustand der Normlosigkeit, der durch zu weitgehende Spezialisierung in der arbeitsteiligen Gesellschaft entsteht, den Gegenbegriff zur „conscience collective" bezeichnet, so ist die „organische Solidarität" bereits latent anomisch. In der Identifikation der „conscience collective" mit „mechanischer Solidarität" wird ein Kollektivbewußtsein früherer Stadien der gesellschaftlichen Entwicklung dem individualisierten Bewußtsein der „organischen Solidarität" moderner Gesellschaften gegenübergestellt. Die Autonomie des individuellen Bewußtseins wäre dann bereits ein anomischer Zustand. Wenn andererseits Anomie als Gegenbegriff zur „organischen Solidarität" konzipiert ist, dann wäre sie nicht mehr als sozialer, sondern nur noch als psychischer Zustand zu begreifen, denn die arbeitsteilige Gesellschaft soll ja durch die „organische Solidarität" gerade ihre Kohäsion beziehen. Durkheims Hinweis auf eine „zu weit getriebene" Arbeitsteilung hilft hier nicht weiter, denn was heißt zu weit getrieben, wenn die Arbeitsteilung ein, wie Durkheim selbst bemerkt, auch weiterhin fortschreitender Prozeß ist? Als Ursache der Anomie nennt Durkheim u. a. Wirtschaftskrisen und Arbeitskämpfe. Hier geht offenbar die „organische Solidarität" verloren, weil die Individuen nicht mehr fähig oder nicht mehr bereit sind, ihre moralische Verpflichtung zur Zügelung der eigenen Bedürfnisse einzuhalten. Hier entspricht der Anomie-Begriff genau dem theologischen Sprachgebrauch des 16. und 17. Jahrhunderts: Anomie ist die individuelle Unfähigkeit, seinen Trieben Zügel anzulegen, ein persönlicher Zustand der Sünde, nicht aber ein gesellschaftliches Phänomen. Und doch geht es Durkheim erklärtermaßen um die „sozialen Tatsachen" , die er gegenüber dem Psychologismus der liberalen Gesellschaftstheorie als eigentlichen Gegenstand der soziologischen Forschung in Anspruch nimmt.

Die beschriebenen Antinomien in der Darstellung Durkheims lassen sich nicht auflösen, ohne auf sein bedeutendes Werk über den Selbstmord einzugehen[10], in dem der Anomie-Begriff eine wesentliche Erweiterung erfahren hat. Durkheim beginnt seine Untersuchung mit einer Kritik an zwei Arten von Theorien, die sich mit der Erklärung des Selbstmord-Phänomens beschäftigen: zunächst wendet er sich kurz gegen alle Theorien, die den Selbstmord aus verschiedenen individuellen Motiven erklären wollen, z. B. aus Bankrott oder verletzter Ehre. Dabei ist wichtig, daß es Durkheim nur um die Erklärung der Differenzen in der Selbstmord*rate* innerhalb einer Population geht; an keiner Stelle versucht er eine Erklärung individueller Fälle von Selbstmord. Unter der Selbstmordrate versteht er eine demographische Zahl wie z. B. Sterblichkeitsrate auf 100 000 Personen einer gegebenen Bevölkerung. Auf dieser Basis kann er die psychologischen Motiv-Theorien rein empirisch widerlegen: die verschiedenen Motiv-Typen bleiben annähernd konstant bei großen Variationen in der gesamten Selbstmordrate. — Die zweite Gruppe von Erklärungen, gegen die sich Durkheim wendet, stützt sich auf Faktoren der Vererbung und des Milieus, so vor allem Klima, Rasse, Alkohol, Nachahmung und psychopathische Zustände. Bei einigen dieser Faktoren gelingt ihm der Nachweis der Irrelevanz, bei anderen bleibt die Argumentation weniger überzeugend[11]. Alle diese Faktoren — vielleicht mit Ausnahme der Rasse als einer manchmal geradezu soziologischen Kategorie — mögen eher zur Verursachung individueller Fälle beitragen als zur Veränderung der Selbstmordrate. Belegen läßt sich das aus Durkheims Untersuchungen freilich nicht, weil er diese Faktoren nicht statistisch isoliert hat. Sie sind in der Selbstmordrate enthalten, und ihr möglicher Einfluß ist von Durkheim nicht gesondert untersucht worden.

Besonders problematisch ist dieses Verfahren gegenüber psychopathologischen Faktoren. Man muß sich freilich den damaligen Stand der Psychiatrie vor Augen halten, die um die Jahrhundertwende noch fast ausschließlich mit der Annahme rein hereditärer Verursachung arbeitete und eine genauere Ätiologie noch nicht entwickelt hatte. Die Entdeckungen Freuds standen noch bevor. Inzwischen ist unser Wissen über die Zusammenhänge zwischen psychischen Störungen und sozialen Faktoren durch Psychoanalyse und Sozialpsychiatrie wesentlich bereichert worden. Durkheims Argumentation trifft auch heute noch auf bestimmte vererbte Geisteskrankheiten zu: er kann ohne Schwierigkeiten nachweisen, daß die auf solche Krankheitsbilder zurückführbaren Selbstmorde die Variationen der Selbstmordrate nicht zu erklären vermögen. Psychische Milieuschäden sind dagegen heute der spezifische Forschungsgegenstand einer eigenen Disziplin, der Sozialpsychiatrie, deren Ergebnisse darauf hinweisen, daß psychopathologische und sozialpathologische Erscheinungen in engster Beziehung zueinander stehen. Schon Durkheims bedeutendster Nachfolger in diesem Forschungsgebiet, Maurice Halbwachs, hat darauf hingewiesen[12], daß sich psychologische und soziologische Erklärungen hier nicht ausschließen, sondern einander ergänzen.

Auch in der Selbstmord-Untersuchung also hat Durkheim den Versuch unternommen, die Irrelevanz der individuellen Faktoren gegenüber den kollektiven Verursachungsmechanismen nachzuweisen. Das soziale Milieu wird von den nichtsozialen Faktoren sorgfältig unterschieden: aus ihm allein soll die „soziale Tatsache" der Variationen in der Selbstmordrate sich erklären[13]. Die Analyse dieser sozialen Faktoren der Selbstmordrate, der „courants suicidogènes", wie er sich ausdrückt, bildet den wichtigsten Teil der Untersuchung. Durkheim unterscheidet drei Typen des Selbstmords, in denen jeweils ein solcher Faktor des sozialen Milieus überwiegt: den altruistischen, den egoistischen und den anomischen Selbstmord.

Diese drei Typen des Selbstmords entwickelt Durkheim aus einer Korrelation der Selbstmordraten mit gewissen Gruppenzugehörigkeiten und bestimmten sozialen Desintegrationsprozessen. So entdeckte er beispielsweise, daß Protestanten eine höhere Selbstmordrate haben als Katholiken; daß sie unter den religiösen Gruppen bei Juden am niedrigsten und bei Freidenkern am höchsten ist; daß sich Unverheiratete häufiger als Verheiratete und Offiziere häufiger als einfache Soldaten umbringen.

Der „altruistische" Selbstmord[14] erklärt sich aus einem Normenkonfikt in Gesellschaften und Organisationen mit extremer Gruppenkohäsion. Durkheims Hauptbeispiel ist die Armee, in der er eine signifikant höhere Selbstmordrate fand als in der vergleichbaren Zivilbevölkerung — eine Tatsache, die durch die Härte des militärischen Lebens nicht ausreichend erklärt wird, weil die Selbstmordrate der Offiziere höher liegt und weil sie mit der Dauer der Dienstzeit trotz der damit vermutlich verbundenen Gewöhnung steigt. Durkheim erklärt dies damit, daß die Angehörigen der Armee einer scharfen Disziplin unterworfen sind, mit deren Hilfe der absolute Vorrang der Gruppenwerte gegenüber den individuellen Bedürfnissen durchgesetzt wird. Jeder einzelne hat sich schließlich so stark mit der Gruppe identifiziert, ist so stark von der Gruppe geprägt und abhängig geworden, daß eine Verletzung der Gruppennormen leichter als sonst zum Selbstmord führt. Durkheim weist auf die — zu seiner Zeit — häufigen Selbstmorde aus verletzter Ehre hin. Aber als Beispiel dienen ihm auch Primitiv-Gesellschaften, in denen die Verletzung eines Tabus mit dem Selbstmord des Außgestoßenen endet, und bestimmte religiöse Sitten, wie etwa die Witwenverbrennung in Indien. Der „altruistische" Selbstmord ist also charakteristisch für Gesellschaften mit „mechanischer Solidarität", wie Durkheim es in „De la division du travail" genannt hatte: der entscheidende Faktor ist die „conscience collective" — die hier wohl mit „kollektives Gewissen" zu übersetzen wäre — und die den einzelnen mit dem Verstoß aus der Gesellschaft bezeichnenderweise auch zum Ausscheiden aus dem Leben zwingt. Allerdings fehlt hier — und das ist das Neue im Selbstmord-Buch — die Verknüpfung mit der Sozialstruktur, die in der Untersuchung über die Arbeitsteilung im Vordergrund gestanden hatte: während dort die „mechanische Solidarität" gerade ein Kennzeichen undifferenzierter Gesellschaften war, wirkt nun die „conscience collective" auch in so stark strukturierten Organisationen wie der Armee.

Der Gegentyp zum „altruistischen" Selbstmord ist der „egoistische": wo jener in sozialen Verhältnissen mit besonders starker sozialer Kontrolle auftritt, wird dieser umgekehrt durch das Fehlen der sozialen Kontrolle hervorgerufen. Durkheim geht von Beispielen aus dem familiären Bereich aus, wo sich ein Absinken der Selbstmordrate bei wachsender Bindung an die Familie zeigt: Verheiratete bringen sich seltener um als Unverheiratete, vor allem, wenn Kinder zur Familie gehören. Offenbar wirkt diese emotionale Bindung stabilisierend auf das individuelle Verhalten[15].

Diese Interpretation reicht allerdings nicht mehr aus, um die Unterschiede in der Selbstmordrate bei verschiedenen religiösen Gruppen zu interpretieren. Warum treten Selbstmorde bei den Protestanten häufiger auf als bei Katholiken und bei diesen wiederum häufiger als bei Juden? Hier stellt sich für Durkheim die Frage nach dem Wesen der „organischen Solidarität" auf neue Weise: während bei den Katholiken die Verantwortung für Glaubensfragen im wesentlichen bei den Priestern, also bei der Kirche liegt, ist die individuelle Freiheit des Glaubens für den Protestanten gerade der Angelpunkt seiner Konfession. Aber anders als bei der „organischen Solidarität" der arbeitsteiligen Gesellschaft erklärt Durkheim diese Verantwortung der Einzelpersönlichkeit nicht aus der Überzeugung oder gar Gewohnheit der Individuen, sondern aus einer kollektiven Norm der Selbstverantwortlichkeit. An anderer Stelle [15a] geht Durkheim weiter und spricht von einem „Kult der Persönlichkeit" in der modernen Gesellschaft. Es gebe, so meint er, eine allgemein verbreitete moralische Überzeugung, daß jeder einzelne sich zu einer unabhängigen Persönlichkeit entwickeln solle und zugleich die Persönlichkeit anderer zu respektieren habe. Hier tritt also die „conscience collective" in einer anderen Form auf: als Zwang zur Individualisierung. Damit ist das Problem des „nicht-kontraktuellen Elements im Kontrakt" zwar einer Lösung nähergebracht, aber der Typ des „egoistischen" Selbstmordes bleibt doch unscharf.

Auch durch den dritten Typ, den „anomischen" Selbstmord, wird die Typologie nicht viel klarer. Wiederum liegen der Konstruktion des Typus bestimmte empirische Gegebenheiten zugrunde, nämlich die Abhängigkeit der Selbstmordrate von den Konjunkturphasen der Wirtschaft. Durkheim fand nicht nur — was leicht erklärlich wäre — einen Anstieg der Selbstmordrate bei Depressionen, sondern auch ein Ansteigen in Perioden besonderen Wohlstands. Gerade diese Tatsache, die im Widerspruch zu allen utilitaristischen Theorien steht, führte ihn zur Annahme einer dritten typischen Selbstmordursache: in beiden Fällen geht die Orientierung an einem gewohnten Verhältnis von Zielen und Mitteln zu ihrer Erreichung verloren. Wo bei wirtschaftlicher Depression alle Anstrengungen, die erfahrungsgemäß zu einem gewissen Erfolg führen, vergeblich erscheinen, werden die Ziele bei einer Hochkonjunktur allzu rasch erreicht und verlieren ihre handlungsorientierende Wirkung. Das Neue dieser Erklärung liegt darin, daß Durkheim nicht nur die Notwendigkeit einer adäquaten Kontrolle über die Mittel für das soziale Handeln betont, sondern auch auf die Bedeutung klar formulierter Handlungsziele hinweist. Auch diese müssen gesellschaftlich vorgegeben sein; wenn das Individuum sich plötzlich in eine Situation versetzt sieht, in der alle seine bisherigen Wünsche erfüllt sind, kann es nur ausnahmsweise aus eigener Kraft sich neue Ziele setzen; normalerweise wird das Fehlen gesellschaftlich verbindlicher Zielsetzungen zu einer Desorientierung des Verhaltens führen. Daraus erklärt sich die höhere Selbstmordrate in Phasen eines ungewohnten Wohlstands. Durkheim hat hier freilich die für das 19. Jahrhundert typischen Konjunkturzyklen im Auge; heute ist uns ein kontinuierliches Ansteigen des Lebensstandards, wie ihn die bessere Kontrolle des Wirtschaftsprozesses durch die Fortschritte der ökonomischen Wissenschaften ermöglicht, fast schon selbstverständlich. Dabei zeigt sich, daß die Bedürfnisse selbst von den jeweils angebotenen Möglichkeiten der Bedürfnisbefriedigung abhängen. Keineswegs beruhen die subjektiven Zielsetzungen bei der weiteren Hebung des Lebensstandards nur auf individueller Leistung; vielmehr orientieren sich die jeweiligen „Aspirationsbedürfnisse", die ihrerseits das, was jeweils als „Existenzminimum" gilt, selbst mitbestimmen, an dem, was der Markt an immer Neuem anzubieten hat und worauf sie von vornherein gesellschaftlich schon bezogen sind[16]. Darin dürfte der Grund zu suchen sein, daß die von Durkheim beobachtete Zunahme der Selbstmordrate bei Hochkonjunkturen durch spätere Untersuchungen nicht bestätigt worden ist[17].

Wichtiger für unseren Zusammenhang ist aber die Neuformulierung des Anomie-Begriffs. Durkheim war der Auffassung, daß der Mensch ein Bündel von ungerichteten Trieben und Bedürfnissen sei. Wenn Bedürfnisse überhaupt jemals befriedigt werden sollen, dann müssen sie sozial limitiert werden. Wohlstand kann zu einer Ursache des Selbstmordes gerade dadurch werden, daß die Bedürfnisse, ihrer hergebrachten Ziele beraubt, so grenzenlos werden, daß sie durch nichts mehr zu befriedigen sind. Die gesellschaftliche Begrenzung durch Vorgabe bestimmter fest umrissener Ziele des wirtschaftlichen Handelns darf freilich nicht durch bloß äußeren Zwang das individuelle Streben einengen, sondern muß, um wirksam zu sein, die „moralische Autorität" der „conscience collective" haben. Anomie ist also für Durkheim das Versagen oder das Fehlen eines Systems von kollektiv verankerten moralischen Überzeugungen, die tief in die Persönlichkeit des einzelnen eingebettet sind. — In dieser Erkenntnis, die schon an Freuds Begriff des „Über-Ich" oder auch an Riesmans „Innenlenkung" erinnert, ist Durkheim der Ansicht nahe gekommen, daß Individuum und Gesellschaft nicht einander gegenübergestellte Substanzen sind, sondern daß es nur soziale und persönlichkeitsspezifische Aspekte eines umfassenden Funktionszusammenhangs gibt. Aber, wie T. Parsons bemerkt hat, „das bringt Durkheims empirische Erkenntnis zu einem Punkt, der seinem allgemeinen begrifflichen Schema weit voraus ist."[18] Für Durkheim ist Anomie jedenfalls ein *sozialer* Zustand; er bezeichnet eine allgemeine Schwächung

der „conscience collective“, bei der die Handlungsziele unklar werden und im Grenzenlosen verschwimmen.
Damit wird nun allerdings auch deutlich, daß „Anomie“ nicht ein Gegenbegriff zum „Egoismus“ sein kann, der ja eine Gefahr der „organischen Solidarität“ als der modernen „conscience collective“ meint. In der Selbstmord-Untersuchung wird also das Problem der „organischen Solidarität“ doch nur auf eine andere Ebene verschoben: zwar verzichtet Durkheim auf die Gegenüberstellung von „conscience collective“ und „organischer Solidarität“ und bezeichnet nunmehr den „Individualismus“ als deren spezifischen Inhalt in modernen Gesellschaften. Aber erstens sieht er doch in der „egoistischen“ Übertreibung des Individualismus eine typische Gefahr der „organischen Solidarität“, und zweitens hält er die Auflösung jeglicher Solidarität und den daraus resultierenden Zustand der „Anomie“, von dem offenbar wiederum die modernen Gesellschaften besonders bedroht sind, beiden Formen der „conscience collective“ entgegen. Daraus entstehen dann zugleich Unschärfen und Überschneidungen in der Typologie der Selbstmordursachen. Erst in jüngster Zeit hat B. Dohrenwend versucht, hier einige Klarheit zu schaffen[19], indem er die drei konstituierenden Elemente der Typologie Durkheims isoliert hat: die Existenz von Normen, den Inhalt der Normen und die Art der sozialen Kontrolle. In den drei Selbstmordtypen sind diese Elemente in unterschiedlicher Zusammensetzung enthalten, so daß sich nun auf theoretischem Niveau klare Kriterien der Abgrenzung ergeben. Dohrenwend kommt zu folgenden Ergebnissen:

1. „Egoismus“ und „Altruismus“ sind im Gegensatz zur „Anomie“ durch das Vorhandensein von Normen charakterisiert.
2. „Egoismus“ und „Altruismus“ unterscheiden sich durch den Inhalt der Normen: individualistische Normen fördern ein „egoistisches“ Verhalten; kollektivistische Normen fördern ein „altruistisches“ Verhalten.
3. Sowohl individualistische wie kollektivistische Normen werden als internalisierte Verhaltensanweisungen wirksam; die soziale Kontrolle ist in Form einer „conscience collective“ von vornherein verinnerlicht.
4. „Anomie“ ist dagegen ein Zustand der Normlosigkeit. Das Fehlen von Normen und Werten läßt den menschlichen Triebkräften Raum zu einer freien, unreglementierten und damit befriedigungslosen Entfaltung.

Es ist nun sehr bezeichnend, daß der eigentliche Gegenbegriff zur „Anomie“, der „Fatalismus“, weder bei Durkheim noch bei seinen Interpreten viel Beachtung gefunden hat. Denn daß dieser Gegenbegriff nicht der „Egoismus“ ist, dem gegenüber Durkheim den Begriff der Anomie entwickelt, ist aus der Untersuchung von

Dohrenwend klar ersichtlich — freilich bringt Dohrenwend mehr Systematik in Durkheims Typologie, als dieser selbst darin vermutet hat. Immerhin erwähnt Durkheim den „fatalistischen" Selbstmord wenigstens, wenn auch nur einmal und in einer Anmerkung: er scheint die Lücke im eigenen System mindestens geahnt zu haben. Bezeichnend ist das Fehlen jeder weiteren Ausführung über den „fatalistischen" Selbstmord im übrigen auch aus einem anderen Grunde: er paßt nicht zu Durkheims Menschenbild. Es mag nützlich sein, hier die erwähnte Anmerkung selbst zu zitieren[20]:

„Die obigen Ausführungen zeigen, daß es einen dem anomischen Selbstmord entgegengesetzten Typ des Selbstmords gibt, ebenso wie egoistischer und altruistischer Selbstmord Gegensätze sind. Dies ist der Selbstmord, der aus überstarker Reglementierung entsteht, der Selbstmord von Menschen, deren Zukunft hoffnungslos blockiert ist und deren Leidenschaften gewaltsam von bedrückender Disziplin erstickt sind. Es ist der Selbstmord der sehr jungen Ehemänner, der verheirateten Frau, die ohne Kinder geblieben ist. So müssen wir der Vollständigkeit halber einen vierten Typ des Selbstmords einführen. Aber er hat so wenig gegenwärtige Bedeutung, und Beispiele sind, abgesehen von den eben angeführten, so schwer zu finden, daß es nutzlos scheint, bei ihm zu verweilen. Man mag jedoch behaupten, daß er von historischem Interesse sei. Gehören nicht die Selbstmorde der Sklaven, die unter gewissen Bedingungen häufig gewesen sein sollen (vgl. Corre, Le crime en pays créoles, p. 48), zu diesem Typ oder überhaupt alle Selbstmorde, die auf einen exzessiven physischen oder moralischen Despotismus zurückzuführen sind? Um die unvermeidliche und starre Natur der Reglementierung, gegen die es keine Berufung gibt, zu unterstreichen, und als Gegensatz zum Ausdruck ‚Anomie', der gerade benutzt worden ist, können wir ihn den ‚fatalistischen Selbstmord' nennen."

Auch wenn man einmal davon absieht, wie sehr sich Durkheim in diesen Zeilen — zum Teil gegen sein eigenes Menschenbild sich wendend — als Kind seiner Epoche erweist[21], so bleibt es doch auffällig genug, daß er gerade jenem Selbstmordtyp, der ein Ergebnis gesellschaftlicher Unterdrückung ist, die Bedeutung für die Gegenwart abspricht und ihm nicht mehr als eine Anmerkung widmet. Für Durkheim ist der Mensch nur ein Bündel unregulierter Triebe; allein der soziale Zwang, die „contrainte sociale", kann ihn „gesellschaftsfähig" machen.

Die Überlegungen von Dohrenwend können nun mit diesem vierten Selbstmordtyp ergänzt und fortgestzt werden:

5. „Fatalismus" unterscheidet sich von „Anomie" nicht nur durch das Vorhandensein von Normen, sondern ist gerade im Gegenteil ein Zustand extrem starker sozialer Kontrolle.
6. „Anomie" und „Fatalismus" unterscheiden sich von „Egoismus" und „Altruismus" nicht durch den Inhalt der Normen, sondern

durch die Art ihrer Durchsetzung. „Anomie“ und „Fatalismus“ sind dem Menschen gewissermaßen „äußerliche“ Zustände des normativen Systems bzw. der Institutionen einer Gesellschaft. Sie bezeichnen die beiden extremen Pole eines Kontinuums der normativen Reglementierung des Verhaltens durch die Gesellschaft.

Man könnte dieses Ergebnis weiter systematisieren, täte man nicht Durkheim damit vollends Gewalt an. Besser wird es sein, die Geschichte des Anomie-Begriffs noch ein wenig weiter zu verfolgen, ehe die Typologie Durkheims eine präzisere theoretische Gestalt annehmen kann. Festzuhalten bleibt zunächst, daß für Durkheim die sozialen Normen, verdichtet zur „conscience collective“, ein System gesellschaftlicher Zwangsintegration der individuellen Bedürfnisse darstellen, in dem nicht nur die Mittel, sondern auch die Art und Weise der Bedürfnisbefriedigung einer sozialen Reglementierung unterliegen. Sowohl die inhaltliche Ausrichtung dieses Systems („altruistisch“ oder „egoistisch“) wie auch die Intensität des sozialen Druckes, mit dem die Integration des einzelnen erzwungen wird, können dabei variieren. Die größte Gefahr aber sieht Durkheim in der „Anomie“, einem Zustand der Normlosigkeit, in dem die Gesellschaft nicht mehr in der Lage ist, dem einzelnen entweder die Mittel oder — vor allem — die Ziele individueller Bedürfnisbefriedigung anzuweisen. Ohne „contrainte sociale“ ist das Individuum nicht in der Lage, sein Leben zu führen — orientierungslos sucht es vergeblich, zwischen seinem unendlichen Triebverlangen und der sich ihm anbietenden Realität einen befriedigenden Ausgleich zu finden[22]. Der extensive Gebrauch, den Durkheim von dem Begriff der „contrainte sociale“, des sozialen Zwanges, macht, bildet freilich eine Hauptschwierigkeit für das Verständnis seines Werkes. E. Benoit-Smullyan hat allein sieben verschiedene Bedeutungen gefunden, in denen dieser Begriff in Durkheims Werk vorkommt[23]. Durkheim hat zwischen sozio-kulturellen und psycho-physischen Zwängen nicht klar unterschieden. Vor allem aber hat er die Differenz zwischen zwei grundverschiedenen Typen *sozialen* Zwangs nicht erkannt: der kollektive Zwang, den die Gruppe auf den einzelnen ausübt, um ein bestimmtes Verhalten zu erreichen oder zu unterbinden, und die kulturelle Determination, durch die bestimmte durch Erziehung tradierte Normen und Werte auf die Überzeugungen und Handlungen des einzelnen einwirken. Wenn Anomie ein Zustand der Normlosigkeit insofern ist, als die Gesellschaft außerstande ist, dem einzelnen bestimmte Handlungsanweisungen durch Androhung entsprechender Sanktionen nahezulegen, wenn also Anomie nicht nur durch das Fehlen von Normen, sondern zugleich auch durch das Fehlen von sozialem Zwang überhaupt gekennzeichnet sein soll — dann wird man sorgsam unterscheiden müssen zwischen dem Fehlen kollektiver Sanktionsdrohungen und dem Fehlen eines befriedigenden Sozialisationsprozesses. Die aus einem anomischen Zustand resultierenden Verhaltensweisen dürften in beiden Fällen sehr unterschiedlich sein. Durkheims Typ des „anomischen Selbstmords“ berücksichtigt diese Unterscheidung noch nicht.

2. Der Hiatus zwischen kulturellen Werten und institutionellen Normen — Der „soziologische“ Anomie-Begriff

Der von Durkheim in die soziologische Terminologie eingeführte Anomie-Begriff schien jahrzehntelang vergessen. Erst 1938 wurde er von Robert K. Merton wieder aufgenommen; seine berühmte Abhandlung über „Social Structure and Anomie“ ist in ihren verschiedenen Erweiterungen bis heute zugleich der bedeutendste Versuch zur Entwicklung einer Anomie-Theorie, obwohl sie auch heftige Kritik provoziert hat und von Merton selbst in einigen neueren Veröffentlichungen nicht nur ergänzt, sondern auch modifiziert worden ist[24].

Albert K. Cohen meinte sogar, daß Mertons Abhandlung „möglicherweise der am meisten zitierte Einzelaufsatz der modernen Soziologie“ sei. Sicher ist jedenfalls, daß Mertons Anomie-Theorem seit seinem zweiten Erscheinen 1949 eine Lawine von Untersuchungen ausgelöst hat. In einem um Vollständigkeit bemühten Katalog der empirischen und theoretischen Studien zum Anomie-Problem aus dem Jahre 1964 sind insgesamt 184 Untersuchungen zusammengestellt, wobei von den 102 theoretischen 89, von den 82 empirischen 78 erst nach 1950 veröffentlicht wurden[25]. Dieses auffallende Interesse für den Anomie-Begriff hat natürlich seine Ursache nicht allein in dem neuen Anstoß, den Merton der sozialpathologischen Forschung zweifellos gab. „Social Problems“ waren, wie wir gesehen haben, seit langem ein beliebtes Untersuchungsgebiet vor allem der amerikanischen Soziologie. Der Erfolg von Mertons Aufsatz hängt vielmehr auch damit zusammen, daß sich seine Überlegungen im Rahmen der inzwischen von Parsons und seinen Mitarbeitern voll entwickelten „strukturell-funktionalen“ Theorie halten. Der ältere Funktionalismus von B. Malinowski und A.-R. Radcliffe-Browne hatte auf den Anomie-Begriff noch verzichten können, weil sich seine ethnologischen Forschungen auf relativ geschlossene „Primitivkulturen“ konzentriert hatten. Auch Durkheim war erst bei der Untersuchung der modernen arbeitsteiligen Gesellschaft auf das Anomie-Phänomen gestoßen: soziale Probleme sah man zunächst nur in den eigenen hochentwickelten Gesellschaften. Aber erst die von T. Parsons inaugurierte soziologische Systemanalyse konnte einen theoretischen Ansatz zur Analyse sozialpathologischer Erscheinungen entwickeln, in dem der Anomie-Begriff eine Schlüsselstellung einzunehmen begann.

T. Parsons hatte in seinem Werk über die Struktur der sozialen Handlung von 1937 als erster auf die Bedeutung von Durkheims Anomie-Begriff hingewiesen[26].

In seinem späteren Hauptwerk „The Social System" wird der Anomiebegriff fast im gleichen Sinn wie bei Durkheim verwendet: für diesen war ja die Selbstmordrate eine Funktion des Integrationsgrades, den eine Gruppe aufweist. Die Gruppenkohäsion ist um so größer, je stärker das Verhalten des einzelnen sich an der „conscience collective" orientiert. Die Integration einer Gruppe, so schließt Parsons daraus, bemißt sich also an dem Grad, in dem ihre Normen institutionalisiert sind. „Dabei kann es jeden Grad der Institutionalisierung geben, von vollständiger Anomie auf dem einen Pol bis zur perfekten ‚Integration' auf dem anderen.[27]

Wie bei Durkheim genießt auch bei Parsons die soziale Integration einer Gesellschaft den absoluten Vorrang. Das individuelle Verhalten wird geregelt durch ein gesellschaftlich verankertes (institutionalisiertes und internalisiertes) System von Normen und Werten. Wenn in diesem System Konflikte oder Unklarheiten auftreten, muß es auch zu Verhaltensstörungen kommen. Die Gesellschaft wird als ein Gleichgewichtssystem vorgestellt, in dem alle Normen und Verhaltensmuster eine bestimmte Funktion besitzen. Alles, was nicht zur Erhaltung und Stabilisierung des Systems beiträgt, gilt dann als „dysfunktional". Mit anderen Worten, jedes Verhalten, das die jeweils herrschenden Institutionen in Frage stellt oder unterläuft, ist „abweichendes" Verhalten und wird als Störfaktor disqualifiziert. Unter einer Institution versteht Parsons „einen Komplex institutionalisierter Rollenzusammenhänge, der von strategischer struktureller Bedeutung für das in Frage stehende soziale System ist"[28].

Sind die Rollenbeziehungen nicht klar definiert, sondern variabel und der Interpretation durch den Handelnden bedürftig, so wäre danach die Institution bereits in Frage gestellt und ihre systemerhaltende Funktion (ihre „strategische Bedeutung") bedroht. Anomie also wäre der vollständige Zusammenbruch des sozialen Systems durch das Fehlen klarer Rollenanweisungen für den Akteur. Parsons gibt freilich zu, daß „Anomie" und „Integration" keine Alternativen sind, sondern daß es graduelle Abstufungen in der Verfestigung der Verhaltensmuster gibt:

„Die Institutionalisierung eines Zusammenhangs von Rollenerwartungen und der entsprechenden Sanktionen ist deutlich eine Frage des Grades. Dieser Grad ist eine Funktion von zwei Reihen von Variablen; auf der einen Seite diejenigen, die sich auf die Gemeinsamkeit der Wertorientierungsmuster beziehen, auf der anderen Seite jene, die die Orientierung der Motivation oder die Bindung an die Erfüllung der relevanten Erwartungen determinieren. Wie wir sehen werden, kann durch jeden dieser Kanäle eine Vielzahl von Faktoren den Grad der Institutionalisierung beeinflussen. Der polare Gegensatz zur vollen Institutionalisierung ist jedoch Anomie als die Abwesenheit einer strukturierten Komplementarität zum Interaktionsprozeß, oder, was das gleiche ist, der vollständige Zusammenbruch der normativen Ordnung in beiderlei Sinn. Dies ist jedoch ein Grenzbegriff, der niemals ein konkretes soziales System beschreibt. Ebenso wie es Grade der Institutionalisierung gibt, gibt es auch Grade der Anomie. Das eine ist das dem anderen Entgegengesetzte.“[29]

Ein deutlicher Fortschritt gegenüber Durkheim zeigt sich hier darin, daß neben der Wertorientierung auch auf die Bedeutung der Motivation hingewiesen wird. Trotz dieser Differenzierung bleibt es aber dabei, daß ein geringer Grad an Institutionalisierung ein „dysfunktionales“ Verhalten zur Folge hat, denn auch Parsons hält — wie die zitierte Stelle zeigt — daran fest, daß die Bedürfnisbefriedigung normalerweise einer normativen Ordnung unterliegt.

Die Fixierung der soziologischen Systemanalyse auf einen Begriff der gesellschaftlichen Integration, der alle sozialen Phänomene nach ihrem Ordnungswert klassifiziert, ist der Hauptgrund für die Blindheit der „strukturell-funktionalen Theorie“ gegenüber der Pluralität der Werte und Interessen, die für die industrielle Gesellschaft kennzeichnend ist, und — damit zusammenhängend — für die Wandlungen und Konflikte dieser Gesellschaft. Charakteristisch für Parsons’ theoretischen Ansatz ist die Gegenüberstellung von Interaktionsprozeß und normativer Struktur der sozialen Beziehungen: die Normen sind eine „strukturierte Komplementarität zum Interaktionsprozeß“, niemals Verhaltensregeln, die unmittelbar aus dem Interaktionsprozeß erst entstehen. Wie sehr diese einseitige Betrachtung der sozialen Normen zu einer Verdinglichung des Rollenbegriffs in der Soziologie beigetragen hat — wodurch die Analyse von solchen sozialen Beziehungen unmöglich wird, die gerade durch „unvollständige Integration“ gekennzeichnet sind —, werde ich an anderer Stelle noch zeigen. Die Gegenüberstellung von Anomie und Integration charakterisiert jedenfalls den von Durkheim beeinflußten Ansatz der „strukturell-funktionalen Theorie“ bei Parsons wie auch bei Merton. Vor allem durch die Arbeiten Mertons ist „Anomie“ zu einem Begriff geworden, der aus dem Zusammenhang der soziologischen Systemanalyse nur schwer wieder gelöst werden kann.

Der Ausgangspunkt der Mertonschen Analyse des Anomie-Problems ist eine Neuformulierung der Ansicht Durkheims, daß ein anomischer Zustand aus dem Zusammenbruch der verhaltensregulierenden und aspirationsbeschränkenden Normen resultiere. Zugleich vorsichtiger und viel allgemeiner als Durkheim fragt Merton, wie es komme, daß „einige der sozialen Strukturen ... auf gewisse Personen in der Gesellschaft einen deutlichen Druck (ausüben), sich eher nichtkonform als konform zu verhalten"[30]. Diese Formulierung verzichtet auf jede psychologische Fragestellung, aber auch auf die biologistische Anthropologie Durkheims, von der sich Merton — mit einem Seitenblick auf Freud — ausdrücklich absetzt: „Das Bild des Menschen als eines Bündels ungezähmter Triebe beginnt eher einer Karikatur als einem Porträt zu gleichen."[31] Damit läßt Merton allerdings gleich ein für allemal die Frage auf sich beruhen, warum manche Menschen auf den gesellschaftlichen Druck mit „abweichendem" Verhalten reagieren und andere nicht. Statt dessen widmet er sich der Untersuchung der gesellschaftlichen Verfassung in Beziehung auf bestimmte Typen „abweichenden" Verhaltens. Der entscheidende Ansatzpunkt dieser Untersuchung ist die — wie Merton übrigens selbst zugibt — etwas willkürliche Aufteilung der sozialen Wirklichkeit in „Kultur" und „Gesellschaft". Als „cultural structure" bezeichnet er „jenen organisierten Zusammenhang verhaltensleitender normativer Werte, der den Mitgliedern einer bestimmten Gruppe oder Gesellschaft gemeinsam ist".[32]

Der Zusammenhang von Normen, der die erlaubten Mittel und Wege zur Erreichung dieser Ziele definiert und der seinen Ausdruck in organisierten sozialen Beziehungen findet, ist dann die „social structure". Merton meint, daß die Stabilität einer Gesellschaft auf dem Verhältnis zwischen ihren kulturellen Zielen (cultural goals) und den sozial gebilligten Mitteln zu ihrer Erreichung (institutional means) beruhe. In einer schlecht integrierten Gesellschaft liege dann entweder der Akzent auf den Zielen, ohne daß entsprechende Mittel zu ihrer Erreichung für jedermann und in ausreichendem Maße vorhanden seien, oder es würden umgekehrt die Mittel so stark betont, daß sie schließlich selbst Ziele darstellten und das konforme Verhalten zum Selbstzweck werde. Merton interessiert sich vor allem für den ersten Fall: die amerikanische Gesellschaft, so meint er, betone die Akkumulation von Reichtum als einem Erfolgskriterium, ohne sich in ähnlicher Weise an der Benutzung legitimer Mittel auf dem Wege zu diesem Erfolg zu orientieren. Hinzu komme die allgemeine Verbreitung einer egalitären Ideologie, die jedermann die gleiche Chance und die gleichen Möglichkeiten zum Aufstieg verspreche, ohne auf die tatsächliche Unterprivilegierung bestimmter Positionen und Schichten Rücksicht zu nehmen. „Nur wenn ein System von kulturellen Werten für die gesamte Bevölkerung gewisse gemeinsame Erfolgsziele fast über alles andere stellt, während die Sozialstruktur den Zugang zu den gebilligten Mitteln zur Erreichung dieser Ziele für einen beachtlichen Teil der gleichen Bevölkerung rigoros beschränkt oder vollständig verschließt, dann kommt es zu abweichendem Verhalten in großem Stil."[33]

Diesen Zustand nennt Merton anomisch. „Anomie wird so verstanden als ein Zusammenbruch der ‚cultural structure‘, der besonders dann auftritt, wenn ein scharfer Bruch zwischen den kulturellen Normen und Werten einerseits und andererseits den sozial strukturierten Möglichkeiten der Gruppenmitglieder, ihnen entsprechend zu handeln, entsteht.“[34]
Anomie ist also auch bei Merton ein bestimmter Zustand des sozialen Systems, der freilich präziser als bei Parsons, dessen allgemeine Formulierungen sich noch kaum von Durkheim unterscheiden, beschrieben wird: nämlich als ein Hiatus zwischen den kulturellen Werten und den institutionellen Normen der Gesellschaft. Konsequent lehnt Merton dabei auch jeden Anomie-Begriff ab, der sich auf den psychischen Zustand der Individuen oder auf Persönlichkeitsmerkmale bezieht. Sein berühmtes Schema der Formen individueller Situationsbewältigung („forms of adaption“) läßt sich deshalb auch nicht als eine Persönlichkeitstypologie, sondern ausschließlich als eine Typologie von Verhaltensweisen in bestimmten sozialen Situationen verstehen. Je nachdem, ob sich das Verhalten positiv oder negativ an den kulturellen Werten und den sozial normierten Mitteln zu ihrer Erreichung orientiert, entstehen fünf Typen des Verhaltens, die Formen der Situationsanpassung bezeichnen:

Mertons Formen der Situationsbewältigung[35]

	Kulturelle Ziele	Institutionalisierte Mittel
I. Konformität	+	+
II. Innovation	+	—
III. Ritualismus	—	+
IV. Eskapismus (retreatism)	—	—
V. Rebellion	±	±

Schon ein rascher Blick zeigt, daß „Rebellion“ als Verhaltenstyp aus diesem Schema herausfällt. „Rebellion“ ist nicht eine Form der Anpassung an die jeweilige Sozialstruktur, sondern der Versuch, sowohl die Ziele als auch die Mittel zu verändern. Daß „Rebellion“ dennoch in eine Typologie aufgenommen wird, die sich auf „abweichendes“ Verhalten bezieht, zeigt deutlich die Verlegenheit, in die die „strukturell-funktionale Theorie“ gegenüber den Phänomenen des sozialen Wandels gerät. In diesem fünften Typ der Situationsbewältigung ist der soziale Wandel als Störfaktor des sozialen Systems gleichsam dingfest gemacht, wobei sich in seiner Ambivalenz die Unsicherheit ausdrückt, ob „abweichendes Verhalten“ nicht möglicherweise auch positive Funktionen für das

System haben kann. Merton hat später unter dem Eindruck verschiedener Kritiken seine Ansicht in dieser Frage modifiziert[36]: „Rebellion“ wird dabei als ein „nicht-konformes“ Verhalten von den Formen des „abweichenden“ („aberrant“) Verhaltens unterschieden. Mit dieser Unterscheidung zwischen „nicht-konformem“ und „abweichendem“ Verhalten versuchte Merton, jenen positiven Funktionen eines nicht angepaßten Verhaltens gerecht zu werden, auf die später vor allem Lewis A. Coser immer wieder hingewiesen hat[37]. Anders als Coser beschränkt Merton seine Analyse der positiven Funktionen allerdings zunächst auf den Typ der „Rebellion“; seine Unterscheidungskriterien lassen sich aber auch auf andere Formen der Situationsbewältigung, vor allem auf den Typ der „Innovation“ übertragen. Der Nonkonformist vertritt im Gegensatz zum „Abweichenden“ seine abweichende Meinung öffentlich; er bezweifelt die Legitimität der herrschenden Normen und versucht, sie — zumeist unter Berufung auf eine höhere Moral — zu verändern; die Selbstlosigkeit seines Interesses wird im allgemeinen von der Gesellschaft anerkannt. Der „Abweichende“ verbirgt dagegen sein Verhalten; er bestreitet nicht die Legitimität der Normen, die er verletzt, sondern er versucht nur, den Sanktionen zu entkommen; sein Verhalten dient nur seinem eigenen, privaten, spezifisch unsozialen Interesse.

Es ist fraglich, ob mit dieser Unterscheidung viel gewonnen ist. Das so beschriebene „abweichende“ Verhalten charakterisiert allenfalls bestimmte kriminelle Handlungen; geistige Störungen, Süchte und zahlreiche weitverbreitete Gesetzesübertretungen, wie z. B. Abtreibung, lassen sich nur schwer in diese Alternative zwingen[38]. So bleibt zunächst nur die Einsicht, daß „abweichendes“ Verhalten nicht unbedingt „dysfunktional“ wirken muß.

Die übrigen Formen des „abweichenden“ Verhaltens, die sich aus dem Mertonschen Schema ergeben, werden von ihm ausführlich diskutiert. Unter „Innovation“ fällt vor allem das organisierte Verbrechen, die „rackets“ der Gangster, aber auch die zahlreichen Formen des unlauteren Geschäftsgebarens, die auf Gewaltanwendung verzichten. Als „Innovation“ bezeichnet Merton praktisch alles kriminelle Verhalten, besonders aber die Kriminalität der weniger Privilegierten der Unterschicht. In Ermangelung anderer Möglichkeiten, den amerikanischen Erfolgstraum zu verwirklichen, greifen sie zu illegitimen Mitteln und verbessern dadurch ihre Ausgangsposition im Wettbewerbssystem. Bestimmte Formen des organisierten Verbrechens, die charakteristisch sind für den wildwüchsigen Wettbewerb in einem kapitalistischen System, das sich in rascher Expansion befindet, sind sicherlich mit Mertons Typ der „Innovation“ im Rahmen seines Schemas richtig beschrieben. Es ist ja auffällig, daß das organisierte Verbrechen in den USA stets besonders verbreitet war; der Zusammenhang mit einem bestimmten Wirtschaftssystem wird sofort deutlich, wenn man den Vergleich mit einer ähnlich strukturierten Kriminalität in anderen Ländern zieht — man vergleiche etwa die zahlreichen Bauskandale in Italien während des enormen wirtschaftlichen Aufschwungs der letzten zehn Jahre[39]. Merton hat später seine allumfassende Erklärung der Kriminalität eingeschränkt und festgestellt, daß seine Erklärung zwar für einige, aber nicht für alle Formen des Verbrechens zutreffend sei[40].

Den Verhaltenstyp des „Ritualismus" sieht Merton vor allem in der Bürokratie; die institutionellen Normen werden geradezu zwanghaft eingehalten, obwohl die allgemeinen Erfolgswerte abgelehnt werden und der eigene Horizont bewußt beschränkt wird. Normalerweise wird ein solches Verhalten kaum als „abweichend" empfunden, wenn es nicht den Charakter einer ausgesprochenen Zwangsneurose annimmt. Merton aber spricht von dem Typ des „bürokratischen Virtuosen", dessen aus dem Verzicht auf höhere Ambitionen entstehende Frustration sich im krampfhaften Festhalten an den vorgeschriebenen Dienstwegen und Dienstregeln austobt, und er meint, dies sei ein klares Abweichen vom herrschenden kulturellen Modell. — Beim Eskapismus (wie ich hier „retreatism" übersetzt habe) werden dann nicht nur die Ziele, sondern auch die gesellschaftlich angebotenen Wege verworfen; es handelt sich um einen vollständigen Rückzug aus der Gesellschaft. Merton interpretiert das Verhalten der Alkoholiker und der Rauschgiftsüchtigen, aber auch die Gleichgültigkeit der Tramps, Beatniks und Gammler gegenüber der Gesellschaft als einen solchen Rückzug. Problematisch erscheint, daß er auch die Psychotiker zu dieser Gruppe zählt. Die Frage ist, ob Eskapismus ein eigenes bewußtes Verhalten bezeichnen soll, wie bei den Gammlern etwa, oder ob man mit diesem Begriff auch die Krankheiten und Süchte fassen kann, die nicht frei gewählt, sondern erlitten werden. Genau besehen, gilt diese Frage aber für alle fünf Adaptationstypen: bei Merton bleibt unklar, ob es sich um frei wählbare Möglichkeiten der Bewältigung einer vorgegebenen Situation handelt, oder ob das Verhalten des einzelnen bereits von der persönlichen Situation determiniert ist. Offenbar soll Mertons Schema nur darauf hinweisen, daß unter bestimmten Bedingungen ein bestimmtes Verhalten häufiger als sonst zu erwarten ist — genau wie Durkheims Selbstmordtypen nur die Selbstmordrate und nicht das individuelle Verhalten erklären wollen.

Mertons Ausgangspunkt ist also nicht eine Definition des „abweichenden" Verhaltens oder die Beschreibung einzelner Formen von „abweichendem" Verhalten in ihrer konkreten Ausprägung. Vielmehr bestimmt er zunächst zwei Dimensionen, in denen das Verhalten variieren kann; man kann sich diese beiden Dimensionen — die kulturellen Ziele und die institutionalisierten Normen —

als das Koordinatenkreuz eines soziologischen Feldes vorstellen, das sowohl konformes als auch „abweichendes“ Verhalten umfaßt. Die einzelnen Formen des Verhaltens werden dann nicht empirisch beschrieben, sondern aus der Logik des Systems abgeleitet, wobei es wichtig ist, daß das System nur die Klassifikation von Verhaltenstypen, nicht die von Persönlichkeitstypen erlaubt. „Die verbreitete Benutzung dieses Schemas bestätigt das vorhandene Bedürfnis danach; die Ausschließlichkeit, mit der es nahezu benutzt worden ist, bestätigt die Armut an originellem Denken in diesem Gebiet.“[41]

Die von Merton beschriebene Beziehung zwischen Sozialstruktur und Anomie läßt sich schematisch in sechs Schritten darstellen[42]:

1. In einer sozialen Situation sind sowohl bestimmte kulturelle Zielsetzungen gegeben als auch institutionalisierte Normen, die das zielorientierte Verhalten regulieren.
2. Die Ziele und Normen werden als internalisierte Werte und als moralische Imperative erlebt.
3. Die relative Erreichbarkeit der kulturellen Ziele hängt von den ungleich verteilten Lebenschancen ab.
4. In einer gegebenen Gesellschaft ist die Diskrepanz zwischen den akzeptierten Zielen und ihrer möglichen Erreichbarkeit unterschiedlich groß.
5. Ist die Diskrepanz zu groß, kommt es zu einem Zusammenbruch der normativen Struktur. Das Resultat ist ein Zustand der Normlosigkeit, der Anomie genannt wird.
6. Die anomische soziale Situation wird durch unterschiedliche Arten von „abweichendem“ Verhalten bewältigt. Die Art und die Rate des „abweichenden“ Verhaltens hängen von der unterschiedlichen Betonung von Zielen und Normen ab, wie sie in der Typologie der Adaptationsformen dargestellt sind.

Die Ursachen der unterschiedlichen Betonung von Normen und Zielen in der anomischen Situation werden von Merton für ein rein psychologisches Problem erklärt und daher nicht untersucht. Gerade von dieser Frage hängt aber der Wert von Mertons Anomie-Begriff ab, weshalb sich an ihr die Kritik zumeist auch entzündet hat. Sieht man von den ins Psychologische gehenden Ergänzungen noch einen Augenblick ab, dann finden sich unter den verschiedenen theoretischen Untersuchungen zum Anomie-Begriff drei nennenswerte Versuche einer Weiterentwicklung des Mertonschen Schemas. Robert Dubin hat den zwei Dimensionen der kulturellen Werte und der institutionalisierten Normen eine dritte Dimension hinzugefügt: die Beziehung, die der einzelne zu seiner Gruppe hat[43]. Auch die Gruppenbeziehung einer Person determiniert die Wahl eines bestimmten Verhaltens mit. Dubin unterscheidet also zwischen den institutionalisierten Normen und dem tatsächlichen, von der Gruppenbeziehung geprägten Verhalten. Auf dieser Basis unterteilt er Mertons Typen der „Innovation“ und des „Ritualismus“. Das Ergebnis ist eine Tabelle von vierzehn statt vier Adaptionsformen, von der Merton freilich zu Recht meint, sie enthalte weniger eine Typologie des „abweichenden“ als des „konformen“ Verhaltens[44]. Letztlich beruht die Unterscheidung zwischen institutionalisierten Normen und wirklichen Gruppenbeziehungen auf einem verständlichen Unbehagen an der Behauptung Mertons, daß die Gesellschaft eine einheitliche normative Struktur besitzt. Dubin hat die These Mertons nicht grundsätzlich in Zweifel gezogen, sondern wollte der Variationsbreite konkreter Verhaltensweisen durch die Einbeziehung der Dimension der Gruppenzugehörigkeit gerecht werden. Auf diese Weise ist freilich ein Klassifikationsschema entstanden, mit dem sich analytisch wenig anfangen läßt.

Fruchtbarer sind zwei andere Versuche einer Ergänzung von Mertons Schema. Richard A. Cloward hat die These vertreten, daß nicht nur der Zugang zu den legitimen, sondern auch der Zugang zu den illegitimen Mitteln in einer Gesellschaft ungleich verteilt ist[45]. Seine Ergänzungen zu Mertons Schema lassen sich in zwei zusätzlichen Punkten zusammenfassen:

7. Die Art des „abweichenden“ Verhaltens, also die Wahl der Adaptationsform, hängt von dem Zugang zu illegitimen Mitteln ab. Dieser Zugang ist bestimmt erstens durch das *Lernmilieu,* in dem die Werthaltung und Fähigkeiten, die zum Spielen „abweichender“ Rollen gehören, erst erworben werden, und zweitens durch die *Gelegenheitsstruktur,* d. h. durch das Vorhandensein oder Nicht-Vorhandensein von Möglichkeiten, die einmal erlernte Rolle auch praktisch spielen zu können.

Gelegenheit macht Diebe, sagt man — aber auch Stehlen will gelernt sein! Bei der Betrachtung der Bedeutung von Lernmilieu und Gelegenheitsstruktur für die verschiedenen Adaptationsformen kommt Cloward zu einem weiteren Schluß:

8. Die Adaptationsform des Eskapismus ist in der Regel für solche Menschen kennzeichnend, die auf doppelte Weise gescheitert sind (“double-failure-Hypothese”): sie sind weder mit legitimen noch mit illegitimen Mitteln vorangekommen. Der Eskapismus ist deshalb in den höheren Schichten möglicherweise weiter verbreitet als in den unteren, die von Gelegenheit und Lernmilieu her eher Zugang zu illegitimen Mitteln haben[46].

Die letzte wichtige Ergänzung stammt von Albert K. Cohen, der auf die merkwürdige Tatsache hingewiesen hat, daß Merton an keiner Stelle die Anomie-Theorie mit der Bezugsgruppentheorie verbunden hat, deren wichtigste theoretische Formulierungen doch ebenfalls von ihm stammen[47].

Man wird unterscheiden müssen zwischen den allgemeinen kulturellen Zielen und denjenigen, die einem Rollenträger in einer spezifischen sozialen Situation vernünftigerweise als erreichbar gelten können. Das hängt aber weitgehend von seinen Bezugsgruppen und -personen ab; je nachdem, was diese erreicht haben, erreichen können und für erreichbar halten, wird er seine eigenen Ziele konkretisieren. Daraus ergibt sich als letzter Punkt der Anomie-Theorie auf ihrem gegenwärtigen Stand:

9. Die Wahl der Adaptationsform hängt von der Art und Weise ab, in der die kulturellen Ziele in einer konkreten sozialen Situation vom Träger einer bestimmten Rolle so modifiziert werden, daß sie ihm erreichbar erscheinen. Die Art der Modifikation wird bestimmt durch die Personen oder Gruppen, an denen der Rollenträger sein Verhalten orientiert.

Mit diesen Ergänzungen ist die Frage nach den Ursachen der unterschiedlichen Betonung von Normen und Werten in der anomischen Situation zweifellos einer Beantwortung nähergebracht. Es fragt sich allerdings, ob mit den Ergänzungen von Cohen (Punkt 9) das Mertonsche Anomie-Theorem nicht bereits vollständig verwandelt ist: wenn nämlich der Hiatus zwischen kulturellen Werten und institutionalisierten Normen nicht mehr für eine ganze Gesellschaft oder doch zumindest für eine soziale Schicht charakteristisch ist, sondern sich beim Spielen bestimmter Rollen und in bestimmten Situationen jeweils anders artikuliert, dann bleibt von dem systemanalytischen Ansatz Mertons nicht mehr viel übrig. In der Tat gehört Cohen mit zu den Kritikern des „strukturell-funktionalen" Ansatzes in der Anomie-Theorie, denen es fraglich erscheint, ob die Unterscheidung zwischen kulturellen Zielen und institutionalisierten Normen, die für manche Untersuchungen (vor allem in der Kulturanthropologie) ihren Sinn haben mag, hier nicht überfordert worden ist. Für Merton ist es die Kultur, die Werte setzt und die das Verhalten an Normen bemißt und sanktioniert. Tatsächlich wird aber bei Merton niemals ganz deutlich, ob es sich bei den institutionalisierten Normen um ein Ergebnis sozialer Beziehungen handelt oder um einen Bestandteil der jeweiligen Kultur. So gerät er in die gleiche Schwierigkeit wie Durkheim: er kann nicht erklären, wie es zwischen den Individuen zu einem normativ geregelten Verhalten kommt, ohne auf die soziale Kontrolle einer „conscience collective" zu rekurrieren, die bei ihm in Gestalt einer offenbar durch den Sozialisationsprozeß internalisierten Kultur auftritt. Anders wäre es nicht erklärlich, daß einerseits die gesellschaftlichen Ziele durch die „cultural structure" „mehr oder weniger integriert" und in eine „Werthierarchie" eingeordnet sind, andererseits aber dieselbe „cultural structure" „die akzeptablen Weisen der Erreichung dieser Ziele definiert, reguliert und kontrolliert"[48].

Empirisch haltbarer als diese Hypostasierung der Kultur zu einer strafenden Macht scheint mir die Annahme, daß nur Menschen

das Verhalten anderer Menschen regulieren und kontrollieren können. Zwar gibt es starke, internalisierte Werthaltungen und Normierungen (z. B. die durch Scham und Peinlichkeitsgefühle sanktionierten Verhaltenstabus), aber es besteht kein Anlaß, deren Existenz unabhängig vom individuellen Sozialisationsprozeß zu unterstellen. Darüber hinaus werden viele Verhaltensnormen typischerweise im Interaktionsprozeß verschiedener Rollenträger und in den Beziehungen der Gruppenmitglieder untereinander ihre Wurzeln haben. In dieser Hinsicht — und darauf hat Cohen hingewiesen — hat die Anomie-Theorie die sozialpsychologischen Erkenntnisse des „symbolic interactionism“ von George Herbert Mead und seinen Nachfolgern vernachlässigt und das „abweichende“ Verhalten einseitig aus strukturellen Friktionen der Gesellschaft erklärt. Bedenkt man, daß die moderne Gesellschaft gerade nicht ein monolithisch geschlossener Block ist, sondern vertikal und horizontal in eine Vielzahl von Gruppen, Assoziationen und Rollenbeziehungen unterteilt ist, die auf die vielfältigste Weise interagieren, dann wird mit einem Male deutlich, daß das „konforme“ Verhalten (über das Merton sich ausschweigt) selbst nicht weniger der Erklärung bedarf als das „abweichende“ Verhalten.
Der Hiatus zwischen den kulturellen Werten und den institutionalisierten Normen, der einen anomischen Zustand konstituiert, muß in der Interaktionssituation spezifischer Rollenträger untersucht werden, bevor er als Erklärung des „abweichenden“ Verhaltens dienen kann[49]. Dann wird allerdings auch der Anomie-Begriff einen anderen Sinn bekommen, nämlich den einer Ambivalenz oder Unschärfe der Rollenerwartungen. Anomie als ein spezifischer Zustand einer *Interaktionssituation* könnte dann allerdings nicht mehr einfach — wie bei Parsons — das Gegenteil sozialer Integration bezeichnen, einen strukturellen Grenzzustand des sozialen Systems. „Die eine Konzeption des abweichenden Verhaltens kann man strukturell nennen, vielleicht ‚substantiell‘, die andere ist an sozialer Kontrolle oder am ‚Prozeß‘ interessiert. Die strukturelle Konzeption ist am geschlossensten von Merton in seiner Diskussion des Verhältnisses von Sozialstruktur und Anomie vertreten worden; eine ebenso deutliche Formulierung der alternativen, von der sozialen ‚Kontrolle‘ ausgehenden Konzeption harrt der Entwicklung.“[50]

3. Der Hiatus zwischen Sozialsystem und Persönlichkeitssystem — Der „psychologische“ Anomie-Begriff

Der vielleicht wichtigste Einwand gegen Mertons Anomie-Theorie weist darauf hin, daß sie einen Menschen voraussetzt, der frei und unabhängig von jeder gesellschaftlichen Bindung darüber entscheidet, wie er auf eine anomische Situation reagiert. Das Individuum sieht sich einer Sozialstruktur gegenüber, die ihm die mehr oder weniger schwierige Aufgabe der Anpassung stellt. Die Gruppe als ein Interaktionsfeld, in dem sich „Konformität" und „Abweichung" erst bestimmen, bleibt bei Merton außer Betracht. Eben darum aber bleibt auch die gesellschaftliche Verfassung des Individuums unbeachtet, die Prägung jedes einzelnen durch Sozialisationsprozeß und Gruppenbildung. Für Merton ist das Individuum eine Grundeinheit der soziologischen Analyse; was er selbst an Problemen bietet, ist allein ein Forschungsgegenstand der Psychologie. Entsprechend ist „Anomie" für Merton — wie für Durkheim — ein sozialer Zustand, eine bestimmte Verfassung der Gesellschaft und nicht des Individuums. Nun haben eine Reihe von Autoren genau den umgekehrten Weg gewählt und sind davon ausgegangen, daß Anomie ein Zustand der Person ist, der zwar durch bestimmte soziale Zwänge hervorgerufen wird, sich aber doch eindeutig auf die psychologische Ebene bezieht. Als erster hat wohl Robert MacIver den Anomie-Begriff in diesem Sinne verwandt: „Anomie ist ein Geisteszustand, in welchem der Sinn des Individuums für soziale Bindungen — die Hauptquelle seiner Moral — gebrochen oder gefährlich geschwächt ist."[51]

Der „anomische" Mensch ist offenbar psychisch gestört, sein Zustand rückt ihn in die Nähe des Kranken. In ähnlichem Sinne hat auch David Riesman von dem Typ des „Anomischen" gesprochen[52], dem er die Typen des „Angepaßten" und des „Autonomen" gegenüberstellt. „Anomisch" heißt in diesem Sinne „schlecht angepaßt" (oder „überangepaßt"). Anomie wird zu einem Charaktermerkmal: der „anomische" Mensch ist der Idealtypus einer Person, bei der mangelnde Anpassung das gesamte Verhalten bestimmt, weil sie zum Bestandteil des Charakters geworden ist.

„Aber ebenso wie die Nonkonformität des Verhaltens keineswegs immer mit der Nonkonformität der Charakterstruktur zusammenfällt, kann sich umgekehrt das Individuum die bloße Verhaltenskonformität zu einem derart hohen Preis aneignen, daß es sich eine charakterliche Neurose und Anomalie zuzieht: die anomale Person neigt dazu, sich selbst oder ihrer Gesellschaft, wahrscheinlich aber beiden, zu schaden. So bedeutet der hier zur Anwendung kommende Begriff ‚Anpassung': sozialpsychologisch tauglich, ‚fit' — und nicht Angemessenheit in irgendeinem wertenden Sinne."[53]

Anomie ist also hier Merkmal eines Persönlichkeitstyps, der zur Situationsbewältigung unfähig ist. Nicht mehr die Sozialstruktur, sondern die Persönlichkeitsstruktur ist für das Verhalten ausschlaggebend: kann bei Merton das Individuum auf den gesellschaftlichen Druck (von ihm „strain" genannt), den die anomische Sozialstruktur ausübt, mit verschiedenen Formen des „abweichenden" Verhaltens reagieren, so ist für MacIver und Riesman der Mensch in seinen Reaktionsfähigkeiten von vornherein beschränkt durch seine Charakterstruktur — während der „Autonome“ sich offenbar in jeder Situation als überlegen erweist, kann der „Anomale“ („the anomic“) immer nur mit abweichendem Verhalten reagieren. So wird der „substantielle“ Ansatz, den Merton auf der soziologischen Ebene versucht hat, hier auf der psychologischen Ebene wiederholt. Weder hier noch dort ist der dynamische Charakter der Interaktion, die wechselseitige Verflochtenheit von „individuellen“ und „sozialen“ Elementen, beachtet worden, aus der sich normative Orientierung oder anomische Orientierungslosigkeit erst ergibt.

Dabei hat es nicht an Versuchen gefehlt, diesen „psychologischen“ Anomie-Begriff schärfer zu umreißen. Die Formulierungen von Riesman und MacIver sind zu vage und zu allgemein, um empirisch überprüfbar zu sein, und bieten keine Anhaltspunkte für die Frage nach den spezifischen Formen des „abweichenden“ Verhaltens. Die in den letzten Jahren entstandenen empirischen Untersuchungen zum Anomie-Problem sind hier allerdings kaum präziser; sie setzen im allgemeinen die Unterscheidung zwischen einem „soziologischen“ und einem „psychologischen“ Anomie-Begriff als selbstverständlich voraus (wobei sich für den letzteren neuerdings die Schreibweise „anomia“ oder „anomy“ im Gegensatz zu „anomie“ eingebürgert hat), aber sie bieten in der Sache kaum Neues[54]. Die meisten Untersuchungen gehen von der Anomie-Skala aus, die Leo Srole 1956 entwickelt hat[55].

Diese Skala enthält im wesentlichen fünf „items“, die das Selbstbild und das Gesellschaftsbild des Individuums messen sollen:

1. Vertrauen oder Mißtrauen gegenüber den „community leaders“;
2. klares oder diffuses Gesellschaftsbild;
3. klare Zukunftserwartung oder Verlust der Zukunftserwartung;
4. persönliche Beziehungen zu anderen Menschen oder Kontaktmangel, und
5. Erlebnis eines Lebenssinns oder Erlebnis der Sinnlosigkeit des Lebens.

Im einzelnen lassen sich gegen Sroles Skala mancherlei methodische Einwände erheben: so ist es z. B. fraglich, ob man — wie Srole es tut — gleich auf eine Sinnentleerung des Lebens schließen kann, wenn die Befragten nicht den Wunsch haben, Kinder zu bekommen; dieses wie zahlreiche andere „items“ der Skala spiegeln die Wertvorstellungen der amerikanischen Mittelschicht. Wichtiger für unser Problem aber ist die Frage, was eigentlich mit einer solchen Skala gemessen wird: nämlich ein psychischer Zustand allgemeiner Unzufriedenheit, die aus den unterschiedlichsten Frustrationen und Quellen sich speisen kann. Über die Ursachen solcher vagen Unzufriedenheit läßt sich aus der Anomie-Skala von Srole nichts ablesen. Auch die Tatsache, daß verschiedene Untersuchungen, die mit dieser Skala durchgeführt worden sind, übereinstimmend einen höheren Grad an „anomia" bei den unteren Schichten festgestellt haben, scheint mir angesichts der in der Skala enthaltenen Wertvorstellungen nicht schlüssig[56].

Ähnlich wie in den bereits erwähnten Versuchen (vgl. Kap. I), unter „Entfremdung" einen psychischen Zustand zu verstehen, sind auch die Ergebnisse dieser und ähnlicher Anomie-Skalen wenig brauchbar, solange der Zusammenhang zwischen dem psychischen Erleben und der Sozialstruktur dabei ungeklärt bleibt.

Man kann dieses Problem natürlich für eine rein empirische Frage halten; aber selbst dann wäre es notwendig, einige Hypothesen über den Zusammenhang von Persönlichkeits- und Sozialstruktur zu entwickeln. So hat etwa Alain Touraine versucht, eine Typologie pathologischer Vergesellschaftungsformen hypothetisch mit einer entsprechenden Persönlichkeitstypologie zu konfrontieren[57]. „Solche Typologien könnten nützlich sein", heißt es bei ihm[58], „wenn ... sie zur Deckung gebracht werden könnten, d. h. wenn ein Persönlichkeitstyp mit den kollektiven sozialen Phänomenen konfrontiert werden könnte, in denen er handelt. Dies würde ein vertieftes Studium der Erscheinungsformen der Anomie erlauben ... Das Paradigma von Merton zieht tatsächlich nur Verhaltensweisen gegenüber den kulturellen Werten und den institutionellen Normen in Betracht und stellt dabei das Individuum der Gesellschaft gegenüber, während das hier vorgeschlagene typologische System Individuum und Gesellschaft zugleich im Blick hat, einander nicht gegenübergestellt, sondern als zwei Ebenen der ‚Totalisierung' der gleichen Elemente." Tatsächlich könnte sich dieser Weg als fruchtbar erweisen, wenn man Situationstypen und Persönlichkeitstypen miteinander in Beziehung setzt. Es ist deshalb schade, daß Touraine diesen Gedanken nicht weiterentwickelt hat und seine beiden Typologien als reines Gedankenexperiment auffaßt[59].

Anders als Touraine hat Parsons den Zusammenhang von Persönlichkeitsstruktur und Sozialstruktur *von vornherein* als ein theoretisches Problem aufgefaßt. Für ihn baut sich die menschliche Lebenswelt (ähnlich wie in der Philosophie Nikolai Hartmanns) aus Schichten auf, die ineinander fundiert sind, aber dennoch jeweils eine neue, selbständige Wirklichkeitssphäre beinhalten. Parsons bezeichnet diese Schichten als „Systeme": zu unterst ist das „physiologische System", auf dem sich dann das „Persönlichkeitssystem" aufbaut. Aus diesem wiederum entsteht zunächst das „soziale System" und zuletzt das „kulturelle System"[60]. Anomie tritt für Parsons dann auf, wenn das Persönlichkeitssystem und das soziale System ungenügend integriert sind. Parsons hat, auf dem Mertonschen Paradigma aufbauend, ein wesentlich umfangreicheres Schema entwickelt, indem er die bei Merton fehlende psychologische Seite miteinbezogen hat[61].

Die darin enthaltene Typologie der „Richtungen des abweichenden Verhaltens“ arbeitet mit drei statt mit zwei Variablen: aus der Dichotomie von kulturellen Werten und institutionalisierten Normen werden durch die Einbeziehung der individuellen Motivationsrichtung die Variablen: „aktive und passive Orientierung“, „angepaßte oder entfremdete Bedürfnis-Dispositionen innerhalb der Motivationsstruktur“ und „die Beziehung der Person zu sozialen Objekten und zu Normen“. Von wesentlicher Bedeutung ist dabei, daß sich diese Variablen nicht mehr auf strukturelle Eigenschaften eines sozialen Systems beziehen, sondern Orientierungsrichtungen des Verhaltens in einem Interaktionssystem bezeichnen, in welchem Ego und Alter reziprok aufeinander bezogen sind.

„Aktivität“ und „Passivität“ sollen eine bestimmte Dimension einer wechselseitigen Orientierung von Ego und Alter aneinander als „Objekten“ angeben. Dabei bedeutet „Aktivität“ eine Modifikation der Rolle in Richtung auf stärkere Initiative und größere Kontrolle über den Interaktionsprozeß, also auch über den anderen. „Passivität“ ist das Gegenteil, eine stärkere Unterwerfung unter die Kontrolle und die Initiativen des anderen, als es die Rollenerwartungen fordern.

„Bedürfnis-Disposition“ („need-disposition“) ist ein zentraler Begriff der Persönlichkeitstheorie von Parsons[62]. Er enthält zweierlei: erstens die Annahme einer Reihe von Trieben wie etwa Hunger, Gesellschaftstrieb oder das „Bedürfnis nach Anerkennung“, und zweitens eine in der Disposition enthaltene Objekt-Bindung, welche die Bedürfnisbefriedigung garantieren soll[63]. Das Verhältnis der Bedürfnis-Dispositionen zu einem Befriedigung versprechenden Objekt ist immer ambivalent; es kann jedoch entweder eine „konformative“ oder eine „alienative“ Komponente überwiegen, je nach dem, ob Ego von Alter frustriert worden ist oder nicht[64]. Parsons spricht dann von „zwanghafter Anpassung“ („compulsive conformity“) oder „zwanghafter Entfremdung“ („compulsive alienation“), womit die jeweils dominierende Komponente gemeint ist, die die alternative Komponente unterdrückt.

Die emotionale Bindung (Parsons: „cathexis“) an Personen und Normen kann also negativ oder positiv akzentuiert sein. Wichtig ist dabei, daß diese Akzentuierung sich „zwanghaft“ im Verhalten ausdrückt. „Der wesentliche Punkt ist, daß Ego nicht nur unter den Spannungen in seinen Beziehungen zu Alter, sondern auch unter einem Konflikt in seinem eigenen Bedürfnis-Dispositions-System leidet.“[65] Wenn die „konformative“ Komponente überwiegt, wird Ego die andere Seite seiner ambivalenten Emotionen unterdrücken, d. h. er muß sich gegen sein Bedürfnis, seinen negativen Gefühlen gegenüber Alter Ausdruck zu verleihen, selbst verteidigen, um nicht Gefahr zu laufen, daß die Beziehungen zu Alter noch stärker belastet werden. Parsons hat hier die Bedeutung der Abwehrmechanismen für den Interaktionsprozeß klar erkannt: um die überwiegend befriedigenden Beziehungen zum anderen nicht zu stören, wehrt Ego seine negativen Impulse ab und wird „zwanghaft" auf das achten, was er für die Erwartungen des anderen hält. Wenn umgekehrt die negative Komponente in den emotionalen Beziehungen überwiegt, kommt es zu dem gleichen Verstärker-Effekt: da immer noch eine Bindung an den anderen als Person und an die entsprechenden Verhaltensnormen vorhanden ist, muß sich Ego gegen diese positiven Emotionen wehren, um nicht die negativen, die es zum Ausdruck bringen will, wieder zu hemmen. Daher nimmt seine Weigerung, sich den Erwartungen des anderen anzupassen, ebenfalls den Charakter eines „zwanghaften" Verhaltens an. Bedenkt man, daß Alter auf Egos Reaktionen ebenso reagieren wird, dann entsteht hier im Interaktionsprozeß ein Circulus vitiosus, der für das „abweichende" Verhalten häufig kennzeichnend ist: die Ablehnung von Alter durch Ego wird die soziale Kontrolle, die Alter gegenüber Ego ausübt, verstärken, beziehungsweise durch negative Sanktionen überhaupt erst sichtbar machen. Eben durch solche Kennzeichnung wird ein Verhalten aber häufig als „Abweichung" gebrandmarkt, das ohne diese Stigmatisierung in der Variationsbreite des gesellschaftlichen Toleranzbereiches nicht aufgefallen wäre.

Die dritte Dimension in Parsons' Schema bezieht sich darauf, ob sich das Verhalten stärker an dem anderen als einer Person, d. h. in der Terminologie von Parsons: als einem sozialen Objekt, oder stärker an den Verhaltensnormen, die die Interaktion integrieren, orientiert. Auch hier sind wiederum stets beide Komponenten vorhanden, aber es kann doch die eine oder die andere stärker betont werden. Die Orientierung an „sozialen Objekten", an einer Person oder auch einer Gruppe, beruht nach Parsons in einem Bedürfnis nach stabilen emotionalen Beziehungen[66], nach Sicherheit in der wechselseitigen Bezogenheit der Motivation. Der Orientierung an Verhaltensnormen andererseits liegt ein Bedürfnis nach Adäquatheit des eigenen Verhaltens zugrunde, der Wunsch, den normativen Standards der Rollenerwartungen zu genügen. In einer Gesellschaft mit starker Betonung der Leistung und des „erworbenen Status" wird diese normative Orientierung in vielen Verhaltensbereichen überwiegen, obgleich — wie Parsons betont — auch die normativen Standards eines „zugeschriebenen Status" erhebliche Anforderungen an das Verhalten stellen können. Im Falle der personalen Orientierung kommt es eher auf die persönliche Verläßlichkeit des anderen an, im Falle der normativen Orientierung eher auf rationale Nützlichkeitserwägungen („Was bringt mir ein konformes Verhalten ein?")[67].

Aus den drei verschiedenen Dimensionen ergibt sich nun das folgende Schema der „Richtungen des abweichenden Verhaltens“[68]:

	Aktivität		*Passivität*	
	Betonung auf sozialen Objekten	Betonung auf Normen	Betonung auf sozialen Objekten	Betonung auf Normen
Überwiegende Anpassung	Zwanghafte Leistungsorientierung		Zwanghafte Fügsamkeit	
	Herrschaft	Zwanghafte Durchführung	Unterwerfung	Ritualismus (perfektionist. Befolgung)
Überwiegende Entfremdung	Rebellion		Rückzug	
	Aggressivität gegenüber sozialen Objekten	Unverbesserlichkeit	Zwanghafte Unabhängigkeit	Ausweichen

Man wird unschwer in den vier Haupttypen dieser Tabelle das Schema von Merton wiederfinden: „Leistungsorientierung“ ist die „Innovation“ bei Merton, „Fügsamkeit“ der „Ritualismus“, „Rebellion“ und „Rückzug“ sind nahezu gleich geblieben (bei Parsons „rebelliousness“ und „withdrawal“, bei Merton „rebellion“ und „retreatism“). Aufschlußreich ist allerdings, daß Mertons „conformity“ fehlt. „Was Merton ‚Konformität‘ nennt“, schreibt Parsons[69], „ist genau das, was wir hier meinen mit einem ausgeglichenen Zustand des Interaktionssystems ohne Konflikte auf einer der beiden Seiten und ohne entfremdete Motivation.“ Mit anderen Worten, das Parsonssche Schema erfaßt nichts anderes als „abweichendes“ Verhalten; das „angepaßte“ Verhalten ist nur ein logischer Grenzfall des Systems, der ohne konkrete Bedeutung ist. Das jedenfalls läßt sich aus der Anlage dieses Paradigmas ablesen. Daß Parsons an anderer Stelle gerade umgekehrt davon ausgeht, daß der Gleichgewichtszustand das Normale ist, braucht uns nicht von der Fruchtbarkeit dieses Schemas abzulenken: offenbar ist jedes konkrete Verhalten bereits in irgendeiner Weise „abweichendes“ — nämlich vom Grenzfall des Systemgleichgewichts „abweichendes“ — Verhalten. In dieser Erkenntnis zeigt sich die Überlegenheit eines Ansatzes, der von der Reziprozität des Interaktionszusammenhanges ausgeht; ein soziales Handeln steht niemals im luftleeren Raum, es bezieht sich immer auf andere und anderes und wird von diesen wiederum selbst beeinflußt und geprägt. Wenn aber jedes Verhalten seinen Stellenwert erst in einem Interaktionszusammenhang erhält, wird die Frage, welchen Sinn die Rede vom „abweichenden“ Verhalten haben soll, neu zu prüfen sein. Sie läßt sich dann nicht mehr mit dem Hinweis auf „Abweichungen“ vom Systemgleichgewicht beantworten, weil dieses einem statischen Zustand gleichkommt, von dem her jeder Interaktionszusammenhang schon deshalb eine „Abweichung“ ist, weil er ein prozessuales Geschehen darstellt.

So zeigt sich bei näherem Zusehen, daß Parsons' Schema der „Richtungen des abweichenden Verhaltens“ einfach ein Schema der überhaupt möglichen Motivationsorientierungen des Verhaltens ist. Jede denkbare eigene Ausrichtung der Motivationsstruktur ist bereits eine „Abweichung“ — der anomische Zustand entsteht aus dem Hiatus zwischen Persönlichkeitssystem und sozialem System. Nur wenn die Persönlichkeit gewissermaßen das Negativ der Gesellschaft ist, wenn die individuellen Motivationen genau dem normativ Erwarteten entsprechen, kann das Verhalten „angepaßt“ sein — eine eigentümliche Umdrehung der Parsonsschen Schichtenvorstellung: das soziale System geht nicht mehr aus dem Persönlichkeitssystem hervor, sondern die Persönlichkeit ist ein Störfaktor im sozialen System, das Individuum ist die „Abweichung“ von der Gesellschaft. Damit erweist sich der Gleichgewichtszustand als die Zwangsintegration des einzelnen in die Gesellschaft, die zwangsweise Anpassung des Individuums an das gesellschaftlich Erwünschte. Auch aus dieser Überlegung wird deutlich, daß der Gleichgewichtszustand, das „equilibrierte“ System, ein Grenzfall ist, dessen Verallgemeinerung offenbar zu unsinnigen Ergebnissen führt. Denn empirisch müßte das im Gleichgewicht befindliche soziale System eine Gesellschaft bezeichnen, deren Totalität darin bestände, daß die Individuen nur noch diejenigen Bedürfnisse hätten, die auch gesellschaftlich befriedigt werden können. Das Paradigma von Parsons aber ist scharfsinniger als die Überlegungen, aus denen es entstanden ist: es zeigt, daß in jedem Systemzustand ein Mißverhältnis zwischen Sanktionssystem und Triebunterdrückung besteht, weil jede gesellschaftliche Regelung der Bedürfnisbefriedigung zugleich ein System der Repression von Bedürfnissen ist. Die daraus entstehenden Interessenkonflikte sieht Parsons freilich nur als Konflikte zwischen individuellen Motivationen und sozialen Normen, zwischen Persönlichkeitssystem und sozialem System. Der Durkheimsche Ansatz wiederholt sich: der grenzenlosen, weil von keiner Sozialisation erreichbaren, Triebhaftigkeit der Individuen steht die „conscience collective“ gegenüber; Befriedigung ist nur möglich unter dem Druck der beschränkenden „contrainte sociale“, also in einem System der Zwangsintegration. In Wirklichkeit aber unterliegen nicht erst die Befriedigungen, sondern schon die Bedürfnisse einer gesellschaftlichen Organisation: die psycho-physische Triebstruktur artikuliert sich in spezifischen objektgerichteten Bedürfnissen, die ihrerseits gesellschaftlich vorgeformt und kanalisiert sind. Interessenkonflikte konstituieren sich von vornherein als soziale Konflikte. Es gibt kein „asoziales“ Verhalten, sondern nur ein gegenüber bestimmten konkreten gesellschaftlichen Zwängen antagonistisches oder ausweichendes Verhalten.

4. Das Problem des „abweichenden“ Verhaltens

Die Rede von einem „abweichenden“ Verhalten hat sich in der Soziologie eingebürgert, ohne daß immer klar wäre, was darunter zu verstehen ist. Häufig wird einfach ein Verhalten als „abweichend“ bezeichnet, das in irgendeinem vagen Sinne „sozial auffällig“ ist, auf das also andere wegen seiner Besonderheit aufmerksam werden. Aber was dem einen auffällt, mag dem anderen eine gewohnte Erfahrung sein; was als „abweichendes“ Verhalten in der Gesellschaft gilt, ist unterschiedlich je nach der Gruppe, die ein solches Urteil fällt. Diese Unterscheidung im Urteil ist wichtig auch für eine soziologische Bestimmung des „abweichenden“ Verhaltens, weil ein und dasselbe Verhalten sowohl „abweichend“ als auch nicht „abweichend“ sein kann, je nach dem sozialen Kontext, innerhalb dessen ein Handeln gesellschaftlich beurteilt wird. Es ist deshalb fraglich, ob man von *dem* „abweichenden“ Verhalten überhaupt sprechen kann, ob also die sozialen Phänomene, die üblicherweise unter dem Titel der „social problems“ abgehandelt werden, wirklich alle zur Klasse der „abweichenden“ Verhaltensweisen gehören. Ich habe den Terminus „abweichend“ bislang in Anführungszeichen gebraucht, um nicht der Klärung dieser Frage vorzugreifen.
In der soziologischen Literatur erscheint der Begriff des „abweichenden“ Verhaltens im wesentlichen in vier verschiedenen Verwendungsweisen[70]:

1. Was eine Abweichung ist, bemißt sich am Normalen. Die einfachste Bestimmung des Normalen ist die *statistische*: man kann vom statistischen Durchschnitt ausgehen und nach den Extremen zu irgendwo eine Grenze ziehen und sagen, dies sei vom Normalen abweichendes Verhalten[71]. Man wird allerdings dann unter der Rubrik „abweichendes Verhalten“ sehr Unterschiedliches vorfinden: nämlich Verhaltensweisen, die für das Urteil der Mitmenschen kaum ins Gewicht fallen (manche Menschen tragen Bärte), und solche, die sehr stark ins Gewicht fallen (manche Menschen stehlen Geld). Einige dieser im statistischen Sinne abweichenden Verhaltensweisen werden also nicht als abweichend empfunden, während andererseits das Verhalten der Mehrzahl oder einer sehr großen Zahl von Menschen dennoch zu den Abweichungen gerechnet werden kann. Viele Menschen interessieren sich für Sport, aber

nur wenige üben ihn aktiv aus; das Verhalten dieser wenigen gilt trotzdem als „normal". Andererseits verletzt fast jeder von Zeit zu Zeit eine Verkehrsregel, und dennoch bleibt dieses Verhalten eine Abweichung von der Norm. Man könnte hier allerdings einwenden, daß es nicht um die Selbstverständlichkeit geht, daß jeder einmal eine Norm verletzt, sondern darum, daß die Mehrzahl der einzelnen Verhaltensweisen normenkonform ist. Aber selbst wenn man die Summe der Verhaltensweisen in Hinsicht auf eine Norm betrachtet, kann der statistische Normalfall dem Rechtsbewußtsein widersprechen oder jedenfalls eine etablierte Norm verletzen. Man schätzt, daß es in Deutschland mindestens ebenso viele Abtreibungen wie Geburten pro Jahr gibt; dennoch gilt die Abtreibung der Mehrheit der Bevölkerung als Unrecht[72].

Der scheinbar so klare statistische Begriff[72a] des abweichenden Verhaltens bezieht sich also auf Verhaltensweisen, die soziologisch gesehen nicht zu einer Klasse von Phänomenen gezählt werden können, weil das quantitative Vorkommen nichts über die gesellschaftliche Einschätzung eines Handelns aussagt; die subjektiven Einstellungen aber, die der Beurteilung des Verhaltens anderer zugrunde liegen, sind selbst Bestandteil der sozialen Beziehungen, die es zu untersuchen gilt.

2. In einer zweiten Bedeutungsvariante erhält der Begriff des „abweichenden" Verhaltens einen psychopathologischen Sinn. Nun mag es keine Schwierigkeiten bereiten, einen körperlichen Defekt als Abweichung vom normalen, „gesunden" Zustand zu bezeichnen, weil sich über das, was physische Gesundheit ausmacht, noch einigermaßen Übereinstimmung erlangen läßt. Die Behauptung, daß alles „abweichende" Verhalten Ausdruck einer Persönlichkeitsstörung sei, stößt dagegen auf erhebliche Probleme: hier muß sich die Abweichung an einem Zustand psychischer Gesundheit bemessen, für den es keine zuverlässigen Kriterien gibt. Wir haben bereits gesehen, daß der in der angelsächsischen Literatur zur Sozialpathologie so beliebte Begriff des „mental health" zu viele Unklarheiten enthält, als daß er zur Analyse des „abweichenden" Verhaltens brauchbar wäre (vgl. Kap. I): einmal ist nur bei sehr wenigen Verhaltensweisen, die wir üblicherweise als „abweichend" bezeichnen, eine psychische Störung unmittelbar nachweisbar, zum anderen scheinen manche Typen des „abweichenden" Verhaltens geradezu eine ungestörte Persönlichkeit vorauszusetzen. Nicht nur liegt mindestens ein Teil der Voraussetzungen zum Spiel einer „abweichenden" Rolle immer in der Sozialstruktur[73], sondern das „abweichende" Verhalten selbst entsteht und bestimmt sich erst im Interaktionsprozeß[73a].

3. Zahlreiche Soziologen verstehen unter „abweichendem" Verhalten soziale Handlungen und Beziehungen, die die Stabilität des

sozialen Systems stören: „abweichendes“ Verhalten ist „dysfunktional“. Letzten Endes handelt es sich dabei um eine verfeinerte Form der Analogie zur körperlichen Krankheit. Vorausgesetzt wird, daß das oberste Ziel einer Gesellschaft ihre Stabilität, genauer gesagt: ihr Überleben, ist. Alles, was der Erhaltung des sozialen Systems nicht förderlich, sondern abträglich ist, also „dysfunktional“ wirkt, gilt dann als „abweichendes“ Verhalten. Diese Konstruktion, die für den strengen Funktionalismus charakteristisch ist, begegnet vor allem zwei Schwierigkeiten: erstens läßt sie den sozialen Wandel außer acht, behauptet also implizit, eine Gesellschaft sei ein mit sich selbst identisch bleibendes System. Geschichte gibt es nur als den Zusammenbruch des Systems und seine Ersetzung durch ein neues. Von daher gesehen ist alles soziale Handeln, das auf Veränderung aus ist, schon „abweichendes“ Verhalten: „Rebellion“ etwa ist bei Merton ebenso „dysfunktional“ wie „Eskapismus“. „Innovation“ kann technische Neuerungen ebenso wie Gangstertum beinhalten. Zweitens aber ist es, selbst wenn aus analytischen Gründen sich die Konstruktion eines Gleichgewichtsmodells empfiehlt, außerordentlich schwierig, im einzelnen zu sagen, was „funktional“ und was „dysfunktional“ wirkt. Auch der vollständigste Katalog der „funktionalen Imperative“ eines sozialen Systems müßte in Rechnung stellen, daß sehr unterschiedliche soziale Phänomene äquivalente Funktionen haben können und daß ein und dasselbe soziale Phänomen unterschiedliche Funktionen haben kann. Mehr noch: auch eine funktionalistische Systemanalyse kann nicht an der Tatsache vorbeigehen, daß Minderheiten und Mehrheiten in einer Gruppe sowie „in-group“ und „out-group“ die Funktionen der Gruppe sehr unterschiedlich beurteilen können und daß diese Beurteilung selbst wieder Teil der tatsächlichen Funktion werden kann. So gesehen ist es richtig, daß — wie Howard Brotz meinte[74] — es eine politische Frage sei, was als „funktional“ oder „dysfunktional“ zu gelten hat, weil es eine im politischen Konflikt (im weitesten Sinne) sich entscheidende Sache ist, welche Regelungen durchgesetzt werden sollen und wer als „Störenfried“ abgestempelt wird. „Die funktionale Betrachtungsweise der Abweichung begrenzt unser Verständnis, weil sie den politischen Aspekt des Phänomens außer acht läßt.“[75]

4. Als Ausweg bleibt schließlich viertens das relativistische Modell, nach dem jede Verletzung in einer Gesellschaft oder Gruppe herrschender Normen als „abweichendes“ Verhalten bezeichnet wird. Die kaum lösbare Schwierigkeit dieses Modells liegt darin, daß es stillschweigend eine homogene normative Struktur voraussetzt, wie sie sich allenfalls in Primitivgesellschaften findet. In der differenzierten Normen- und Wertstruktur moderner Gesellschaften kann von dem einen als „abweichend“ betrachtet werden, was dem anderen als „normal“ gilt. Der Ansatz läßt sich also nur

durchhalten, wenn die unterschiedliche Gruppenzugehörigkeit, das Geflecht von „in-group"- und „out-group"-Perspektiven und die unterschiedliche Bezugsgruppenorientierung beachtet wird.
Man kann dies deutlich zeigen an den Schwierigkeiten, in die Durkheim mit seiner berühmten Behauptung gerät, daß eine bestimmte Rate des „abweichenden" Verhaltens „normal" sei[76]. Durkheim geht zunächst von einem statistischen Normalitätsbegriff aus[77]. Die Mehrheit der Menschen aber, so folgert er weiter, verhält sich nur deshalb so miteinander übereinstimmend, weil sie „gemeinsame Glaubensvorstellungen und Gefühle" teilt. Nur eine Minderheit - und die auch nicht zu jeder Zeit und das ganze Leben lang - läßt sich in ihrem Verhalten nicht von der „conscience collective" leiten, entzieht sich deren sozialem Zwang und macht freilich gerade durch diese „Abweichung" den anderen immer wieder erst bewußt, welche sozialen Normen ihr Leben bestimmen. So bekommt das „abweichende" Verhalten, wenn es ein bestimmtes Maß nicht überschreitet, eine positive Funktion; die Erregung über den Verbrecher stärkt die Gruppenmoral. Durkheim schließt dabei vom Verhalten der Mehrheit, vom Durchschnittstypus, auf das Vorhandensein gemeinsamer „Glaubensvorstellungen und Gefühle". Schon im Begriff des Durchschnitts aber liegt, daß nicht alle vorkommenden Phänomene sich ihm fügen: das „abweichende" Verhalten wird „normal", ja mehr noch, bestärkt das beruhigende Bewußtsein, zum Durchschnitt zu gehören. Der Verbrecher hat sein Gutes darin, daß das Volk ihn verurteilen kann — in der Verurteilung wird es sich seiner „conscience collective" bewußt, die es in der Zeremonie der Hinrichtung feiert. — Aber gibt es diese von einem Durchschnitt in unserer Gesellschaft geteilten „Glaubensüberzeugungen und Gefühle" überhaupt, hat nicht jede normative Regelung ihre Befürworter und ihre Gegner und ist bei allem Anspruch auf Allgemeinverbindlichkeit doch nur Ausdruck dieser oder jener sich machtvoll durchsetzenden und behauptenden Gruppe? Selbst in der Rechtsordnung, die die formalsten und kraft der staatlichen Sanktionsgewalt verbindlichsten Regelungen enthält, gibt es Interpretationsmöglichkeiten, Widersprüche und umstrittene Paragraphen. Am deutlichsten zeigt sich das am Problem der Todesstrafe selbst: es gibt wahrscheinlich nur sehr wenige „Glaubensüberzeugungen", die von einer so klaren Mehrheit unserer Gesellschaft geteilt werden, wie die, daß ein Mörder den Tod verdient; dennoch hat die Bundesrepublik die Todesstrafe abgeschafft. Das führt zu Konflikten, bei denen sich kaum sagen läßt, welche Partei sich „abweichend" verhält: als 1966 in Bayreuth ein Mädchen auf besonders grausame Weise ermordet wurde, stand eine ganze Stadt gegen das Urteil des Gerichts auf, das dem Mörder Unzurechnungsfähigkeit bescheinigt und ihn wegen Schizophrenie in eine psych-

iatrische Heilanstalt eingewiesen hatte. Durkheim hat richtig gesehen, daß normgerechtes und „abweichendes" Verhalten komplementär sind. Beide Verhaltensweisen entsprechen einander und beeinflussen sich gegenseitig. Die Ansicht aber, daß gesellschaftliche Sanktionen einzig die Funktion hätten, die Stabilität sozialer Normensysteme zu gewährleisten und zu verstärken, ist zu einfach, denn sie übersieht, daß sich auch Normensysteme verändern. Dieser soziale Wandel läßt sich aber nicht als eine allmähliche Verschiebung der „conscience collective", sondern nur als ein beständiges Nebeneinander, Miteinander und Gegeneinander von Gruppenmeinungen beschreiben. Konformes und nicht-konformes Verhalten entstehen immer wieder neu in einem Interaktionsprozeß, der nicht selten die Austragung von Konflikten beinhaltet. Manche normativen Regelungen sind informell und sehr kurzlebig, andere haben über große Zeiträume Gültigkeit. Aber selbst eine so allgemeine und tiefverwurzelte Überzeugung, wie die von der Notwendigkeit der Todesstrafe, stößt auf Widerspruch. „Die Abschaffung der Todesstrafe würde", schreibt Enzensberger, „zu Ende gedacht, die Natur des Staates verändern. Sie ist ein Vorgriff auf Gesellschaftsordnungen, von denen wir weit entfernt sind."[78] Dieser Vorgriff aber ist vom Staat selbst unternommen worden, die staatliche Ordnung wendet sich selbst gegen einen entscheidenden Bestandteil der „conscience collective" — sie weicht von der Einstellung des Durchschnitts ab[79].

Die These Durkheims, daß eine gewisse Rate des „abweichenden" Verhaltens „normal" sei, ist von Talcott Parsons und Robert K. Merton übernommen und verfeinert worden. In der soziologischen Systemanalyse erhält das „abweichende" Verhalten die Funktion, die Grenzen des Systems symbolisch zu verdeutlichen — ein Prozeß, der von Parsons als „boundary maintainance" bezeichnet wird. Im Prinzip entspricht das der Durkheimschen Darstellung: das „abweichende" Verhalten macht mit der Verletzung der „conscience collective" diese erst bewußt: die Stabilität eines Systems hängt bis zu einem gewissen Grade davon ab, daß die institutionalisierten Sanktionen immer wieder öffentlich demonstriert werden. Was als „abweichendes" Verhalten gelten soll, bestimmt sich also an den Sanktionen, die die Gesellschaft über bestimmte Verhaltensweisen verhängt. Während aber Parsons darauf verzichtet hat, das „abweichende" Verhalten in unserer Gesellschaft konkret zu benennen, kommt Merton vom Anomie-Begriff ausgehend zu einem ganz anderen Ansatz: für ihn bedarf die „conscience collective" (i. e. für ihn die „cultural goals") — jedenfalls in der amerikanischen Gesellschaft — keiner besonderen Verdeutlichung. Das soziale System stabilisiert sich dadurch, daß es, wenn die Verwirklichung kultureller Ziele wegen eines Mangels an dafür vorhandenen institutionellen Mitteln unmöglich scheint, bestimmte „abweichende“ Verhaltensmuster zur Verfügung stellt, nämlich die von ihm beschriebenen „types of adaptation“. Die Frage nach der sozialen Kontrolle wird in diesem Ansatz beiseite gelassen, so daß auch die Sanktionen als mögliches Kriterium dessen, was als „abweichend“ gelten soll, außer acht bleiben. Das Fehlen dieses Kriteriums macht sich bemerkbar: es gibt bei Merton in den beiden Abhandlungen zum Anomie-Begriff nirgends eine klare Definition des „abweichenden“ Verhaltens. In einem späteren Aufsatz heißt es dagegen, daß „abweichendes“ Verhalten „signifikant von den Normen, die für einen sozialen Status gesetzt sind, abweicht“, und daß es in bezug auf die Normen gesehen werden müsse, „die sozial als angemessen und moralisch bindend definiert sind für Menschen, die verschiedenen Status einnehmen.“[80] Diese Definition bezieht sich aber höchstens auf einen Teil dessen, was die „types of adaptation“ meinen: mit seinem Anomie-Theorem wollte Merton eine Reihe von sozial „auffälligen“ Verhaltensweisen erklären, wie etwa Selbstmord und Verbrechen, Jugendlichen-Delinquenz und Rauschgiftsucht, psychische Störungen, Alkoholismus und Prostitution. Nun wird man vielleicht sagen können, daß ein Arzt, der Morphinist ist, von den Normen seiner Position (bei Merton: „status“) abweicht, aber die Erklärung des Selbstmords als eine Abweichung von den Positionsnormen wäre Unsinn. Und weicht die Prostituierte von den Normen ihrer Position ab, wenn sie ihrem „Beruf“ nachgeht? Sicherlich eher umgekehrt: die Prostituierte weicht von den Normen ihrer eigenen Gruppe ab und wird von dieser Sanktionen zu gewärtigen haben, wenn sie etwa (von ihrem Zuhälter abgesehen) einem Liebhaber gestatten würde, wofür andere als Kunden zu zahlen hätten. Während also in Mertons Abhandlungen zum Anomie-Begriff eine brauchbare Bestimmung des „abweichenden“ Verhaltens fehlt, läßt sich seine spätere Definition auf die dort untersuchten Verhaltensweisen kaum anwenden. (Eine solche Integration seiner „Theorien der mittleren Reichweite“ hat Merton selbst übrigens auch nicht versucht.) So besteht die Kritik von Albert Cohen an Mertons Anomie-Theorem zu Recht[81]: das Individuum wird von Merton als unabhängige Variable gegenüber der Sozialstruktur gesehen, als ob der Rollenspieler in einer bestimmten strukturellen Konstellation des sozialen Systems, in der „Konformität“ nicht möglich oder zu aufwendig ist, nun je nach Neigung zwischen verschiedenen „abweichenden“ Verhaltensweisen frei wählen könnte. Die Reaktion der anderen im Interaktionsprozeß, also das ganze Problem der sozialen Kontrolle, des Lernmilieus und der Gelegenheitsstruktur, bleibt bei Merton unbeachtet: ob ein Verhalten auf Sanktionen trifft oder auf Komplizen, ob es Erfolg hat oder scheitert, ob es sich durch zwanghaftes Festhalten selbst verstärkt oder dialektisch sein Gegenteil — Konformität — hervor-

ruft — alle diese Verlaufsformen eines Interaktionsprozesses, in denen „Anpassung“ und „Abweichung“ erst als solche sich konstituieren, bleiben aus dem strukturellen Ansatz ausgespart.
Was vom „abweichenden“ Verhalten gilt — daß es sich von der Frage nach der System-Stabilität her nicht definieren läßt —, trifft erst recht für sein Gegenteil, das „angepaßte“ Verhalten, zu. Der Terminus „Anpassung“ (adjustment) erfreut sich in der amerikanischen Soziologie fast noch größerer Beliebtheit als der der „Abweichung“. Das hängt zusammen mit dem Einfluß von Herbert Spencer und den älteren Evolutionstheorien: Anpassung hieß die Bewältigung der Aufgaben in einem neuen Stadium des Entwicklungsprozesses, das Finden neuer Antworten auf die Herausforderungen einer veränderten Umwelt. Bis hin zu dem aus einer biologistischen Analogie entwickelten Theorem vom „cultural lag“ mögen solche Parallelen zwischen der Gesellschaft und der organischen Natur eine gewisse Fruchbarkeit für sich haben[82]: in der funktionalistischen Systemanalyse aber sind sie ebenso verfehlt wie in der oberflächlichen Redeweise von der Anpassung an gesellschaftliche Normen. Denn in der pluralistischen Vielfalt gesellschaftlicher Normengefüge gibt es keine Anpassung an „die Gesellschaft“, weil sich das Vorhandensein und die allgemeine Geltung einer „conscience collective“ nur für sehr wenige extreme Verhaltensweisen nachweisen läßt[83]. Aber auch innerhalb einzelner sozialer Gruppen und Organisationen ist, wenn es sich um die Bewältigung bestimmter neuer Konstellationen handelt (wie z. B. die Reaktionen der Arbeiter auf eine weitere Mechanisierung oder gar Automatisierung der technischen Anlagen ihres Betriebes), die Rede von einer Anpassung zumeist tautologisch. An wen oder was paßt man sich innerhalb der eigenen Gruppe an, wenn nicht an jene Gruppennormen, deren Inhalt und Sanktionsstärke man selber mitbestimmt? Gewiß haben die normativen Festlegungen oft Institutionscharakter, d. h. sie haben häufig schon ihre eigene Geschichte und treten den Individuen als von ihnen unabhängige Verhaltensanweisungen gegenüber (vgl. den Institutionsbegriff von Parsons, der auf S. 43 f. besprochen worden ist).
Aber erstens sind unendlich viele Verhaltensweisen eben gerade nicht institutionell geregelt, und selbst diese Regelungen lassen meist einen breiten Spielraum der Interpretation und Ausgestaltung, und zweitens sind Normensysteme mit wachsender Verfestigung zu Institutionen immer stärker Ausdruck entstehender und bestehender Herrschaftsverhältnisse: man beugt sich dem Druck der von der Macht garantierten Sanktionen[84]: „Anpassung“ ist nicht selten ein Euphemismus, der ideologisch umschreibt, was Unterdrückung heißen müßte.
Gewiß ist jedenfalls, daß „angepaßtes“ Verhalten nicht etwa normales Verhalten im Sinne des Durchschnitts sein kann; die meisten

Menschen verhalten sich offenbar in dieser oder jener Weise „abweichend“, ja sind schon kraft ihrer verschiedenen „zugeschriebenen“ und „erworbenen“ Positionen dazu verurteilt. In einer der besten soziologischen Untersuchungen zum Problem des „abweichenden“ Verhaltens hat Erving Goffman auf der Suche nach einem Maß für das „Normale“ und das „Abweichende“ festgestellt, daß gegen die meisten Normen fast jedermann zu irgendeinem Zeitpunkt in seinem Leben verstößt: „Und sogar, wo es um weithin akzeptierte Normen geht, hat deren Vielfältigkeit die Wirkung, zahlreiche Menschen zu disqualifizieren. Zum Beispiel gibt es in einer wichtigen Hinsicht nur ein vollständig fehlerloses männliches Wesen in Amerika: einen jungen, verheirateten, weißen, in einer nördlichen Stadt wohnenden, heterosexuellen, protestantischen Vater mit College-Erziehung, voll beschäftigt, von gutem Aussehen, Gewicht und Größe und einer neueren Sportleistungsurkunde.“[85] Man würde es sich gewiß zu leicht machen, wenn man annehmen wollte, ein solcher „gut angepaßter“ Typus sei ein Ergebnis nur des amerikanischen Konformismus (in der Gesellschaft oder in der Soziologie). Ralf Dahrendorf etwa spricht von einer deutschen „Normalrolle“, in deren „Reduktion menschlicher Vielfalt gleichsam auf den Wehrdienstfähigen“ sich „das Brutale am Konformitätsdruck der deutschen Gesellschaft“ erweise: „der Nicht-Gastarbeiter, der Nicht-Abnorme, der erwachsene Mann, der weder zu jung noch zu alt ist, kein Gebrechen hat und das Natürliche liebt, der gedankenlos-kräftige junge Mann also zwischen fünfundzwanzig und vierzig oder vielleicht zwanzig und fünfunddreißig Jahren.“[86]

Was Dahrendorf und Goffman beschreiben, ist nicht etwa irgendein vages gesellschaftliches Ideal, sondern eben eine *„Normalrolle“*, deren Normen nicht ungestraft verletzt werden können: der körperlich oder sozial Stigmatisierte muß seine „Abweichungen“ zu verbergen suchen, wird allenfalls toleriert, nicht aber anerkannt. Das aber trifft jeden zu irgendeiner Zeit seines Lebens: alle Menschen werden alt und fast alle krank, die Hälfte der Menschen sind Frauen, ein Viertel sind Kinder, nur wenige haben Erfolg, die meisten stören ihre Mitmenschen mit diesem oder jenem Laster, durch diesen oder jenen Unglücksfall, schließlich durch die bloße Andersartigkeit ihres Aussehens, ihres Geschmacks oder ihres emotionalen Betragens. Wie Edwin M. Lemert bemerkt hat[87], kann man die Zahl der durch ihr Verhalten diskreditierten Menschen so groß ansetzen, wie man will, je nach dem, wie eng die „Normalrolle“ definiert wird. Offenbar ist die Frage nicht, ob jemand Erfahrungen mit eigenem „abweichendem“ Verhalten hat, sondern nur, wie umfangreich diese Erfahrung ist. Was der Erklärung bedarf, ist hier zunächst weder das „abweichende“ noch das „angepaßte“ Verhalten, sondern Existenz und Sanktionsdruck einer „Normalrolle“: in ihr erfahren die infantilen Wunschträume des einzelnen eine kollektive Verfestigung. Die zur „Normalrolle“ geronnene „conscience collective“ scheint das für die offene Industriegesellschaft charakteristische Objekt individueller Projektionen zu sein, das die aggressive Nicht-Achtung eines jeden ermöglicht. Diese spezifische Inhumanität des an der „Normalrolle“ einer Gesellschaft sich orientierenden Verhaltens ist offenbar ein Ausdruck der Unbestimmtheit und vagen Unverbindlichkeit eines solchen Verhaltensideals: was keiner sein kann und doch jeder sein möchte, fördert mit dem Selbsthaß auch die Mißachtung des anderen. Das Nicht-Festgelegte vieler Verhaltensweisen, die Unbestimmtheit zahlreicher sozialer Rollen in der modernen Gesellschaft ist augenscheinlich für die meisten Menschen (und viele Soziologen) nur schwer erträglich: als Kompensation für die entbehrte Verhaltenssicherheit schleicht sich ein unerträgliches Maß an aggressiver Affektivität in die sozialen Beziehungen, was gerade dort durchschlägt, wo die Verhaltensnormen immer mehr den Erfordernissen der bürokratischen Rationalität sich anmessen[88]. Insofern die „Normalrolle“ sich gerade durch ihre Unbestimmtheit auszeichnet, die jeder beliebigen Projektion offensteht, demonstriert ihre Existenz offenbar einen Zustand relativer Normlosigkeit: das soziologische Problem, das die „Normalrolle“ einer Gesellschaft der Analyse aufgibt, ist nicht die Differenz zwischen „angepaßtem“ und „abweichendem“ Verhalten, sondern das Problem der Anomie.

Die soziologische Bestimmung des „abweichenden“ Verhaltens, die die funktionalistische Systemanalyse nicht leisten kann, muß ausgehen von einem prozessualen Begriff der sozialen Kontrolle. Was sich im Interaktionsprozeß jeweils als „konformes“ oder „abweichendes“ Verhalten erweist, ist nicht ohne weiteres schon durch die Existenz von spezifischen sozialen Normen (soweit diese überhaupt existieren) vorgegeben: es kommt darauf an, wie die Normen im jeweiligen Fall gegeben sind und wie sich ein Verhalten verstärkt oder modifiziert, je nach der *Reaktion der anderen.* Albert Cohen etwa definiert „abweichendes“ Verhalten „als Verhalten, das institutionalisierte Erwartungen verletzt — das heißt, Erwartungen, die innerhalb eines sozialen Systems geteilt und als legitim verstanden werden“[89]. Diese Bestimmung ist (wenn man einmal von der Problematik des Begriffs „soziales System“ absieht) richtig, aber noch nicht vollständig. Denn ein Verhalten kann „innerhalb eines sozialen Systems“ durchaus von der einen Gruppe als „abweichend“ empfunden (und sanktioniert) werden und von der anderen als „konform“. Natürlich kann es in einem spezifischen Untersuchungszusammenhang sinnvoll sein, von „abweichendem“ Verhalten nur innerhalb einer bestimmten, konkreten Gruppe zu sprechen. „Abweichendes“ Verhalten ist dann, was die Gruppenmitglieder für solches halten. Wenn es aber um die Probleme geht, mit denen es die „Soziologie des abweichenden Verhaltens" und die verschiedenen Anomie-Theoreme in der Regel zu tun haben, nämlich Prostitution und Verbrechen, Rauschgiftsucht und Alkoholismus, Neurosen und Psychosen, dann handelt es sich um ein sich selbst stabilisierendes Verhalten oder, anders ausgedrückt, um das allmähliche Hineinwachsen in eine „abweichende" Rolle. Diese Rolle ist alles andere als anomisch; sie umfaßt nicht weniger klare Rollenerwartungen als andere, legitime Rollen in der Gesellschaft auch, ja, oft sind ihre Verhaltensanweisungen sogar präziser. Aber die Bezugsgruppen dieses Verhaltens mit ihrem Geflecht wechselseitig aufeinander bezogener Rollen unterscheiden sich von „normalen", oder besser: legitimen Bezugsgruppen.

Bei Howard S. Becker heißt es: „Soziale Gruppen schaffen die Abweichung, indem sie Regeln schaffen, deren Verletzung eine Abweichung konstituiert, und indem sie diese Regeln auf bestimmte Leute anwenden und sie als Außenseiter definieren. In dieser Betrachtungsweise ist Abweichung nicht eine Qualität der Handlung einer Person, sondern eher die Anwendung von Regeln und Sanktionen gegenüber einem „Missetäter" durch andere. Der Abweichende ist jemand, demgegenüber diese Definition erfolgreich durchgesetzt worden ist."[90].

„Abweichendes" Verhalten ist ein Verhalten, das die Leute als ein solches definieren — und für das es eine entsprechende Rolle gibt. In den meisten Fällen wird diese Rolle zugleich ein mehr oder weniger integrierter Bestandteil einer „Subkultur" sein, die ihrerseits von der gesamten übrigen Gesellschaft als ein Ausdruck des Verhaltens von notorischen Außenseitern empfunden wird. Diese Abhängigkeit des „abweichenden" Verhaltens von den Reaktionen der anderen erlaubt es, zwischen mehreren Formen der „Abweichung" im Hinblick auf ihre *soziale Kenntlichkeit* zu unterscheiden; Howard S. Becker hat eine solche Typologie entworfen[91]:

	Gehorsames Verhalten	Regelbrechendes Verhalten
als abweichend erkannt	fälschlich angeklagtes Verhalten	reines abweichendes Verhalten
nicht als abweichend erkannt	konformes Verhalten	heimlich abweichendes Verhalten

Dabei zeigt sich plötzlich, daß das „reine abweichende" Verhalten, also etwa die statistisch erfaßte Kriminalität, nicht die einzige Form der „Abweichung" darstellt, ja, daß die anderen Formen sogar besonders interessante soziale Phänomene bezeichnen: als Beispiel für ein weit verbreitetes „heimlich abweichendes" Verhalten kann etwa die Abtreibung dienen, die deutlich Regeln verletzt, und zwar nicht nur die staatlich sanktionierten des Strafgesetzes, sondern auch die von der Mehrheit der Bevölkerung als solche empfundene sittliche Norm, und die dennoch von sehr vielen Menschen heimlich praktiziert wird. Ähnliches ließe sich vermutlich über manche sexuellen Praktiken sagen, wäre nicht gerade die Heimlichkeit des Verhaltens auch ein entscheidendes Hindernis für seine Erforschung[92]. Für den Typus des „fälschlich angeklagten“ Verhaltens ist das beste Beispiel wohl die Wirkung des Terrors gegen die assimilierten Juden: galten die ihrer Tradition verhafteten Juden allemal als eine abweichende Minderheit, die immer wieder als Sündenbock herhalten mußte, so gewährte doch auch die Assimilation nicht ohne weiteres Schutz vor der Gewalt ethnozentrischer Kräfte. Es bedurfte freilich jener kollektiven Identifikation mit dem Zynismus, die stets endgültig das Totalitäre einer gesellschaftlichen Verfassung anzeigt, um mit dem „Wer Jude ist, bestimme ich!“ den in jeder fälschlichen Anklage latent enthaltenen Terror zum offenen Prinzip zu machen: daß zu den Opfern des nationalsozialistischen Massenmords zahlreiche assimilierte Juden gehörten, die sich vielfach geradezu als besonders „gute Deutsche“ empfanden und für die ihre Herkunft oft kaum mehr als eine Erinnerung war, zeigt nur in besonderer Schärfe das Moment der Willkür in der Systematik der „in-group/out-group“-Definitionen, einer Willkür, die das Verhalten der zur „outgroup“ Abgestempelten dann gewaltsam prägt — sei es, daß sie durch schleichende Diskriminierung zu neuen Selbst-Definitionen gedrängt werden, die dann hinterrücks die ideologische Legitimation der Diskriminierung mit stützen, sei es, daß sie gleich jeden Rechtes beraubt werden, um künftig ein Leben auf der Flucht vor dem Terror zu führen[93].

Jude ist, wie Sartre sehr deutlich gesehen hat[94], wer von den anderen dafür gehalten wird; Sartres These, daß es kein Judenproblem gebe, sondern nur das Problem des Antisemitismus, enthält für unsere Überlegungen eine wichtige Erkenntnis: der Charakter des „abweichenden“ Verhaltens ist zunächst — und bei dem Typus des „fälschlich angeklagten“ Verhaltens fast ausschließlich — ein Problem derer, die ein Verhalten als „abweichend“ abstempeln, und dann erst ein Problem der sich „abweichend“ Verhaltenden selbst. Von neuem zeigt sich, daß das „konforme“ Verhalten nicht weniger der Erklärung bedarf als das „abweichende“: beide sind zwei Seiten ein und derselben Sache, nämlich der Reziprozität des Verhaltens im Interaktionsprozeß, die die sozialen Normen erst schafft oder doch je neu artikulieren muß.

Abweichendes Verhalten bestimmt sich nach zwei Kriterien: es ist *erstens ein normenverletzendes Verhalten, und zweitens* ein Verhalten, das von den *Bezugspersonen* auch als ein normenverletzendes *gesehen und beurteilt* wird. An diese Bestimmung werde ich mich in folgenden halten (und damit können wir auf die Anführungszeichen jetzt verzichten). Das „fälschlich angeklagte" und das „heimlich abweichende" Verhalten sind besondere Phänomene, die sich aus der Analyse der Interaktionsprozesse unter dem Gesichtspunkt des abweichenden Verhaltens ergeben; sie sollen aber um der Klarheit willen nicht als abweichendes Verhalten bezeichnet werden. Sie können freilich zu einem abweichenden Verhalten, das auch als solches beurteilt wird und das tatsächlich Normen verletzt, werden: der Mechanismus der „Sich-selbst-erfüllenden-Prophezeiung"[95] kann etwa dazu führen, daß die „fälschlich Angeklagten" sich schließlich entsprechend der Anklage auch verhalten. Die Mechanismen der Informationskontrolle[96] können andererseits zusammenbrechen und ein „heimlich abweichendes" Verhalten bloßlegen. Wichtiger ist, daß das abweichende Verhalten im eigentlichen Sinn sich im Interaktionsprozeß durch zwanghafte Fixierung (siehe das Paradigma von Parsons, S. 58) stabilisieren kann und schließlich zu einer *abweichenden Rolle* wird, wenn es sich an entsprechenden Bezugspersonen und -gruppen orientieren kann. Edwin M. Lemert hat in diesem Zusammenhang von primären und sekundären Abweichungen gesprochen[97]: primäres abweichendes Verhalten tritt häufig auf, und fast jeder in unserer Gesellschaft kennt es aus eigener Erfahrung: die Abweichung wird aber immer noch im normativen Kontext einer Rolle oder einer Situation, die als „normal" erscheint, erlebt. In der sekundären Abweichung dagegen stabilisiert sich das Verhalten zum eigenständigen Rollenspiel, in welchem man sich der gesellschaftlichen Stigmatisierung unterwirft und sich ihr anzupassen sucht[98]. Ein Trinker greift von neuem zur Flasche, weil seine Frau ihm wegen des gestrigen Abends eine Szene macht; ein Marihuana-Raucher lebt sich allmählich in eine „Subkultur" von Rauschgiftsüchtigen ein[99]; eine Gelegenheitshure braucht vielleicht in einer bestimmten Situation den Schutz eines Zuhälters und wird von diesem in die „Berufsrolle" einer Prostituierten hineingedrängt[100].

Erst bei einer solchen dauerhaften Orientierung an Bezugsgruppen oder -personen, deren Rollenverhalten als illegitim gilt, können wir von einer abweichenden sozialen Rolle sprechen. Hier ist das Verhalten bereits eingebettet in ein Rollengefüge, das selbst von abweichenden Normen beherrscht wird und daher eine Subkultur bildet: das Verhalten bewegt sich in einem anderen Relevanzbereich. Dabei wird es typische *Verhaltens-Sequenzen* vom korrigierbaren abweichenden Verhalten bis zur abweichenden Rolle geben: jemand gerät „auf die schiefe Bahn", wie wir sagen[101]. Die Reaktion der anderen auf abweichendes Verhalten wirkt je nach der Stärke der Sanktionen, aber auch je nach Lernmilieu und Gelegenheitsstruktur unterschiedlich; die Intensität der Abweichung, beziehungsweise das mehr oder weniger dauerhafte Spielen einer abweichenden Rolle, läßt sich nicht etwa allein nach der Sanktionsdrohung, die die Rollenerwartung begleitet, klassifizieren. Ein Bankräuber mag in einem guten Gefängnis in fünf Jahren resozialisiert werden; ein Verkehrssünder kann in einem schlechten Gefängnis die Techniken des Einbruchs in drei Wochen erlernen. Auch hier sind die tatsächlichen und möglichen Interaktionssituationen für die Veerhaltensorientierung ausschlaggebend.

5. *Eine rollenanalytische Bestimmung des Anomie-Begriffs*

Die Überprüfung der Rede vom „abweichenden" Verhalten hat ergeben, daß es sich dabei typischerweise um Verhaltensweisen handelt, die nicht in einer Situation der Normlosigkeit entstehen, sondern entweder einen vorübergehenden Bruch normativer Regelungen bedeuten, der als solcher auch erkannt wird, oder das Spiel einer Rolle, deren Verhaltensanweisungen aus dem Kontext einer als illegitim geltenden „Subkultur" herrühren, nichtsdestoweniger aber normativen Charakter haben. Somit läßt sich nicht ohne weitere Differenzierung sagen, daß abweichendes Verhalten das Ergebnis eines anomischen Zustands sei. Was aber bedeutet dann Anomie, da doch die bisherige Anomie-Theorie gerade zur Erklärung des abweichenden Verhaltens dienen sollte? Offenbar muß noch einmal geprüft werden, was es genau heißt, wenn man sagt, Anomie sei ein Zustand der Normlosigkeit. In dem wichtigsten Beitrag zur Anomie-Theorie, dem „SS & A-Theorem", wie man Mertons klassische Überlegungen inzwischen schon zitiert finden kann[102], werden die gesellschaftlichen Ziele ("cultural goals") als unabänderlich gegeben vorausgesetzt. Sie werden nicht nur stillschweigend als legitim akzeptiert, woraus der unkritische Charakter der Theorie Mertons resultiert, sondern ihr Vorhandensein wird unbefragt als selbstverständlich hingenommen. In Mertons Paradigma der „types of adaptation" können die gesellschaftlichen Ziele wohl akzeptiert oder verworfen werden, aber sie sind unveränderlich. Daher rührt die starre Systematik einer Theorie, die auf die Analyse von Entwicklungsprozessen verzichten muß. Die Wahl der Mittel („institutionalized means") ist dagegen unklar und ambivalent: Mertons Erklärung des abweichenden Verhaltens beruht (was aus seinem Paradigma allein noch nicht hervorgeht) auf der *Unterscheidung zwischen legitimen und illegitimen Mitteln.* Werden die „institutionalized means" abgelehnt, dann kommt es entweder zu einer Form des Eskapismus oder zur Wahl illegitimer Mittel — also zu passiven oder aktiven Formen des abweichenden Verhaltens.

Nun scheint es sehr fraglich, ob man von allgemeinverbindlichen, selbstverständlich akzeptierten gesellschaftlichen Zielen in modernen Gesellschaften überhaupt sprechen kann. Das für Merton ausschlaggebende Beispiel der materiellen Erfolgsziele bei gleichzeitiger Egalitätsideologie trifft nach seinem eigenen Eingeständnis eigentlich nur auf die amerikanische Situation zu und — so darf man hinzufügen — ist auch dort wohl immer weniger allgemeingültig. So betrachtet, haben M. B. Scott und R. Turner recht, wenn sie die Theorie Mertons eher für eine Anwendung von Max Webers Analyse der Protestantischen Ethik halten als für eine Weiterentwicklung des Durkheimschen Anomie-Begriffs[103]. Denn die Dominanz der materiellen Erfolgsziele, die in der amerikanischen Gesellschaft so auffällig ist, hat zweifellos ihre Wurzeln im amerikanischen Puritanismus und wird mit dessen Nachwirkungen allmählich abklingen[104]. In den europäischen Industriegesellschaften hat man eher den umgekehrten Eindruck, daß die Wahl der Mittel trotz mancher Ambivalenz der Normen und vieler normativer Konflikte weniger problematisch ist als die gesellschaftlichen Ziele, deren Unklarheit und Mangel schon seit Jahrzehnten von der Kulturkritik beklagt worden ist. Tatsächlich mag sich hinter den zahlreichen ideologischen Leerformeln, die offiziell verbreitet oder auf anderer Ebene von der Meinungsforschung zutage gefördert werden, eine Unsicherheit über Sinn und Aufgaben des eigenen Handelns verbergen, die näherer Untersuchung wert wäre[105]. Sicher ist, daß es in unserer Gesellschaft nicht nur legitime und illegitime Mittel, sondern auch legitime und illegitime Ziele gibt. Wer sein Leben den allgemeinen Konsumnormen verschließen würde, um statt dessen in „innerweltlicher Askese" (wie Max Weber es ausdrückte) die Erfüllung seiner Persönlichkeit allein in der Arbeit zu suchen, der würde sich gewiß für viele schon verdächtig machen — trotz der Zählebigkeit, die die Formeln bürgerlicher Arbeitsmoral noch immer in den Sonntagsreden erweisen.

Ambivalenz der Ziele und Mittel, Ambivalenz der Werte und Normen — das ist nun freilich genau jener unpräzise Anomie-Begriff, wie er sich inzwischen in der soziologischen Literatur und darüber hinaus eingebürgert hat[106]. Für Sebastian de Grazia z. B. ist jede nur denkbare Schwierigkeit der modernen Gesellschaft ein Ausdruck von Anomie[107]: von der Sterilität bei Frauen bis zur Schizophrenie, von der Ehescheidung bis zum Mangel an Religiosität ist das ganze Arsenal der Kulturkritik versammelt und zum Anomie-Problem mystifiziert. Anomie als „der desintegrierte Zustand einer Gesellschaft, die keinen Komplex gemeinsamer Werte oder moralischer Überzeugungen mehr besitzt, die das Verhalten regieren"[108] — das ist wiederum der Verlust einer „conscience collective", dessen Behauptung Durkheim schon in „De la division du travail" in die Schwierigkeit brachte, das Funktionieren der modernen Gesellschaften (die „organische Solidarität") nicht mehr erklären zu können. Auch die von de Grazia vorgeschlagene Unterscheidung zwischen „akuter" und „einfacher" Anomie, die Merton immerhin zur Differenzierung verschiedener Grade und Arten von Anomie für nützlich hält[109], hilft hier nicht weiter: bei de Grazia ist sie schließlich identisch mit der Unterscheidung zwischen einem psychischen Zustand der Entfremdung (von anderen Autoren als „anomy" oder „anomia" bezeichnet) und einem sozialen Zustand der normativen Desintegration (gewöhnlich „anomie" genannt). Demgegenüber hat Merton recht, wenn er darauf besteht, daß Anomie ein soziologischer Begriff sei; Normen sind von vornherein soziale Normen; wo sie nicht vorhanden sind, verschwinden oder sich abschwächen, handelt es sich um ein soziales Phänomen. Die Unterscheidung von psychischen und sozialen Zuständen der Normlosigkeit erscheint wenig sinnvoll; gewiß können Persönlichkeitsfaktoren die Ursache einer Störung in der Wahrnehmung sozialer Normen sein und dürfen daher nicht unberücksichtigt bleiben, aber Normlosigkeit selbst ist ein Zustand, dem der Handelnde im Interaktionsprozeß begegnet und der zur Orientierungslosigkeit seines Verhaltens führt.

Der unscharfe Charakter der Anomie-Theorien rührt daher, daß die spezifischen Bedingungen und Konstellationen, die zu einer Schwächung der Verhaltensnormen führen, bislang kaum untersucht worden sind. Die Allgemeinheit des Anomie-Begriffs erlaubte es, die verschiedensten sozialen Erscheinungen mit der gleichen Überschrift zu versehen, ohne daß die Probleme der normativen Orientierung des Handelns damit wesentlich klarer geworden wären. In den empirischen Untersuchungen, die mit einem „psychologischen" Anomie-Begriff arbeiten, ist statt dessen eine allgemeine Unzufriedenheit zum Gegenstand der Forschung gemacht worden, die sehr verschiedene Ursachen haben und sich aus ganz unterschiedlichen Faktoren zusammensetzen kann. Andererseits ist bei den Arbeiten, die den von Merton entwickelten „soziologischen" Anomie-Begriff benutzen, der Unterschied zwischen Normenschwäche und Normenkonflikt durch vage systemanalytische Formulierungen verdeckt worden. Bei Merton wird Anomie als ein Zusammenbruch der „kulturellen Struktur" begriffen, „als ein Hiatus zwischen den kulturellen Normen und Zielen und den sozial strukturierten Möglichkeiten, ihnen entsprechend zu handeln"[110]. Dieser Hiatus bezeichnet aber doch offensichtlich eine latent vorhandene *Konfliktsituation.* die man vielleicht in „ritualistischem" oder „eskapistischem" Verhalten ignorieren kann, die sich aber ebensogut in der „Innovation" oder „Rebellion" manifestieren mag. Robert Bierstedt hat deshalb mit Recht gefragt, ob überhaupt zur Analyse derartiger sozialer Konflikte der Anomie-Begriff dienen könne, der doch einen im Konfliktfall gerade nicht gegebenen Zustand der Normlosigkeit meint[111]. Wenn es sowohl legitime und illegitime Mittel, wie auch legitime und illegitime

Ziele in der Gesellschaft gibt, so ist klar, daß die Wahl illegitimer Mittel und Ziele sogleich ein casus belli für diejenigen sein muß, deren Überzeugung oder Macht die Legitimität definiert und garantiert[112]. Solche Konflikte werden nicht immer offen zutage treten, aber sie sind doch latent in den jeweiligen Interessenlagen verwurzelt, an denen sich das Handeln orientiert: gerade die Wahl illegitimer Mittel und Ziele (und damit das Spiel abweichender Rollen) zeigt, daß die normative Struktur der Handlungssituation deutlich ist. Die Parteien in einem Konflikt werden also typischerweise gerade nicht unter einer Schwäche ihrer Verhaltensnormen leiden.

Andererseits gibt es gewiß auch Normen-Konflikte, die paralysierend wirken. Wer nicht zu der einen oder der anderen Partei gehört, sondern gewissermaßen sich „zwischen die Stühle gesetzt" hat, der mag, hin und her gerissen von miteinander unvereinbaren Normen, schließlich völlig desorientiert und damit handlungsunfähig werden. Dafür gibt es zahlreiche Beispiele im sozialen Leben, von denen uns einige später noch beschäftigen werden. Der „marginal man" (Robert Park), der zwischen kulturell unterschiedlichen Bezugsgruppen steht, weil er sich von seiner Herkunftsgruppe entfremdet hat, ohne in der neuen Gruppe voll akzeptiert zu sein, ist das klassische Beispiel für einen Menschen, der im Konflikt zwischen zwei Gruppierungen balancieren muß. Manche Menschen werden dabei aufgerieben und zeigen charakteristische Symptome einer anomischen Orientierungslosigkeit, andere vermögen in dem Spielraum, den die nur lockere Bindung an beide Gruppen offen läßt, eine eigene (oft abweichende) Rolle zu finden und aus ihrer Situation als „Wanderer zwischen den Welten" geistigen (wie manche Emigranten) oder materiellen Gewinn (wie „Mutter Courage") zu ziehen. Aber die Wirkung solcher Konflikte, die sich regelmäßig nur auf bestimmte Personengruppen beziehen, darf nicht verwechselt werden mit einem Zustand relativer Normlosigkeit. Der Konflikt selbst ist durchaus ein normativ geleitetes Handeln: die Arbeitskonflikte zwischen Unternehmern und Gewerkschaften hatten auch vor ihrer arbeitsrechtlichen Institutionalisierung schon ihre Regeln, und beide Parteien wußten, was sie wollten. Die Götter haben sich zu allen Zeiten neutral verhalten und beiden Seiten ihren Segen gespendet — auch und gerade in der kämpferischen Auseinandersetzung hat das Handeln je seinen subjektiv sehr guten Sinn[113]. Und doch muß die Feststellung, daß der Konflikt ein normativ geleitetes Handeln ist, sogleich wieder eingeschränkt werden. Denn es gibt auch einen Konflikt, der, weil er weder Regeln noch Ziel kennt, nur von einem hemmungslosen Durchbruch der Affekte gekennzeichnet ist. Solche plötzlich auftretenden Ausbrüche aggressiver Emotionalität schaffen einen Konflikt ganz anderer Art; ich werde ihn zum Unterschied vom eigentlichen, normativ strukturierten Konflikt den *anomischen Konflikt* nennen, denn Normlosigkeit ist in der Tat sein Charakteristikum. Es handelt sich zumeist um kurzlebige Verhaltensweisen, die rasch genug wieder in die Obhut der Ziele dieser oder jener Gruppe genommen werden. Ihre ungehemmte Heftigkeit führt jedoch oft zu erheblichen Grausamkeiten, die nur einer tiefenpsychologischen Deutung zugänglich sind, weil es sich dabei um ein durch keine Norm behindertes Austoben aggressiver Triebe handelt[114].

So mögen die Gewalttätigkeiten der „Roten Garden" in China daraus zu erklären sein, daß hier Jugendliche, deren Leben jahrelang bürokratisch gegängelt worden ist, plötzlich die Macht bekamen, über ihre Funktionäre und schließlich über die ganze ältere Generation zu Gericht zu sitzen. Aber sehr rasch wurde dieser anomische Konflikt in einen normalen Konflikt überführt, indem man ihnen sagte, gegen wen und mit welchen Mitteln sie vorgehen durften und gegen wen nicht. Auf die Dauer ist ein anomischer Konflikt nicht durchzuhalten: Hobbes' „bellum omnium contra omnes" findet nicht statt, weil der Mensch sein Leben nur führen kann, wenn er sich eine ihm „sinnvoll" erscheinende Ordnung gibt, wenn er Bedürfnisse wie Bedürfnisbefriedigungen vergesellschaftet.

Auf die Bedeutung des Unterschieds zwischen Normen-Schwäche und Normen-Konflikt sowie auf die Differenz zwischen dem normativen Konflikt mit seinen nomischen und anomischen Wirkungen und den anomischen Konflikt selbst werde ich an anderer Stelle noch einmal zurückkommen (vgl. Kap. VI, 5). Hier gilt es erst einmal festzuhalten, daß der strukturelle Ansatz diese Unterschiede unberücksichtigt läßt, ja die Existenz sozialer Konflikte überhaupt ignoriert. Es ist bezeichnend, daß Merton diese Schwierigkeiten durchaus sieht, wo er (an anderer Stelle) auf den systemanalytischen Ansatz verzichtet; er zählt dort einige Ursachen der Anomie auf, die in seinem „SS & A-Theorien" nicht vorkommen und auch später nie in seinen theoretischen Ansatz mit eingearbeitet worden sind[115].

Es handelt sich dabei um drei Situationen, in denen Anomie entstehen kann, nämlich:

1. wenn ein System von widersprüchlichen Normen gegeben ist;
2. wenn unterschiedliche Werte gegeben sind, ohne daß das Individuum die Möglichkeit hat zu entscheiden, welcher Wert angemessen ist, und
3. wenn die Normen in Beziehung auf die anderen so ungenügend definiert sind, daß Schwierigkeiten in der Voraussage des Verhaltens der anderen entstehen.

Allen drei Situationen ist gemeinsam die Unklarheit der Verhaltensanweisungen, also eine relative Normlosigkeit. Der erste Fall bezieht sich allerdings auf einen Normenkonflikt, der, wie wir gesehen haben, den Handelnden nur ausnahmsweise ohne Orientierung läßt, nämlich dann, wenn er sich in einer „marginalen" Position zwischen den streitenden, von widersprüchlichen Normen geleiteten Parteien befindet. Diese Ausnahme ist dann offenbar nur ein bestimmter Typ des zweiten Falls. Merton meint hier aber wohl nicht, daß zwei verschiedene Normensysteme miteinander in Widerspruch stehen, sondern daß ein und dasselbe Normensystem widersprüchlich ist, weil es von zwei oder mehreren verschiedenen Bezugsgruppen unterschiedlich interpretiert wird. In diesem Fall schlägt sich der latent zwischen den Bezugsgruppen schwebende Normen-Konflikt beim Individuum als ein „interner Rollenkonflikt" nieder[116]. Im zweiten und im dritten von Merton bezeichneten Fall handelt es sich um eine Normenschwäche bei Ego und Alter, beim Ich und bei seinen Interaktionspartnern. Einmal weiß Ego nicht, was Alter von ihm erwartet, das andere Mal ist Ego unklar, wie Alter sich verhalten wird. Die Verhaltenserwartungen, die andere in einer Situation an einen herantragen, werden in der Soziologie gewöhnlich als Rollenerwartungen bezeichnet. Man kann also im zweiten Fall sagen, daß Unklarheit über die Rollenerwartungen besteht. Andererseits gibt es eine gewisse Sicherheit über das Verhalten des oder der anderen nur insoweit, als diese ebenfalls eine Rolle spielen. Wenn also Ego nicht weiß, wie Alter sich verhalten wird (dritter Fall), dann kann das heißen: erstens, Ego weiß nicht, welche Rolle Alter spielt oder spielen wird; zweitens, die Erwartungen, die Ego an das Rollenspiel von Alter stellt, sind Alter nicht klar (das wäre dann der zweite Fall von Merton aus der umgekehrten Perspektive); drittens, Ego kennt die Rolle, die Alter spielt, weiß aber nicht, ob Alter nicht „aus der Rolle fallen" wird. Die relative Normlosigkeit, die hier wie in den anderen beiden Fällen von Merton die Situation charakterisiert, ist also offenbar ein Problem der Rollenerwartungen und des Rollenspiels. Will man die vagen Allgemeinheiten in der Anomie-Theorie überwinden, so kann das nur durch eine rollenanalytische Untersuchung der Interaktionssituationen geschehen, denn in den sozialen Rollen kristallisieren sich die Verhaltensnormen für den einzelnen oder, anders ausgedrückt, die sozialen Normen sind dem einzelnen zunächst als Rollen und Rollenerwartungen gegeben. Soziale Rollen aber sind aufeinander bezogen; im Rollenspiel des einen drücken sich schon die Rollenerwartungen für den anderen aus. Die Normen sind deshalb nicht je individuell gegeben, sondern konstituieren sich aus und in dem Reziprozitätsverhältnis, das den Interaktionsprozeß beherrscht[117].

Relative Normlosigkeit ist allerdings ein Zustand, der für zahlreiche Interaktionssituationen kennzeichnend ist. Er kann die ganze

Situation beherrschen — das wird schon eine Ausnahme sein —, oder er kann wiederholt kurzfristig eintreten und wechselseitig Verlegenheit bereiten. Überdies ist die Abgrenzung schwierig: wann ist man sich schon der Rollenerwartungen ganz sicher, wann weiß man genau, wie der andere reagieren wird? Schon Parsons hat richtig gesehen, daß Anomie und Integration extreme Pole eines Kontinuums bezeichnen, die in der Realität kaum je erreicht werden. Es gibt deshalb Grade und Abstufungen der Anomie, und man wird normalerweise vorsichtig von einem Zustand relativer Normlosigkeit sprechen. Andererseits ist eben diese Redeweise allzu allgemein und unverbindlich; es hängt so noch allein von der Beurteilung und Bewertung des Beobachters ab, ob ein Zustand als anomisch bezeichnet wird oder nicht. Die Situationen aber, von denen etwa Merton sagt, sie seien durch einen gewissen Grad von Anomie charakterisiert[118], haben noch ein weiteres Kriterium gemeinsam: das *Vermeiden eines Verhaltens* oder doch zumindest ein gewisses Zögern. Merton meint, ein bestimmter Grad von Anomie sei vorhanden, wenn etwa die New Yorker Angst vor dem U-Bahn-Fahren haben, weil sie statt mit einer sicheren Beförderung mit einem gewaltsamen Überfall durch einen ihrer Mitfahrer rechnen müssen; oder wenn Frauen sich nicht mehr in den „Central Park", der doch der Erholung dienen soll, trauen, weil sie Belästigungen befürchten müssen; oder wenn Menschen auf der Straße der Hilfe bedürfen und die Passanten achtlos an ihnen vorübergehen. Der anomische Zustand besteht hier darin, daß man sich der Reaktionen anderer Menschen nicht sicher ist oder daß man deren Erwartungen nicht auf sich bezieht — der Grad der Unsicherheit ist so groß, daß ein gewohntes oder erwartetes Verhalten vermieden wird. Das Kriterium für einen wirklich gravierenden anomischen Zustand ist also das Vermeiden eines Verhaltens, und zwar aus Unsicherheit über die Normen, die das eigene Rollenspiel und das der anderen leiten[119].

Dabei können die Normen einer Interaktionssituation in den Augen der Gesellschaft, also anderer Gruppen, sowohl legitim als auch illegitim erscheinen; für das Funktionieren der Interaktion hat das zunächst keine Bedeutung. Entscheidend ist dagegen, daß die Normen der Interaktionspartner übereinstimmen bzw. aufeinander bezogen sind. Wenn die Rollenerwartungen, die Ego gegenüber Alter hat, von Alter nicht gesehen oder nicht beachtet werden, laufen die Verhaltensweisen von Ego und Alter aneinander vorbei: das Reziprozitätsverhältnis im Interaktionsprozeß ist gestört. Soziale Rollen werden nicht einfach isoliert und ohne Bezug auf das Gegenüber gespielt, sondern stehen in Verbindung mit anderen Rollen, denen sie in der jeweiligen Situation entsprechen. Wenn die Unsicherheit über die Rollenerwartungen in einer Interaktionssituation sehr groß ist, dann ist der Interaktionszusammenhang gestört. Die Reaktionen auf diese anomische Situation können unterschiedlich sein: man kann einer solchen Situation aus dem Wege gehen, es kann zu einem anomischen Konflikt kommen, man kann in ein abweichendes Verhalten und schließlich in eine abweichende Rolle ausweichen, und man kann — und das wird der häufigste Fall sein — durch bestimmte Techniken der Situationskontrolle die Interaktionsnormen wiederherstellen und zur Geltung bringen. Störungen des Rollenverhaltens führen also keineswegs sogleich und immer zu abweichendem Verhalten.

Nun gibt es freilich viele soziale Situationen, die sich durch eine gewisse *Ambivalenz* der normativen Erwartungen auszeichnen, ohne daß man von einer Interaktionsstörung sprechen würde. „Unvollständige Integration" — um den treffenden Ausdruck von Hans Paul Bahrdt zu benutzen[120] — ist das typische Kennzeichen bestimmter Interaktionssituationen, deren Normenschwäche die Funktion hat, dem einzelnen sowohl Distanzierungs- wie auch Entfaltungsmöglichkeiten im Verhalten zu belassen. Auch diese Situationen erfordern allerdings ein Rollenspiel, das, gerade weil die Rollenerwartungen so offen und unscharf sind, ein gewisses „Können" voraussetzt, wie etwa bestimmte Geselligkeitsformen oder das „urbane" Verhalten des Städters. Diplomaten machen aus der Technik, mit ambivalenten Situationen fertigzuwerden, geradezu einen Beruf. Auch sonst gibt es Menschen, denen die normative Ambivalenz mancher Situationen nichts auszumachen scheint. So muß man beachten, daß viele Leute (vor allem in den unteren Schichten?) unvereinbare Einstellungen nebeneinander haben, ohne sich offenbar dadurch besonders gestört zu fühlen. Man wird also die Frage, ob jemand sich in einer „unvollständig integrierten" Situation zurechtfindet oder sich in ihr unglücklich fühlt, nicht ganz außer acht lassen dürfen. Was die mit einem „psychologischen" Anomie-Begriff arbeitenden Untersuchungen erforschen, muß auf die spezifische soziale Situation der Individuen bezogen werden. Das individuelle, subjektiv empfundene Leiden, mit dem allenfalls die Psychopathologie noch rechnen kann, ist freilich kein hinreichender Maßstab für sozialpathologische Erscheinungen; es ist aber zugleich doch ein notwendiges Korrektiv gegenüber der allein von einem Begriff der Integration ausgehenden Analyse von objektiven Brüchen in der Sozialstruktur und Auflösungserscheinungen im normativen Bereich. Sozialpathologische Erscheinungen können analysiert werden, wenn die objektiven Gegebenheiten sozialer Situationen im Rahmen einer kritischen Gesellschaftstheorie untersucht und *zugleich* die subjektive Befindlichkeit der Individuen, ihr Leidensdruck, ermittelt wird. Beide Aspekte müssen zueinander in Beziehung gesetzt werden. Eine kritische Analyse wird zwar das „Funktionieren" der Interaktionsprozesse an der normativen Integration messen, zugleich aber die Totalität der Organisation am Leidensdruck der Individuen ablesen. Soll der funktionalistische Ansatz bei der Untersuchung sozialpathologischer Erscheinungen einen Sinn haben, so darf die funktionale Fragestellung weder auf das soziale System noch auf das Individuum, *sondern auf einen optimalen Interaktionsprozeß*, bezogen werden; was sich in *diesem Sinne* als „dysfunktionaler" Störungsfaktor erweist, wird zum Gegenstand der Sozialpathologie. Wie jeweils ein optimaler Interaktionszusammenhang beschaffen wäre, kann man freilich nur am konkreten Untersuchungsgegenstand angeben — und auch dort, wie wir bereits gesehen haben, nicht ohne eine wertende Perspektive. Dennoch lassen die theoretischen Überlegungen schon erkennen, daß es unterschiedliche Situationstypen gibt, je nach dem Grad der Integration ihrer normativen Struktur und mit je eigenen Störungsfaktoren. Vorbedingung für das „Funktionieren" eines Interaktionsprozesses ist jedenfalls, daß die soziale Situation eine je nach ihrem Typus unterschiedlich eindeutige normative Struktur besitzen muß, an der sich das Handeln orientieren kann, oder anders ausgedrückt, daß sie die Möglichkeit bietet, relativ fest umrissene Rollen zu spielen.

Das Ergebnis unserer bisherigen Überlegungen kann jetzt in folgenden Punkten festgehalten werden:

1. Anomie ist ein Zustand der Ungewißheit über die Normen einer Interaktionssituation.
2. Die Normen einer Interaktionssituation sind den Interaktionspartnern als Rollenerwartungen gegeben. Anomie ist also ein Zustand, in welchem die Möglichkeit zum Rollenspiel ungewiß geworden oder verloren ist.
3. Es gibt verschiedene Grade der Anomie; als vorübergehende Unsicherheit über die normative Orientierung ist sie Bestandteil zahlreicher alltäglicher Interaktionssituationen; ein hoher Grad von Anomie dagegen ist empirisch daran erkennbar, daß ein gewohntes Verhalten vermieden oder allgemein erwartetes Verhalten unterlassen wird.
4. Die Folge von Anomie ist eine Störung des wechselseitigen Rollenverhaltens und damit die Störung einer Interaktionssituation, vorausgesetzt, die objektiv vorhandene Desorientierung wird auch subjektiv als solche erlebt, und führt damit zu zwanghaften Verhaltensreaktionen.
5. Ein hoher Grad von Anomie hat zur Folge, daß eine Interaktion überhaupt unmöglich wird bzw. von vornherein unmöglich ist. Kann der Kontakt mit den entsprechenden Interaktionspartnern vermieden werden, kommt es ihnen gegenüber zu einer zwanghaften Distanz, die meist auch den Bewegungsspielraum des sich Distanzierenden einengt. Läßt sich der Kon-

takt nicht vermeiden, wird es immer wieder zu zwanghaften anomischen Konflikten kommen.

6. Ein defizientes Rollenspiel ist Ausdruck einer Verhaltensstörung; wird diese Verhaltensstörung von den Interaktionspartnern als dauerhafte Abweichung definiert, dann kann aus dem defizienten Rollenspiel das Spiel einer abweichenden Rolle mit eigenen Normen und eigenen Techniken der Situationskontrolle werden; Voraussetzung dazu ist, daß die Verhaltensstörungen nicht auf solchen psychischen Störungen beruhen, die dem Handelnden das Spielen situationsadäquater — und sei es abweichender — Rollen überhaupt unmöglich machen.
7. Dauerhaft abweichende Rollen, die sich außerhalb weit verbreiteter Normen und Wertvorstellungen bewegen, können in der Regel nur im Rahmen einer eigenen Gruppe (einer „Subkultur“) gespielt werden. Die Sanktionen der anderen gegen abweichendes Verhalten innerhalb der eigenen Gruppe sowie die Möglichkeit von Kontakten zu einem entsprechenden Lernmilieu bieten Zwang und Chance zum Überwechseln in eine andere — meist insgesamt als abweichend geltende — soziale Gruppe, in der das anderswo störende Verhalten wieder den Normen der „in-group“ entspricht.

Diese Bestimmungen zum Verhältnis von Anomie und abweichendem Verhalten lassen eine ganze Reihe von Fragen offen. Zunächst muß eine Einschränkung gemacht werden: nicht jede Verhaltensstörung ist ein Ausdruck und nicht jedes abweichende Verhalten ist eine Folge von Anomie. Die wichtige Frage nach den *Ursachen* der Anomie ist bei der Kritik an Durkheims Theorie der „organischen Solidarität“ und an den Integrationstheorien von Merton und Parsons noch immer unbeantwortet geblieben: hier muß die begriffliche Klärung noch weitergetrieben werden, ehe die damit zusammenhängenden Probleme untersucht werden können. Diese Aufgabe weiterer begrifflicher Klärung bezieht sich vor allem auf die Begriffe *Norm, Rolle* und *Situation.* Denn der unterschiedliche Charakter der sozialen Normen und das Bezugsfeld des jeweils relevanten Verhaltens ist für die Analyse der Verhaltensstörungen von ebensogroßer Bedeutung wie die Situationstypen, in denen diese Störungen auftreten. Wenn man voraussetzt, daß der unmittelbare Handlungsbereich das Verhalten stärker affiziert als ein entfernterer, kann nur das *alltägliche* soziale Handeln den Ausgangspunkt für eine Analyse der Verhaltensstörungen bilden. Um dabei aber über die vagen Allgemeinheiten der bisherigen Anomie-Theorie und über das bloße Sammeln von Primärbeobachtungen hinauszukommen, müssen zunächst das Rollenverhalten, der Situationstypus und die normative Orientierung des Handelns als ein systematischer Zusammenhang begrifflich analysiert werden, auch wenn damit unsere Untersuchung scheinbar vom Thema der Verhaltensstörungen abweicht.

Anmerkungen

1 Der Anomiebegriff stammt offenbar aus der theologischen Sprache des ausgehenden Mittelalters. Er scheint im späten 16. und im 17. Jahrhundert im Englischen einige Verbreitung gehabt zu haben: das New English Dictionary (Ed. J. A. H. Murray, Vol. I, Band B, Oxford 1888) zählt einige Stellen auf: "1591, Lambarde, Archeion (1935), 120. That were to set an Anomy, and to bring disorder, doubt and incertaintie over all. 1683, E. Hooker, Pref. Pordage's Myst. Div. 23, Men's Lusts, animosities, enormities, Anomies. 1689, Apol. Fail. Walkers Acc. 15, You Presbyterians distinguish between the Astion and the Anomy, or Irregularity of it." — In Samuel Johnson's Dictionary of the English Language (R. G. Latham Edition, 1866) finden sie weitere Angaben: "Anomy — Breach of law; a condition in which the restraints of law are ignored. — If sin be good, and just, and lawful, it is no more evil, it is no sin, no Anomy. (Archbishop Bramhall, Against Hobbes.) — The deleights of the body betray us, through our over indulgence to them, and lead us captive to anomy and disobedience. (Glaville, Preexistence of Souls, ch. XIV.) — Inequity in the Greek text is ... anomy; or a life without law. (Shelford, Discourses, p. 269.) — Offenbar war der Anomie-Begriff Bestandteil religiöser und theologischer Diskussionen. Zweifellos würden weitere Nachforschungen eine Fülle von Verwendungen in diesem Bereich ergeben. Oder wie R. K. Merton festgestellt hat: „Durkheim's resurrection of the term "anomie" which, so far as I know, appears in approximately the same sense in the late sixteenth century, might well become the object of an investigation by a student interested in the historical filiation of ideas." (Social Theory and Social Structure, Glencoe 1957, 2. Aufl., S. 135, Anm. 6).

2 Vgl. Emile Durkheim, De la division du travail, Paris 183, Buch III, Kap. 1.

3 Die entsprechende Darstellung findet sich in op. cit., Buch II, Kap. 2.

4 Vgl. zu dieser Interpretation T. Parsons, The Structure of Social Action, Glencoe 1949². S. 320 f.

5 Siehe vor allem S. 450—452.

6 Vgl. S. 230 ff.

7 Parsons, op. cit., S. 319.

8 Vgl. E. Durkheim, Le "contrat social" de Rousseau, zuerst in: Revue de Métaphysique et de Morale, Jg. 25, 1918, wo die Lehre von der "conscience morale" mit Rousseaus Begriff der "volonté générale" in Zusammenhang gebracht wird.

9 Vgl. dazu René König, Einleitung zur deutschen Ausgabe von Durkheims „Regeln der soziologischen Methode", Soziologische Texte Bd. 3, Neuwied 1961, S. 33 f.

10 Vgl. E. Durkheim, Le suicide, Paris 1930².

11 Durkheims zahlreiche Kritiker haben u. a. immer wieder darauf hingewiesen, daß seine statistischen Methoden unzureichend waren. Siehe dazu: T. Parsons, op. cit., S. 328, Anm. 3, sowie E. Benoit-Smullyan,

The Sociologism of Emile Durkheim and his School, in: An Introduction to the History of Sociology, ed. by H. E. Barnes, Chicago 1948, S. 530.

[12] Vgl. Maurice Halbwachs, Les causes du suicide, Paris 1930, Kap. 11.

[13] Konsequenterweise spielen auch biologische Faktoren im Selbstmord-Werk keine Rolle mehr. Dagegen war in "De la division du travail" die Bevölkerungsvermehrung als eigentliche Ursache der Arbeitsteilung behauptet worden. Merkwürdigerweise, denn, wenngleich diese Erklärung gut zu dem morphologischen Denken in den „Regeln der soziologischen Methode" (op. cit.) paßt, so ist sie doch eher biologistisch als soziologisch. Durkheims Behauptung, daß das Bevölkerungswachstum den Wettbewerb intensiviere und damit die Individuen zur Spezialisierung zwinge, wenn sie überleben wollen, kommt dem Sozialdarwinismus näher als irgendeine spätere Arbeit von ihm. Damit zeigt sich auch in dieser Hinsicht, daß die Untersuchungen über die Arbeitsteilung Durkheim in eine Sackgasse geführt hatten, aus der er mit der Selbstmord-Untersuchung herauszukommen suchte (vgl. T. Parsons, op. cit., S. 318). Aber nicht nur, weil es seinem Grundsatz, »Soziales nur durch Soziales zu erklären«, widerspricht, ist diese Erklärung der Arbeitsteilung problematisch, sondern auch aus sachlichen Gründen: seit Durkheims Tagen hat die ethnologische Forschung zahlreiche Belege dafür erbracht, daß in Primitiv-Gesellschaften eine Bevölkerungszunahme eher die Ausnahme als die Regel ist. Die Bevölkerungsgröße einer Gesellschaft wird durch zahlreiche kulturelle, soziale und ökonomische Faktoren bedingt, und ähnlich ist es mit der Arbeitsteilung vermutlich auch. Jedenfalls kann eine Gesellschaft auch auf andere Weise als durch Arbeitsteilung auf einen Bevölkerungsdruck reagieren — z. B. mit Krieg oder Emigration.

[14] Vgl. Le suicide, Buch 3, Kap. 4.

[15] Siehe dazu: Le suicide, Buch II. Kap. 2 und 3.

[15a] Le suicide, Buch III, Kap. 1.

[16] Vgl. dazu etwa: M. P. H. Chombart de Lauwe, Die Ausweitung der Bedürfnisse, in: H. P. Dreitzel (Hrsg.) Sozialer Wandel, Soziologische Texte, Bd. 41, Neuwied 1966, S. 369 ff.

[17] Siehe dazu: L. J. Dublin, Suidice; A sociological and Statistical Study, New York 1963, S. 61 ff.

[18] T. Parsons, op. cit., S. 338.

[19] Vgl. Bruce P. Dohrenwend, Egoism, Altruism, Anomie, and Fatalism; A Conceptual Analysis of Durkheim's Types, in: American Sociological Review, Vol. 24, 1959, S. 466 ff.

[20] Übersetzt nach der englischen Ausgabe: Suicide, Glencoe 1951, S. 272, Anm. 5.

[21] Im Bürgertum des späten 19. Jahrhunderts mag es als „ungesund" gegolten haben, wenn Männer jung heirateten und wenn Frauen keine Kinder bekamen: gerade dort, wo die Gesellschaft der Triebbefriedigung ein Ventil offen ließ, da sollte sie denn auch stattfinden — anderes wäre schon pathologisch. Denn wer das gesellschaftlich sanktionierte Ventil meidet, dem mag womöglich der Kessel überhaupt zu eng sein.

[22] Es wäre nicht uninteressant, das Menschenbild Durkheims mit dem der Psychoanalyse zu vergleichen: auch für Freud sind das individuelle Lustprinzip und das gesellschaftliche Realitätsprinzip Gegensätze, die zum Ausgleich gebracht werden müssen. Jedoch erwartet er diesen Aus-

gleich — bei allem Pessimismus, der aus seiner Kulturtheorie spricht — nicht von einem gesellschaftlichen Normensystem, sondern als Leistung eines zwischen Triebstruktur und Gesellschaft vermittelnden „Ich", dessen Aufbau freilich selbst im Medium des Sozialen sich vollzieht. Siehe zu diesen Zusammenhängen: Herbert Marcuse, Triebstruktur und Gesellschaft, Frankfurt 1965.

23 Vgl. E. Benoit-Smullyan, in: H. E. Barnes, op. cit., S. 529.

24 Vgl. Robert K. Merton, Social Structure and Anomie, und: Continuities in the Theory of Social Structure and Anomie, beide in: derselbe, Social Theory and Social Structure, Revised Edition, New York 1957. Der ursprüngliche Aufsatz von 1938 wurde in der ersten Auflage dieses Buches 1949 wieder abgedruckt und in der zweiten Auflage 1957 durch einen zusätzlichen Aufsatz ergänzt. Schon 1949 war eine Neufassung an anderer Stelle erschienen: "Social Structure and Anomie: Revisions and Extensions", in: R. A. Anshen, The Family; its Function and Destiny, New York 1949. Verschiedenen Kritiken suchte Merton Rechnung zu tragen in: Anomie, Anomia, and Social Interaction; Contexts of Deviant Behavior, in: Marshall B. Clinard (Hrsg.), Anomie and Deviant Behavior, New York 1964.

25 Vgl. St. Cole und H. Zuckerman, Inventory of Empirical and Theoretical Studies of Anomie, in: M. B. Clinard, Anomie and Deviant Behavior, op. cit.

26 Vgl. T. Parsons, The Structure of Social Action, op. cit.

27 T. Parsons, The Social System, Glencoe, Ill., 1951, S. 141.

28 T. Parsons, The Social System, aaO, S. 39.

29 T. Parsons, op. cit., S. 39.

30 Vgl. R. K. Merton, Social Structure and Anomie, in: ders., Social Theory and Social Structure, op. cit., S. 132.

31 Op. cit., S. 131.

32 Continuities in the Theory of Social Structure and Anomie, in: op. cit., S. 162.

33 Social Structure and Anomie, ebda., S. 146.

34 Continuites in the Theory of Social Structure and Anomie, ebda., S. 162.

35 R. K. Merton, Social Theory and Social Structure, aaO, S. 140.

36 Vgl. R. K. Merton, Social Problems and Sociological Theory, in: R. K. Merton and R. A. Nisbet, Contemporary Social Problems, New York 1961.

37 Vgl. Lewis A. Coser, Some Functions of Deviant Behavior and Normative Flexibility, in: American Journal of Sociology, Vol. 68, 1962, S. 172 ff. — Siehe auch vom gleichen Autor: Theorie sozialer Konflikte, Soziologische Texte, Bd. 30, Neuwied 1965, sowie: Violence and Social Structure, in: Science and Psychoanalysis, Vol. 6, 1963, S. 30, und: Gewalt und gesellschaftlicher Wandel, in: Atomzeitalter, Nov. 1966.

38 Von der Logik des Mertonschen Schemas her gesehen ist der Vorschlag von Franz Harary, neben der Zustimmung und der Ablehnung zu gesellschaftlichen Zielsetzungen und institutionalisierten Normen auch die schlichte Gleichgültigkeit ihnen gegenüber zu beachten, sehr viel sinnvoller. Aus diesem zusätzlichen Kriterium entstehen dann, statt sechs, neun Adaptationstypen:

		Goals Valence		
		0	+	—
Means Valence	0	Retreatism	Wishism	Antiwishism
	+	Ritualism	Conformity	Developmentism
	—	Beatnikism	Innovation	Rebellion

Das erweiterte Schema der Adaptationstypen läßt bereits genauere Differenzierungen zwischen verschiedenen Verhaltensformen erkennen, entgeht aber den prinzipiellen Einwänden gegenüber dem „strukturell-funktionalen" Ansatz in der Anomie-Theorie nicht. Dennoch kann diese Klassifikation nach ihrer Herauslösung aus einer allzu allgemeinen Systemanalyse fruchtbar sein. Vgl. Frank Harary, Merton Revisited: A New Classification for Deviant Behavior, in: American Sociological Review, Vol. 31, 1966, S. 693 ff. Die zitierte Tabelle findet sich auf Seite 696.

[39] Vgl. über diese Zusammenhänge: Hans Magnus Enzensberger, Politik und Verbrechen, Frankfurt a. M. 1964.

[40] In: Continuities in the Theory of Social Structure and Anomie, op. cit., S. 178.

[41] Albert K. Cohen, The Study of Social Disorganization and Deviant Behavior, in: R. K. Merton et al., Hrsg., Sociology Today, New York 1959, S. 464.

[42] Vgl. dazu: R. K. Merton, Social Theory and Social Structure, aaO, S. 175.

[43] Vgl. Robert Dubin, Deviant Behavior and Social Structure: Continuities in Social Theory, in: American Sociological Review, Vol. 24, 1959, S. 147 ff.

[44] Vgl. R. K. Merton, Social Conformity, Deviation and Opportunity Structures; A Comment on the Contributions of Dubin and Cloward, in: American Sociological Review, Vol. 24, 1959, S. 177 ff.

[45] Vgl. Richard A. Cloward, Illegitimate Means, Anomie, and Deviant Behavior, in: American Sociological Review, Vol. 24, 1959, S. 164 ff.

[46] Eine ausführliche Darstellung dieser Thesen hat Cloward in Zusammenarbeit mit Loyd E. Ohlin gebracht: Delinquency and Opportunity; A Theory of Delinquent Gangs, New York 1960.

[47] Albert K. Cohen, The Sociology of the Deviant Act; Anomie Theory and Beyond, in: American Sociological Review, Vol. 30, 1965, S. 5 ff.

[48] Vgl. Merton, Social Theory and Social Structure, aaO, S. 132—135. — Die Frage, ob die Verhaltensnormen zum "social system" oder zum "cultural system" gehören, ist auch bei T. Parsons unklar. Offenbar stößt die Fruchtbarkeit der analytischen Unterscheidung hier auf eine Grenze. In einer Erwiderung auf verschiedene Kritiken an dieser Unterscheidung heißt es in einer gemeinsamen Formulierung von A. L. Kroeber und T. Parsons (The Concepts of Culture and Social System, in: American Sociological Review, Vol. 23, 1958, S. 582): "We suggest that it is useful to define culture for most usages more narrowly than has been generally the case in American anthropology, restricting its reference to transmitted and created content and patterns of values, ideas and other symbolic-meaningful systems as factors in the shaping of human

behavior and the artefacts produced through behavior. On the other hand we suggest that the term society — or more generally social system — be used to designate the specifically relational system of interaction among individuals and collectivities." Der analytische Wert dieser Unterscheidung soll darin bestehen, daß man in einer Untersuchung entweder die gesellschaftlichen oder die kulturellen Elemente stabil hält. Eben das hat Merton getan — wenn man unterstellt, daß die institutionalisierten Normen auf die Seite des "social system" gehören. Dann allerdings wäre seine Hypostasierung der Kultur zu einer "conscience collective", die das Verhalten reguliert und sanktioniert, unverständlich.

[49] Das gleiche ließe sich über das Zweck-Mittel-Schema sagen, das dem Mertonschen Anomie-Theorem zugrunde liegt: es gibt keine Werte, die immer nur Ziele sind, sondern die Werte werden zu Zielen oder auch Mitteln jeweils im Prozeß des sozialen Handelns, der sich in einer bestimmten Interaktionssituation vollzieht. Ralph Turner schreibt dazu: "To apply the scheme requieres that the investigator determine what are really ends — a highly dubious process. Thus in American society the pursuit of money (an end) without respect to the approved means can be called an excessive emphasis on goals. But it is equally logical to insist that money is regarded as a means toward more ultimate goals such as happiness, and that the excessive pursuit of money is a concentration on means at the expense of ends." (Value-conflict in Disorganization, in Sociology and Social Research, Vol. 38, 1954, S. 305.

[50] Edwin M. Lemert, Social Structure, Social Control, and Deviation, in: M. B. Clinard, Anomie and Deviant Behavior, op. cit., S. 58.

[51] Robert M. MacIver, The Ramparts We Guard, New York 1950, S. 85. Vgl. vor allem das Kap. 10; auf S. 84 heißt es: "Anomy signifies the state of mind of one who has been pulled up by his moral roots, who has no longer any standards but only disconnected urges, who has no longer any sense of continuity, of folk, of obligation. The anomic man has become spiritually sterile, responsive only to himself, responsible for no one."

[52] Vgl. David Riesman, Die einsame Masse. Eine Untersuchung über die Wandlungen des amerikanischen Charakters, rde-Ausgabe Hamburg 1958, S. 252—261, Im englischen Text heißt es "anomics", in der deutschen Übersetzung „Anomale".

[53] D. Riesman, aaO, S. 254.

[54] Eine Übersicht über die zahlreichen empirischen Untersuchungen zum Anomie-Problem, die meist nur von begrenztem Interesse sind, bieten St. Cole und H. Zuckerman in ihrer schon erwähnten Zusammenstellung in M. B. Clinard, Anomie and Deviant Behavior, aaO.

[55] Vgl. Leo Srole, Social Integration and Certain Corollaries: An Exploratory Study, in: American Sociological Review, Vol. 21, 1956, S. 709 ff.

[56] Vgl. vor allem: E. H. Mizruchi, Success and Opportunity; A Critical Examination of Class Structure and Anomie in American Society, New York 1964. Siehe auch folgende Untersuchungen mit ähnlichen Ergebnissen: R. L. Simpson und U. M. Miller, Social Status and Anomia, in: Social Problems, Vol. 10, 1963, S. 256 ff; R. L. Simpson, A Note on Status, Mobility, and Anomie, in: British Journal of Sociology, Vol. 11, 1960, S. 370 ff.; D. L. Meier und W. Bell, Anomia and Differential Access to the Achievement of Life Goals, in: American Sociological Re-

view, Vol. 24, 1959, S. 189 ff.; W. Bell, Anomie, Social Isolation, and the Class Structure, in: Sociometry, Vol. 20, 1957, S. 105 ff.

57 Vgl. Alain Touraine, Sociologie de l'action, Paris 1965, S. 108 f.

58 S. 109 f.

59 Vgl. A Touraine, Sociologie de l'action, aaO, S. 108 f. Dennoch läßt sich aus den beiden Schemata etwas lernen. Sie enthalten drei Dimensionen: die Handlungsorientierung an den kulturellen Werten (die „Handlungsthemen"), die Betonung oder Ablehnung der jeweiligen historischen Ausprägung der Organisation oder der Persönlichkeit (forme) und schließlich Betonung oder Ablehnung des symbolischen Ausdrucks (signes). Touraine macht die genauere Bedeutung dieser Dimensionen nicht klar, sondern überläßt es dem Leser, sich etwas dabei zu denken. Bei „forme" handelt es sich offenbar um die jeweils akzeptierten Organisationsformen und Persönlichkeitstypen, bei „signes" um die Möglichkeiten des symbolischen Ausdrucks, die einem Vergesellschaftungs- oder Persönlichkeitstyp zur Verfügung stehen.

Forme

		+		—	
		Signes		Signes	
		+	—	+	—
Orientation	+	collectivité créatrice	collectivité autoritaire	collectivité révolutionnaire	collectivité en mutation
	—	collectivité traditionaliste	collectivité bureaucratique	collectivité formaliste	collectivité désorganisée

Forme

		+		—	
		Signes		Signes	
		+	—	+	—
Orientation	+	personalité créatrice	personalité ›activiste‹	personalité autoritaire	personalité utopique
	—	personalité traditionaliste	personalité conformiste	personalité ritualiste	personalité désintégrée

60 Siehe für eine zusammenfassende Darstellung seiner Theorie: T. Parsons, An Outline of the Social System, in: T. Parsons, E. Shils, K. D. Naegele, J. R. Pitts, Hrsg., Theories of Society, New York 1961, Vol. 1, S. 30—79.

61 Siehe T. Parsons, The Social System, Glencoe, Ill., 1951, S. 259.

62 Siehe dazu T. Parsons und E. Shils, Towards a General Theory of Action, Cambridge, Mass., 1951.

63 Parsons' Persönlichkeitstheorie ist stark von Freud beeinflußt worden; vgl. etwa zur Objekt-Bindung die Freudsche Libido-Theorie. Über Ähnlichkeiten und Unterschiede in den Auffassungen von Freud und Parsons vgl. U. Bronfenbrenner, Parsons' Theory of Identification, in: M. Black,

The Social Theories of Talcott Parsons, Englewood Cliffs, N. J., 1961. — Eine kritische Gesamtdarstellung von Parsons' Persönlichkeitstheorie bringt A. L. Baldwin, The Parsonian Theory of Personality, ebenda.

[64] Vgl. T. Parsons, The Social System, aaO, S. 254 ff.

[65] aaO, S. 254.

[66] Vgl. aaO, S. 261 ff.

[67] In der Dichotomie von personaler und normativer Verhaltensorientierung verbirgt sich der alte Tönniessche Gegensatz von „Gemeinschaft" und „Gesellschaft". Vgl. die Orientierungsalternativen des Handelns, von Parsons "pattern variables" genannt, in denen das Begriffspaar von Tönnies in fünf Dimensionen aufgespalten wird. Siehe dazu: Towards a General Theory of Action, aaO, und: The Social System, aaO, Kap. 1, sowie die kurze deutsche Zusammenfassung der "pattern variables" von D. Rüschemeyer in T. Parsons, Beiträge zur soziologischen Theorie, Soziologische Texte, Bd. 15, Neuwied 1964, Einleitung S. 26 ff.

[68] The Social System, aaO, Tab. 4, S. 259. Die Übersetzung einiger Ausdrücke ist recht frei; ich glaube aber, den Sinn getroffen zu haben. ("Conformative Dominance" = „Überwiegende Anpassung"; "Alienative Dominance" = „Überwiegende Entfremdung"; "Dominance" = „Herrschaft"; "Compulsive Enforcement" = „Zwanghafte Durchführung"; "Perfectionistic Observance" = „Perfektionistische Befolgung"; "Compulsive Performance Orientation" = Zwanghafte Leistungsorientierung"; "Compulsive Acquiescence" = „Zwanghafte Fügsamkeit".)

[69] Vgl. S. 257 f.

[70] Vgl. dazu auch: Howard S. Becker, Outsiders; Studies in the Sociology of Deviance New York/London 1963, S. 3—8.

[71] Vgl. z. B. L. T. Wilkins, Some Sociological Factors in Drug Addiction in England and Wales, in: B. Rosenberg et al., Hrsg., Mass Society in Crisis; Social Problems and Social Pathology, New York/London 1964, der von einer Häufigkeitsverteilung von Verhaltensweisen auf einem Kontinuum der Einschätzung nach „gut" und „böse" ausgeht: die an den Extremen der Normalverteilungskurve abgeschnittenen, zahlenmäßig geringen extremen Verhaltensweisen nennt er dann auf der einen Seite des Kontinuums "deviant behaviour" und auf der anderen Seite "saintly acts" (siehe S. 656).

[72] Vgl. dazu u. a. L. v. Friedeburg, Umfrage in der Intimsphäre, Beiträge zur Sexualforschung, Heft 4, Stuttgart 1953.

[72] Bernt Spiegel machte mich darauf aufmerksam, daß nur der *konventionelle* statistische Normbegriff von der Mehrheit oder dem Durchschnitt ausgeht. Es ist durchaus möglich, auch einen relativistischen Normbegriff für statistische Operationen zu verwenden. Das ist für die späteren Analysen zur Pathologie des Rollenverhaltens wichtig: unsere begrifflichen Differenzierungen ließen sich durchaus für die Zwecke sozialpsychologischer Einzeluntersuchungen operationalisieren und könnten damit einer quantitativen Analyse den Weg weisen.

[73] Vgl. Thomas Szasz, The Myth of Mental Illness, aaO.

[73] Über die Schwierigkeiten des Normbegriffs in der Psychopathologie vgl. die detaillierte Untersuchung von Hemmo Müller-Sur, Das psychisch Abnorme; Untersuchungen zur allgemeinen Psychiatrie, Berlin, Göttingen, Heidelberg 1950. Müller-Suurs Unterscheidung von „Abnormem" und „Krankhaftem" ist allerdings allein vom medizinischen Inter-

esse geleitet; ob es sich dabei wirklich um einen Unterschied in der „Seinsweise" (S. 70) behandelt, scheint mir fraglich.

[74] Vgl. H. Brotz, Functionalism and Dynamic Analysis, in: Europäisches Archiv für Soziologie, Jg. 2, 1961, S. 170—179.

[75] H. S. Becker, Outsiders, aaO, S. 7.

[76] In: Regeln der soziologischen Methode, aaO, Kap. 3.

[77] „Kommt man überein, als Durchschnittstypus jenes schematische Gebilde zu bezeichnen, das man erhält, indem man die in der Art häufigsten Merkmale mit ihren häufigsten Erscheinungsformen zu einem Ganzen, zu einer Art abstrakter Individualität zusammenfaßt, so wird man sagen können, daß der normale Typus mit dem Durchschnittstypus zusammenfließt und daß jede Abweichung von diesem Schema der Gesundheit eine krankhafte Erscheinung ist." E. Durkheim, Regeln der soziologischen Methode, aaO, S. 148.

[78] H. M. Enzensberger, Politik und Verbrechen, aaO, S. 15.

[79] Enzensberger hat die Forderung nach der Todesstrafe als ein entscheidendes Relikt der "conscience collective" — die Verbalisierung einer „kulturellen Selbstverständlichkeit", eines der „überaus zähen Resultate jenes der eigenen Reflexion normalerweise entzogenen Akkulturationsprozesses" (J. Habermas) — vorzüglich beschrieben: „Als Stellvertreter aller empfängt der Verbrecher aber nicht nur seine Strafe, er handelt schon vorher in ihrem Namen, wenn auch ohne ihren Auftrag. Denn er tut nur, wonach es jedermann verlangt; und zwar tut er es auf eigene Faust, also ohne staatliche Konzession. Die Wut darüber, daß er sich herausnimmt, was jedermann sich verbietet, solange es verboten und noch nicht befohlen ist — diese Wut kühlt sich, indem sie Gleiches mit Gleichem vergilt, die Tat des Stellvertreters an ihm wiederholt" (S. 30/31). „Der Tod ist die älteste und mächtigste, er ist die eigentliche Strafe. Wird sie abgeschafft, so rückt die Pflicht und das Recht des Staates, zu strafen, aus dem magischen Dunkel religiöser Vorstellungen ins Feld rationaler Überlegung. Mit der Todesstrafe steht die Strafe schlechthin zur Diskussion; deshalb scheiden an ihr sich Geister und Verfassungen. Dies allein erklärt die Leidenschaft, mit der um sie gestritten wird. Weder die Möglichkeit des Justizirrtums, noch bloßes Mitleid mit den Hingerichteten, geschweige denn die Absicht, die Gesellschaft vor Verbrechern zu schützen, nähren diesen Streit. Gleichgültig, was die Rufer nach der Todesstrafe vorwenden, ihr hysterischer Unterton verrät ihr Verlangen nach einer übermächtigen Autorität, mit der sie sich identifizieren können. Was dem einzelnen verboten ist, andere ‚unschädlich zu machen', also zu töten, erlaubt ihm, als Angehörigem des Kollektivs, die Hinrichtung. Daher deren eigentümliche mystique: die eines Rituals. Daß die Todesstrafe früher öffentlich vollstreckt wurde. ist ganz und gar konsequent; die Tötung im Namen aller kann nur öffentlich geschehen, denn alle haben an ihr teil, der Henker ist nur unser Stellvertreter" (Politik und Verbrechen, aaO, S. 15). — Auf dieser Ebene, wo in den modernen Gesellschaften noch die Elemente primitiver Kulturen überlebt haben, hat Durkheim recht — aber eben nur auf dieser Ebene.

[80] R. K. Merton, Social Problems and Sociological Theory, in: R. K. Merton und R. A. Nisbet, Contemporary Social Problems, op. cit., S. 723 f.; zit. nach M. B. Clinard, Anomie and Deviant Behavior, aaO, S. 11).

81 Vgl. A. Cohen, The Sociology of the Deviant Act, aaO.

82 Vgl. dazu: H. P. Dreitzel, Sozialer Wandel, Soziologische Texte, Bd. 41, Neuwied 1966, Problemgeschichtliche Einleitung.

83 Diese Schwierigkeit kommt klar zum Ausdruck in John I. Kitsuse, Societal Reactions to Deviant Behavior: Problems of Theory and Method, in: Social Problems, Jg. 9, 1962, S. 256: "In modern society it is difficult or impossible to theoretically derive a set of specific behavioral prescriptions which will in fact be normatively supported, uniformly practised, and socially enforced by more than a segment of the total population ... A sociological theory of deviance must focus specifically on the interactions, which not only define the behavior as deviant but also organize and activate the application of sanctions by individuals, groups and agencies. For in modern society the socially significant differentiation of deviants from non-deviants is inceasingly contingent upon circumstances of situation, place, social and personal biography and bureaucratically organized agencies of social control." Einen ähnlichen Standpunkt haben auch Albert Cohen, op. cit., und Edwin M. Lemert in seinem Werk "Social Pathology", New York 1951 (siehe vor allem Kap. 3) vertreten.

84 Siehe dazu Näheres in Kap. V.

85 Erving Goffman, Stigma; Notes on the Management of Spoiled Identity, Englewood Cliffs, N.Y., 1963, S. 128.

Zu einem ähnlichen Schluß kommt C. W. Mills in seiner „Kritik der soziologischen Denkweise" (Soziologische Texte, Bd. 8, Neuwied 1963, S. 138): „Eine genauere Analyse der spezifischen Formen mangelhafter Anpassung läßt denjenigen Typ erkennen, der eine geradezu ideale Anpassung aufweist: ... der ‚sozialisierte' Typ (ist) das Ideal. Er denkt an seine Mitmenschen und ist freundlich zu ihnen, er bläst keine Trübsal und brütet nicht in Gedanken; er ist mehr der extrovertierte Typ, eifrig an den Veranstaltungen in seiner Wohngemeinde teilnehmend und sein Scherflein für den allgemeinen Fortschritt beitragend. Er lebt in und mit und für seine Umgebung, und wenn er auch keine ausgesprochene ‚Betriebsnudel' ist, so macht er doch überall mit. Glücklich richtet er sich nach der Moral und den Leitbildern seiner Gesellschaft und nimmt an dem Fortschritt respektabler Institutionen teil. Seine Eltern sind nie geschieden, und der Frieden des Hauses ist nie gestört worden. Er ist ‚erfolgreich' auf eine bescheidene Weise, hat auch nur bescheiden ausgeprägte Ambitionen und schaut nicht über seinen eigenen Staketenzaun, um nicht als ‚Phantast' zu gelten. Als der kleine Mann vom echten Schlage giert er nicht nach dem ‚großen Geschäft'. Einige seiner Tugenden sind ganz allgemein gehalten, man weiß nicht, worin sie bestehen. Andere aber lassen sich genauer erkennen: Spiegelbild der Normen einer kleinen, unabhängigen Mittelschicht, wie sie dem Worte nach in protestantischem Geiste der Kleinstädte Amerikas dahinlebt." Mills schließt diese ironische Beschreibung des „angepaßten" Typs, von dem in der amerikanischen Soziologie häufig die Rede ist, mit der Bemerkung: „Diese hübsche kleine Welt der liberalen Richtung muß — ich kann es unmöglich bestreiten — irgendwo existiert haben, denn sonst hätte man sie erfunden. Niemand aber wäre leichter auf sie verfallen als die vorige Generation der amerikanischen Soziologen."

[86] R. Dahrendorf, Gesellschaft und Demokratie in Deutschland, München 1965, S. 388.

[87] E. M. Lemert, Some Aspects of a General Theory of Sociopathic Behavior, in: Proceedings of the Pacific Sociological Society, State College of Washington, XVI (1948), S. 23/24.

[88] Vgl. dazu die Abschnitte V, 3 und V, 4. Die konkreten Auswirkungen dieses Tatbestands in Deutschland beschreibt ausgezeichnet Dahrendorf in seinem „Exkurs über Humanität und Unmenschlichkeit" in dem oben erwähnten Werk „Gesellschaft und Demokratie in Deutschland". Ob der Terminus „Unmenschlichkeit" hier angemessen ist, ob es sich nicht eher um ein spezifisch „menschliches" Verhalten handelt, ist allerdings fraglich; die Aggressivität gegenüber dem Schwächeren, der gegenüber dem Ideal der „Normalrolle" zugleich mit allen anderen auch man selbst ist, spricht aber vielleicht doch dafür, diesen heute allzuoft im Munde geführten Ausdruck zu benutzen. Helmut Plessner schreibt in einer anthropologischen Untersuchung über „Unmenschlichkeit" (in: Diesseits der Utopie; Ausgewählte Beiträge zur Kultursoziologie, Düsseldorf 1966, S. 228/229): „Die üblichen Formen der Niedertracht, die — euphemistisch für Entartungen gehaltenen Scheußlichkeiten aller Modalitäten von Menschenjagd und Menschenerniedrigung mit oder ohne Berufung auf Staatsraison — das Dauergemetzel der Weltgeschichte, bildet, macht man sich nichts vor, das Inventar des Allzumenschlichen. Zur Unmenschlichkeit bedarf es einer überdurchschnittlichen Kälte, die selten auf angeborener oder milieubedingter Verkümmerung des Gefühlslebens beruht (seltener jedenfalls, als sie selbst es behauptet), sondern auf dem Willen zur Zerstörung jeder Art von Schwäche. Und der Teufel hätte seine Hand nicht im Spiel, wenn die Zerstörung nicht auch im Namen des Höchsten gefordert werden könnte." Wenn man mit Jean Améry (Jenseits von Schuld und Sühne; Bewältigungsversuche eines Überwältigten, München 1966, S. 55) für richtig hält, daß „der Nationalsozialismus ... bislang als einziges politisches System dieses Jahrhunderts die Herrschaft des Gegenmenschen nicht nur praktiziert, wie andere rote und weiße Terror-Regime auch, sondern ausdrücklich als Prinzip statuiert (hat)", wird man in den von Dahrendorf geschilderten „kleinen" Unmenschlichkeiten des bundesrepublikanischen Alltags die unterschwellige Fortdauer des nationalsozialistischen Prinzips in einer Gesellschaft erkennen, die sich offiziell — und gewiß nicht nur ideologisch — zu anderem bekennt. Das Allzumenschliche dieser Reaktion (oder dieses Mangels an Reaktionen) ist dann die Kehrseite dieses Bekenntnisses, die aus einem später noch zu untersuchenden Identitätsverlust des einzelnen in der industriellen Gesellschaft im allgemeinen und des Deutschen in der Nachkriegssituation im besonderen zu erklären wäre.

[89] A. Cohen, The Study of Social Disorganization and Deviant Behavior, aaO. S. 462.

[90] Vgl. H. S. Becker, Outsiders, aaO, S. 9.

[91] Vgl. H. S. Becker, Outsiders, aaO, S. 20.

[92] Zu den möglichen Forschungstechniken in diesem Bereich vgl. die überaus anregenden Überlegungen von H. S. Becker, ebd., Kap. », "The Study of Deviance; Problems and Sympathies", S. 165 ff.

[93] Vgl. die Beschreibung von Jean Améry, Jenseits von Schuld und Sühne, aaO, S. 135: „Es fing erst an, als ich 1935 in einem Wiener Café

über einer Zeitung saß und die eben drüben in Deutschland erlassenen Nürnberger Gesetze studierte. Ich brauchte sie nur zu überfliegen und konnte schon gewahr werden, daß sie auf mich zutrafen. Die Gesellschaft, sinnfällig im nationalsozialistischen deutschen Staat, den durchaus die Welt als legitimen Vertreter des deutschen Volkes anerkannte, hatte mich soeben in aller Form und mit aller Deutlichkeit zum Juden gemacht, bzw. sie hatte meinem früher schon vorhandenen, aber damals nicht folgenschweren Wissen, daß ich Jude sei, eine neue Dimension gegeben. — Welch eine? Keine aufs erste auslotbare. Ich war, als ich die Nürnberger Gesetze gelesen hatte, nicht jüdischer als eine halbe Stunde zuvor. Meine Gesichtszüge waren nicht mediterran-semitischer geworden, mein Assoziationsbereich hatte sich nicht plötzlich mit Zauberkraft aufgefüllt mit hebräischen Referenzen, der Weihnachtsbaum hatte sich nicht magisch verwandelt in den siebenarmigen Leuchter. Wenn das von der Gesellschaft über mich verhängte Urteil einen greifbaren Sinn hatte, konnte es nur bedeuten, ich sei fürderhin dem Tode ausgesetzt."

[94] Vgl. Jean Paul Sartre, Réflexions sur la question juive, Paris 1945.

[95] Vgl. R. K. Merton, The Self-Fulfilling Prophecy, in: ders., Social Theory and Social Structure, aaO, Kap. XI, S. 421 ff.

[96] Vgl. dazu Erving Goffman, aaO, S. 91 ff.

[97] Vgl. E. M. Lemert, Some Aspects of a General Theory of Sociopathie Behavior, aaO, S. 23 ff.

[98] Vgl. E. M. Lemert, Social Structure, Social Control, and Deviation, in: M. H. Clinard, Social Structure and Anomie, aaO, S. 82: "Secondary deviation is deviant behavior, or social roles based upon it, which becomes means of defense, attack, or adaption to the overt and covert problems created by the societal reaction to the primary deviation."

[99] Vgl. H. S. Becker, Becoming a Marihuana User, in: Outsiders, aaO, Kap. 3, S. 41 ff.

[100] Vgl. Streetwalker, An Autobiographical Account of Prostitution, London 1959.

Vgl. H. S. Beckers "Sequential Model" und seine Beschreibung von "deviant careers", in: Outsiders, aaO, S. 22—40.

[102] Vgl. etwa M. H. Clinard, Anomie und Deviant Behavior, aaO, SS & A sind die Initialen von Mertons Abhandlung »Social Structure and Anomie«.

[103] Siehe M. B. Scott und R. Turner, Weber and the Anomie Theory of Deviance, Sociological Quarterly, Jg. 6, 1965, S. 233 ff.

[104] Siehe etwa die Überlegungen von D. Riesman über die Zukunft von Arbeit und Freizeit, in: Wohlstand wofür? Essays. Frankfurt 1966.

[105] Es mag für diese Situation oder gar Entwicklung die Beobachtung symptomatisch sein, daß Studenten zunehmend mit einem allgemeinen Unbehagen und der Frage nach dem Sinn des Lebens statt mit konkreten Problemen zum Psychiater kommen. (Diese Beobachtung wurde mir aus der „Ärztlich-psychologischen Beratungsstelle für Studierende" an der Göttinger Universität mitgeteilt.)

[106] In den USA ist Anomie anscheinend inzwischen zu einem Modewort geworden: Merton zitiert eine Pfadfinder-Zeitschrift mit dem volkstümlichen Ausruf: "Boy, that's what I call acute anomie", whistled Bleecker Totten, one of the 225 students at Oglethorpe University." (Social Theory and Social Structure, aaO, S. 161.)

[107] Vgl. S. de Grazia, The Political Community; A Study of Anomie, Chicago 1948.

[108] aaO, S. XII.

[109] Vgl. Social Theory and Social Structure, aaO, S. 163.

[110] R. K. Merton, Social Theory and Social Structure, aaO, S. 162.

[111] Vgl. R. Bierstedts Rezension der ersten Auflage von Mertons "Social Theory and Social Structure", in: American Sociological Review, Vol. 15, 1950, S. 140 f.

[112] Die Blindheit der „strukturell-funktionalen" Theorien für die sozialen Konflikte ist verschiedentlich scharf kritisiert worden. Den Unterschied von Anomie und Konflikt hat am besten John Rex, Key Problems of Sociological Theory, London 1961, vor allem S. 176 ff., herausgearbeitet. Siehe aber auch die Kritik der (freilich selbst im funktionalistischen Denken befangenen) sogenannten „Konflikttheoretiker": Lewis Coser, Theorie sozialer Konflikte, Soziologische Texte, Bd. 30, Neuwied 1965, und Ralf Dahrendorf, Die Funktion sozialer Konflikte, und: Elemente einer Theorie des sozialen Konflikts, beide in: ders., Gesellschaft und Freiheit, München 1961.

[113] Über die anthropologische Notwendigkeit und die soziologischen Konsequenzen dieser Tatsache siehe: Christian Graf Krockow, Soziologie des Friedens, Gütersloh 1962, Teil II, S. 115—121.

[114] Deshalb ist der anomische Konflikt auch nicht zu verwechseln mit den Grausamkeiten, die typischerweise religiöse und Bürgerkriege zeitigen: hier geht es um unterschiedliche Sinninterpretationen, die gerade darum hart aufeinanderprallen, weil sie sich so bedrohlich nahe sind. Vgl. dazu die Analyse der „Dialektik von Nähe und Ferne" in der Untersuchung von Krockow, Soziologie des Friedens, aaO, S. 115 ff.

[115] Vgl. R. K. Merton, The Social-Cultural Environment and Anomie, in: H. L. Witmer und R. Kotinsky, Hrsg., New Perspectives for Research in Juvenile Delinquency, Washington 1956, S. 63 ff.

[116] Als internen Rollenkonflikt bezeichne ich einen Konflikt zwischen den unterschiedlichen Rollenerwartungen, die verschiedene Bezugspersonen oder -gruppen an ein und dieselbe Rolle stellen. Das entspricht der von Dahrendorf entwickelten, inzwischen weithin gebräuchlichen Terminologie. Siehe R. Dahrendorf, Homo sociologicus; Ein Versuch zur Geschichte, Bedeutung und Kritik der Kategorie der sozialen Rolle, 4. erw. Aufl., Köln und Opladen 1964.

[117] Die einzige Arbeit, in der das bisher gesehen worden ist, stammt von G. Rose: Anomie and Deviation; A Conceptual Framework for Empirical Studies, in: British Journal of Sociology, Vol. 17, 1966, S. 29 ff. Rose ist allerdings der Meinung, der entscheidende Bestandteil der Anomie als eines sozialen Zustands sei die Ungewißheit in der Voraussage des Verhaltens *anderer*. Das entspräche aber nur dem dritten Fall von Merton. Rose gibt aber zu, daß eine Analyse der Rollenerwartungen als das, was andere von *einem* erwarten, die gleiche Sache von der umgekehrten Seite her untersuchen würde. Ich meine demgegenüber, daß man nicht darauf verzichten kann, auch die Normlosigkeit des eigenen Verhaltens als einen anomischen Zustand zu bezeichnen. Ein solcher Verzicht verbietet sich schon aus theoretischen Gründen: die Unklarheit über die Erwartungen, die mir entgegengebracht werden, führt auch zur Unklarheit über das Verhalten des anderen, der ja auf mein Verhalten

reagieren soll. Andererseits ist meine Unsicherheit über das Verhalten des anderen ein Unsicherheitsfaktor auch für mein eigenes Verhalten: die Verhaltensnormen bzw. die Rollenerwartungen sind eben aufeinander bezogen und können deshalb nicht allein als nur für eine der beiden Seiten relevant analysiert werden.

[118] Vgl. R. K. Merton, Anomie, Anomia, and Social Interaction, in: M. B. Clinard, Anomie and Deviant Behavior, aaO, S. 226 f.

[119] Ähnlich auch G. Rose, Anomie and Deviation, aaO, der Anomie definiert als «a loss of norm legitimacy sufficient to cause avoidance behavior« (S. 31).

[120] Vgl. H. P. Bahrdt, Die moderne Großstadt, Soziologische Überlegungen zum Städtebau, Hamburg 1961.

Kapitel III

Die Inszenierung des Verhaltens I - Zum Verhältnis von sozialer Rolle und Interaktionssituation

1. Der Rollenbegriff als soziologische Kategorie

Die Metapher von der sozialen Rolle gehört längst zum selbstverständlichen Begriffsinventar der Soziologie. Nur wenige soziologische Begriffe sind so weitgehend akzeptiert worden wie der Rollenbegriff — allerdings sind auch nur wenige Begriffe so unscharf und vieldeutig geblieben. Seit den Arbeiten George Herbert Meads und Ralph Lintons in der amerikanischen Soziologie geläufig, ist der Begriff in Deutschland zuerst von Ralf Dahrendorf systematisch rezipiert worden. Sein Essay über den „Homo Sociologicus" hat seit seinem ersten Erscheinen (1958) eine lebhafte theoretische Diskussion ausgelöst[1]. Die Auseinandersetzung über den Rollenbegriff spitzte sich sehr rasch auf die Frage nach der Existenz und der Art eines „soziologischen Menschenbildes" zu, ein Problem, das dann von den unterschiedlichsten theoretischen und metatheoretischen Standpunkten aus untersucht worden ist. Der Rollenbegriff als ein heuristisches Instrument der soziologischen Erkenntnis ist dabei zumeist weniger Gegenstand als Anlaß der Debatte gewesen, so daß trotz einer Reihe gewiß nicht unwichtiger Ergänzungen und Einschränkungen die Dahrendorfsche Konzeption des Rollenbegriffs letztlich doch nicht revidiert worden ist.
In der Tat überzeugt diese Konzeption zunächst durch ihre begriffliche Klarheit. So lassen sich die wichtigsten Elemente dieses Rollenbegriffs verhältnismäßig leicht rekapitulieren: unter einer sozialen Rolle versteht Dahrendorf nicht ein tatsächliches Verhalten, sondern einen *Komplex von Verhaltenserwartungen.* Diese Verhaltenserwartungen haben normativen Charakter, d. h. sie wechseln nicht beliebig von Situation zu Situation, sondern sind regelmäßig unter bestimmten Umständen auftretende Erwartungen eines regelhaften Verhaltens. Soziale Rollen sind also Bündel von Verhaltensnormen; ob das tatsächliche Rollenverhalten, das Rollenspiel, diesen Normen genügt, ist eine zweite Frage. Weiter: soziale Rollen gehören zu sozialen *Positionen,* die als Schnittpunkte sozialer Beziehungen im differenzierten gesellschaftlichen Beziehungsgefüge bestimmt sind. Jedes Individuum hat eine ganze Anzahl solcher Positionen, ist in mehrfacher Hinsicht ein Positionsträger oder Positionsinhaber. Der Terminus ist dabei nicht unumstritten: Ralph Linton etwa sprach bei seiner berühmten Unterscheidung von „zugeschriebenen" und „erworbenen" Positionen

von verschiedenen Status[2] und von Statuszuschreibung („status-allocation"). Jedoch scheint sich der Positionsbegriff als Korrelat zur sozialen Rolle immer mehr durchzusetzen. Im Unterschied zu Position *heißt Status dann eine in der gesellschaftlichen Rangordnung bewertete Position*[3].

In diesem Sinne ist der Statusbegriff auch vor Dahrendorfs Abhandlung schon ausführlich von Heinz Kluth dargestellt worden[4]. Zu jeder Position also gehört eine soziale Rolle: der Positionsinhaber findet sich mit einer Reihe von Rollenerwartungen konfrontiert, an denen sein Verhalten gemessen wird. Eine soziale Rolle ist also dann die Summe der Rechte und Pflichten, die zu einer bestimmten Position gehören, unabhängig davon, wer der Träger dieser Position ist. Die Verhaltensvorschriften beziehen sich nicht auf das Individuum qua Person, sondern auf das Individuum qua Positionsinhaber. Deshalb kann jeder einzelne Inhaber mehrerer Positionen und damit Spieler mehrerer Rollen sein. Der Rollenbegriff ist somit ableitbar aus der Verknüpfung von gesellschaftlicher Normierung und gesellschaftlicher Differenzierung[5]: er bestimmt sich als ein Bündel von normativen Verhaltenserwartungen, die an eine soziale Position geknüpft sind.

Eine soziale Position ist in einem Feld sozialer Beziehungen mit anderen Positionen verbunden, so daß die dazu gehörigen sozialen Rollen sich wechselseitig aufeinander beziehen. Jede soziale Rolle ist Ausdruck einer oder mehrerer sozialer Beziehungen zu anderen Positionsinhabern; die Erwartungen des einen beziehen sich auf das Verhalten des anderen und umgekehrt. Fast jede Rolle setzt sich aus den Verhaltenserwartungen mehrerer, jeweils in einer anderen Beziehung zum Positionsinhaber stehender *Bezugspersonen* oder -gruppen zusammen. In die Rolle des Lehrers gehen die Erwartungen der Schüler, der Eltern, der Kollegen und der Vorgesetzten ein; jede dieser Bezugsgruppen stellt bestimmte Ansprüche an das Verhalten des Lehrers, an jeder dieser Erwartungen muß er sein Verhalten orientieren. Die von *einer* Bezugsperson und -gruppe ausgehenden Erwartungen im Rahmen ein und derselben sozialen Rolle können als *Rollensektor* (oder auch *Rollen-Segment)* bezeichnet werden[6]. Normalerweise werden die einzelnen Rollensektoren die Verhaltenserwartungen einer Rolle nur verschieden akzentuieren. Gelegentlich aber kommt es auch zu widersprüchlichen Rollenerwartungen in den verschiedenen Sektoren einer Rolle. Für diese Widersprüchlichkeiten hat sich der Terminus *Intra-Rollenkonflikt* („intra-role conflict") eingebürgert, im Gegensatz zum *Inter-Rollenkonflikt* („inter-role conflict") als der Widersprüchlichkeit oder Unvereinbarkeit der verschiedenen Positionsrollen selbst. Die einzelnen Bezugsgruppen oder -personen einer Position sind im Hinblick auf die Rolle des Positionsinhabers *Rollensender*

(„role-senders"), ein Terminus, den Popitz aus der amerikanischen Soziologie übernommen hat.

Von den Rollensendern gehen die Normen aus, sie sind diejenigen, die von einem Positionsinhaber ein bestimmtes Verhalten erwarten. Die Unterschiede zwischen den Rollenerwartungen verschiedener Rollensender gegenüber einem Positionsinhaber, die zu einem Intra-Rollenkonflikt führen können, hat R. K. Merton analysiert[7]: die strukturelle Ursache dieser Unterschiedlichkeit liegt darin, daß sich jeder Positionsinhaber Rollensendern gegenübersieht, die an verschiedenen Orten in der Sozialstruktur stehen (zum Beispiel einen unterschiedlichen ökonomischen Status haben) und daher auch voneinander differierende Normen haben können. Merton beschreibt eine Reihe von Mechanismen, die dafür sorgen, daß die Chance eines *Intra-Rollenkonflikts* trotz der regelmäßig auftretenden Differenzen zwischen den Rollensendern vermindert wird: die Rollensender sind nicht alle in gleichem Maße an der in Frage stehenden Rolle interessiert (Merton spricht von unterschiedlichem „role-involvement"); die Rollensender besitzen nicht alle die gleiche Macht zur Ausübung von Sanktionen; das Rollenverhalten kann der Überprüfbarkeit („observability") durch einige Rollensender entzogen sein; der Rollenspieler kann die Widersprüche offenlegen und so den Konflikt von sich auf die Rollensender abschieben; und schließlich wird der Positionsinhaber die besondere Unterstützung von Inhabern gleicher Positionen („Kollegen") bekommen, die sich mit ähnlichen Problemen konfrontiert sehen. Alle diese Mechanismen wirken stabilisierend im Hinblick auf die Einheitlichkeit einer sozialen Rolle; sie können jedoch nicht immer einen Intra-Rollenkonflikt verhindern, der im Extremfall ein adäquates Rollenverhalten überhaupt blockiert.

Fast noch häufiger kommt es zu *Inter-Rollenkonflikten*, bei denen ein Individuum den verschiedenen Anforderungen an die vielen Positionen, die es gleichzeitig einnimmt, nicht gerecht werden kann. Auch hier wirken freilich eine Reihe von Mechanismen zur Stabilisierung des Verhaltens: manche Positionen schließen sich auf Grund ihrer konfligierenden Wertteilhabe von vornherein aus (ein katholischer Priester darf nicht zugleich Ehemann sein); ferner wirkt das Wissen der anderen um die Vielzahl der Positionen, die jemand einnimmt, modifizierend und ausgleichend, weil die Positionen nach ihrer werthaften Bedeutung unterschiedlich beurteilt werden (man kann sich unter Umständen mit wichtigeren Geschäften entschuldigen); zwischen verschiedenen Positionen und Rollen wirkt eine räumliche und zeitliche Trennung der Handlungsbereiche konfliktmildernd (der Chef, dessen Frau zu Hause die dominierende Rolle spielt, wird zu vermeiden suchen, daß sie ihn im Büro aufsucht und dort in seiner Chef-Rolle beeinträchtigt); und schließlich gibt es typische Reihen von Positionen und

7 Dreitzel, Die gesellschaftl. Leiden

Rollen, sogenannte *Rollensequenzen* (Merton spricht von „status-sequences"), die dafür sorgen, daß man mit bestimmten, schwer miteinander zu vereinbarenden Rollen in zeitlicher Abfolge, das heißt nacheinander, konfrontiert wird (man wird üblicherweise erst heiraten, wenn man der Rolle des Kindes entwachsen ist; oder man denke an das Problem der Studentenehe: läßt sich die Rolle des Studierenden mit der Familienrolle vereinbaren?); der Übergang von einer Rolle zur anderen in einer Rollen-Sequenz wird erleichtert durch den Prozeß der *antizipatorischen Sozialisierung* („anticipatory socialization" bei Merton), welcher für allmähliche, bruchlose Übergänge zwischen verschiedenen Positionen sorgt, indem man sich rechtzeitig auf die neuen Rollenerwartungen einstellt. Statt einer antizipatorischen Sozialisierung kann der Übergang von einer Rolle zur anderen auch dadurch erleichtert werden, daß der Bruch umgekehrt besonders betont und durch einen *Initiationsritus* erhöht wird. Trotz all dieser stabilisierenden Mechanismen sind Inter-Rollenkonflikte häufig genug, ja, manche von ihnen gehören geradezu strukturell zu unserer Gesellschaft (so z. B. das Problem der sogenannten Doppelrolle der Frau in Familie und Beruf). Die gesellschaftliche Positionsdifferenzierung wirkt um so stärker auf den einzelnen, desto mehr Positionen er einnimmt, desto mehr Rollen ihm die Gesellschaft zumutet: Gesellschaften lassen sich danach unterscheiden, wie groß die Rollen-Mengen sind, mit denen sie ihre Mitglieder typischerweise konfrontieren oder, anders ausgedrückt, wie groß der typische Umfang eines individuellen *Rollenhaushalts* in ihnen ist.

Schließlich bleibt die Frage, warum die Individuen sich den Rollenerwartungen normalerweise fügen. Denn daß der Mensch ein Wesen ist, das sich rollenkonform verhält, ist das aller Rollentheorie zugrunde liegende Axiom[8]. Zwei verschiedene Prozesse sind dafür ausschlaggebend: zunächst sorgt der Sozialisationsprozeß für eine *Internalisierung* bestimmter Rollenerwartungen; schon die Kinder spielen Vater und Mutter, Kaufmann und Kunde. Die spätere Fügsamkeit gegenüber den normativen Erwartungen der Gesellschaft wird früh erworben. Mit ihrer Verinnerlichung werden viele Normen selbstverständlich, man läßt sich von ihnen leiten, ohne daß die Rollenhaftigkeit des Verhaltens zum Bewußtsein käme. Das gilt allerdings nur für manche sozialen Rollen; andere bleiben einem äußerlich, werden häufig mehr oder weniger gewohnheitsmäßig gespielt und müssen gelegentlich doch machtvoll durchgesetzt werden. So gibt es neben der inneren Kontrolle eine äußere: die Anpassung des Verhaltens an die Rollenvorschriften wird positiv, die Abweichung negativ sanktioniert; wer sich konform verhält, darf auf Gratifikationen hoffen, wer abweicht, muß mit unangenehmen Folgen rechnen. Dahrendorf spricht von Muß-,

Soll- und Kann-Erwartungen, je nach den *Sanktionen*, die auf die Verletzung bestimmter Rollenerwartungen stehen[9].
So ließen sich soziale Rollen nach der mit ihnen jeweils verbundenen Sanktionsdrohung klassifizieren. Innere Kontrolle durch die Internalisierungen der Sozialisierungsphase und äußere Kontrollen durch die Herrschaftsverhältnisse in der differenzierten Positionsstruktur der Gesellschaft sollen die Konformität des Rollenverhaltens garantieren. Soziale Rollen sind Bündel von normativen Verhaltenserwartungen (gegenüber dem Inhaber einer Position), die mit bestimmten inneren und äußeren Sanktionsdrohungen ausgestattet sind, um bis zu einem gewissen Grad ein rollenkonformes Verhalten zu garantieren.
Soweit die wichtigsten Begriffe der Rollentheorie auf ihrem gegenwärtigen Stand. Auf den ersten Blick scheinen sie einleuchtend genug. Jedoch bei näherem Zusehen stellen sich eine Reihe von Fragen ein, die das Bild vom „homo sociologicus" als allzu einfach erscheinen lassen. Die erste Frage gilt dem zugrunde liegenden Axiom: stimmt es wirklich, daß die Menschen sich typischerweise rollenkonform verhalten? Dahrendorf rechtfertigt dieses Axiom damit, daß wissenschaftliche Theorien, die etwas erklären wollen, niemals wirklich mit der Realität übereinstimmen. „Es ist klar, daß die Annahme, die Menschen verhielten sich stets rollengemäß, empirisch falsch ist."[10] Das aber spiele keine Rolle, wenn es um die Fruchtbarkeit einer Theorie geht. Die Legitimität einer Theorie gründe sich allein darauf, ob sie „kräftige Erklärungen und brauchbare Prognosen liefern" kann (S. 79). Nun ist das Kriterium der Fruchtbarkeit in bezug auf Erklärungen für die Frage, ob es sich um eine „gute" oder eine „schlechte" Theorie handelt, sicher ausschlaggebend. Aber gerade an diesem Kriterium gemessen fragt sich doch, ob man mit der Rollentheorie auf ihrem gegenwärtigen Stand sehr viel anfangen kann. Wissen wir wirklich mehr, wenn wir sagen: Herr Schmidt spielt die Rolle des Lehrers, weil Eltern, Schüler, Lehrer und Vorgesetzte von Herrn Schmidt jeweils ein bestimmtes Verhalten erwarten? All dies liese sich auch ohne die Terminologie der Rollentheorie ausdrücken. Dahrendorf selbst hat seine Behauptung, daß die Rollentheorie ein fruchtbarer Ansatz der Soziologie sei, nur mit einem einzigen Beispiel gestützt: nach einer „weitverbreiteten Beobachtung" tendieren Arbeiterkinder auf den Universitäten dazu, Mitglieder von Korporationen zu werden. Die Erklärung für diese Beobachtung lautet, daß es sich um einen Rollenkonflikt „zwischen den Erwartungen, die sich an die Betroffenen einerseits als Kinder ihrer Eltern, andererseits in ihren durch Aufstieg erworbenen eigenen Positionen richten", handele. Dabei sind aber „die Sanktionen der Eltern... harmlos, verglichen mit denen der neuen Ranggenossen... Die Prognose würde lauten, daß das Arbeiterkind, das sozial aufsteigt, im Ver-

lauf dieses Aufstiegs seine Ursprünge vielfach verleugnen und verraten wird."[11] Wenn man einmal absieht von der vielleicht doch nicht ganz unwichtigen Frage, ob und in welchem Umfang diese „weitverbreitete Beobachtung" eigentlich empirisch stimmt — ich vermute, daß sie einen richtigen Kern hat —, dann bleibt dennoch offen, ob die rollentheoretische Erklärung dieses Phänomens wirklich so gut ist. Ist „Arbeiterkind auf der Universität" eine soziale Rolle, die sich abheben ließe von der sozialen Rolle anderer Studenten? Was genau sind die Verhaltenserwartungen der Eltern — daß die Kinder für eine radikale Partei stimmen, wie Dahrendorf zu unterstellen scheint? Wer sind die als Bezugsgruppe bzw. als Rollensender relevanten Ranggenossen der Arbeiterstudenten? Alle anderen Studenten? Die Professoren? Oder nur die Korporationsstudenten? Und welche Sanktionen hat ein Arbeiterstudent von seinen Ranggenossen zu gewärtigen, die schlimmer wären als die Eltern? Solche Fragen stellen sich im Kontext einer rollenanalytischen Theorie, die den verstärkten Konformismus vnn Aufstiegsgruppen erklären will. Sie sind nicht unfruchtbar — im Gegenteil: die Beantwortung der genannten Fragen würde das soziologisch wie sozialpolitisch wichtige Problem der Arbeiterkinder auf den Universitäten präzisieren helfen.

Nur ist das begriffliche Netz der Rollentheorie offenbar doch noch zu weitmaschig, als daß sich derartige Phänomene mit ihm schon erklären ließen[12]. Die These Dahrendorfs, daß eine soziologische Theorie nicht die Wirklichkeit genau abzubilden brauche, um heuristisch fruchtbar zu sein, daß sich beides in gewisser Weise sogar ausschließe, ist sicherlich richtig. Das Problem liegt nicht darin, daß sich die Menschen tatsächlich keineswegs immer rollenkonform verhalten, sondern darin, daß man bei dem gegenwärtigen Stand der Rollentheorie mit dem Axiom der Rollenkonformität des Verhaltens nicht genug erklären kann. Gewiß ist eine Theorie (oder auch nur ein Zusammenhang von Begriffen) um so eleganter, desto einfacher sie ist. Ein Prinzip der Denkökonomie muß bei aller Theorienbildung beachtet werden, wenn die Theorien noch praktikabel sein sollen. Aber vom „homo sociologicus" bis zum entgegengesetzten Extrem einer allzu komplizierten Theorie ist es noch ein weiter Weg.

Nach einer zunächst einleuchtenden Feststellung von H. Popitz sind soziale Rollen „ableitbar aus zwei umfassenderen Begriffen: soziale Normierung und soziale Differenzierung"[13]. Beide Begriffe bedürfen freilich der Erläuterung. Soziale Rollen bestehen aus einzelnen Rollenerwartungen, die einen *normativen Charakter* haben. Aber was macht diese Erwartungen normativ, und was bedeutet Norm dabei? Hier liegt eines der schwierigsten Probleme der Rollentheorie, das sogleich auf die Frage nach den Sanktionen und den Sanktionssubjekten verweist. Manche Rollen werden akzeptiert, weil der Rollenspieler in bewußter Furcht vor den Sanktionen seiner Bezugsgruppen lebt. Andere scheinen ohne große Überlegung wie selbstverständlich gespielt zu werden — die Rollenhaftigkeit des Verhaltens kommt gar nicht zu Bewußtsein. Wieder andere Rollen sind offenbar internalisiert, das Sanktionssubjekt, von dem man die angenehmen oder unangenehmen Folgen zu erwarten hat, ist der Rollenspieler selbst. Fällt er aus der Rolle, erlaubt er sich übergroße Abweichungen, so ist es ihm peinlich, er schämt sich, fühlt sich schuldig. Die Sanktionsdrohung ist also nicht nur quantitativ, sondern vor allem auch qualitativ unterschiedlich, je nach der Art der Normen und der Beziehung zum Sanktionssubjekt. Dabei bleibt noch offen, ob ein Rollenverhalten als ganzes sanktioniert wird oder ob es nicht vielmehr die Verletzung einzelner Rollenerwartungen ist, die Sanktionen nach sich zieht. Und das wiederum führt schließlich zu der Frage, warum und unter welchen Umständen eine Reihe einzelner, womöglich unterschiedlicher Verhaltenserwartungen zusammen eine soziale Rolle bilden. Wenn die soziale Rolle nicht als ein tatsächliches Verhalten definiert ist, sondern — wie es auch mir sinnvoll erscheint — als ein Komplex von Verhaltenserwartungen, dann muß die bei Dahrendorf noch als selbstverständlich vorausgesetzte soziale Normierung genauer beschrieben werden.

Nicht minder problematisch als die gesellschaftlichen Normen ist die *soziale Differenzierung*, von der die Rollentheorie ausgeht. Nun ist das Vorhandensein einer differenzierten Positionsstruktur in der Gesellschaft kaum zu bezweifeln. Die Soziologie spricht von sozialen Klassen und Schichten, von Prestige-Hierarchien und Statusunterschieden, und meint damit eben diese Tatsache, daß sich die Individuen innerhalb der Gesellschaft in unterschiedlich privilegierten Positionen befinden. Herrschaft und Arbeitsteilung gelten ihr dabei gewöhnlich als die beiden der sozialen Differenzierung zugrunde liegenden Faktoren. Wenn also jenes Postulat der Rollentheorie richtig sein soll, nach welchem das Korrelat einer jeden Rolle eine soziale Position ist, so stellt sich die Frage, ob jede soziale Rolle in der Erfüllung unterschiedlicher Arbeitsfunktionen bzw. in der Ausübung von Macht oder Gehorsam aufgeht. Nun gibt es zweifellos Arbeitsrollen, ja, die üblichen Beispiele der Rollentheorie sind gerade aus diesem gesellschaftlichen Bereich gewählt. Ebenso ist klar, daß es Rollen gibt, zu denen die Ausübung von Herrschaft gehört oder auch nur die Chance einer diffusen Machtausübung, und solche, die ein bloßes Ausführen auferlegen. Andererseits gibt es aber Positionen, deren Rolle mit den Kriterien Arbeitsfunktion und Herrschaftsfunktion nur allzu grob beschrieben wäre: wie steht es mit der Rolle des Gastgebers etwa oder der Rolle des Geschlechtspartners? Welche Positionen sind diesen Rollen zugeordnet und wie sähe ihr sozialer Status aus? Hier mag es sinnvoll sein, die Frage nach der Positionsdifferenzierung einer Gesellschaft im Hinblick auf die Rollenstruktur nicht mit den Kategorien der herkömmlichen Stratifikationstheorie zu behandeln. Denn ob man wirklich von einer eindimensionalen Statushierarchie sprechen kann, scheint mir mehr als fraglich und ist auch in der Soziologie weithin umstritten. Die verschiedenen Faktoren der Statusbewertung und -zumessung — Wertteilhabe durch Arbeit, Reichtum und Konsumchance, Bildung und Ausbildung, Macht und Herrschaft — liegen auf unterschiedlichen Ebenen und treten in unterschiedlicher Zusammensetzung und Gewichtung bei einzelnen Positionen auf. Die Frage nach dem Status einer Position kann vielleicht vorerst offen gelassen werden. Statt dessen ist es von um so größerer Bedeutung, daß Positionen immer im Schnittpunkt mehrerer sozialer Beziehungen stehen, die jeweils in bestimmten *Situationen* relevant werden und ein bestimmtes Rollenspiel erfordern. Der Status eines Rollenspielers artikuliert sich in sozialen Situationen. Vor einer Analyse der Einflüsse, die ein sozialer Status (i. e. eine bewertete Position) auf eine Rolle ausübt, muß somit das Verhältnis von sozialen Rollen und sozialen Situationen untersucht werden.

Die dritte gewichtige Frage, die die Rollentheorie (in der Fassung von Dahrendorf und Popitz) offen gelassen hat, betrifft das Verhältnis zwischen dem Rollenspieler und seienen Rollen (das „*Rollenverhältnis*", wie Popitz es nennt). Tatsächlich ist das Rollenspiel stets mehr als ein bloßes Reagieren auf Rollenerwartungen oder als ein Nachvollziehen vorgegebener Verhaltensmuster. Dabei mag die Soziologie (in einer etwas künstlichen Isolierung von sozialpsychologischen Problemen) die Frage nach der Einwirkung der Persönlichkeit auf das Rollenspiel von sich weisen — die unterschiedliche Inanspruchnahme des Individuums durch vorgegebene soziale Rollen aber bleibt für die Rollentheorie ein wichtiges Problem, denn es ist nicht nur für das Individuum, sondern auch für die Rollenstruktur einer Gesellschaft ein Unterschied, ob eine soziale Rolle ein hohes Maß an persönlicher Ausgestaltung verlangt oder nicht.

Das Verhältnis von sozialer Rolle und Person, der Prozeß der Normierung des Verhaltens und das Verhältnis von sozialer Rolle und sozialer Situation im Hinblick auf die Bindung der Rollen an Positionen — das sind die drei Probleme, die einer etwas ausführlicheren Untersuchung bedürfen, wenn die Rollentheorie an Erklärungswert gewinnen soll. Sie werden in dieser Reihenfolge in den nächsten drei Abschnitten behandelt. Dabei wird es allerdings unumgänglich sein, auf anthropologische Überlegungen zurückzugreifen. Die relative Schlichtheit des Dahrendorfschen Rollenbegriffs beruht m. E. auf einer unnötig scharfen, in gewisser Hinsicht sogar sachlich falschen Trennung zwischen der Philosophi-

schen Anthropologie und Soziologie. Wenn Dahrendorf behauptet, daß die Bestimmung der Soziologie als einer Erfahrungswissenschaft von mehreren „Schulen soziologischen Denkens“ nicht geteilt werde, so mag das richtig (gewesen) sein. In den Beispielen, die er dafür anführt, zeigt sich freilich eine merkwürdige Verkürzung seines Erfahrungsbegriffs; er nennt „diejenigen, die in Fortführung der Diltheyschen Tradition des Irrationalismus die Möglichkeit strenger Theorien in den sog. ‚Geisteswissenschaften‘ prinzipiell leugnen; diejenigen, die diese Möglichkeit zwar anerkennen, die Aufgabe der Soziologie aber dennoch in einer ‚verstehenden Analyse‘ nach dem Muster der Geschichte ...sehen; diejenigen, denen die Unterscheidung zwischen überprüfbaren und spekulativen Aussagen, damit die zwischen soziologischen Theorien und philosophisch-anthropologischen Sätzen gleichgültig scheint“[14]. Diese Unterscheidungen haben eher polemischen Charakter: wieso leugnen Soziologen der Diltheyschen Tradition (falls es eine Gruppe gibt, die sich so bereits beschreiben ließe) die Möglichkeit von Theorien, deren Strenge auch nur dem oben angeführten Beispiel einer Erklärung des Konformismus von aufsteigenden Gruppen entspräche? Ist es schon ausgemacht, daß eine „verstehende Analyse“ nicht auf Erfahrungen beruht? Und wem mag die Unterscheidung zwischen spekulativen und überprüfbaren Aussagen gleichgültig sein? Es hat eher den Anschein, als hätte Dahrendorf die Möglichkeiten der Rollentheorie auf Grund einer unnötigen Verkürzung des Erfahrungsbegriffs selbst beschnitten[15].
In der hier versuchten Erweiterung und Präzisierung der soziologischen Rollentheorie wird statt dessen vorausgesetzt, daß es hermeneutische Methoden gibt, auf die die Soziologie gerade dann nicht verzichten kann, wenn sie „strenge“, möglichst weitgehend empirisch überprüfbare und möglichst viel erklärende Theorie entwickeln will.

2. *Die anthropologische Dimension des Rollenbegriffs*

Daß die Metapher vom Menschen als Rollenspieler zutrifft, bedarf der Begründung. Ihre Herkunft aus der Welt des Theaters weist den Menschen als einen Schauspieler aus, der die Rollen, die die Gesellschaft für ihn geschrieben hat, verkörpert — spielerisch, nicht ohne eigenes Hinzutun, doch den gegebenen Regeln folgend und ihnen gegenüber sich als ein invariantes Selbst behauptend. Die Rollen, die er spielt, sind ihm äußerlich, so sehr er sich mit ihnen identifizieren mag, um die Verkörperung plausibel zu machen. Und doch ist die Erkenntnis von der rollenhaften Ablösbarkeit und Austauschbarkeit unseres Verhaltens trotz einer langen geistesgeschichtlichen Ahnenreihe noch nicht sehr alt: auch heute noch werden wir uns nur selten des Rollencharakters unserer Verhaltensweisen bewußt. Wir sind zumeist das, als was wir uns ausgeben, nicht spielend, sondern allen Ernstes: wir *sind* Mann oder Frau, Vater oder Mutter, Arzt oder Lehrer. Und doch sind wir zugleich mehr und anderes, offenbar vieles zugleich. Wie ist das möglich? Hinter der leichten Rede vom Rollenspiel verbirgt sich der Ernst einer anthropologischen Konstante: daß der Mensch immer nur das ist, wozu und als was er sich versteht. Die Formulierung ist paradox, denn wie kann der Mensch sich zu etwas machen, wenn er nicht vorweg schon etwas ist? In der Tat entspricht der Gedanke, daß hinter allen Rollen der eigentliche Kern einer individuellen Identität sich nur verberge, sowohl einer philosophischen Tradition wie einer gesellschaftlichen Entwicklung[16]: oberflächlich betrachtet scheint die wachsende Polarisierung von Öffentlichkeit und Privatsphäre als zweier getrennter gesellschaftlicher Bereiche die Idee der *Entfremdung* zu bestätigen. Auch Dahrendorfs formalisierter Rollenbegriff bietet sich für eine Interpretation an, nach der die „ärgerliche Tatsache der Gesellschaft", die dem einzelnen in Gestalt von Rollenzumutungen entgegentritt, das innerlich freie Subjekt umklammert hält[17], obwohl sich Dahrendorf mit guten Argumenten gegen ein solches Verständnis zur Wehr gesetzt hat[18].

Helmuth Plessner hat dieser Trennung von Innen- und Außenaspekt den Gedanken vom Doppelgängertum des Menschen entgegengestellt, in dem die Idee der Rollenhaftigkeit des Verhaltens zur anthropologischen Gestalt radikalisiert wird[19]: alles, was der Mensch ist, ist er auf dem Umweg über andere; seine Identität, das Selbstverständnis auch seiner durchaus eigenen und privaten Existenz konstituiert sich und wird selbst erfahren erst aus dem Blickwinkel des anderen Menschen, Innen und Außen verschränken sich wie im Verhältnis zu Objekten so auch im Sozialen und bestimmen sich aneinander, ohne daß eines von beiden vorgängig da wäre[20]. „Am anderen wird der Mensch seiner habhaft. Diesen anderen trifft er auf dem Umweg über die Rolle, genau wie der andere ihn. Immer vermittelt das Rollenspiel als Gelenk den zwischenmenschlichen Kontakt, soweit er sozial relevant ist und dem Austausch von Leistungen dient."[21]

Sozial relevant ist das menschliche Verhalten freilich nicht nur im Hinblick auf solche Aufgaben, deren Bewältigung eine Leistung darstellt, sondern viel elementarer schon in den verwandtschaftlichen Beziehungen etwa, die ursprünglich das einzige Verhältnis sind, in welchem und durch welches der Mensch sich identifiziert und verkörpert als Vater, Mutter oder Kind. Am Namen schon findet er zuerst seinen Halt, mit ihm ist er festgestellt als dieser oder jener in einer verwandtschaftlichen Ordnung. So wird er auch für das genommen, als was er festgestellt ist anhand seines Namens, seiner Position und seines Status. Das wirkt dann zurück, indem er sich mit dieser gesellschaftlichen Fixierung identifiziert, indem er wird, wofür die anderen ihn halten, oder auch — in Gesellschaften mit größerem individuellem Spielraum — indem er diese Identität verwirft und sich ihr zu entziehen sucht, nur um sich sogleich auf andere Weise, als Außenseiter, festzulegen. Eine *Reziprozität der Perspektiven* zwischen dem Ich und den anderen wirkt als unentrinnbarer Mechanismus[22]: das Individuum ist von vornherein vergesellschaftet, weil es selbst Individuum nur sein kann in der Verkörperung als dieser oder jener im Hinblick auf seine Umwelt. Die Menschen begegnen einander immer im Modus des „als", in einer bestimmten Personifikation[23]. „Persona" ist der antike Name für Rolle. Die Deutung des eigenen Innenraums, der persönlichen Individualität, erschließt sich nicht von selbst, sondern verläuft über die Festlegung des Außenaspekts. Dem Tier fehlt diese Innenseite überhaupt; es lebt aus seiner Mitte heraus, gebunden an eine ihm unmittelbar gegebene Umwelt. Der Mensch dagegen lebt in einem Bruch mit sich selbst, in einer „exzentrischen Positionalität"[24], die ihn dazu zwingt, sich seine Mitte erst zu suchen und damit die ihm eigene „Weltoffenheit" in einem wiewohl überschreitbaren Horizont einzugrenzen, innerhalb dessen er sich als dieser oder jener versteht. Dieser Zwang zur Personifikation hat seinen Grund in einem formalen Grundzug der menschlichen Existenz: der Schwierigkeit, das körperliche Sein zu beherrschen und zu führen, kurz: es auch zu haben. Daher die Notwendigkeit einer Verkörperung, die sich der vorgegebenen Identitätsmuster einer Gesellschaft bedient, ohne mit deren Formelhaftigkeit je ganz zusammenzufallen. Diese Identifikation aber schafft mit der Vergesellschaftung des Individuums die gesellschaftliche Ordnung selbst: „Daß ein jeder ist, aber sich nicht hat; genauer gesagt, sich nur auf dem Umweg über andere und anderes als ein Jemand hat — so heißt es —, gibt der menschlichen Existenz in Gruppen ihren institutionellen Charakter."[25]

Aus der „Exzentrizität" des Menschen entsteht ein Prozeß der Versachlichung und der Vergegenständlichung der Welt, der sich im sozialen Bereich in der Rollenstruktur des Verhaltens niederschlägt. Die menschliche Subjektivität muß sich ständig veräußern, ist keine reine Innerlichkeit. Versachlichung ist hier der von Hegel beschriebene Prozeß der „Entäußerung", in welchem menschliche Subjektivität sich in Produkten verkörpert, die die produzierenden einzelnen und ihre Mitmenschen als Bestandteile einer gemeinsamen Welt immer schon vorfinden. Auf der Ebene der sozialen Beziehungen ist das Produkt solcher Versachlichung die Identifizierung mit einer Rolle, die Bildung einer Rollenidentität; die Identifikation vollzieht sich durch die Rollenerwartungen, deren Objekt sogleich zu einer an gesellschaftliche Positionen gebundenen Identität vergegenständlicht wird, die sich vom Vorgang der Identifizierung ablösen läßt. Diese Vergegenständlichung ist zunächst ein sprachlicher Prozeß: in der Benennung und Bezeichnung wird der andere als eine Person erkannt; das Objekt der Vergegenständlichung tritt dem Identifizierenden als ein anderer gegenüber und legt ihn auf die gleiche Ordnung fest, die die Vergegenständlichung erst ermöglicht hat. Versachlichend und vergegenständlichend produzieren die Individuen eine soziale Umwelt, an deren Ordnung ihr Verhalten gebunden bleibt[26].

Der normative Charakter solcher Ordnung findet seinen Ausdruck in der Rollenstruktur einer Gesellschaft. Vor jeder Spezifizierung konkreter gesellschaftlicher Rollen ist aber der mit dem Welt-Umwelt-Verhältnis des Menschen gegebene Zwang zur Verkörperung als die Bedingung der Möglichkeit des Rollenverhaltens überhaupt festzuhalten: „Diese mögliche Identifikation eines jeden mit etwas, was keiner von sich aus ist, bewährt sich als die einzige Konstante in dem Grundverhältnis von sozialer Rolle und menschlicher Natur."[27] H. Plessner hat zur Bezeichnung dieser Konstante den anthropologischen Rollenbegriff vom soziologischen Rollenbegriff unterschieden[28]. Wenngleich diese Trennung zweier Rollenbegriffe nicht sehr glücklich scheint, so leistet sie doch den wichtigen Hinweis auf die anthropologische *Dimension* der sozialen Rolle: zwar fällt der Rollenspieler oder der „Träger einer sozialen Figur" nie mit seiner Rolle zusammen, aber er bleibt doch immer auf sie verwiesen, weil er nur als dergestalt Identifizierter und sich identifizierende Person auf der Bühne des sozialen Handelns auftreten kann. In diesem Sinne hat die Rolle, die er spielt, allemal *theatralischen* Charakter; ob sie symbolisch-repräsentativ für gesellschaftliche Bedeutungszusammenhänge oder individuell für sich selbst steht, entscheidet sich nach dem Drama, das gespielt wird. Jede Gesellschaft hat andere Rollenstrukturen und jede soziale Situation ihre eigenen Charaktere; das repräsentative Element kann stärker oder schwächer sein, die Rolle kann unter die Haut gehen oder als Routine erledigt werden — jedenfalls bleibt sie *ablösbar* vom Spieler, der freilich nie hinter der Bühne verschwinden kann, sondern sich sogleich nach einem anderen Skript umsehen muß[29].

Die Reziprozität der Perspektiven auf Grund der „exzentrischen Positionalität" des Menschen, die den Rollencharakter seines Verhaltens in sozialen Beziehungen ermöglicht und bedingt, ist in anderem Zusammenhang von George Herbert Mead untersucht worden. Mead geht es zunächst um den Prozeß der Sozialisierung, den er als die allmähliche Übernahme der Rolle des anderen versteht[30]. Der Mensch ist zugleich Sender und Empfänger sprachlicher Ausdrücke, so daß er im Interaktionsprozeß sich nicht nur aus der eigenen, sondern auch aus der Perspektive des anderen sehen kann. Er ist damit in der Lage, sich in den anderen hineinzuversetzen, die Rolle des anderen ihm gegenüber antizipierend oder verstehend-nachvollziehend mitzuspielen und daher dessen Reaktionen bis zu einem gewissen Grad vorauszusehen. Die prinzipielle Möglichkeit des Sich-Hineinversetzens in die Perspektive des anderen nennt Mead „taking the role of the generalized other". Dieses „verallgemeinerte Gegenüber" konstituiert sich im Sozialisationsprozeß durch die spielerische Übernahme verschiedener, in seinem sozialen Milieu vorfindlicher Rollen durch das Kind. Im regellosen Spiel („play") lernt das Kind, sich selbst mit den Augen anderer zu sehen. Erst später, wenn die Reziprozität der Perspektiven für das Kind zwar nicht durchschaubar, aber praktikabel geworden ist, kann es nun auch solchen Rollenerwartungen begegnen, die mit der elterlichen Sanktionsgewalt durchgesetzt werden: zwar ist ihm keineswegs jedes elterliche Verlangen einsichtig, aber es besteht doch grundsätzlich die Möglichkeit dazu, weil das „generalized other" sich bereits als eine es selbst umgreifende Ordnung der Beziehungen („game") etabliert hat. Man könnte das „generalized other" mit Freuds Begriff des „Über-Ich" vergleichen, wenn nicht beide Begriffe mit einer je spezifischen Theorie der Sozialisation verbunden wären: das „Über-Ich" entsteht in der Auseinandersetzung mit der ödipalen Konfliktsituation, wohingegen das „generalized other" aus einem relativ reibungslosen, spielerischen Lernprozeß hervorgeht. Es ließe sich vielleicht zeigen, daß beide Begriffe nur verschiedene Phasen im Sozialisationsprozeß bezeichnen, aber das wäre ein anderes Thema. Eher kann das „generalized other" mit dem verglichen werden, was die sprachliche Figur des „man" im Deutschen meint: ein Normensender von nicht feststellbarer Qualität, weil im „man" das, was konkrete Personen von einem wollen, schon internalisiert ist als das, was „man" — und somit auch ich — eben tut.

Die Beobachtung, daß der Mensch sich zu nichts verhalten kann, ohne sich zugleich zu sich selbst zu verhalten, findet Mead darin bestätigt, daß man von sich selbst wie von einem anderen sprechen kann. Die englische Sprache kennt zur Bezeichnung dieses objektivierten Selbst den Ausdruck „me" im Unterschied zum „I" als dem handelnden Ich (im Französischen: „moi" und „je"). Was Plessner als „Exzentrizität" bezeichnet, ist bei Mead diese Aufspaltung des Ichs in einen „I"- und einen „me"-Aspekt. Ich unter dem Aspekt des „me" bedeutet die personale Identität, die sich in den gegenläufigen Prozessen der gesellschaftlichen Identifizierung des Individuums (z. B. in der Namensgebung) und der persönlichen Verortung in der sozialen Umwelt aufbaut[31]. Beide Prozesse werden erst ermöglicht durch die Tatsache, daß das Ich sich zu sich selbst verhalten, daß der Mensch sich selbst gegenübertreten kann, um sich zu verstehen, zu führen und zu reflektieren. Das Aktzentrum solcher Verhaltensweisen nennt Mead das „I", ihr intentionales Objekt das „me". Das Verhältnis von „I" und „me" beschreibt auf der egologischen Ebene jenes Doppelgängertum des Menschen, das ihm das Spielen sozialer Rollen ermöglicht[32].

Das menschliche Verhalten folgt nicht einfach dem behavioristischen Schema von „stimulus and response": indem sich der Mensch mit jedem Verhalten zugleich zu sich selbst und mit sich selbst verhält, reagiert er nicht unmittelbar und unvermittelt auf Rollenerwartungen oder andere „Reize", sondern, sich selbst mit in Szene setzend, *inszeniert* er sein Verhalten. Zunächst bildet sich — durchaus im Kontext sozialer Beziehungen — seine Personalität aus, das „me" in der Terminologie von Mead. Dann kann die Person in diese oder jene soziale Rolle schlüpfen, sich ihren Mitmenschen in diesem oder jenem Gewande zeigen. Auf der schmalen Grenzlinie zwischen Anthropologie und Sozialpsychologie balancierend, sah Mead freilich schon deutlich, daß auch das „me", die Person, ein gesellschaftlich konstituierter Aspekt des Ichs ist, und konnte von daher behaupten, nicht das Individuum bilde die Gesellschaft, sondern die Gesellschaft produziere das Individuum. Der Prozeß dieser Person-Bildung in der Sozialisierungsphase fand seit der Entwicklung der sog. „Ich-Psychologie" zunehmend die Aufmerksamkeit einer soziologisch orientierten Psychoanalyse. Vor allem die Arbeiten von Erik H. Erikson haben hier weitergeführt. In seiner Untersuchung über die kritischen Phasen der Person-Bildung bezeichnet Erikson das aus dem „taking the role of the generalized other" entstehende „me" als *Ich-Identität* („ego-identity"), ein Begriff, den ich im folgenden übernehmen werde[33].

Die Ich-Identität entsteht also aus der Verkörperung des Menschen zur Person, die kraft dieser Verkörperung in der Lage ist, soziale Rollen im funktionalen Sinne der soziologischen Analyse zu spielen. Zugleich ist die Ich-Identität aber auf die stabilisierende Wirkung der sozialen Rollen angewiesen: Rollen, die der einmal etablierten Ich-Identität entgegengesetzt sind oder sie übermäßig einengen, werden zu einer Schrumpfung und im Extremfall zu einer Veränderung der Ich-Identität führen[34]. Umgekehrt geht die Ich-Identität mit in das Rollenspiel ein als die je verschiedene Weise, in der die Individuen sich gegenüber den gleichen Anforderungen verhalten. Der Verkörperungsprozeß wiederholt sich im Rollenspiel auf anderer Ebene, nun schon auf einer gesicherten Identität aufbauend, die aber nicht — wie Plessner meint[35] — aus dem Spiel bleibt, sondern von der Gewalt gesellschaftlicher Anforderungen sehr wohl ihre Spuren davonträgt. Dennoch bewahrt sich die Ich-Identität unter normalen Verhältnissen eine dauerhafte Stabilität, die nicht zuletzt von der allmählichen Uminterpretation der eigenen Biographie zu einer Geschichte des immer mit sich identisch bleibenden Ichs gestützt wird[36]. Als solche bleibt die Ich-Identität die notwendige und in der Regel sichere Basis jedes

Rollenverhaltens. Sie leistet die vorgängige Vermittlung zwischen Individuum und Gesellschaft, die es dem Menschen ermöglicht, sich mit seinen gesellschaftlichen Rollen zu identifizieren, sich an ihnen zu engagieren, ja selbst unter ihnen zu leiden: ohne diese Vermittlung stände er, wie Dahrendorf meint, den sozialen Rollen als der „ärgerlichen Tatsache der Gesellschaft" gegenüber; so aber kann er schon sich selbst zu dieser „ärgerlichen Tatsache" werden.

3. Das gesellschaftliche Normengefüge als Hierarchie von Relevanzbereichen und Typisierungsschemata

Der soziologische Rollenbegriff bezeichnet nicht ein tatsächliches Verhalten, sondern Bündel von Verhaltenserwartungen mit normativem Charakter. Nun zeigen die Analysen der Philosophischen Anthropologie und des „symbolic interactionism", daß wir unserer selbst nur habhaft werden auf dem Umweg über und in Konfrontation mit dem anderen. Ego und Alter konstituieren sich gegenseitig und fundieren damit sogleich eine Sphäre des „Wir". So scheint alles soziale Verhalten seinen Ursprung im Interaktionsprozeß zu haben, in welchem Ich und Du sich in der Reziprozität der Perspektiven aufeinander einspielen. Wenn das Rollenspiel aber ein erwartetes Verhalten ist, dann kann es sich nicht in jedem Interaktionsprozeß neu begründen. Gesellschaft als ein Gefüge regelhafter sozialer Beziehungen ist in der Tat vor jeder Interaktion immer schon vorhanden; der Gesellschaftsvertrag wird nicht in jeder Begegnung zwischen Menschen aufs neue geschlossen. Aber hier wiederholt sich nur, was das Verhältnis des Menschen zur Welt auch in anderen Bereichen kennzeichnet: er muß seine Weltoffenheit eingrenzen in einen — wiewohl überschreitbaren — Horizont fixierter Gegebenheiten durch die ihm mögliche Versachlichung und Vergegenständlichung seiner „Entäußerungen". Das impliziert ein *Abstrahieren* von dem, was gegenüber dem typischen Kern einer Sache als „zufällig" und „beiläufig" gelten soll. Auf der Ebene des sozialen Handelns besteht diese Abstraktionsleistung in einer kontinuierlichen *Typisierung* des fremden wie des eigenen Verhaltens.

Die soziale Welt begegnet uns von vornherein als eine typisierte Welt: zumal das Verhalten der anderen erfährt man in der Regel nur als ein typisches Verhalten in typischen Situationen. Umgekehrt stilisiert man das eigene Verhalten in bezug auf das der anderen, und selbst die Handlungspläne und Problemlösungen, die dieses eigene Verhalten fundieren, sind zumeist so weit typisiert, daß ich sie nicht neu erfinden muß, sondern bereits eine Auswahl unter ihnen treffen kann. Zahlreiche Verhaltensweisen und Interaktionen wiederholen sich immer wieder und weisen dabei eine gewisse Gleichförmigkeit auf: wenn ich in einem Laden etwas kaufe, wenn ich eine bestimmte Arbeit verrichte, wenn sich die Familie zu Tisch setzt, wenn ich meinen Vorgesetzten begrüße — jedesmal ist es anders und doch auch gleichartig. Die Erfahrung: nichts wiederholt sich im Leben, ist ebenso richtig wie jene, daß alles sich wiederholt; denn diese beiden Erfahrungen liegen nicht auf der gleichen Ebene. Die konkrete, unwiederholbare Fülle einer Situation wird zweifellos erlebt, aber doch nur als im Hinblick auf die Thematik eines Verhaltens unbedeutsame Fülle von Mitgegebenheiten. Nur ausnahmsweise treten die Randerscheinungen in den Vordergrund und bestimmen — zumindest in der Erinnerung — die Qualität einer unvergleichlichen Situation. Normalerweise orientiert sich das Verhalten an typischen Gegebenheiten: ich erwarte ein bestimmtes Verhalten der anderen und bestimme mein Verhalten selbst nach deren Erwartungen und einem bestimmten Handlungssinn. H. Popitz hat darauf hingewiesen, daß die Ausrichtung auf solche Gleichförmigkeiten des Verhaltens stets eine Abstraktionsleistung darstellt[37].

Besonders deutlich wird diese Abstraktionsleistung bei der Typisierung von Personen — und wir typisieren andere Menschen jedesmal, wenn wir uns ihnen gegenüber verhalten. Wenn ich etwa sage, mein Freund sei ein Christ, so unterstelle ich, daß er einige Züge aufweist, die allgemein ein Charakteristikum des Typus „Christ" sind, und sehe ab von allen übrigen Eigenschaften meines Freundes, die mir gleichwohl bekannt sind. Oft haben wir es aber mit Menschen zu tun, von denen uns nicht mehr bekannt ist als die typischen Merkmale jener Klasse von Menschen, zu denen wir sie zählen oder als die sie sich uns vorstellen. So begegnen wir ihnen als „Kaufmann", „Chef" oder auch als „ehrlichem Menschen" und verhalten uns so, als entsprächen sie dieser Typisierung.

In der „face-to-face"-Situation ist diese Typisierung natürlich ein wechselseitiger Prozeß: nicht nur ich klassifiziere den anderen, sondern auch er schätzt mich ein, und zwar nicht hinsichtlich meiner vollen Persönlichkeit, sondern wiederum nur im Hinblick auf das, was für das Thema der Begegnung relevant ist. Gerade in der „face-to-face"-Situation ist darüber hinaus die Persönlichkeit der Interaktionspartner, ihre volle Subjektivität, stets als ein Unsicherheitsfaktor gegenwärtig, der um der Verhaltenssicherheit willen unter Kontrolle gehalten werden muß: schon hier gewinnen die Typisierungen einen normativen Charakter, sie werden zu Typisierungs*schemata*, die dem Verhalten zwar eine gewisse Variationsbreite einräumen, deren Grenzen man aber nicht ohne Not überschreiten wird[38]. Je weiter die anderen Interaktionspartner und ihre Verhaltensweisen von der Möglichkeit einer „face-to-face"-Situation entfernt sind, desto weniger Gewicht bekommen

ihre nicht in das Schema der Typisierung fallenden Züge und desto abstrakter wird die Typisierung ausfallen können.
Auf der anderen Seite der Skala befinden sich dann Typisierungen gänzlich unanschaulichen Charakters, wie etwa „die Deutschen" oder „die Steuerzahler". Werden über die Typisierung solch wechselnder Gruppierungen hinaus auch noch deren Verhaltensweisen typisiert, dann gerinnen die Typisierungsschemata mangels jeder Kontrollmöglichkeit zu bloßen Stereotypen, die freilich für die Verhaltensorientierung eine nicht unbedeutende Rolle spielen[39]. Denn wie alle Typisierungen kommen uns auch die Stereotype als solche normalerweise gar nicht zu Bewußtsein. Vielmehr ist uns die Realität der alltäglichen Lebenswelt von vornherein typisiert, also in einer bestimmten Abstraktion gegeben[40]. Und dieser typisierten Welt passen wir uns durch Selbststilisierung unseres Verhaltens so weitgehend an, daß eine gewisse Regelmäßigkeit des Verhaltens sich entwickelt. Aus den Verhaltensregelmäßigkeiten bei mir und bei den anderen beziehen die wechselseitigen Verhaltenserwartungen dann ihre Berechtigung: die Typisierung des Verhaltens dient der Voraussehbarkeit und damit der Sicherheit im Umgang mit anderen. Den Typisierungen liegt eine Abstraktionsleistung zugrunde, die aber eben nicht ständig neu erbracht werden muß, sondern die wie die Sprache, die das deutlichste Beispiel eines Typisierungsschemas ist, sowohl vorgegeben als auch veränderlich ist.
Immerhin ist die Variabilität des Verhaltens doch so groß, daß bestimmte Abstraktionsleistungen nicht als selbstverständlich vorausgesetzt werden können, sondern „mit der Tendenz, die pure Richtigkeit der vollzogenen Abstraktion zu moralisieren"[41], eine gesellschaftliche Forderung darstellen. Anders ausgedrückt: die Forderung, unser eigenes Verhalten und das des anderen zu typisieren, tritt uns in Form spezifischer Rollenerwartungen und in spezifischen Situationen entgegen. Auch diese Rollenerwartungen können natürlich internalisiert sein und uns daher als solche kaum bewußt werden. Aber sie sind als moralische Normen internalisiert und nicht — wie andere, nicht-normative Typisierungen — ein selbstverständlicher Bestandteil unseres Welt-Verhältnisses. Wie sehr die Welt uns von vornherein in Typisierungen gegeben sein mag, die Fülle der mehr oder weniger stereotypen Einstellungen und Handlungsvollzüge ordnet sich zu einer sinnhaften Umweltbeziehung erst durch die Orientierung an Typisierungs*schemata*, die jeweils eine Abstraktionsleistung darstellen. Das Ergebnis solcher Abstraktionen ist im Sozialen die Rollenstruktur der gesellschaftlichen Beziehungen, in der sich der Normcharakter der wechselseitigen Verhaltenserwartungen niederschlägt. Die je subjektive Typisierung der sozialen Umwelt und des eigenen Verhaltens, genauer gesagt: der Situationen, der Handlungen und der

Personen, muß in relative Übereinstimmung mit den Typisierungen anderer Menschen gebracht werden, um jenes Minimum an Verhaltenssicherheit zu gewährleisten, das Gesellschaft in ihrem Kern ausmacht. H. Popitz hat darauf hingewiesen, daß die Variabilität des menschlichen Verhaltens, wie sie sich etwa in den kulturspezifischen Unterschieden zeigt, auf „sozialer Plastizität" und „sozialer Produktivität" beruhe, die als die Fähigkeit zur Anpassung wie zur Gestaltung von sozialen Beziehungen dem Menschen anthropologisch gegeben sind[42]. Diese Eigenschaften können als notwendig, aber noch nicht hinreichende Bedingungen der Ausbildung von gesellschaftlichen Verhältnissen verstanden werden: hinzu kommt die einschränkende Kraft der sozialen Normen, die für die relative Sicherheit gewährleistende Übereinstimmung der individuellen Verhaltensentwürfe sorgen.

Rollenerwartungen lassen sich somit verstehen als die Erwartung, daß der andere sich in typischer Weise verhalten wird, bzw. daß er sein Verhalten in bestimmter Weise selbst typisiert. Rollenerwartungen sind differenzierte Verhaltensnormen. Um also die Rollenstruktur einer Gesellschaft zu erkennen, müssen die *Gegebenheitsweise* und der *Geltungsbereich* der sozialen Normen untersucht werden. Man kann eine soziale Norm formal definieren als die Chance, daß ein erwartetes Verhalten realisiert wird[43]. Damit bleibt freilich der Inhalt der Normen ausgeklammert; er läßt sich erst nachträglich aus dem Verhalten ablesen, ohne daß sicher wäre, ob sich das Verhalten überhaupt an Normen gehalten hat oder nicht[44].

Andere Autoren haben Normen als werthafte Regeln des Verhaltens bestimmen wollen, wobei aber unklar bleibt, was dabei „werthaft" heißen soll[45]. Nun wird das Verhalten tatsächlich bewertet, und zwar auf Grund seiner Normkonformität: das *Vorhandensein* usw. von Normen zumindest läßt sich an der Sanktionierung abweichenden Verhaltens feststellen. Man kann daher von *normativen Werten* sprechen, die innerhalb einer Gruppe etabliert werden und deren Realisierung durch die Androhung unmittelbarer Sanktionen gefördert wird. Davon zu unterscheiden wäre aber die normative Wirkung *nicht-normativer Werte*, die kulturell tradiert werden und die ihre verhaltensorientierende Kraft nur durch die mittelbaren Sanktionen der internalisierten Kontrollmechanismen gewinnen. In diesem Sinne kann dasjenige „Element eines gemeinsamen symbolischen Systems, das als Kriterium oder Standard der Auswahl zwischen den einer Situation inhärenten Orientierungsalternativen dient, als Wert bezeichnet werden"[46]. Solche kulturell tradierten Werte sind unspezifisch, vage und allgemein gehalten; sie weisen dem Verhalten eher eine Richtung, als daß sie konkrete Vorschriften enthielten. Aber die Orientierung an Werten gibt dem Verhalten einen sinnhaften Bezug auf die Ordnung, zu der sich der Mensch versteht und verstehen muß. Demgegenüber sind die normativen Werte konkret und spezifisch; sie beziehen sich jeweils auf einen bestimmten Handlungsablauf, weshalb sie ihren Ausdruck in bestimmten Verhaltensnormen finden. Obwohl alle sozialen Normen auf solche Werte bezogen sind, spricht man in der Soziologie gewöhnlich nicht von normativen Werten, sondern schlicht von Normen, weil sich das Verhalten zunächst nur an den Vorschriften, nicht aber an deren Sinn orientiert[47]. Wir können diesem Sprachgebrauch folgen und einfach zwischen Normen und Werten unterscheiden, wobei die Normen als spezifische, konkrete und mit äußeren Sanktionen verbundene Verhaltensregeln gelten, während die Werte internalisierte Verhaltensorientierungen allgemeinerer Art sind, in denen sich ein je kulturell variierendes Sinnverständnis des sozialen Handelns ausdrückt.

Beide gehen in den sozialen Rollen eine je spezifische Verbindung ein: in der Rolle der Mutter wird die Mutterliebe als ein kulturell tradierter, schon frühzeitig verinnerlichter Wert die Funktion einer allgemeinen Verhaltensorientierung haben. Die Norm aber, daß die Mutter ihre Kinder frühzeitig zu Bett schicken soll, statt sie etwa bis Mitternacht sich am Fernsehen erfreuen zu lassen, ist ein Ausdruck nicht etwa der Mutterliebe, sondern konkreter Ratschläge und Erwartungen ihres Ehemannes, ihrer Freunde oder ihrer Familienzeitschrift, und kontinuierliche Abweichung von dieser Norm wird ihr den Unmut dieser Bezugspersonen zuziehen. Die Zusammensetzung von solchen konkreten Rollenerwartungen und allgemeinen Wertorientierungen in einer Rolle ist freilich sehr unterschiedlich, und man wird die Vielfalt sozialer Rollen entsprechend klassifizieren können. Hinzu kommt die Schwierigkeit, daß der Realisierung mancher Werte mit relativ konkreten und sehr eindringlichen Geboten und Gesetzestafeln nachgeholfen werden kann; die Zehn Gebote etwa oder das Strafgesetzbuch dienen einer Konkretisierung der Schranken und der Richtung, die eine Orientierung an den allgemeinsten kulturellen Werten dem Verhalten auferlegt, ohne freilich mehr als ein weitmaschiges Netz genereller Verhaltensvorschriften über die differenzierte Rollenstruktur zu werfen. Auf der anderen Seite gibt es Normen, die offensichtlich nur dazu dienen, einen Wert am Leben zu erhalten, über dessen Charakter als Verhaltensmaßstab längst kein Konsensus mehr herrscht: hier gerinnt der Wert zum Bestandteil einer Ideologie, deren Aufrechterhaltung meist im Interesse angebbarer Herrschaftsverhältnisse liegt, die sich mit Hilfe eines konkreten, normativen Korsetts zu legitimieren suchen[48].

Diese Überschneidungen ändern aber nichts an dem Unterschied zwischen Normen und Werten und seiner Bedeutung für die Rollenanalyse. Die Rolle der sozialen Normen ergibt sich aus der Funktion der Typisierungsschemata für das Verhalten. Die Rolle der Werte für die Verhaltensorientierung bedarf dagegen noch einer Erläuterung. Wenn Parsons „Wert“ soziologisch als Auswahlkriterium bei situationsgegebenen Orientierungsalternativen definiert, so könnte man annehmen, daß es eine beliebige Anzahl solcher Orientierungsalternativen gibt, die einander gleichwertig sind. Das Gegenteil ist der Fall[49]: die Werte beziehen sich jeweils auf einen bestimmten *Relevanzbereich* des Verhaltens und haben dort ihre Gültigkeit und Legitimität. Als Relevanzbereich bezeichnet Alfred Schütz[50] den Bereich der für eine bestimmte Interessensphäre bedeutungsvollen Gegebenheiten. Es braucht sich dabei weder um materielle Interessen zu handeln, noch auch um Interessen, die in der Machtstruktur der Gesellschaft einen bestimmten Stellenwert haben. Vielmehr geht es um Handlungsbereiche: der Sinn eines Handelns erschließt sich u. a. aus dem, was für dieses Handeln relevante Gegebenheiten sind — z. B. für den Arbeiter die Maschinen, für den Wissenschaftler die Bibliothek, für die Mutter das Einkaufszentrum. Diese Gegebenheiten erscheinen dem Bewußtsein auf Grund der Reziprozität der Perspektiven wiederum schon in typisierter Form, und die sozialen Beziehungen unterliegen Typisierungsschemata, die jedem Relevanzbereich spezifisch sind. Anders ausgedrückt: jeder Relevanzbereich kennt eine Präferenzordnung der Gegebenheiten und Verhaltensweisen (ein „Relevanzsystem“ in der Terminologie von Schütz) im Hinblick auf ihre relative Bedeutung für ein bestimmtes Handlungsinteresse. Darüber hinaus weisen die Relevanzbereiche des Handelns selbst eine Rangordnung auf: eine Hierarchie von Relevanzbereichen entspricht einer Rangordnung von Interessenkomplexen, die einem gesellschaftlichen Wertsystem zugeordnet ist. Bestimmte Handlungsbereiche genießen eine höhere Bewertung als andere: z. B. kann Arbeit vor Freizeit rangieren oder eine künstlerische Betätigung kann höher geschätzt werden als eine wirtschaftliche. Aber jeder Handlungsbereich dient der Befriedigung bestimmter menschlicher Interessen und kennt seine eigene Ordnung von Relevanzen. Obwohl sich die Relevanzbereiche je nach Gesellschaftstyp mehr oder weniger stark überschneiden, weisen sie doch je für sich einen gewissen Grad von institutioneller Verfestigung auf, das heißt, sie sind durch eine gesellschaftliche Bewertung in einer Hierachie geordnet und besitzen eine normative Struktur. Unter Interesse ist hier also noch nicht ein ökonomisches Interesse gemeint, sondern die *Intention eines Handelns,* der sinnhafte Bezug eines Verhaltens. Die Chance zur Realisierung gesellschaftlicher Werte ergibt sich erst durch diese äußere und innere Ordnung der Relevanzbereiche des Handelns. Die Wertorientierung des Verhaltens vollzieht sich immer im Rahmen eines Handlungsbereichs, innerhalb dessen die Handlungen wiederum ihren Halt in einem System von standardisierten Typisierungen finden.

Alfred Schütz hat die Funktionen eines solchen normativen Systems von Typisierungen aufgezählt[51]:

1. Es bestimmt, welche Gegebenheiten sich innerhalb eines Relevanzbereiches befinden und somit als homogen gelten können.
2. Es verändert individuelle Handlungen in Funktionen sozialer Rollen, wobei sich der einzelne durch sein Rollenverhalten selbst typisiert. Es garantiert dadurch ein gewisses Maß an Verhaltenssicherheit.
3. Es fungiert als ein Schema der Interpretation und der Orientierung und konstituiert damit eine Diskurs-Welt zwischen den Mitgliedern der jeweiligen Gruppe. Diese Diskurs-Welt ist äußerst labil, denn die Interpretationen der Individuen sind auch innerhalb einer „in-group“ nie deckungsgleich, sondern nur annäherungsweise kongruent.
4. Institutionalisierung der Relevanzbereiche und Standardisierung von Typisierungssystemen können die Erfolgsschancen des sozialen Handelns erheblich verbessern. Diesem Ziel vor allem dient die soziale Kontrolle durch Sanktionen positiver und negativer Art. Diese Funktion der Sanktionen ist von *primärer* Bedeutung; erst danach bleibt zu untersuchen, ob und welche Sanktionen die Funktion haben, die Normen der herrschenden Gruppen durchzusetzen und zu garantieren.
5. Ein System von Typisierungen dient als ein gemeinsames Feld, in dem auch die privaten Typisierungen ihren Ursprung haben, und zwar deshalb, weil die persönliche Situation (das Selbstbild) immer schon eine Situation innerhalb einer Gruppe ist, genauso wie die persönlichen Interessen und Bedürfnisse immer nur im Rahmen der und in bezug auf die Gruppeninteressen und Gruppenbedürfnisse entstehen können.

Der letzte Punkt deutet schon auf die wechselseitige Bezogenheit eigener und fremder Typisierungen innerhalb eines Handlungsbereichs hin. Das gleiche gilt für die Rangordnung der Relevanzbereiche untereinander: auch hier gibt es individuelle Nuancierungen, vor allem aber Unterschiede zwischen den sozialen Gruppen. Jede Gruppe hat ihre eigene Hierarchie von Relevanzbereichen oder, anders gesagt, ihr eigenes Bewertungssystem; Konsensus kann hier keineswegs vorausgesetzt werden. Wie groß die Unterschiede sind und welche sozialen Mechanismen für eine Integration verschiedener Wertsysteme innerhalb einer Gesellschaft wirksam sind, bleibt freilich zu untersuchen. *Ein* Mechanismus der Integration unterschiedlicher Gruppenperspektiven aber kann jetzt bereits festgehalten werden: die Tendenz der Relevanzbereiche und Typisierungsschemata, sich institutionell zu verfestigen und diesen institutionellen Charakter über die Grenzen der Gruppen und Organisationen hinaus zu bewahren. Das Verhalten kann sich nicht ständig aufs neue orientieren und typisieren, sondern hält sich an tradierte und erfahrene Orientierungs- und Verhaltensmuster. In gewisser Hinsicht ist es richtig, daß jede Typisierung bereits eine Institution ist, wie Berger und Luckmann meinen[52]. Allerdings ist dieser Institutionsbegriff zu weit gefaßt, um heuristisch fruchtbar zu sein. Sinnvoller scheint es, von einer Institutionalisierung erst dann zu sprechen, wenn die Tendenz zur institutionellen Verfestigung einen ganz bestimmten Grad erreicht hat, nämlich wenn sich soziale Rollen ausbilden. Nicht jedes typisierte Verhalten ist schon Rollenverhalten. Als ein Rollenspiel kann vielmehr erst *die sinnvolle Einheit unterschiedlicher typisierter Verhaltensweisen im Hinblick auf einen Relevanzbereich und seine Präferenzordnung der Gegebenheiten* bezeichnet werden. Der Begriff der sozialen Rolle beschreibt die gesellschaftliche Erwartung eines in sinnvoller Einheitlichkeit typisierten Verhaltens. Insofern sind soziale Rollen Differenzierungen von Typisierungssystemen innerhalb von Relevanzbereichen. Der Ausdruck „sinnvolle Einheitlichkeit" bezieht sich dabei sowohl auf die Ausrichtung eines Handelns auf eine bestimmte Bedürfnisbefriedigung oder Wertrealisierung (Sinnhaftigkeit des Verhaltens), als auch auf die vom Rollenspieler geforderte Integration unterschiedlicher Bestandstücke typisierter Verhaltensschemata (personal garantierte Einheitlichkeit der Handlungsvollzüge).

Beides, die sinnhafte Ausrichtung des Verhaltens und die Integration der Typisierungsschemata, ist eine Leistung der Person, genauer gesagt, der jeweiligen Ich-Identität eines Individuums. Sie kann besser oder schlechter gelingen, sie kann auch scheitern, je nach der „Ich-Stärke" eines Menschen. Aber sie ist nicht dem individuellen Belieben anheimgegeben, sondern diese Eigenleistung[53], oder besser Ich-Leistung, gehört bereits zu den Rollenerwartungen dazu, und zwar je nach dem Typus der sozialen Rolle in unterschiedlicher Weise. Es genügt nicht zu sagen, daß die Behauptung der Rollenkonformität des Verhaltens zwar empirisch falsch, aber theoretisch fruchtbar sei. Die Beobachtung, daß man die vielen Rollenerwartungen, denen sich ein jeder gegenüber sieht, nie ganz erfüllen kann, läßt sich selbst erklären: einmal verlangen soziale Rollen einen unterschiedlichen Grad an Identifikation und Hingabe („commitment", wie das nüchterne englische Wort heißt); totale Identifikation mit einer einzigen Rolle würde die Erfüllung anderer sozialer Rollen unmöglich machen. Zum anderen aber sind spezifische Rollenerwartungen als Bestandteil *einer* sozialen Rolle häufig schon zu spezialisiert, um das zugleich geforderte *Spiel* einer Rolle noch zu ermöglichen. Die Spontaneität und Leichtigkeit eines Rollenspiels beruhen stets auf der Verinnerlichung von Werten schon während des Sozialisationsprozesses. Man kennt die

Geschichte von den Neureichen, die sich im Milieu der Etablierten nie mit der gleichen Ungezwungenheit und Sicherheit bewegen können wie die „Alteingesessenen". Während jene sich an das „Kleider machen Leute" klammern müssen, können diese auf die Wirkungen vertrauen, die auch „des Kaisers neue Kleider" noch haben. Die integrative Kraft zur Modifikation spezifischer Rollenerwartungen, welche die „Selbstdarstellung im Dienste einer Rolle" (K. Löwith) erst ermöglicht, ist ein Charakteristikum jener selbstverständlichen Sicherheit der Verhaltensorientierung, die David Riesman als „Innenleitung" beschrieben hat, Ergebnis eines frühzeitig einsetzenden Erziehungsprozesses.

Nicht immer freilich ist solche „Selbstdarstellung" Bestandteil der Verhaltenserwartungen einer Rolle. Wie groß die geforderten Ich-Leistungen sind, hängt vom Typus der jeweiligen Rolle ab und läßt sich ablesen an der unterschiedlichen Art, in der ihre Normen dem Rollenspieler gegeben sind. Wenn die Eigenleistung der Person beim Rollenverhalten darin besteht, daß sie die einzelnen Normen immer wieder unterläuft, sie unterschiedlich akzentuiert und sie im Verhalten schließlich zu einem sinnvollen Ganzen so verbindet, daß die ständig drohenden Intra-Rollenkonflikte vermieden werden, so muß doch sogleich betont werden, daß diese Ich-Leistungen zwar individuell variieren, aber prinzipiell nach Art und Umfang im Rahmen einer Rolle erwartet werden; die Ich-Leistungen sind zunächst Bestandteil der Rolle und nicht des Rollenspiels. Der Umfang der erwarteten Ich-Leistungen ist je nach der Rolle verschieden; bei manchen Rollen ist das Netz der normativen Typisierungen so eng, daß jede relevante Gegebenheit bereits mit einbezogen ist, andere bieten dem Verhalten nur grobe Grenzlinien und eine vage Richtung. Dem Soldaten etwa ist sein Tun und Lassen bis ins kleinste vorgeschrieben, die erforderlichen Ich-Leistungen waren ursprünglich gleich Null, und erst mit der zunehmenden Technisierung des Kriegswesens wird etwas mehr Selbständigkeit von ihm erwartet[54]. DieRolle des akademischen Lehrers dagegen setzt sich von vornherein aus sehr unterschiedlichen Erwartungen zusammen, die überdies einen breiten Spielraum für die eigene Initiative und Ausgestaltung lassen, gewissermaßen eine Leerstelle, deren Ausfüllung aber mit zu den Rollenerwartungen gehört. Etwa in der Mitte zwischen diesen Polen stehen diejenigen sozialen Rollen, die sich auf die Bewältigung einer bestimmten Aufgabe beziehen: die Ich-Leistungen beschränken sich deutlich auf die Art und die Qualität der Aufgabenbewältigung und sind doch ein essentieller Bestandteil der Erwartungen. Ein Diskussionsleiter etwa kann seine Rolle sehr gut oder sehr schlecht spielen, aber seine Leistungen werden an einer relativ eng begrenzten Aufgabe gemessen, und eine allzu freie Ausgestaltung seiner Rolle würde ihm schlecht angekreidet werden. Die Dichte der vorgegebenen Typisierungsschemata entscheidet über die möglichen Ich-Leistungen beim Rollenspiel. Was möglich ist und was erwartet wird, fällt freilich nicht unbedingt zusammen. Wenn mehr individuelle Ausgestaltung einer Rolle möglich ist, als zur Rollenerwartung gehört, dann wird es von der Identifikation des Rollenträgers mit seiner Rolle abhängen, ob er mehr als die Sollerfüllung sich leisten kann und will. Ist dagegen das Netz der normativen Typisierungen so engmaschig, daß die zur Rolle gehörigen Ich-Leistungen nicht mehr erbracht werden können, dann handelt es sich um eine Zwangssituation, in welcher das Spielen jedenfalls dieser bestimmten Rolle allmählich unmöglich wird. Die Art, wie die Normen in einer Rolle und für eine Situation gegeben sind, variiert also im Hinblick auf die geforderten Ich-Leistungen; es handelt sich dabei um ein Kontinuum, dessen Pole die individuelle Selbstgestaltung und die vollständige Fremdbestimmung des Rollenspiels bezeichnen.

Zur Unterscheidung der Rollentypen voneinander empfiehlt sich eine grobe Dreiteilung dieses Kontinuums: nach der Art ihrer Gegebenheit lassen sich *Vollzugsnormen*, *Qualitätsnormen und Gestaltungsnormen* unterscheiden. Die Vollzugsnormen lassen den Ich-Leistungen nur einen sehr engen Spielraum; es geht statt dessen um die gehorsame Einordnung in ein relativ dichtes Netz von Regeln. Bei den Qualitätsnormen steht die Aufgabe und ihre Bewältigung im Vordergrund; Ich-Leistungen und Regeln der Ausführung halten sich etwa die Waage. Das Hauptproblem ist hier die Legitimität adäquater Mittel und Normen. Bei den Gestaltungsnormen stehen dagegen die Ich-Leistungen im Vordergrund, weil der individuelle Stil und die persönliche, möglicherweise neuartige Problemlösung gerade das sind, was die Rolle vorschreibt. Die Gestaltungsnormen verweisen auf die Realisierung von Werten, die ursprünglich internalisiert worden sind, bei einer Bedrohung durch historische Veränderungen aber immer wieder auch ideologisch abgestützt werden. — Die Engmaschigkeit der Rollenvorschriften ist nicht ohne weiteres identisch mit dem Ausmaß an sozialer Kontrolle. Gewiß ist das Sanktionssubjekt um so eher mit dem Rollenträger identisch, je größer die erwarteten Ich-Leistungen sind, während ein geringer Spielraum im Rollenverhalten für eine starke äußere Kontrolle spricht. Innere Kontrolle und äußere Sanktionsdrohung hängen aber nicht allein von der Gegebenheitsweise, sondern auch von den Geltungsbereichen und Ausgangssendern der Normen ab. An manchen Relevanzbereichen haben alle Mitglieder einer Gesellschaft teil, und ihre Typisierungssysteme haben eine entsprechende und umfassende Geltung. Andere Relevanzbereiche gelten nur für bestimmte Personen, und ihre Rollen sind, wiewohl immer ablösbar von dem einzelnen Individuum, doch nicht auf jedermann zugeschnitten. Und ebenso unterscheiden sich die Typisierungsschemata danach, ob sie sich in der alltäglichen Begegnung zwischen Menschen bis zu einem gewissen Grad immer wieder neu konstituieren können, oder ob sie als „sekundäre Systeme“ (H. Freyer) von hohem Abstraktionsgrad dem individuellen Zugriff entzogen sind[55]. Im Hinblick auf soziale Rollen hängt die Beantwortung der Frage nach dem Geltungsbereich der Normen offensichtlich von der Beziehung zwischen den sozialen Rollen einerseits und den sozialen Positionen und Situationen andererseits ab.

4. Die strukturellen Determinanten des Rollenspiels: Lernmilieu und Interaktionssituation

Nach einem einleuchtenden Grundsatz der Rollentheorie bezieht sich jede soziale Rolle auf eine bestimmte soziale Position. Einleuchtend deshalb, weil sich die Verhaltenserwartungen, um die es bei der Rollenanalyse geht, nicht an bestimmte Menschen knüpfen, sondern an die Stellungen und Positionen, die sie bekleiden. Zwar gibt es allgemeine Normen, die alle Mitglieder einer Gesellschaft betreffen und die in jeder Situation gültig sind, aber die spezialisierten Normen, die wir als Rollenerwartungen bezeichnen, gehen die Menschen nur insoweit an, als sie Träger dieser oder jener Position sind. Der Positionsbegriff ist in Analogie zum Amtsbegriff entwickelt worden; gerade beim Amt ist uns der Gedanke vertraut, daß die Rechte und Pflichten unabhängig von der Person des Amtsträgers an das Amt gebunden bleiben. Aber es stellt sich doch die Frage, ob diese Übertragung der juristischen Bestimmungen des Amtsbegriffs auf jedwede soziale Position sich rechtfertigen läßt und ob also die sozialen Rollen wirklich stets ablösbar von der Person gedacht werden können.

Die Antwort auf diese Frage hängt natürlich davon ab, was unter einer sozialen Position verstanden wird. Gerade darüber aber herrscht bei den Rollentheoretikern in der Regel ein ominöses Schweigen. Allenfalls findet sich die formale Bestimmung, daß eine Position der Schnittpunkt mehrerer sozialer Beziehungen sei — eine Bestimmung, die immerhin den wichtigen Hinweis enthält, daß eine Position sich stets in einem Feld anderer Positionen befindet, zu denen sie in einem bestimmten Verhältnis steht. Bei Ralph Linton, der als erster die enge Verbindung von Position (bei Linton „status“) und Rolle betont hat, wird unter einer Position einfach eine „Sammlung von Rechten und Pflichten“ verstanden, wobei dann die Rolle nach seiner wenig glücklichen Formulierung „der dynamische Aspekt einer Position“ ist[56]. Demgegenüber betont H. Popitz — zugleich vorsichtiger und präziser —, daß man nur dort, wo die soziale Differenzierung den „besonderen Aggregatzustand“ einer „positionellen Verfestigung“ erreicht habe, auch nach sozialen Rollen fragen könne. Als Kriterium einer solchen „positionellen Verfestigung“ nennt er das Bewußtsein einer „Vakanz“, das entsteht, wenn eine Position ihren Inhaber verloren oder noch nicht gefunden hat[57]. Auch Popitz also betont die Ablösbarkeit der Verhaltenserwartungen von der Person. Ohne den Positionsbegriff scharf zu definieren — was nicht unbedingt ein sinnvolles Unternehmen wäre —, geht er doch über die Bestimmung von Linton hinaus: Positionen entstehen erstens aus der sozialen Differenzierung, d. h. aus der gesellschaftlichen Status- und Funktionsteilung ergeben sich Stellungen im sozialen Beziehungsgefüge, die mit unterschiedlichen Rechten und Pflichten ausgestattet sind; und zweitens: Positionen existieren auch ohne einen Positionsträger weiter, wie sie sich am Bewußtsein einer „Vakanz“ ablesen läßt.

In gewisser Weise kehrt sich dabei die Argumentation von Linton bei Popitz um: die Rollen knüpfen sich nicht an die vorweg bestehenden Positionen, sondern sind als „Bündel von Verhaltenserwartungen“ bereits so weit verfestigt, da sie selbst den Charakter von Positionen annehmen; die Verhaltenserwartungen schaffen erst die soziale Differenzierung, auf die sie sich beziehen. Damit ist der Positionsbegriff aus einem allzu starren morphologischen Verständnis gelöst und wird der Frage zugänglich, unter welchen Bedingungen in welchen Situationen und für welche Zeiträume ein Komplex von Verhaltenserwartungen übertragbar ist. Vor allem hält die Rede von „positionellen Verfestigungen“ sich offen für das Problem des Personenkreises, auf den sich die Verhaltenserwartungen übertragen lassen, beziehungsweise der für eine Position überhaupt in Frage kommt. Denn dieses Problem ist mit R. Lintons berühmter Unterscheidung von „ascribed status“ und „achieved status“ noch längst nicht hinreichend gelöst, vor allem wenn diese Unterscheidung als eine Eigenschaft der Position oder der Rolle (ein „Rollenattribut“) verstanden wird. Das zeigt schon die Tatsache, daß manche sozialen Rollen ein hohes Maß an Identifikation verlangen, zu der nicht jeder jederzeit bereit ist oder sein kann. So zeigt die Analyse von Popitz aufs neue, daß Rolle und Position zwei Seiten ein und derselben Sache sind, die sich freilich nicht dadurch unterscheiden, daß die eine Seite statisch und die andere dynamisch wäre, sondern die je nach dem Forschungsinteresse entweder die soziale Differenzierung (Positionsproblematik) oder die soziale Normierung (Rollenproblematik) hervorheben. Wenn Popitz zu Recht immer wieder betont, daß die gesellschaftliche Differenzierung einen bestimmten Grad der Verfestigung erreicht haben müsse, bevor von sozialen Rollen die Rede sein kann, so spricht dafür auch ein historischer Grund: die sinnvolle Einheit typisierter Verhaltensweisen, die ein Rollenspieler realisieren soll, fand ihren ersten Ausdruck sicher in der Repräsentationsfunktion eines Amtes. Vor allem in der Repräsentation von Herrschaftsverhältnissen dürften ursprünglich die Verhaltenserwartungen als ablösbar von der Person und übertragbar auf andere erlebt worden sein. Ob der mittelalterliche Bauer dagegen seine alltägliche Arbeit als eine Rollenleistung empfand, scheint zumindest fraglich. Erst die hochgradige Funktionsdifferenzierung und die Vervielfältigung der für den einzelnen relevanten Handlungsbereiche in modernen Gesellschaften hat das Bewußtsein von der Rollenhaftigkeit des Verhaltens auch in solche Relevanzbereiche vordringen lassen, die traditionell in Naturkategorien erlebt worden sind.

Hält man an der Analogie von Amt und Position fest, so kann man eine soziale Rolle als jenes Bündel von Verhaltenserwartungen definieren, das von einer Position in bestimmten Situationen mobilisiert wird. Tatsächlich dürfte diese Bestimmung in vielen Fällen die Sachlage treffen, nämlich immer dann, wenn die Position eben den Charakter eines Amtes hat, das heißt, wenn es sich um eine mit mehr oder weniger deutlich fixierten Rechten und Pflichten ausgestattete Position im Rahmen einer auf Kompetenzverteilung beruhenden Herrschaftshierarchie handelt. Aber auch die moderne Sozialstruktur läßt sich nicht allein mit einem Modell der Bürokratie beschreiben; die meisten ihrer Positionen sind weit weniger scharf umrissen, als es ein Amt ist, und die Bündel von Verhaltenserwartungen sind nur in seltenen Ausnahmefällen rechtlich fixiert. Darin liegt zweifellos eine besondere Schwierigkeit der Rollenanalyse — nicht umsonst sind beamtenrechtlich oder ähnlich genau geregelte berufliche Stellungen die beliebtesten Beispiele der Rollentheorie. Gegenüber den meisten Interaktionspartnern aber haben wir Rollenerwartungen, die nicht in den „Rechten und Pflichten" ihrer Position aufgehen. Manche Autoren haben deshalb vorgeschlagen, statt von Positionen von der „sozialen Identität" eines Menschen zu sprechen, und zwar deshalb, weil unsere Verhaltenserwartungen sich nicht allein auf strukturelle, sondern auch auf situationsbedingte und persönliche Merkmale eines Positionsinhabers beziehen[58]. Wenn freilich soziale Rollen vom Rollenspieler unabhängig sein sollen, dann dürften zumindest die persönlichen Attribute des Rollenträgers für die Rollenanalyse keine Bedeutung haben. So jedenfalls ist die soziologische — im Unterschied zur sozialpsychologischen — Rollentheorie bisher verfahren. Nun kann man die Trennung von Rolle und Rollenspieler für richtig halten und dennoch oder vielmehr gerade erst dann die Beziehungen zwischen beiden untersuchen. Denn die Ablösbarkeit der Rolle von der Person ist je nach dem Typus der Rolle unterschiedlich groß. Anders ausgedrückt: manche Normen sind nicht nur an bestimmte Personen gebunden, sondern erfordern auch eine sehr persönliche Realisierung und werden von ganz bestimmten Rollensendern an die Person herangetragen. Es scheint daher sinnvoll, wenn man von den organisationsspezifischen Rollen der Arbeitswelt die *personbezogenen* Rollen unterscheidet[59]. Das bedeutet aber nicht, daß der Positionsbegriff zugunsten eines Begriffs von „sozialer Identität" aufgegeben werden sollte. Wenn G. P. Stone unter Identität „jede soziale Objektivation einer Person" versteht[60], dann meint er damit nicht jene „positionelle Verfestigung", auf die sich die Rollenerwartungen beziehen, sondern die personale Identität eines Menschen, auf die sich zwar auch Verhaltenserwartungen beziehen, aber eben nicht die Normen einer vom einzelnen Individuum ablösbaren Rolle. Die soziale Identität eines Menschen ist vielmehr *der in der jeweiligen Situation relevante Teilaspekt der Ich-Identität*[61]. Diesen Teilaspekt kann man auch als *Rollen-Identität* bezeichnen, jenes Stück Persönlichkeit, das aus dem Bemühen, eine bestimmte Rolle gut (oder anders oder in einer bestimmten Weise, die man sich selbst zutraut), zu spielen, sich in der Interaktion erst ausbildet. Es ist mißverständlich, diese Rollen-Identität als „personale Rolle" zu verstehen[62], denn es handelt sich nicht um normative Erwartungen, sondern um das Ergebnis einer positionsspezifischen Ausbildung der individuellen Persönlichkeit unter dem Zwang, diesen Erwartungen zu genügen. Dabei gibt es natürlich Positionen oder doch „positionelle Verfestigungen", die sich nur in bestimmten Interaktionssituationen ausbilden, und entsprechende Rollen, die der individuellen Gestaltung einen weiten Spielraum lassen. Die „positionellen Verfestigungen" brauchen nicht dauerhaft im Rahmen einer Organisation institutionalisiert zu sein, sondern können als bloße Leerstellen in bestimmten Situationen regelmäßig wiederkehren. Die Position eines Gastgebers etwa ist eine solche regelmäßig wiederkehrende, aber mit der Situation des „Gäste-Habens" wieder verschwindende Leerstelle, die auf jemanden wartet, der ihren spezifischen Anforderungen gerecht wird. Den Komplex der entsprechenden Verhaltenserwartungen wird man am besten als *situationsbezogene* Rolle von den *personbezogenen* Rollen unterscheiden. Zu jeder dieser Rollen gehören bestimmte Positionen, die Ausdruck von Verfestigungen in der sozialen Differenzierung sind und eine von ihren jeweiligen Inhabern unabhängige Existenz besitzen.

Manche Autoren wollen dabei zwischen formellen und informellen Positionen, Rollen oder Normen unterscheiden. Die Schwierigkeiten einer Abgrenzung von „formell" und „informell" sind hingegen nicht gering[63]. Fragt man nach der Herkunft der Normen und der sozialen Kontrolle, mit der sie durchgesetzt werden, so führt die Unterscheidung zwischen *Herrschaftsnormen, Interaktionsnormen* und *kulturellen Normen* m. E. weiter. In den mehr oder weniger institutionell verfestigten Positionsstrukturen von Gruppen und Organisationen bilden sich stets Herrschaftsverhältnisse aus, in denen die Rollen einen „formellen" Charakter haben. Das heißt, die Normen sind relativ präzise angegeben, und die zu erwartenden Sanktionen für abweichendes Verhalten sind bekannt und kalkulierbar. Die Positionsverteilung selbst folgt einer den Herrschaftsverhältnissen entsprechenden Rangordnung von Privilegierungen, die makrosoziologisch gesehen an der ökonomischen Klassenstruktur anknüpft, beziehungsweise deren Ausdruck ist, organisationssoziologisch aber auf einer Prämiierung von Leistung und Fügsamkeit beruht. Aber die soziale Differenzierung bezieht sich nicht nur auf die gesellschaftliche Rangordnung, wie sie Gegenstand der Stratifikationstheorie ist. In den Interaktionsnormen drücken sich Verhaltenserwartungen aus, die eher an „informelle" Positionen gebunden sind, die in jeder Kleingruppe, aber auch in Massengruppierungen sich im Interaktionsprozeß auskristallisieren. Sie sind gebunden an bestimmte Situationen, verlangen vom Rollenspieler außerhalb der jeweiligen Situation nichts und sind somit nur innerhalb von Situationen überhaupt existent. Die kulturellen Normen schließlich sind weder unmittelbar herrschaftlich durchgesetzt, noch werden sie von den jeweiligen Interaktionspartnern innerhalb einer spezifischen, wenngleich wiederholbaren Situation am Leben erhalten und kontrolliert sondern sind schon in wesentlichen Teilen während des Sozialisationsprozesses internalisiert worden. Sie beziehen sich auf einen jeweils *bestimmten Personenkreis* der nicht ohne Not austauschbar ist eben weil die Normen größtenteils Bestandteil des eigenen „Über-Ichs" sind: es fällt schwer, das Vaterland und die Muttersprache in der Emigration aufzugeben, weil man Deutscher oder Franzose „von Geburt an", also durch Erziehung von jung auf ist. Die junge Mutter muß gewiß eine Menge lernen, was zur Erfüllung ihrer neuen Rolle gehört. Dennoch hat sie in der Regel die allgemeinen und zugleich wichtigsten Bestandteile dieser Rolle längst bewußt und unbewußt antizipiert. Die kulturellen Normen sind, soweit sie sich überhaupt in Rollen spezifizieren, charakteristisch für die personbezogenen Rollen. Und auch im Hinblick auf die soziale Kontrolle, soweit diese bei den kulturellen Normen nicht ohnehin von inneren, also an die Person des Rollenspielers selbst gebundenen Instanzen ausgeübt wird sind die wichtigsten Sanktionssubjekte Menschen der unmittelbaren, persönlichen Umgebung — der Ehepartner, die Familienmitglieder, Freunde, Nachbarn. Nur bei seltenen und extremen Abweichungen von der Rolle, die zugleich in der Regel allgemeinverbindliche, nicht nur für diese bestimmte Rolle gültige Normen verletzen, treten auch sekundäre Sanktionssubjekte, meist in Gestalt staatlicher Organe, auf den Plan. Aber das gehört schon zu den besonderen Entwicklungen, die sich an der Rollenstruktur unserer Gesellschaft durch immer stärker werdende sekundäre Kontrolle auch der personbezogenen Rollen vollziehen[64].

Um eine schärfere Fassung des Rollenbegriffs bemüht, hat H. Popitz andere Formen der Verhaltenstypisierung vom Rollenverhalten zu unterscheiden versucht, nämlich „Gruppenfiguren", „Verhaltenstypen" und „Individualitätsmuster"[65]. Ohne Zweifel ist der Hinweis, daß nicht alle gesellschaftlichen Typisierungsschemata zu den sozialen Rollen gerechnet werden können, richtig. Wir stilisieren unser Verhalten fast jeden Augenblick und halten uns dabei immer wieder im Rahmen vorgegebener, wenngleich nicht unveränderlicher Typisierungen. Aber erst in der intentional auf einen Relevanzbereich bezogenen sinnvollen Einheitlichkeit der Bruchstücke typisierter Verhaltensweisen konstituierten sich soziale Rollen. Die rasch wechselnden industriell vermittelten Normen der Mode mit ihrem unscharfen Geltungsbereich und ihrer unbestimmten Geltungsdauer beispielsweise prägen das Verhalten gelegentlich bis zur Uniformität der Typisierungen. Selbst ein Dandy aber, der die Beiläufigkeit des Modischen zum *Thema* seines Verhaltens macht spielt nicht eine soziale Rolle sondern ist ein Verhaltenstyp. Er trägt einen typisierten Habitus zur Schau, der im Hinblick auf seine sozialen Beziehungen zu anderen Menschen eher expressiven als relationalen Charakter hat. Wenn Popitz allerdings mit dem Dandy und dem Snob auch den Beatnik und den Gammler zu den Verhaltenstypen zählt (S.12), verwischt er die Grenzlinie, die den bloßen Habitus von der expressiven Seite *abweichender Rollen* trennt. Hier wird zu unterscheiden sein: wenn der Verhaltenstyp zu einer „situational impropriety" [66] gerät, die den Rahmen herkömmlichen Rollenspiels deutlich sichtbar und kontinuierlich überschreitet, dann kann dieses Verhalten nur noch in einer Subkultur seinen Ausdruck finden, die aber ihrerseits eine — allerdings abweichende — Rollenstruktur aufweist. Gammler und Beatniks stehen nur scheinbar außerhalb der Gesellschaft: tatsächlich unterliegt ihr Verhalten einem normativen Druck von seiten der eigenen Gruppe, der sich stärker als bei manchen nichtabweichenden Rollen ausnimmt, und hat zugleich seine Intentionalität in der Verkörperung einer sozialen Gestalt, die die herkömmliche Relevanzordnung auf den Kopf stellt. Ein Verhaltenstypus ist also als solcher nicht Ausdruck einer sozialen Rolle, kann aber oft nur im Rahmen einer (in der Regel abweichenden) Rolle seinen Platz an der Sonne behaupten.

Das gleiche läßt sich von den „Individualitätsmustern" sagen. Mit diesem treffenden Ausdruck bezeichnet Popitz „Anweisungen, wie man Individualität spielt"[67]. Auch derartige Anweisungen nehmen die Form von Typisierungsschemata an, denen als solchen der normative Charakter und der Bezug auf einen Relevanzbereich fehlt und die daher nicht soziale Rollen sind, wohl aber Bestandteil sozialer Rollen sein können, und zwar entweder als im Rahmen der Ich-Leistungen erwarteter individueller Stil eines Rollenspiels (vor allem bei Gestaltungsnormen) oder als ein nicht verlangtes, spontanes Verhalten, das aber zumeist des Rahmens einer sozialen Rolle bedarf, um überhaupt „anzukommen". Die „Individualitätsmuster" dürfen also nicht verwechselt werden mit den historisch viel älteren personbezogenen Rollen, in denen die Ich-Identität, ohne sich individuell gerieren zu müssen nahezu zwanglos aufgeht.

Noch schwieriger ist das Verhältnis von „Gruppenfiguren" und sozialen Rollen. Bei den „Gruppenfiguren" handelt es sich um zusätzliche Erwartungsbilder, die sich in informellen Gruppen rasch ausbilden, ohne einen gewichtigeren normativen Anspruch zu erheben[68]. Solche „Gruppenfiguren" können sich zu sozialen Rollen entwickeln, wenn es zu einer „positionellen Verfestigung" kommt. „Entscheidend dürfte in solchen Fällen stets ein Prozeß zunehmender Hierarchisierung sein."[69] Dabei darf aber nicht übersehen werden, daß es Gruppierungen gibt, die sich nur in bestimmten Kontakt-Situationen bilden und die meistens dann eine freilich lockere Rollenstruktur aufweisen, die sich nicht ohne weiteres mit den „Gruppenfiguren" deckt. In solchen „social gatherings", wie Erving Goffman sie genannt hat[70], sind im allgemeinen bestimmte Positionen als Leerstellen vorgegeben, die auf einen passenden Rollenspieler warten — und das sind eben sehr häufig diejenigen, die eine bestimmte „Gruppenfigur" verkörpern. So wird man die Sachautorität verlangende Rolle des Diskussionsleiters gern dem Typ des kenntnisreichen Neutralen antragen oder der repräsentativsten Figur einer Gruppe die Rolle des Jubiläumsredners überlassen. „Gruppenfiguren" und soziale Rollen gehen nicht ineinander auf, sind aber aufeinander verwiesen: ihr Verhältnis entspricht etwa dem von Angebot und Nachfrage.

Die Relation von Rollenverhalten und anderen Formen des typisierten Verhaltens läßt sich allerdings noch genauer bestimmen. Denkt man nicht allein an die von Popitz erwähnten Typisierungsschemata, sondern an die in jeder Interaktion reziprok sich vollziehende Typisierung nicht nur der Verhaltensweisen, sondern auch der Personen und Situationen, dann zeigt sich, daß die jeweils einem Menschen von seinem Interaktionsradius her zugänglichen Typisierungen das Reservoir sind, aus dessen Angebot er bei der Selbststilisierung seines Rollenverhaltens schöpfen muß. Die Frage, wie man eine Rolle spielen soll, ist meistens durch die Rollenerwartungen noch nicht beantwortet. Nur selten sind diese so genau, daß man weiß, was man zu tun und vor allem zu lassen hat. Wenn der Mensch sogar seine Individualität gewissen Verhaltensmustern entsprechend zum Ausdruck bringt, dann braucht er um so eher Bruchstücke typisierter Verhaltensmuster, an denen er sein Rollenspiel orientieren kann. Nicht von vornherein verfügt der Mensch über ein Repertoire an Verhaltensweisen, die zu organisieren, zu akzentuieren und auf einen intentionalen Handlungssinn auszurichten dann die eigentliche Aufgabe seines Rollenspiels bliebe. Vielmehr muß er sich dieses Repertoire erst erwerben, indem er seinen Partnern und Kollegen typische Verhaltensformen abschaut. Wie alles Verhalten beim Menschen muß auch das Rollenverhalten erst erlernt werden. Daher setzt jeder Rollentyp ein spezifisches *Lernmilieu* voraus, in welchem man sich die für das Spiel einer bestimmten Rolle notwendigen typisierten Verhaltensweisen aneignen kann. Bei den personbestimmten Rollen bildet zuerst die Familie den Transmissionsriemen nicht nur der kulturellen Werte, sondern auch der typischen Möglichkeiten ihrer Realisierung im Verhalten. Im kindlichen Spiel schon werden die Elemente eines Rollenverhaltens eingeübt, aus denen sich die internalisierte Basis eines späteren personenbezogenen Rollenspiels zusammensetzt: das „taking the role of the other" in „play" und „game", das George Herbert Mead beschrieben hat. Für die organisationsbezogenen Rollen hat Robert K. Merton diesen Prozeß als „anticipatory socialization" analysiert[71]. Das Lernmilieu besteht hier oft aus denjenigen in der Statushierarchie, die unmittelbar übergeordnete Positionen einnehmen und mit denen man häufigen Kontakt hat. Auch hier freilich ist immer die Interaktionschance ausschlaggebend: die antizipatorische Sozialisierung kann nicht gelingen, wenn man die Verhaltensweisen einer Rolle, auf die man sich allmählich einstellt, nicht in unmittelbarem Kontakt erleben kann, sondern womöglich nur dem Hörensagen nach kennt. Das gilt erst recht für die situationsbezogenen Rollen, deren Normen man sich oft ganz unvermittelt gegenüber sieht. Allerdings wird ein Mißlingen des Rollenspiels hier weniger gravierend sein: wenn die Situation vorüber ist, die Szenerie gewechselt hat und die Mitspieler ihrer Wege gegangen sind, dann kann man sich von der Peinlichkeit eines Mißerfolges erholen, hat die Freiheit zu allerlei Rationalisierungsmöglichkeiten, weil die Realitätskontrolle fehlt, und kann sich schließlich in Ruhe auf einen weiteren Versuch vorbereiten. Bei den situationsbezogenen Rollen bilden die Interaktionspartner zugleich das Lernmilieu und die Gruppe der Rollensender, d. h. man muß zumeist die typischen Verhaltensformen denen abschauen, die sie von einem erwarten. Daraus ergibt sich eine gewisse Labilität im reziproken Rollenspiel, das durch bestimmte Techniken der Situationskontrolle im Gleichgewicht gehalten werden muß. Manchmal bilden also die Rollensender selbst das Lernmilieu, meistens aber sind es eher die Spieler gleichartiger Rollen, die im beruflichen Bereich dann als „Kollegen" bezeichnet werden. Das Lernmilieu ist jedenfalls ein in der Struktur der jeweiligen sozialen Beziehungen wurzelnder Faktor der Determination des Rollenspiels.

Das ist für die Frage des abweichenden Verhaltens von ausschlaggebender Bedeutung: ohne ein entsprechendes Lernmilieu können weder konforme noch abweichende Rollen den Erwartungen gemäß gespielt werden. Edwin H. Sutherland hat, auf dieser Erkenntnis aufbauend, seine Theorie der „differential association" zur Erklärung des abweichenden Verhaltens entwickelt[72]. Danach ist alles kriminelle Verhalten erlerntes Verhalten. Bestimmte Kriminalitätstypen können überhaupt nur in bestimmten Schichten und Berufen vorkommen, weil nur sie einen Zugang zu den entsprechenden Verhaltensweisen haben; so setzen bestimmte Arten der Delinquenz von Jugendlichen eben das Lernmilieu einer „street corner society" voraus, und manche Wirtschaftsvergehen können nur von finanztechnisch geschulten Managern begangen werden. Es sei hier dahingestellt, ob man tatsächlich *alle* Kriminalität auf diese Weise erklären kann; selbst überzeugte Vertreter der Thesen von Sutherland geben ohne weiteres zu, daß auch kriminelles Verhalten typischerweise überdeterminiert und daher verschiedenen Erklärungen zugänglich ist und daß manche Arten der Kriminalität überhaupt anderer Erklärungen bedürfen[73]. Für unseren Zusammenhang dagegen ist wichtig, daß das Prinzip der „differential association" nicht nur für abweichendes, sondern ebenso für konformes Rollenverhalten seine Bedeutung hat. Man wird einem Individuum immer nur diejenigen Rollen mit Erfolg zumuten, für deren Spiel es typisierte Verhaltensweisen innerhalb seines eigenen Interaktionsradius vorfindet. Je nachdem, wie dieses Lernmilieu aussieht, schränkt sich die Anzahl und die Art der Rollen, die ein Individuum spielen kann, ein und bestimmt sich die Qualität des Rollenspiels.

Neben dem Lernmilieu ist der zweite determinierende Faktor des Rollenspiels die *Situation*. Das Verhältnis von Rolle und Situation ist in all seiner Vielschichtigkeit Thema dieses Kapitels. Bevor jedoch den schon erörterten Aspekten dieses Verhältnisses weitere hinzugefügt werden, bedarf der Situationsbegriff jetzt einer Präzisierung. Zunächst ist festzuhalten, daß das Rollenspiel wie überhaupt alles Handeln sich immer in Situationen bewegt. Dem liegt anthropologisch die Gleichzeitigkeit von Umweltbindung und Weltoffenheit beim Menschen zugrunde. Wie das Tier bleibt auch der Mensch in allen seinen konkreten Lebensvollzügen unausweichlich in Situationen befangen; anders als dieses kann er sich aber von dieser Situationsgebundenheit auch distanzieren, er kann den Horizont der Situationen öffnen und überschreiten, die Situation objektivieren und analysieren. Jedoch ist das immer nur die Möglichkeit der Handlungs*orientierung*, nie der Handlung selbst. Denn diese kann trotz ihrer oft den Horizont der jeweiligen Situation übergreifenden Intentionalität sich konkret doch nur in ihr vollziehen; die Situation ist das Feld der menschlichen Praxis:

„Die Situation *muß* bleiben, weil die Seele und der Geist handelnd an den Leib gebunden bleiben. Der Leib ist hic et nunc, d. h. er hat einen räumlichen und zeitlichen Standort und steht unausweichlich unter dem Druck der jeweiligen Außen-Situation. Der konkrete Mensch behält ein bestimmtes Gegenüber in einem gelebten Raum und einem gelebten Augenblick. Nur für den Theoretiker ist das ein Erdenrest. Der Handelnde, d. h. der Situationen Bewältigende, findet, wenn wir genau sehen, gerade hier, in der Enge der Situation, den Boden, von dem er abspringt und auf dem er sich bewährt, auch sittlich bewährt, auf dem er seine Siege erringen kann. Ja, wenn wir genau sehen, den Boden, auf dem er alles erreicht, was er überhaupt als endliches Wesen erreichen kann. Und das ist gar nicht wenig."[74]

Die Bühne des Rollenspiels also ist allemal die Situation; die Rolle selbst aber weist meistens über die Situation hinaus, läßt sich auf sie nicht festlegen, ist ein abstrakt sich Durchhaltendes. Nur manche Rollen beziehen sich unmittelbar auf bestimmte Situationstypen; Rollensender und Sanktionssubjekte sind dann Teilnehmer der gleichen Situation wie der Rollenspieler, der ihren Erwartungen genügen soll. Und obwohl sich die von ihm ausgefüllte Leerstelle in anderen gleich strukturierten Situationen wiederfindet, weist der intentionale Sinn dieser situationsbezogenen Rollen doch nicht über das Bestehen einer je konkreten Situation hinaus. Für diese wie für alle anderen Rollen ist freilich nur die *soziale* Situation relevant, weil Rollen sich immer auf andere Rollen beziehen, die sie ergänzen und dem relationalen Charakter des Verhaltens feste Kanäle zuweisen. In Anlehnung an den Versuch von H. P. Bahrdt, einen soziologisch brauchbaren Situationsbegriff zu entwickeln[75], bezeichne ich hier als *soziale Situation* einen raumzeitlich strukturierten und von einem Horizont von Mitgegebenheiten begrenzten Komplex von objektiven Bestimmungen eines sozialen Beziehungsgefüges, soweit und insofern sie dem handelnden Subjekt in einem aktuell sich vollziehenden Verhalten gegeben sind[76]. Der Situationsbegriff bezieht sich also auf die Art und Weise, in der dem handelnden Individuum die objektiven Bestimmungen eines sozialen Beziehungsgefüges subjektiv gegeben sind. Gegeben sind die sozialen Beziehungen in einer Situation zunächst als ein Interaktionszusammenhang. Dabei soll *Interaktion* der Austausch sozialer Handlungen innerhalb einer tatsächlichen oder potentiellen „face-toface"-Beziehung heißen. Das heißt, die anderen müssen, damit ein Interaktionsprozeß stattfinden kann, zwar nicht unbedingt physisch anwesend sein, aber ihre Anwesenheit muß doch als Möglichkeit mitgegeben sein[77]. Im Hinblick auf das Rollenverhalten interessieren also zunächst nur solche *Interaktionssituationen*. Nicht zu vergessen ist dabei freilich, daß in einer solchen Situation ein soziales Beziehungsgefüge nicht einfach durch die Anwesenheit anderer Menschen gegeben ist, sondern durch die relationale Struktur der Rollen, die diese spielen, einschließlich deren Bezug zu Rollen und Positionen, deren Träger an der Interaktion nicht unmittelbar teilhaben.

Die Elemente einer sozialen Situation sind also die folgenden: 1. ein *Subjekt*, auf das die Situation bezogen ist oder — genauer — das die Situation apperzipiert und eventuell handelnd gestaltet; 2. das *Thema* einer Situation als das intentionale Objekt der Interaktion, beziehungsweise des Rollengefüges der Interaktion. Solche Situationsthemen können die Verrichtung einer Arbeit, die Lösung eines Problems, die Bewältigung einer Aufgabe oder auch die offene Geselligkeit, das Gespräch sein. 3. Die *Gegebenheiten* als alles das, was dem Subjekt einer Situation in dieser bewußt wird, also insbesondere die räumlichen und zeitlichen Begrenzungen, sowie die Interaktionspartner. 4. Ein *Horizont*, der die stets überschreitbare Grenze zwischen Gegebenheiten und Nichtgegebenem bezeichnet. — An dieser Aufzählung fällt sofort die Subjekt-Objekt-Relation als eine entscheidende Schwierigkeit der Situationsbestimmung ins Auge. Wie kann man von einer sozialen Situation sprechen, wenn eine Situation immer nur das ist, was ein einzelnes Subjekt als solches erfährt? Tatsächlich ist diese Schwierigkeit eines phänomenologischen Ansatzes, der die Situationsanalyse immer wieder auf die Beschreibung der Bewußtseinsweisen und ihrer intentionalen Objekte beschränkt, kaum zu überwinden. Freilich kann eben diese Schwierigkeit zum Vorteil werden, wenn es um die Untersuchung von Situationsstörungen geht. Dennoch scheint es mir sinnvoll, von einer relativen Übereinstimmung der je subjektiven Apperzeption einer Situation auszugehen und die soziale Situation als *die relative Einheit subjektiver Interpretationen einer objektiven Lage auf Grund und im Sinne der Intentionen mehrerer interagierender Menschen* zu bestimmen. Das ist deshalb gerechtfertigt, weil sich das Thema einer jeden Situation auf einen Relevanzbereich bezieht, über den wiederum eine wie immer labile Übereinstimmung zwischen den Interaktionspartnern besteht — immer vorausgesetzt, es handelt sich um eine ungestörte Interaktion und eine vollständige Situation. Auf diese Weise wird die Schwierigkeit umgangen, von der „fiktiven Situation eines ‚Übersubjekts'" sprechen zu müssen[78]. Natürlich werden auch die Relevanzbereiche je subjektiv unterschiedlich erfahren, und erst recht ist deren Rangordnung zumeist eine Sache der persönlichen Bewertung. Und dennoch ist es erlaubt, von einer relativen Übereinstimmung zu sprechen, weil es sich eben nicht um ein je neu produziertes Einzelverhalten handelt, sondern um soziales Handeln im Interaktionsprozeß, das sich im Kontext typisierter Verhaltensschemata und Rollenstrukturen hält, auf Grund deren es überhaupt so etwas wie Verhaltenssicherheit gibt. Die Rollenstrukturen erweisen sich so als der *gemeinsame Nenner* je subjektiver Situationserlebnisse, weil sich in ihnen die gesellschaftliche Ordnung der möglichen Bedürfnisbefriedigungen als Ordnung der Relevanzbereiche ausdrückt.

In dieser Vergesellschaftung der individuellen Bedürfnisbefriedigungen beruht auch der relationale Charakter der sozialen Rollen, also die Tatsache, daß sie sich immer auf andere Rollen und Rollenspieler beziehen. Rollen kann man nur in Interaktionssituationen spielen, teils weil die individuellen Bedürfnisse ihrer Legitimität in der Abgrenzung gegenüber anderen erweisen müssen, teils weil deren Befriedigung immer wieder nur in einem Interaktionsprozeß erfolgen kann, ja gelegentlich sogar eine „Wir-Sphäre" voraussetzt. Deshalb, um es noch einmal zu sagen, greifen die Rollen zwar stets über einzelne Interaktionssituationen hinaus, aber spielen kann man sie nur in der Interaktion gegenüber anderen. Nicht ohne weiteres ließe sich daher behaupten, daß auch Robinson Rollen spiele. Zweifellos unterliegt auch er dem anthropologischen Zwang zur Verkörperung: er inszeniert sein Verhalten, und er greift dabei auf die ihm überkommenen und von ihm erlernten Typisierungsschemata zurück. Darüber hinaus aber kann er Rollen nur in bezuglosen, menschenleeren Situationen spielen. Steigert sich sein Verhalten gelegentlich zum feierlichen Ritual, so spielt er seine Rollen vor sich selbst, übt sein Repertoire, um in unzivilisierter Umgebung zivilisiert zu bleiben. Aber Robinson ist „innengeleitet", er richtet sich nach einem „Kreiselkompaß", der ihm sagt, was er seinem Stande schuldig ist, auch wenn sich die Welt auf ihn allein reduziert hat[79]. „Robinson Crusoe" ist ein aufklärerischer Roman, geschrieben in dem sicheren Vertrauen, daß Zivilisation und Fortschritt unverlierbar seien. So kann denn Robinson auch ohne jene psychischen „Spätschäden" zurückkehren, die uns von den Heimkehrern aus den barbarischen Situationen unseres Jahrhunderts vertraut sind. Und diese bestanden nicht etwa nur in der Unmenschlichkeit der anderen in den Lagern — wir wissen heute, wie verhängnisvoll sich Einzelhaft über lange Zeit, Zurückschrauben der gewohnten Zivilisationsbedingungen und schließlich ein allzu schneller Verlust jener Hoffnung, die Robinson nie wirklich verließ, auswirken[80]. Die aufklärerische Naivität des Romans bekommt freilich vor diesem Hintergrund einen neuen Reiz; Robinsons vor sich selbst inszeniertes Verhalten hat für uns jene witzige Absurdität, die den bezeichnenderweise so beliebten „cartoons" über das Schicksal Schiffbrüchiger eigentümlich ist, die auf winzigen Inseln im Ozean sich an das halten, was sie urbane Zivilisation gelehrt hat — und wäre die Artigkeit auch an eine Meerjungfrau verschwendet. — Es bleibt dabei: soziale Rollen können nur in Interaktionssituationen gespielt werden; geht diese Situation als Möglichkeit verloren, dann bleiben inhaltsleere Habitualisierungen innengeleiteten Verhaltens, das mit dem Relevanzbereich auch seinen intentionalen Charakter verloren hat. Nicht nur das Lernmilieu, sondern auch die Interaktionssituation gehört zu den Bedingungen des Rollenspiels — nicht zuletzt deshalb, weil beide einen prägnanten Einfluß auf die *Gestaltung* des Rollenspiels, ja sogar auf die Wahl der Rollen, ausüben und damit die häufig so leere Hülle der Rollenerwartungen mit wie immer typisiertem Verhalten anfüllen.

5. *Versuch einer Typologie der sozialen Rollen*

Der wachsenden Beliebtheit des Rollenbegriffs in der Soziologie steht nicht selten ein gewisses Unbehagen an dem allgemeinen und formalen Charakter dieser Kategorie gegenüber. Einer der Gründe dafür dürfte die Neigung zu einem undifferenzierten Gebrauch des Rollenbegriffs sein, der die tiefgreifenden Unterschiede im Verhältnis des Individuums zu seinen verschiedenen Rollen und in der normativen Struktur der Rollenerwartungen übersieht. „Die Rollen als solche sind in ihrer Konstellation zu den Rollenträgern konstant gesetzt, als sei der gesellschaftliche Lebenszusammenhang dem Leben der Menschen auf immer die gleiche Weise äußerlich, wie es Kant im Verhältnis des empirischen zum intelligiblen Charakter hingestellt hat.“[81]

Freilich sieht die Rollentheorie sich vor der Schwierigkeit, das Gegenüber von Norm und Verhalten erst einmal als die Grundfigur ihres Ansatzes hinzunehmen, wenn sie in der Erklärung von Verhaltensregelmäßigkeiten ihre Aufgabe sieht. Sie wird sich deshalb schwer tun, die Variabilität des Verhältnisses von Rolle und Rollenträger historisch-hermeneutisch zu untersuchen. Denn hier reicht der Erklärungswert der Rollentheorie nicht mehr aus; sie kann allenfalls die Veränderungen *beschreiben*, muß aber auf andere Theorien zurückgreifen, wenn es diese zu erklären gilt. Doch schon vor jeder historischen Reflexion der Rollenproblematik ist der soziologische Tatbestand festzuhalten, daß auch in unserer eigenen Gesellschaft die sozialen Rollen außerordentlich unterschiedlich sind. Diese Differenzen sind bisher nur sehr unzureichend untersucht worden: es gibt bis heute keine befriedigende Typologie der sozialen Rollen.

Dabei ist die kurze Geschichte der Rollentheorie angefüllt mit der Entwicklung immer neuer attributiver Charakterisierungen von verschiedenen Rollentypen, was als deutliches Zeugnis für das Problembewußtsein gegenüber einem allzu uniformen Rollenbegriff gewertet werden kann. So spricht man von erworbenen und zugeschriebenen, internalisierten und äußerlichen, formellen und informellen, theatralischen und funktionalen, kulturellen und psychischen Rollen, ohne daß es gelungen wäre, diese verschiedenen

Typen in einen systematischen Zusammenhang zu bringen[82]. Nur sehr wenige Autoren haben den Versuch einer Klassifikation der sozialen Rollen gewagt. Eine erste Durchsicht der Literatur unter dem Gesichtspunkt einer Klassifikation haben Lionel J. Neiman und James W. Hughes unternommen[83]. Die Autoren kamen zwar zu dem Ergebnis, daß der Rollenbegriff ein soziologischer Grundbegriff sei, weisen aber zugleich mindestens sechs verschiedene, z. T. einander ausschließende Verwendungsweisen in der Literatur nach[84]. Der Rollenbegriff werde ebenso oft wie unpräzise gebraucht, und da viele Autoren auf eine Definition überhaupt verzichten, seien Mißverständnisse häufig. Angesichts dieser Lage haben auch Neiman und Hughes schließlich auf eine Klassifikation verzichtet und statt dessen die Frage aufgeworfen, ob der Erkenntniswert des Rollenbegriffs wirklich so hoch zu veranschlagen sei. Nun ist der Rollenbegriff in den letzten 15 Jahren erheblich weiterentwickelt worden; die Arbeiten von T. Parson, R. K. Merton, N. Gross, M. Banton und S. F. Nadel, aber auch die von R. Dahrendorfs „Homo Sociologicus" angeregte Diskussion in Deutschland haben dazu beigetragen, die Begriffe der soziologischen Rollentheorie soweit zu präzisieren, wie sie zu Beginn dieses Kapitels dargestellt worden sind. Dennoch sind einige terminologische Unklarheiten geblieben, wobei vor allem der abweichende sozialpsychologische Gebrauch des Rollenbegriffs als einer Kategorie, die nicht Normen, sondern tatsächliches Verhalten bezeichnet, von nicht geringer Tragweite ist[85].

So haben Neal Gross und seine Mitarbeiter noch 1958 drei Varianten in der Auffassung vom Rollenbegriff unterschieden[86]: soziale Rolle als normative Kategorie, ein Gebrauch, der aus der „cultural anthropology" stammt und sich nun auch in der Soziologie durchgesetzt hat; soziale Rolle als Orientierungskategorie des Verhaltens, wie der Begriff häufig in der Sozialpsychologie benutzt wird; und schließlich soziale Rolle als Verhaltenskategorie, die einfach bestimmte Formen des Verhaltens beschreibt. In diesem letzten Sinne ist der Rollenbegriff von T. R. Sarbin benutzt worden, der wohl die meisten sozialpsychologischen Untersuchungen zum Rollenverhalten durchgeführt hat[87].

Sarbin unterscheidet den Grad der psycho-physischen Beteiligung am Rollenspiel („organismic involvement") vom Grad der Verfügbarkeit des Rollenverhaltens („accessibility"). Ob diese Verfügbarkeit mit dem Grad der Bewußtheit zusammenhängt, bleibt unklar, wie überhaupt das Kriterium der „accessibility" von Sarbin nicht sehr präzise bestimmt wird. „Das „organismic involvement" dagegen bezieht sich auf die größere oder geringere Trennung zwischen dem Ich und seinen Rollen, wobei Sarbin folgende Abstufungen anführt[88]:

Rolle und Selbst geschieden: — Rolle und Selbst ungeschieden:

1. okkasionelle Rollen (Kunde im Laden)
2. mechanisch gespielte dramatische Rollen (Chef)
3. engagiert gespielte dramatische Rollen (Schauspieler)
4. Rolle des Hypnotisierten
5. Rolle des Hysterischen
6. Rollen, die ekstatische Zustände einschließen (sexuelle Rollen)
   Rolle des Todgeweihten (Tabu-Tod)

Es ist unklar, warum hier überhaupt die Rede von Rollen ist und nicht einfach von Verhaltensmöglichkeiten mit einem unterschiedlichen Grad an „organismic involvement". Dennoch kann die Tabelle als Hinweis dienen, daß auch soziale Rollen möglicherweise einen sehr verschiedenen Grad an psycho-physischer Beteiligung verlangen.

Im Unterschied zu Sarbin haben D. Claessens und S. F. Nadel echte Klassifikationsversuche vorgenommen. Claessens beschreibt vier Rollentypen: 1. die psychische Rolle (z. B. der Wütende, der Langweilige), 2. die Primärrolle, i. e. die biologisch fundierten Rollen (wie z. B. Mutter), 3. die kulturelle Rolle (die mit dem Aufbau der sogenannten „sozio-kulturellen Persönlichkeit" entstehenden Rollen des sprachlichen Milieus, wie z. B. Deutscher), und 4. die soziale Rolle (z. B. die Berufsrollen)[89]. Vollkommen zu Recht bemerkt Claessens, daß offenbar „bislang die verschiedensten Rollentypen durcheinander(liefen)": sein eigener Klassifizierungsversuch liefert denn auch eine Reihe von wichtigen Kriterien für jene Systematik der sozialen Rollen, die er dann aber doch nicht entwickelt. Denn die Unterscheidung seiner vier Rollentypen beruht jeweils auf unterschiedlichen Merkmalen, die in keine analytisch klare Systematik überführt worden sind. Bei dem Unterschied zwischen kultureller und sozialer Rolle geht es um die je andere Herkunft der Normen. Die psychische und die Primärrolle aber fallen aus diesem Schema heraus: einmal geht es um situationsbedingte emotionale Ausdrucksmöglichkeiten, von denen Gebrauch zu machen unter Umständen aber erwartet wird; zum anderen wird ein Rollentyp an den natürlichen Zustand des Menschen gebunden, wobei Claessens die gesellschaftliche Überformung solcher biologischen Konstanten, die erst erlaubt, von Rollen zu sprechen, natürlich sieht — dann aber doch von einer „natürlichen Mutterrolle" spricht, die nicht verliehen werde, sondern einfach „da" sei. So bleibt dieser fruchtbare Versuch schon in seinen Anfängen wieder stecken, weil er die Herstellung eines systematischen Zusammenhangs der Unterscheidungskriterien versäumt. — Nadel dagegen baut auf der bekannten, von R. Linton entwickelten Unterscheidung von erworbenen und zugeschriebenen Positionen bzw. Rollen auf und führt als zweite Kategorie das Begriffspaar „relational — non-relational" ein, mit dem der Zusammenhang zur Bezugsgruppentheorie hergestellt werden soll [90]. Zusätzlich werden bei den erworbenen Positionen eine Reihe von Attributen erwähnt, die für die nicht-relationalen Rollen kennzeichnend sind. In der vereinfachten Darstellung von Michael Banton sieht Nadels Typologie dann folgendermaßen aus[91]:

S. F. Nadels Klassifikationsversuch

zugeschriebene Rollen	
nicht-relational	relational
Alter Geschlecht Rasse Abstammung	Verwandtschaft

erworbene Rollen				
nicht-relational			relational	
besitzend	expressiv	dienend	symmetrisch	asymmetrisch
Schmied, Wahrsager, Weiser und andere Rollen, die durch den Besitz von Fähigkeiten, Ressourcen oder Ausbildung charakterisiert sind	Schausteller, Künstler, Redner und ähnliche Rollen, die auf Glauben, Schöpfertum oder Kommunikation hinweisen	Lehrer, Kaufmann, Arbeiter und andere Berufsrollen	Kollege, Partner, Rivale	Manager, Führer, Chef etc.; hierarchische und damit verbundene Rollen

Zunächst stellt sich natürlich die Frage, ob die vielbenutzte Unterscheidung zwischen erworbenen und zugeschriebenen Rollen, von der Nadel ausgeht, sinnvoll ist. Sind Vater und Mutter erworbene oder zugeschriebene Rollen? Besitzt der Arbeiter, dessen Familie seit Generationen Arbeiter, Handwerker und Tagelöhner gestellt hat, eine erworbene Position? Die Unterscheidung von „achieved" und „ascribed status" knüpft an die Trennung von Natur und

Gesellschaft an, zweier Kategorien, durch deren *Vermittlung* sich doch die menschliche Lebenswelt gerade auszeichnet. Alle für das menschliche Selbstverständnis und das menschliche Zusammenleben relevanten Naturkategorien unterliegen von vornherein einem Vergesellschaftungsprozeß, der jede biologische Gegebenheit überformt und interpretiert. Umgekehrt freilich kann die Gesellschaft — zumal in Gestalt der ökonomischen Verhältnisse und der Herrschaftsstruktur — dem Menschen mit einer naturhaften Gewalt gegenübertreten, die ihm keine Chance zur Entfaltung seiner individuellen Fähigkeiten läßt. Die Rede von den erworbenen Positionen geht stillschweigend davon aus, daß ein jeder in der Gesellschaft dorthin gelangen könne, wohin es ihn zieht. Gewiß gibt es Rollen, die einen askriptiven Charakter insoweit haben, als man sich ihrer nicht ohne weiteres entledigen kann. Aber dieser Unterschied ist relativ, er bezeichnet Grade der festeren oder lockereren personalen Bindung an die Rolle und erlaubt daher nicht eine systematische Unterscheidung der sozialen Rollen in zwei grundverschiedene Typen. — Auch die anderen Kategorien von Nadel werfen Probleme auf. Zweifellos gibt es *Komplementärrollen,* die so aufeinander verwiesen sind, daß das Vorhandensein der einen schon an die andere denken läßt. Die Rollen der Ehepartner wären ein Beispiel: der Ehering ist nicht nur Symbol eines bestimmten Status, nämlich des Verheirateten, sondern er „appräsentiert" auch in bestimmten Situationen die Verbundenheit zu einem nicht anwesenden Menschen und schränkt von daher bestimmte Rollenbeziehungen ein oder macht sie unmöglich. Insofern ist die Unterscheidung zwischen symmetrischen und asymmetrischen Rollenbeziehungen nicht unwichtig. Andererseits sind *alle* Rollen in ein Beziehungsgefüge eingebaut, auch diejenigen, die bei Nadel als „non-relational" bezeichnet werden. Der Unterschied zwischen relationalen und nicht-relationalen Rollen liegt offenbar in den als Rollensender fungierenden Bezugsgruppen: bei den relationalen Rollen sind nicht nur die anderen, sondern auch der Rollenträger selbst unmittelbare Normensender; anders ausgedrückt, die Normen der relationen Rollen entstehen und werden reziprok vermittelt in einem Interaktionsprozeß, in dem die Partner immer Rollenspieler und Bezugspersonen gleichzeitig sind. Das kann sowohl bei kulturellen wie bei Interaktionsnormen der Fall sein, ist aber gerade nicht charakteristisch für die an Herrschaftsnormen orientierten Verhaltensweisen in einer Organisationshierarchie, wie Nadel annimmt. — Die Unterscheidung von „besitzend" („proprietary"), „expressiv" („expressive") und „dienend" („service") bei den erworbenen, nichtrelationalen Rollen in Nadels Typologie schließlich beschreibt verschiedenartige Relevanzbereiche, auf die sich soziale Rollen intentional beziehen können; dies aber ohne jede Vollständigkeit —

was vielleicht auch nicht möglich ist — und vor allem, ohne zu berücksichtigen, daß auch relationale Rollen solchen Relevanzbereichen zugeordnet sind. So fehlt auch bei Nadel eine einleuchtende Systematik der Kriterien, die zu einer Typologie der sozialen Rollen führen könnte.
Das Hauptproblem einer solchen Systematik liegt darin, daß sich die verschiedenen Kriterien für die Klassifikation sozialer Rollen nicht auf einer Ebene befinden: die Art der Position (erworben oder zugeschrieben) und die von ihr verlangten Attribute des Positionsträgers; die Komplementarität der Rollen; Art und Herkunft der Normen, die in den Rollenerwartungen ihren Ausdruck finden; das „organismic involvement" und der Umfang der Ich-Leistungen — diese Unterscheidungskriterien lassen sich nicht alle in dieselbe Dimension einordnen. Wäre es möglich, derartige Merkmale restlos zu mathematisieren, so ließe sich ohne Schwierigkeiten ein mehrdimensionales Modell möglicher Rollentypen entwikkeln. Bei dem gegenwärtigen Stand der Rollentheorie aber würden damit eine Reihe von Schritten übersprungen, die einer möglichen Mathematisierung vorausgehen müssen: die Notwendigkeit, erst einmal inhaltlich zu verstehen, welche Bedeutung die genannten Unterscheidungskriterien für die Konstitution sozialer Rollen im symbolischen Interaktionsprozeß besitzen, verweist uns zunächst auf ein nach dem Sinnzusammenhang fragendes, idealtypisches Verfahren.
Besonders deutlich ist das Problem der Mehrdimensionalität bei dem Kriterium der *Verfügbarkeit* einer sozialen Rolle, das offenbar Sarbin bereits mit dem Begriff der „accessibility" im Auge hatte. Gemeint ist die Ablösbarkeit der Rolle von der Person des Rollenspielers: wie weit kann er sich von seiner Rolle distanzieren, wie leicht kann es ihm fallen, diese Rolle sein zu lassen und sich für sein Verhalten eine andere zu suchen, wieweit schließlich kann er das typisierte Verhalten variieren, ohne dabei „aus der Rolle zu fallen"? Die Kategorie der Verfügbarkeit setzt also voraus, daß die Dichtigkeit, mit der einem die Rolle auf den Leib rückt, ja scheinbar Bestandteil der Person wird, variieren kann, ohne daß dabei die paradoxe Behauptung des Doppelgängers aufgegeben wird: daß der Mensch nur ist, wenn er sich in einer rollenhaften Verkörperung auch hat. Tatsächlich enthält — darauf hat Dieter Claessens hingewiesen — die soziale Rolle aus dem Blickwinkel ihres Trägers immer ein Element der Antizipation des eigenen Verhaltens wie des der anderen[92].
Die prinzipielle Trennung von Rolle und Person also vorausgesetzt, bleibt dennoch festzustellen, daß die Verfügungsmöglichkeit über das eigene Rollenverhalten unterschiedlich groß ist. Das wird zunächst von der Stärke der *Identifikation* abhängen, die eine Rolle mit sich bringt. Die Verkörperung in sozialen Rollen erfaßt

zuweilen die ganze Person, so daß die Ich-Identität von der Rolle regelrecht mitgeprägt wird. Starke Identifikation bedeutet sicherlich immer auch ein starkes „organismic involvement", ist aber mit diesem nicht identisch, denn diese psycho-physische Inanspruchnahme kommt ebenso in situationsbezogenen Rollen vor, bei denen die Person nur augenblicksweise besonders affiziert wird (wie bei sexuellen Rollen etwa, ließe sich von solchen überhaupt sinnvoll sprechen). Auch darf die Identifikation, die eine Rolle verlangt, nicht verwechselt werden mit dem persönlichen Engagement eines Rollenspielers an seine Rollenaufgaben. Das Engagement ist ein Bestandteil des Rollen*verhaltens*, nicht der Rolle. Denn was die Rolle normativ fordert, ist Identifikation und sind *Ich-Leistungen*, nicht das spontane „Zu-meiner-Sache-Machen" des Engagements — obwohl natürlich starke Ich-Leistungen nicht ohne ein gewisses Engagement möglich sind. Dennoch ist der Unterschied festzuhalten: soll Engagement ein freiwilliger und bewußter Akt der persönlichen Intensivierung des Rollenspiels heißen, dann ist demgegenüber die Identifikation meistens unbewußt und unfreiwillig, und auch die Ich-Leistungen können immer mit erheblicher Mentalreservation erbracht werden. Daß Rollen mit großen Anforderungen an die Ich-Leistungen ohne oder mit nur geringem Engagement nicht gespielt werden können, ohne daß dies ein Ausdruck neurotischer Störungen beim Rollenspieler wäre, werde ich später noch zeigen. In vielen sozialen Rollen der modernen Gesellschaft werden erhebliche Ich-Leistungen erwartet; da die Ich-Leistungen aber zugleich ein Kriterium der Verfügbarkeit sind, wird gerade ihre Stärke auch Möglichkeiten der Distanzierung mit sich bringen, die freilich — soll es nicht zu neurotischen Störungen kommen — voraussetzen, daß der Rollenspieler seine Normen nicht von vornherein internalisiert hat. Vielleicht führt deshalb der wachsende Umfang der Ich-Leistungen in der hochindustriellen Gesellschaft zu dem von David Riesman beschriebenen Übergang vom „innengeleiteten" zum „außengeleiteten" Verhalten[93].

Das Kriterium der Verfügbarkeit enthält also selbst bereits zwei Dimensionen, den Grad der Identifikation und die Stärke der Ich-Leistungen. Daher lassen sich die sozialen Rollen nicht auf einer einfachen Skala auftragen, die sie nach ihrer möglichen Verfügbarkeit ordnet, wie es Michael Banton versucht hat:

Bantons Rollen-Skala:[94]

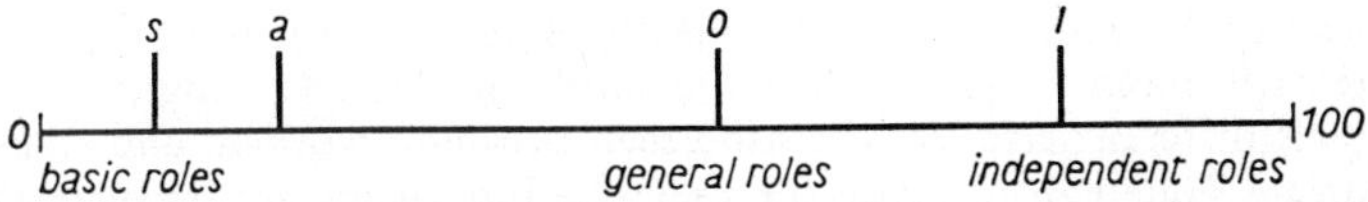

Allerdings will Banton mit der Unterscheidung von „Basisrollen", „allgemeinen Rollen" und „unabhängigen Rollen" zugleich noch ein weiteres Kriterium mit einbeziehen: „Diese Skala vergleicht den Grad, in welchem bestimmte Rollen unabhängig von anderen Rollen gespielt werden können."[95] Es bleibt aber unklar, ob sich die Abhängigkeit oder Unabhängigkeit der Rollen voneinander auf den von Nadel hervorgehobenen „relationalen" Aspekt bezieht oder ob dieses Kriterium nicht vielmehr die Herkunft der Rollennormen aus einem bestimmten sozialstrukturellen Kontext meint. Im Hinblick auf die Verfügbarkeit sind jedenfalls die sozialen Rollen damit noch nicht hinreichend unterschieden, obwohl der jeweilige Grad der Rollenverflechtung zweifellos von Bedeutung ist. Hält man sich aber erst einmal an den Umfang der geforderten Ich-Leistungen und den Grad der Identifikation, so ergibt sich ein zweidimensionales Feld:

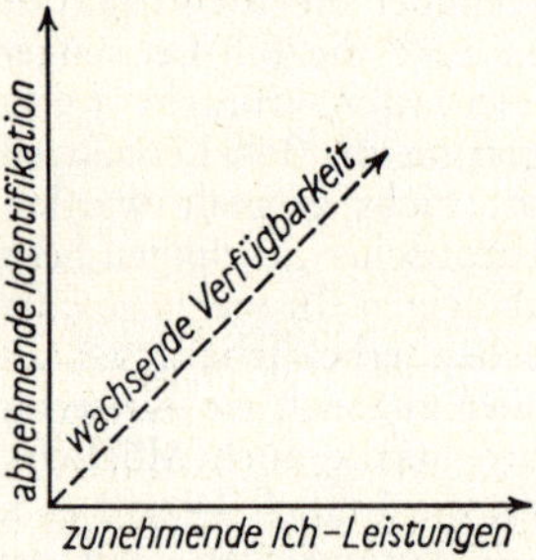

Die Verfügbarkeit der sozialen Rollen wächst mit dem Abstand vom Nullpunkt beider Koordinaten: je größer die geforderten Ich-Leistungen und je geringer die erforderliche Identifikation bei einer sozialen Rolle ist, desto leichter kann der Rollenspieler über seine Rolle verfügen, sich von ihr lösen oder auch sie abwandeln und ausgestalten.

Der Versuch, ein Klassifikationsschema zu entwickeln, das eine Typologie der sozialen Rollen ermöglicht, wird auf das Kriterium der Verfügbarkeit in dieser Weise Rücksicht nehmen müssen. Nun sind aber beide Elemente der Verfügbarkeit — Ich-Leistung und Identifikation — abhängig von *der Art und der Herkunft der sozialen Normen.* Von den Normen muß denn auch jede Rollensystematik ihren Ausgang nehmen, denn die Rollenerwartungen sind ja als differenzierte Verhaltensnormen bestimmt worden, und eine soziale Rolle haben wir als die sinnvolle Einheit solcher typisierter

Verhaltensschemata bezeichnet. Unabhängig von ihrem jeweils konkreten Inhalt ist aber der Umfang der Ich-Leistungen und das Ausmaß der Identifikation beim Rollenspiel prinzipiell Bestandteil des normativen Erwartungshorizontes einer Rolle; mit jeder sozialen Rolle wird dem Individuum zugleich ein bestimmter Grad an Identifikation und ein bestimmter Umfang an Ich-Leistungen zugemutet. Ausschlaggebend dafür ist die Art und die Herkunft der sich in Rollenerwartungen artikulierenden Normen: der Umfang der erwarteten Ich-Leistungen bestimmt sich nach der *Art* der Normen, je nachdem, ob diese vom Rollenspieler das gehorsame Sich-Einfügen in dichtmaschige Verhaltensregeln oder die Bewältigung bestimmter Aufgaben im Rahmen relativ institutionalisierter, vorgegebener Mittel oder auch die Realisierung gesellschaftlicher Werte durch die individuelle Gestaltung und den persönlichen Stil der Handlungsvollzüge verlangen. Bei den Vollzugsnormen wird das Verhalten des Rollenspielers an seinem Gehorsam gemessen, bei den Qualitätsnormen an der Bewältigung bestimmter Aufgaben und bei den Gestaltungsnormen am Stil seines wertorientierten Handelns. — Der Grad der Identifikation andererseits hängt von der *Herkunft* der Normen ab, und zwar je nachdem, ob diese Bestandteil des durch Sozialisationsprozesse vermittelten kulturellen Milieus sind oder ihren Ursprung in der Herrschaftsstruktur der Organisationen haben oder schließlich unmittelbar aus den Interaktionssituationen entstehen. Die kulturellen Normen sind weitgehend verinnerlicht und verlangen beim Rollenspiel daher einen hohen Identifikationsgrad: zugleich sind bei den durch sie geprägten personbezogenen Rollen die Rollensender und die Sanktionssubjekte zumeist identisch und stehen typischerweise zum Rollenspieler in einer persönlich gefärbten Beziehung. Die Herrschaftsnormen dagegen artikulieren sich in organisationsbezogenen Rollen mit relativ formalem Charakter und einem mittleren Identifikationsgrad. Die Interaktionsnormen schließlich sind situationsspezifisch und werden von den Interaktionspartnern in sehr unterschiedlicher Weise artikuliert und mit Sanktionen versehen. Die Herkunft der Normen bezieht sich also auf die Rollensender und die Sanktionssubjekte sowie deren Verhältnis zum Rollenspieler; die Art der Normen dagegen bezieht sich auf die Dichtigkeit und Prägnanz, mit der die Normen einer Rolle das Verhalten vorschreiben, womit auch der Umfang der geforderten Ich-Leistungen bestimmt ist. Setzt man nun Art und Herkunft der sozialen Normen zueinander in Beziehung und berücksichtigt dabei das Kriterium der Verfügbarkeit mit seinen beiden Dimensionen, so ergibt sich die folgende Systematik möglicher Rollentypen:

Klassifikationsschema für soziale Rollen

zunehmende Identifikation ←

abnehmende Ich-Leistungen ↑

Herkunft der Normen / Art der Normen	*Kulturelle Normen* personbezogen	*Herrschaftsnormen* organisationsbezogen	*Interaktionsnormen* situationsbezogen
Vollzugsnormen Gehorsam gegenüber Regeln	*Sozialisierungsrollen* Kind Patient	*Ausführungsrollen* Soldat Strafgefangener	*Spiel-Rollen* Verkehrsteilnehmer, Fußballspieler
Qualitätsnormen Bewältigung von Aufgaben	*Helfer-Rollen* Eltern Doktorvater Seelsorger	*Arbeitsrollen* Postbeamter Arbeiter Vereinsvorsitzender	*Bewältigungsrollen* Prüfling Diskussionsleiter
Gestaltungsnormen Stil der Wertrealisierung	*Beziehungsrollen* Ehemann Liebhaber charismatischer Führer	*Leistungsrollen* Politiker Schauspieler Wissenschaftler	*Kontaktrollen* Nachbar Gastgeber

Die Tabelle zeigt, wie die Identifikation des Rollenspielers mit seiner Rolle von den situationsbezogenen über die organisationsbezogenen Rollen zunimmt: die personbezogenen Rollen sind weitgehend internalisiert. *Die Dimension der zunehmenden Identifikation bezeichnet also das Verhältnis Person-Rolle, die Dimension der abnehmenden Ich-Leistungen bezeichnet den Zwangscharakter der sozialen Normen.* Aus beiden Dimensionen zusammen ergibt sich die *Verfügbarkeit* der sozialen Rollen: sie ist bei den Sozialisierungsrollen am geringsten und bei den Kontaktrollen am größten. Die Bezeichnung der einzelnen Rollentypen ist nur als vorläufige Verständigungshilfe zu verstehen. Sie soll nach Möglichkeit den *intentionalen Sinn* einer Rolle umschreiben und deutet damit bereits auf typische Unterschiede in den Relevanzbereichen, auf die sich die Rollen jeweils beziehen. Jedoch sind die neun Rollentypen nicht identisch mit entsprechend vielen Relevanzbereichen; eine solche Typologie ließe sich wohl auch entwickeln, würde aber eine Theorie der gesellschaftlichen Bewertungssysteme voraussetzen, die hier nicht versucht werden soll.

Der Erkenntniswert einer derartigen Rollensystematik darf also nicht überschätzt werden. Über das System gesellschaftlicher Positionsdifferenzierung und damit der jeweiligen Herrschaftsverhältnisse wie auch über den relationalen Charakter der sozialen Rollen und das jeweilige „organismic involvement" läßt sich der Tabelle *unmittelbar* nichts entnehmen. Sie bezieht sich nur auf den allerdings ausschlaggebenden Charakter der sozialen Normen, soweit sie zu Rollenerwartungen sich verdichten, und die unterschiedliche Inanspruchnahme der Person des Rollenträgers. Jedoch erlaubt das Klassifikationsschema einige zusätzliche Überlegungen auch im Hinblick auf die erwähnten Momente der Rollentherapie, die der Systematik nicht zugrunde gelegt worden sind. So darf man annehmen, daß die psycho-physische Beanspruchung des Individuums generell mit zunehmender Identifikation steigt. Zwar können die situationsbezogenen Rollen ein erhebliches „organismic involvement" verlangen, aber dieses beschränkt sich eben auf einzelne Situationen und wird nicht zu einer Dauerbelastung wie bei den personbezogenen Rollen. Im übrigen sind unter den von Sarbin angeführten Beispielen eine Reihe von Verhaltensweisen, die man nicht unter den Begriff des Rollenspiels wird subsumieren dürfen: das Verhalten des Hypnotisierten und des Hysterischen läßt den für das Rollenverhalten typischen Charakter der Intentionalität vermissen[96], der sich in der sinnhaften Integration verschiedener Bruchstücke typisierten Verhaltens ausdrückt, wobei beim Hysterischen zusätzlich auch von normativen Erwartungen nicht mehr gesprochen werden kann. Ähnliches gilt für die „ekstatischen Rollen" bei Sarbin; sexuelles Verhalten etwa wird nicht als solches bereits Rollenverhalten sein, sondern eher ein Bestandteil eines Rollenspiels, das über rein sexuelles Verhalten hinaus eine erotische *Beziehung* intendiert. Man wird deswegen wohl von der personbezogenen Rolle des Liebhabers sprechen können, nicht aber von der Rolle des Bordellbesuchers, dessen Partialtriebe in der Regel unbefriedigt bleiben und der daher bezeichnenderweise genau besehen „keine Rolle spielt". Legt er dennoch ein Rollenverhalten an den Tag so wird sein Verhalten durch das Fehlen eines entsprechenden Interaktionspartners eigentümlich irreal und jedenfalls frustriert.

Ähnliches läßt sich über die Beziehungen einer sozialen Rolle zu anderen sozialen Rollen sagen: ist einmal erkannt, daß *alle* Rollen einen relationalen Charakter haben, so kann es sich nur um Unterschiede in den jeweiligen Bezugsgruppen oder

-personen handeln. Dabei hilft Nadels Unterscheidung von symmetrischen und asymmetrischen Rollenbeziehungen nicht viel weiter, weil diese Unterscheidung sich nur ausnahmsweise auf eine *ganze* Rolle bezieht, wie etwa bei der Rolle der Ehepartner. Die Regel ist vielmehr, daß in manchen Rollensektoren die Beziehung symmetrisch ist, bei anderen asymmetrisch. Auch wer in einer Organisationshierarchie arbeitet, wird Kollegen haben, und selbst der Chef tauscht gelgentlich seine Erfahrungen mit anderen Chefs aus. Freilich kommt es hier immer darauf an, wie weit man den Rollenbegriff faßt. Ist etwa „Hochschullehrer" eine Rolle mit sehr unterschiedlichen Rollensektoren (Lehrer, Forscher, Fakultätsmitglied, Institutschef, Doktorvater) oder sind alle diese Sektoren unterschiedliche Rollen, die dann teils symmetrische, teils asymmetrische Beziehungen aufweisen würden und sich also danach auch unterschieden? Ausschlaggebend wird hier einmal sein, ob die Rolle als eine Einheit *zugemutet* wird und dementsprechend bestimmte allgemeine, für alle Sektoren geltende Normen mit sich bringt — beim Hochschullehrer etwa die (gelegentlich recht drückende) Erwartung, daß er in all seinen Rollenbeziehungen ein gleichermaßen hohes Niveau einhält. Zum anderen wird die Frage auch danach zu beantworten sein, ob die Rolle als eine sinnvolle Einheit *intendiert* wird, die im Verhalten gegenüber den verschiedensten Bezugspersonen durchzuhalten man ständig versucht; ein Kriterium dafür wird das Vorhandensein der gerade beim Hochschullehrer notorischen Intra-Rollenkonflikte sein: kann man bei Konflikten zwischen *verschiedenen* Rollen meist ohne allzu große Schwierigkeiten auf die eine oder andere Rolle einfach verzichten, so bleiben die unterschiedlichen Rollensektoren ein und derselben Rolle mit ihren Ansprüchen stets gegenwärtig und lassen sich niemals einfach abschneiden. Der relationale Charakter kann also kaum als Unterscheidungskriterium sozialer Rollen dienen, und auch die Unterscheidung von symmetrischen und asymmetrischen Rollenbeziehungen trifft nur ausnahmweise auf ganze soziale Rollen zu. Sinnvoller ist es wohl, die Normen der sozialen Rollen als strukturierte Komplementarität zum Interaktionsprozeß aufzufassen, um dann nach der Art der Interaktion mit den Normsendern zu fragen. Dabei stellt sich heraus, daß die Normsender bei bestimmten Rollen dem Rollenspieler stets nicht nur persönlich bekannt sind, sondern in der Regel auch eine persönlich gefärbte Beziehung zwischen beiden besteht: bei den personbezogenen Rollen kann man in diesem Sinne von einer Komplementarität der Rollenbeziehungen sprechen. Bei den situationsbezogenen Rollen sind dagegen die Interaktionspartner wohl persönlich bekannt — oder sie werden bekannt gemacht —, aber es besteht nicht notwendig auch eine persönlich gefärbte Beziehung zwischen ihnen; und selbst wenn das der Fall sein sollte — wie es auch bei organisationsbezogenen Rollen vorkommen kann —, ist diese emotionale Seite kein konstituierender Faktor der Rollenbeziehungen.

Am kompliziertesten ist die Relation zwischen den Herrschaftsverhältnissen und der Art und Herkunft der Normen. Hier läßt sich vorerst, nämlich an Hand der entwickelten Rollentypologie, noch wenig sagen: generell wird der Herrschaftscharakter der Rollen um so weniger als Zumutung *erlebt* werden, desto größer die Verfügbarkeit der Rolle ist, die man spielt. Dabei kann aber die stärkere Identifikation bei Rollen mit geringer Verfügbarkeit als Kompensation für die Zumutung wirken, so daß die Einschränkung der im Rahmen eines Rollenspiels möglichen Ich-Leistungen in der Regel sehr viel stärker empfunden wird, wenn die Identifikation gering ist. Aber auch diese Tendenz wird nochmals eingeschränkt durch die Tatsache, daß situationsbezogene Rollen gelegentlich — wie bei Spielen etwa — freiwillig übernommen werden und daß in jedem Fall die situationsbezogene Rolle wegen ihrer geringen Dauerhaftigkeit nur einen schwächeren Druck ausübt, wenn man sie mit den organisationsbezogenen Rollen vergleicht. Diese sind es denn auch, in denen die Herrschaftsverhältnisse objektiv ihren *unmittelbaren* Ausdruck finden und subjektiv mit schwindendem Umfang der Ich-Leistungen am stärksten empfunden werden. Die organisationsbezogenen Rollen spiegeln am klarsten die Herrschaftsstruktur einer Gesellschaft; gerade bei ihnen wachsen die möglichen — freilich auch die erwarteten — Ich-Leistungen direkt mit dem sozialen Status der entsprechenden Positionen. Ein objektives Element von Herrschaft geht aber darüber hinaus in alle Rollen mit ein, ohne daß der Zusammenhang etwa zwischen situationsbezogenen Rollen und Herrschaftsverhältnissen *unmittelbar* einleuchtend wäre. Die Untersuchung der entsprechenden Zusammenhänge kann erst an späterer Stelle vorgenommen werden — nicht zuletzt deshalb, weil sich die Beispiele innerhalb der Klassifikationstabelle auf eine *Typologie sozialer Rollen in unserer gegenwärtigen Gesellschaft* beziehen. Denn die Herrschaftsstruktur einer Gesellschaft spiegelt sich in der Verteilung ihrer sozialen Rollen auf ein Feld möglicher normativer Gegebenheiten und möglicher Bezugsgruppen — an dem hier entwickelten *Klassifikationsschema* müssen sich historische Verschiebungen in der gesellschaftlichen Rollenstruktur ablesen lassen. Was einst eine Sozialisierungsrolle war, mag heute zur bloßen Ausführungsrolle depraviert sein, während manche Ausführungsrollen sich inzwischen zu Arbeitsrollen entwickelt haben können. Die Kriterien der Klassifikation müssen auch auf die Rollenstruktur anderer Gesellschaften anwendbar sein; die Beispiele für die einzelnen Rollentypen sind dagegen unserer eigenen Gesellschaft entnommen und beziehen sich zunächst nur auf diese. Erst am Schluß des nächsten Kapitels wird sich einiges über die historischen Verschiebungen in der gesellschaftlichen Rollenstruktur sagen lassen. Zunächst aber bedürfen die allgemeinen Regeln des Rollenspiels noch der näheren Untersuchung.

Anmerkungen

[1] Vgl. R. Dahrendorf, Homo Sociologicus; Ein Versuch zur Geschichte, Bedeutung und Kritik der Kategorie der sozialen Rolle, Köln, Opladen 1958, 5. Aufl. 1965. Im Anhang dieser Arbeit findet sich seit der 4. Aufl. ein Verzeichnis der kritischen Stellungnahmen zum »Homo Sociologicus« sowie Dahrendorfs Antwort auf die zahlreichen Einwände, die unter dem Titel „Soziologie und menschliche Natur" zuerst 1963 erschien. Noch nicht berücksichtigt ist darin der neueste und wohl gewichtigste Beitrag zur Weiterentwicklung des Rollenbegriffs: H. Popitz, Der Begriff der sozialen Rolle als Element der soziologischen Theorie, Reihe „Recht und Staat", Heft 331/332, Tübingen 1967. In dieser Ausarbeitung seiner Freiburger Antrittsvorlesung faßt Popitz den gegenwärtigen Stand der Diskussion um den Rollenbegriff vorzüglich zusammen und bringt eine Reihe von Präzisierungen.

[2] Vgl. R. Linton, The Study of Man, New York 1936, S. 115. Auch T. Parsons und R. K. Merton sprechen von "status" und "status-role", wo Dahrendorf von Position spricht.

[3] Vgl. dazu Dahrendorfs Auseinandersetzung mit R. Linton und der auf ihm fußenden amerikanischen Literatur, in: "Homo Sociologicus", aaO, S. 47—55, vor allem S. 53.

[4] H. Kluth, Sozialprestige und sozialer Status, Stuttgart 1957.

[5] So die aus den Überlegungen Dahrendorfs gewonnene These von H. Popitz: Der Begriff der sozialen Rolle als Element der soziologischen Theorie, aaO, S. 8 ff.

[6] Diese Terminologie entspricht der von Dahrendorf und Popitz im Anschluß an die Untersuchung von N. C. Gross, W. S. Mason, A. W. McEachern, Explorations in Role Analysis; Studies of the School Superintendency Role, New York 1958, vorgeschlagenen. — Die mit der Unterscheidung von Rolle und Rollensektor vorgenommene Verbindung der Rollentheorie mit der Bezugsgruppentheorie ist R. K. Merton zu verdanken. Vgl. R. K. Merton, Continuities in the Theory of Reference Groups and Social Structure, in: Social Theory and Social Structure, aaO, S. 281 bis 386, und: R. K. Merton, The Role-Set; Problems in Sociological Theory, in: British Journal of Sociology, Vol. 8, 1957, S. 106 ff. Merton benutzt allerdings eine andere *Terminologie:* was bei Gross "role" heißt, ist bei ihm "role-set", den "role sector" von Gross bezeichnet Merton als "role". Danach wäre jede einzelne Rollenbeziehung bereits eine soziale Rolle. In Anbetracht der Einheitlichkeit des von einem Positionsinhaber erwarteten sozialen Verhaltens ist die Terminologie von Gross und Dahrendorf dem aber vorzuziehen.

[7] Vgl. R. K. Merton, Continuities in the Theory of Reference Group Behavior, in: Social Theory and Social Structure, aaO, S. 368—384.

[8] Vgl. dazu R. Dahrendorf, Homo Sociologicus, aaO, S. 78 ff.

[9] Vgl. Homo Sociologicus, S. 31.

[10] Vgl. ebenda, S. 78.

[11] Vgl. Homo Sociologicus, aaO, S. 79.

[12] Dahrendorf selbst hat einiges zur Klärung dieser Fragen beigetragen — bezeichnenderweise aber, *ohne* seine Rollentheorie dabei in Anspruch zu nehmen: vgl. R. Dahrendorf, Arbeiterkinder an deutschen Universitäten, Reihe „Recht und Staat", Heft 302/303, Tübingen 1965.

[13] Vgl. H. Popitz, Der Begriff der sozialen Rolle als Element der soziologischen Theorie, aaO, S. 8.

[14] Homo Sociologicus, aaO, S. 82

[15] Über die Philosophische Anthropologie heißt es bei Dahrendorf: „Und wenn diese Anthropologie sich auf soziologische, sozialpsychologische und ethnologische Forschungen beruft, um sich als ‚wissenschaftlich' zu etablieren, dann liegt darin absichtliche oder ignorante methodische Täuschung" (Homo Sociologicus, aaO, S. 89). Diese Feststellung scheint mir in doppelter Hinsicht falsch: einmal ist es wohl kaum angängig, ohne jede weitere wissenschaftstheoretische Differenzierung die Philosophie aus dem Kreis der Wissenschaften zu verbannen, um ihr nachträglich den Wunsch, sich als ‚wissenschaftlich' zu etablieren, unterstellen zu können. Zum anderen ist Philosophische Anthropologie, wie sie von M. Scheler und H. Plessner inauguriert und von A. Gehlen, E. Rothacker u. v. a. weiterentwickelt wurde, eine philosophische (d. h. methodisch verfahrende) Reflexion des jeweiligen Kenntnisstandes der Humanwissenschaften. Sie *beruft* sich also nicht auf die Erfahrungswissenschaften vom Menschen, sondern geht umgekehrt von deren Feststellungen aus, um dann freilich in phänomenologischer (für Dahrendorf also: spekulativer) Analyse über das empirisch Überprüfbare hinauszugehen. Umgekehrt werden die daraus entwickelten Sätze der Philosophischen Anthropologie dann allerdings zu einer Grundlage auch der empirischen Wissenschaften, wo sie es mit der Interpretation individueller und gesellschaftlicher Deutungssysteme zu tun haben. Eben diese Interpretation („verstehende Analyse") aus den empirischen Wissenschaften vom Menschen auszuklammern, hieße aber, auf „bessere" Theorien zu verzichten.

[16] Vgl. dazu: H. Plessner, Das Problem der Öffentlichkeit und die Idee der Entfremdung, in: Diesseits der Utopie, Ausgewählte Beiträge zur Kultursoziologie, aaO, S. 9—22.

[17] Siehe dazu vor allem: H. Plessner, Soziale Rolle und menschliche Natur, in: Diesseits der Utopie, aaO, S. 23—35; H. P. Bahrdt, Zur Frage des Menschenbildes in der Soziologie, in: Europäisches Archiv für Soziologie, 1961, Heft 1; F. H. Tenbruck, Zur deutschen Rezeption der Rollenanalyse, Kölner Zeitschrift für Soziologie und Sozialpsychologie, Jg. 13, 1961, Heft 1.

[18] Vgl. Homo Sociologicus, Anhang I: Soziologie und menschliche Natur, aaO, S. 75—91.

[19] Vgl. vor allem: Soziale Rolle und menschliche Natur, aaO.

[20] Diese Verschränkung von Innenaspekt und Außenaspekt ist dem Menschen bereits mit der Sprache gegeben. Vgl. dazu: H. Plessner, Conditio Humana, Pfullingen 1964, vor allem den Abschnitt „Sprache, Imitation und Reziprozität", S. 34—40; vgl. auch A. Gehlen, Der Mensch, 6. Aufl., Bonn 1965, vor allem den Abschnitt „Rückwirkungen: Angleichung der inneren und äußeren Welt", S. 277—284.

[21] H. Plessner, Das Problem der Öffentlichkeit und die Idee der Entfremdung, in: Diesseits der Utopie, aaO, S. 20.

[22] Vgl. dazu: Th. Litt, Individuum und Gemeinschaft, Leipzig und Berlin, 3. Aufl., 1926.

[23] Vgl. die Analyse von K. Löwith, Das Individuum in der Rolle des Mitmenschen, Halle 1928.

[24] Dieser Begriff ist ein Kernstück der Anthropologie von H. Plessner. Siehe dazu: H. Plessner, Die Stufen des Organischen und der Mensch, 2. Aufl., Düsseldorf 1964.

[25] H. Plessner, Conditio Humana, aaO, S. 53. — Auf S. 54 wird der Prozeß der Personifikation noch einmal zusammenfassend beschrieben: „Sie (die menschliche Personalität) vollzieht sich allein als Verkörperung, im wörtlichen wie im übertragenen Sinne: unsere Existenz als Körper im Körper verwirklicht sich als ein immer erneuter Akt der Inkorporation. Mit ihr schaffen wir den Grund, auf dem wir uns erheben, woran wir uns zu halten haben: das soziale Gefüge, das uns — nun im übertragenen Sinne — als Jemanden mit Namen und Status inkorporiert. Nur so werden wir Person."

[26] Vgl. P. L. Berger und Th. Luckmann, The Social Construction of Reality, New York 1966.

[27] H. Plessner, Conditio Humana, aaO, S. 61.

[28] Vgl. ebenda, und: Soziale Rolle und menschliche Natur, aaO.

[29] Die Einführung eines dritten, des theatralischen Rollenbegriffs, ist daher bei Plessner wenig überzeugend: das theatralische Element gehört von vornherein zur anthropologischen Dimension des Rollenbegriffs; ob es als solches empfunden wird, hängt von der sozialen Struktur und Situation ab.

[30] Vgl. G. H. Mead, Mind, Self, and Society, Chicago 1934. Was Mead als den „sozialen Behaviorismus" seines theoretischen Ansatzes bezeichnet hat, entspricht weitgehend dem, was in Europa sich als „Philosophische Anthropologie" entwickelt hat. Freilich hat G. H. Mead auf die amerikanische Soziologie und Sozialpsychologie einen weit größeren Einfluß gewonnen als die Philosophische Antropologie auf die Sozialwissenschaften in Deutschland. Der sogenannte "symbolic interactionism", der bis in die „strukturell-funktionalen" Theorien von Parsons hinein die Entwicklung der Soziologie in Amerika besonders befruchtet hat, geht im wesentlichen auf die Arbeiten von Mead zurück. Auf die Ähnlichkeiten zwischen den Untersuchungen von Mead und dem phänomenologischen Denken in der Nachfolge Husserls hat Maurice Natanson hingewiesen in "The Social Dynamics of George Herbert Mead", Washington 1956. Siehe dazu auch: Paul E. Pfuetze, The Social Self, New York 1954. Der weitläufige und schwer überschaubare Einfluß Meads auf die amerikanische Soziologie ist neuerdings einer erneuten, unmittelbaren Anknüpfung an sein Werk von seiten einiger Soziologen gewichen, die den »symbolic interactionism« mit phänomenologischen und existenzphilosophischen Ansätzen zu verbinden suchen. Siehe dazu vor allem: Peter L. Berger und Thomas Luckmann, The Social Construction of Reality, A Treatise in the Sociology of Knowledge, New York 1966 (inzw. auch deutsch). Bedeutsamer noch ist der Ansatz der von Harold Garfinkel und Aaron V. Cicourel angeführten ethnomethodologischen Schule in Kalifornien. Siehe dazu: H. P. Dreitzel (Hrsg.), Recent Sociology, No. 2, Patterns of Communicative Behavior, New York 1970.

[31] Vgl. zu den wissenssoziologischen Aspekten dieser gegenläufigen Prozesse meinen Aufsatz „Selbstbild und Gesellschaftsbild; Wissenssoziologische Überlegungen zum Image-Begriff", in: Europäisches Archiv für So-

ziologie, Jg. 3, 1962, S. 181 bis 228. Siehe zu der hier erörterten Problematik vor allem Teil I.

[32] Vgl. dazu: U. Asemissen, Egologische Reflexionen, in: Gesellenstücke, unveröffentlichte Festschrift für H. Plessner, Göttingen 1957.

[33] Vgl. E. H. Erikson, Identität und Lebenszyklus, Frankfurt 1966. In einem Vergleich der Ich-Identität mit dem „Über-Ich" und dem „Ich-Ideal" bei Freud sowie dem „self" bei H. Hartmann und G. H. Mead spricht Erikson allerdings nicht vom "me", sondern vom "self" als dem der Ich-Identität Entsprechenden. Das ist insofern richtig, als das jeweilige Ich als das Ergebnis eines Vergesellschaftungsprozesses bei Mead als "self" bezeichnet wird. Der Ausdruck "me" taucht nur auf zur Unterscheidung vom „I" als jener Instanz, die einen Wechsel oder eine Veränderung oder eine Distanzierung vom Ich ermöglicht, also als Aktzentrum fungiert. Erikson knüpft aber nicht an Meads „I" — "me"-Relation, sondern an H. Hartmanns Begriff der „Selbst-Repräsentanz" (vgl. Ich-Psychologie und Anpassungsproblem, Stuttgart 1960) an, kommt dabei aber zu einer ganz ähnlichen Analyse wie Mead: „Man könnte behaupten, daß hinsichtlich des wahrnehmenden und regulierten Verkehrs des Ichs mit seinem Selbst die Bezeichnung ‚Ich' für das Subjekt, die Bezeichnung ‚Selbst' für das Objekt reserviert werden sollte. Es stünde dann dem Ich als der organisierenden Zentralinstanz im Laufe des Lebens ein veränderliches Selbst gegenüber, das jeweils verlangt, mit allen zurückliegenden und in Aussicht stehenden Selbsten in Übereinstimmung gebracht zu werden. Dieser Vorschlag ... (würde) ... sich auf das beziehen, was ich Ich-Identität genannt habe, konsequenterweise aber Selbst-Identität genannt werden könnte. Sie ergäbe sich aus all denjenigen Erfahrungen, in denen ein Gefühl von vorübergehender Selbst-Diffusion in einer neuen, realistischeren Selbst-Definition und der entsprechenden sozialen Anerkennung aufgefangen wurde. Man kann daher sagen, daß die Identitätsbildung sowohl einen Selbst-Aspekt wie einen Ich-Aspekt besitzt" (S. 191). In der Terminologie Meads würde das heißen, daß der Ort der Identitätsbildung zwar das "me" ist, diese aber nicht ohne die kontinuierliche Spannung zum „I" durch die von diesem ausgehenden Akte erfolgen kann. Insofern bezieht sich die Identitätsbildung natürlich auf das ganze "self", das man im Deutschen doch wohl am besten mit „Ich" wiedergibt. Ich-Identität besagt, indem sie das jeweilige Ergebnis eines Personifikationsprozesses meint, auf der sozialpsychologischen Ebene also das gleiche wie der „anthropologische Rollenbegriff" bei Plessner auf der formalanthropologischen Ebene des Mensch-Umwelt-Verhältnisses. Denn Plessners „anthropologischer Rollenbegriff" beschreibt ebenso wie Meads „I" — "me"-Relation die Reziprozität von Selbstbestimmung und Fremdbestimmung im Prozeß der Identitätsbildung. Erikson spricht denn auch gelegentlich von der Ich-Identität als von einem Selbstbild (S. 154, Anm. 6 z. B.) in genau dem gleichen Sinn, wie ich diesen Begriff in „Selbstbild und Gesellschaftsbild" (aaO) benutzt habe, wo es (S. 192) heißt: „Auf andere Weise wird der Bruch des Menschen mit sich selbst noch einmal deutlich: das Individuum ist im "me" immer schon sozialisiert, Teil der Gesellschaft, und kann doch im „I" sich gegenüber diesem Gesellschaftsein als ein Ich behaupten. Der Hiatus zwischen gesellschaftlichem Sein und Sein als gesellschaftlichem Nicht-Sein bedarf einer Vermittlung, und diese Vermittlung wird durch das Selbstbild geleistet."

[34] Vgl. dazu Peter L. Berger, Invitation to Sociology, New York 1963: "Identities are socially bestowed. They must also be socially sustained, and fairly steadily so. One cannot be human all by onself and, apparently, one cannot hold to any particular identity all by oneself. The self-image of the officer as an officer can be maintained only in a social context in which others are willing to recognize him in this identity. If this recognition is suddenly withdrawn, is usually does not take very long before the self-image collapses" (S. 100).

[35] In: Conditio Humana, aaO, S. 57.

[36] Vgl. P. L. Berger, Alternation and Biography (Or: How to Acquire a Prefabricated Past), in: Invitation to Sociology, aaO.

[37] H. Popitz, Der Begriff der sozialen Rolle als Element der soziologischen Theorie, aaO, S. 18. Popitz beschreibt diese Abstraktionsleistung anhand eines Beispiels sehr schön: „Wenn wir in einen Laden gehen, um Tabak zu kaufen, ergibt sich eine bestimmte, sich hundertfach wiederholende Interaktion zwischen sozial gleichförmig handelnden Käufern und sozial gleichförmig handelnden Verkäufern. Genauer genommen verhalten sich aber beide Partien jedesmal anders. Tatsächlich liegt also die Gleichförmigkeit, auf die es ankommt, irgendwo in der Mitte zwischen ‚gleich' und ‚verschieden' ... Was (noch) als gleichförmig gilt, und was nicht (mehr), beruht ... auf einer sozialen Verabredung. Und diese soziale Verabredung bezieht sich auf bestimmte, selektionierte Merkmale, die aus den tatsächlich sich vollziehenden Handlungsabläufen abstrahiert werden."

[38] Vgl. P. L. Berger und Th. Luckmann, The Social Construction of Reality, aaO, die den Vorgang der Typisierung der sozialen Welt ausführlich schildern. Auf S. 30 heißt es dort: "The typification schemes entering into face-to-face situations are, of course, reciprocal. The other's typifications are as susceptible to my interference as mine are to his. In other words, the two typificatory schemes enter into an ongoing 'negotiation' in the face-to-face situation. In everyday life such 'negotiation' is itself likely to be prearranged in a typical manner ... Thus, most of the time, my encounters with others in everyday life are typical in a double sense — I apprehend the other as a type and I interact with him in a situation that is itself typical."

[39] Über die Widerstände, die stereotype Schemata jeder versachlichenden Aufklärung entgegensetzen, die keine Äquivalente für deren Orientierungsfunktion bietet, siehe meine schon erwähnte Abhandlung über „Selbstbild und Gesellschaftsbild", aaO.

[40] Diese Tatsache ist vor allem von der Phänomenologie untersucht worden. Danach wäre die Reflexion auf den typisierten Charakter unserer Umweltperzeption erst das Ergebnis einer besonderen — z. B. wissenschaftlichen — Blickrichtung unseres Bewußtseins im Unterschied zu dessen „natürlicher Einstellung", wie Husserl und Scheler es genannt haben. In dieser „natürlichen Einstellung" wird die Typisierung der Welt als selbstverständlich hingenommen. Vgl. auch die Begriffe "the world-taken-for-granted" und "the world of everday life" bei Alfred Schütz, in: Common-sense and Scientific Interpretation of Human action, Collected Papers, Vol. 1, Den Haag 1962, S. 3—47. Mit der „Welt des täglichen Lebens" ist die intersubjektive, d. h. mir und meinen Mitmenschen gemeinsame Welt gemeint, die vor mir schon existierte und von unseren Vorfahren bereits in der „natürlichen Einstellung" als organisier-

te Welt erfahren und interpretiert wurde und die Bühne und Objekt unserer praktischen Handlungen und Interaktionen ist.

[41] So H. Popitz, Der Begriff der sozialen Rolle als Element der soziologischen Theorie, aaO, S. 19.

[42] Vgl. H. Popitz, Soziale Normen, in: Europäisches Archiv für Soziologie, Bd. 2, 1961, S. 185—198. In diesem Aufsatz beschreibt Popitz den Charakter der sozialen Normen ebenfalls als Typisierungsschemata.

[43] So Theodor Geiger, Vorstudien zu einer Soziologie des Rechts, Neuwied 1964.

[44] Einen anderen Weg zur Bestimmung sozialer Normen ist die Untersuchung von Neal Gross, W. S. Mason und A. W. McEachern, Explorations in Role Analysis, New York 1958, gegangen: die Erforschung der Meinungen von bestimmten Bezugsgruppen und -personen, die als Normensender fungieren, sollte Aufschluß geben über die Normen einer Positionsgruppe. Dieses Verfahren kann gewiß über den Inhalt von Normen Auskunft geben, besagt aber nichts über den Geltungsbereich und die Gültigkeit von Normen, weil sich allenfalls die Legitimität, nicht aber die tatsächliche Geltung einer Norm aus dem Konsensus der Bezugsgruppenmitglieder ergibt. Siehe dazu und zu weiteren Schwierigkeiten der empirischen Bestimmung von Rollenerwartungen R. Dahrendorf. Homo-Sociologicus, aaO, S. 33 bis 41. Vgl. auch H. Popitz, Soziale Normen, aaO, S. 194. Der Versuch einer Typologie sozialer Normen anhand der Kriterien „Sanktionsdrohung" und „Bezugsgruppen" ist von Jack P. Gibbs unternommen worden: Norms; The Problem of Definition and Classification, in: American Journal of Sociology, Vol. 70, 1965, S. 586 ff. Auch diese Analyse kommt aber über die formale Indentifikation von 19 Typen von Normen nicht hinaus. Weder das Verhältnis von Normen und Rollen noch das Verhältnis von Normen und Handlungsorientierungen wird von Gibbs geklärt.

[45] Vgl. z. B. G. C. Homans, Theorie der sozialen Gruppe, Köln, Opladen 1960. An anderer Stelle, in "Social Behavior; Its Elementary Forms", London 1961, S. 116, heißt es bei Homans: ". . . . we shall say that a norm is a statement made by some members of a group that a particular kind or quantity of behavior is one they find it valuable for the actual behavior of themselves, and others whom they specify, to conform to. The important thing is not that the behavior is conformity but that it is valued."

[46] T. Parsons, The Social System, aaO, S. 12.

[47] Tatsächlich ist es sehr schwierig, eine generelle soziologische Erklärung für die normativen Werte zu finden. Alle Versuche einer funktionalistischen, aus bestimmten Zwecken abgeleiteten Erklärung, wie sie etwa in den rechtssoziologischen Überlegungen Rudolf von Jherings oder den ethnologischen Studien von Bronislav Malinowski zu finden sind, haben sich als unzureichend erwiesen. Um so schwerer wird es der vorwissenschaftlichen Reflexion fallen müssen, Einsicht in Sinn und Zweck mancher Normen zu gewinnen. Der Grund für die Normkonformität des Verhaltens wird denn auch nicht in der unmittelbaren Zweckhaftigkeit dieses Verhaltens zu suchen sein, sondern in Typisierungszwang und Sanktionsdrohung, eventuell auch im quasi-ökonomischen Tauschwert (so G. C. Homans, Social Behavior, op. cit.; siehe dazu Kap. IV, Abschn. 2 dieser Arbeit). Man kann das deutlich am Frageverhalten der Kinder beobachten: wenn sie in einer bestimmten Entwicklungsphase —

dem „Fragealter" — bei allem und jedem das Warum und Wozu wissen wollen, sieht sich der Erwachsene häufig mit Fragen konfrontiert, die er nicht beantworten kann, nicht weil das Kind die Antwort noch nicht verstehen würde — das kommt natürlich auch vor —, sondern weil es tatsächlich keine Antwort gibt. Nicht selten bezieht sich eine solche nicht beantwortbare Frage auf den Sinn einer Verhaltensvorschrift, die dann gewöhnlich mit einem „das tut man eben so" beantwortet wird: der Erwachsene gerät dabei in nicht geringe Verlegenheit, wenn er merkt, daß ihm für manche Verhaltenserwartung, an die auch er sich hält, nicht einmal eine rationalisierende Erklärung zur Verfügung steht.

[48] Beispiele dafür lassen sich zahlreich im Bereich der Politik finden; man denke etwa an das obligate Bekenntnis zur Wiedervereinigung in der Adenauer-Ära bei einer Politik, die gleichzeitig in die entgegengesetzte Richtung führte. Hierher gehört auch der neuerdings in der Politik geläufige Ausdruck „Wohlverhalten" — damit ist offensichtlich das Stillhalten gegenüber einer als solcher durchschauten Ideologie gemeint.

[49] T. Parsons hat an anderer Stelle die Orientierungsalternativen auf zunächst fünf (The Social System, aaO, S. 105), später vier (The Pattern Variables Revisited, in: American Sociological Review, Vol. 24, 1960, S. 467 ff.) eingeschränkt. Aber der alternative Charakter dieser Orientierungsmöglichkeiten ist sehr fraglich. Viel wahrscheinlicher ist es, daß die "pattern variables", wie Parsons sie nennt, jeweils die Pole eines Kontinuums bezeichnen und daß die tatsächliche Orientierung dementsprechend in fünf bzw. vier verschiedenen Dimensionen aufgesucht werden muß.

[50] Siehe dazu Alfred Schütz, Symbol, Reality, and Society, in: Collected Papers, Vol. 1, Den Haag 1962, S. 227 ff., und an vielen anderen Stellen im gleichen Band.

[51] Vgl. A. Schütz, Equality and the Meaning Structure of the Social World, in: Collected Papers, Den Haag 1964, Vol. 2, S. 226—273. Siehe S. 237 f.

[52] Vgl. P. L. Berger und Th. Luckmann, The Social Construction of Reality, aaO, S. 51: "Institutionalization occurs whenever there is a reciprocal typification of habitualized actions by types of actors. Put differently, any such typification is an institution."

[53] Der Ausdruck „Eigenleistung" wird von H. P. Bahrdt verwandt, der besonders auf die Bedeutung dieser persönlichen Komponenten im Rollenspiel hingewiesen hat. Vgl. H. P. Bahrdt, Zur Frage des Menschenbildes in der Soziologie, aaO.

[54] Die Technisierung der Kriegsführung erzwingt einen Wandel in der Rolle des Soldaten, was wegen der gleichzeitig weiterhin geforderten kleinteiligen Disziplin auf große Widerstände stößt. Dabei geht es rollenanalytisch gesehen um den Umfang der notwendigen und möglichen Ich-Leistungen als Bestandteil der Rollenerwartungen gegenüber dem Soldaten. Vgl. zu diesen Veränderungen und den daraus resultierenden Konflikten: J. v. Heiseler, Militär und Technik, Arbeitssoziologische Studien zum Einfluß der Technisierung auf die Sozialstruktur des modernen Militärs, in: Studien zur politischen und gesellschaftlichen Situation der Bundeswehr, Bd. 2, S. 66—158, Berlin 1966.

[55] Nach Berger und Luckmann wird die Sozialstruktur vor allem in dieser Abstufung der Typisierungsschemata von der "world within my reach" (A. Schütz) bis zu den abstrakten Einordnungen, denen der ein-

zelne beispielsweise von seiten des Staates unterworfen wird, erlebt: "The social reality of everyday life is thus apprehended in a continuum of typifications, which are progressively anonymous as they are removed from the 'here and now' of the face-to-face-situation. At one pole of the continuum are those others with whom I frequently and intensively interact in face-to-face-situations — my 'inner circle', as it were. At the other pole are highly anonymous abstractions, which by their very nature can never be available in face-to-face interactions. Social structure is the sum total of these typifications and of the recurrent pattern of interaction established by means of them" (P. L. Berger und Th. Luckmann, The Social Construction of Reality, aaO, S. 32).

[56] Vgl. R. Linton, The Study of Man, New York 1936: "A status, as distinct from the individual who may occupy it, is simply a collection of rights and duties." Und: "A role represents the dynamic aspect of the status" (S. 113). — Zur Kritik der unsinnigen, von A. Comte eingeführten Unterscheidung von Statik und Dynamik in der Soziologie vgl. Th. W. Adorno, Bemerkungen über Statik und Dynamik in der Gesellschaft, in: Kölner Zeitschrift für Soziologie, Jg. 8, 1956, S. 321 ff. Speziell zur Frage der Rolle als dem dynamischen Aspekt der Position vgl. R. Dahrendorf, Homo Sociologicus, aaO, S. 48, der diese Formulierung ebenfalls wenig überzeugend findet, aber an der Verknüpfung von Rolle und Position festhält.

[57] Vgl. H. Popitz, Der Begriff der sozialen Rolle als Element der soziologischen Theorie, aaO, S. 10: „In einer ersten Annäherung kann man diese positionellen Verfestigungen als ‚Bündel' einer ganzen Reihe von Verhaltensbesonderheiten bezeichnen, die einer bestimmten Klasse von Individuen zugeordnet werden; diese ‚Bündel' sind ferner verhältnismäßig dauerhaft, können z. B. von einer Generation auf die andere *übertragen* werden. Da sich einzelne solche ‚Bündel' jeweils auf andere beziehen, kann bei einer Verzögerung der Übertragung ... das Bewußtsein einer ‚Vakanz' entstehen (der fehlende Vater, der fehlende Pfarrer, der fehlende Werkmeister) ... Die soziale Differenzierung knüpft sich hier also nicht an die Tatsache, daß bestimmte Individuen bestimmte Eigenschaften, Fähigkeiten haben, die dann mit bestimmten Verhaltenserwartungen verbunden werden; sondern umgekehrt: es sind bestimmte Bündel von Verhaltenserwartungen fixiert, die auf die Individuen warten, deren Merkmale und Eigenschaften für die Zuordnung dieser Verhaltensbündel geeignet erscheinen."

[58] Vgl. z. B. Erving Goffman, Stigma; Notes on the Management of Spoiled Identity, Englewood Cliffs, N. J., 1963, 1963, S. 3: "When a stranger comes into our presence, then first appearances are likely to enable us to anticipate his category and attributes, his 'social identity' — to use a term that is better than 'social status' because personal attributes such as 'honesty' are involved, as well as structural ones, like 'occupation'." Bei dieser Bestimmung geht Goffman — damit keine Mißverständnisse aufkommen — ausschließlich von den Erwartungen des anderen aus, nicht etwa von dem tatsächlichen Verhalten eines Positionsinhabers. Das zeigt sich daran, daß er (auf der gleichen Seite) weiter unterscheidet zwischen "virtual social identity" und "actual social identity", wobei letztere die aus dem tatsächlichen Verhalten ablesbare „wirkliche" Identität eines Menschen ist.

[59] Ein kräftiges Plädoyer für diese Unterscheidung findet sich in einer Rezension von Gregory P. Stone: "Role analysis must always distinguish among identity, role, situation, role performance, and social relation. Identity may be apprehended as any social objectivation of the person. As such, the term is to be preferred to status or position (Banton's choice), for names are social objectivations, and names are sticky. All positions are identities, but not all identities are positions. This is important, since role is defined as the expectations mobilized by identity. Consequently there are personal roles, i. e. expectations mobilized by the name ... Sociology is sadly deficient in the analysis of personal roles. Identities also persist across situations, while roles do not. Thus, role must be defined as those expectations mobilized by an identity in specified social situations." (Rezension über: Michael Banton, Roles; An Introduction to the Study of Social Relations, London 1965, in: American Sociological Review, Vol. 31, 1966, S. 899.) Wichtig an den Überlegungen von Stone ist vor allem der Hinweis auf die Bedeutung der sozialen Situation und der Personbezogenheit bei manchen Rollen. Seine Unterscheidung von Position und Identität scheint mir dagegen aus den im weiteren beschriebenen Gründen nicht überzeugend.

[60] Siehe Anm. 59.

[61] Das gilt wie für die "social identity" bei Stone auch für den Begriff der "role-identity", der kürzlich von G. J. MacCall und J. L. Simmons in: Identities and Interactions, New York und London 1966, entwickelt worden ist. Dort heißt es: ".... our central concept, that of role-identity, ... may be defined as the character and the role that an individual devises for himself as an occupant of a particular social position. More intuitively, such a role-identity is his imaginative view of himself as he likes to think of himself being and acting as an occupant of that position" (S. 67). Rollen-Identität bezeichnet also das Selbstbild eines Rollenspielers. Auf die Ähnlichkeit der Begriffe Ich-Identität und Selbstbild habe ich bereits hingewiesen. Die Rollen-Identität ist also wie die "social identity" bei Goffman, aber anders als bei Stone, derjenige Aspekt der Ich-Identität, der im Hinblick auf die in einer bestimmten Situation aktuelle Rolle jene individuelle Gestaltung des Rollenspiels bestimmt, die wir als Ich-Leistung charakterisiert haben. Zur Bezeichnung dieses Aspekts der Ich-Identität ist der Ausdruck Rollen-Identität nicht schlecht gewählt, weil er darauf aufmerksam macht, daß sich die Persönlichkeit immer in bezug auf bestimmte Rollenerwartungen entfaltet und niemals Persönlichkeit „als solche" ist.

Diese Erkenntnis sollte aber nicht davon ablenken, daß die Rollenerwartungen, auch wenn sie personbezogen sind, nicht auf diese oder jene bestimmte Person mit den nur ihr eigentümlichen Charakterzügen abstellen, sondern immer auf eine Klasse untereinander austauschbarer Personen, denen bestimmte Attribute eigen sind und die daher als Träger bestimmter Positionen in Frage kommen. Daher ist die Polemik von Mac Call und Simmons gegen den Begriff der sozialen Rolle verfehlt: "The expectations that comprise a 'social role' ... are entirely too vague, incomplete, and poorly specified in most instances to serve as genuine guide of action ... The expectations or demands of a position are thus met by an astonishing variety of actual performances, which are judged as more or less appropriate to such a social position" (S. 66/67). Eben um diese erstaunliche Vielfalt tatsächlicher Verhaltensweisen begrifflich so zu fassen, daß sich Verhaltensregelmäßigkeiten erklären lassen, muß man an dem Begriff der sozialen Rolle festhalten. Solche Regelmäßigkeiten des Verhaltens werden sich sowohl auf der soziologischen wie auf der psychologischen Ebene nachweisen lassen; die Autoren wollen aber offenbar beide Untersuchungsebenen so miteinander verbinden, daß sich jedes konkrete individuelle Verhalten als eine Variante sozialpsychologischer Gesetzmäßigkeiten erklären läßt. Sollte sich diese Absicht nicht schon aus philosophischen Gründen als verfehlt erweisen, so ist sie jedenfalls, gemessen am Stand der Sozialwissenschaften, vorerst utopisch (und wird daher auch von den Autoren nicht eingelöst). Die Vielfalt der individuellen Verhaltensweisen eines Positionsträgers ist rollenanalytisch gesehen zunächst nur vom Umfang und gelegentlich auch von der Art der jeweils erwarteten Ich-Leistungen her zu bestimmen. Auf diese Weise kann man am soziologischen Erkenntnisinteresse festhalten, ohne die Soziologie auf einen "institutional approach" festzulegen und alle „subinstitutionellen" Phänomene dogmatisch zum Forschungsgegenstand der Sozialpsychologie zu schlagen.

[62] So z. B. Albert K. Cohen, Deviance and Control, Foundations of Modern Sociology Series, Englewood Cliffs, N. J., 1966, S. 100/101: "Each self is a somewhat unique organization of roles and fragments of roles, emphasizing some claims and playing down others. These variants, adaptations, and intergrations of roles we call 'personal roles'... These are roles hammered out in the give-and-take of group interaction, and partly tailored to the strength and resources auf each member." Cohen gibt hier eine vorzügliche Beschreibung dessen, was um der begrifflichen Klarheit willen als Rollen-Identität bezeichnet werden sollte.

[63] Vgl. eine ausführliche Diskussion zu dieser Frage bei Martin Irle, Soziale Systeme, Göttingen 1963.

[64] Es gibt natürlich auch Zwänge, die mit Normen überhaupt nichts zu tun haben, sondern eher in einer technischen Konstellation oder in natürlichen Gegebenheiten zu suchen sind, wobei allerdings doch die Frage ist, ob nicht alle diese Zwänge immer sozial überformt werden. So entgeht beispielsweise niemand dem natürlichen Zwang zu einer Identitätsbildung unter dem Vorzeichen des eigenen Geschlechts. Nur ist eben diese Ausbildung einer *Geschlechtsidentität,* wie wir besonders aus den ethnologischen Untersuchungen von Margaret Mead und Ruth Benedict wissen, in ihrer konkreten Form vollkommen abhängig von der jeweiligen gesellschaftlichen Verfassung — was Rollentheoretiker immer wieder dazu verführt hat, von „Geschlechtsrollen" zu sprechen, wo es um den *geschlechtlichen Aspekt der Ich-Identität* geht. Die meisten Gesellschaften haben es freilich bei der Ausbildung einer spezifischen Form der Geschlechtsidentität (eines bestimmten Selbstverständnisses „als" Mann oder „als" Frau) nicht belassen, sondern haben die gesellschaftlichen Positionen auf die Geschlechter verteilt und entsprechende Rollen daran geknüpft, die man genauer als *„geschlechtsspezifische"* Rollen bezeichnen sollte. — Nicht weniger problematisch wäre die Rede von technischen Sachzwängen. Geht es um die Optimalisierung technisierter Handlungsvollzüge, so wird das angestrebte Optimum doch allemal eine gesellschaftliche Norm sein. Die technischen Gegebenheiten, mit denen ansonsten zu rechnen ist, haben dagegen tatsächlich keinen (oder nur einen hinterrücks etablierten) normativen Charakter; sie gehen zunächst als objektive Gegebenheiten des Handlungsfeldes in die Situationsanalyse

ein, müssen aber hinsichtlich der sozialen und historischen Bedingtheit dieses ihres objektiven Zwangscharakters theoretisch reflektiert werden.

[65] Vgl. H. Popitz, Der Begriff der sozialen Rolle als Element der soziologischen Theorie, aaO, S. 11—17.

[66] Vgl. diesen Ausdruck bei E. Goffman, Behavior in Public Places, Notes on the Social Organization of Gatherings, New York, London 1963, Kap. 12, S. 193 ff.

[67] H. Popitz, op. cit., S. 15: „Der rauhbeinige, knurrige, unwirsche, polternde Vorgesetzte mit dem goldenen Herzen, der es gar nicht so böse meint — der rüde Geschäftsmann mit den sentimentalen Allüren — die elegante ältere Dame, die durch handfeste Burschikositäten düpiert: das können durchaus sozial standardisierte Verhaltensweisen sein, aber eben standardisierte Formen, sich *individuell* zu geben."

[68] P. Popitz, op. cit., S. 13: „Solche Gruppenfiguren sind etwa der Initiant und Ideenproduzent, auf dessen Einfälle man wartet, der Narr und Alleinunterhalter, der Vertrauensmann und Beichtvater, der diplomatische Vertreter für Außenbeziehungen der Gruppe, — und schließlich natürlich die verschiedensten Spielarten des Anführers und der sogenannten ‚Null-Personen' oder Prügelknaben."

[69] Popitz, op. cit., S. 14.

[70] Vgl. E. Goffman, Behavior in Public Places, aaO.

[71] Vgl. R. K. Merton, Contributions to the Theory of Reference Group Behavior, in: Social Theory and Social Structure, aaO, vor allem S. 265—286.

[72] Die sogenannte "differential association"-Theorie ist von E. H. Sutherland zuerst in dem von ihm und seinem Schüler D. R. Cressey herausgegebenen Textbuch "Principles of Criminology", 6. Aufl., Chicago 1960, dargestellt worden. Ausführlichere Darlegungen zu dieser Theorie finden sich in: A. Cohen, A. Lindesmith und K. Schuessler, Hrsg., The Sutherland Papers, Bloomington 1956, Teil I, und: Daniel Glaser, The Differential Association Theory of Crime, in: A. M. Rose, Hrsg. Human Behavior and Social Processes; An Interactionist Approach, Boston 1962.

[73] Vgl. für eine solche sehr reflektierte Position Albert K. Cohen, Deviance and Control, aaO.

[74] Erich Rothacker, Philosophische Anthropologie, Bonn 1964, S. 157 (Hervorhebung von Rothacker).

[75] Vgl. dazu: H. P. Bahrdt, Industriebürokratie, Stuttgart 1958, S. 5 ff. — Der Situationsbegriff hat auch in der amerikanischen Soziologie, vor allem bei der sogenannten „Chicago-Schule" eine wichtige Rolle gespielt, ohne doch je genauer präzisiert worden zu sein. Eine Übersicht über die soziologischen Versuche einer Situationstheorie oder doch eines "situational approach" findet sich in: Konrad Thomas, Arbeit und Situation, Stuttgart 1968.

[76] Diese Formulierung habe ich schon an anderer Stelle benutzt: vgl. Rationales Handeln und politische Orientierung; Zur Soziologie des politischen Verhaltens in der wissenschaftlichen Zivilisation, in: Soziale Welt, Jg. 16, 1965, Heft 1, S. 2, Anm. 2.

[77] Nicht als Interaktionsprozeß in diesem Sinne wäre ein Kommunikationsprozeß zu verstehen, der nur auf dem Umweg über kulturelle Objektivationen stattfindet. Die persönliche Korrespondenz etwa wäre durchaus ein Interaktionsprozeß, die Beziehung zwischen einem Autor

und seinem ihm unbekannten Publikum dagegen wäre eine interaktionslose Kommunikation.

[78] So H. P. Bahrdt, Industriebürokratie, aaO, S. 9.

[79] Vielleicht ist D. Riesmans Begriff der „Innenleitung" noch zu harmlos für die Ritualisierungen eines Robinson; vielleicht muß man hier schon von einem Zwangscharakter sprechen, wie es Erich Fromm getan hat: „Gewiß gibt es Persönlichkeitstypen, vom Normalen bis zum pathologischen Zwangscharakter reichend, deren Über-Ich so stark ist, daß es ihre Handlungen und Impulse auch dann völlig kontrollierte, wenn dieses Über-Ich nicht durch reale Mächte und Personen verkörpert wäre. Aber nur ein Robinson Crusoe mit seinem Zwangscharakter würde fortfahren, auch auf der Insel seinem Über-Ich so zu gehorchen, wie er das vor seinem Schiffbruch zu tun gewohnt war. Beim durchschnittlichen Menschen ist die innere Instanz nicht stark genug, als daß die Furcht vor ihrer Mißbilligung allein ausreichend wäre." (Studien über Autorität und Familie, hrsg. von Max Horkheimer, Paris 1936, Sozialpsychologischer Teil, S. 86.)

[80] Jean Améry hat beschrieben (Jenseits von Schuld und Sühne, aaO, S. 16 f.), was möglich war und was nicht: „Haben Geistesbildung und intellektuelle Disposition einem Lagerhäftling in den entscheidenden Augenblicken geholfen? Haben sie ihm das Überleben erleichtert? Mir fiel, als ich mir diese Frage stellte, nicht zunächst mein eigener Auschwitzer Alltag ein, sondern das schöne Buch eines holländischen Freundes und Schicksalsgenossen, des Schriftstellers Nico Rost. Das Buch heißt ‚Goethe in Dachau' ... ganz und gar überraschend für mich: ‚Noch mehr lesen, noch mehr und intensiver studieren. In jeder freien Minute! Klassische Literatur als Ersatz für Rotkreuzpakete!' ... Nein, ich hätte bestimmt nichts über Maimonides gelesen, selbst wenn mir, was freilich in Auschwitz kaum denkbar war, ein einschlägiges Buch in die Hände gefallen wäre ... Und die Zumutung, unter Umständen klassische Literatur als Ersatz für ein Lebensmittelpaket zu nehmen, hätte ich mehr verzweifelt als höhnisch zurückgewiesen. Ich schämte mich, wie gesagt, sehr, als ich das Buch des Kameraden aus Dachau las, bis es mir schließlich gelang, mich einigermaßen zu diskulpieren. Dabei dachte ich vielleicht nicht so sehr daran, daß Nico Rost in vergleichweise bevorzugter Position als Pfleger in einer Krankenbaracke arbeitete, während ich selbst zur anonymen Masse der Häftlinge gehörte, als an die entscheidende Tatsache, daß der Holländer sich in Dachau befunden hatte, nicht in Auschwitz." — Man mag nachlesen, worin der Unterschied bestand.

[81] Jürgen Habermas, Zwischen Philosophie und Wissenschaft: Marxismus als Kritik, in: Theorie und Praxis, Sozialphilosophische Studien, Neuwied 1963, S. 174.

[82] Zur komplizierten Geschichte, die der Rollenbegriff in den Sozialwissenschaften gehabt hat, siehe die umfangreiche Darstellung von Anne-Marie Rocheblave-Spenlé, La nation de rôle en psychologie sociale, Paris 1962, die u. a. eine 41 Seiten starke Bibliographie enthält.

[83] Vgl. L. J. Neiman, J. W. Hughes, The Problem of the Concept of Role; A Re-Survey of the Literature, in: Social Forces, Vol. 30, 1951/52, No. 1—4.

[84] 1. Rolle = grundlegender Faktor des Sozialisierungsprozesses;
2. Rolle = kulturelles Verhaltensmuster;
3. Rolle = soziale Norm;

4. Rolle = tatsächliches Verhalten;
5. Rolle = aktivierter Status;
6. Rolle = Indikator einer Gruppenzugehörigkeit.

[85] Vgl. etwa H. S. Sullivan, A Note on Formulating the Relationship of the Individual and the Group, in: American Journal of Sociology, Vol. 44, 1939, S. 932 bis 937. Vgl. aber auch die Arbeiten von Th. Newcomb, der sich einer soziologischen Bestimmung des Rollenbegriffs annähert: Newcomb meint, daß das Individuum Rollen spiele, weil es annimmt, daß die anderen es als den Inhaber einer Position sehen, die sie zusammen mit ihm an Hand von Normen definieren, die ihnen beiden gemeinsam sind. Siehe Th. Newcomb, Social Psychology, New York 1950, S. 331.

[86] Vgl. N. Gross, W. S. Mason, A. W. McEachern, Explorations in Role Analysis, aaO, Part I, 1.

[87] Vgl. T. R. Sarbin, Role Theory, in: Gardner Lindzey, Handbook of Social Psychology, London 1954, Vol. 1, S. 223—258. Siehe über die weiteren Arbeiten von T. R. Sarbin die Bibliographie zu diesem Artikel.

[88] Vgl. T. R. Sarbin, Role Theory, op. cit., S. 234.

[89] Vgl. Dieter Claessens, Rolle und Verantwortung, in: Soziale Welt, Jg. 14, 1963, Heft 1, S. 1—13.

[90] Vgl. S. F. Nadel, The Theory of Social Structure, London 1957.

[91] Vgl. M. Banton, Roles, aaO, S. 31.

[92] Vgl. D. Claessens, Rolle und Verantwortung, aaO, S. 11: „Sondern die ‚Rolle' ist im Gegenteil so zu verstehen, daß, in Verbindung mit der eigenen, gewußten Position, bestimmte Vorstellungen — meist in der Form des ‚nicht gewußten Wissens' — vorhanden sind, die die Antizipation des eigenen Verhaltens sowohl wie des Verhaltens der sozialen Umwelt ermöglichen. Eine Rolle haben bedeutet, eine in die Zukunft vorausweisende Vorgabe möglichen Verhaltens zu ‚haben', bedeutet: antizipieren zu können." — Im Hinblick auf das Problem der Willensfreiheit sieht Claessens in dieser Antizipation die Distanzierungsmöglichkeit, die eine Voraussetzung verantwortlichen Rollenverhaltens ist (S. 12): „Erst mit der Verfügung über die Zukunft in Form der eigenen, mit anderen Rollen verschränkten Rolle kann der Mensch verantwortliches Wesen sein."

[93] Vgl. D. Riesman, Die einsame Masse, Hamburg, rde-Ausgabe 1958.

[94] Vgl. M. Banton, Roles, aaO, S. 33
(s = sex roles; a = age roles; o = occupational roles; l = leisure roles).

[95] aaO, S. 33.

[96] Hysterisches Verhalten hat allerdings eine verborgene Intentionalität: unbewußt sucht der Hysterische ein Ziel (etwa mehr Liebe zu erhalten) auf dem Umweg somatischer Symptomentwicklung zu erreichen. Hysterie ist ein Kommunikationsproblem: der Hysteriker drückt sich in der Sprache aus, die (in einem bestimmten kulturellen Milieu) allein verstanden wird, wenn es um emotionale Probleme geht, die dem Adressaten des Verhaltens bedrohlich erscheinen — der physischen Krankheit. Daher überrascht es nicht, daß Hysterien offenbar mit der Ausbreitung einer psychoanalytischen Diskurswelt abnehmen.

Kapitel IV

Die Inszenierung des Verhaltens II — Zum Verhältnis von Aktion und Kommunikation beim Rollenspiel

1. Die „Definition der Situation" durch das Rollenspiel

Jedes Rollenverhalten vollzieht sich im Rahmen einer Situation. Woher aber weiß man, welche Rollen von einem erwartet werden, welches Verhalten einer bestimmten Situation angemessen und ob überhaupt eine intentionale Einheitlichkeit typisierten Verhaltens verlangt ist? Da jedes Individuum zahlreiche verschiedene Rollen spielt, muß offenbar irgendwie entschieden werden, in welcher Situation welche seiner Rollen am Platze ist. Bis zu einem gewissen Grad ist diese Entscheidung dem Rollenspieler immer schon abgenommen, und zwar dadurch, daß die zu jeder Rolle gehörige Position oder doch „positionale Verfestigung" jeweils einem bestimmten Relevanzbereich zugeordnet ist, dem im Erfahrungshorizont der individuellen Lebenswelt bestimmte wiederkehrende und daher als typisch erlebte Interaktionssituationen entsprechen. Schon die räumliche und zeitliche Struktur dieser Situationen weist auf den jeweiligen Kontext eines Relevanzbereichs hin: am morgendlichen Frühstückstisch, wenn die Kinder ihr Essen allzu hastig verschlingen, sieht sich der Mann — ungern und mürrisch vielleicht — auf seine Rolle als Vater verwiesen; später geht er in sein Büro — alle nun folgenden Interaktionssituationen sind durch Zeit und Ort bereits definiert, man erwartet jetzt von ihm, daß er eine Arbeitsrolle spielt[1]. Die zeitliche und die räumliche Dimension der individuellen Lebenswelt ist auf vielfältige Weise gesellschaftlich strukturiert, und zwar dergestalt, daß es Verhaltensräume und Verhaltenszeiten gibt, in denen jeweils bestimmte Handlungsbereiche relevant sind[2]. Die zu solchen Relevanzbereichen gehörigen Typisierungsschemata enthalten jeweils eine *bestimmte Kombination allgemeiner Verhaltensnormen*, die für alle in diesem Bereich vorkommenden Situationen gelten. T. Parsons hat den Versuch gemacht, die möglichen Kombinationen solcher normativen Orientierungen mit Hilfe seiner fünf „pattern variables" darzustellen[3]. Jede Interaktionssituation bestimmt sich danach durch eine Kombination der folgenden Alternativen einer allgemeinen normativen Orientierung: 1. Affektivität oder affektive Neutralität der Rollenbeziehung (z. B. personbezogene gegenüber organisationsbezogenen Rollen); 2. funktional diffuse oder funktional spezifische

Definition der Situation (z. B. ein geselliges Beisammensein gegenüber einer Arbeitsbesprechung); 3. Partikularismus oder Universalismus (z. B. die Relevanz einer bestimmten Leistung bei Bewältigungsrollen gegenüber der Relevanz der ganzen Persönlichkeit bei Beziehungsrollen); 4. vorgegebene Qualitäten oder tatsächliches Verhalten als Bezugspunkt der Beurteilung (z. B. die Rolle eines Priesters gegenüber der Rolle eines Angestellten); Kollektivitätsorientierung oder Selbstorientierung (z. B. die Berufsauffassung im Sinne des traditionellen Berufsbegriffs gegenüber der „job“-Auffassung von der Arbeit). Wie problematisch diese Alternativen der Verhaltensorientierung im einzelnen sein mögen[4] — sie bieten doch einen ersten Versuch zur Beschreibung der in die Typisierungsschemata einzelner Relevanzbereiche eingehenden allgemeinen Verhaltensnormen. Dabei ist wichtig, daß das für eine bestimmte Situation relevante Typisierungsschema nicht nur durch eine der fünf Alternativen gekennzeichnet ist, sondern durch eine Kombination aller fünf. Da die Typisierungsschemata zum Inhalt sozialer Rollen werden, läßt sich dann für jede Rolle ein *normatives Profil* nachzeichnen. So ist etwa die Rolle eines Arztes gegenüber seinen Patienten charakterisiert durch affektive Neutralität, funktionale Spezifität, Partikularismus, wenn er ein Spezialist, und Universalismus, wenn er ein Hausarzt alten Typs ist, tatsächliches Verhalten als Beurteilungskriterium und Kollektivitätsorientierung.

Unklar bleibt bei Parsons allerdings, ob der Rollenspieler die Möglichkeit hat, sich frei zu orientieren, wie es die alternative Fassung der „pattern variables“ vermuten läßt, oder ob er als Rollenträger in vorweg definierten Situationen fungiert. Die typisierten Verhaltensmuster sind vorgeformt; befindet sich das Individuum in einem Lernmilieu, das ihm die Chance bietet, sich in und mit ihnen zurechtzufinden, so braucht es sie nur zu ergreifen und mit Leben zu erfüllen. Aber zu welchen Situationen paßt ein typisiertes Verhalten jeweils, welche Rolle steht in einer bestimmten Situation zur Verfügung? Hier ist, wie wir schon gesehen haben, die Situation ein determinierender Faktor: es ist nicht der freien Entscheidung des Rollenspielers überlassen, an welchen der „pattern variables“ er sich jeweil orientiert, sondern die Orientierungsalternativen des sozialen Handelns sind immer schon Bestandteil einer jeweiligen Situation in einem bestimmten Relevanzbereich. Und ähnliches gilt auch für die Rollen selbst: das Individuum kann sie sich in der Regel nicht selbst aussuchen, sondern findet sie meistens als ein für die entsprechende Interaktionssituation fertiggeschneidertes Kleid vor. Nur ausnahmsweise erlaubt es eine Situation, daß man die Rolle, die man in ihr spielen möchte, selbst wählt; normalerweise entgeht man dem Zwang der Koppelung von Rolle und Situation nur dann, wenn man der Situation selbst aus dem Wege geht und damit auf bestimmte Interaktionen und eventuell sogar bestimmte Relevanzbereiche verzichtet.

Der „symbolic interactionism" hat jedes Handelns als eine „intelligente" Antwort auf eine Gesamtsituation verstehen wollen: soziales Handeln ist Situationsbewältigung. Im Kontext dieses — das behavioristische Reiz-Reaktions-Schema überwindenden — theoretischen Ansatzes hat William I. Thomas den Begriff „Definition der Situation" geprägt[5]. Gemeint ist damit das subjektive Moment der Situation, die als artikulierte Einheit von Wertobjekten und vorgegebenen subjektiven Einstellungen aufgefaßt wird. Der Situationsbegriff bei Thomas umfaßt also drei Momente: 1. die objektiven Bedingungen, unter denen das Individuum agiert, das heißt: die Gesamtheit der ökonomischen, religiösen und technischen Gegebenheiten, die zu einem bestimmten Zeitpunkt das Bewußtsein affizieren; 2. die vorweg bestehenden Einstellungen, soweit sie einen tatsächlichen und aktuellen Einfluß auf das Individuum ausüben; und 3. die „Definition der Situation" als die Apperzeption der objektiven und subjektiven Gegebenheiten, d. h. als die selegierende Interpretation, Organisation und Akzentuierung dieser Gegebenheiten. Nach diesen Bestimmungen hätte nun der Teilnehmer einer Interaktion tatsächlich die Möglichkeit, die Situation zu „definieren", also sein Handeln nach seiner subjektiven Apperzeption der Gegebenheiten zu orientieren. Aber hier ist Vorsicht geboten: der Thomassche Situationsbegriff verschiebt den Akzent der Analyse so weit auf das Rollen*verhalten*, daß der zwingende Charakter der in Situationen vorgegebenen Rollen*erwartungen* leicht außer Sicht gerät. Zweifellos ist die Art und Weise, wie eine Situation subjektiv erfahren wird, von ausschlaggebender Bedeutung nicht nur für das individuelle Handeln selbst, sondern auch für seine höchst konkreten Folgen — in der berühmten Formulierung von W. I. Thomas: „If men define a situation as real, it is real in its consequences." Anderseits will die Rollenanalyse soziales Handeln nicht nur „deutend verstehen", sondern auch „dadurch in seinem Ablauf und seinen Wirkungen ursächlich erklären", wie es bei Max Weber heißt[6]. Dazu aber bedarf es einer Untersuchung der objektiven — dem Individuum sich gegenüberstellenden — Normen und der sonstigen Situationsbedingungen, die gewissermaßen als eine Syntax des Verhaltens sich aus der relativen, strukturell bedingten Übereinstimmung subjektiver Situationsdefinitionen der Interaktionspartner herausschält. Erst der Zusammenhang von beidem, subjektiver „Definition der Situation" und objektiver Verhaltensnormierung, macht den Kontext des sozialen Handelns aus.

„Gewiß hat die analytische Trennung von Regeln der Interpretation und gesellschaftlichen Normen einen guten Sinn. Aber beide Kategorien von Regeln können nicht unabhängig voneinander analysiert werden; beide sind Momente desselben gesellschaftlichen Lebenszusammenhangs. Wenn allerdings die Priorität der Lebensweltanalyse, die ja nur einer transzendentallogischen Untersuchung im strengen Sinne zukäme, entfällt, dann sind jene hintergründigen Interpretationsregeln nichts anderes als die grammatischen Regeln einer Sprache, in deren Kategorien der Handelnde seine Situation und sein Selbstverständnis definiert. In dem obskuren Verhältnis von basic rules und rules of conduct erkennen wir das Verhältnis, in dem internalisierte Umgangssprache und Rollensysteme zueinander stehen. Im kommunikativen Handeln ist beides, Sprache und Praxis, verknüpft. Wittgenstein nennt das den Zusammenhang von Sprachspiel und Lebensform.“[7]

Dem Verhältnis von „basic rules“ und „rules of conduct“[7a] entspricht aber nicht schon das Verhältnis von Situation und Rolle, sondern die Rollen selbst gehen in die Situation so weit mit ein, daß man in bestimmten Situationen von vornherein mit bestimmten Rollen zu rechnen hat.
Soziale Situationen lassen sich nach der Struktur ihrer jeweiligen Interaktionen unterscheiden. Jeder Relevanzbereich hat seine eigenen Situationen; manche von ihnen entstehen zufällig, andere folgen einem bestimmten Anlaß, immer aber bezieht sich ihre Thematik auf den Interessenzusammenhang eines Relevanzbereiches. Erving Goffman hat die *Anlässe* solcher Interaktionssituationen als „social occasions“ bezeichnet[8]. Er unterscheidet „recreative social occasions“, die um ihrer selbst willen geschaffen werden — wie Geselligkeit, Spiel und Sport —, von „serious social occasions“, die als Mittel zu einem bestimmten Zweck fungieren. Schließlich gibt es einmalige Anlässe, wie etwa ein Fest, und regelmäßige Anlässe, wie etwa ein Seminar mit wöchentlichen Sitzungen. „Beispiele sozialer Anlässe sind eine Party, ein Arbeitstag in einem Büro, ein Picknick oder ein Abend in der Oper.“[9] Jedes dieser Beispiele betrifft einen bestimmten Relevanzbereich, eine Interessensphäre des sozialen Handelns, wobei eine Party und ein Picknick beide zum Bereich der Geselligkeit zu rechnen wären. Die meisten Interaktionssituationen folgen solchen Anlässen, durch die sie vorweg definiert sind. Der Rollenspieler weiß ungefähr, was ihn erwartet und wie er sich verhalten kann oder muß. Gelegentlich, wenn es sich um einen Relevanzbereich mit einer breiten Marge an möglichen Situationen handelt, werden diese feststehenden Verhaltenserwartungen noch weiter präzisiert, damit die Interaktionspartner sich im voraus darauf einstellen können. Im Bereich der Geselligkeit, dieser „Spielform der Vergesellschaftung“, wie Georg Simmel treffend sagte[10], bei der vom steifen Zeremoniell bis zur lockeren Ausgelassenheit nahezu alles möglich ist, werden solche Präzisierungen häufig vorher angegeben: z. B. in bestimmten Kleidervorschriften („um dunklen Anzug wird gebeten“) oder in der Information, welche anderen Gäste geladen sind (die oft einer vorsichtshalber ausgestreuten, gesteuer-

ten Indiskretion gleichkommt). Bei situationsbezogenen wie bei organisationsbezogenen Rollen ist ein hoher Grad an Informationen über die zu erwartende Situation charakteristisch; man kennt zumeist den Anlaß und geht in die Situation von vornherein als Spieler eines bestimmten Rollentypus hinein. Auch für personbezogene Rollen gibt es derartige Anlässe: die Besprechung mit dem Doktorvater, das Rendezvous mit der Geliebten, die Konsultation des Arztes, die Beichte in der Kirche. Aber gerade bei den personbezogenen Rollen ist häufig auch nur der Relevanzbereich bekannt, während die Situationen, in denen die Aktualisierung der Rolle verlangt wird, sehr unterschiedliche Themen haben und unregelmäßig, ja oft zufällig auftreten: der Verheiratete ist nie sicher, wann er die Rolle des Ehemanns spielen muß, der Vater weiß nie genau, wann seine pädagogischen Fähigkeiten herausgefordert werden. Hier hat die Internalisierung kultureller Normen bei den personbezogenen Rollen eine ihrer Funktionen — sie entlastet von der oft nicht möglichen Vorbereitung auf überraschende Situationen. Die gleiche Aufgabe wird bei den situationsbezogenen Rollen durch den Anlaß und entsprechende zusätzliche Informationen gelöst. Die organisationsbezogenen Rollen dagegen sind durch die hierarchische Struktur ihrer Bezugsgruppenbeziehungen und ihre relativ präzise Thematik stärker gesichert. So zeigt sich, daß die Herkunft der Normen des Rollenspiels jeweils ein kommunikatives Bezugssystem angibt, aus dem die Informationen nicht nur über den allgemeinen Charakter der jeweiligen sozialen Rolle, sondern auch über die Interaktionssituation und die in ihr jeweils relevanten Rollenattribute und Rollensektoren stammen. Denn nicht nur unterscheiden sich die geforderten Rollen je nach Situation, sondern dieselbe Rolle wird in verschiedenen Situationen auf je typische Weise anders artikuliert. H. Popitz spricht von „Rollenbräuchen", die wir in unserem Zusammenhang als situationsspezifische Verhaltensweisen innerhalb ein und derselben Rolle verstehen können[11]. Situationen, in denen die Bedeutung einer Rolle durch symbolisch-repräsentative Akte oder Attribute unterstrichen wird, bieten die anschaulichsten Beispiele für solche *Rollenbräuche*: das Anlegen einer besonderen Kleidung zu bestimmten Gelegenheiten (etwa der Professor im Talar) oder die Sitte, die Bedeutung einer Rollenbeziehung bei bestimmten wiederkehrenden Anlässen durch ein Geschenk hervorzuheben (etwa Gastgeschenke oder Aufmerksamkeiten zum Hochzeitstag) oder — woran Popitz wohl zunächst denkt — der Brauch, eine Rollenbeziehung dauerhaft zu symbolisieren (wie z. B. das Tragen eines Eheringes): das wären Beispiele für eine meistens situationsgebundene spezifische Artikulation einer Rolle durch repräsentierende Symbole. Die gleiche Artikulation kann sich aber auch in bestimmten Verhal-

11 Dreitzel, Die gesellschaftl. Leiden

tensweisen ausdrücken, deren typischer Charakter ebenfalls erlaubt, von Rollenbräuchen zu sprechen.

Die Bindung sozialer Situationen an gesellschaftlich fixierte Anlässe hat die Funktion, die Interaktionspartner vorweg über Art und Verteilung der vorgesehenen Rollen und über ihre je gebräuchliche Artikulation zu informieren. Aber nicht alle Situationen sind durch die Verhaltensmuster einer „social occasion“ vorgeformt. Faßt man mit Goffman den Begriff der „social occasion“ so weit, daß auch ein Arbeitstag einen solchen Anlaß darstellt, dann bieten viele „social occasions“ nur einen Rahmen für die typischen Situationen, die im zeitlichen Ablauf eines Rollenspiels vorkommen können und dürfen. Die Gemeinsamkeit dieser miteinander zusammenhängenden Situationen liegt in ihrer Koppelung mit einem Relevanzbereich, der — wie im Falle des Arbeitstages — kraft der gesellschaftlichen Organisation sozialer Beziehungsgefüge dem einzelnen Individuum im zeitlich und räumlich begrenzten Horizont einer „social occasion“ als ein *Handlungsfeld* gegeben ist. Rollen sind also jeweils bezogen auf komplexe, inhaltlich miteinander verbundene Situationen, die für das Rollenverhalten ein Feld möglicher Interaktionen umreißen. Was die Situationen inhaltlich miteinander verbindet, ist ihre Zugehörigkeit zu einem Relevanzbereich, zu einer Interessensphäre des sozialen Handelns, die mögliche Situationsthemen zwar nicht festlegt, aber doch begrenzt, und die in jeder einzelnen Situation als Mitgegebenheit auftaucht. Die Interaktionssituationen sind in der Regel schon vorweg definiert, indem ihre Zugehörigkeit zu diesem oder jenem Relevanzbereich bereits durch die Organisation gesellschaftlicher Anlässe festgelegt ist. „Definition der Situation“ heißt in unserem Zusammenhang die Bestimmung des Themas einer Situation im Rahmen eines Relevanzbereiches; diese „Definition“ ist ein Bestandteil der sozialen Rolle, deren Erwartungen sich stets auf ein soziales Handeln im Hinblick auf einen bestimmten Relevanzbereich richten und damit bereits auf einen Kreis möglicher Interaktionssituationen und Situationsthemen. Die Festlegung des Themas hängt in der einzelnen Situation dann weiter von den jeweils anwesenden oder relevanten Interaktionspartnern ab, also von der Aktualisierung eines oder mehrerer Rollensektoren in einem bestimmten Interaktionsprozeß. Erst wenn diese Eingrenzungen das Thema einer Situation noch nicht vollständig „definieren“, hat der Rollenspieler die Möglichkeit zur selbständigen Situationsdefinition. So kann es etwa sein, daß im Rahmen der Organisation möglicher Interaktionssituationen einer Arbeitsrolle regelmäßig Besprechungen angesetzt sind mit der offenen Bestimmung, das, „was gerade anfällt“, zu diskutieren. Das Thema einer solchen Interaktionssituation ist vorweg „definiert“ (1) als „Besprechung“ zu (2) einer von Fall zu Fall festzulegenden Arbeitsproblematik (3) mit bestimmten Gesprächspartnern, die (4) in einer angebbaren, oft hierarchisch gestuften Rollenbeziehung zueinander stehen. Eine weitergehende, genauere „Definition der Situation", etwa die Richtung des jeweiligen Geesprächsthemas, aber auch die Beeinflussung der Gesprächsatmosphäre, ist dann nicht mehr durch die Rollen und den Anlaß vorgegeben, sondern kristallisiert sich aus dem konkreten Rollenspiel der Teilnehmer heraus. Dieses Rollenspiel folgt zunächst nochmals typisierten Verhaltensweisen, nämlich „Rollenbräuchen", „Individualitätsmustern" und „Verhaltenstypen", und gibt erst in der Auswahl und Abwandlung dieser Verhaltensmuster einer gewissen Spontaneität Raum. Wie immer auch spontanes Verhalten sonst psycho-physisch determiniert sein mag, soziologisch gesehen hat hier vor allem der Besitzer eines höheren sozialen Status die Chance, die Situation so weit zu beherrschen, wie noch Raum zu einer „Definition" bleibt. So ergibt sich die „Definition der Situation" weitgehend aus dem Interaktionsprozeß selbst, obwohl dieser einer ganzen Reihe von unterschiedlich stark verfestigten Typisierungsschemata folgt. Auch für die „Definition der Situation" ist das wichtigste dieser Typisierungsschemata die soziale Rolle, deren „enactment" eine sinnvolle, eben intentional auf einen Relevanzbereich *und* je aktuell auf ein Situationsthema bezogene Integration typisierter Verhaltensweisen darstellt[12]. Da sowohl die vorgeformten Verhaltensweisen als auch der Bezug auf einen Relevanzbereich bei einer sozialen Rolle in der Regel schon eingeübt und eventuell verinnerlicht sind, entlastet gerade die Prägung der Situation durch die Rollenbeziehungen der Interaktionspartner von der Leistung jeweils neuer Orientierung in Situationen. „Die eindeutige Definition der Situation ist nur denkbar, weil länger zurückliegende Orientierungen und Verhaltensprägungen (Gewöhnungen und Einübungen) schon latent vorliegen. Sie werden durch den eben vollzogenen Situationswechsel nur so vollständig und eindeutig aktualisiert, daß kein Innehalten und keine ausdrückliche Besinnung notwendig ist."[13] Gelegentlich allerdings entsteht doch die Notwendigkeit einer solchen Besinnung, wenn — aus später noch zu untersuchenden Gründen — Rollenerwartungen eine gewisse Ambivalenz aufweisen oder wenn die Situation nicht eindeutig definiert ist. Der Rollenspieler orientiert sich dann durch eine Besinnung auf den Relevanzbereich, zu dem seine Rolle gehört, also auf sein spezifisches Handlungsinteresse, und auf die im Rahmen seines Handlungsfeldes relevanten Rollenbeziehungen.

Unabhängig von der Möglichkeit unklarer Rollenerwartungen sind nicht alle Situationen auf die beschriebene Weise vorweg definiert. Man kann drei Typen von Interaktionssituationen unterscheiden: die *vollständige Situation*, in der Relevanzbereich und Thema festliegen; die *unvollständige Situation*, bei der zwar der

Relevanzbereich des Interaktionsprozesses klar ist, aber das Thema noch „definiert“ werden muß, und schließlich *offene Situationen*, bei denen beides noch fehlt. Nur wenige Situationen sind vorweg vollständig „definiert“; meistens wird das Thema der Situation erst im Interaktionsprozeß bestimmt. Gelegentlich aber gelingt diese Bestimmung nicht, die Situation bleibt unvollständig auf Grund bestimmter Verhaltensstörungen. Für den augenblicklichen Zusammenhang wichtiger ist aber die Feststellung, daß es auch Interaktionen gibt, die von vornherein nur auf unvollständige Situationen angelegt sind. In der Rolle eines Verkehrsteilnehmers beispielsweise bewegt man sich im Rahmen eines Relevanzbereiches — der Verkehrsordnung im weitesten Sinne des Wortes —, aber ohne daß das Rollenspiel einer spezifischen Thematik bedürfte. Denn nicht das Warten vor einer roten Ampel ist Hauptinhalt und Thema der erlebten Situation (oder doch nur ausnahmsweise), sondern vielleicht das Gespräch mit einem Begleiter, vielleicht aber auch irgendein Thema, das einen persönlich beschäftigt und sich auf keine aktuelle Interaktion mehr bezieht. Die Rolle des Verkehrsteilnehmers und Straßenpassanten hat durchaus ihre festen (nicht nur polizeilich vorgeschriebenen) Regeln, bleibt aber eigentümlich unthematisch. Erst wenn ich jemanden auf der Straße treffe oder wenn ich von jemandem nach dem Weg gefragt werde, entsteht eine Interaktionssituation, in der das Thema zu einem Problem wird. Werde ich nach dem Weg oder nach der Uhrzeit gefragt, bin ich in meiner Rolle als Straßenpassant mit der Erwartung eines höflichen, hilfsbereiten Verhaltens gegenüber Fremden im Rahmen eines flüchtigen Engagements angesprochen: die unvollständige, konturlose Situation des Passanten grenzt sich vorübergehend ein und bekommt ein Thema. Treffe ich aber einen Bekannten, dann entsteht eine offene Situation, bei der es von unser beider Verhalten abhängt, welches der Relevanzbereich und das Thema der Situation wird. Vielleicht handelt es sich um einen Vorgesetzten, und ich begegne ihm sofort in einer bestimmten Rollenbeziehung, die den Relevanzbereich schon in sich schließt, während ich das Thema höflicher- oder vorsichtigerweise ihm überlasse. Vielleicht handelt es sich aber auch um einen Freund, und man tastet sich erst einmal ab: hat der andere Zeit? Will er überhaupt aus der Unvollständigkeit der Situation eines Passanten, die mit der Anonymität ja auch eine gewisse Privatheit garantiert, herausgerissen werden? Welcher Interessenbereich ist für unsere Beziehung relevant und welches Thema bietet sich von daher an? E. Goffman spricht in diesem Zusammenhang von „zentrierten“ („focused“) und „unzentrierten“ („unfocused“) Situationen und beschreibt die Regeln der Themenwahl in der „unzentrierten“, offenen Situation[14]. In solchen offenen Situationen begegnet man sich zunächst überhaupt nicht als Träger irgendeiner Rolle. Dennoch gibt es auch in diesen Interaktionen Verhaltensmuster, die zum großen Teil zu den höflichen Umgangsformen gehören. So verlangt z. B. eine solche Situation, daß man dem Interaktionspartner ungeteilte Aufmerksamkeit schenkt, beziehungsweise seinen Geist nicht allzu offensichtlich wandern läßt. (Goffman bezeichnet diesen Zustand geistiger Abwesenheit als „being away".) Anders als in den vollständigen Situationen gibt es hier nicht die durch eine klare „Definition der Situation" vorgegebene Thematik eines Rollenspiels, wohl aber die Unterscheidung von Haupt- und Nebenbeschäftigungen[15], die sich auch auf die nicht-offenen Situationen bezieht. In keinem Falle dürfen die Nebenbeschäftigungen, wie etwa Zeichnen während einer Konferenz, Rauchen bei einem Gespräch und dergleichen, zu Hauptbeschäftigungen werden, die den größten Teil zumindest der sichtbaren Aufmerksamkeit in Anspruch nehmen, soll nicht eine Störung der Situation eintreten. Solche allgemeinen Regeln der Interaktion gelten also auch noch in den offenen Situationen, die nicht durch ein bestimmtes Rollenspiel definiert sind. Um eine Rolle spielen zu können, bedarf es aber darüber hinaus immer bestimmter, nämlich vollständiger oder unvollständiger Interaktionssituationen, die gleichzeitig sehr weitgehend schon durch die Rollen der Interaktionspartner „definiert" sind. In offenen Situationen wird die für das Rollenspiel charakteristische Intentionalität des Handelns dagegen nicht erwartet, ja gelegentlich — wie bei informeller Geselligkeit — sogar als störend empfunden. Jede Interaktion ist auf einen bestimmten Situationstyp hin angelegt; Situationsstörungen treten erst dann auf, wenn im Verlauf des Interaktionsprozesses die Situation auf eine Weise verändert wird, die den Intentionen einiger oder aller Interaktionspartner, beziehungsweise ihren Rollenerwartungen zuwiderläuft, oder wenn räumliche und zeitliche Strukturen oder sonstige Gegebenheiten einer Situation die intendierte Interaktion behindern[16].

Nicht selten gebieten die Umgangsregeln des höflichen Verhaltens, daß eine Situation offen, also ohne Spezifizierung des Relevanzbereichs und des Interaktionsthemas bleiben soll. Eine „Definition der Situation" kann hier zu einer Vergewaltigung lockerer sozialer Kontakte werden. Das gleiche gilt für die unvollständige Situation: im Bereich der Geselligkeit ist mit den Kontaktrollen der Relevanzbereich gegeben, aber das Situationsthema — oft, aber nicht notwendigerweise ein Gesprächsthema — bleibt offen, variabel, zur freien Verfügung. Dabei kann der zwanghafte Thematisierungsdrang mancher Menschen zu ernsthaften Interaktionsstörungen führen; hier handelt es sich um den Versuch, der eigenen Unsicherheit über die Beurteilung durch andere dadurch entgegenzuwirken, daß man Situationsthemen oder sogar Relevanzbereiche etabliert, die für die Selbstdarstellung besonders günstig erscheinen. Die regelmäßig folgende Interaktionsstörung zeigt die falschen Voraussetzungen dieses Versuches; die irrige Einschätzung der Situation weist auf eine Störung des Realitätserlebens hin. Auf der anderen Seite bringen solche unvollständigen Situationen eine objektive Verhaltensunsicherheit mit sich, die nur durch das Einhalten allgemeiner Typisierungsschemata überwunden werden kann, welche ihren Ausdruck in gewissen Regeln des gesitteten Betragens finden[17]. Zumal ich-schwache Menschen ertragen diese Unsicherheit nur schwer und tendieren daher entweder zu einer krampfhaften Überkompensation — indem sie etwa „mit der Tür ins Haus fallen", also die zur Geselligkeit gehörende Distanz aufheben und die Situation in einer Weise vervollständigen, die zerstörerisch wird —, oder aber sie neigen zu einer Ritualisierung konventioneller Verhaltensweisen, die hier als kleinster gemeinsamer Nenner fungieren und daher gerade in ihrer die Situation verarmenden und ausdörrenden Wirkung eine gewisse Sicherheit zu verleihen scheinen. Die Neigung, auf Offenheit oder Unvollständigkeit hin angelegte Situationen zu vervollständigen, stammt meistens, wie eben erwähnt, aus der persönlichen Unsicherheit des Rollenspielers. Umgekehrt sind die nicht weniger wichtigen Situationsstörungen, die die auf Vollständigkeit einer Situation drängenden Interaktionsintentionen behindern, in der Regel ein Ausdruck von entfremdenden Arbeits- und Herrschaftsverhältnissen. Die „Definition der Situation" kann also, je nach dem Sinn eines Interaktionszusammenhanges, durch die Rollenstruktur vorweg gegeben sein oder durch das Rollenspiel erst im Interaktionsprozeß sich etablieren. Auch die Interaktionsstörungen konstituieren sich in zweierlei Weise: sie resultieren aus den verfestigten Rollenstrukturen von Herrschafts- und Arbeitsverhältnissen und bzw. oder sie entspringen der persönlich motivierten Unsicherheit über die Grammatik des Verhaltens im Kontext informeller, wenngleich typisierter sozialer Beziehungen.

2. Die Reziprozitätsnorm — Das Rollenspiel als Tauschverhältnis

Wenn es überhaupt einen Sinn hat, „formelle" und „informelle" Interaktionsbeziehungen gegenüberzustellen, dann liegt dieser Unterscheidung die von „rules of conduct" und „basic rules" zugrunde. „Formelle" und „informelle" soziale Beziehungen bezeichnen also nicht getrennte gesellschaftliche Bereiche, sondern sind — wie auch die umfangreiche Literatur über „informelle" Beziehungen in „formellen" Organisationen zeigt — in einer spezifischen Weise miteinander verbunden. Einige Soziologen haben allerdings den Versuch unternommen, den Aufbau der Sozialstruktur ausschließlich aus der Struktur „informeller" Beziehungen abzuleiten. Das gilt in Deutschland für L. v. Wieses Beziehungslehre — aber nicht ohne weiteres auch für die lebensphilosophisch orientierte Soziologie Georg Simmels, an die Wiese ursprünglich angeknüpft hatte. Die Formalisierung der Simmelschen Soziologie durch die „Beziehungslehre" hat zu einer Verarmung geführt, wie sie sich auch in der eigentümlichen Verwandtschaft der Beziehungslehre zu den neueren theoretischen Versuchen von George C. Homans und Peter M. Blau wieder zeigt; — eigentümlich, weil diese beiden Autoren jener angelsächsischen Tradition des utilitaristischen Denkens verpflichtet sind, deren Überwindung sich gerade die Lebensphilosophie Diltheys einst zur Aufgabe gemacht hatte. Die Bemühungen von Homans und Blau gelten einer Analyse der „informellen" Beziehungen in Kleingruppen mit dem Ziel, hier die Elemente des sozialen Verhaltens zu entdecken, die die Bausteine auch der makrosoziologischen Sphäre sind. Wieweit dieser Versuch bisher erfolgreich verlaufen ist, müßte eine ausführliche Darstellung des Werkes von Peter M. Blau zeigen[18]; für unsere Frage nach der Rollenstruktur der Interaktionsprozesse sind dagegen die vorsichtigeren und begrenzteren Überlegungen von George C. Homans von größerer Bedeutung[19].

Für Homans sind die elementaren Formen des sozialen Verhaltens bestimmt durch den Tauschcharakter der Interaktionsprozesse. Wie in der Wirtschaft materielle Güter getauscht werden, so im „informellen" Interaktionsprozeß die immateriellen: Ansehen, Macht und Einfluß. Homans sieht dabei den Interaktionsprozeß aus der behavioristischen Perspektive des „stimulus-response"-Schemas; er gibt wohl zu, daß das Verhalten an Normen und Werten orientiert sein kann, konzentriert aber sein Interesse auf die vor jeder Normorientierung das Verhalten leitenden „basic rules". Jedes Verhalten in einer „face-to-face"-Situation, und nur mit solchen beschäftigt sich Homans, wirkt als Reiz, der ein Verhalten des anderen hervorruft. Wird dieser Stimulus bewußt als solcher eingesetzt, so spricht Homans von einer „Investition" und von entstehenden „Kosten". Die „Investitionen" beziehen sich auf den Aufbau eines möglichst eindrucksvollen Szenariums für die Interaktionssituation[20] und auf die äußerliche Ausstaffierung des Rollenspielers[21], auf die Techniken des „impression management" also, wie Goffman es treffend genannt hat[22]. Als „Kosten" bezeichnet Homans dagegen den Energieverbrauch beim Rollenspiel, der je nach dem Umfang der „Aktivitätsrate" variiert. Mit Hilfe besonderer Investitionen und mit einem hohen Kostenaufwand kann das Rollenspiel dann eine Qualität gewinnen, die, über den ursprünglichen Stimulus hinausgehend, als Anreiz zum Tausch für den anderen dient. Homans nennt diesen erhöhten Aufforderungswert Einfluß („influence"). Wenn jemand Aktivitäten anbieten kann, für die eine große Nachfrage besteht, die also knapp sind, gewinnt er Prestige. Denn die Konzentration oder gar das Monopol an Möglichkeiten zur Bedürfnisbefriedigung zwingt die Konsumenten, einen hohen Preis zu zahlen — nämlich dem Besitzenden ein hohes Ansehen zu verleihen[23]. Dieser Preis ist deshalb hoch, weil er dazu beiträgt, die Machtposition des Besitzenden zu festigen oder aufzubauen: je größer der Einfluß *und* das Prestige eines Rollenspielers, desto größer ist auch seine Chance, Gehorsam zu finden und sich durchzusetzen. Homans bezeichnet diese Chance als „authority". Vorausgesetzt ist bei diesem Austauschprozeß immer, daß die anderen noch willens und in der Lage sind, ihr Verhalten seinen Wünschen entsprechend zu verändern, anders ausgedrückt: daß sie selbst noch etwas anzubieten haben. Trifft das nicht mehr zu, dann tritt ein — stets nur vorübergehender — Gleichgewichtszustand („equilibrium") ein, bei dem sich ein Mehr an Investition und Kostenaufwand für den Besitzenden nicht mehr lohnen. Ein solches Gleichgewicht besteht dann in der Beschränkung der Kontakte auf das Minimum des Unumgänglichen, das schließlich auch nur aus Angst, es auch mit anderen Spielern noch zu verderben, aufrechterhalten wird.

Homans hat aus dieser Analyse fünf Regeln formuliert, die das Austauschverhältnis im Interaktionsprozeß beherrschen:

„(1) Wenn in der Vergangenheit das Vorkommen einer bestimmten Stimulus-Situation eine Gelegenheit war, bei der die Aktivität des Individuums belohnt wurde, dann wird dieses Individuum um so eher eine gleiche oder ähnliche Aktivität zeigen, je ähnlicher die gegenwärtige Stimulus-Situation der vergangenen ist." — Innerhalb einer länger andauernden sozialen Beziehung tritt dann die quantitative Erfahrung hinzu:

„(2) Je öfter innerhalb einer gegebenen Zeit die Aktivität eines Individuums von der eines anderen belohnt wird, desto häufiger wird das erste diese Aktivität an den Tag legen." — Berücksichtigt man nicht nur die Häufigkeit, sondern auch den jeweiligen Wert einer Aktivität, dann gilt:

„(3) Je größer für ein Individuum der Wert einer Aktivitätseinheit ist, die ihm von einem anderen entgegengebracht wird, desto häufiger wird es diejenige Aktivität zeigen, die von der des anderen belohnt wird." — Auf die Dauer kann aber ein gewisser Abnutzungseffekt wirksam werden, der sich in einer relativen Sättigung des Austauschverhältnisses zeigt:

(„(4) Je häufiger in der Vergangenheit einem Individuum eine lohnende Aktivität gewidmet wurde, desto geringer wird der Wert jeder weiteren entsprechenden Aktivitätseinheit für das Individuum." — Schließlich gilt für die Aufwendungen beider Interaktionspartner der Grundsatz der Gleichheit: je wertvoller für den einen und teurer für den anderen eine Aktivität ist, desto wertvoller für den anderen und teurer für den einen soll die Aktivität sein, die er dafür erhält. Homans spricht hier von einem Grundsatz der „distributiven Gerechtigkeit“:

„(5) Je deutlicher die Regel der distributiven Gerechtigkeit zum Nachteil eines Interaktionspartners versagt, desto eher wird dieser jenes emotionale Verhalten an den Tag legen, das wir Ärger nennen.“[24]

Alle fünf Regeln beschreiben den Interaktionsprozeß als ein Tauschverhältnis, bei dem die Interaktionssituation als ein Markt fungiert, in den jeder Teilnehmer bestimmte Bedürfnisse und bestimmte Mittel zu ihrer Befriedigung mit einbringt. Vorausgesetzt ist offenbar, daß die Bedürfnisbefriedigung im Prinzip nur auf dem Umweg über andere, also durch Interaktion, möglich ist. Was Homans als „distributive Gerechtigkeit“ bezeichnet, ist dabei das Prinzip der Reziprozität beim Austausch. Fraglich ist allerdings, ob dieses Reziprozitätsprinzip allein schon zur Erklärung des Ablaufs von Interaktionsprozessen ausreicht. Homans geht stillschweigend davon aus, daß jedes Individuum über ein ursprünglich gleiches Arsenal von Bedürfnissen und Mitteln zu ihrer Befriedigung verfügt. Aber eben davon kann in der Realität keine Rede sein. Nicht nur unterscheiden sich die natürlichen Ausgangslagen bei den Menschen durch die unterschiedliche Verteilung ihrer ererbten Eigenschaften erheblich voneinander (womit die liberale Wirtschaftstheorie noch rechnete), sondern die sozialen Startchancen selbst sind allemal ungleich. Hinzu kommt, daß die Theorie von Homans unterstellt, nicht nur der „homo oeconomicus“, sondern schon der „homo sociologicus“ verhalte sich stets rational — wobei die Erkenntnisse der Psychoanalyse über die Mechanismen der Sublimierung und Verdrängung von Bedürfnissen sowie der Projektion und der Introjektion von Regeln der Bedürfnisbefriedigung unbeachtet bleiben[25].

Behält man die gesellschaftliche Prägung der Bedürfnisstruktur und ihren psychischen Funktionsmechanismus im Auge, so läßt sich nicht mehr ohne weiteres behaupten, daß die Regeln des Austauschs von Gratifikationen in Form reziprok aufeinander bezogener Verhaltensweisen quasi selbsttätig wirksam seien. Homans verläßt sich utilitaristisch auf die soziale Funktion des individuellen Egoismus für eine spontane Selbstregulierung des sozialen Systems: „private vices make public benefits“. Wenn erst einmal wechselseitig befriedigende Beziehungen in Gang gesetzt sind, erhält sich das soziale System fürderhin selbst: Egos Konformität gegenüber Alters Erwartungen verstärkt Alters Konformität gegenüber Egos Erwartungen, und so fort. In Wirklichkeit wird aber dieses homöostatische Reziprozitätsprinzip durch die Einbrüche der Herrschaftsstruktur und der Triebstruktur fortwährend durchkreuzt, so daß das Gleichgewichtspostulat keineswegs zur Erklärung der Tatsache ausreicht, daß das Verhalten in empirisch beobachtbaren Situationen tatsächlich nicht selten einem „mutual gratification pattern" im Sinne der Homansschen Regeln des „Aktivitätsaustausches" zu folgen scheint[26]. Allerdings kann man Homans gegen sich selbst in Schutz nehmen, wenn man ergänzend feststellt, daß das Gleichgewichtsprinzip der reziproken Beziehungen nicht notwendigerweise immer integrierend wirken muß: ebenso lassen sich auch *reziproke Konflikte* denken, bei denen die Partner geradezu erwarten, daß sie einander Gleiches mit Gleichem vergelten werden. Wir kennen das „Auge um Auge, Zahn um Zahn" solcher reziproken Konflikte beispielsweise aus der Institution der Blutrache und in nicht-institutionalisierter Form aus zahlreichen alltäglichen Erfahrungen: bei Familienfehden, Bruderzwisten und Rivalitäten unter „peer-groups" und Konkurrenten aller Art[27]. Aber auch bei diesen reziproken Konflikten reicht — wie besonders deutlich der Institutionscharakter der Blutfehde zeigt — das bloße Tauschprinzip zur Erklärung nicht aus. Vielmehr scheint es richtig zu sein, daß es über dieses Verhaltensmuster hinaus eine *allgemeine Reziprozitätsnorm* gibt, die ein Bestandteil der generell auf Interaktionsprozesse bezogenen Typisierungsschemata vor aller situations- und rollenspezifischen Differenzierung ist. Der Inhalt dieser Norm ist schon von dem Ethnologen Eduard Westermarck formuliert worden: „Es wird wahrscheinlich überall, mindestens unter bestimmten Umständen, als eine Pflicht angesehen, eine empfangene Wohltat zu vergelten oder dem Wohltäter zu danken.[28]

Alvin W. Gouldner hat die Bedeutung dieser Reziprozitätsnorm untersucht und ist dabei zu dem Schluß gekommen, daß ihr vermutlich eine nicht weniger universale Funktion zukommt als dem Inzest-Tabu, obwohl sie natürlich genau wie dieses in sehr unterschiedlicher Form in eine Kultur eingehen kann[29]. Gouldner kann für diese These zahlreiche ethnologische Belege ins Feld führen, und auch in den modernen Gesellschaften lassen sich unschwer Beispiele aus dem Bereich des höflichen Verhaltens finden, bei denen die Erwiderung einer empfangenen Wohltat zur gesellschaftlichen Norm erhoben ist. Gerade bei Wohltaten, die als *Geschenke* typisiert sind, wird das deutlich: man erwidert eine Einladung, man bringt ein Gastgeschenk mit, man bedenkt den mit Weihnachtsgeschenken, der einen selbst bedacht hat. Die Verletzung solcher Bräuche wird freilich kaum geahndet; aber es bleibt doch eine gewisse Unsicherheit, ein leicht schlechtes Gewissen, das darauf hinweist, daß derartige Sitten in einer allgemeinen Dankespflicht wurzeln, die über die verbreitete Erfahrung des „do ut des" hinausgeht[30].

Die Funktion der Reziprozitätsnorm für den Interaktionsprozeß beruht darin, diesen auch dann aufrecht zu erhalten, wenn die egoistischen Interessen so weit befriedigt sind, daß es zu einer

„Stabilisierung" im Sinne von Homans kommt. Nicht nur kann das egoistische Interesse darauf aus sein, „kostenlos" etwas zu erhalten, sobald eine entsprechende Machtposition das erlaubt, sondern auch die kontinuierliche Konformität mit den Erwartungen des anderen kann diesen dazu verleiten, allmählich immer weniger zurückzugeben, weil er sich unserer Konformität ohnehin sicher wähnt. Ohne die Reziprozitätsnorm würde der Interaktionsprozeß in einen inflatorischen Zirkel hineingeraten. Das läßt sich am *Beispiel der Ehe* mit ihren „Abnützungserscheinungen" gut zeigen: für das erste Stadium ist die größte Gefahr, daß sich beide Partner ein idealisiertes Bild vom anderen machen und daher mehr von ihm erwarten, als er zu geben in der Lage ist. Das führt notwendig zu Enttäuschungen, die sich nur dann ertragen lassen, wenn anhand einer allgemeinen Reziprozitätsnorm ein auf wechselseitige Gratifikation abgestimmtes Rollenverhalten entwickelt wird. Der Irrtum liegt hier darin, daß die Ehe anfangs nicht als ein Rollenverhältnis mit spezifischem intentionalem Charakter aufgefaßt wird, das entsprechende Pflichten und Rechte für beide mit sich bringt, sondern als ein Zusammenleben zweier Menschen, die voreinander keiner Verkörperung und keiner normativen Sicherung ihres Verhaltens mehr bedürfen, weil sie „ideal zusammenpassen". Diese idealistische Vorstellung hängt damit zusammen, daß (zumindest in den Mittelschichten der Länder des europäischen Kulturbereiches) die Ehe heute als eine Liebesbeziehung auf Dauer aufgefaßt wird, wobei „Liebe" nicht selten unter romantischen Aspekten gesehen wird. Snell und Gail J. Putney haben in einer Untersuchung über die amerikanische Anpassungsideologie die Folgen solcher Mißverständnisse über den Charakter der Ehe beschrieben[31]: die unausbleibliche Enttäuschung über die Diskrepanz von Ideal und Realität führt zur Unfähigkeit, ein Verhaltensmuster der wechselseitigen Bedürfnisbefriedigung („mutual need satisfaction") zu entwickeln. Bis in das sexuelle Verhältnis hinein wirken die gesellschaftlich präformierten Klischee-Vorstellungen darüber, was Mann und Frau „eigentlich" sind oder sein sollten, und verhindern so ein wechselseitiges Sich-Einstellen auf die individuellen Differenzen der Triebstruktur. Die Autoren sprechen hier von einer „Normalneurose". Es mag dahingestellt bleiben, ob diese Störung wirklich „normal" ist — jedenfalls bezeichnet sie ein häufig zu Beginn der Ehe auftretendes Problem. Alles hängt nun davon ab, ob es gelingt, die ehelichen Rollen wirklich auf der Basis der Reziprozitätsnorm zu entwickeln. Denn die Rolle der Ehepartner ist (in unserer Gesellschaft) personbezogen und von Gestaltungsnormen bestimmt, das heißt, sie verlangt ein hohes Maß an Ich-Leistungen zu ihrer jeweiligen Ausgestaltung, und diese Ausgestaltung muß auf die Erwartungen des anderen abgestimmt werden. Nichts bringt im weiteren Verlauf einer ehelichen Beziehung größere Schwierigkeiten mit sich als eine Fixierung und Eingrenzung der Rollen unter Berufung auf die Legitimität *von außen* herangetragener Normen[32]. Denn eine solche Beschränkung der notwendigen Ich-Leistungen führt zu jener fatalen Verbindung von Emotionalität und Vollzugsnormen, die die Ehe nun wirklich zur Hölle machen kann. Diese Regression einer Beziehungsrolle auf den normativen Charakter einer Sozialisierungsrolle kann um so leichter eintreten, je eher sich die eheliche Beziehung auf der Erwartung wechselseitiger, als selbstverständlich erachteter Konformität einpendelt. Denn die Ehe ist — immer in den Mittelschichten der modernen Gesellschaften des europäischen Kulturkreises — ein höchst individuelles Unternehmen: nicht nur das eheliche Rollenspiel, sondern auch die *spezifischen* Normen der ehelichen Rolle, die innerhalb eines bestimmten, vorgegebenen Rahmens stets individuelle Rollennormen sind, müssen persönlich gestaltet werden. Peter L. Berger und Hansfried Kellner haben in diesem Sinne die Ehe als einen „nomischen Prozeß" bezeichnet[33]: mit der Eheschließung beginnen beide Partner eine allmähliche Re-Definition ihrer sozialen Umgebung und ihrer eigenen Stellung zueinander, deren Medium das kontinuierliche, lebenslang andauernde Gespräch ist[34]. Und obwohl — oder vielleicht gerade weil — sich dieses Dauergespräch allermeist auf relativ banale Alltagsprobleme bezieht, hat es auf lange Sicht die Wirkung einer Neukonstruktion der subjektiv erfahrenen Wirklichkeit im Binnenverhältnis wie im Außenverhältnis. Mit zunehmendem Alter einer Ehe bildet sich allmählich ein Überhang an gemeinsamer Erfahrung, an gemeinsamen Definitionen und an gemeinsamen, dieser Ehe spezifischen Verhaltensnormen heraus: es wächst der Bereich dessen, was beiden zusammen als „selbstverständlich" gilt. Dieser *Erfahrungsüberhang* wird zweifellos auch zu einer Last, ist aber andererseits ein außerordentlich stabilisierender Faktor in der Verhaltensorientierung. Das aber nur, wenn die Verhaltensmuster der wechselseitigen Bedürfnisbefriedigung weder den kultur-industriell vermittelten Klischees der sexuellen Anpassung folgen — wie das, darf man der überreichlichen Literatur zu diesem Punkt glauben, in den USA häufig der Fall ist — noch der inflatorischen Spirale wechselseitiger Konformitätserwartung nach dem Maßstab tradierter Moralvorstellungen entsprechen. Die Ehe ist ein dramatischer Prozeß im Rahmen einer gesellschaftlichen Institution; an jedem Punkt der gemeinsamen Biographie muß die Situation neu und selbständig „definiert" werden, wenngleich die Rollenpartner sich dabei je länger desto eher an einem bereits entwickelten, allmählich die Möglichkeiten beschränkenden, gemeinsamen Vorverständnis orientieren können. Es scheint dafür keinen anderen Leitfaden zu geben als eine allgemeine Reziprozitätsnorm, bezogen auf die individuelle Persönlichkeit der Eheleute.

Die Reziprozitätsnorm darf nicht verwechselt werden mit einer Komplementarität von Rechten und Pflichten im Verhältnis zweier Positionsinhaber. Gouldner hat diesen Unterschied scharf herausgearbeitet[35]: Komplementarität der Rollenbeziehungen bedeutet, daß das Recht des einen eine Pflicht des anderen impliziert, beziehungsweise umgekehrt die Pflicht des einen ein Recht für den anderen. Man kann sich das am Verhältnis von Schuldner und Gläubiger klarmachen: das Recht des Gläubigers ist die Pflicht des Schuldners. Anders bei der Reziprozitätsnorm: hier impliziert ein Recht, das jemand hat, auch eine Pflicht für ihn selbst und umgekehrt. Ein deutliches Beispiel wären die sexuellen Beziehungen in der Ehe: jedes „Recht", das hier in Anspruch genommen werden könnte, impliziert sogleich auch eine „Pflicht" gegenüber dem anderen. Die Reziprozitätsnorm strukturiert also eine Rolle so, daß sie immer zugleich — untrennbar miteinander verbunden — Rechte *und* Pflichten gegenüber den Rollenpartnern enthält. Von daher läßt sich der Einfluß von Machtverhältnissen auf soziale Beziehungen verstehen: das durch die Macht konstituierte Abhängigkeitsverhältnis bedeutet ein unausgeglichenes Reziprozitätsverhältnis (Gouldner spricht von „reciprocity imbalance"), weil die Rechte und Pflichten beider Seiten sich nicht entsprechen. Ein institutionalisiertes, durch einen Legitimitätsanspruch stabilisiertes Herrschaftsverhältnis wird komplementär strukturiert sein: das Befehlsrecht des Herrschenden ist die Gehorsamspflicht des Unterworfenen. Dabei entspricht dem in der Regel ein umgekehrtes Reziprozitätsverhältnis, das sich aber auf einen *anderen* Bereich bezieht und häufig einen viel *allgemeineren* Inhalt hat: im „noblesse oblige" etwa drückt sich ein allgemeines Pflichtgefühl der Herrschenden gegenüber ihren Untergebenen aus, das — z. B. in der Feudalverfassung — zu spezifischen Sorgepflichten konkretisiert werden kann. So wird unter Umständen ein gewisses Gleichgewicht durch den Druck der Reziprozitätsnorm wiederhergestellt, ohne daß die Rollenbeziehungen im eigentlichen Sinne reziprok wären, weil die enge, auf *einen* Relevanzbereich bezogene Verbindung von Pflichten und Rechten innerhalb derselben Rolle meistens fehlt. Ist aber selbst dieser Ausgleich auf *anderer* Ebene, der für so viele soziale Beziehungen charakteristisch ist, nicht gegeben, handelt es sich also um ein rein einseitiges Abhängigkeitsverhältnis, so nimmt die Beziehung den Charakter der Ausbeutung an. Jede prinzipielle und dauerhafte Verletzung der Reziprozitätsnorm konstituiert ein Ausbeutungsverhältnis; der eine hat nur immer zu geben, ohne dafür je etwas zu erhalten. Diese Druchbrechung der Reziprozitätsnorm beim Interaktionsprozeß kann in jedem Relevanzbereich auftreten: es gibt die Ausbeutung der Arbeitskraft wie der Geistesmühe, die sexuelle Ausbeutung wie die ökonomische. Die ausbeuterischen Abhängigkeitsverhältnisse sind freilich nicht zu verwechseln mit den aus der Reziprozitätsnorm selbst entstehenden Abhängigkeiten, die insbesondere dann auch zur Last werden können, wenn die Rückgabe einer erhaltenen Gratifikation erst nach längerer Zeit möglich ist. Man ist dann einem Menschen „verpflichtet", mit dem weitere Beziehungen aufrechtzuerhalten einem nach einer Weile nicht mehr wünschenswert erscheinen mag. Die stabilisierende Funktion der Reziprozitätsnorm kann durchaus auch den Handlungsmotiven der Rollenspieler entgegengesetzt sein.

Die Reziprozitätsnorm wirkt also nicht allein bei „informellen" sozialen Beziehungen stabilisierend, sondern ebenso in etablierten Rollenstrukturen. Die Rollenerwartungen gegenüber bestimmten Positionsinhabern sind in der Regel relativ klar, aber sie bieten — auch wenn sie den Charakter von Vollzugsnormen haben — doch immer nur einen normativen *Rahmen* für die Verhaltensorientierung, innerhalb dessen der Interaktionsprozeß sehr verschiedene Wege gehen kann. Und auch der intentionale Bezug der Rollen auf einen Relevanzbereich ist nicht immer ausreichend: bei den Beziehungsrollen und den Kontaktrollen kann die sinnvolle Einheit des typisierten Verhaltens nur durch die nomische Produktivität des Interaktionsprozesses selbst erreicht werden. Aber selbst organisationsbezogene Rollen können nur mit Hilfe typisierter Verhaltensweisen gespielt werden, die im „informellen" Bereich erworben sind, der von der Reziprozitätsnorm bestimmt wird. „Die Reziprozitätsnorm bietet also einen sekundären Verteidigungsmechanismus zur Erhaltung der Stabilität sozialer Systeme insofern, als sie zur Überwindung beginnender Abweichungen und zur Mobilisierung zusätzlicher Motivationen für ein konformes Verhalten gegenüber den vorhandenen Positionserwartungen benutzt werden kann."[36] An der Reziprozitätsnorm zeigt sich, daß die „informellen" Regeln des Interaktionsprozesses, die Homans beschrieben hat, das Verhalten auch im „formellen" Bereich der sozialen Rollen absichern: die „formellen" sozialen Beziehungen sind in den „informellen" *fundiert*, keine soziale Rolle kann gespielt werden, ohne daß man die Reziprozitätsnorm beim Interaktionsprozeß mindestens berücksichtigt — ob sie dann wirklich eingehalten wird oder nicht, ist eine zweite Frage, der dann für die rollenanalytische Beurteilung von Verhaltensstörungen große Bedeutung zukommt. Im subinstitutionellen Verhaltensbereich, der stets auch in die institutionalisierte Rollenstruktur hineinragt, lernt der Rollenspieler das „taking the role of the other" am Leitfaden der Reziprozitätsnorm; nur hier kann er die Fähigkeit erwerben, mit raschen Situations- und Rollenwechseln fertigzuwerden, indem er sich immer wieder in den anderen hineinversetzt und seine persönliche „Definition der Situation" mit der der anderen in Einklang zu bringen sucht. Im „informellen" Bereich hat er die Chance, Verhaltensweisen durchzuspielen, die sonst zu den positionsgebundenen Rollen gehören, von denen viele ihm unzugänglich bleiben[37]. Damit kann er sich aber auch gegenüber Autoritätsrollen sicherer behaupten, weil er deren Erwartungen besser antizipieren kann. Die „basic rules" der Verhaltensweisen im subinstitutionellen Bereich sind zweifellos noch nicht genügend untersucht worden. Insbesondere ist ihr normativer Charakter unklar; sie können als Interpretationsregeln verstanden werden, die den eigentlichen Verhaltensnormen erst eine Realisierungschance eröffnen, sind jedoch selbst schon in bestimmter Weise bindend — aus der Reziprozität der Perspektiven als einer Interpretationsbedingung wird die Reziprozitäts*norm* als eine subinstitutionelle, interaktionsstabilisierende Interpretationsnorm. Cicourel, auf den die Unterscheidung von „basic rules" und „rules of conduct" zurückgeht, versteht zunächst unter „basic rules" nur die Interpretations*bedingungen*, die als konstituierende Elemente jeder Interaktion zugrunde liegen. Auf Alfred Schütz' Konstitutionsanalysen aufbauend unterscheidet er deren drei: die Reziprozität der Perspektiven, die Indexikalität der Sprache, und die Vorgegebenheit von Typisierungen.[37] Unter welchen Umständen und bis zu welchem Grade Sprache und Typiesierungsschemata einen normativ bindenden Charakter bekommen, der den Interpretationsspielraum des Rollenspielers einschränkt, ist derzeit noch unklar. Ethnomethodologische Untersuchungen werden hier in Zukunft vielleicht weiterführen. Es scheint aber doch richtig zu sein, daß die Reziprozität der Perspektiven durch die normativen Typisierungsschemata eines „mutual gratification pattern" abgesichert ist, die für das eigentliche Rollenspiel eine fundierende Funktion besitzen.

3. Das Rollenspiel als Drama — Zum Problem der Informationskontrolle

Weder die situationsbedingenden Anlässe noch die Reziprozitätsnorm, die das Tauschprinzip nur in formaler Allgemeinheit postuliert, sind ausreichend, um zu erkennen, welche Rolle der andere mir gegenüber spielt, und damit zu erfahren, welche Rollenerwartungen mir entgegengebracht werden. Zweifellos bieten die „social occasions" und die räumlichen und zeitlichen Gegebenheiten einer Interaktionssituation eine erste Orientierung über die Positionen, als deren Inhaber die Menschen miteinander in Kontakt kommen. Zusätzliche Informationen lassen sich aus den Statuszeichen entnehmen, die bei manchen Positionen obligatorisch sind, und aus den Rollenattributen, die häufig auf den Charakter der Interaktionssituation hinweisen. Mit der Egalisierungstendenz moderner Gesellschaften verschwand freilich die Selbstverständlichkeit einer gesellschaftlichen Rangordnung, die der Repräsentation bedurfte.

Die Insignien des Standes und der Herrschaft sind immer seltener obligatorische Statuszeichen einer Position. Statt dessen verdichten sich die alten Statuszeichen heute zu Symbolen einer staatlichen Gewalt, die sich allemal als Repräsentant des ganzen Staatsvolkes legitimieren muß, so daß ihren Statussymbolen (vom Amts-Siegel bis zum Stander am Ministerwagen) eine gewisse Anonymität eigen ist. Andere, weniger formelle und dafür der Mode unterworfene Statuszeichen treten heute an die Stelle der früher obligatorischen. Vor allem im Konsumaufwand zeigt sich der Status heute gern — und doch ist gerade der von Th. Veblen beschriebene „auffällige Verbrauch" („conspicuous consumption") eher geeignet, die wirkliche Macht zu verschleiern, als sie zu repräsentieren. Demonstrativer Verbrauch ist zum Signum der Aufsteigenden geworden, seit die Mächtigen unter dem Druck der Egalisierungstendenz ihren Reichtum gern verbergen[38]. Statuszeichen sind kaum mehr ein verläßlicher Maßstab der sozialen Orientierung. Fernsehantennen auf Nissenhütten und Dienstmädchen mit eigenem Auto sind keine Seltenheit, und längst schon lassen sich Arbeiter und Studenten an ihrer Kleidung nicht mehr unterscheiden[39]. So werden die Rollenattribute immer wichtiger, obwohl sie im Gegensatz zu den Statuszeichen meistens unsichtbar sind. Wenn es zu den erforderlichen Qualitäten eines Rollenspielers gehört, daß er eine hohe Intelligenz oder eine bestimmte Ausbildung oder spezifische Fertigkeiten besitzt, so wird man diese Rollenattribute erst während der Interaktion — wenn überhaupt — kennenlernen. Äußerlich sichtbare Rollenattribute, wie bestimmte Kleidervorschriften, sind aber fast immer situationsbezogen und kommen daher allenfalls zu den durch Anlaß und Situationsgegebenheiten schon bekannten Informationen hinzu. So erkennt man im Krankenhaus den Arzt an seinem weißen Kittel; wäre man aber nicht im Krankenhaus, sondern in einem chemischen Labor oder in einem psychologischen Institut, so wären die Träger weißer Kittel offenbar keine Ärzte. Wiederum ist hier also durch Anlaß und räumlich-zeitliche Strukturierung des Relevanzbereiches schon klar, mit welchem Rollengefüge man rechnen kann. Die Rollenattribute haben dabei eine subsidiäre Funktion: wer im Krankenhaus in einem weißen Kittel erscheint, wird mit „Herr Doktor" angeredet, wer in einer Tracht erscheint, mit „Schwester" — und entsprechend wird man sich auch weiterhin verhalten. Wenn dagegen jemand im Wartezimmer oder auf dem Gang in „Zivil" erscheint, entsteht eine Unsicherheit: ist es ein Besucher oder ein Kranker oder vielleicht doch ein Arzt? Hier helfen zunächst nur die allgemeinen Regeln des höflichen Umgangs.

Höflichkeit allerdings beschneidet häufig gerade die Möglichkeit, von einem Menschen mehr zu erfahren. Denn in den meisten Situationen gehört es zum guten Ton, den anderen nur im Hinblick auf das zu fragen, was sich auf seine in dieser Situation gerade aktuelle Rolle bezieht. Wenn aber gar nicht klar ist, welches diese Rolle ist, wird es schwer, höflich zu bleiben und gleichzeitig Mißverständnisse zu vermeiden. Nun treten uns die Menschen in einer „face-to-face"-Begegnung in ihrer vollen körperlichen Erscheinung gegenüber, die von vornherein eine gewisse Typisierung erlaubt. Es gibt junge und alte Menschen, Frauen und Männer, Schwarze und Weiße. Mit diesen körperlichen Erscheinungen verbinden wir sogleich bestimmte stereotype *Images*, an denen wir unser Verhalten orientieren. Diese Images werden weiter differenziert, wenn sich der andere in bestimmter Weise verhält: sein Sprachstil, seine Gesten und was er sagt, bieten neue Anhaltspunkte einer Klassifizierung. Will man etwas Bestimmtes von dem anderen oder dieser von einem selbst, so wird man sich im Hinblick auf einen bestimmten Relevanzbereich ansprechen und sogleich die Rolle derjenigen Position spielen, die man in diesem Relevanzbereich einnimmt — oder aber zugeben müssen, daß man über keine derartige Position verfügt. So wird die wechselseitige Typisierung im Laufe des Interaktionsprozesses immer differenzierter: je länger man einen Menschen kennt, desto eher wird man ihn auch in anderen Rollen und Relevanzbereichen erleben, ohne dabei freilich je ganz über den Horizont typisierter Erfahrungen hinauszukommen. Wenn man jedoch auf irgendeiner Stufe dieses Differenzierungsprozesses verharrt, dann werden die präjudizierenden Urteile, ohne die man nicht auskommt, zu *Vorurteilen*: ihr Charakter bestimmt sich an einer mangelnden Aufgeschlossenheit gegenüber neuen Erfahrungen, die in aller Regel zu Verhaltensstörungen führt. Störungen dieser Art finden ihren harmlosesten Ausdruck in Mißverständnissen zwischen den Interaktionspartnern: der eine hält fest an einer Ebene der Typisierung, die der andere schon verlassen hat. Gustav Ichheiser hat solche Störungen in der sozialen Wahrnehmung untersucht[40]: er unterscheidet fünf Faktoren, die in die Beurteilung des anderen eingehen („impressive factors"): 1. die persönliche Erscheinung, bei der sich körperliche und künstliche Faktoren mischen („static appearance"), 2. das Benehmen des anderen („dynamic appearance"), 3. die umweltgebundenen Faktoren, die der Person zugeschrieben werden, 4. die Ansichten anderer Leute über die betreffende Person, und 5. die Ansichten dieser Person über sich selbst. Normalerweise bildet die Reihenfolge dieser fünf Faktoren auch die Reihenfolge, in der die Typisierung der Person sich im Laufe der Zeit differenziert. Andererseits kann es vorkommen, daß jede weitergehende Differenzierung nur noch eine stereotype Anwendung des bereits durch das äußere Erscheinungsbild ausgelösten *Vorurteils* ist, so daß es sich quasi um eine unechte, weiterer Erfahrung verschlossene Differenzierung eines Typisierungsschemas handelt. Ebenso wie zum Einfrieren von Erfahrungsmöglichkeiten durch den Mechanismus der Vorurteilsbildung kann es auf jeder Stufe auch zu *Projektionen* kommen, so daß man den Splitter im Auge des anderen mit dem Balken im eigenen verwechselt. Neben diesen beiden gibt es als dritte Täuschungsquelle die *Überschätzung der Einheit* der Persönlichkeit. Ich-Identität begegnet uns zunächst immer nur in der rollenspezifischen Differenzierung als eine je andere Rollenidentität, die dann leicht mit jener identifiziert wird. Wenn die sozialen Rollen wirklich schon das ganze Verhalten in einem Relevanzbereich regulierten und ordneten, könnte man sich gefahrlos diesem Irrtum ergeben. Das ist aber nur in extremen Situationen der Fall. Normalerweise wird die Gestaltung des Rollenspiels mit der Art der Ich-Leistungen durch die typisierten Verhaltensweisen des subinstitutionellen Bereichs geprägt, deren Kenntnis für das Rollenverhalten unerläßlich ist. In diese Verhaltensweisen aber geht die Erfahrungssumme aller Rollen, die ein Mensch spielt, bis zu einem gewissen Grad mit ein. So müssen sich Selbstbild und Fremdbild nicht nur aus einer, sondern aus allen Rollen eines Menschen konstituieren, wenn sie eine wirksame Verhaltensorientierung garantieren sollen[41].

Die Bedeutung solcher Images für das soziale Handeln läßt sich auf dreifache Weise beschreiben: sie besitzen erstens als Fremdbilder die uns hier interessierende Orientierungsfunktion zur Einordnung in ein Bezugsgruppensystem; als Selbstbildern kommt ihnen zum andern eine Entlastungsfunktion durch die ihnen innewohnende Ideologisierungstendenz zu: und schließlich dienen Selbstbilder und Fremdbilder gemeinsam als ein Maßstab für Konformität oder Abweichen im Rahmen der „in-group/out-group"-Relationen. Images bieten also Typisierungsschemata für die Einordnung von Personen an, die sich der Tendenz nach — über die rollenspezifischen Verhaltensbilder hinausgehend — auf die Ich-Identität beziehen.

Solche Images sind freilich oft genug von den bestimmten Rollen und Rollenattributen geprägt, deren Einfluß auf die Ich-Identität für besonders wichtig gehalten wird. Es gibt etwa von der Berufsrolle ausgehende Images, die besonders dann wichtig werden, wenn man den Interaktionspartner noch nicht kennt oder gar nicht gesehen hat. Wir sagen: er ist ein Lehrer, er ist ein Arbeiter, und wollen damit eine möglichst reichhaltige Information vermitteln. Umgekehrt orientiert sich das eigene Verhalten an bestimmten *Rollenmodellen*, die den Charakter rollenspezifischer Fremdbilder haben, oder wir versuchen gar, eine *Normalrolle* zu spielen, das heißt, wir suchen nach einem Verhalten, das gewissermaßen der kleinste gemeinsame Nenner in Situationen ist, deren Ambivalenz uns keinerlei Orientierungshilfe gibt. Vorbilder wie Normalrollen haben eine subsidiäre Funktion für die Verhaltensorientierung in *jeder* Situation; sie werden aber besonders wichtig, wenn es zu Situationsüberschneidungen kommt: ein Verkehrsunfall auf der Straße läßt offen, ob und welche Passanten in dieser Situation miteinbezogen sind und welche Rollenerwartungen sich an sie richten. Je nachdem, welche Tugenden oder Untugenden in die Normalrollen einer Gesellschaft Eingang finden, wird man dann Hilfe leisten oder die Angelegenheit den Hütern der öffentlichen Ordnung überlassen. Die Normalrollen reichen aber niemals aus, um sich auch nur in offenen Situationen zu orientieren. Eher dienen sie als Richtschnur einer sozialen Mimikry für Menschen, deren Ich-Identität zu schwach ist, um die relativ normfreie Sphäre offener Situationen zu ertragen.

Es ist wichtig, die Rolle und die rollenspezifische Identität der anderen richtig einzuschätzen, weil von ihnen die Stichworte für die eigene Rolle zu erwarten sind. Sie sind Mitspieler, Souffleure und zugleich auch Zuschauer eines gemeinsam gespielten Rollendramas, in dem jeder seinen Part hat und seine Partner, und bei dem es Regeln der Eindrucksvermittlung und der wechselseitigen Unterstützung und Kontrolle gibt, die für jede Inszenierung gelten. Erving Goffman hat diese Regeln in einer geistreichen Analyse der alltäglichen Selbstdarstellung in Rollenfiguren untersucht[42]. Raum und Zeit einer Situation werden zur Bühne, auf der die Darsteller nach einem bestimmten Rollenplan ein Stück aufführen. Die Analogie führt erstaunlich weit: sie zeigt, wie sehr das Rollenverhalten über die normativen Erwartungen und die Sanktionen hinaus sich absichern muß durch die *Kommunikation* zwischen den Rollenspielern und die *Informationskontrolle* gegenüber Außenstehenden. Wer diese kulturspezifischen „basic rules" des Rollenspiels nicht versteht, mag die Verhaltenserwartungen einer Rolle noch so gut kennen, er wird kaum oder nur mit großem Wohlwollen von seiten der anderen in der Lage sein, sie überzeugend zu spielen. Um die anschaulichen, aber wenig systematischen Analysen von Goffman für die Rollentheorie fruchtbar zu machen, empfiehlt es sich, zwischen einem *rollenausdrückenden* und einem *rollenunterstützenden* Verhalten zu unterscheiden[43]. Im expressiven, rollenausdrückenden Verhalten bietet der Rollenspieler den Außenstehenden ein idealisiertes Bild seiner selbst und seiner Mitdarsteller. Das kann von den „Investitionen" in die äußere Erscheinung bis zum sorgfältigen Aufbau von Kulissen reichen: nicht nur im Fernsehen, sondern auch in alltäglichen Interaktionssituationen ist die Szene für die „Life-Sendung" häufig schon vorbereitet. Das setzt allerdings eine genaue Kontrolle über alle Informationen voraus, die diesen Eindruck verwischen könnten. Man kennt die Situation, in der die mit viel Autorität, aber wenig Informationsmöglichkeiten ausgestatteten Vorgesetzten mit einer

Schauseite konfrontiert werden: wenn der Chef ins Zimmer kommt, klappern alle Schreibmaschinen, oder: die Schüler sind über ihre Aufgaben gebeugt, solange der Lehrer hinschaut. Aber auch umgekehrt spielt die Schauseite eine große Rolle: Lehrer, Ärzte, Pfarrer und, last not least, Wissenschaftler bereiten die Szene für mögliche Zuschauer vor und versuchen sich in der Kunst des „impression management"[44].

Neben solchen positiven Idealisierungen gibt es auch die negative Variante, das umsichtige Verbergen mancher personellen und situationellen Gegebenheiten, die die Rollenpartner als Abweichung von ihren Erwartungsklischees empfinden würden. Goffman erwähnt etwa, wie amerikanische College-Mädchen ihre Intelligenz oder zumindest ihre technisch-naturwissenschaftlichen Fähigkeiten gegenüber ihren männlichen Freunden zu verbergen suchen, um von deren Fremdbild nicht allzusehr abzuweichen — so kommt man einander entgegen. Oft genug gehört eine solche Idealisierung der eigenen Rolle selbst zu den Verhaltenserwartungen: so genau möchten die anderen es denn doch nicht wissen. *Die Schauseite* des Rollenverhaltens hält die Menschen einander vom Leibe, ohne daß sie sich gleich ihre Nichtachtung zeigen. In Gesellschaften mit relativ geringer Mobilität ist diese Schauseite des Rollenverhaltens noch wenig entwickelt. Die Oberschichten einer solchen Gesellschaft kennen hingegen bereits eine entwickelte Etikette, die mit wachsendem Druck von unten immer ausgeprägter werden können. Differenzierte Etikettevorschriften sind freilich immer ein Zeichen, daß die Anzahl der Rollen, die eine Person spielen muß, noch relativ gering ist und daß der durch die Vervielfältigung der Rollen notwendig werdende Prozeß der Internalisierung der Affektkontrolle und der Entwicklung der Empfindlichkeit gegenüber den Rollenerwartungen noch nicht sehr weit fortgeschritten ist[45]. In unserer Gesellschaft geht es informeller zu, aber die „show" ist darum um so wirksamer: sie gehört in der Regel so selbstverständlich dazu, daß sie uns nicht zu Bewußtsein kommt, obwohl wir gleichzeitig ständig mit ihr rechnen. Sie soll eine Identifikation mit der Rolle vortäuschen, die in der Regel gar nicht geleistet werden kann. Man erwartet vom Arzt, daß er seine Patienten und ihre Krankengeschichte kennt, und wäre gekränkt, wenn er sich nicht mehr erinnerte — obwohl man andererseits genau weiß, daß er zu diesem Zweck eine Kartei führt, und dies auch in der Ordnung findet.

Das rollenausdrückende Verhalten, das schauspielerische Element im Rollenspiel, hat freilich seine Grenzen. Das expressive Hochspielen einer Schauseite des Rollenverhaltens, hinter der die Technik der Inszenierung verborgen wird, hat eine bestimmte *Toleranzbreite,* die nicht ungestraft überschritten werden kann, einen Spielraum, dessen Grenzen die durch handfeste Sanktionen gesicherten Normen einer Rolle abstecken. Wie groß dieser Spielraum ist, hängt vom jeweiligen Rollentyp ab — *je größer die Verfügbarkeit der Rolle, desto geringer sind die normativen Einschränkungen für das „impression management“*. Die Gebote der Höflichkeit sind hier wiederum ein Maßstab: wonach darf man fragen, wie weit darf man hinter die Fassade, hinter die „social front“ schauen und die biographische Situation des Rollenspielers erforschen, um seine Eignung für eine Position zu prüfen? Wenn jemand für eine Arbeit engagiert wird, ist hier mehr erlaubt, als wenn man jemanden nur in einer Kontaktsituation trifft. Eltern erwarten von ihren Kindern (solange sie jung sind) und Priester von ihren Beichtkindern vollständige Offenlegung der Mittel zur Inszenierung. Das führt natürlich häufig zu Konflikten, und zwar besonders dann, wenn Abhängigkeitsverhältnisse zu einem Blick hinter die Kulissen ausgenutzt werden: mit wachsender Vermachtung und Funktionsverflechtung der gesellschaftlichen Relevanzbereiche und mit ständig sich verbessernden Informationstechniken wird die in der Rollenhaftigkeit des Verhaltens gerade erst gewonnene und wegen der Vervielfältigung der Rollen auch notwendige *Privatisierung der Verhaltensgrundlagen* immer wieder bedroht. Hier einen Ausgleich zu schaffen, gehört offenbar zu den wichtigsten „funktionalen Imperativen“ (T. Parsons) einer modernen Gesellschaft[46]. Die Toleranzbreite für das "impression management" variiert jedenfalls historisch wie auch von Rollentyp zu Rollentyp, wobei die Grenzen nicht immer klar definiert sind: wieweit darf ein Arzt gehen, wenn er, um den Gesundungswillen eines Patienten zu stärken oder seine Todesangst zu mildern, die Wahrheit verschweigt? Darf ein Wissenschaftler in seiner Rolle als Wissenschaftler sich journalistisch betätigen? Die Grenze zwischen erlaubtem und unerlaubtem expressivem Rollenverhalten ist fließend; nur ausnahmsweise ist sie auch gesetzlich fixiert, wie z. B. bei Rechtsverordnungen, die die Schauseite der Prostitution von der Straße verbannen[47].

Umgekehrt gehört zu den *rollenunterstützenden* Verhaltensweisen eine Selbstkontrolle des expressiven Rollenverhaltens, die sich nun nicht auf die Beschränkung, sondern auf die Effektivität des „impression management“ bezieht. Jedes Rollenverhalten hat eine äußere Seite, auf deren Eindruck bei anderen man achten muß, und jedes Rollenspiel verlangt eine Abstraktionsleistung, die kontrolliert sein will. Die Konzentration auf einen Relevanzbereich und ein Situationsthema erfordert ein Absehen vom Irrelevanten. Das betrifft vor allem die Tugend der Selbstbeherrschung: alle plötzlichen affektiven Durchbrüche könnten das Rollenspiel und seinen Eindruck stören und müssen daher vermieden werden (es sei denn, sie gehörten selbst mit zur Rolle). Aber auch ein Abschweifen vom Thema, die Vernachlässigung der Hauptbeschäftigung zugunsten einer Nebenbeschäftigung, zur Schau getragenes Desinteresse oder emotionale Reaktionen wie Lachen oder Ärger an der falschen Stelle sind Störungen, die eine Selbstkontrolle des Rollenspiels verhindern soll, wobei man häufig aufmerksam die Reaktionen der anderen beobachten muß, um überhaupt zu erfahren, was man „falsch gemacht" hat. Schließlich ist die Beherrschung des Körpers eine Voraussetzung des Rollenspiels: Stolpern und Stürzen, Gähnen und Sich-Kratzen, Stottern, exaltiertes Lachen und unkontrollierter Tränenfluß sind nur in manchen Situationen und an manchen Stellen erlaubt; die körperliche Beherrschung ist das Ergebnis eines Zivilisationsverlaufs, der im Sozialisationsprozeß von jedem einzelnen nachvollzogen werden muß[48]. Schließlich kann der Eindruck eines Rollenverhaltens auch durch ungenügende Vorbereitung der Darstellung gestört werden. Hierher gehört die Beachtung der Kleidungsvorschriften, aber auch die Dramaturgie des Rollenspiels: daß man im richtigen Augenblick auftritt und wieder abtritt, daß peinliche Pausen oder allzu schwer überhörbares Soufflieren vermieden werden. Ein Teil dieser Selbstkontrolle kann nur durch die Unterstützung der Mitspieler effektiv werden. Die wechselseitige Bezogenheit der Rollen in einem Interaktionsprozeß ermöglicht, und die Reziprozitätsnorm verlangt, daß sich die rollenunterstützenden Verhaltensweisen auch auf die Sicherung des Rollenspiels *anderer* beziehen. Goffman unterscheidet hier zwischen „dramaturgischer Disziplin", „dramaturgischer Loyalität" und „dramaturgischer Umsicht"[49], wobei sich der Ausdruck „dramaturgisch" auf die Inszenierung des Rollenspiels bezieht. Die erwähnten Notwendigkeiten und Zwänge der Selbstbeherrschung ließen sich dann als *Rollendisziplin* bezeichnen, zu der aber auch die Diskretion über die unsichtbare Seite des Rollenverhaltens der Mitspieler und seines eigenen gehört, und die Fähigkeit, eventuell entstehende Pannen bei sich und den anderen zu überbrücken. Mit *Rollenloyalität* ist eine gewisse Solidarität der „in-group" gemeint, mit der das gemeinsame eigene Image gegenüber der Außengruppe verteidigt wird. Hier gilt es vor allem, die „Bühnengeheimnisse" zu wahren und die Zuschauer nicht hinter die Kulissen schauen zu lassen. Man stellt sich vor seine Mitspieler, wenn diese es brauchen — ein Chef vor seine Mitarbeiter, eine Frau vor ihren Ehemann —, und man stützt den Eindruck durch gemeinsames Verbergen der internen Schwierigkeiten ab: „schmutzige Wäsche" soll nicht vor den Augen der Öffentlichkeit gewaschen werden, heißt es. *Rollenumsicht* schließlich gilt es bei der Behandlung des Publikums zu zeigen. Nicht in allen, aber in vielen Situationen sieht sich eine „in-group" von Rollenspielern einer „out-group" von Zuschauern gegenüber, wobei allerdings bei manchen Interaktionen diese Rollenverteilung von Spielteam und Zuschauern ständig wechseln kann. Wenn eine Familie Gäste bekommt, dann spielt sie diesen etwas vor, während jene nicht nur die Darstellung mit Spannung erwarten, sondern oft auch ihre Neugier durch einen Blick hinter die Kulissen befriedigen wollen. Bei einer Visite im Krankenhaus werden die Ärzte und Schwestern den Kranken eine Vorstellung geben, bei der sorgsam jede Information kontrolliert wird, die an die Kranken gelangen könnte. Das Team wird sich stets bemühen, den Zugang zu Informationen, die außerhalb der Aufführung erworben werden können, sorgfältig zu überwachen — Krankenhäuser, Restaurants, Gerichte oder Fakultäten bieten eine Fülle von Beispielen dafür. Umsicht ist schon geboten bei der Auswahl und der Anzahl der Darsteller; zu viele oder unzuverlässige Rollenspieler sind schwerer zu kontrollieren. Wenn der Lehrer seine Klasse dem Schulrat vorführt, wird er es leichter haben, wenn sie nicht allzu groß ist. Schließlich gibt es bei manchen Gelegenheiten auch die Möglichkeit, sich die Zuschauer auszuwählen. Man wird beispielsweise nicht jeden zu sich nach Hause einladen und auch auf die Zusammensetzung der Gäste achten. Das ist vor allem deshalb wichtig, weil die Zuschauer von vornherein mit den Darstellern im Bunde sein sollten. Denn die Beachtung aller Regeln des Rollenspiels gelingt nur im Grenzfall; die Aufführung ist allemal weit vom Ideal entfernt, und der Zuschauer weiß das. Eine allzu gut gelungene Aufführung kann sogar seinen Neid erregen, denn er ist ja selbst auch immer Rollenspieler und kennt die Schwierigkeiten, die die Inszenierung ihm selbst bereitet. Hier ist die Internalisierung eines bestimmten zivilisatorischen Standards, dessen Verletzung dann Scham- und Peinlichkeitsgefühle auslöst, nicht nur eine Unterstützung, sondern geradezu eine Voraussetzung der Rollendramen in einer Gesellschaft mit differenzierter Rollenstruktur. Bis zu einem gewissen Grad müssen sich die Rollenspieler immer auf den Takt der Zuschauer verlassen können. Man erwartet von ihnen — das gehört zu *ihrer* Rolle —, daß sie sich gegebenenfalls abwenden, sich desinteressiert geben und jedenfalls eine entsprechende Toleranz zeigen[60].

Alle diese Verhaltensweisen gehören zu den rollenunterstützenden Maßnahmen, die die Sicherheit des Rollenspiels gewährleisten sollen. Auch hier ist die Grenze des Legitimen leicht überschritten. Zumal bei den Arbeits- und Leistungsrollen sind bestimmte rollenunterstützende Verhaltensweisen unerlaubt: Hilfsmaßnahmen für diejenigen, die sich mit einer Leistung qualifizieren sollen, z. B. das Vorsagen bei Schülern, die fremde Hilfe bei Prüfungsarbeiten, gelten als illegitim. Aber es gibt auch unerlaubte Unterstützungsmaßnahmen für die eigene Rolle, die dann, weil der „altruistische" Charakter wegfällt, ungleich schwerer sanktioniert werden; das Mogeln bei Schülern etwa wäre ein Beispiel[51]. So haben das rollenausdrückende wie das rollenunterstützende Verhalten eine notwendige und allgemein anerkannte Funktion für das Rollenspiel, dürfen sich aber nicht zu weit von den wirklich vorhandenen eigenen Möglichkeiten und Ressourcen entfernen. Der Toleranzbereich des Legitimen ist oft unscharf begrenzt und jedenfalls unterschiedlich je nach Gesellschafts- und Rollentypus.

Die Möglichkeiten der Informationskontrolle beim Rollenspiel hängen außerordentlich stark von den räumlichen Situationsgegebenheiten ab. Das Rollenspiel vor Zuschauern vollzieht sich gewöhnlich an anderer Stelle, in anderen Räumen, als die Vorbereitungen darauf. Goffman unterscheidet in seiner Bühnenterminologie zwischen „frontstage" und „backstage", einer Frontregion, in der sich die Interaktion abspielt, und einer Hintergrundsregion, in der die Spieler sich vorbereiten, sich erholen und sich wechselseitig Regieanweisungen geben. Im Hinblick auf die im Bereich der eigenen Wohnung relevanten Rollen ist dies ein bekanntes Phänomen: Wohnräume und Schlafräume werden getrennt, die Gäste werden in einem Wohnzimmer empfangen, der „guten Stube", und bekommen nur eine Schauseite der Wohnung zu sehen. Freilich konnten sich von jeher nur die Oberschichten eine wirksame Trennung der Wohnbereiche leisten. Nur wenige dürften über Räumlichkeiten verfügen, wie sie der Bungalow des Bundeskanzlers aufweist, dessen größter Teil zur Frontregion gehört und nur repräsentativen Zwecken dient, während der kleinere, davon vollkommen getrennte Teil den eigentlichen Wohnbereich beherbergt. In den Bürgerhäusern des 19. Jahrhunderts noch kannte man den Empfangssalon, heute ist die Kleinwohnung für jedermann das übliche. Daraus ergeben sich zahlreiche Schwierigkeiten des „impression management", die nur unter taktvoller Mithilfe der Zuschauer (der Gäste) bewältigt werden können[52]. Andererseits wird in öffentlichen Gebäuden, Restaurants, Büros und Betrieben allmählich zunehmend für eine „backstage"-Region gesorgt: in den USA und zum Teil auch in Italien sind die sogenannten „rest rooms" vielfach weitläufige, mit zahlreichen Kommoditäten versehene Räumlichkeiten, und auf den Bahnhöfen haben derartige Hilfen für die ihrer besonders bedürftigen Reisenden schon eine alte, wenn auch oft wenig gepflegte Tradition[53].

Frontregion und Hintergrundsregion sind allerdings häufig nicht scharf getrennt, sondern gehen ineinander über. In einigen Bereichen ist eine klare räumliche Trennung vorgeschrieben, z. B. bei Restaurants zwischen Waschräumen und Eßräumen. Im Mittelmeergebiet aber findet man oft noch Restaurants, in denen Küche und Eßraum in einem Raum untergebracht sind — nicht aus Ärmlichkeit, sondern um dem Gast die Möglichkeit zu geben, die Zubereitung der Mahlzeiten selbst zu beobachten, also einen Blick hinter die Kulissen zu werfen, damit er sich von der Zuverlässigkeit der Köche überzeugen kann. — Während des Interaktionsprozesses aber ist eine Trennung meistens überhaupt unmöglich.

Man kann sich dann vielleicht in eine Ecke zurückziehen, um sich mit seinem Partner abzusprechen. Bei Verhandlungen gilt es oft als durchaus legitim, daß sich die Parteien zu einer erneuten Absprache in einen anderen Raum begeben, das heißt, die Notwendigkeit einer Hintergrundsregion wird hier ganz offen akzeptiert. Wo aber die Situation nicht eindeutig als „Verhandlung" definiert ist, gilt es in der Regel als unhöflich, die Szene zu verlassen. Die Akteure müssen sich dann mit einer Zeichensprache behelfen: man wirft sich einen warnenden Blick zu, tippt den Fuß seines Mitspielers unter dem Tisch an oder dergleichen. Der Austausch solcher Zeichen und Gesten muß den Zuschauern verborgen bleiben, die Aufführung darf nicht durch Regieanweisungen zwischendurch gestört werden; Flüstern auf offener Bühne gilt als unhöflich, und das Ausweichen in eine andere Sprache, wie es Eltern im Bildungsbürgertum gelegentlich vor ihren Kindern taten, wäre erwachsenen Zuschauern gegenüber beleidigend.

Der Eindruck, den ein Rollenspiel gegenüber den Zuschauern macht, hängt also wesentlich von der Kontrolle der Informationen ab, die die Zuschauer über den Rollenspieler haben können, gleichviel, ob der Rollenspieler mit anderen eine „in-group" bildet oder ob er allein steht. Je mehr Informationen die Zuschauer über Inszenierungstechniken des Verhaltens bekommen oder vorweg haben, desto größer ist die Gefahr einer negativen Beurteilung. Denn was als abweichendes Verhalten sanktioniert wird, hängt ja von *den* Informationen über das Verhalten des Rollenspielers ab, die die Normsender und Sanktionssubjekte tatsächlich haben. Die heimlichen Abweichungen zählen nicht, eben weil sie unbekannt bleiben. Wenn aber die vorhergehende Analyse gezeigt hat, daß kein Rollenverhalten auf bestimmte Mittel der Inszenierung verzichten kann, dann heißt das, daß bestimmte theatralische Elemente im Rollenspiel geduldet werden, ja daß man mit ihnen rechnet. Allerdings darf die je unterschiedliche Toleranzbreite nicht überschritten werden und — was ebenso wichtig ist — die Inszenierungstechniken müssen verborgen bleiben. Hier gilt eine Art doppelter Moral: man darf sich nicht bei der Vorbereitung eines Rollenspiels und bei der Herrichtung der Bühne oder bei Regieanweisungen gegenüber Mitspielern ertappen lassen — obwohl jedermann weiß, daß derartige Techniken unumgänglich sind. Bis zu einem gewissen Grad ist es dann von äußeren, der eigenen Kontrolle entzogenen Bedingungen abhängig, ob eine Aufführung reibungslos ablaufen kann. Wenn z. B. die räumlichen Bedingungen keine Trennung von Frontregion und Hintergrundregion erlauben, oder wenn man nicht über die Mittel verfügt, in angemessener Kleidung sich vorzustellen, dann ist es oft auch bei größtem Geschick nicht möglich, die Informationen unter Kontrolle zu halten, und ein schlechter Eindruck läßt sich kaum vermeiden, sofern einem die Zuschauer nicht mit etwas Sympathie entgegenkommen[54]. Auf Grund der Neigung zur Verallgemeinerung, die aus der Notwendigkeit einer Orientierung an Typisierungsschemata sich ableiten läßt, wird ein solcher Eindruck dann leicht von der situationsbedingten Aufführung auf die Rollenidentität oder gar auf die ganze Person übertragen[55].

Umgekehrt ist es für den Rollenspieler von großer Bedeutung, welche Informationen er über seine Interaktionspartner besitzt. Da das Wissen um die Rolle des anderen noch nichts über dessen spezifische Gestaltung des Rollenspiels und seiner Rollenidentität besagt, kann es wichtig sein, sich vorher über dessen Verhaltenseigentümlichkeiten zu informieren. Die Frage lautet dann nicht: welche Rolle muß ich einem Positionsinhaber gegenüber spielen?, sondern: wie muß ich mich diesem bestimmten Menschen gegenüber verhalten? Mit derartigen Fragen wird man sich an die Mitglieder des „role-set" des anderen wenden, die ihn in dieser Rolle bereits kennen. Hier hat der *Klatsch* seine soziale Funktion: er vermittelt „background"-Informationen über andere Personen, mit denen man in einer bestimmten, die Person nur ausschnittweise zeigenden Rollenbeziehung steht oder die in einer solchen Beziehung vielleicht einmal für einen wichtig werden könnten. Je stärker die Statushierarchie ausgeprägt ist und je ambivalenter die Rollenerwartungen sind, desto größer wird die Bedeutung, die der Klatsch in einem bestimmten Relevanzbereich bekommt[56]. Andererseits sind seine Möglichkeiten stets durch eine Norm des guten Betragens begrenzt, nämlich, daß es als unfein gilt, über die offiziell für eine Rolle relevanten Gegebenheiten hinauszufragen. Daher die halb verborgene Existenz des Klatsches: man informiert einander hinter vorgehaltener Hand, am liebsten in der Situation privater Geselligkeit und am besten nur andeutend[57].

So steht die Notwendigkeit des einen, sich zu informieren, stets der Notwendigkeit des anderen, die Informationen über sich selbst zu kontrollieren, gegenüber; beide Notwendigkeiten finden einen gewissen Ausgleich durch eine rollenspezifische Toleranzbreite gegenüber den Techniken der Verhaltensinszenierung und durch eine Sphäre vorsichtig erlaubter Kulissengespräche in Form des Klatsches innerhalb der Rollenbeziehungen und der Relevanzbereiche. Zusätzlich wirksam ist auch hier wieder die Reziprozitätsnorm: nicht in allen Situationen kann man sich darauf verlassen, nur so viele Informationen zu geben, wie man erhält. Gelegentlich kommt es zu einem Zusammenbruch der Kontrollmechanismen, die den anderen dann zumindest zur Diskretion verpflichten[58]. Man kann aber die Reziprozitätsnorm hier auch selbst bewußt mit einsetzen, indem man dem anderen mehr erzählt, als dieser eigentlich wissen wollte, und ihn damit verpflichten, nun seinerseits offen zu reden.

Das theatralische Element im Rollenspiel ist bei den einzelnen Rollentypen unterschiedlich stark ausgebildet; Notwendigkeit und Chance einer Inszenierung des Verhaltens werden um so stärker, desto größer die Distanz zur Rolle und desto geringer die Identifikation mit der Rolle ist. Jedes Rollenverhalten ist inszeniert; aber die Ansprüche an die schauspielerischen Fähigkeiten und damit an die Techniken der Informationsbeschaffung und der Informationskontrolle steigen mit der zunehmenden Verfügbarkeit der sozialen Rollen.

4. Die Rollendistanz — Zum Problem der Situationsbewältigung

Die Tatsache, daß das konkrete Rollenverhalten in der Regel längst nicht allen Erwartungen genügt, die Inhalt einer Rolle sind, hat in den letzten Jahren zunehmend die Aufmerksamkeit einiger Soziologen erregt[59]. Eine der Aufgaben einer soziologischen Rollentheorie ist die Erklärung des abweichenden Verhaltens. Wenn aber schon das typische Rollenverhalten von den Rollenerwartungen nicht unerheblich abweicht, dann muß sich das negativ sanktionierte Verhalten von den typischen Abweichungen nochmals unterscheiden lassen. Auch hier bedarf die Rollentheorie in ihrer Dahrendorfschen Fassung einer Ergänzung und Vertiefung. Das Problem liegt offenbar darin, daß der Handelnde auch in vorweg definierten Situationen mit klaren Rollenerwartungen zur Bewältigung der Situation, und das heißt, zu einem adäquaten Rollenspiel, eine bestimmte Produktivität in seinem Verhalten entwikkeln muß. Erving Goffman hat dieses Phänomen mit dem Begriff der Rollendistanz zu fassen versucht[60]. Allerdings ist dieser Begriff bei Goffman mit gewissen Äquivokationen behaftet, die daran schuld sind, daß die theoretische Seite seiner Analysen unbefriedigend bleibt. In „Encounters" bezeichnet Goffman die „effektiv ausgedrückte und intendierte Trennung zwischen dem Individuum und seiner vermeintlichen Rolle" als Rollendistanz, wobei „das Individuum tatsächlich nicht die Rolle, sondern das eigentliche Selbst, das in der Rolle impliziert ist, verneint"[61]. Rollendistanz heißt hier also ein Verhalten, das sich von der Rollenidentität distanziert. An anderer Stelle spricht er von einer sichtbaren Distanzierung vom eigenen situationsbezogenen Image. Die Beispiele, an denen Goffman das Phänomen der Rollendistanz darstellt, enthalten allerdings nur zum Teil eine solche Distanzierung von der zugemuteten Rollenidentität; so etwa, wenn er das Verhalten von Kindern beschreibt, die sich in bestimmten Situationen über die „Kindlichkeit" dessen, was sie tun sollen, beklagen oder lustig machen. An anderer Stelle untersucht er ausführlich das Verhalten eines Chirurgen, und zwar vor, während und nach der

Operation, und kommt zu dem Schluß, daß der Chirurg dabei vieles tut, was sich mit dem Ernst und dem Leistungsanspruch seiner Rolle nicht verträgt: er scherzt mit den Schwestern, äußert sich ironisch über den „Fall" des Patienten, raucht und trinkt Kaffee in seinem Zimmer, usf. Die beiden Fälle weisen einen grundsätzlichen Unterschied auf: einmal handelt es sich bei der Distanzierung von der zugemuteten Rolle um eine Ablehnung der entsprechenden Position, zum anderen geht es eher um den Ausdruck einer gewissen Souveränität, mit der das Individuum mit seiner Rolle verfährt. Während aber die Ablehnung oder doch Distanzierung von einer Position zu abweichendem Verhalten führt, gehört die Distanzierung von einer Rolle, mit deren Position man sich doch identifiziert, zu jener eigenen Gestaltung des Rollenspiels, die von manchen Rollentypen gerade verlangt wird[62]. Im ersten Fall handelt es sich also um eine *Distanzierung vom Zwang der Positionspflichten*, im zweiten Fall um die *expressive Seite der* zu den Rollenerwartungen gehörigen *Ich-Leistungen*[63].

Mit dem Begriff der Rollendistanz berührt Goffman tatsächlich ein zentrales Problem der bisherigen Rollentheorie, nämlich, daß sich zahlreiche Verhaltensweisen, die eindeutig zum „role enactment" gehören, nicht auf differenzierte Rollenerwartungen zurückführen lassen. Das hängt mit der unterschiedlichen Gegebenheitsweise der Normen zusammen. Bei bestimmten Rollentypen, insbesondere bei den Beziehungs-, den Leistungs- und den Kontaktrollen enthält die Rolle die Vorschrift, den intendierten Relevanzbereich und die intendierten Rollenbeziehungen nach Maßgabe der individuellen Fähigkeiten und der jeweiligen Situationsbedingungen selbst zu gestalten. Zu diesen von den Gestaltungsnormen verlangten Ich-Leistungen gehört stets ein bestimmtes Maß an Rollendistanz im Sinne einer Distanzierung vom bloß Erwarteten: durch distanzierende Verhaltensweisen wird zum Ausdruck gebracht, daß man sehr wohl selbst in der Lage ist, das Rollenspiel zu gestalten, und dazu nicht auf präzise Vollzugsnormen angewiesen ist[64]. Dieses Verhalten kann im Gegensatz zur Positionsdistanzierung geradezu die Funktion haben, anderen gegenüber zu betonen, daß man der „richtige Mann am richtigen Platz" ist. Das kann durch von der Routine abweichende Verhaltensweisen oder durch ironische Distanzierung von der Rollenhaftigkeit des Verhaltens zum Ausdruck gebracht werden. Obwohl die Ich-Leistungen, die als Leerstelle zu den Rollenerwartungen gehören, nicht inhaltlich vorgeschrieben sind, gibt es auch für sie typisierte Formen, an die sie sich halten können (nicht: müssen). *Ironie* zum Beispiel läßt sich soziologisch verstehen als eine kulturell typisierte Distanzierung vom eigenen Rollenspiel durch artikulierte Reflexion über die Rolle und die Situation, die den Rahmen des Verhaltens angeben. Mit ihr wird zum Ausdruck gebracht, daß man sich der Rollenhaftigkeit und der Situationsbedingtheit seines Verhaltens bewußt ist und daß man außerhalb dieses Verhaltensrahmens noch mehr und anders ist[65].

Die *Form*, in der solche Rollendistanz zum Ausdruck gebracht wird, nicht aber die Intensität der Rollendistanz, hängt vom Grad der *Identifizierung* mit der Rolle ab. Bei allen Rollen, die ein großes Maß an Ich-Leistungen verlangen, spielt die Distanzierung vom bloß Erwarteten eine erhebliche Rolle, auch bei denjenigen, die eine starke Identifizierung erfordern. Man wird sagen dürfen, daß Humor, Witz und Ironie um so eher als Ausdruck der Rollendistanz erlaubt sind, desto geringer die erforderliche Identifikation ist, am stärksten also bei den Kontaktrollen. Mit zunehmender Identifikation hört der Spaß allmählich auf; über die Freundschaft zum Freunde macht man sich nicht lustig. Hier gibt es andere Formen der Distanzierung: man kann das Rollenhafte des Verhaltens übertrieben artikulieren, indem man etwa ein antiquiertes typisiertes Verhalten an den Tag legt (eine Möglichkeit des Flirts für den Liebhaber); oder man kann die Rolle eigenwillig ausgestalten und von den konventionellen Verhaltensweisen abweichen, indem man bestimmte Individualitätsmuster benutzt (etwa die von Popitz als Beispiel angeführte vornehme Dame, die durch ihren burschikosen Redestil düpiert).

Die Erwartung in einem bestimmten normativen Rahmen sich haltender Ich-Leistungen beim Rollenspiel hat die Funktion, den intentionalen Charakter des Rollenspiels im Hinblick auf den Sinnzusammenhang unterschiedlich typisierter Verhaltensweisen zu ermöglichen und zu garantieren. Der Umfang der Ich-Leistungen variiert dabei je nach der Art, wie die Normen einer Rolle gegeben sind. In einer graphischen Darstellung ließe sich das zwar nicht darstellen im Sinne von abbilden (das wäre ein Mißverständnis solcher kleinen Schaubilder), wohl aber veranschaulichen: Die soziale Rolle ist durch Vollzugsnormen bestimmt:

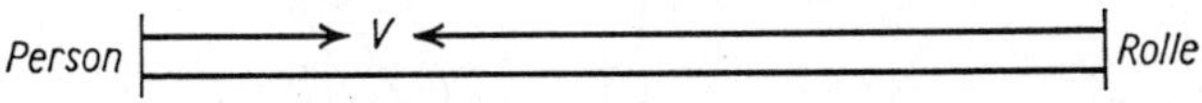

V steht dabei für Verhalten; der von „Person" ausgehende Pfeil links stellt die Ich-Leistungen dar, der von „Rolle" ausgehende Pfeil rechts die inhaltlich fixierten Rollenerwartungen. Durch Vollzugsnormen sind die Sozialisierungs-, die Ausführungs- und die Spielrollen charakterisiert. Bei den personbestimmten Sozialisierungsrollen, z. B. bei der Rolle des Kindes, darf man natürlich nicht vergessen, daß das Verhalten eines Kindes nur gelegentlich und keineswegs immer die *Rolle* „Kind" gegenüber den „Eltern" aktualisiert; dann freilich folgt es den elterlichen Anweisungen, die zumeist sehr detailliert sind, oder muß sich jedenfalls mit ihnen auseinandersetzen.

Die soziale Rolle ist durch Qualitätsnormen bestimmt:

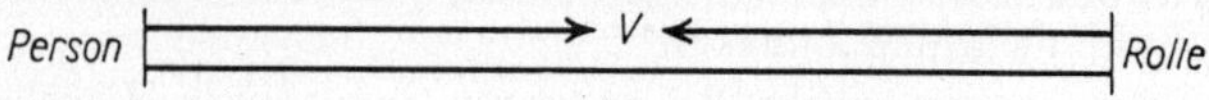

Ein solcher mittlerer Umfang der Ich-Leistungen wird bei den Helferrollen, den Arbeitsrollen und den Bewährungsrollen erwartet.

Die soziale Rolle ist durch Gestaltungsnormen bestimmt:

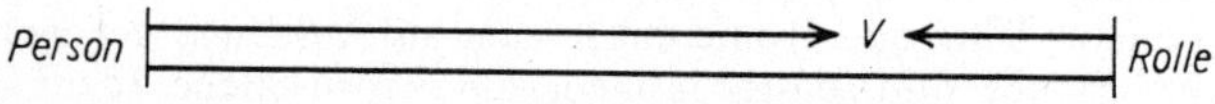

Bei den Beziehungs-, den Leistungs- und den Kontaktrollen sind die erwarteten Ich-Leistungen sehr groß. Hierher würde auch das von Goffman ausführlich behandelte Beispiel des Chirurgen gehören.

Der Umfang der Ich-Leistungen variiert natürlich nicht nur in diesen drei Stufen, sondern auf einem Kontinuum, das allerdings charakteristische Schwerpunkte mit der unterschiedlichen Gegebenheitsweise der Normen aufweist. Dabei ist immer zu beachten, daß der Umfang der Ich-Leistungen von der Rolle bestimmt wird; das tatsächliche Rollenspiel kann demgegenüber erheblich abweichen. Eine weitere Schwierigkeit liegt darin, daß der erwartete Umfang bei jedem Rollensender innerhalb ein und derselben Rolle unterschiedlich sein kann. Je nachdem, welche Bezugsgruppe oder -person in einer Interaktionssituation gerade relevant ist, wird sich das Rollenverhalten anders orientieren:

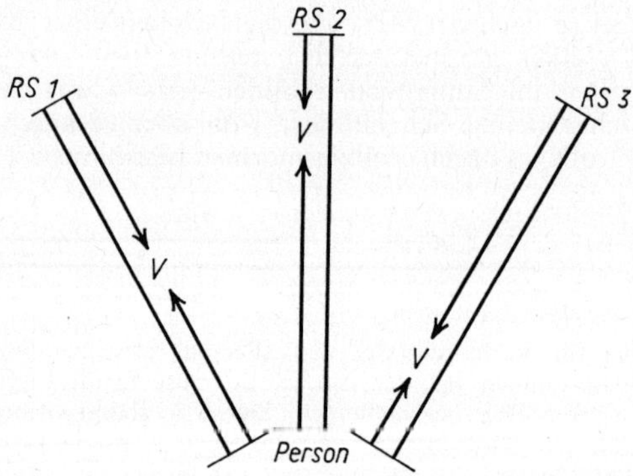

(RS = Rollensender bzw. Bezugsgruppe oder -person)

Von einer Verkäuferin im Laden werden z. B. die Kunden etwas anderes erwarten als die Kollegen oder der Chef. Im Verhältnis zu den Kunden müssen die Ich-Leistungen einen mittleren Umfang haben (RS 1); werden sie zu groß, fühlt sich der Kunde überfahren, sind sie zu gering, fühlt er sich schlecht bedient. Das Verhältnis zu den Kolleginnen wird auch während der Arbeitszeit stärker individuell geprägt sein (RS 2), während der Chef umgekehrt vor allem erwartet, daß man tut, was er sagt (RS 3).

Es mag im Einzelfall oft zweifelhaft sein, ob es sich bei einer bestimmten Interaktionsbeziehung schon um eine soziale Rolle oder nur um den Teil einer Rolle, einen Rollensektor, handelt. Entscheidend ist hier der intentionale Sinn eines einheitlich auf einen Relevanzbereich bezogenen Handelns. Eben diese Intentionalität des Rollenverhaltens erlaubt es aber auch, bei der Bildung von Rollentypen von einem idealtypisch erwarteten Umfang der Ich-Leistungen auszugehen und von den einzelnen Rollensektoren abzusehen. Denn vor jeder speziellen Erwartung einer Bezugsperson oder -gruppe steht die allgemeine Erwartung, daß der Rollenspieler in seinem Verhalten eine sinnvolle Einheitlichkeit unterschiedlich typisierter Verhaltensweisen intendiert. So gehört es zu den Erwartungen des Chefs, daß die Verkäuferin die Kunden deren Wünschen gemäß bedient, und zu den Erwartungen der Kolleginnen, daß sie die Wünsche des Chefs und der Kunden mit Vorrang behandelt. Erst wenn die Bezugsgruppen und -personen die Relevanzen in einem Handlungsbereich vollkommen unterschiedlich bewerten und damit einen solchen Ausgleich zwischen den verschiedenen Rollensektoren durch die gemeinsame Erwartung *einer* bestimmten Intentionalität des Rollenhandelns unmöglich machen, kommt es zu einem Intra-Rollenkonflikt. Das ist z. B. der Fall, wenn die Arbeitnehmer ihre Arbeitsrolle grundsätzlich anders interpretieren als der Arbeitgeber, beziehungsweise die von ihm eingesetzten Vorgesetzten, Meister usw., und wenn durch eine gewisse, eventuell organisierte Solidarität unter den Arbeitnehmern die abweichenden Erwartungen der Kollegen gegenüber denen des Chefs ein starkes Gewicht bekommen oder gar einen unversöhnlichen Charakter annehmen. In solchen Fällen hilft auch nicht die integrierende Funktion des intentionalen Charakters der Ich-Leistungen; der Konflikt besteht prinzipiell fort, auch wenn der individuellen Anpassungsfähigkeit in einzelnen Situationen ein Ausgleich oder doch die Erhaltung eines status quo gelangt.
Die Bewältigung ambivalenter Situationen und ambivalenter Rollenerwartungen ist also eine wesentliche Funktion der Ich-Leistungen. Bei manchen Rollentypen gehört diese Ambivalenz von vornherein mit zum intendierten Relevanzbereich, so daß bei ihnen die Ich-Leistungen eine besonders große Rolle spielen. Daß die Ich-Leistungen bei diesen Rollen zum erwarteten Verhalten gehören und nicht etwa nur beliebige Zutat des individuellen Rollenspiels sind, läßt sich daran ermessen, daß ihr Fehlen zu negativ sanktionierten Verhaltensstörungen führt. Wir werden darauf noch zu

sprechen kommen. Die Ich-Leistungen bedeuten jedenfalls nicht eine Distanzierung von der Rolle im Sinne ihrer Ablehnung, sondern sind umgekehrt gerade ein Ausdruck der Intentionalität des Rollenverhaltens. Anders ist eine Rollendistanz zu beurteilen, die Ausdruck der *Ablehnung von Rollenerwartungen* ist: sie ist eine Distanzierung von der Position selbst und kommt natürlich vor allem bei zugeschriebenen Positionen vor, beziehungsweise bei Rollen mit geringer Verfügbarkeit. R. L. Loser hat darauf hingewiesen, daß solche Rollendistanz ein charakteristisches Verhalten in Positionssequenzen ist, wenn also das Individuum seine Antizipation einer neuen Position durch Distanzierung von der alten, an die es aber noch gebunden ist, zum Ausdruck bringt[66]. Diese zu jedem „transitional status system", wie Coser sich ausdrückt, gehörige allmähliche Distanzierung von der jeweiligen Position muß aber unterschieden werden von dem bei Coser nicht erwähnten Fall der Distanzierung von einer zwangsweise *oktroyierten* Position, zu der es *nicht* selbstverständlich gehört, daß man sie nur eine gewisse Zeitlang innehat. Schaut man sich die Verhaltensweisen an, die Goffman und Coser als Beispiele für Rollendistanz anführen, dann lassen sich fünf Verhaltenstypen unterscheiden, denen wir, unseren vorangegangenen Überlegungen folgend, gleich einen sechsten hinzufügen können:

Formen der Distanzierung:

A. Äußerlich nicht sichtbares Verhalten

1. Die Distanzierung von der Situation durch ein Ausweichen auf eine andere Realitätsebene, in eine andere „Sinnprovinz", wie Alfred Schütz es nennt[67], also in die Welt der Phantasie, des Traumes, des Glaubens, auch der Kunst.
2. Distanzierung durch eine Mentalreservation, in der das Engagement zurückgenommen und dadurch die Identifikation gelokkert wird. (Man läßt den anderen reden und „denkt sich seinen Teil".)

B. Äußerlich sichtbares Verhalten

3. Distanzierung vom eigenen Rollenverhalten durch Ironie, Scherz und Humor. Diese Form der Rollendistanz hat die Funktion, auf die Relativität des gerade aktuellen Relevanzbereichs hinzuweisen.
4. Distanzierung durch das gleichzeitige Ansprechen zweier verschiedener Bezugsgruppen oder -personen mit unterschiedlichen Rollenerwartungen innerhalb ein und desselben Rollenverhaltens. (Zum Beispiel: man sagt dem einen etwas und blinzelt dabei dem anderen zu.)

5. Distanzierung durch gelegentliches Überwechseln in eine andere Rolle während einer Situation, in der das zwar nicht erlaubt, aber möglich ist. (Zum Beispiel wenn zwei Menschen zugleich in einer „formellen“ und einer „informellen“ Rollenbeziehung zueinander stehen: man wechselt aus der Rolle des Arbeitskollegen in die des Freundes während der Arbeitssituation, oder man wechselt aus der des Freundes in die des Vorgesetzten außerhalb der Arbeitssituation.) Häufig wird diese Form der Rollendistanz als Taktik angewendet, um im Rahmen der ursprünglichen Rollenbeziehungen mehr zu erreichen. (Zum Beispiel wenn der Vater zu seinem Sohn sagt: „Jetzt wollen wir einmal von Mann zu Mann reden.“)
6. Distanzierungen durch Überbetonung der Rollenhaftigkeit des Verhaltens. Diese Form der Rollendistanz hat die Funktion, auf die Bedeutung der Ich-Leistungen durch ein Abschwächen, eventuell ein Lächerlich-Machen der inhaltlich fixierten Rollenerwartungen hinzuweisen. Solche Hervorhebung des schauspielerischen Elements im Rollenspiel wird häufig auch zur Bewältigung ambivalenter oder offener Situationen eingesetzt. Charakteristisch ist diese Form der Rollendistanz bei den Kontaktrollen. (Zum Beispiel wenn man in einer Gesprächssituation den „advocatus diaboli“ spielt.)

Jede dieser Rollendistanzierungen ist nur möglich entweder durch Lücken im jeweiligen *Relevanzsystem*, die durch Ich-Leistungen ausgefüllt werden müssen, oder durch Lücken im *Kontrollsystem* einer Organisation oder einer Anstalt, in die der Rollenspieler unfreiwillig eingewiesen worden ist[68]. Die verschiedenen Möglichkeiten der Distanzierung von dem Zwang einer sozialen Rolle entsprechen in der umgekehrten Reihenfolge von 6. bis 1. einer Skala zunehmender „Totalität“ von Organisationen und Anstalten: der Zwang, den eine Situation auf den Rollenspieler ausübt, ist dann am größten, wenn ihm selbst das Ausweichen in eine andere Sinnprovinz unmöglich gemacht wird. Damit wäre ein Grenzfall erreicht, der ein Rollenspiel überhaupt ausschließt, weil ein Minimum an durch Rollendistanz erst ermöglichter Intentionalität des Verhaltens für den Menschen offenbar notwendig ist. Wenn sogar das Ausweichen in eine andere „Sinnprovinz“, durch das sich unzählige Gefangene zu allen Zeiten vor dem Wahnsinn zu retten suchten[69], verhindert wird, wie z. B. durch die ständige zeitliche und gedankliche Inanspruchnahme einer „Umerziehung“, wie sie in chinesischen Gefängnissen praktiziert worden ist[70], dann ist ein Überleben nur noch durch eine vollständige Veränderung der Ich-Identität möglich. Wo auch dieser Weg versperrt ist, wie in den nationalsozialistischen Konzentrationslagern, die es nicht auf Umerziehung, sondern auf Vernichtung abgesehen hatten, stirbt der

Mensch allmählich auch dann, wenn die physischen Bedingungen noch eine marginale Existenz ermöglichen: in den deutschen Lagern nannte man diese ohne unmittelbare Gewalteinwirkung schon vom Tod gezeichneten Menschen „Muselmänner". Hier zeigt sich, wie der durch den Verlust eines sinnhaften Selbstverständnisses verursachte Zusammenbruch der „Exzentrizität" unmittelbare *physische* Folgen hat. Die Distanz zwischen der Person und ihren Rollen, zwischen dem „I" und dem „me", hängt direkt mit der *Rollendistanz* als der Möglichkeit eigener Ich-Leistungen zusammen. Graphisch könnte man dieses Verhältnis etwa so darstellen:

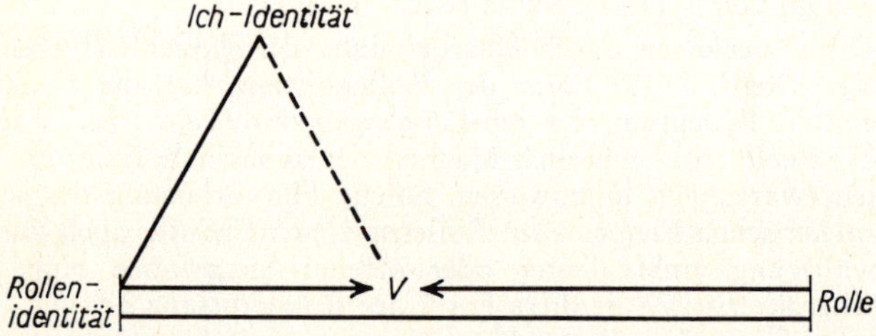

Die Distanz zwischen Person und Rolle drückt sich zunächst in der Verdoppelung der Person in Ich-Identität und Rollenidentität aus; der Abstand zwischen beiden entspricht dem Abstand zwischen der Person und den Rollenerwartungen. Im Schaubild ist das durch ein gleichseitiges Dreieck zwischen Ich-Identität, Rollenidentität und Verhalten (V) angedeutet. Wird nun das Handlungsfeld durch Verhaltensvorschriften und -regelungen so engmaschig, daß für Ich-Leistungen kein Platz mehr ist, dann schwindet auch der Abstand, den der Mensch zu sich selbst hat und braucht, die Distanz zwischen „I" (hier als Ich-Identität gekennzeichnet) und „me" (hier als Rollenidentität bezeichnet). Im Extremfall bricht die „Exzentrizität" überhaupt zusammen, und der Mensch wird zu jener Marionette reduziert, die er von Hause aus nicht sein kann.

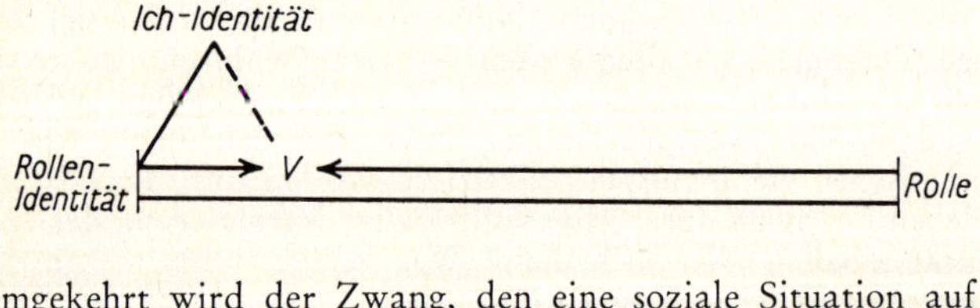

Umgekehrt wird der Zwang, den eine soziale Situation auf den Rollenspieler ausübt, dann relativ gering sein, wenn es dem einzelnen möglich ist, sich in und durch seine Ich-Leistungen von der Rolle zu distanzieren[71], oder auch, wenn er vorübergehend in eine andere Rolle ausweichen kann. Solange von sozialen *Rollen* und *Rollenverhalten* die Rede ist, werden aber weder die Rollenerwartungen noch die Ich-Leistungen jemals ganz fehlen, wie unterschiedlich sie auch bei den einzelnen Rollentypen zusammengesetzt sein mögen.

Die „Totalität" von Organisationen und Anstalten, das heißt: die Engmaschigkeit der Verhaltensregulierungen, läßt sich also ablesen an den in ihnen jeweils noch möglichen Formen der Rollendistanz. Nicht in der Rolle selbst schon, wohl aber im Grad der Differenzierung, den ihre Normen aufweisen, begegnet das rollenspielende Individuum der Gewalt gesellschaftlicher Herrschaftsverhältnisse. Die 1. Form der Rollendistanz, das Ausweichen in eine andere „Sinnprovinz", wird nur in ganz extremen Situationen unmöglich sein. Normalerweise wird auch die 2. Form, die Distanzierung durch Mentalreservation, noch zu dem unabdingbaren Minimum an Rollendistanz gehören. Mehr ist allerdings in den durch Vollzugsnormen charakterisierten Rollen kaum möglich. Die 3. und die 4. Form der Rollendistanz — die ironische Überhöhung und das gleichzeitige Ansprechen zweier Bezugspersonen oder -gruppen — gehört zu den Rollen, die durch Qualitätsnormen bestimmt sind. Hier variieren die Möglichkeiten stark nach den jeweiligen Rollensektoren: gegenüber Gleichgestellten — Mithäftlingen, Kriegskameraden, Arbeitskollegen — ist noch ein Humor möglich, ja oft als Entlastung charakteristisch, der in der Rollenbeziehung gegenüber dem Vorgesetzten — dem Unteroffizier, dem Kapo, dem Vorarbeiter — unter Umständen bereits schärfste Sanktionen nach sich zieht. Man kann also nicht jedem Rollentyp eindeutig eine Form der Rollendistanz zuordnen. Das wird besonders deutlich bei der 5. und 6. Form der Rollendistanz — der gelegentliche Rollenwechsel und die Überbetonung der Rollenhaftigkeit —, die nicht nur möglich, sondern geradezu notwendig für das Verhalten bei den durch Gestaltungsnormen charakterisierten Rollen sind. Denn in diesen Rollen ist die ganze Skala der verschiedenen Formen von Rollendistanz von Bedeutung, je nach Situation und Interaktionspartner. Es handelt sich eben nicht um graduelle Unterschiede in der *Reichweite* der Rollendistanz, sondern um verschiedene *Formen* der Rollendistanz, deren Reihenfolge allerdings eine Skala abnehmender „Totalität" der Situationen, in denen sie jeweils möglich sind, bezeichnet.

Ein repressiver Zug ist den Rollenerwartungen von vornherein eigen. Aber einen wirklichen Zwangscharakter bekommt die Rolle doch erst dann, wenn ihre Normen einen Druck auf das Individuum ausüben, dem es entweder gar nicht oder nur durch ein Überspielen oder Unterlaufen der Rollenerwartungen entgehen kann.

Bei situationsbezogenen Rollen ist das relativ harmlos, weil man sich der Situation ohne allzu große Schwierigkeiten einfach entziehen kann. Häufiger wird in solchen Situationen der Druck für den Rollenspieler darin bestehen, daß er Ich-Leistungen erbringen muß, zu denen er sich nicht in der Lage sieht. Die Folge sind Verhaltensstörungen, die Gefühle der Peinlichkeit und der Verlegenheit hervorrufen[72]. In organisationsbezogenen und erst recht in personbezogenen Rollen kann ein solcher Zwangscharakter sozialer Rollen wegen seiner relativen Unausweichlichkeit zu Schädigungen der Person selbst führen. In seinen Abhandlungen über „total institutions" hat Goffman dargelegt, daß die Resozialisierungschance von Häftlingen und Patienten von dem Umfang der in den Anstalten jeweils möglichen Rollendistanz abhängt. Die Ich-Identität entsteht aus der Zugehörigkeit zu Gruppen und Institutionen, in denen wir jeweils eine Rollenidentität aufbauen. Zugleich aber ist die völlige Hingabe an die Rollenerwartungen unter einem übergroßen Zwang zur Identifizierung mit einer Identitätsschwächung verbunden; gerade im *Widerstand* gegen die allzu engmaschigen Rollennormen wächst eine Rollenidentität, zu der wir selbst noch einmal Distanz haben und mit der wir deshalb unser Verhalten inszenieren können[73].

Das Rollenverhalten pendelt stets zwischen Anpassung und Widerstand, ohne je sich nur an das eine oder das andere halten zu können, wenn es nicht zu Verhaltensstörungen kommen soll, die die Ich-Identität selbst angreifen. Gewiß gibt es Rollen, die zu akzeptieren man gezwungen ist, ohne daß dabei die „Totalität" einer Organisation oder Anstalt ins Spiel kommt. Bestimmte personbezogene Rollen, wie die Sozialisierungsrollen oder die geschlechtsspezifischen Rollen, bedeuten ein Sein, das man nur um den Preis einer Regression auf kindliche Entwicklungsstadien sein lassen kann. Hier aber wirkt der Zwang meistens als Druck zur Identitäts*bildung* und zur Entwicklung von Ich-Leistungen, und nicht umgekehrt als Einschränkung der individuellen Entfaltungsmöglichkeiten. Ähnlich wie die „total institutions" dagegen wirkt jener Zwang zur Identifizierung mit einer Rolle, der sich in der *Diskriminierung* ausdrückt: wenn einer „out-group", gewöhnlich irgendeiner Minderheit mit marginalem Status, ein Typisierungsschema aufgezwungen wird, dann wirkt der Mechanismus der „self-fulfilling prophecy" dahingehend, daß sie sich allmählich damit abfindet und ihr Selbstbild danach ausrichtet. Auch hier sind die noch möglichen Formen der Rollendistanz beschränkt; der „fälschlich Angeklagte" resigniert leicht und unterwirft sich zumindest äußerlich der drohenden Gewalt.

Rollendistanz dient der *Situationsbewältigung* auf *dreifache* Weise: einmal ermöglicht sie die *Bewältigung ambivalenter Situationen* durch die eigenen Ich-Leistungen, zum anderen bewahrt sie die Ich-Identität durch inneren und äußeren *Widerstand* vor einer gefährlichen Schwächung in Situationen mit „totalem" Charakter, und schließlich garantiert sie die *kontinuierliche Entwicklung der Ich-Identität* in Situationen, in denen ein Wechsel der Position bevorsteht oder angebahnt werden soll. Rollendistanz kann also ein positionsnegierendes Verhalten sein, das den Rollenerwartungen Widerstand leistet, oder es kann ein positionsbejahendes Verhalten sein, das rollenunterstützende oder gelegentlich auch rollenexpressive Funktionen hat. Es scheint mir nicht sinnvoll, den Begriff der Rollendistanz nur auf die positionsnegierenden Verhaltensweisen zu beschränken, wie Rose Laub Coser vorgeschlagen hat; denn auch die positionsbejahenden Verhaltensweisen können eben, wie Goffman in „Encounters" gezeigt hat, durch eine Distanzierung von den Rollenerwartungen gekennzeichnet sein. Es genügt, diesen Unterschied im Auge zu behalten und im übrigen zu beachten, daß die sechs Formen der Rollendistanz zur Bewältigung von drei ganz verschiedenen Situationstypen dienen können. Ein bestimmtes Maß an Rollendistanz gehört zu jedem Rollenspiel, insgesamt aber steigen die Chancen eines sich distanzierenden Verhaltens mit der wachsenden Verfügbarkeit einer Rolle.

5. Der Zwang zur Darstellung und die Chance zur Selbstdarstellung — Zur Kritik des „Sozialcharakters"

Die Untersuchung der verschiedenen Formen der Rollendistanz und ihrer Funktion für die Bewältigung bestimmter Situationen hat die Ausgangsfrage, ob und wie sich „typische" Abweichungen von negativ sanktionierten Abweichungen des Rollenverhaltens unterscheiden lassen, einer Klärung näher gebracht: *positionsnegierende* Rollendistanz, so dürfen wir jetzt vermuten, ist ein Verhalten, auf das die Bezugspersonen mit negativen Sanktionen reagieren werden, deren Stärke nach dem Zwangscharakter der Positionszuordnung bemessen wird. Bei Positionssequenzen besteht eine gewisse Berechtigung zu einem rollendistanzierenden Verhalten; man wird damit in aller Regel schon rechnen, und die Sanktionen werden nicht allzu hart ausfallen. Kindern und vor allem Jugendlichen wird man ein gewisses Maß an abweichendem Verhalten von vornherein zubilligen, und Sanktionen treten meistens erst dann in Kraft, wenn ein erträgliches Maß überschritten wird. Der Umfang der Sanktionen hängt hier freilich davon ab, wie groß die Einsicht der Bezugspersonen in die Statusunsicherheit solcher Durchgangspositionen ist: im modernen Jugendstrafrecht soll den Schwierigkeiten einer Übergangsphase Rechnung getragen werden; Resozialisierung hieße dann die Ermöglichung eines sicheren Positionsübergangs durch eine künstliche soziale Umwelt in Erziehungsheimen und dergleichen. — Mit wesentlich stärkeren

Sanktionen wird aber der durch Rollendistanz zum Ausdruck gebrachte innere und äußere Widerstand gegen die Zwangsintegration in „totalen" Situationen zu rechnen haben. Hier handelt es sich klar um abweichendes Verhalten: die Bezugspersonen sind zum Teil identisch mit Sanktionssubjekten, die eine formelle Kontrollgewalt ausüben; zumindest äußerlich sichtbare Rollendistanz gilt ihnen als Abweichung gegenüber den Vollzugsnormen in einer Situation, die Gehorsam und Fügsamkeit verlangt. Bei den organisationsbezogenen Rollen wird hier leicht eine Grenze erreicht, bei deren Überschreitung dem letzten Minimum an Rollendistanz die Möglichkeit zum Rollenspiel überhaupt zusammenbricht. Diese Grenze ist erreicht, wenn die Organisation zur geschlossenen Anstalt sich verfestigt; anders ausgedrückt: wenn der Rollenspieler auf den Bereich der Ausführungsrollen zwangsweise beschränkt wird, wie das in Gefängnissen, Konzentrationslagern und unter Umständen auch in Kasernen der Fall ist. *Die Beschneidung von Verhaltensmöglichkeiten in anderen Relevanzbereichen* und Handlungsfeldern zwingt den Rollenspieler zu einer Identitätsverschiebung und -verarmung in Richtung auf die ihm nahegelegte Rollenidentität[74]. Hier zeigt sich von neuem die Bedeutung der zeitlichen und räumlichen Abgrenzung der Verhaltensbereiche: in geschlossenen Anstalten ist diese Abgrenzung total, man ist ein Gefangener des immer gleichen Raumes und der immer gleichen Zeit. Nur in dieser Abgeschlossenheit kann die Identifikation mit der oktroyierten Rollenidentität gelingen[75].
Anders nun die *positionsbejahende* Rollendistanz: sie wird, solange gewisse Grenzen eingehalten werden, nicht negativ sanktioniert, sondern im Gegenteil bei bestimmten Rollen unbedingt erwartet, dann nämlich, wenn ihre Funktion der Bewältigung ambivalenter Rollenerwartungen durch keinen der von R. K. Merton angeführten Mechanismen der Verhinderung von Intra-Rollenkonflikten erfüllt wird (vgl. S. 97).

Wie ich bereits oben erwähnt habe, hängt die Wirksamkeit dieser Mechanismen von der Integration der verschiedenen Rollensektoren ab. Da die einzelnen Rollenpartner gegenüber dem Positionsträger unterschiedliche Macht besitzen, unterschiedlich stark an seinem Verhalten interessiert sind und unterschiedliche Möglichkeiten zur Beobachtung seines Verhaltens haben, gelingt es diesem häufig, die widersprüchlichen Rollenerwartungen auszugleichen, indem er ihnen unterschiedliche Beachtung schenkt[76]. Merton selbst freilich hatte schon gesehen, daß sich diese Mechanismen unter bestimmten Umständen als unzureichend erweisen, den Konflikt zwischen verschiedenen Rollenerwartungen aufzulösen; ein residualer Konflikt, so meinte er, sei vermutlich kennzeichnend für alle Rollensysteme[77]. Doch lassen sich darüber hinaus die Bedingungen angeben, unter denen die erwähnten Ausgleichsmechanismen nicht wirken: erstens, wenn sich Interaktionen, in denen mehrere Rollenpartner gleichzeitig unterschiedliche Erwartungen hegen, zeitlich und (oder) räumlich *nicht voneinander trennen* lassen, so daß die eigene Rolle vor verschiedenen Bezugspersonen gleichzeitig gespielt werden muß, und zweitens, wenn unterschiedliche Rollenerwartungen von einem *einzigen* Rollenpartner ausgehen. Über die Bedeutung der zeitlichen und räumlichen Trennung haben wir schon gesprochen. Läßt sie sich nicht durchführen, dann entsteht eine ambivalente Situation, die nur durch bestimmte Formen der Rollendistanz — vor allem durch Humor und durch Überbetonung der Rollenhaftigkeit des Verhaltens — bewältigt werden kann. Erst recht entsteht, was Merton als „soziologische Ambivalenz" bezeichnet hat, wenn ein einzelner Rollenpartner unterschiedliche Verhaltenserwartungen hegt: „...inkompatible normative Erwartungen von Haltungen, Überzeugungen und Verhaltensweisen, die an eine Position oder eine Gruppe von Positionen in einer Gesellschaft geknüpft werden... oder in eine einzelne Position eingebettet sind"[78]. Diese Ambivalenz der Rollenerwartungen ist also besonders gravierend, wenn sie von einem einzelnen Rollenpartner ausgeht und wenn das Rollenverhalten durch das Fehlen zeitlicher und räumlicher Segmentierungen voll übersehbar ist, wenn wir also von einer ambivalenten Situation sprechen können[79]. Daß die Bewältigung solcher Situationen eine Funktion der Ich-Leistungen ist, zeigt nun deren eigene Ambivalenz: sie müssen zugleich *Engagement und Distanz* gegenüber den Rollenerwartungen beweisen. Das Engagement gilt dem Bezug der Rolle auf einen Relevanzbereich und ein Situationsthema, während die Distanz dem formalen Charakter der Rollenerwartungen gilt. Fehlt diese eine gewisse Souveränität erfordernde Distanzierung vom bloß Üblichen, dann kann das Engagement ein unerträgliches Übergewicht bekommen: die Aufgaben einer Rolle werden zur „fixen Idee", die bei dem Typ des Querulanten schließlich die Persönlichkeit so stark prägt, daß sich das entsprechende Verhalten auf ganz andere Relevanzbereiche ausdehnt. Fehlt dagegen das Engagement, so kann es zu einem Verhalten kommen, dem „der nötige Ernst fehlt", das „alles auf die leichte Schulter nimmt" und das deshalb ständig von der jeweiligen Aufgabe abschweift. Ein ausgeglichenes Verhältnis von Engagement und Distanz bei den Ich-Leistungen im Rollenspiel dürfte die Ausnahme sein; fehlt aber eines der beiden Elemente fast völlig, so kommt es zu Verhaltensstörungen, die als Abweichungen sanktioniert werden.

Die zeitliche und räumliche *Segmentierung der Verhaltensbereiche* ist eine relativ späte zivilisatorische Errungenschaft. Phillip Ariès berichtet in einer der wenigen Untersuchungen über die historische Entwicklung familiärer Sozialisierungsformen im Abendland[80], daß die Aufteilung der häuslichen Räume in Wohnzimmer und Schlafzimmer, Küche und Eßzimmer, Kinderstube und Räume für die Bediensteten erst um die Wende des 16. Jahrhunderts in den großen Patrizierhäusern entstanden ist. Zuvor vollzogen sich die verschiedenen Funktionen des Wohnens räumlich ungetrennt voneinander: die Gäste, das heißt, eine weitläufige Klientel, kamen und gingen, wann sie wollten, alle Räume standen ihnen offen; Ankleiden, Arbeiten, Essen, Spielen, Kochen, Schlafen — alles konnte im gleichen Raum vor sich gehen, so daß jedes Verhalten der Beobachtung offenstand. Das Geschlechtsleben war noch nicht im gleichen Maße in eine abgeschlossene Intimsphäre verbannt wie heute, und die Kinder galten bestenfalls als kleine Erwachsene, denen einen eigenen Bereich einzuräumen niemandem eingefallen wäre[81]. Erst recht galt und gilt diese Offenlegung der Verhaltensweisen für primitive Gesellschaften: der einzelne spielt seine Rollen auf der relativ kleinen Bühne des Dorfes und seiner Umgebung und vor den Augen der Menschen seiner Familie und seines Stammes, die er allesamt persönlich kennt. Max Gluckman hat die Ansicht vertreten, daß die Ambivalenz der zahlreichen Rollenerwartungen beim Fehlen jeder räumlichen und zeitlichen Segmentierung nicht erträglich wäre, wenn sie nicht durch *ritualisierte Rollenübergänge* und Rollendefinitionen ausgeglichen würde[82]. Danach haben die Initiationsriten vor allem die Funktion, das Rollenverhalten gegenüber der Ambivalenz von Erwartungen abzusichern, die sich im kontinuierlichen Kontakt mit den Rollensendern nicht vermeiden läßt. Dabei ist natürlich zu fragen, ob man bei primitiven Gesellschaften überhaupt von sozialen Rollen schon sprechen kann. Nun hat sich der soziologische Rollenbegriff gerade in den Untersuchungen der „cultural anthropology" bewährt, ja, er ist in diesen Untersuchungen zuerst mit entwickelt worden, wie die Arbeiten von Ralph Linton u. a. zeigen. Aber man wird doch wesentliche Unterschiede zu den modernen Gesellschaften feststellen können. Wenn es richtig ist, daß „der Rollengedanke als soziologisches Instrument der Analyse von Gewebestrukturen und funktionellen Gleichgewichten — und zwar für Gesellschaften ganz verschiedenen Typs, hochmoderner und primitiv-naturvölkischer Art — auf Ordnungen (zielt), die soziales Verhalten prägen, Ordnungen, unter welchen die Rollenverteilung unserer modernen Gesellschaft nur einen besonderen Fall darstellt"[83], dann muß doch aber diese Besonderheit sich am typischen Charakter der Rollenstruktur ablesen lassen. In einer primitiven Gesellschaft sind die Rollen fast ausschließlich persongebunden, nur selten situationsgebunden und praktisch niemals organisationsgebunden. Die soziale Bindung eines bestimmten Personenkreises an bestimmte Rollen und die Ausbildung einer entsprechenden Rollenidentität, die dann weitgehend mit der Ich-Identität zusammenfällt, geschieht durch Initiationsriten. Aber auch in situationsbezogenen Rollen wird die Typisierung des Verhaltens durch *Ritual* und *Zeremoniell* abgesichert. Diese Ritualisierungen schmälern den Bereich der Ich-Leistungen, oder besser umgekehrt: Sie entlasten von den Ich-Leistungen, die in diesem Stadium gesellschaftlicher Entwicklung nur rudimentär aufgebracht werden können. Das Verhalten ist also weitgehend durch Vollzugsnormen geprägt, und der vorherrschende Rollentyp ist die Sozialisierungsrolle. Schon in dieser Benennung wird freilich deutlich, daß die *Terminologie* unserer Rollentypologie auf moderne Gesellschaften zugeschnitten ist: die Ritualisierung des Verhaltens ist ein funktionales Äquivalent für die heute in fast allen Rollen erforderlichen Ich-Leistungen, während sich weite Bereiche des Verhaltens in primitiven Gesellschaften überhaupt außerhalb dessen abspielen, was man sinnvoll als Rollenverhalten bezeichnen könnte.

In den modernen Gesellschaften ist die Bedeutung dieser Rollen und der mit ihnen verbundenen Initiationsriten so weit zurückgegangen, daß es nun erst erlaubt ist, die Bezeichnung Sozialisierungsrolle zu benutzen. Auch die Restbestände der Initiationsriten in unserer Gesellschaft lösen sich allmählich auf und werden durch eine Trennung der Verhaltensbereiche abgelöst — es sei denn, sie werden gegenüber dieser im Bewußtsein längst vollzogenen Trennung ideologisch (nicht unbedingt tatsächlich) festgehalten, wie z. B. bei der Jugendweihe. Verlobung und Hochzeit waren einst, zumal für die Frau, intensive Einschnitte in den Rollenbeziehungen, die durch entsprechende Riten gekennzeichnet waren. Heute ist die Hochzeit oft nur die rechtliche Fixierung eines längst bestehenden Zustandes[84]. Die Rollen von Braut und Bräutigam sind keine Sozialisierungsrollen mehr, sondern höchst individuell gestaltete Beziehungsrollen. Ähnliche Verschiebungen einzelner Rollen innerhalb der Rollentypologie gibt es auch in anderen Bereichen: „Soldat“ und „Arbeiter“ sind heute eher Arbeitsrollen als Ausführungsrollen, und mit steigenden Anforderungen an die Ich-Leistungen werden manche Arbeitsrollen tendenziell zu Leistungsrollen. Zugleich werden die personbezogenen Rollen seltener: noch im vorigen Jahrhundert konnte man im Bürgertum von einer Rolle der „Frau“ sprechen, die ihr ganzes Leben prägte; heute teilen auch die Frauen ihre Zeit in Arbeits- und Bewältigungsrollen, Helfer- und Beziehungsrollen. Die Ich-Identität einer Frau geht nicht mehr ohne weiteres in der Rollenidentität einer Beziehungsrolle auf[85], sondern muß sich aus verschiedenen, nicht selten widersprüchlichen Rollenerfahrungen aufbauen, wobei geschlechtsspezifische Helfer- und Beziehungsrollen eine wichtige, aber keineswegs exklusive Bedeutung haben. So wird man sagen dürfen, daß der Trend insgesamt in Richtung einer wachsenden Verfügbarkeit der sozialen Rollen geht, was um so größere Ansprüche an die Ich-Leistungen stellt, als die selbstverständliche Identifikation mit den Rollen dabei abnimmt. Die moderne Gesellschaft ist eine *Gesellschaft der Individuen*, die traditionale Gesellschaft dagegen ist eine *Gesellschaft der Angehörigen*. Heute ist uns ein entwickeltes Ich-Bewußtsein selbstverständlich, zu dessen Entstehung es eines langen Zivilisationsprozesses bedurfte[86]. Dieses Bewußtsein unverwechselbarer Individualität ist eine Folge der wachsenden gesellschaftlichen Funktionsverflechtung, die ihren Ausdruck in dem Netz der sozialen Rollen findet, das sich über nahezu alle Verhaltensweisen ausbreitet: mit der wachsenden Zahl der Relevanzbereiche, an denen der einzelne handelnd teilnimmt, vervielfacht sich die Zahl der Rollen, die er zu spielen hat; zugleich werden immer mehr Verhaltensweisen durch Rollenerwartungen stilisiert, um die Verhaltenssicherheit gegenüber den vielen Menschen zu gewährleisten, mit denen man zu tun hat und die man doch kaum kennt. So entsteht eine unverwechselbare Persönlichkeit aus der Vielzahl je individuell zusammengesetzter Rollenerfahrungen, die es zugleich ermöglicht, jene Ich-Leistungen aufzubringen, deren Richtung wohl vorgegeben ist, für deren inhaltliche Gestaltung aber die Auswahl unter den bruchstückhaften Typisierungsschemata und „Individualitätsmustern" allemal schwerfällt. Distanz und Engagement müssen eine je persönlich gefärbte Verbindung eingehen, um den häufiger werdenden ambivalenten Situationen, die durch keine Ritualisierung mehr aufgelöst werden, begegnen zu können. Ohne ein bestimmtes Maß an räumlicher und zeitlicher Segmentierung ist diese jedem persönlich zugemutete Leistung nicht durchzuhalten.

Die historische Entwicklung der Rollenstruktur und der entsprechende Wandel des Rollenverhaltens ist von manchen Autoren als eine Veränderung des *„Sozialcharakters"* beschrieben worden. Die wohl bekannteste dieser Arbeiten ist David Riesmans „Untersuchung über die Wandlungen des amerikanischen Charakters", anhand deren die Tragweite des Begriffes „Sozialcharakter" hier kurz untersucht werden soll[87]. Riesman verzichtet auf eine klare Definition dieses Begriffs[88]; statt dessen hat er drei idealtypische „Sozialcharaktere" beschrieben, die er bestimmten grob nach dem Verlauf der Bevölkerungskurve unterschiedenen Entwicklungsstadien der amerikanischen Gesellschaft zuordnet — den „traditionsgeleiteten", den „innen-geleiteten" und den „außen-geleiteten" Menschen. Die Tatsache, daß Riesman von der Bevölkerungsentwicklung und deren Zusammenhang mit der ökonomischen Lage ausgeht, spricht zunächst dafür, daß er den Begriff des „sozialen Charakters" im gleichen Sinne wie Erich Fromm benutzt, nach dem der „Sozialcharakter die äußeren Notwendigkeiten internalisiert und auf diese Weise die menschliche Energie für die Aufgabe eines gegebenen ökonomischen und sozialen Systems einspannt"[89].

Tatsächlich ist die Ähnlichkeit in den Formulierungen von Riesman und Fromm sehr groß; auch Fromm sieht den Ursprung des „Sozialcharakters" in den Sozialisierungspraktiken der Familie als einer „psychischen Agentur der Gesellschaft"[90], die die Grunderfahrungen und den Lebensstil der Mitglieder einer Gruppe prägen[91]. Während aber Fromm eine zugleich psychoanalytisch und moralisch orientierte Sozialphilosophie entwickelt, die es ihm erlaubt, zwischen „produktiven" und „nicht-produktiven" Charaktertypen zu unterscheiden[92], beschränkt sich Riesman zunächst auf eine *Beschreibung* des jeweils in einer Gesellschaft vorherrschenden Konformitätsmodus des Verhaltens. Aus einer Inhaltsanalyse dieser Beschreibung lassen sich die Kriterien ermitteln, die der Unterscheidung der drei Typen des „Sozialcharakters" bei Riesman zugrunde liegen.

Robert Gutman und Dennis H. Wrong haben fünf solche Kriterien ermittelt[93]:

1. Die Lokalisierung der Verhaltensnormen und -ziele, die entweder verinnerlicht sind oder von außen durch Bezugsgruppen an einen herangetragen werden;
2. die Art des individuellen Bewußtseins, das entweder in der Identifizierung mit einem kollektiven Subjekt aufgeht oder als entwickeltes Ich-Bewußtsein vom Kollektiv sich abhebt;
3. die Stabilität der Verhaltensziele, die entweder stark fluktuieren oder während des Lebens im wesentlichen immer die gleichen bleiben;
4. die Art der emotionalen Bewältigung des Scheiterns, auf das die Menschen entweder mit Schamgefühl oder mit Schuldgefühlen oder mit einer „diffusen Angst" reagieren; und
5. die Vermittlungsinstanzen der Sozialisierung, nämlich entweder der Sippenverband sowie die Alters- und Geschlechtsgruppen oder die bewußte elterliche, schulische und literarische Erziehung oder die „peer-groups" und die Massenmedien.

Nicht alle Kriterien gelten für die drei Typen des „Sozialcharakters" gemeinsam: der „traditions-geleitete" Mensch wächst in den lokal verankerten Sippenverband hinein, mit dem er sich vollkommen identifiziert, seine Verhaltensziele bleiben im Laufe seines Lebens die gleichen, auf ein Scheitern reagiert er mit Schamgefühlen gegenüber der Gruppe, die ihn im Extremfall verstößt; der „innen-geleitete" Mensch ist vor allem durch die frühzeitige Verinnerlichung der elterlichen und schulischen Normen gekennzeichnet, durch die er einen inneren „Kreiselkompaß" entwickelt, der ihm in den wechselnden Situationen seines Lebens stets die gleiche Zielrichtung der Verhaltensorientierung angibt. Versagt dieser Mechanismus, dann straft sich der „innen-geleitete" Mensch durch

Schuldgefühle selbst. Wie dieser hat auch der „außen-geleitete" Mensch ein entwickeltes Ich-Bewußtsein, aber ohne dessen internalisierte Werte. Statt dessen besitzt er eine besondere Empfindlichkeit gegenüber den rasch wechselnden Verhaltenserwartungen seiner „peer-group" und den kulturindustriellen Klischees der Massenmedien. Seine Verhaltensziele fluktuieren je nach sozialer Umgebung, und nur wenn seine „Radarantennen" versagen, sieht er sich der Möglichkeit zur Anpassung beraubt und erlebt „diffuse" Angstzustände.

Es soll hier gar nicht untersucht werden, welche systematischen und vor allem historischen Einwände gegen Riesmans Typologie vorgebracht werden können; ihre Zahl ist gewiß nicht gering. Vielmehr geht es uns um die begriffliche Problematik des „Sozialcharakters". Untersucht man die Kriterien, an denen Riesman seine Typologie entwickelt hat, so zeigt sich, daß drei verschiedene, wenngleich zusammenhängende, Sachverhalte in seinen Begriff des „Sozialcharakters" eingegangen sind: nämlich erstens der vorherrschende Typus der personalen *Identitätsbildung* durch die unterschiedlichen Identifikationsmöglichkeiten der verschiedenen Sozialisierungsphasen; zweitens die Art und der Umfang der *Ich-Leistungen,* die typischerweise von den Rollenspielern einer Gesellschaft verlangt werden; und drittens die vorherrschende Art der *Kontrolle* des Rollenverhaltens. Die Verbindung dieser drei Sachverhalte zu einem einzigen Begriff, dem des „Sozialcharakters", ist die Ursache für dessen bis zur Unbrauchbarkeit gehende Vieldeutigkeit. Riesman hat das wohl selbst gesehen und deshalb auf eine präzise Definition verzichtet. Das tut seiner geistreichen und detaillierten Analyse keinen Abbruch; aber es zeigt, daß der Begriff des „Sozialcharakters" in einer rollenanalytischen Entwicklungstheorie in *dieser* Form keine Verwendung finden kann[94].

Für die neuere Entwicklungsgeschichte der drei in diesen Begriff eingehenden Sachverhalte bietet Riesman allerdings eine Fülle von Material. Danach haben sich die Sozialisierungsformen immer stärker in eine Richtung verändert, die durch Ausbildung einer personalen Identität mit entsprechend entwickeltem Ich-Bewußtsein charakterisiert ist. Diese Ich-Identität bildet die Voraussetzung für die Verhaltensorientierung an einer Vielzahl sozialer Rollen, die immer stärker ablösbar von der Person des Rollenspielers sind. Das Ergebnis sind einerseits die wachsenden Ansprüche an die Ich-Leistungen in einzelnen sozialen Rollen, andererseits die abnehmende Identifizierung mit diesen Rollen. Anders ausgedrückt: die Entwicklung scheint dahin zu gehen, daß bei immer seltener und schwieriger werdenden Ritualisierungsmöglichkeiten der Charakter der Rollenerwartungen allmählich stärker durch Gestaltungsnormen geprägt wird und daß immer weniger Rollen persongebunden und immer mehr Rollen organisations- und situationsbezogen werden, wobei die Anzahl der dem einzelnen insgesamt zugemuteten Rollen allmählich steigt. In einer „traditionsgeleiteten" Gesellschaft — was immer darunter historisch genauer zu verstehen sein mag — spielt der einzelne nur relativ wenige Rollen, die fast ausschließlich persongebunden sind; sein Verhalten ist leicht kontrollierbar, weil er in einer kleinen Gruppe ihm lebenslang bekannter Menschen, die zugleich seine Rollensender und Sanktionssubjekte sind, ohne große räumliche und zeitliche Rückzugsmöglichkeiten lebt. Der aus dieser Sichtbarkeit des Verhaltens entstehende Druck ambivalenter Rollenerwartungen wird aufgefangen einmal durch die Ritualisierung aller Positionsübergänge und aller situationsbezogenen Rollen, und ferner durch die geringe Stilisierung des alltäglichen Verhaltens und das Fehlen einer Pluralität von Relevanzbereichen, so daß man geneigt sein könnte, in diesen Gesellschaften nur ausnahmsweise überhaupt von einem Rollenverhalten zu sprechen. Erst allmählich entwikkelt sich ein vom Individuum ablösbares Rollenverhalten in der Herrschaftsrepräsentation der Oberschichten und später in der Repräsentation einer ständischen Schichtung und Ämterverteilung. Das „innen-geleitete" Verhalten ist dann charakteristisch für die bürgerliche Gesellschaft: die Relevanzbereiche haben sich vermehrt, und mit ihnen ist der Handlungsraum und der Kreis der Personen, mit denen man in Berührung kommt, erheblich größer geworden; die Internalisierung der elterlichen Werte und Normen soll eine sichere Steuerung des Verhaltens auch dann gewährleisten, wenn man sich außerhalb der vertrauten sozialen Umwelt in selbständigen Berufen und in der urbanen Welt „unvollständiger Integration"[95] der Sozialkontakte bewegen muß, setzt jedoch die Identifikation mit der eigenen Herkunftsschicht und ihrer als selbstverständlich empfundenen, aber relativ abstrakten Wertwelt voraus, die allen jenen gemeinsam ist, die sich als „die Gesellschaft" überhaupt begreifen[96]. In einer „pluralistischen" Gesellschaft mit weiterhin wachsender Funktionsverflechtung der Möglichkeiten gesellschaftlich vermittelter Bedürfnisbefriedigungen wird diese Identifizierung unmöglich; die „außen-geleitete" Orientierung an wechselnden Bezugsgruppen und kulturindustriell gelieferten Modellrollen ermöglicht eine Flexibilität und Anpassungsfähigkeit des Verhaltens, die der „innen-geleitete" Mensch nicht aufbringen kann, die nun aber auch die Stabilität der Verhaltensziele ins Wanken bringt. Die daraus entstehende Unsicherheit wird zum Teil durch die noch immer zunehmende Segmentierung der zeitlichen und räumlichen Struktur der Handlungsbereiche ausgeglichen, verlangt aber dennoch mehr und mehr einen individuellen, Ich-Leistungen fordernden Verhaltensstil, wenn es nicht zu einer Regression auf Pseudo-Ritualisierungen kommen soll.

Eine Untersuchung der Typologie des „Sozialcharakters" bei Riesman zeigt, daß es sich dabei vor allem um Veränderungen im Umfang der erwarteten Ich-Leistungen und in der Art der Kontrolle des Rollenverhaltens handelt. Diese Veränderungen sind von erheblicher Bedeutung für die Frage nach dem abweichenden Verhalten und seiner Sanktionierung. Denn je nachdem, welches Rollenverhalten verlangt wird und wie die Rollenkonformität kontrolliert wird, ist abweichendes Verhalten etwas anderes. Untersuchungen über die Veränderungen *im* „Sozialcharakter" können deshalb auch erste Aufschlüsse über die Veränderungen in der *Kontrollstruktur einer Gesellschaft* und in der typischen Weise, in der die Individuen sich auf die sozialen Normen einstellen, geben. Man wird sagen dürfen, daß der Spielraum des nicht sanktionierten Rollenverhaltens in dem Maße größer geworden ist, wie die intentionale Ausrichtung des Verhaltens an sozialen Rollen und eine entsprechende Stilisierung des Verhaltens zugenommen hat. Denkt man sich die Dichte und Genauigkeit, mit der die Relevanzen eines Handlungsbereichs normativ in eine Präferenzordnung gebracht sind, die das Verhalten reguliert, auf einem Kontinuum, dessen Pole durch „Totalität" und „Ambivalenz" der Rollenerwartungen und Typisierungsschemata gekennzeichnet sind, dann läßt sich sagen, daß mit wachsender Verfügbarkeit der sozialen Rollen der mögliche Umfang atypischer Verhaltensweisen größer wird. Mit Alfred Schütz kann man zwischen *untypisiertem* Verhalten, das aus dem Relevanzbereich herausfällt, und *atypischem* Verhalten, das wohl relevant ist, aber vom Typisierungsschema abweicht, unterscheiden[97]. Untypisiertes Verhalten wird immer mit negativen Sanktionen rechnen müssen. Bei atypischem Verhalten ist das nicht unbedingt der Fall: es bezieht sich durchaus auf Situation und Relevanzbereich, hält sich im Rahmen einer sozialen Rolle, aber es entspricht nicht dem üblichen Typisierungsschema und kann daher zum Beispiel das Thema einer Interaktionssituation verändern, ohne zugleich aus dem Relevanzbereich überhaupt auszubrechen. Diese atypischen Verhaltensweisen sind ein Ausdruck sichtbarer Rollendistanz: je „totaler" eine Situation bestimmt ist, desto geringer ist die Chance atypischen Verhaltens, und umgekehrt: je ambivalenter die Situation, desto größer die Chance, ja die Erwartungen eines atypischen Verhaltens. Mit abnehmender „Totalität" und wachsender Ambivalenz der Rollenerwartungen also sind immer mehr Verhaltensweisen möglich, deren vom Typisierungsschema abweichender Charakter als „normal" gilt und nicht negativ, sondern im Gegenteil manchmal sogar positiv sanktioniert wird. Erst mit einem untypisierten Verhalten fällt man wirklich „aus der Rolle". In „totalen" Situationen dagegen ist jede individuelle Nuance des Verhaltens sogleich ein untypisiertes und daher negativ sanktioniertes Verhalten.

Dabei gilt es allerdings zu beachten, daß bei all den Rollen, die sich, wie die meisten, etwa auf der Mitte einer Skala von „totalen" bis zu „ambivalenten" Rollenerwartungen befinden, die Frage, was noch als atypisch und was schon als untypisiert gilt, von den verschiedenen Interaktionspartnern unterschiedlich beurteilt werden kann. Hier wird sich freilich bei den meisten Interaktionen ein gewisser Konsensus herausbilden. Wichtiger ist, daß das gleiche Verhalten in manchen Situationen und aus der Perspektive *eines* Relevanzbereiches atypisch sein kann und in anderen Situationen und aus dem Blickwinkel eines anderen Relevanzbereiches untypisiert. Der Konsensus über das, was als atypisch und was als untypisiert zu gelten hat, ist also zunächst ein Konsensus über Relevanzbereich und Thema einer Interaktionssituation; ohne diesen Konsensus gibt es keine oder nur eine schwache *Sanktionsdrohung*, weil der Rollenspieler sich bei Bezugspersonen Unterstützung holen kann, die im Gegensatz zu anderen sein Verhalten noch billigen[98]. Das heißt also, daß bei atypischem Verhalten unter Umständen mit negativen Sanktionen gegen *einzelne* Bestandstücke des Rollenspiels und von seiten *einzelner* Bezugsgruppen oder -personen zu rechnen sein wird. Gravierende Sanktionen, die sich auf das *gesamte* Rollenverhalten beziehen und von allen oder der Mehrheit der Bezugsgruppen und -personen ausgehen, sind dagegen nur bei untypisiertem Verhalten zu erwarten. Auf unsere Typologie sozialer Rollen angewendet bedeutet das, daß die *negativen Sanktionen um so schärfer und umfassender ausfallen werden, desto geringer die Verfügbarkeit der jeweiligen Rolle für die Person ist.* Mag aber diese Klassifikation ein formales Schema abgeben, mit der sich die Rollenstruktur einer jeden Gesellschaft darstellen ließe, so ist doch die historische Konkretisierung der Typologie, die Einordnung *bestimmter* sozialer Rollen in das Schema (wie ich es mit den Beispielen in der Tab. auf S. 140 versucht habe) immer nur als eine Momentaufnahme der jeweiligen gesellschaftlichen Verfassung einer Rollenstruktur möglich. Deshalb auch handelt es sich bei diesem Schema um einen Klassifikationsversuch, der die Typenbildung für einen je spezifischen historischen Entwicklungsstand erst ermöglichen soll. Die angegebenen Beispiele beziehen sich auf die *gegenwärtige* Gesellschaft, denn nur für diese zunächst kann eine Pathologie der sozialen Rollen entwickelt werden: was atypisch und was untypisiert ist, welches Verhalten als „normale" Abweichung gewertet wird und welches mit negativen Sanktionen bedroht ist, hängt eben vom jeweiligen Typ einer sozialen Rolle ab, wobei sich zeigen wird, daß das Bewußtsein der Gesellschaft nicht selten hinter der Entwicklung ihrer Rollenstruktur zurückbleibt. Die mit der zunehmenden Verfügbarkeit wachsende Ambivalenz der sozialen Rollen, die nur durch die Ich-Leistungen bewältigt werden kann, stellt an die Rollenspieler Anforderungen, denen sie oft genug nicht gewachsen sind. Die daraus resultierenden Verhaltensstörungen haben ihre Ursache in der durch die anachronistischen Sozialisierungsprozeduren einer repressiven Herrschaftsstruktur geschwächten Ich-Identität. Mit dem Zwang zur Darstellung wächst auch die Chance der Selbstdarstellung, sofern sich die Elemente eines „Sozialcharakters“ entwickeln, der die Selbstbehauptung des Rollenspielers garantiert. Eine Pathologie des Rollenverhaltens muß sich an dem jeweiligen Entwicklungsstand des gesellschaftlichen Rollensystems orientieren. Zu diesem System gehört die Art der Ich-Identität als das typische Ergebnis des Sozialisationsprozesses ebenso wie die Art der Rollenerwartungen selbst.

Anmerkungen

1 Es sei hier angemerkt, daß der Ausdruck „Rollen*spiel*“ als Bezeichnung eines intentionalen Rollenverhaltens nicht sehr glücklich ist. Die englischen Termini “role enactment” und “role performance” drücken den aktiven Charakter des Rollenverhaltens wesentlich besser aus, lassen sich aber nur umschreibend übersetzen. Daneben gibt es freilich auch ein *spielerisches* Rollenverhalten, das aber auf bestimmte Rollen und Situationen beschränkt ist. Ich werde im weiteren fortfahren, von Rollenspiel zu sprechen, möchte aber darauf hinweisen, daß dabei zunächst immer “role enactment” gemeint ist.

2 Wilbert E. Moore hat soziale Zeiteinheiten und -sequenzen als Grenzbedingungen sozialer Systeme untersucht, in: Man, Time, and Society, New York 1963. Vgl. auch: G. Gurvitch, La multiplicité des temps sociaux, Cours de Sorbonne, Manuskriptdruck, Paris 1961. Über sozial relevante und gesellschaftlich geregelte Raumeinheiten vgl. G. Simmel, Der Raum und die räumlichen Ordnungen der Gesellschaft, in: Soziologie, Untersuchungen über die Formen der Vergesellschaftung, 4. Aufl., Berlin 1958, S. 460—526.

3 Vgl. T. Parsons, The Social System, aaO, S. 58 ff.

4 Vgl. dazu T. Parsons, The pattern variables revisited, aaO.

5 Die Situationstheorie von W. I. Thomas findet sich vor allem in seinem mit F. Znaniecki zusammen verfaßten Hauptwerk “The Polish Peasant in Europe and America”, New York 1927, Bd. 1. Die wichtigsten theoretischen Beiträge von Thomas sind in der deutschen Auswahl aus seinem Werk 1966 unter dem Titel „Person und Sozialverhalten“ als Bd. 26 der „Soziologischen Texte“, Neuwied, erschienen. Zum Situationsbegriff siehe dort S. 84 ff.

7 J. Habermas, Zur Logik der Sozialwissenschaften, Sonderheft der Philosophischen Rundschau, Februar 1967, S. 123.

7a Die Ausdrücke “basic rules” und “rules of conduct” hat Jürgen Habermas von Aaron V. Cicourel übernommen, der die Differenz zwischen beiden Typen von Regeln so beschreibt: “Basic or interpretive rules provide the actor with a developmentally changing sense of social structure that enables him to assign meaning or relevance to an environment of objects. Normative or surface rule (rules of conduct, H. P. D.) enable the actor to link his view of the world to that of others in concerted social action and to presume that consensus or shared agreement governs interaction. The shared agreement would include consensus about the existence of conflict or differences in normative rules." Aaron V. Cicourel, Basic and Normative Rules in the Negotiation of Status and Role, in: H. P. Dreitzel (Hrsg.), Recent Sociology, No. 2; Patterns of Communicative Behavior, New York 1970, S. 29. Siehe auch S. 196 in der vorliegenden Arbeit.

[8] Vgl. E. Goffman, Behavior in Public Places, aaO, S. 18: "When persons come into each other's immediate presence they tend to do so as participants of what I shall call a social occasion. This is a wider social affair, undertaking or event, bounded in regard to place and time and typically facilitated by fixed equipment; a social occasion provides the structuring social context in which many situations and their gatherings are likely to form, dissolve and re-form, while a pattern of conduct tends to be recognized as the appropriate and (often) official or intended one — a 'standing behavior pattern'."

[9] Ebenda, S. 18.

[10] Vgl. G. Simmel, Soziologie der Geselligkeit, in: Verhandlungen des ersten deutschen Soziologentages. Tübingen 1911.

[11] Vgl. H. Popitz, Der Begriff der sozialen Rolle als Element der soziologischen Theorie, aaO, S. 31.

[12] Vgl. R. H. Turner, Role-Taking: Process versus Conformity, in: A. M. Rose, (Hrsg.), Human Behavior and Social Processes, aaO, S. 28: "The unity of a role cannot consist simply in the bracketing of a set of specific behaviours, since the same behavior can be indicative of different roles under different circumstances. The unifying element is to be found *in some assignment of purpose or sentiment to the actor" (Hervorhebung* von Turner). Mit anderen Worten: das vereinheitlichende Element unterschiedlicher Verhaltensweisen eines Rollenspielers im Rahmen ein und derselben Rolle ist der Bezug auf einen Relevanzbereich.

[13] Vgl. H. P. Bahrdt, Mythos und Wirklichkeit der Arbeit, Manuskript, Göttingen 1965.

[14] Vgl. E. Goffman, Behavior in Public Places, aaO, S. 43—82.

[15] Goffman spricht von "main and side involvements", aaO, S. 43.

[16] Zum letzteren Fall vgl. die Untersuchung von Arbeitssituationen im Hinblick auf Monotonie und ähnliche, auch interaktionsbehindernde Störungsfaktoren, in: H. Popitz, H. P. Bahrdt, K. Kesting, E. A. Jüres, Technik und Industriearbeit, Tübingen 1957, S. 156 ff. Bei dieser Untersuchung klingt der Versuch an, aus der Analyse von Situationsstörungen eine sozialpathologische Theorie zu entwickeln. Ein solcher Ansatz müßte beachten, daß nicht alle Situationen auf Vollständigkeit hin angelegt sind oder, genauer gesagt, daß nicht alle Interaktionen vollständige Situationen erheischen. Das heißt aber, daß der Versuch einer Pathologie der Situationen zurückverweist auf die Interaktionsanalyse, also ohne einen rollentheoretischen Ansatz zu unzureichenden Ergebnissen kommen muß. Die Gefahr einer Pathologie der sozialen Situationen liegt vor allem darin, daß unvollständige Situationen mit gestörten verwechselt werden. Unvollständigkeit der Situation *kann,* aber muß nicht, eine Störung indizieren.

[17] Vgl. dazu H. P. Bahrdt, Gedanken über einige Formen des gesitteten Betragens, in: Gesellenstücke, unveröffentlichte Festschrift für H. Plessner, Manuskriptdruck, Göttingen 1957.

[18] Vgl. Peter M. Blau, Exchange and Power in Social Life, New York 1964.

[19] Vgl. G. C. Homans, Social Behaviour; Its Elementary Forms, London 1961, und: ders., Social Behaviour as Exchange, in: Sentiments and Activities, Glencoe, Ill., 1962. — Die unterschiedliche Schreibweise von "behaviour" ("behavior"), wie sie im folgenden auftauchen wird, entspricht dem englischen Original.

[20] Wesentlicher Bestandteil dieses Szenariums ist die räumliche und zeitliche Struktur der Situation. — Ein besonders krasses Beispiel für die bewußte Ausgestaltung der räumlichen Bühne des sozialen Handelns war Mussolinis Arbeitszimmer, dessen perspektivische Konstruktion so auf den Schreibtisch ausgerichtet war, daß der Diktator jedem Besucher als überlebensgroß erscheinen mußte. Auch die Illusionstechniken von Theater und Film gehören hierher.

[21] Ein charakteristischer Fall sind sicherlich die ebenso raffinierten wie anstrengenden Schminktechniken, deren sich viele Frauen bedienen, wenn es darum geht, eine geschlechtsspezifische Rolle zu spielen.

[22] Vgl. Erving Goffman, The Presentation of Self in Everyday Life, New York 1959, Kap. VI: "The Arts of Impression Management".

[23] Man hat oft das hohe Ansehen, das die amerikanischen Frauen in der Pionierzeit besaßen, auf diese Weise erklärt und ihre gegenwärtig relativ starke Position in der Machtstruktur der amerikanischen Gesellschaft daraus ableiten wollen: ihre geringe Zahl im Vergleich zu den Männern führte im Zusammenhang mit einer puritanischen Sexualmoral zu einer Konzentration der Möglichkeiten zur Bedürfnisbefriedigung. Aber es ließen sich auch viele alltägliche Beispiele finden: ein guter Unterhalter wird öfter eingeladen; der jugendliche Autobesitzer findet rascher ein Mädchen als seine Konkurrenten; ein Mensch, der im Ruf steht, viele Leute zu kennen, wird allein dadurch noch mehr Bekannte finden, daß er über Möglichkeiten der Kontaktvermittlung verfügt, usf.

[24] Vgl. G. C. Homans, Social Behaviour; Its Elementary Forms, aaO, S. 53—55, 75.

[25] "Indeed we are out to rehabilitate the 'economic man'", schreibt Homans (Social Behaviour, aaO, S. 79). In der daran anschließenden Diskussion des Rationalitätsprinzips wird das Problem weitgehend beiseite geschoben: die Frage sei nicht, ob sich die Menschen tatsächlich rational verhielten, sondern ob man ihr Verhalten mit einem Modell rationalen Handelns beschreiben könne. Damit hängt alles davon ab, was genau „rationales Handeln" in diesem Modell heißt. Denn der Rationalitätsbegriff ist so eindeutig nicht. — Vgl. dazu meinen Versuch, die Äquivokationen dieses Begriffs auseinanderzulegen, in: Rationales Handeln und politische Orientierung, aaO.

[26] Homans hat die Ergebnisse verschiedener empirischer Kleingruppenuntersuchungen in diesem Sinne interpretiert in: Theorie der sozialen Gruppe, Köln und Opladen 1960.

[27] Hierher gehören auch die „intimen Feindschaften", die zwei Menschen mitunter lebenslang miteinander verbinden können. Strindberg schilderte in seinem beklemmenden Drama „Totentanz" eine Ehe, die durch die Reziprozität der „intimen Feindschaft" zusammengehalten wird: keiner kann von dem Objekt seines Hasses lassen, und als schließlich einer von beiden stirbt, ist dies nicht Befreiung für den anderen, sondern die Zerstörung einer Ordnung, ohne die er nicht leben kann.

[28] Eduard Westermarck, The Origin and Development of Moral Ideas, London 1908, Vol. 2, S. 154, zit. nach: A. W. Gouldner, The Norm of Reciprocity: A Preliminary Statement, in: American Sociological Review, Vol. 25, 1960, S. 161.

[29] A. W. Gouldner, The Norm of Reciprocity, aaO, S. 171.

[30] Gouldner unterscheidet denn auch zwischen Tauschverhalten, Glauben an die Vorteilhaftigkeit von Erwiderungsbräuchen und einer Norm der Reziprozität: "In sum, beyond reciprocity as a pattern of exchange and beyond folk beliefs about reciprocity as a fact of life, there is another element: a generalized moral norm of reciprocity which defines certain actions and obligations as repayments for benefits received" (aaO, S. 170).

[31] Vgl. S. Putney und G. J. Putney, Normal Neurosis: The Adjusted American, New York und London 1964, S. 106 ff.

[32] Vgl. Erwin K. Scheuchs Feststellung: „Familiensoziologische Analysen zeigen uns, daß tatsächlich die Moral und die Normen weithin zur Aggression gegen den Ehepartner verwandt werden. Die eigene moralische Rolle, etwa die des schwer arbeitenden Mannes oder die der alles verzeihenden Frau, verpflichtet den Partner. Verletzt dann dieser noch weiter seine Pflichten, dann sind die Normen eine vortreffliche Waffe. Letztlich wird dann die Gesellschaft, repräsentiert durch Moral und Normen, als Verbündete in der Aggression gegen den Partner benutzt." (Mißverständnisse über die Ehe, in: Krise der Ehe? Dreizehn Beiträge, München 1966, S. 144.)

[33] Vgl. P. L. Berger, H. Kellner, Die Ehe und die Konstruktion der Wirklichkeit, in: Soziale Welt, Jg. 16, 1965, Heft 3, S. 220—235.

[34] Damit soll nicht behauptet werden, daß in der durchschnittlichen Ehe der Mittelschichten ständig „geistige Gespräche" geführt werden, wie sie das Bildungsbürgertum des 19. Jahrhunderts als Ideal auch für das Familienleben entwickelt hatte. E. K. Scheuch ist es gelungen, zu dieser Frage einiges empirische Material zu sammeln (Mißverständnis über die Ehe, aaO, S. 145 f.). Danach ist gerade das Gegenteil der Fall: „Auch Universitätsprofessoren", schreibt Scheuch, „unterhalten sich zu Hause öfter über Haushaltsgeld und die laufende Nase von Fritzchen als über Musikästhetik oder den Krieg in Vietnam . . . Unterhaltung in der Ehe ist überwiegend Unterhaltung über die eigene Familie als einer Art Kleinbetrieb. Die Gemeinsamkeit der sachlichen Alltagsprobleme ersetzt dabei weithin die frühere Gemeinsamkeit des Tageslaufes und die Selbstverständlichkeit der Normen. Dies ist wirklich gemeint, nämlich das gemeinsame Interesse an den sachlichen Problemen der Familie, wenn man von der modernen Ehe etwas pathetisch als Schicksalsgemeinschaft spricht . . . Wohlgemerkt: Gemeinsamkeit der Interessen an sachlichen Problemen — nicht Einheitlichkeit oder Gleichheit der Ansichten."

[35] Vgl. A. W. Gouldner, The Norm of Reciprocity, aaO, S. 168.

[36] Vgl. A. W. Gouldner, The Norm of Reciprocity, aaO, S. 176.

[37] Diese Tatsache hat die Psychoanalyse zur Entwicklung einer Methode der Gruppentherapie ausgenutzt: im rückhaltlosen, informellen Gruppengespräch, das durch die Geschlossenheit der therapeutischen Situation nach außen ermöglicht wird, lernen die Patienten, sich in andere hineinzuversetzen und deren „Rollen" zu übernehmen, wobei es sich nicht um Rollen im soziologischen Sinn handelt, sondern um „Gruppenfiguren" im Sinne von Popitz. Dabei werden die Gesetzmäßigkeiten der Gruppendy-

namik ausgenutzt: der Therapeut übernimmt von Zeit zu Zeit eine andere „Rolle“ und strukturiert damit die Gruppe so um, daß mindestens einige Mitglieder ebenfalls zu einem Rollenwechsel veranlaßt werden. Vgl. zu der allmählich anwachsenden Literatur zur Gruppentherapie: R. J. Corsini und S. Cardone, Roleplaying in Psychotherapy: A Manual, Chicago 1966; dort auch weitere Literatur.

[37a] Aaron V. Cicourel, Basic and Normative Rules in the Negotiation of Status and Role, in: H. P. Dreitzel (Hrsg.), Recent Sociology, No. 2, op. cit., S. 33 ff.

[38] Diese Scheu vor einem „auffälligen Verbrauch“ scheint bei den Reichen in Deutschland besonders ausgebildet zu sein. Vgl. dazu: Peter Brügge, Die Reichen in Deutschland, Frankfurt 1966. Das hängt offenbar mit der jüngsten deutschen Geschichte zusammen. In den USA mit ihrer ausgeprägten Erfolgsideologie und ihrer alten kapitalistischen Tradition ist die High Society offenbar weit weniger zurückhaltend, obwohl auch dort die wirtschaftlichen Machtverhältnisse durch die zunehmenden Konzentrations- und Verflechtungsprozesse immer unübersichtlicher werden. Am unbefangensten demonstrieren die neuen Eliten in den Entwicklungsländern ihre Macht durch “conspicuous consumption”, weil sie, noch durch eine gewaltige Kluft von der Mehrzahl der Bevölkerung getrennt, dem Egalisierungsdruck am wenigsten ausgesetzt sind.

[39] Um so stärker wird das nach Sicherheit und Selbstbestätigung verlangende Statusbedürfnis in „formalen“ Organisationshierarchien ausgenutzt, indem man die Arbeitsfreude der Angestellten durch nichtssagende Statuszeichen anzuregen versucht. Von der Schreibtischgröße bis zur eigenen Toilette des Bürovorstehers, von Urkundenverleihungen für Erfolgreiche beim Verkauf bis zu Titeln und Orden, die weder ein höheres Einkommen noch vor allem mehr Macht mit sich bringen, gibt es eine breite Skala von Möglichkeiten, das Angestelltenlos ohne wirkliche Zugeständnisse zu versüßen. Solche Methoden sind ein deutliches Beispiel für die Durchbrechung der Reziprozitätsnorm durch Herrschaftsinteressen. Zahlreiche Beispiele finden sich in: V. Packard, The Status Seekers, New York 1959.

[40] Gustav Ichheiser, Misunderstandings in Human Relations, in: American Journal of Sociology, Vol. 55, 1949, S. 1—70. Vgl. auch seine frühere Arbeit: Die Überschätzung der Einheit der Persönlichkeit als Täuschungsquelle bei der psychologischen Beurteilung von Menschen, in: Zeitschrift für angewandte Psychologie, Bd. 33, Leipzig 1929.

[41] Vgl. dazu vom Verfasser: Selbstbild und Gesellschaftsbild; Wissenssoziologische Überlegungen zum Image-Begriff, aaO.

[42] Vgl. E. Goffman, The Presentation of Self in Everyday Life, aaO.

[43] Diese Unterscheidung ist nach Albert K. Cohen (in: Deviance and Control, aaO, S. 99, Anm. 9) von George Grosser in einer Dissertation über “Juvenile Delinquency and Contemporary American Sex Roles“, Harvard University 1952, entwickelt worden. Grosser spricht von “role supportive behavior” und “role expressive behavior”.

[44] Besonders treffend, weil die damit verbundene Mühe mit anklingt, heißt das in der deutschen Umgangssprache: „Eindruck schinden“.

[45] Vgl. über diese Zusammenhänge die theoretischen Überlegungen und die zahlreichen Belege von Norbert Elias, Über den Prozeß der Zivilisation; Wandlungen des Verhaltens in den weltlichen Oberschichten des Abendlandes, 2 Bde., Basel 1939.

[46] In den USA verbreiten sich offenbar immer mehr psychologische und technische Überprüfungsmethoden, mit denen die Betriebe ihre Angestellten durchleuchten. Ausführliche, weit in den Privatbereich hineinreichende Fragebögen, Tests mit dem Lügendetektor und schließlich neuerdings das Abhören von Gesprächen in Büros und selbst in den "rest rooms" sind an der Tagesordnung. Reiches Material hierüber hat V. Packard zusammengetragen in: Die wehrlose Gesellschaft, Düsseldorf 1964. — Auch in der Bundesrepublik ist es jüngst zu Klagen dieser Art gekommen: zahlreiche Betriebe haben ihre weiblichen Bewerber gynäkologischen Untersuchungen unterworfen, um sich vor der Einstellung schwangerer Frauen zu schützen. Bekannt sind die Methoden der Durchleuchtung des Privatlebens zum Zwecke einer Sicherung vollständiger Rollenkonformität in totalitär verfaßten Gesellschaften. Ein Moment des Totalitären ist aber schon in jeder bürokratisierten Industriegesellschaft: ständig kommt es zu Auseinandersetzungen über die Legitimität von Fragebögen, deren Sinn oft nur eine statistische Erhebung ist, ohne die bürokratische Planungen nicht erarbeitet werden können, deren Inhalt aber immer auch irgendwelchen Kontrollen dienlich sein kann. Ernst von Salomon konnte über die Fragebogenmanie der Amerikaner im Zuge ihrer "Re-education"-Bemühungen in Deutschland einen Bestseller schreiben, der mit der Dringlichkeit des Problems zugleich zeigt, wie leicht die Ressentiments einer konservativen Kulturkritik hier ihre Nahrung finden können. Den Ausgleich zwischen der Notwendigkeit einer privaten Basis des Rollenverhaltens und der Notwendigkeit bürokratischer Vorausschau und Übersicht kann offenbar nur die immer neue, differenzierte Anwendung eines Grundrechts schaffen, das auf die „Unantastbarkeit der Persönlichkeit" abzielt.

[47] Grosser benutzt den Begriff des "expressive role behavior" zur Erklärung von bestimmten Formen der Delinquenz bei Jugendlichen: schnelles Autofahren, womöglich ohne Führerschein, oder Diebstähle ohne eigentliche Bereicherungsabsicht bringen die männliche Geschlechtsrolle zum Ausdruck; muß man beweisen, daß man ein Junge oder ein „ganzer" Mann ist, solange sich das nicht in legitimem Rollenverhalten zeigen läßt (vgl. G. Grosser, Juvenile Delinquencey and Contemporary American Sex Roles, aaO, zit. bei A. K. Cohen, Deviance and Control, aaO, S. 99.) Ich würde hier allerdings nicht von Geschlechtsrollen sprechen, sondern von einer sich etablierenden Geschlechtsidentität, die sich ausdrükken, darstellen und beweisen muß.

[48] Vgl. dazu: N. Elias, Über den Prozeß der Zivilisation, aaO, Bd. 1. — Wieviel Körperbeherrschung dazu gehört, sich gegenüber den Rollenanforderungen in einer modernen Gesellschaft zu behaupten, wird uns zumeist gar nicht mehr bewußt; viele Verhaltensweisen aus dem Bereich des Körperlichen, deren Unterdrückung (oder doch Verbannung in eine räumlich isolierte Intimsphäre) uns heute selbstverständlich ist, waren früher ebenso selbstverständlich Bestandteil des Interaktionsprozesses. Man vergleiche dazu die Untersuchungen von Elias über den Sittenwandel beim Essen, beim Schneuzen und Spucken, bei der Bekleidung, bei Aggresivität und Sexualität. All diese Verhaltensweisen haben sich verändert in eine Richtung, die Elias als „wachsende Selbstzwangapparatur" und zunehmende Kontrolle des „Affekthaushalts" beschreibt, deren eindrucksvollstes Symptom das Wachstum des Bereichs ist, auf den sich Scham- und Peinlichkeitsgefühle beziehen.

[49] Vgl. E. Goffman, The Presentation of Self in Everyday Life, aaO. Siehe den Abschnitt über "Defensive Attributes and Practices", S. 212—228, wo von "dramaturgical loyality", "dramaturgical discipline" und "dramaturgical circumspection" die Rede ist.

[50] Man kann z. B. die schwankende Toleranzbreite der Zuschauer deutlich an den Reaktionen gegenüber jemandem ablesen, der unter dem Einfluß von Alkohol „aus der Rolle fällt": in der viktorianischen Zeit galt, besonders im puritanischen England, die Trunkenheit als plebejisch und in guter Gesellschaft fast unverzeihlich. Heute ist ein gewisser Grad an Trunkenheit bei vielen Geselligkeiten üblich und wird toleriert. Man nimmt sich nicht übel, was in solch einem Zustand gesagt und getan wird, hat unter Umständen sogar Mitleid mit dem Betreffenden. Allerdings darf das nur bei Geselligkeiten — also bei ganz bestimmten Gelegenheiten — passieren, und auch da nicht in der Regel; nicht jeder wird ein „Aus-der-Rolle-Fallen" durch Trunkenheit tolerieren. Auch sind die Sitten hier bei einzelnen sozialen Schichten und Gruppen sehr unterschiedlich.

[51] Zur Erklärung bestimmter abweichender Verhaltensweisen ist der Begriff des rollenunterstützenden Verhaltens sehr wichtig. Beispielsweise läßt sich die Unterschlagung, wie z. B. A. K. Cohen bemerkt hat (Deviance and Control, aaO, S. 100), als solches Verhalten verstehen: unterschlagen kann nur, wer in einer Vertrauensposition ist, und eben aus dem gleichen Grunde wird er u. U. zu Unterschlagungen veranlaßt. Er muß fürchten, sein Image als vertrauenswürdiger Mann zu verlieren, wenn z. B. Spielschulden und dergleichen bestehen. Darum nimmt er Geld von dem, was ihm anvertraut ist, und versucht, seine Rolle damit abzusichern. Daher auch die vertraute Entschuldigung: ich wollte es mir nur leihen. Das dürfte häufig stimmen, denn gerade er kann ja auf legitimem Wege nichts leihen, ohne seinen Ruf zu gefährden. Siehe dazu die Studie von D. R. Cressey, Other People's Money: A Study of the Social Psychology of Embezzlement, Glencoe, Ill., 1953.

[52] Vgl. zu den neuen Umgangsformen, die daraus erwachsen: H. P. Bahrdt, Über einige Formen des gesitteten Betragens, aaO.

[53] Mit wachsender Mobilität der Bevölkerung — Häufigkeit der Reisen, Einkäufe in weit entfernten City-Zentren — wie auch mit der verlängerten Abwesenheit von der eigenen Wohnung durch die Abtrennung der Arbeitsplätze von den Wohnungen werden solche "backstage"-Regionen immer notwendiger. Dabei geht es keineswegs nur um hygienische Notwendigkeiten im engeren Sinne, sondern eben auch um die Möglichkeiten der Entspannung, des Kleiderwechsels usf. Die Großstadtprobleme des antiken Rom haben bereits zu ähnlichen, in mancher Beziehung nie wieder erreichten Einrichtungen wie den öffentlichen Bädern geführt. Die Pissoirs in Paris heißen noch heute nach dem römischen Kaiser, der sie als erster einrichten ließ: "vespasiennes". Auf halb scherzhafte, halb ernsthafte Weise trug neuerdings ein Führer für die entsprechenden Lokalitäten in London einem wachsenden Bedürfnis dieser Art Rechnung: The Good Loo Guide; Where to go in London, London 1965.

[54] Bertolt Brecht hat die Einsicht in diese Widrigkeit ironisch zu einer Erziehungsmaxime erhoben. In den „Flüchtlingsgesprächen" (Bibliothek Suhrkamp, Frankfurt 1961, S. 36 f.) heißt es: „Ich erinnere mich, wie wir gleich am ersten Tag eine gute Lektion erhalten haben.

Wie wir ins Klassenzimmer gekommen sind, gewaschen und mit einem Ranzen, und die Eltern weggeschickt waren, sind wir an der Wand aufgestellt worden, und dann hat der Lehrer kommandiert: ‚Jeder einen Platz suchen', und wir sind zu den Bänken gegangen. Weil ein Platz zu wenig da war, hat ein Schüler keinen gefunden und ist im Gang zwischen den Bänken gestanden, wie alle gesessen sind. Der Lehrer hat ihn stehend erwischt und ihm eine Maulschelle gelangt. Das war für uns alle eine sehr gute Lehre, daß man nicht Pech haben darf." ... „Ein wie feines Modell im kleinen der aufgestellt hat, mit seinen einfachen Mitteln, einem gewöhnlichen Klassenzimmer mit zu wenig Bänken, und doch habt ihr die Welt, die euch erwartet hat, klar vor Augen gehabt nach so was. Nur mit ein paar kühnen Strichen hat er sie skizziert, aber doch ist sie plastisch vor euch gestanden, von einem Meister hingestellt!"

55 Vgl. die weite Verbreitung von Faustregeln wie: wer einmal lügt, dem glaubt man nicht!, oder: Wer sich gut benehmen kann, wird auch sonst etwas taugen!, oder: Wenn er sich im Büro schon so benimmt, wie muß er dann erst zu Hause sein!

56 Ein Beispiel wäre die große Rolle, die der Klatsch an der Universität und in ähnlichen Institutionen spielt.

57 Deshalb ist der Weg vom Klatsch zum *Gerücht* nur kurz: die nur angedeutete Information wird häufig mißverstanden oder durch eigene Projektionen ergänzt und bekommt dadurch leicht einen affektiven Gehalt. Das so entstehende Gerücht verbreitet sich um so schneller, je größer der Personenkreis ist, der von diesem affektiven Gehalt der Information angesprochen wird. Vgl. dazu: G. W. Allport und L. Portmann, The Psychology of Rumor, New York 1965, S. 44 ff.: "Subjective emotional distortion in the preception and interpretation of the environment can occur only in proportion to the combined effects of importance and ambiguity ... Men will fortify their desire with belief, will rationalize, project, and spread false rumors, only in proportion to the ambiguity of the subject and its private importance."

58 Diese Verpflichtung ist dort institutionalisiert, wo es gerade auf die "background"-Information ankommt: die priesterliche und die ärztliche Schweigepflicht *ermöglichen* dem Beichtenden und dem Patienten erst die erwünschte Offenlegung.

59 Siehe z. B. D. Wrong, The Over-Socialized Conception of Man in Modern Sociology, in: American Sociological Review, Vol. 26, 1961, S. 183—193; W. J. Goode, A Theory of Role Strain, in: American Sociological Review, Vol. 25, 1960, S. 483—496; D. Levinson, Role, Personality, and Social Structure in the Organizational Setting, in: Journal of Abnormal and Social Psychology, Vol. 58, 1959, S. 170—180; R. Turner, Role-Taking: Process versus Conformity, aaO; L. A. Coser, Some Functions of Deviant Behavior and Normative Flexibility, aaO; D. Claessens, Rolle und Verantwortung, aaO.

60 Vgl. E. Goffman, Role Distance; in: Encounters, Two Studies in the Sociology of Interaction, Indianapolis, Ind., 1961.

61 Vgl. E. Goffman, Encounters, aaO, S. 108.

62 Der Unterschied dieser beiden Fälle von Rollendistanz ist von R. L. Coser in einer gründlichen Studie über den Begriff der "role distance" bei Goffman herausgearbeitet worden. Siehe R. L. Coser, Role Distance, Sociological Ambivalence, and Transitional Status System, in: The American Journal of Sociology, Vol. 72, 1966/67, S. 173.

[63] Goffman meint demgegenüber ausdrücklich: "... role distance is not part of the normative framework of role" (Encounters, aaO, S. 115). Das gilt zwar für den ersten Fall, ist im zweiten Fall aber, wie auch R. L. Coser gesehen hat, falsch.

[64] Ein solches Verhalten wird durchaus erwartet, sein Ausbleiben kann als „Überanpassung" negativ sanktioniert werden. Auch R. L. Coser bemerkt das, wenn sie schreibt: "When we apply this social sanction test it immediately becomes clear that a person who does not show what Goffman calls 'role distance' is accused of being a 'staffed shirt' or 'taking himself too seriously', and in more extreme cases of being a 'fanatic'. In contrast, a person who can assume 'role distance' is congratulated for 'having a good sense of humor' and for 'showing detachment'." (Role Distance, Sociological Ambivalence, and Transitional Status Systems, aaO, S. 174.)

[65] Vgl. z. B. den in England üblichen Rollenbrauch, daß jeder Redner seinen Vortrag mit einem Scherz oder einem Witz beginnt, der sich meistens in irgendeiner Weise auf seine Rollenidentität bezieht. Solche distanzierenden Verhaltensfiguren gibt es vor allem für die situationsbezogenen Rollen häufig, etwa bei den Teilnehmern einer Tagung oder einer Reisegesellschaft. Die Formen der Rollendistanz sind hier sehr stark kulturspezifisch gefärbt; in Deutschland beklagt man sich gern über den „tierischen Ernst", also die Unfähigkeit, seine Rollendistanz humorvoll zu artikulieren, während andererseits angelsächsischer Humor hierzulande oft als abwegig gilt und nicht verstanden wird. Siehe dazu: R. L. Coser, Some Social Functions of Laughter, in: Human Relations, Vol. 12, 1959, S. 171—182.

[66] Vgl. R. L. Coser, Role Distance, Sociological Ambivalence, and Transitional Status System, aaO: "I propose that the term 'role distance' be defined as 'the type of expected role behavior that takes distance from status position'. I further propose that we distinguish between the case of taking distance from a status one intends to abandon or from a status one does not have a claim to and the case of temporarily relinquishing some rerogatives associated with status positions, as when one lowers his claims for recognition the better to maintain his status" (S. 183). Coser will nur für den ersten Fall den Begriff der Rollendistanz gelten lassen.

[67] Vgl. A. Schütz, On Multiple Realities, in: Collected Papers, Vol. 1, Den Haag 1962, S. 340 ff. Schütz spricht von "provinces of meaning".

[68] Zu den Möglichkeiten der Rollendistanz in solchen geschlossenen Anstalten — Gefängnissen, Arbeitshäusern, Hospitälern, Konzentrationslagern — vgl. Erving Goffman, Asylums; Essays on the Social Situation of Mental Patients and Other Inmates, New York 1961. — Goffman nennt diese Anstalten "total institutions", ohne diesen Begriff sehr präzise zu bestimmen. Als Möglichkeiten der Rollendistanz in solchen "total institutions" beschreibt Goffman ausführlich die Bedeutung unerlaubten Besitzes, die Entwicklung eines heimlichen Kommunikationssystems zwischen den Insassen und die Funktion relativ kontrollfreier Bereiche ("free region"), in denen die Insassen ein letztes Minimum an privaten Verhaltensweisen entfalten können.

[69] Vgl. die verschiedenen geistigen Übungen, mit denen manche Häftlinge die *Einzelhaft* lange Zeit überstehen konnten.

[70] Vgl. die Sozialtechnik der sogenannten „Gehirnwäsche", die Dries van Collie in seinem Erlebnisbericht über einen Gefängnisaufenthalt in Pe-

king („Der begeisterte Selbstmord", Donauwörth, o. J.) ausführlich schildert. Die allmähliche Umstrukturierung der Persönlichkeit des Gefangenen beruht nicht allein auf dem ständigen, eigene Aktivität (eigene Ich-Leistungen) verlangenden und von den „Mitstudenten", wie sich die Häftlinge anreden mußten, ausgeübten Zwang zum Erlernen einer neuen geistigen Bezugswelt für das eigene, auch vergangene, Leben, sondern auch und vor allem auf die einfach durch Fesseln erzwungene Regression auf ein frühkindliches Stadium der Abhängigkeit von den primitivsten körperlichen Hilfs- und Pflegeleistungen durch die Mithäftlinge.

71 Damit wird dann natürlich zugleich die Distanz zwischen Ich-Identität und Rollenidentität größer. In der psychoanalytischen Terminologie ließe sich diese relativ große Distanz als „Ich-Stärke" bezeichnen. R. L. Coser beschreibt das für die Rolle der Mutter: "The freedom she takes to live up to her role is concomitant with her awareness (an instance of an enlarged ego in psychoanalytic conceptualization) of the nature of the demand made on her." (Role Distance, Sociological Ambivalence, and Transitional Status System, aaO, S. 182.)

72 Vgl. dazu: E. Goffman, Embarrassment and Social Organization, in: The American Journal of Sociology, Vol. 62, 1956, S. 264 ff.

73 Vgl. E. Goffman, Asylums, aaO, S. 118—120 vor allem. Auf S. 120 heißt es wörtlich: "Without something to belong to, we have no stable self, and yet total commitment and attachment to any social unit implies a kind of selflessness... Our status is backed up by the solid buildings of the world, while our sense of personal identity often resides in the cracks."

74 Selbst in geschlossenen Anstalten fällt es dem einzelnen schwer, seine Ich-Identität derart schrumpfen zu lassen. Daher gibt es in geschlossenen Anstalten meistens eine Einweisungsphase, in der der Neuling aller vertrauten Identitätsattribute, die er für die Selbstdarstellung in anderen Relevanzbereichen sich erworben hat, beraubt wird. E. Goffman bezeichnet in seiner Untersuchung über "Asylums" (aaO, S. 17) diesen Prozeß als "stripping". Dabei spielt die Neueinkleidung und die Abnahme von allen persönlichen Besitztümern eine wesentliche Rolle. In Gefängnissen und Konzentrationslagern führt oft der erste Weg der Neuankömmlinge unter die Dusche und zur Entlausung, wobei keine Rücksicht auf die Schamgefühle genommen wird, die durch diese Vernichtung der persönlichen sozialen Fassade entstehen. Der Prozeß der „Entpersönlichung" wird fortgesetzt durch die uniforme Bekleidung, manchmal durch uniforme Benennung: Militärakademien und Kadettenanstalten verlangen meistens, daß die Uniform auch während der Freizeit getragen wird; in Gefängnissen werden die Gefangenen oft nur mit ihrer Nummer angeredet. Dazu kommt die Drohung, man werde jede Regung, die sich auf außerhalb der aufgezwungenen Rollenidentität existierende Persönlichkeitsmomente bezieht, sofort gewaltsam unterdrücken. Rekruten im Militär werden oft darauf hingewiesen, daß man nun einen „Menschen" aus ihnen machen werde, mit anderen Worten, daß die Identifikation mit der neuen Rolle durchgesetzt werden wird. Tatsächlich war der Erfindungsreichtum der Ausbilder im Hinblick auf Maßnahmen, die dieser Vernichtung der alten Identität dienen sollten, zu allen Zeiten beachtlich. Charakteristisch hierfür sind die zahlreichen Geschichten über die Mittel, mit denen man versucht, Rekruten aus privilegierten Status-Positionen (z. B. Akademiker) „kleinzukriegen".

75 Solch räumliche und zeitliche Abkapselung kann auch freiwillig gesucht werden, und zwar entweder um einer erwünschten Identitätsveränderung willen, oder um sich aus den diversen Rollenverpflichtungen vorübergehend zurückzuziehen und dadurch die personale Identität zu stärken. Ein Beispiel für den ersten Fall ist das Kloster, dessen Klausur bei der Überwindung menschlicher Schwächen (anderer Rollenidentitäten!) helfen soll. Der andere Fall wäre z. B. das Sich-Zurückziehen in die Einsamkeit um der Selbstbesinnung willen, wofür manche Menschen ihren Urlaub benutzen.

76 Vgl. R. K. Merton, Social Theory and Social Structure, aaO, S. 371 ff.

77 Ebenda, S. 380.

78 Vgl. R. K. Merton, E. Barber, Sociological Ambivalence, in: A. Tiryakin, (Hrsg.), Sociological Theory, Values, and Sociocultural Change, New York 1963, S. 95.

79 Das gleiche betont auch R. L. Coser: "In summery, sociological ambivalence is especially salient when it emanates from the same role-partner and is most difficult to scope with in his full visibility" (Role Distance, Sociological Ambivalence, and Transitional Status Systems, aaO, S. 177). Warum freilich Coser mit Merton hier von einer „soziologischen" Ambivalenz spricht, bleibt unklar; sicherlich handelt es sich doch nicht um eine Ambivalenz der wissenschaftlichen Erkenntnis.

80 Vgl. Ph. Ariés, L'enfant et la vie familiale sous l'ancien régime, Paris 1960, englische Ausgabe: Centuries of Childhood, London 1962.

81 Letzteres hängt z. T. damit zusammen, daß die Kinder oft schon in sehr jungem Alter zur Erziehung in fremde Haushalte gegeben wurden, wo sie die Rolle von Bediensteten und Lehrlingen spielten. Siehe dazu Ph. Ariés, op. cit.

82 Vgl. Max Gluckman, Les rites de passage, in: D. Ford, M. Fortes, M. Gluckman, V. W. Turner, Essays on the Ritual of Social Relations, Manchester 1962, S. 25 ff. Vgl. auch: Institutionen in primitiven Gesellschaften, Vorträge von R. Firth, E. E. Evans-Pritchard, E. R. Leach, J. G. Peristiomy, J. Lagard, M. Gluckman, M. Fortes und G. Lienhard, Frankfurt 1967.

83 H. Plessner, Soziale Rolle und menschliche Natur, aaO, S. 26.

84 Gegenwärtig sind in Deutschland etwa ein Drittel aller erstgeborenen Kinder vorehelich gezeugt.

85 Vgl. dazu die Untersuchungen über die sexuelle Prägung der Frauenrolle im Bürgertum des 19. Jahrhunderts bei J. H. van den Berg, Metabletica, Grundlinien einer historischen Psychologie, Göttingen 1960.

86 Vgl. dazu Alfred Weber, Kulturgeschichte als Kultursoziologie, 2. Aufl., München 1950.

87 Vgl. D. Riesman, Die einsame Masse; Eine Untersuchung über die Wandlungen des amerikanischen Charakters, rde-Ausgabe Hamburg 1958. Riesman beruft sich bei der Verwendung des Begriffs „Sozialcharakter" auf eine Reihe von Autoren, deren Arbeiten sich durch eine Verbindung von Psychoanalyse und "cultural anthropology" auszeichnen: „Die Annahme, daß ein sozialer Charakter existiert, war von jeher, mehr oder weniger unausgesprochen, eine Voraussetzung allgemeiner Erörterungen; heute ist diese Annahme mehr oder weniger sichtbar zu einer Prämisse der Sozialwissenschaften geworden. Ihr wird der Leser deshalb unter dem einen oder dem anderen Namen in den Schriften von

Erich Fromm, Abraham Kardiner, Ruth Benedict, Margaret Mead, Geoffrey Gorer, Karen Horney und vielen anderen, die über den sozialen Charakter im allgemeinen und den sozialen Charakter verschiedener Völker verschiedener Epochen gearbeitet haben, bereits begegnet sein" (S. 21). Der „soziale Charakter" ist, wie Riesman selbst sieht, alles andere als ein eindeutig definierter soziologischer Begriff; in den Untersuchungen über den Zusammenhang von Kultur und Persönlichkeit hat sich eine derartige Kategorie noch nicht klar herausgeschält.

[88] „Sozialer Charakter", so heißt bei ihm (S. 21), „ist der Teil des ‚Charakters', wie er bestimmten Gruppen gemeinsam ist, und der, wie er von den meisten zeitgenössischen Sozialwissenschaftlern definiert wird, das Produkt der Erfahrungen dieser Gruppe darstellt. Der so verstandene Begriff des sozialen Charakters erlaubt uns, wie es in diesem Buche durchgehend geschieht, von dem Charakter von Klassen, Gruppen, Völkern und Nationen zu sprechen." Aus dieser Bestimmung geht nur hervor, daß den Mitgliedern einer Gruppe ein sozialer Charakter gemeinsam ist, der ein Produkt dieser Gruppe ist.

[89] Vgl. E. Fromm, Escape from Freedom, New York 1941, S. 284.

[90] Vgl. E. Fromm, Man for Himself, New York 1947, S. 60.

[91] Die formale Definition des „Sozialcharakters" bei Riesman (aaO, S. 21; siehe oben Anmerkung 88) deckt sich denn auch genau mit der Erich Fromms, der den „Sozialcharakter" als "the essential nucleus of the character structure of most members of a group which has developed as the result of the basic experiences and mode of life common to that group" bestimmt (siehe: Escape from Freedom, aaO, S. 283). Noch stärker an der Psychoanalyse orientiert ist der vergleichbare Begriff der "basic personality", den Abraham Kardiner in "The Psychological Frontiers of Society", New York 1945, entwickelt hat. Vgl. zur gesamten Problematik des Verhältnisses von Kultur und Gesellschaft Hans Gerth und C. Wright Mills, Character und Social Structure; The Psychology of Social Institutions, London, 2. Aufl. 1961.

[92] Vgl. E. Fromm, Man for Himself, aaO, S. 111.

[93] Vgl. R. Gutman, D. H. Wrong, D. Riesman's Typology of Character, in: S. M. Lipset, L. Loewenthal, Hrsg., Culture and Social Character; The Work of David Riesman Reviewed, Glencoe, Ill., 1961, S. 295—315.

[94] Die Erarbeitung einer solchen rollenanalytischen Entwicklungstheorie, die die Veränderungen der Rollenstruktur unserer Gesellschaft erklären würde, ist m. E. gegenwärtig die wichtigste Aufgabe der Rollentheorie. Solange freilich die Rollenanalyse mit einem relativ mageren, formalen Begriff der sozialen Rolle arbeitet, dem die Untersuchung unterschiedlicher Rollentypen und die Beachtung von Identifikation und Ich-Leistung beim Rollenspiel nicht möglich ist, bleiben historische Variationen der Rollenstruktur ihrem Zugriff entzogen. Nur im Hinblick auf einen derartigen Rollenbegriff ist es richtig, wenn Jürgen Habermas feststellt, daß „soweit die als Verhaltenserwartung einer Gruppe definierte ‚Rolle' eine historische Größe darstellt, ... deren Variation im Laufe der Entwicklungsgeschichte der Menschheit soziologischer Untersuchung entzogen bleiben (muß)" (J. Habermas, Zwischen Philosophie und Wissenschaft: Marxismus als Kritik, in: Theorie und Praxis, aaO, S. 173). Die Analyse von Riesman, die ganz auf die Entstehung eines „außen-geleite-

ten" Charaktertyps in Amerika konzentriert ist, bietet allerdings für die *historische* Problematik nur wenig; seine Vorstellung von einer „traditions-geleiteten" Gesellschaft entspricht dem vorherrschenden Gesellschaftsbild der Soziologie, nach welchem historische Wandlungsprozesse von soziologisch bemerkenswertem Ausmaß erst seit der industriellen Revolution zu beobachten sind. Gerade eine Untersuchung der allmählich wachsenden Vervielfältigung und Verfügbarkeit sozialer Rollen würde aber zeigen, daß von der primitiven bis zur vorrevolutionären „traditionsgeleiteten" Gesellschaft bereits eine lange zivilisatorische Entwicklungsreihe an der Veränderung der Rollenstruktur zu beobachten ist. Ein denkbarer Ansatzpunkt wäre eine genauere Untersuchung des Wandels in den Sozialisierungspraktiken, wie sie von Phillip Ariés versucht worden ist (Centuries of Childhood, aaO), oder, darüber hinsausgehend, die immer noch fehlende Sozialgeschichte der Familie im Abendland. Das geht freilich nicht ohne sozialpsychologische Analysen; mehr als Riesmans Buch bieten deshalb die Arbeiten von N. Elias (Über den Prozeß der Zivilisation, aaO), J. H. van den Berg (Metabletica, aaO) und Z. Barbu (Problems of Historical Psychology, London 1960). Unsere eigene Untersuchung kann dieser geschichtssoziologischen Problematik nicht nachgehen; sie will aber einige begriffliche Klärungen vornehmen, die der Ausarbeitung einer rollenanalytischen Entwicklungstheorie vorausgehen müssen.

[95] Vgl. diese Charakterisierung des urbanen Lebensstils bei H. P. Bahrdt, Die moderne Großstadt; Soziologische Überlegungen zum Städtebau, Hamburg 1961.

[96] Vgl. Hegels Formulierungen über das Verhältnis von individueller Person und allgemeinen Normen in den „Grundlinien der Philosophie des Rechts": „Die konkrete Person, welche sich als besonderer Zweck ist, als ein Ganzes von Bedürfnissen und eine Vermischung von Naturnotwendigkeit und Willkür, ist das eine Prinzip der bürgerlichen Gesellschaft, — aber die besondere Person als wesentlich in Beziehung auf eine andere solche Besonderheit, so daß jede durch die andere und zugleich schlechthin als nur durch die Form der Allgemeinheit, das andere Prinzip, vermittelt sich geltend macht und befriedigt" (§ 181). „Die Individuen sind als Bürger dieses Staates Privatpersonen, welche ihr eigenes Interesse zu ihrem Zwecke haben. Da dieser durch das Allgemeine vermittelt ist, das ihnen somit als Mittel erscheint, so kann er von ihnen nur erreicht werden, insofern sie selbst ihr Wissen, Wollen und Tun auf allgemeine Weise bestimmen und sich zu einem Gliede der Kette dieses Zusammenhangs machen" (§ 187).

[97] Vgl. A. Schütz, Equality and the Meaning Structure of the Social World, in: Collected Papers, Vol. 2, aaO, S. 235 ff.: "However it is precisely the system of problem-relevances that established the boundaries between the typical and what has been passed by the typification. (The dangerous fallacy of confusing the typified with the atypical is frequent.)"

[98] Vgl. dazu A. Schütz, aaO, S. 236: "Since the system of problem-relevances depends, in turn, upon the interest originating in a particular situation, it follows that the same object or event may turn out as relevant or irrelevant, typified or untypified, and even typical or atypical, in relation both to different problems to be solved and different situa-

tions within which the object or event emerges, that is in relation to different interests. To illustrate the last case: if parents observe that their child acts in a 'strange', i. e. atypical way, a psychologist may comfortingly inform them that it is 'typical' for children of that age to behave as their child does. Parents and psychologists simply use different systems of relevances and therewith different types for interpreting the same event."

Kapitel V

Rollensystem und Bedürfnisstruktur – Zur Soziogenese der Verhaltensstörungen

1. Subjektive und objektive Bedürfnislagen

Die soziologische Rollenanalyse hat ihre Grenzen; sie wäre überfordert, wollte man ihr die Darstellung des gesellschaftlichen Lebenszusammenhangs als ganzem schon abverlangen. Auch in einer begrifflich differenzierten Rollentheorie, in der neben den Normen auch die subinstitutionellen Spielregeln des Verhaltens und die von den Subjekten erwarteten Eigenleistungen — Identifikation, Distanz, Engagement — mit berücksichtigt sind, bleiben zumindest zwei Problembereiche ausgeklammert, die das Verhalten mitbestimmen: die individuelle Triebstruktur und die Entstehungsgründe der gesellschaftlichen Normierung und Differenzierung. Wenn es aber richtig sein soll, daß die Rollentheorie einen besonders fruchtbaren Ansatzpunkt für die Analyse sozialpathologischer Erscheinungen bietet, dann kann sie von diesen beiden Problembereichen nicht isoliert werden[1]. Ohne daß sie selbst also viel zu deren Untersuchung beitragen könnte, muß doch der begriffliche Zusammenhang der Rollentheorie auf eine Verknüpfung mit der Analyse gesellschaftlicher Reproduktionsvorgänge insgesamt angelegt sein. Tatsächlich rechnet die Rollenanalyse immer schon mit *handelnden* Menschen, das heißt mit Individuen, die in ihren Bedürfnissen Handlungsmotive und in ihren Bedürfnisbefriedigungen Handlungsziele haben. Die individuelle Triebstruktur ist naturhaft vorgegeben, zugleich aber von vornherein auf ihre Vergesellschaftung angelegt: nur auf dem Umweg über andere kann sich der Mensch „haben". Der Prozeß dieser Vergesellschaftung wird durch die subinstitutionellen *Interpretationsregeln des Verhaltens,* durch die gesellschaftlichen *Produktionsverhältnisse und* durch das herrschaftlich behauptete *Sanktionssystem* reguliert und bestimmt. „Der objektive Zusammenhang, aus dem soziale Handlungen allein begriffen werden können, konstituiert sich aus Sprache, Arbeit und Herrschaft zumal."[2]

Der Begriff der sozialen Rolle bezeichnet — so heißt es — die Nahtstelle zwischen Individuum und Gesellschaft. So mißverständlich eine solche Formulierung wegen der aufs neue behaupteten Entgegensetzung von Individuum und Gesellschaft sein mag, sie hat doch ein Richtiges: die Vergesellschaftung des naturhaft Vorgegebenen am Individuum ist vor allem eine Leistung der Normen, die zugleich der wesentliche Bestandteil sozialer Rollen sind. So gesehen haben die sozialen Normen eine doppelte Funktion: auf der anthropologisch-psychologischen Ebene dienen sie der Triebregulierung, auf der soziologischen Ebene der Regulierung der Bedürfnisbefriedigung. Die naturhaften Triebe werden durch Internalisierung kultureller Normen im Sozialisationsprozeß der Tendenz nach in einer gesellschaftlich akzeptablen Form strukturiert. Die Psychoanalyse hat die Art dieser Strukturierung untersucht: die Triebe werden teils verdrängt, teils sublimiert, zum geringsten Teil schließlich auch unmittelbar gesellschaftlich kanalisiert. Schon die Paradoxie des Körper-Seins und Körper-Habens kann nur durch die künstliche Bindung der Triebregungen an den institutionellen Charakter der Gruppen durchgehalten werden. Im Aufbau der „sozio-kulturellen Persönlichkeit" vollzieht sich die Vergesellschaftung der Natur zuerst[3].

Aber es ist nicht so, daß damit das Individuum ein für allemal gesellschaftlich in den Griff genommen, daß seine Funktionsfähigkeit im Rahmen einer gesellschaftlichen Verfassung bereits gesichert ist. Zwar drückt sich die vergesellschaftete Triebstruktur in den individuellen Bedürfnissen aus, die von vornherein Bedürfnisse im Rahmen und nach den Maßstäben dieser bestimmten Gesellschaft sind, aber erstens gelingt die Integration des einzelnen in die Gesellschaft durch den Sozialisationsprozeß immer nur halbwegs, und zweitens kann gerade die „Funktionstüchtigkeit" des Individuums eine gewisse Widerstandskraft gegenüber den von außen herangetragenen Normen der Gesellschaft erfordern. Es reicht also nicht, den Konflikt zwischen vergesellschaftetem Individuum und vergesellschafteten Gruppen allein aus den Mängeln einer unzureichenden Sozialisierung zu erklären oder der Gesellschaft ungenügende Kraft zur Integration der projektiven Gehalte in Ideologien und Utopien zuzuschreiben. Beide Möglichkeiten bleiben eine Quelle psychopathologischer und sozialpathologischer Erscheinungen. Darüber hinaus aber charakterisiert die moderne Gesellschaft auch insoweit ein struktureller Antagonismus, als sie dem Individuum *Anpassung* und *Autonomie* zugleich zumutet. Das zeigt sich an den sozialen Rollen, die neben klaren Verhaltensanweisungen dem Individuum immer stärkere Eigenleistungen abverlangen — beides fügt sich, wie schon die Analyse der Rollendistanz zeigt, keineswegs immer nahtlos ineinander. So entwikkelt der einzelne unter Umständen subjektive Bedürfnisse (d. h. vergesellschaftete Triebkräfte), die durchaus denen der anderen entgegengesetzt sein können.

Zunächst aber ist ein Hiatus zwischen den subjektiven Bedürfnissen und dem, was eine Gesellschaft an Möglichkeiten der Bedürfnisbefriedigung bereitstellt, schon deshalb charakteristisch für *jede* gesellschaftliche Verfassung, weil die menschlichen Bedürfnisse stets die Möglichkeiten ihrer Befriedigung übersteigen. Auch die

„Überflußgesellschaft" (K. Galbraith) produziert eine "rareté interiorisée"[4], weil sie darauf beruht, immer neue „Aspirationsbedürfnisse" zu schaffen. So kennt auch jede Gesellschaft soziale Normen, die die Mittel und Wege der Bedürfnisbefriedigung regulieren und damit insgesamt ein System der Güterverteilung darstellen[5], welches zugleich zur Unterdrückung nicht als legitim geltender Bedürfnisse wirkt. In allen Gesellschaften sind die Bedürfnisse vergesellschaftet, und ihre Befriedigung folgt bestimmten Typisierungsschemata: die Formen von Erwerb und Besitz, das Geschlechtsleben und die Sozialisierungsformen, vor allem auch die Selbstdarstellung in kooperierenden und konkurrierenden sozialen Beziehungen sind gesellschaftlich normiert[6]. Und diese Normierung bedeutet immer, daß dem Handeln einige Möglichkeiten offenstehen, andere aber verschlossen sind. Soziale Normen beschränken, so ließe sich paradox formulieren, die Möglichkeiten der Bedürfnisbefriedigung, damit überhaupt Bedürfnisse befriedigt werden können. Sie tun dies mit der Entwicklung einer „rareté interiorisée" durch die Versagungen in der primären Sozialisationsphase (Triebregulierung) und durch die gesellschaftliche Verteilung der Chancen zur Bedürfnisbefriedigung. Durch den Aufbau einer „sozio-kulturellen Persönlichkeit" werden aus den amorphen Trieben individuelle, aber sozial geformte und gerichtete Bedürfnisse; mißlingt die Sozialisation in dieser ersten Phase, dann entstehen Menschen, deren asoziale Triebstruktur gesellschaftlich nicht verkraftet werden kann. Damit die individuellen Bedürfnisse relative Befriedigung finden können, müssen sie in den weiteren Sozialisierungsphasen so weit als möglich in dem erwarteten Rollenverhalten aufgehen können. Soweit sich nämlich in der Rollenstruktur einer Gesellschaft bereits ein System der Zuteilung von Chancen der Bedürfnisbefriedigung ausdrückt, wird ein bestimmtes bedürfnisgeleitetes Verhalten vom Rollenspieler durchaus erwartet. Die Frage ist immer nur, wieweit die individuellen Bedürfnisse und ihre Befriedigung als von vornherein zu einer Position gehörig legitimiert sind. Es wird immer individuelle Bedürfnisse geben, die in keiner der dem Individuum offenstehenden Positionen im Rollenspiel befriedigt werden können. Solche Bedürfnisse werden dann in der Regel verdrängt und können unter Umständen in der „Wiederkehr des Verdrängten" (S. Freud) andere Rollen übermäßig affektiv aufladen, wobei es meistens zu Formen der Überanpassung kommt. Sie können aber auch von vornherein so stark sein, daß sie sich nicht ohne weiteres verdrängen lassen; dann werden abweichende Rollensysteme in Subkulturen entstehen, die die Frustration auffangen können. Schließlich können sie auch in die Ich-Leistungen mit eingehen, wenn das Individuum über Rollen verfügt, deren Gestaltungsnormen derartige Ich-Leistungen erlauben und verlangen. In jedem Fall wird zusätzlich von Bedeutung sein, ob das Individuum andere Rollen spielen kann, in denen es die erlittenen Frustrationen kompensieren kann. Die Zusammensetzung der verschiedenen Rollen eines Individuums stellt stets ein besser oder schlechter funktionierendes *System von Kompensationen* dar, das für sein Verhalten in einzelnen Rollen von großer Bedeutung ist. Wichtig sind hier auch die unterschiedlichen Möglichkeiten eines heimlich abweichenden Verhaltens, jenseits einer abweichenden Subkultur. Jeder Mensch hat natürlich solche Bereiche heimlicher Abweichungen und heimlichen Konsums; wenn es sich aber um sehr starke und unmittelbare Bedürfnisse oder um besonders scharf sanktionierte Arten der Bedürfnisbefriedigung handelt, dann wird sich die Heimlichkeit der Abweichung nur schwer durchhalten lassen. Manche Bedürfnisse werden sogar kraft einer gesellschaftlichen Identifizierung erst in eine abweichende Rolle hineingedrängt[7].

Individuelle Bedürfnisse können gesellschaftlich integriert sein durch ihre Identifizierung mit latent vorhandenen (d. h. allseits als selbstverständlich akzeptierten) *Positionsinteressen,* die ihren Ausdruck in einem bestimmten Rollenhandeln finden. Insofern es in einer Gesellschaft immer eine Vielzahl gleicher Positionen gibt, läßt sich also im Hinblick auf ein Aggregat von Inhabern solcher Positionen sagen, daß diesen bestimmte Interessen gemeinsam sind: es entsteht eine kollektive Bedürfnisanlage. Von Bedürfnissen sollte man dabei nur dann sprechen, wenn die Menschen selbst gemeint sind; Interessen dagegen sind, wie Ralf Dahrendorf dargelegt hat, an Positionen gebunden[8]. Dahrendorf hat allerdings die Bedürfnisse völlig ausgeklammert und damit den Interessenbegriff einer Pseudoobjektivierung unterzogen: „Die erörterten ‚objektiven‘ Interessen sind Rolleninteressen, d. h. erwartete Verhaltensorientierungen.“[9] Erst wenn diese latenten Interessen als solche bewußt werden, sollen sie einen psychischen Gehalt bekommen: „Manifeste Interessen sind im Gegensatz zu latenten psychologische Realitäten.“[10] Dahrendorfs Interessenbegriff unterschlägt, daß Interessen nur deshalb zu erwarteten Verhaltensorientierungen im Rahmen einer Rolle gehören, weil die Individuen Bedürfnisse haben, die nur im Rollenspiel wenigstens partiell befriedigt werden können — die Normierung des Verhaltens in sozialen Rollen hat die Funktion, ein System der Bedürfnisbefriedigung mit Hilfe gesellschaftlicher Sanktionsgewalt zu etablieren. Man wird deshalb sagen können, daß individuelle wie kollektive Bedürfnisse und positionsgebundene Interessen aufeinander verwiesen sind: *in der Gestalt gesellschaftlicher Interessen können sich die Bedürfnisse legitimieren, in der Gestalt von Bedürfnissen gehen die gesellschaftlichen Interessen in die Motivation des Rollenspielers ein.* Freilich funktioniert diese Allokation von Bedürfnissen und Positionsinteressen keineswegs reibungslos. Zahlreiche individuelle Bedürfnisse finden keine positionelle Legitimierung, und auch kollektive Bedürfnisse können ihre Legitimität nicht immer unwidersprochen behaupten. Bezeichnend ist allerdings — darin hat Dahrendorf recht —, daß gerade der Widerspruch, der einen *Konflikt über die Legitimität* der Allokation von Bedürfnisansprüchen konstituiert, den Zusammenhang von Bedürfnissen und Interessen bewußt macht und damit der Interessenbehauptung einen manifesten Charakter verleiht. Die objektive Konfliktsituation freilich wird dazu in der Regel noch nicht ausreichen; mindestens muß die Frustration der kollektiven Bedürfnisse sehr stark sein, und vor allem darf sie durch nichts kompensiert werden. Außerdem verläuft der Prozeß oft auch umgekehrt, so daß eine Konfliktsituation als solche erst durch Aufklärung über die unterschiedliche Verteilung der Befriedigungschancen kollektiver Bedürfnisse erkannt wird. In jedem Fall aber wird die mangelnde Integration kollektiver Bedürfnislagen in der Gesellschaft, also eine subjektive unzureichende Befriedigung, zu Projektionen der eigenen Pleonexie führen. Ohne die These von der Zweiteilung der Gesellschaft in Herrschende und Beherrschte, die Dahrendorfs Klassentheorie postuliert, damit kritiklos zu akzeptieren, wird man sagen dürfen, daß die projektiven Gehalte bei den Herrschenden den Charakter einer Ideologie und bei den Beherrschten den einer Utopie annehmen werden[11].

Weder die individuellen noch die kollektiven Bedürfnislagen sind also im Hinblick auf die möglichen Bedürfnisbefriedigungen ohne weiteres integriert; auf beiden Ebenen kommt es in der Regel zu irrationalen Einschränkungen und entsprechenden kompensatorischen Reaktionen. Im Rahmen einer kritischen Gesellschaftstheorie ist es sinnvoll, eine solche Gesellschaft als repressiv zu bezeichnen. Der Begriff der *Repression,* mit dem Marx gelegentlich gesellschaftliche Unterdrückung bezeichnet, wurde in der psychoanalytischen Theorie Freuds ein Synonym für „Verdrängung" und spielt heute vor allem im Werk von Herbert Marcuse eine zentrale Rolle. Marcuse verwendet ihn, um „sowohl bewußte als auch unbewußte äußere und innere Vorgänge der Hemmung, der erzwungenen Einschränkung und Unterdrückung zu bezeichnen"[12]. Ein in diesem Sinne repressiver Charakter ist offenbar der Rollenstruktur einer *jeden* Gesellschaft eigen. Der Kontext, in dem die kritische Verwendung des Begriffs repressiv allein sinnvoll ist, bedarf daher der Erläuterung: auch eine kritische Gesellschaftstheorie darf ihren Maßstab nicht aus der Utopie einer Identität von Triebstruktur und Sozialstruktur gewinnen, wie es Marcuse gelegentlich zu versuchen scheint, sondern muß ihn aus der Diskrepanz zwischen dem jeweiligen Stand der Produktivkräfte und der Entwicklung der Produktionsverhältnisse gewinnen. Deren Entwicklung ist freilich zumindest seit der Aufklärung nicht mehr eo ipso naturwüchsig, sondern spiegelt den jeweiligen Stand der Selbstbestimmung des Menschen, das heißt seiner Emanzipation von Natur und Gesellschaft. Die Diskrepanz zwischen dem Stand der Produktivkräfte und der Entwicklung der Produktionsverhältnisse ist deshalb auch die Diskrepanz zwischen dem Grad der Emanzipation des Menschen von der Natur und dem Grad seiner Emanzipation von der Herrschaft. Beide unterliegen insoweit einer dialektischen Vermittlung, als die Mittel zur Beherrschung der Natur zugleich zur Beherrschung der Mittel des Menschen dienen können: Herrschaft des Menschen über die Natur ist zugleich Herrschaft des Menschen über den Menschen. Herrschaft des Menschen über sich selbst ist aber schon gesellschaftlich vermittelt und daher Herrschaft *von* Menschen über Menschen. Die Selbstbestimmung des Individuums als seine Herrschaft über die Natur wie über sich selbst verlangt somit die Bestimmung der Gesellschaft durch die Individuen, die zugleich deren Produkt sind. Denn nicht nur das Individuum als Naturkategorie, sondern auch das sich selbst bestimmende als das von gesellschaftlicher Herrschaft freie und autonome Individuum wäre ein Produkt der Gesellschaft: der Prozeß der Individuierung als der Vorgang des Sich-seiner-selbst-bewußt-werdens ist auf der historischen wie auf der persönlich-biographischen Ebene gesellschaftlich vermittelt. Emanzipation von Herrschaft ist deshalb nicht einfach die Eliminierung gesellschaftlicher Autoritätsverhältnisse, sondern die Bestimmung und Kontrolle der Ordnungs- und Autoritätsverhältnisse in der Gesellschaft durch die ihrer selbst als gesellschaftlich bestimmte Wesen bewußt gewordenen Individuen, oder anders ausgedrückt: Emanzipation von Herrschaft ist identisch mit Demokratisierung der Gesellschaft. Insofern nun die Emanzipation des Menschen von Natur und Herrschaft das entwickelte Bewußtsein des Menschen von sich selbst als von einem Wesen ist, das die Vermittlung von Natur und Gesellschaft in sich selbst und durch sich selbst leistet, zwingt sie ihn zur Rationalisierung seiner Handlungsvollzüge in und gegenüber Natur und Gesellschaft. Weil Emanzipation von der Natur Verfügung über die Natur bedeutet, ist die Rationalität ihr gegenüber technisch. Weil andererseits Emanzipation von der Herrschaft Selbstbestimmung der Gesellschaft durch ihre Individuen bedeutet, ist die Rationalität ihr gegenüber politisch[13]. Während die technische oder formale Rationalität auf die Optimalisierung von Zweck-Mittel-Verhältnissen aus ist, hat die politische oder materiale Rationalität darüber hinaus gesellschaftliche Wert- und Bedürfnislagen zu berücksichtigen. Die Befriedigung gesellschaftlicher Bedürfnisse und die Realisierung gesellschaftlicher Werte setzt dem sozialen Handeln seine Ziele. Bedürfnisse und Werte lassen sich jedoch nicht anhand einer sozial- und geschichtsphilosophischen Identitätsutopie bestimmen, sondern sind gesellschaftlich vermittelt und historisch relativ auf das jeweils in einer Situation Mögliche. Niemals ist es möglich, den Menschen mit sich selbst in Deckung zu bringen, den Hiatus, der ihn kennzeichnet, aufzuheben, sondern möglich ist immer nur eine größere Kontrolle der Vermittlung von Natur und Gesellschaft im Menschen durch das Medium seines historisch entwickelten Selbstbewußtseins. Gesellschaftlich manifest würde dieses Selbstbewußtein erst in den Formen und Institutionen einer rationalen Diskussion über die relative Legitimität der gesellschaftlichen Wert- und Bedürfnisanlagen und die sich daraus ergebenden Handlungsziele. Gegen die Durchsetzung solch politischer Rationalität steht freilich das Interesse gesellschaftlicher Machtgruppen an unkontrollierter Herrschaft, der mit zunehmender technischer Rationalität neue und wirksamere Mittel an die Hand gegeben werden. Eine rationale Diskussion gesellschaftlicher Werte und Bedürfnisse wird vor allem durch *die* gesellschaftlichen Interessenlagen behindert, deren Bedürfnisse ideologisch zu Werten und Zielen aller hypostasiert werden mit der Behauptung, daß Einigkeit über sie längst bestehe.

Repressiv ist also eine Gesellschaft, wie die durch den Stand der Produktivkräfte *objektiv* mögliche Befriedigung von Bedürfnissen durch Herrschaftsinteressen in ihr verhindert wird. Gemessen daran sind alle individuellen und kollektiven Bedürfnislagen zunächst *subjektive* Bedürfnislagen. Erst eine rationale Diskussion über ihren relativen Stellenwert zu anderen Bedürfnissen und die Möglichkeiten einer Befriedigung gemessen an anderen Möglichkeiten der Befriedigung könnte ihre „Objektivität“ erweisen — wenn es erlaubt ist, hier von „objektiv“ zu sprechen[14]. In der Behinderung einer rationalen Diskussion über die relative Legitimität gesellschaftlicher Bedürfnislagen eher als in der unmittelbaren Verweigerung bewußter, subjektiver Bedürfnisse liegt aber in den fortgeschrittenen Industriegesellschaften die Repression. Bedürfnisse, deren Befriedigung an sich möglich ist, werden in einer repressiven Gesellschaft verdrängt und teils sublimiert in solche subjektiven Bedürfnisse, deren Befriedigung den Herrschaftsinteressen förderlich ist, beziehungsweise sie nicht berührt, teils leben sie sich aus in der neurotischen „Wiederkehr des Verdrängten“, die als Zunahme psychischer Störungen sich bemerkbar macht. Der repressive Charakter einer Gesellschaft ergibt sich also aus dem, was objektiv — nicht überhaupt und ein für allemal, sondern jeweils in einer bestimmten historisch-gesellschaftlichen Situation — an Bedürfnisbefriedigung und Wertrealisierung durch den Stand der Produktivkräfte ermöglicht wird, und dem, was sie tatsächlich an Bedürfnissen befriedigt und an Werten realisiert. Diese Differenz bestimmt sich allerdings nicht am subjektiven Erleben des einzelnen, wenngleich dieses als Korrektiv herangezogen werden muß. Es bestimmt sich auch nicht an den dogmatischen Verordnungen irgendeiner Sozialphilosophie, sondern allein an dem jeweils möglichen Grad der gesellschaftlichen Selbstbestimmung der Individuen, der ablesbar ist an dem empirisch überprüfbaren Stand ihrer Aufklärung. Nur einer rational angeleiteten Diskussion käme es zu, Maßstäbe für das objektiv Mögliche zu entwickeln.

Die Diskrepanz zwischen subjektiven und objektiven Bedürfnislagen geht in einer Gesellschaft, der man einen wissenschaftlichen Charakter nachsagt[15], der Tendenz nach in die Antinomien der Sozialstruktur selbst mit ein. Mit dem wachsenden Einfluß der Experten entstehen soziale Positionen, deren Rolleninteresse selbst auf die Erkenntnis objektiver Bedürfnislagen gerichtet ist. Mit der zunehmenden Funktionsverflechtung gesellschaftlicher Handlungsvollzüge ist der Interessenausgleich nur noch nach dem Maßstab von Plan und Expertise möglich: Sozialpolitik ist heute immer schon Gesellschaftspolitik[16]. Auch hier geht es allerdings nicht allein um die Erkenntnis bloßer Sachzwänge, denen das Handeln nur noch zu folgen brauchte, sondern um die pragmatisch-kritische Bewertung nach Maßgabe emanzipatorischer Entwicklungen[17]. Solche Kritik freilich muß sich sogleich gegen verfestigte Herrschaftsinteressen wenden, denen an einer Interpretation der Bedürfnisse nach dem Modell naturhaft gegebener Instinkte gelegen ist. So steht mit der gesellschaftlichen Verteilung der Chancen zur Bedürfnisbefriedigung der Prozeß der Vergesellschaftung der Bedürfnisse selbst zur Kritik an. Indem diese Vergesellschaftung nämlich möglicherweise selbst nur ein Ausdruck des repressiven Charakters der Gesellschaft ist, können die individuellen und kollektiven Bedürfnislagen zu einer Gestalt des falschen Bewußtseins werden. Wenn sich die Objektivität gesellschaftlicher Bedürfnislagen nicht etwa aus der bloßen Summierung subjektiver Bedürfnisempfindungen ergibt, sondern erst das Ergebnis eines öffentlich sich vollziehenden Reflexionsvorganges ist, der zur möglichen Vernunft der ihnen immanenten Werte und zu dem, was historisch als Glück heute möglich wäre, ernsthaft Stellung bezieht, dann können subjektiv geäußerte Bedürfnisse nicht ohne weiteres als objektiv hingenommen werden, ohne daß man die Situation und den Stand der Aufklärung des Subjekts berücksichtigt. Dessen Situation aber ist in der Regel bereits durch die Herrschaftsverhältnisse so weit geprägt, daß falsches Bewußtsein über die eigene Bedürfnislage nicht nur im Ausnahmefall zu erwarten ist. Und doch ist das subjektive Bedürfnis so lange ein Korrektiv gegenüber dem allzu leichtfertigen Ideologieverdacht, wie es sich im individuellen Leiden an den Frustrationen einer aufgeschobenen Befriedigung manifestiert[18]. Oft genug wird freilich der Leidensdruck aus dem Erleben selbst verdrängt, sei es in die Identifikation mit dem repressiven Charakter der Gesellschaft, die zu jener Aggressivität ohne persönlich gefärbtes Ziel führt, wie wir sie von den nationalsozialistischen Schreibtischmördern kennen, sei es in den Bereich des Somatischen, wie es sich in der Zunahme von Patienten mit sogenannten „funktionellen Störungen" in den ärztlichen Praxen zeigt. Hier ist das Pathologische dann nur noch am Symptom zu erkennen — im Bereich des Somatischen, des Psychischen und des Sozialen gleicherweise. Zu folgern wäre daraus, daß nicht nur Medizin und Psychoanalyse, sondern auch die Soziologie eine Symptomatologie pathologischer Erscheinungen entwickeln müßte, bevor sie sich ätiologischen Einzeluntersuchungen widmen kann.

Die doppelte Funktion der sozialen Normen — die Umwandlung von Libido und Aggressionstrieben in eine vergesellschaftete Triebstruktur und die Verteilung der Möglichkeiten zur Bedürfnisbefriedigung — enthält auf jeder Ebene der individuellen und kollektiven Bedürfnisentwicklung sowohl unter dem Aspekt einer kritischen Gesellschaftstheorie als auch unter dem Aspekt bloßer Beschreibung der lebenslang währenden Sozialisationsprozesse einen latenten Konflikt: gegenüber der Selbsterhaltungstendenz des sozialen Systems erweist sich der individuelle Anspruch auf Bedürfnisbefriedigung immer wieder als dysfunktional. Aber nicht so, daß der Konflikt einfach schon zwischen Individuum und Gesellschaft sich abspielte: durch die Vergesellschaftung der Bedürfnisse können vielmehr die verschiedenen systemerhaltenden Funktionen der Normen selbst miteinander in Widerspruch geraten, so daß das, was der Triebunterdrückung dient, der Reproduktion von Gütern und Leistungen abträglich sein kann, und die Tradierung von kulturellen Sinngehalten zu beidem nicht paßt: die Bereiche von Herrschaft, Arbeit und Kommunikation mögen einander ergänzen, sind aber in einer historisch sich wandelnden Gesellschaft alles andere als integriert. Diese Brüche in der Sozialstruktur werden sich wiederfinden lassen in den widerspruchsvollen Rollentypen, an denen der einzelne sich gleichzeitig orientiert, und an den nicht einmal in abweichenden Rollen integrierten Restbeständen „asozialer" Emotionalität.

2. *Ich-Identität und Rollen-Identifikation*

Die Vergesellschaftung der individuellen Triebstruktur und die Integration der individuellen Bedürfnisse in den Erwartungshorizont sozialer Rollen ist gekoppelt mit der allmählichen Ausbildung einer Ich-Identität im Verlauf der verschiedenen Sozialisationsphasen. Dieser Prozeß der Identitätsbildung verläuft nicht ohne Krisen, deren Bewältigung eine Voraussetzung sowohl eines im Sinne gesellschaftlicher Anpassung gut „funktionierenden", als auch eines die individuellen Bedürfnisse relativ befriedigenden Rollenspiels ist. Erik H. Erikson hat die *Entwicklungsstadien der*

Ich-Identität ausführlich untersucht[19]. Danach lassen sich zunächst drei Phasen des Sozialisationsprozesses unterscheiden: die von den Mechanismen der Introjektion und der Projektion bestimmte vorödipale Phase, die Kindheitsidentifikationen während und nach der ödipalen Phase und die eigentliche Identitätsbildung während der Adoleszenz. Identifikationen sind dem Individuum erst möglich durch die beiden fundierenden Prozesse der *Introjektion* und der *Projektion;* sie legen den Grund für die spätere probeweise Übernahme der Rollen von Bezugspersonen aus der kindlichen Umwelt. Das Kleinkind lernt in der Versagung seiner Triebe allmählich Ego und Alter zu unterscheiden. In der Frustration mancher Triebe und der Befriedigung anderer entwickelt sich allmählich eine Strukturierung und Kanalisierung der Triebe im Hinblick auf deren Befriedigungschancen durch andere. In der zunächst einfach an Lust und Unlustgefühlen orientierten Verinnerlichung des Außenaspekts und Veräußerlichung des Innenaspekts bildet sich die Beherrschung jener allem späteren Rollenspiel zugrundeliegenden *Reziprozität der Perspektiven* aus. Etwas später kann diese Möglichkeit zum Wechseln der Perspektiven auf dem elementaren Übungsfeld der Familie ausprobiert werden: die Internalisierung einerseits der familiären Wir-Beziehung, andererseits der Geschwisterbeziehung hat die Funktion, das „in-group/out-group"-Verhältnis mit seinem dauernden Perspektivenwechsel einzuüben: einmal stehen die Kinder gegen die Eltern, einmal beide zusammen gegenüber der nicht zur Familie gehörigen Außenwelt[20]. Gleichzeitig bildet sich allmählich ein eigenes Ich-Bewußtsein heraus, in welchem das „Selbst" sich als abgehoben von den anderen Mitgliedern der Familie erlebt. Diese Trennung von Ego und Alter ermöglicht erst das „taking the role of the generalized other", mit dem G. H. Mead die Sozialisierung durch die Kindheitsidentifikationen beschreibt. Man könnte auch sagen, daß die *primäre Sozialisierungsphase* einer Entfaltung der „exzentrischen Positionalität" des Menschen dient, die den Aufbau der „soziokulturellen Persönlichkeit" in der ödipalen und nach-ödipalen Phase erst ermöglicht und die, anthropologisch gesehen, schon mit dem von Adolf Portmann als „extra-uterines Frühjahr" bezeichneten ersten Lebensjahr beginnt[21]. Ein Mißlingen der Sozialisierung auf dieser ersten Stufe führt zu Verhaltensstörungen, die einer rollenpathologischen Untersuchung noch unzugänglich sind, weil sie ein Rollenspiel überhaupt unmöglich machen. Man könnte sie als *primäre Verhaltensstörungen* bezeichnen[22], die Gegenstand der Psychopathologie sind. Hier haben offenbar, soweit nicht erbliche Ursachen vorliegen, die Psychosen und schweren Triebdefekte ihre Herkunft. Solche primären Verhaltensstörungen lassen sich rollenanalytisch nicht erfassen und sollen daher hier unbeachtet bleiben[23]. Für unseren Zusammenhang genügt es festzuhalten, daß die Entwicklung der vergesellschafteten Triebstruktur und der Möglichkeit zur Reziprozität der Perspektiven in dieser ersten Sozilisierungsphase geleistet werden müssen[24]; beide Entwicklungen finden ihren Ausdruck in einem Ich-Bewußtsein, das nun erst die Möglichkeit zur Identifikation bietet.

Die nun folgende *zweite Sozialisierungsphase* ist durch die Kindheitsidentifikationen gekennzeichnet. Die erste und wichtigste Identifikation ist die mit dem gleichgeschlechtlichen Elternteil, die der Internalisierung geschlechtsspezifischer Verhaltenserwartungen dient und zugleich den Aufbau der „sozio-kulturellen Persönlichkeit" und die Bildung eines kulturspezifischen „Über-Ichs" leistet. Nach der Lehre Freuds entsteht aus der sexuellen Bindung an den andersgeschlechtlichen Elternteil der sogenannte Ödipus-Konflikt: die Einsicht des Kindes, daß es niemals mit dem gleichgeschlechtlichen Elternteil in sexueller Hinsicht wird konkurrieren können, wird als tiefgehende Frustration erlebt, die durch die Identifikation mit dem gleichgeschlechtlichen Elternteil in der Phantasie zum Teil kompensiert werden kann. Die Folge dieser Identifikation ist zunächst die Entwicklung der eigenen *Geschlechtsidentität*, also jenes Aspekts der Ich-Identität, der sich auf das Verhältnis zum eigenen Geschlecht und dessen jeweilige sozio-kulturelle Prägung und Überformung bezieht. Dieses Verhältnis zum eigenen Geschlecht und damit auch zur eigenen Geschlechtlichkeit ist für den Gesamtprozeß der Identitätsbildung von außerordentlicher Bedeutung — ein negatives und diffuses Verhältnis zum eigenen Geschlecht kann zu schweren psychischen Störungen führen[25].

Verschiedene Kulturen und Gesellschaften kennen sehr unterschiedliche Typen der Geschlechtsidentität; vor allem die ethnologische Forschung hat gezeigt, wie groß auch in diesem scheinbar vollkommen biologisch determinierten Bereich die Variationsbreite gesellschaftlicher Prägung ist[26]. Die charakteristischen Unterschiede zwischen den Geschlechtern in den modernen Gesellschaften hat Talcott Parsons mit dem Unterschied zwischen instrumentalen und expressiven Verhaltensorientierungen zu erklären versucht. Anders als Freud meint Parsons, daß die Lösung der Ödipus-Situation für den Jungen schwerer als für das Mädchen ist, weil er sich in diesem Stadium auf doppelte Weise emanzipieren muß: wie das Mädchen muß auch der Junge einsehen, daß er vorerst doch nur ein Kind ist, das mit den Erwachsenen nicht konkurrieren kann. Zugleich aber muß er sich mit dem ihm zunächst fremden Vater identifizieren, während das Mädchen nur die ursprüngliche Bindung an die Mutter auf eine neue Stufe stellen muß. Da nun zumindest in den Mittelschichten die Mutter weitgehend auf den Horizont der Familie und des Haushalts mit den entsprechenden expressiven und emotionalen Verhaltensorientierungen beschränkt ist, während der berufstätige Vater eher die instrumentale Seite des Verfügens und Produzierens verkörpert, führt dieser Unterschied in den Identifikationsmöglichkeiten zu einem ausgeprägten Unterschied in der Geschlechtsidentität: der Junge muß weiter und radikaler auf dem Weg vorangehen, der fort vom Primat des Expressiven und hin zum Primat des Instrumentalen führt, wobei er wegen der großen Unterschiedlichkeit der männlichen Berufsrollen frühzeitig zu größerer Differenzierung gelangt als das Mädchen[27]. Diese Theorie mag in der Tat zum Verständnis der Unterschiede in der Geschlechtsidentität in unserer Gesellschaft einen wichtigen Beitrag liefern; man darf jedoch nicht übersehen, daß sie am Beispiel der amerikanischen Mittelschicht entwickelt ist und keineswegs für alle sozialen Schichten in gleicher Weise zutreffen wird[28]. Vor allem gilt es hier zu beachten, daß die allgemeine Verhaltensorientierung auf Grund einer spezifischen Geschlechtsidentität (expressiv oder instrumental) in späteren Lebensphasen mit bestimmten sozialen Rollen in Konflikt geraten kann. Die ausdrückliche Beschränkung der Frau auf den Bereich des Expressiven gilt nur in der relativ kurzen Zeitspanne, in der sie mit der Aufzucht von Kindern beschäftigt ist, die noch nicht das Adoleszenzalter erreicht haben, und selbst dann sind ihre diversen Hausfrauentätigkeiten keineswegs ausschließlich, ja nicht einmal vorwiegend expressiv-emotionaler Natur. Die Bereiche, in denen Männer und Frauen ihre Geschlechtsidentität bruchlos in eine *geschlechtsspezifische Rolle* einbringen können, wie etwa bei manchen Beziehungsrollen, werden immer geringer, seit die Allokation gesellschaftlicher Aufgaben sich nicht mehr als erstes an der Geschlechtszugehörigkeit orientiert, so daß man von umfassenden Geschlechtsrollen sprechen könnte. Wie alle Rollen beziehen sich auch die geschlechtsspezifischen Rollen jeweils auf einen Relevanzbereich. Das heißt, Männer und Frauen spielen eine geschlechtsspezifische Rolle nicht etwa immer und überall, sondern nur in bestimmten Situationen innerhalb bestimmter Relevanzbereiche, nämlich vor allem im Bereich erotischer Beziehungen und bei der Pflege der Kleinkinder. In fast allen anderen Relevanzbereichen hat sich der einheitliche Sinn geschlechtsspezifischer Rollen inzwischen aufgelöst, weil es sich mit den instrumentalen Verhaltenserwartungen kaum verträgt. Das trifft insbesondere die Frau, der dieser einheitliche Sinn eines geschlechtsspezifischen Verhaltens häufig ideologisch zugemutet wird, ohne daß eine entsprechende Rolle als Ganzes noch realisiert werden könnte. Auf der anderen Seite versucht sie, dem expressiven und emotionalen Charakter ihrer Geschlechtsidentität, mit dem sie unter Umständen der Ideologie unbewußt entgegenkommt, durch bruchstückhaft typisierte Verhaltensweisen Rechnung zu tragen, die sich auf keinen Relevanzbereich mehr beziehen: der immer wieder geäußerte Hinweis auf die „pflegerischen" Aspekte eines Berufes, in den Frauen erst allmählich eindringen, erfüllt etwa eine solche Funktion. Die Folge ist eine der Arbeitsteilung entsprechende Trennung von erotischen Handlungsbereichen und Leistungsbereichen, die nun nicht mehr mit der Trennung der Geschlechter korrespondiert, sondern sich durch die Individuen selbst hindurchzieht; zumal bei der in den instrumentalen Handlungsbereichen traditionell unterworfenen Frau kann das zu einer Verunsicherung und schließlich Abspaltung der Geschlechtsidentität von der Ich-Identität insgesamt führen, die eine anomische Desorientierung des Verhaltens zur Folge hat[29]. Aus dieser äußeren Bedrohung nicht minder als aus einer schon im Sozialisationsprozeß erworbenen Schwäche der Geschlechtsidentität erklärt sich dann der Erfolg kulturindustriell vermittelter Identitätsstereotype vom Typisch-Weiblichen und Typisch-Männlichen samt ihren modisch wechselnden Akzessoires.

Neben dem Aufbau der Geschlechtsidentität ist die zweite Aufgabe der ödipalen Entwicklungsstufe die *Internalisierung allgemeiner kultureller Normen und Werte,* die Freud als die Bildung des „Über-Ich" beschrieben hat: da die Identifizierung mit dem gleichgeschlechtlichen Elternteil nicht vollends gelingen kann, schärfer gesagt: weil schon der Versuch einer sexuell gefärbten Identifikation sanktioniert wird, kompensiert das Kind die Frustration durch die Internalisierung der *moralischen* Aspekte der elterlichen Überlegenheit. Nach Freud führt die Verinnerlichung der kulturspezifischen, von den Eltern vertretenen moralischen Haltung zur Entwicklung eigener Verantwortlichkeit beim Kind, die sich in der Ablösung bloßer Schamgefühle, die bei einer Bloßstellung und Herabsetzung der persönlichen Autonomie entstehen, durch die von einer inneren Sanktionsgewalt ausgehenden Schuldgefühle zeigt. Diese psychoanalytische Theorie der Gewissensbildung ist in zahlreichen und viel umstrittenen Differenzierungen und Modifizierungen ausgearbeitet worden, die hier nicht dargestellt werden können[30]. Zweifellos ist der Prozeß und die Art der „Über-Ich"-Bildung historisch und gesellschaftlich variabel, je nach der vorherrschenden Familienverfassung. Für unseren Zusammenhang ist dabei zweierlei wichtig: erstens, daß die Internalisierung allgemeiner kultureller Normen und Werte sich zunächst auf den Kontext subinstitutioneller Regeln der Kommunikation bezieht, die dem späteren Rollenverhalten als Basis dienen. Mit der Sprache selbst und ihren Tabus werden die Elemente eines Verhaltens eingeübt, die sich später als Loyalität und Disziplin, Umsicht, Takt und Reziprozität beim Rollenspiel bewähren sollen. Zeitens aber kann die Absicherung der Ich-Identität durch die Verinnerlichung der elterlichen Normen, die zu jenem „Kreiselkompaß" führen soll, der nach Riesman dem „innen-geleiteten" Menschen die Sicherheit kontinuierlicher Verhaltensorientierung in wechselnden Situationen verleiht, nur dann gelingen, wenn die elterliche Autorität sich in Übereinstimmung mit dem herrschenden System der gesellschaftlichen Bedürfnisregulierung — und das heißt auch: mit dem herrschenden System der gesellschaftlichen Reproduktionsweisen — befindet. Eben dies scheint heute aber nicht mehr in gleicher Weise gewährleistet zu sein wie in jenem Bürgertum, aus dem die Patienten Freuds stammten. Wird die relativ sicher gefügte Wertwelt des Bürgertums von kulturindustriell vermittelten Vorbildern abgelöst, die nicht mehr wie jene einen unmittelbar durchsichtigen Zusammenhang mit der schichtspezifischen Arbeitswelt bilden und die in ihrem modischen Wechsel im Dienste eines von der Überproduktion ausgehenden Konsumdrucks stehen — dann wird die elterliche Autorität ihrer gesellschaftlichen Verankerung beraubt[31]. Die Ausübung der elterlichen Autorität wird nun leicht zur bloßen Notwehr gegenüber den — von der Familie kaum mehr zu verkraftenden — „außen-geleiteten" Verhaltensweisen der Jugendlichen. Solange sich damit ein pragmatisches Erziehungskonzept verbindet, das auf jede Hypostasierung verzichtet, kann es zu jener nüchternen Anpassungfähigkeit führen, die H. Schelsky als den „Konkretismus" der gegenwärtigen Jugend bezeichnet hat[32]. Wird aber die unsichere elterliche Autorität ideologisch abgesichert, so dient die Identifikation mit der väterlichen Gewalt nicht mehr der Internalisierung einer moralischen Haltung, sondern nur der Abwehr bloßer Repression. Dieser von Anna Freud als Identifikation mit dem Aggressor bezeichnete Abwehrmechanismus[33] führt zu jener autoritären Charakterstruktur, bei der der ich-schwache Mensch zur Identifikation mit jeder beliebigen gesellschaftlichen Gewalt neigt, mit der er sich im Verlauf seines Lebens konfrontiert sieht[34]. Die Ausbildung einer zu Ich-Leistungen im Rollenspiel befähigenden Ich-Identität ist dann bereits in der ödipalen Sozialisierungsphase behindert; die Auswirkungen dieser Schwächung der Ich-Identität[35] erweisen sich später dann an der Tendenz zum Ritualismus im Rollenverhalten[36].

Wenn mit dem Aufbau einer rudimentären Ich-Identität die ödipale Entwicklungsphase abgeschlossen ist, folgt das von Freud als „Latenzperiode" bezeichnete und durch die Verdrängung der frühkindlichen Sexualität charakterisierte Stadium der über den familiären Bereich hinausgreifenden, spielerischen *Rollenidentifikationen.* Dieses „psychosexuelle Moratorium" (E. H. Erikson) ist vor allem eine Zeit des Lernens: die Rollenidentifikationen sind noch vorläufig, werden stets als spielerisch oder doch vorübergehend erlebt und dienen insbesondere der Einübung eines von Qualitätsnormen geleiteten Verhaltens in situationsbezogenen und (in der Schule und in Jugendorganisationen) auch schon organisationsbezogenen Rollen. „Die Gefahr dieses Stadiums ist die Entwicklung eines Gefühls von Unzulänglichkeit oder Minderwertigkeit."[37] Die Ausbildung eines die Ich-Identität stärkenden Leistungsbewußtseins wird vor allem von den schulischen Ausbildungsmöglichkeiten und deren Determination durch das elterliche Herkunftsmilieu abhängen. Die Vielfalt und Unvorhersehbarkeit der sozialen Rollen, die das Individuum, ist es einmal dem Bannkreis der Familie entwachsen, in den modernen Gesellschaften spielen muß, erfordert eine möglichst große Variationsbreite im Angebot von Rollenmodellen und -vorbildern, an denen sich das Kind nun orientieren und spielerisch üben kann[38]. Wichtig sind in dieser Phase vor allem die Probleme der Anpassung an eine sich rasch verändernde technische Umwelt, die Anlaß zu zahlreichen pädagogischen Untersuchungen gegeben haben[39]. Wichtig aber ist auch, daß das Kind mit einer überschaubaren und als sinnvoll erlebbaren Rollenstruktur vertraut wird. Vor allem die Konfrontation mit geschlechts- und altersspezifischen Rollen darf nicht fehlen, sollen spätere Kommunikationsstörungen gegenüber den Trägern fremder, personbezogener Rollen vermieden werden. Tendenzen, die eine Reduktion der Familie auf zwei Generationen oder eine Trennung der Wohn- und Arbeitsbereiche der Geschlechter und der verschiedenen Generationen fördern, dürften hier die Möglichkeiten der kindlichen Rollenidentifikationen gefährlich beschränken. Zur Identitätsbildung des Jugendlichen gehört die Möglichkeit, sich antizipatorisch in verschiedene Altersstufen hineinzuversetzen; nur so kann das Individuum ein persönliches Kontinuitätsgefühl entwickeln, mit dem es die kaum mehr durch Initiationsriten abgesicherten krisenhaften Positionsübergänge des eigenen Lebenszyklus bewältigen kann[40].

„Die Identitätsbildung schließlich beginnt dort, wo die Brauchbarkeit der Identifikationen endet."[41] In der Pubertäts- und Nachpubertätszeit wird aus dem spielerischen Charakter der kindlichen Rollenidentifikationen Ernst: das Individuum muß sich endgültig ein Selbstbild entwerfen, das auf den Kindheitsidentifikationen aufbaut, zugleich aber mehr als eine bloße Synthese der bisher erworbenen Identitätselemente ist. Das *Problem der Identitätsbildung* ist der Kern einer normativen Krise, mit der die *Adoleszenzzeit* typischerweise verbunden ist: der Zwang zur endgültigen Selbstdefinition fällt zusammen mit der vollen Ausbildung der genitalen Sexualität und mit der Notwendigkeit der Selbstbehauptung im gesellschaftlichen Wettbewerbssystem bei der Übernahme der ersten Berufsrollen. Wenn die durch diese dreifache Belastung ausgelöste Krise mit der Entwicklung einer reifen und starken Ich-Identität überwunden und gelöst werden soll, dann muß der Jugendliche von allzu frühen gesellschaftlichen Rollenansprüchen durch ein „psychosoziales Moratorium" (E. H. Erikson) entlastet werden, welches das durch die „Latenzperiode" garantierte „psychosexuelle Moratorium" ablöst[42]. Mit der Verschärfung des Identitätsproblems entsteht eine Verhaltensunsicherheit, die für die

Adoleszenz-Phase charakteristisch ist. Erikson spricht von einer im günstigen Fall vorübergehenden, im ungünstigen Fall aber bleibenden *Identitäts-Diffusion*[43]. Ihre Symptome sind: Arbeitsstörungen durch mangelnden „Werksinn", Zersplitterung der Zeitperspektive und Bedrohung des Kontinuitätsbewußtseins durch eine Schrumpfung des Zukunftshorizontes und schließlich das Fragwürdigwerden der Geschlechtsidentität auf Grund der neuartigen Intimitätsprobleme. Diese von Erikson u. a. an den jugendlichen Patienten seiner psychotherapeutischen Praxis beobachteten Symptome sind sicherlich charakteristisch für die Pubertäts- und Nachpubertätszeit überhaupt. Die Identitätssuche des Jugendlichen führt mit der zunehmenden Schwächung des Familienverbandes gegenüber den sekundären gesellschaftlichen Systemen zur wachsenden Bedeutung der Gruppe der Gleichaltrigen, der „peers", die sich in Subkulturen oder „Vorgesellschaften" (Erikson) zusammenfinden und einen eigenen, zum Teil von den herrschenden Normen weit abweichenden Verhaltensstil entwickeln. Hier schaffen sich die Jugendlichen das „psychosoziale Moratorium", das ihnen die Gesellschaft oft genug vorenthält — ein informelles Experimentierfeld der Identitätsbildung.

Nun ist allerdings der Umfang und die Bedeutung dieser jugendlichen *Subkulturen* eines der umstrittensten Probleme der Jugendsoziologie. Richtig ist zweifellos, daß die Unsicherheit über die eigene Geschlechtsidentität in diesem Alter zu rollenexpressiven oder genauer: identitätsausdrückenden Verhaltensweisen führt, die oft das Rollenverhalten in anderen Relevanzbereichen überstark akzentuieren und gelegentlich auch ausgesprochene Delinquenz nach sich ziehen[44]. Ein Teil der oft scheinbar sinnlosen Aggressivität und Zerstörungswut männlicher Jugendlicher, wie auch die häufigen Verkehrsdelikte und die Einbrüche und Diebstähle ohne materielle Motive mögen so zu erklären sein[45]. Jenseits der Kriminalität von Jugendlichen, die vor allem auch von den unterschiedlichen Kontaktchancen des Herkunfts- und Erziehungsmilieus abhängen, kann vermutlich nur ausnahmsweise von wirklichen Subkulturen bei Jugendlichen die Rede sein. Friedrich H. Tenbruck spricht statt dessen von einer „Teilstruktur" der Jugendlichen, die mit wachsender Unabhängigkeit einen „fast unbeschränkten Zugang zur konkreten Wirklichkeit der erwachsenen Welt" bekommen habe[46]. Diese Wirklichkeit des Erwerbslebens, der Freizeit und der Sexualität werden aber, insoweit die Jugendlichen nun doch noch nicht ganz in die erwachsene Welt integriert sind und ihre Sozialisation noch nicht abgeschlossen ist, von ihnen einer *eigenen Normierung* unterworfen, die von der üblichen abweicht, wenn sie auch nicht notwendig in Widerspruch zu ihr stehen muß. Insbesondere an Konsumsphäre und Kulturindustrie haben die Jugendlichen ihren eigenen Anteil, der sie nur oberflächlich gesehen von den Erwachsenen wirklich trennt[47].

Die latente Identitäts-Diffusion der Adoleszenzkrise führt fraglos zu Verhaltensweisen, die nur den Jugendlichen eigentümlich sind und teilweise von den Normen der herrschenden Rollenstruktur abweichen. Solche Abweichungen sind aber nicht ohne weiteres Ausdruck einer mangelnden Integrationsbereitschaft gegenüber der Gesellschaft; sie können vielmehr umgekehrt ihre Ursache in einer allzu gut gelungenen Anpassung an die gesellschaftliche Rollenstruktur haben: die Identitätsschwäche, die für dieses Alter charakteristisch ist, steigert sich oft zur Unfähigkeit, die von einer sozialen Rolle erwarteten Ich-Leistungen innerhalb des normativen Rahmens der Rolle und in sinnvollem Bezug auf Relevanzbereich und Situationsthema aufzubringen. Es kommt dann zu Formen der *Überanpassung*, die sich durch Mangel an Distanz und Engagement beim Rollenspiel ausdrücken; dies insbesondere im erotischen Bereich, wo die Beziehungsrollen neben Distanz und Engagement zusätzlich eine nomische Gestaltungskraft verlangen, die den Jugendlichen in der Regel überfordert. Andererseits bedroht dieser Distanzverlust erst recht die jugendliche Ich-Identität; die Rollen fallen gleichsam auf ihn und drohen ihn zu erschlagen. Die Reaktion ist dann die oft zu beobachtende Flucht in die *negative Identität* und die verbockte Abwehr gutwillig angebotener Identifikationsmöglichkeiten[48]. Dabei muß freilich beachtet werden, daß die von der Gesellschaft angebotenen Rollen die beim Jugendlichen erst geringfügig domestizierten Bedürfnisse nur unzureichend befriedigen können; die von Vollzugs- und Qualitätsnormen beherrschte Leistungswelt, mit der er sich konfrontiert sieht, bietet gerade dem Jugendlichen wenig Gelegenheit, individuelle Bedürfnisse in Positionsinteressen aufgehen zu lassen. So mögen die als Symptome der Ich-Diffusion gekennzeichneten Störungen des „Werksinns" und der Zukunftsperspektive eine Folge auch der vorzeitigen Enttäuschung über den repressiven Charakter der Gesellschaft sein, die ihnen freilich kaum bewußt ist und daher nicht zu einem Potential aktiven Protestes wird, sondern nur in passiver Resignation sich ausdrückt.

„Der Weg jugendlicher Anpassung in der modernen Gesellschaft führt durch eine halbgeöffnete Tür zu einer ziellosen Freiheit. Nicht die Barrieren auf diesem Weg, sondern der Vorgeschmack seiner Vergeblichkeit dürfte letzten Endes der Grund für das Mißvergnügen der Unbefriedigten sein. Da dieser Zusammenhang nicht bewußt ... wird, mangelt den Jugendlichen das Potential zur Verbesserung des unbefriedigenden Zustandes, von dem sie sich lediglich ... gelangweilt distanzieren, ohne doch auf die Prämien der Anpassung verzichten zu wollen und zu können."[49]

Die herrschende gesellschaftliche Rollenstruktur macht es dem Jugendlichen nicht leicht — soweit sie ihm überhaupt zur Verfügung steht —, sich mit einzelnen Rollen über eine oberflächliche Anpassung hinaus zu identifizieren und dadurch Rollenidentität zu entwickeln, die der Diffusion seiner freischwebenden Ich-Identität Einhalt gebieten würden. Daher denn auch eine besondere Anfälligkeit des Jugendlichen für totalitäre Ideologien und Gruppen, die die schlecht integrierten individuellen Bedürfnisse und die unverkraftete Emotionalität befriedigen. Totalitäre Regime betonen stets, daß der Jugend „die Zukunft gehört"; sie werden damit bei den Jugendlichen immer dann Anklang finden können, wenn deren Identität sich nicht mehr an einem ganzheitlichen Zusammenhang gesellschaftlicher Rollen bilden kann, in den die individuellen Bedürfnisse allmählich integriert werden, und wenn sie sich andererseits auch nicht betont von den herrschenden Werten und Normen ihrer Gesellschaft protestierend abwenden können, weil sie von vornherein in deren Netz mit gefangen sind. Die Furcht vor einem Identitätsverlust führt dann zur Flucht in jene Mischung aus Aufrichtigkeit und Brutalität, deren die Praxis des Terrors bedarf[50].

Ist die kritische Phase latenter Identitäts-Diffusion beim Jugendlichen einmal überwunden, dann sind die späteren *Krisen des Erwachsenenalters* für die Ich-Identität nur selten noch von gleicher Bedrohlichkeit — vorausgesetzt, das Individuum geht aus dem Sozialisierungsprozeß mit einer starken Ich-Identität hervor. Im weiteren Verlauf des Lebens hängt alles an den verschiedenen sozialen Rollen, die der einzelne gleichzeitig übernimmt oder die ihm zugemutet werden. Von größter Bedeutung sind hier natürlich wiederum die Arbeits- und Leistungsrollen sowie die Helfer- und Beziehungsrollen. In ihnen vor allem muß der einzelne seine Rollenidentitäten aufbauen, mit ihnen muß er sich identifizieren und an sie muß er sich engagieren, wenn er sozialer Isolierung entgehen und seine Identität sich bestätigen soll. Angesichts der Vielzahl und der Unterschiedlichkeit sozialer Rollen, die ein Individuum in unserer Gesellschaft übernehmen muß, hat die Ich-Identität die Funktion einer *Vermittlungsinstanz*, eines Integrationszentrums verschiedener rollenspezifischer Verhaltensstile. Die Zusammensetzung der Rollenmenge eines Individuums ist dabei von ausschlaggebender Bedeutung: die durch eine wachsende räumliche und zeitliche Trennung der Verhaltensbereiche unterstützte soziale Distanz zwischen verschiedenen Rollen kann schließlich als bis zur Spaltung der Persönlichkeit gehende Distanz zwischen verschiedenen Rollenidentitäten verinnerlicht werden, wenn nicht ein ausgewogenes Verhältnis zwischen personbezogenen, organisationsbezogenen und situationsbezogenen Rollen die Einheit der Ich-Identität garantiert. Nicht mit jeder Rolle kann sich der Mensch in gleicher Weise identifizieren, unterschiedliche Akzente müssen hier gesetzt werden, wenn anders nicht die Diffusion der Ich-Identität den notwendigen Abstand zu den sozialen Rollen aufheben soll. Ohne eine gefestigte Ich-Identität kann es keine Befolgung sozialer Normen geben, geschweige denn Ich-Leistungen beim Rollenspiel; aber umgekehrt kann sich die Ich-Identität nur mit Hilfe bestimmter, einander nicht widersprechender Rollenidentifikationen ausbilden und festmachen. Störungen der Ich-Identität schlagen sich unmittelbar als Störungen des Rollenverhaltens nieder; umgekehrt wird die Zumutung repressiver Rollen, die die individuellen Entfaltungsmöglichkeiten hemmen und die individuellen Bedürfnisse unterdrücken, stets zu einer Schwächung und in „totalen" Situationen, in denen die Kompensationsmöglichkeiten in andersartigen Rollen verbaut sind, auch zum Verlust der Ich-Identität führen.

3. Der affektive Gehalt des Rollenspiels

Die Möglichkeiten der Identitätsbildung hängen in jeder Phase von der jeweiligen sozialen Umgebung des Menschen ab. Die antizipierenden Kindheitsidentifikationen und die realen Rollenidentifikationen des späteren Lebens bestimmen sich nach dem Angebot und den Erwartungen der je anderen Bezugspersonen und -gruppen, deren Interaktionszusammenhänge ein spezifisches Lernmilieu darstellen. Dieses Lernmilieu wechselt im Laufe des individuellen Lebens und mit ihm das Selbstverständnis der Person. Schon ein Wechsel der Wohnung, ein Umzug in ein anderes Viertel oder eine andere Stadt kann das Selbstbild des Menschen verändern; erst recht wirkt sich dann eine Veränderung des Arbeitsplatzes oder des Familienstandes aus. Jeder Wechsel im persönlichen Rollensystem und in der zeitlichen und räumlichen Dimension des Rollenspiels beeinflußt die im Interaktionsprozeß sich herstellende Selbstinterpretation: im neuen Milieu gelten andere Regeln und Relevanzen, die gewohnte Diskurswelt hat sich verändert. Das Individuum muß sich gegen den Einfluß dieser Veränderungen wehren, wenn es die Orientierung ermöglichende Distanz nicht verlieren will, wenn es sein Verhalten weiterhin inszenieren soll. Die Abwehr muß die veränderte Relation zur Kenntnis nehmen, darf, um nicht jede Kontaktchance zu verlieren, den Kopf vor ihr nicht in den Sand stecken, sondern muß sich ihr stellen und sich mit ihr auseinandersetzen. Daher besteht die Abwehr normalerweise in einer Flucht nach vorn: Anpassung der eigenen Ich-Identität hat die Funktion eines unbewußten Abwehrmechanismus gegenüber der Gefahr einer Selbstzersplitterung. Das Individuum sucht seine Kontinuität zu behaupten und zu bewahren durch die allmähliche Uminterpretation der eigenen Vergangenheit und der bislang antizipierten Zukunft[51]. Je mehr Rollen ein Individuum im Laufe seines Lebens übernimmt und je größer vertikale und horizontale Mobilität sind, desto häufiger werden solche die Ich-Identität verschiebenden Uminterpretationen vorkommen. Die jeweils neu und andersartig interpretierte Zukunft verändert auch die Interpretation der Vergangenheit, beide zusammen beeinflussen die Ich-Identität und ihre Situationsdefinitionen. Anselm L. Strauß hat diesen Prozeß kontinuierlicher, gelegentlich aber auch scharfe Einschnitte charakterisierter Wechselwirkung von Fremd- und Selbstinterpretationen als eine Veränderung der Sprachwelten und Terminologien des Rollenspielers beschrieben:

„Ein Mensch kann nicht seine eigene grundlegende Terminologie in Frage stellen, ohne zugleich seine eigenen Zielsetzungen in Frage zu stellen. Wenn er die Erklärungen, an die er einmal geglaubt hat, in großem Umfang verwirft, dann hat er sich entfremdet und hat eine Welt verloren. Er hat sich ‚geistig enteignet'. Wenn er aber eine Reihe von Gegenerklärungen akzeptiert oder selbst erfindet, dann hat er die Welt wiedergewonnen, denn die Welt ist nicht allein ‚dort draußen', sondern sie ist auch, was er aus ihr macht."[52]

Vorausgesetzt wird hier freilich nicht nur, daß die Ich-Identität des Individuums als relativ stabiles Produkt aus dem Sozialisationsprozeß hervorgegangen ist, sondern auch, daß dessen sprachschöpferische Kraft sich prinzipiell in jeder sozialen Situation bewähren kann: die Welt ist der fast spielerischen Revision durch neue Diskurse jederzeit zugänglich, die Regeln und Normen des Verhaltens ergeben sich allemal aus dem Interaktionsprozeß von selbst. Dem identitätsbildenden Individuum wie der in Sprachwelten sich interpretierenden Gesellschaft apriorisch vorausgesetzt ist nur die — von Strauß aus der von G. H. Mead beschriebenen „I"-„Me"-Relation abgeleitete — Produktivität eines egologischen Aktzentrums. Im gleichen Sinne wie in dieser das wissenschaftstheoretische Programm einer sprachverstehenden Soziologie erfüllenden[53] Analyse von A. Strauß schreibt G. A. Kelly, der von der daseinsanalytischen Psychiatrie herkommt: „Die Prozesse, welche eine Persönlichkeit ausmachen, sind psychologisch bestimmt durch die Weisen, in denen sie Ereignisse innerlich vorwegnimmt (antizipiert)."[54] Der Mensch verbindet Vergangenheit und Zukunft durch die persönlichen „Konstrukte", mit denen er die Welt antizipierend sich zu eigen macht. Er selbst produziert die Diskurs-Welt, in der und durch die er sich orientieren und handeln kann. Triebe und Bedürfnisse gehen in der lebenslänglichen hermeneutischen Anstrengung auf, mit der die persönliche Kontinuität sichergestellt werden soll. Folgerichtig wird für Kelly „der Begriff der Motivation zur Erklärung der menschlichen Aktivität überflüssig"[55].

Der subjektive Ansatz einer sprachverstehenden Soziologie konzentriert sich zu Recht auf die oft vernachlässigte Bedeutung einer je individuellen, obschon im Kontext symbolischer Interaktionsprozesse sich entfaltenden Interpretation der menschlichen Lebenswelt. Phänomenologische Beschreibung, Sprachsoziologie und „symbolic interactionism" haben hier ihre Gemeinsamkeit: die Regeln des sozialen Handelns sind die Regeln der Sprache, der Horizont des Verhaltens ist die Situation, die allemal einer subjektiven „Definition" zugänglich bleibt[56]. Die triebunterdrückende Funktion der sozialen Normen und damit die Motivationsproblematik ebenso wie die Herrschaftsproblematik werden in diesem Ansatz ausgeklammert. Zu Recht hat Jürgen Habermas diese Selbstbeschränkung einer sprachverstehenden Soziologie auf die Analyse des sozialen Handelns im Kontext subjektiver Aneignung des kulturellen Traditionszusammenhangs kritisiert, ohne doch deren Bedeutung als Gegengewicht zum herrschenden Objektivismus in der Soziologie zu bestreiten:

„Ob nun der Traditionszusammenhang als das Aggregat von sprachschöpferischen Leistungen der vergesellschafteten Individuen aufgefaßt oder ob deren Produktion ihrerseits Fortbildungen von Traditionen sind, die sich durch die gelebte Hermeneutik der einzelnen mit sich selbst vermitteln — die Verabsolutierung der Sprache ist die gleiche; und gleich bleibt sich auch der Irrationalismus. Eine sprachverstehende Soziologie geht in Sprachanalyse auf; gleichzeitig muß sie aber, weil sie sich verbietet, die Dimension überlieferter Symbole zu überschreiten, auf Erklärungen des Sprachwandels verzichten. Die Bewegung der Macht, die doch alles bewegt, entzieht sich so der Nachforschung. Die Grenzen der sprachverstehenden Soziologie sind die Grenzen ihres Motivationsbegriffs; sie erklärt soziales Handeln aus Motiven, die mit Situationsbedeutungen des Handelnden selber, also dem sprachlich artikulierten Sinn, zusammenfallen. Der subjektive Ansatz, gleichviel ob er phänomenologisch, linguistisch oder hermeneutisch begründet wird, schließt deshalb eine Trennung der beobachtbaren Verhaltenssegmente von den Interpretationen der Handelnden aus."[57]

Für die Analyse von Verhaltensstörungen bedeutet das, daß die subinstitutionellen Regeln des Rollenspiels und die differenzierte Gegebenheitsweise sozialer Normen und Typisierungsschemata, von denen wir bei der Entwicklung einer Rollentypologie ausgegangen sind, allenfalls zur Beschreibung, aber nicht zur Erklärung der Brüche und Friktionen im Rollenverhalten ausreichen; hinzukommen muß die Untersuchung der repressiven und regulierenden Funktion der sozialen Normen im Hinblick auf die individuellen und kollektiven Bedürfnislagen. Denn *die Chance einer relativen Bedürfnisbefriedigung ist offenbar die Voraussetzung einer sinnhaften Intentionalität des Rollenspiels.* Insofern Bedürfnisse, soweit sie im Sozialisationsprozeß integriert werden, freilich immer schon gesellschaftlich strukturierte, kulturell interpretierte Triebregungen sind, erfordern sie selbst eine sinnverstehende Analyse ihrer Intentionalität. Auch die unbewußten Motive sind, wie die

Psychoanalyse Freuds gezeigt hat, einer Interpretation auf ihren objektiven Sinngehalt hin zugänglich, wenngleich sie als unbewußte, im Sozialisationsprozeß erworbene Dispositionen sich als quasi „asoziale" Ursachen des Handelns gegen den Bedeutungszusammenhang sozialer Rollen durchzusetzen vermögen. „Unbewußte Motive sind gleichsam als Ursachen verkleidet; aber nur in dieser Verkleidung haben sie motivierende Kraft."[58] Die rollenanalytische Untersuchung von Verhaltensstörungen wird daher zwischen der Integration individueller und kollektiver Bedürfnisse in Rolleninteressen und nicht integrierten Triebregungen im und gegen das Rollenspiel unterscheiden müssen.

Aber auch über die Legitimierung individueller Bedürfnisse durch die normative Erwartung, daß der Rollenspieler sein Verhalten an positionsbedingten „vested interests" orientieren werde, hinaus existiert eine, wiewohl unvollständige, Integration von Triebstruktur und Rollenstruktur. Libido und Aggressionstrieb gehen als *affektive Gehalte* in das Rollenspiel mit ein, soweit sich die emotionalen Motivationen mit der sinnhaften Intentionalität des Rollenverhaltens in Deckung bringen lassen. Und zwar auf zweierlei Weise: einerseits wird von bestimmten Rollen ein bestimmter Grad an affektiver Aufladung des Rollenspiels *erwartet*, andererseits geht in den Rollenidentitäten schaffenden Identifikationsprozeß emotionale Spannung mit ein. Nach dem Modell, mit dem Freud den psychischen Aufbau der Persönlichkeit beschreibt, hat das Ich die Funktion einer Integrationsinstanz, die zwischen dem vom „Über-Ich" vertretenen „Realitätsprinzip" der Außenwelt und der dem „Lustprinzip" gehorchenden Antriebsenergie im „Es" zu vermitteln hat. Es läßt sich daraus entnehmen, daß die Ich-Identität stets mit affektiven Gehalten zu rechnen hat, die als ich-nahe Triebe wie Hunger und Durst oder als ich-ferne Triebe wie Libido und Aggressivität auf Befriedigung drängen. In den kritischen Phasen einer Identitäts-Diffusion wird die Ich-Identität so geschwächt sein, daß die Kontrolle und Kanalisierung der Affekte im Rollenspiel nur schwer noch gelingt. Die affektiven Bedürfnisse werden in einer solchen Situation nur ungenügend ins Rollenspiel integriert werden können. Unkontrollierter Liebeshunger und frei flottierende Aggressivität sind Symptome eines derartigen Mangels an Möglichkeiten zu einem affektiv befriedigenden Rollenspiel, die sich in der Adoleszenzkrise oft beobachten lassen. Was das geschwächte Ich in den kritischen Übergangsphasen des Lebenszyklus nicht mehr zu integrieren vermag, kann freilich durch eine *Ritualisierung der Positionsübergänge* eingefangen werden: auch darin haben die Initiationsriten eine Funktion, daß sie für jene Affektbindung sorgen, die die Ich-Identität nicht mehr leisten kann[59]. In dem Maße, wie die Gesellschaft immer weniger die in den Identitätskrisen frei werdenden Affekte durch solche

Ritualisierung der Positionsübergänge aufzufangen in der Lage ist, neigen die Jugendlichen zur Erfindung eigener, subkultureller Riten, die freilich, anstatt von der Tradition garantiert zu sein, sogleich in den Griff der Kulturindustrie genommen werden: selbst an der zerstörerischen Wirkung von Ausbrüchen kollektiver Hysterie, die gelegentlich die ritualisierten Verhaltensweisen bei Beatveranstaltungen durchschlagen, wird zumeist noch gut verdient. Die selbständigen Ritualisierungsversuche sind nie wirklich stabil, die Kanalisierung der Affekte gelingt nur ausnahmsweise, weil die Gesellschaft, statt sie zu fördern, hier ausbeutet, was sie zugleich negativ sanktioniert. Die daraus resultierenden Verdrängungen aber sind gefährlich: die Bindung der Affekte an die Typisierungsschemata des Rollenverhaltens ist eine notwendige Voraussetzung der ich-stärkenden Bildung von Rollenidentitäten. Die sozialen Rollen unterscheiden sich freilich nach dem Grad, in dem sie eine affektive Aufladung des Verhaltens erwarten: *mit der notwendigen Identifikation steigt auch die Affektivität.* In personbezogenen Rollen wird dementsprechend am meisten Affektivität erwartet, in den situationsbezogenen am wenigsten.

Man braucht hier nicht von vornherein an die wechselseitige Befriedigung libidinöser Triebregungen zu denken. Zumindest ebenso bedeutsam ist der affektive Gehalt im Rollenspiel für die *sympathetischen Kontakt- und Erkenntnismöglichkeiten* im Interaktionsprozeß, die sich aus dem anthropologischen Zwang einer Wechselwirkung von Ichhaftigkeit und Du-Evidenz unter der Voraussetzung einer leib-seelischen Einheit ergeben[60]. Erst auf der Basis sympathetischer Gefühle ist es offenbar möglich, den nomischen Anforderungen der Beziehungsrollen gerecht zu werden — nicht allein deshalb, weil eine wechselseitige Bedürfnisbefriedigung deren Voraussetzung ist, sondern auch weil die gemeinsame Definition der sozialen Wirklichkeit eine Fähigkeit zur Empathie verlangt, die nur unter Einbeziehung der Vitalsphäre entwickelt werden kann. So gesehen wäre die von A. Mitscherlich aus einer Überforderung der Mutterrolle in der reduzierten Familie der „vaterlosen Gesellschaft" erklärte[61] Entemotionalisierung der persongebundenen Rollenbeziehungen, wie sie sich in der Neigung, Sexualität und Erotik zu trennen, zeigt, tatsächlich eine Verminderung der wechselseitigen Verstehens- und Interpretationschancen. Umgekehrt gibt es in gewissem Umfang freilich auch die vom Rollenverhalten *erwartete Aggressivität* — nicht nur in solchen sozialen Rollen, deren intentionaler Sinn geradezu in der Aggression besteht, wie bei dem Soldaten etwa, sondern überhaupt in jeder Rolle, zu der die Sanktionierung anderen Rollenverhaltens gehört.

Wie immer es um die Frage bestellt sein mag, ob die Aggressivität

— sei es im Sinne von Freuds „Todestrieb", sei es im Sinne des „sogenannten Bösen" von Konrad Lorenz[62] — zum ursprünglichen Triebhaushalt des Menschen gehört, es scheint festzustehen, daß sie in der Regel durch Frustrationserlebnisse ausgelöst und angefacht wird[63]. Wenn also nicht zumindest ein Minimum an individueller Bedürfnisbefriedigung kulturell legitimiert und in den Rollenhaushalt eines Individuums integriert wird, dann muß als Folge der Frustration mit Durchbrüchen *unkontrollierter Aggressivität* gerechnet werden. Es ist bezeichnend, daß die aggressive Intoleranz autoritärer Regime offenbar regelmäßig mit der Repression sexueller und erotischer Liberalität verbunden ist: die affektive Verarmung der sozialen Rollen führt zur Förderung jener aggressiven Tendenzen, die womöglich noch positiv sanktioniert werden[64].

Nun werden niemals alle Rollen, die ein Individuum spielt, auf gleiche Weise befriedigend sein können. Es kommt daher darauf an, daß der *Rollenhaushalt* eines Individuums ein gewisses Gleichgewicht zwischen affektiv neutralen und emotional befriedigenden Rollen aufweist, daß also z. B. die organisationsbezogenen Rollen durch personbezogene Rollen kompensiert werden können. Eine ausgeglichene Bilanz des affektiven Gehalts im Rollenhaushalt eines Individuums wie auch in der Rollenstruktur von Primärgruppen ist eine Funktion dessen, was T. Parsons als „tension management" bezeichnet hat[65]. Dieser *Spannungsausgleich* ist auf der Ebene des individuellen Rollenhaushalts eine Aufgabe der die Rollen integrierenden und vermittelnden Ich-Identität, auf der Ebene der institutionalisierten Rollenstruktur dagegen eine Aufgabe der Organisationen und Primärgruppen, insbesondere der Familie. Dabei handelt es sich in beiden Fällen um die Regelung von *Kompensationen:* das Individuum muß, soweit es kann, dafür sorgen, daß seine verschiedenen Rollen so verteilt sind, daß ein Minimum an Bedürfnisbefriedigung und Affektbindung garantiert ist; die Organisationen und Gruppen hingegen, die mit bestimmten Rollenerwartungen an das Individuum herantreten, müssen ihrerseits vor allem durch eine zeitliche und räumliche Segmentierung der Handlungsfelder dafür sorgen, daß die Möglichkeit zum Spielen personbezogener Rollen nicht allzu sehr eingeengt wird[66]. Andererseits darf diese Segmentierung nicht total sein: die moderne Familie ist ein Relevanzbereich sozialen Handelns, in welchem immer auch sachliche Probleme der Haushaltsführung, des Konsumverhaltens und der Erziehung im Vordergrund stehen, während umgekehrt selbst die organisationsbezogenen Rollen nicht ohne ein gewisses Maß an affektivem Gehalt gespielt werden können. Eine Überforderung der integrativen Funktion der Ich-Identität kann hier nur vermieden werden, wenn bei allen Unterschieden in den einzelnen Rollentypen doch Sachorientierung und Affektbindung bis zu einem gewissen Grad immer Hand in Hand gehen. Das gilt natürlich insbesondere wieder für die Familie als dem primären Lernmilieu der Sozialisierung: wenn die Familienverfassung mit der Aufgabe der Affektbindung überfordert ist, wird der Mangel an Affektintegration, die schon in den Kindheitsidentifikationen als Reziprozität sympathetischer Gefühle eingeübt werden müßte, sich in kollektiven Durchbrüchen von Aggressivität rächen[67]. Dabei gibt es keine ahistorisch konstante Form der Affektbindung: unzweifelhaft hat sich die psychische „Selbstzwangapparatur" der Affektkontrolle in der modernen Gesellschaft erheblich verstärkt, wie die ausführlichen Untersuchungen von Norbert Elias gezeigt haben[68]. Aber den äußeren Zwängen entsprechen nun um so mehr die inneren Ängste, deren Durchbrüche sich desto schlimmer auswirken, je eher sich in ihnen Aggressivität mit scheinbar affektiv neutralen ritualistischen Rollennormen verbinden kann:

„... der Aufbau der Ängste (ist) nichts anderes als der psychische Widerpart der Zwänge, die die Menschen kraft ihrer gesellschaftlichen Verflechtung aufeinander ausüben ... Den Motor jener zivilisatorischen Veränderung des Verhaltens wie der Ängste bildet eine ganz bestimmte Veränderung der gesellschaftlichen Zwänge, die auf den einzelnen einwirken, ein spezifischer Umbau des gesamten Beziehungsgewebes und darin vor allem der Gewaltorganisation."[69]

Die Struktur der gesellschaftlichen Beziehungen ist immer mehr eine Struktur sozialer Rollen geworden, die mit der Affektbindung immer auch Affektkontrolle in einem Ausmaß auferlegen, das in frühen Gesellschaftsverfassungen offenbar unbekannt war. Wieweit sich diese Kontrolle durchhalten läßt, hängt von der integrativen Stärke der Ich-Identität ebenso ab wie von dem gesellschaftlich ermöglichten Spannungsausgleich im individuellen Rollenhaushalt und in der Rollenstruktur sozialer Beziehungen.

4. Repression und Regression beim Rollenspiel

Der Rollenhaushalt eines Individuums muß also ein gewisses Maß an Integration nicht nur im Hinblick auf die unterschiedlichen normativen Erwartungen, sondern auch auf den affektiven Gehalt und den Grad der Identifikation aufweisen. Auf die Bedeutung widersprüchlicher Rollen haben J. G. Gibbs und W. T. Martin mit ihrer Theorie der Positionsintegration hingewiesen[70]: die verschiedenen Positionen, die ein Individuum gleichzeitig einnimmt, und die jeweils an sie geknüpften Rollenerwartungen sind in unserer Gesellschaft gewöhnlich nur locker miteinander verbunden; treten sie so weit auseinander, daß das Individuum ständig zwischen verschiedenen Verhaltensorientierungen wechseln und „umschalten" muß, oder geraten ihre Anforderungen miteinander in Konflikt, dann wird die Rollenkonformität des Verhaltens abnehmen, bis es zu einem anomischen Zustand kommt. Gibbs und Martin haben ihre These an Hand der Selbstmordstatistik überprüft und sind zu dem Schluß gekommen, daß der Grad der Positionsintegration umgekehrt proportional zu der Selbstmordrate einer Bevölkerung variiert[71]. Die empirische Haltbarkeit dieser These ist nicht unbestritten, was angesichts der Schwierigkeit, den Grad der „status integration" zu messen, nicht überrascht. Hier interessiert jedoch nur der theoretische Zusammenhang: der Inter-Rollenkonflikt, der aus der Widersprüchlichkeit normativer Erwartungen entsteht, dürfte nur ausnahmsweise eine Intensität erreichen, die die Ich-Identität bis zur Unmöglichkeit der Lebensführung reduziert. Eine außerordentlich starke normative Bindung nach zwei Seiten zugleich wird mit wachsender Verfügbarkeit der sozialen Rollen immer unwahrscheinlicher; der Konflikt zwischen Pflicht und Liebe etwa, ein Lieblingsthema der Romanliteratur des 19. Jahrhunderts, dürfte mit abnehmender Identifikation mit den Rollensendern zu einem Anachronismus werden und jedenfalls selten bis zum Selbstmord führen. Viel wahrscheinlicher ist heute und auch für das 19. Jahrhundert, dem die Einsichten der Psychoanalyse noch bevorstanden, daß der Spannungsausgleich zwischen affektiv neutralen Rollenverpflichtungen und kompensatorisch wirkenden, affektiven Rollenbindungen durch gesellschaftliche Zwänge gestört ist, wenn die Lösung des Rollenkonfliktes nur im Selbstmord gefunden wird.

Tatsächlich ähneln die inhaltlich präzisierten Rollennormen im Vergleich zu dem, was an Rolleninteresse und affektiver Aufladung der Ich-Leistungen im Spiel mancher Rollen zusätzlich erwartet wird, in der Regel eher bürokratischen Verhaltensvorschriften als die ganze Persönlichkeit einbeziehenden Verhaltensorientierungen. Die Funktionsverflechtungen der modernen Gesellschaft führen zu einer affektiven Neutralisierung zahlreicher Rollennormen, die für das Funktionieren der Handlungsvollzüge um so notwendiger ist, je länger die Handlungsketten werden und je stärker die Anonymität oder doch Fremdheit der Interaktionspartner wird. Diese Tendenz zur affektiven Neutralisierung zeigt sich an einer *Überprägnanz der Normen,* einem Überschuß an Genauigkeit der Verhaltensregulierung, der mit der Eigeninitiative des Individuums schon gar nicht mehr rechnet. Es hat den Anschein, als käme man in vielen Relevanzbereichen nur dann zum Ziel, wenn man rechtzeitig gelernt hat, sich an anderen als den offiziellen Normen zu orientieren, wenn man die Tricks der Erfolgstüchtigkeit, die „rules of the game" kennt und anwendet. Vor allem in bürokratisierten Handlungsbereichen wird dann eine doppelte Moral zur Regel, in der, wie jedermann, offenbar auch die Rollensender damit rechnen, daß man informelle Wege kennt und geht, die rascher zum Ziel führen. Je weniger Raum freilich für solche Abweichungen einkalkuliert wird, desto repressiver stellen sich die Normen dar, desto „totaler" wird die Situation: ist ein bestimmter Grad der Ausschaltung von Möglichkeiten der Bedürfnisbefriedigung durch die Ich-Leistungen, anders ausgedrückt: an Beteiligung der gesamten Persönlichkeit, dauerhaft überschritten, dann werden die Rollenspieler auf diese Entfremdung reagieren müssen. Prinzipiell gibt es drei Möglichkeiten für diese Reaktion, von denen allerdings in einer bestimmten Konstellation jeweils nur eine offensteht: *erstens* kann es zum Konflikt kommen; neuerdings hat sich z. B. eine Form des Streiks entwickelt, die als „Arbeiten nach Vorschrift"[72] (z. B. Poststreik) bekannt ist: die genaue Befolgung der Vorschriften führt zu einem Sinken der Produktivität und enthüllt damit den ideologischen Charakter dieser Vorschriften. — *Zweitens* kann es zur Bildung abweichender Rollen in einer Pseudo-Subkultur kommen, die sich paradoxerweise innerhalb des gleichen Relevanzbereiches hält und dennoch mehr ist als eine Form der Rollendistanz: im Militär oder auch in Schulen etwa bildet sich eine solche informelle Rollenstruktur heraus, in der aggressive Affekte sich, gerade weil sie quasi in den Untergrund gegangen sind, um so heftiger austoben können. Zu echten Subkultur-Bildungen kommt es dabei freilich nicht; die Organisationsstruktur ist zu engmaschig, um entsprechende Nischen offen zu lassen. Vielmehr ist die abweichende, informelle Rollenstruktur auf die Nutzung jeder geringsten zeitlichen und räumlichen Freiheit angewiesen, wobei Rollensender und Sanktionssubjekte nicht selten eben damit auch noch heimlich rechnen, weil sie um die stabilisierende Funktion des Abreagierens der Affekte wissen. Das Individuum wird auf diese Weise gewissermaßen hinterrücks auf Vordermann gebracht: der repressive Charakter der Organisation wird durch die womöglichen eingeplanten Abweichungen erst vollends wirksam. — Die *dritte* Reaktionsmöglichkeit ist für den einzelnen noch ungünstiger: sie besteht einfach darin, daß er nur noch passiv hinnehmend reagieren kann; seine Ich-Identität wird allmählich so geschwächt, daß ein selbstverantwortliches Rollenhandeln auch in anderen Bereichen kaum mehr möglich ist. Auf kurze Sicht wird diese Folge nur in der Geschlossenheit totaler Anstalten eintreten können, die mit dem Kontakt zur Außenwelt auch alle Kompensationsmöglichkeiten abschneiden. Häufig bestehen ja, wenn der Rollenhaushalt des Individuums keine affektiv befriedigenden Rollen aufweist, die Kompensationsmöglichkeiten in irgendwelchen Formen des heimlichen Konsums — sexuelle Perversionen harmloser und weniger harmloser Art gehören hierhin, aber auch die vielen arglosen und doch oft und in manchen Situationen immer im verborgenen genossenen Vergnügungen des Essens und Trinkens, des Lesens und Schauens.

Der repressive Charakter einer Überprägnanz der Normen ist ein Ausdruck ihrer *Herrschaftsfunktion.* Die allzu präzisen Verhaltensvorschriften, denen gegenüber zu scheitern doch offenbar von vornherein einkalkuliert ist, dienen der Sicherung des sozialen Status und der Herrschaftsposition derer, von denen die Zumutung dieser Rollenerwartungen letztlich ausgeht. Es lassen sich dabei zwei Fälle unterscheiden. Erstens die Überprägnanz der Normen zur Absicherung *zugeschriebener* Positionen und Statusgrade: der sozial Aufsteigende kann sich den Normen der Establishments niemals mit völliger Sicherheit anpassen, er bleibt immer ein homo novus, so sehr er sich auch anstrengen mag. Das liegt daran, daß die Selbstverständlichkeit und die Sicherheit entsprechender Verhaltensweisen, wenn sie nicht im Erziehungsprozeß eingeübt worden sind, nachträglich kaum mehr erworben werden können. Verinnerlichung selbstverständlicher Wertorientierungen und Habitualisierung bestimmter Verhaltensmodi lassen sich nicht mehr einholen. Die Romanliteratur des 19. Jahrhunderts, die Welt von Stendhal, Balzac oder Dickens, enthält eine Fülle von Beispielen, die die Schwierigkeiten des Sich-Kleidens, des Redens und Sich-Benehmens verdeutlichen, welche denjenigen erwarten, der nicht von Hause aus mitbringt, was der Schicht, in die er aufgestiegen ist, an Bildung und Zivilisation selbstverständlich ist. Es hätte eines Hochstaplers vom Format des Felix Krull bedurft, diese Barriere zu überspielen und jenen Normen den Stachel ihrer Herrschaftsfunktion zu nehmen, indem sie der Lächerlichkeit preisgegeben werden. Die Überprägnanz der Normen zeigt sich hier in einer genauen Ungenauigkeit der Rollenerwartungen im Hinblick auf ein „zivilisiertes" Verhalten: der Rollenspieler, der sich genau an sie hielte, würde sich sogleich als nicht dazugehörig selbst entlarven. Nicht darauf, daß man diese Erwartungen genau einhält, sondern auf die Art und Weise, in der man von ihnen (gelegentlich) abweicht, kommt es an; in der englischen Oberschicht gilt es als unfein, einen nagelneuen Anzug zu tragen — aber an der Art, wie man einen alten Anzug trägt, muß sich der Aristokrat erkennen lassen. — Im zweiten Fall hat die Überprägnanz der Normen die Funktion einer Sicherung der *erworbenen* Position. Während im ersten Fall die Normen eher implizit als selbstverständliche Verhaltenserwartungen mitgegeben sind, werden sie nun explizit, gegebenenfalls auch kodifiziert, zur Kenntnis gebracht. Beispiele dafür finden sich zahlreich bei den Arbeitsverhältnissen in der Industrie, wo die erwartete Leistung of nur gegen die offiziellen Vorschriften erbracht werden kann[73]. Auch beim Militär gibt es diese überschießende Tendenz der Normen, deren Herrschaftsfunktion besonders deutlich wird, wenn sie von den Vorgesetzten bewußt einkalkuliert wird. Das zeigt z. B. der während der Ausbildungzeit geübte sogenannte „Maskenball": die Rekruten müssen sich dabei in einer Zeitspanne umkleiden, die von vornherein und bewußt zu kurz bemessen ist[74]. So merkt jeder, daß er ohnehin nie ganz erfüllen kann, was von ihm erwartet wird, und somit jederzeit von „legitimen" Sanktionen bedroht ist. Unter Umständen wird von den Sanktionssubjekten auch ganz offen zugegeben, daß die Normen gar nicht erfüllbar sind; mit einem gewissen Zynismus wird dann die Strafe damit begründet, daß man sich eben nicht „erwischen lassen" dürfe. In weniger „totalen" Situationen werden die Normen manchmal auch deshalb hochgeschraubt, weil man schon von vornherein mit Abweichungen rechnet: je höher das Soll, so geht die Kalkulation, desto höher auch die Leistung, weil die voraussehbaren Abweichungen einen gewissen Abstand zum Soll nie überschreiten werden. Derartige Praktiken werden z. B. oft von Lehrern in den Schulen angewendet: der Lehrer kann besonders viel Hausaufgaben geben, um sicher zu gehen, daß seine Schüler wenigstens einige wirklich machen. Oder er kann eine Klassenarbeit so streng zensieren, daß die Mehrheit der Klasse zwangsläufig schlecht abschneidet, um das hoffnungslose Zurückbleiben der Schüler gegenüber dem von ihnen erwarteten Leistungsstand zu demonstrieren und damit seine Autoritätsposition zu stabilisieren. Allerdings dürfen solche Normenerhöhungen ein bestimmtes Maß nie überschreiten, denn sonst werden die Normen überhaupt unglaubwürdig — oder die Rollenspieler resignieren in Apathie und Gleichgültigkeit. Wenn etwa allzu viele Schüler in der Klassenarbeit eine schlechte Zensur bekommen, werden sie die Normen für überhöht halten und darauf dringen, daß die Arbeit „nicht gerechnet" wird.

Gewiß ist die Herrschaftsfunktion einer Überprägnanz der Normen nicht immer unmittelbar evident. In den bürokratischen Großorganisationen der modernen Gesellschaften ist für die Übergenauigkeit der Normen zweifellos auch die Tendenz zur Formalisierung verantwortlich, mit dem das juristische Denken der Bürokraten jeden nur denkbaren Fall erfassen will. In manchen Bereichen ließe sich heute geradezu von professionellen „Normenmachern" sprechen, deren notorischer Perfektionismus mit dem Zwang zur generellen Anwendbarkeit ihrer Normen in den sekundären Handlungssystemen zusammenhängt. Hier geht es freilich meistens um Verhaltensbereiche, in denen eher ritualisierte Handlungsvollzüge als wirkliches Rollenspiel verlangt werden. „Steuerzahler" oder „Rentenempfänger" sind keine sozialen Rollen, sondern Funktionen, in denen ein Individuum zu den bürokratischen Großorganisationen in Beziehung tritt. Der Mensch wird hier nicht im Hinblick auf einen ganzheitlichen Zusammenhang intentionalen Handelns, sondern nur im Hinblick auf eine bestimmte Funktion, die zu erfüllen ihm allerdings normativ zugemutet wird, typisiert — ein Existenzmodus, den Sartre treffend als „serielles Dasein" bezeichnet hat[75]. Abgesehen von diesen Funktionstypisierungen im Zeichen einer bürokratisierten Daseinsvorsorge und -fürsorge wird sich aber der Zusammenhang einer Überprägnanz der Normen mit herrschaftlichen Positionsinteressen in aller Regel nachweisen lassen. Sie wird typischerweise dann ein Charakteristikum untergeordneter Rollen werden, wenn mit der Unterordnung selbst auch bestimmte Rollenerwartungen ihre sachliche, etwa durch Arbeitsteilung bedingte, Legitimation zu verlieren drohen und die Aufrechterhaltung und Durchsetzung des Herrschaftsanspruchs auf Ideologiebildung bereits angewiesen ist. Man könnte vermutlich die *Lebensgeschichte* einzelner Normen oder Normenkomplexe verfolgen und darin die Phase, in der die Ideologisierung beginnt, beschreiben. Sie würde mit der Entwicklung und Behauptung einer Norm aus pragmatischen oder herrschaftlichen Interessen beginnen, müßte die Durchsetzung der Norm mit Hilfe äußerer Sanktionen und ihre allmähliche Verinnerlichung beschreiben, bis die Sanktionen selbst von innen her durch Scham und Peinlichkeit, Schuld und Reue das Verhalten kontrollieren; sie müßte schließlich den Verlust des ursprünglichen gesellschaftlichen Interesses an der Norm und den langsam entstehenden Widerspruch zwischen dem objektiven Interesse der Gesellschaft und dem Rolleninteresse der Herrschenden nachzeichnen, der zu einer Ideologisierung führt, die nur durch Aufklärung zu überwinden wäre. Eine derartige Lebensgeschichte ließe sich wohl bei manchen allgemeinen Normen entdecken, etwa bei den sich heute an den juristischen Begriff der „guten Sitten" klammernden Sexualtabus, aber auch bei spezifischen Rollen wie der des Arbeiters zum Beispiel. Sie würde erkennen lassen, wann und unter welchen Umständen bei der Durchsetzung und Behauptung einer Norm und eines Normenkomplexes subjektive und objektive Bedürfnislagen auseinanderfallen und in Widerspruch zueinander geraten. Mit anderen Worten, erst eine kritische Lebensgeschichte der sozialen Normen könnte im gesellschaftlichen Entwicklungsprozeß den Moment enthüllen, in welchem der repressive Charakter sozialer Normen die Befriedigung individueller Bedürfnisse unmöglich macht und Verhaltensstörungen sich einstellen werden[76].

Die Überprägnanz der Normen ist ein Phänomen, das bei jedem Typ einer sozialen Rolle in Erscheinung treten kann. Auf den ersten Blick freilich könnte es so aussehen, als sei sie vor allem für die Vollzugsnormen und die von ihnen bestimmten Rollen charakteristisch. Jedoch darf die Dichtigkeit und Genauigkeit der Verhaltensvorschriften einer Rolle nicht verwechselt werden mit der überschießenden Tendenz jener Normen, denen das Verhalten ohnehin nicht nachkommen kann. Jeder Rollentyp hat im Hinblick darauf, daß er auf die sinnhafte Intentionalität eines Handelns in einem bestimmten Relevanzbereich angelegt ist, seinen je eigenen Grad der normativen Präzision. Somit können also bestimmte Normen, die bei dem einen Rollentyp überprägnant sind, bei einem anderen Rollentyp durchaus erfüllbar sein. Verhaltensnormen, die zum Beispiel in einer Sozialisierungsrolle einen normalen Prägnantheitsgrad haben, sind dann in einer Beziehungsrolle schon Ausdruck eines die nomische Funktion der Ich-Leistungen behindernden Herrschaftsverhältnisses. Jeder Rollentyp fordert seinen eigenen Prägnantheitsgrad; ein Überschreiten dieser Grenze steht immer im Dienste einer Herrschaftsbeziehung, die nicht mehr auf sachbezogener Arbeitsteilung, sondern auf interessenbedingter Macht beruht. Die Folge dieser Überprägnanz sind dann häufig *Regressionen im Rollenverhalten, die* unter Umständen sogar von den Herrschenden erwünscht sind. Die Ich-Leistungen im Rollenspiel werden auf eine unerträgliche Weise eingeengt; unerträglich, weil der notwendige Gehalt an Affektivität nicht mehr in das erwartete Verhalten integriert werden kann und die emotionale Befriedigung dann auf andere Weise gesucht werden muß. Wie der Rollenspieler auf diese Repression reagiert, hängt von verschiedenen Umständen ab: einmal von den Kompensationsmöglichkeiten seines Rollenhaushalts, dann von der „Totalität" der Situation, und schließlich von der Art und Stärke seiner Ich-Identität. Am leichtesten wird die Repression ertragen, wenn es *Kompensationsmöglichkeiten* gibt; das allmähliche Verschwinden einer revolutionären Stimmung in der Arbeiterschaft hochindustrialisierter Gesellschaften wird sich zum Teil dadurch erklären lassen, daß sie heute mehr als früher die Möglichkeit zur Kompensation ihrer unverändert entfremdenden Arbeitssituation im Bereich von Freiheit und Konsum haben. In „totalen" Situationen, die ein Ausweichen auf andere Rollen unmöglich machen, schon weil eine zeitliche und räumliche Rückzugsmöglichkeit fehlt, wird das Individuum dagegen versuchen, seine Ich-Identität dadurch zu erhalten, daß es sie vollkommen in der einen Rollenidentität aufgehen läßt; die Rollenidentität aber konstituiert sich hier stets in irgendeiner Form der *Identifikation mit dem Aggressor,* mit der respressiven Gewalt selbst. Der Rollenspieler projiziert dabei seine nicht integrierte Affektivität auf die Vollzugsnormen und die Rollensender selbst mit der Folge, daß sich die zunächst entemotionalisierten Handlungsvollzüge aggressiv aufladen: es handelt sich dabei um eine Regression auf frühere Entwicklungsphasen der Identitätsbildung, jene nämlich, in welchen die Bindung der Affekte an soziale Rollen noch nicht gelungen war. Nicht die Integration der Affekte in das Rollenspiel durch die Ich-Leistungen, sondern die Koppelung der Affekte mit den Vollzugsnormen selbst charakterisiert diese Regression; die Ich-Leistungen depravieren zur bloßen, die Repression der Verhaltensnormen verstärkenden Aggressivität. Statt Regression wäre freilich auch *Rebel-*

lion möglich: der Rollenspieler wehrt sich gegen die Überprägnanz der Normen und versucht, den Sanktionssubjekten Widerstand zu leisten und sie zu einer Senkung des „Solls", einer Milderung oder Lockerung der Normen zu bewegen. Gelingt ihm das nicht und sind die inneren Möglichkeiten einer Identifikation mit dem Aggressor und die äußeren eines Ausweichens in oder Kompensierens mit anderen Rollen abgeschnitten oder unzureichend, dann wird allerdings der dauernde Druck zu *neurotischen* „Lösungen" führen.
Die graphischen Skizzen zur Veranschaulichung des Verhältnisses von inhaltlich präzisierten Rollenerwartungen und erwarteten, beziehungsweise möglichen Ich-Leistungen (vgl. S. 190 ff.) lassen sich zur Darstellung dieser vier Reaktionsmöglichkeiten auf die Überprägnanz von Rollennormen variieren:

1. Kompensation durch andere Rollen:

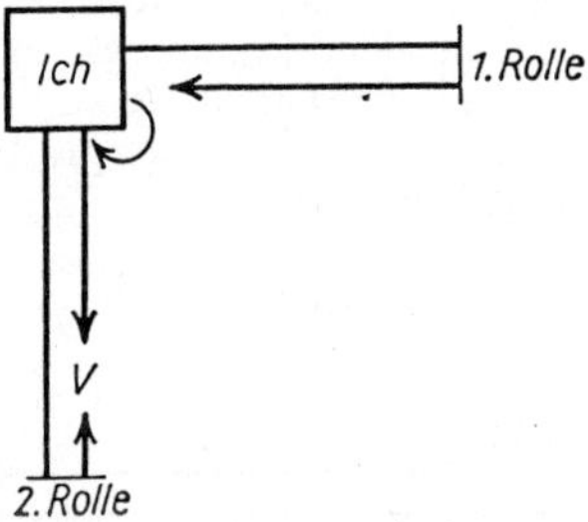

(Die von „Ich" ausgehende Linie bedeutet wieder die Ich-Leistungen, die von „Rolle" ausgehende Linie die Rollenerwartungen; „V" gibt die Stellung des Rollenverhaltens zwischen der Person und den Normen an. Die Skizzen sind nur zur Veranschaulichung gedacht und sind natürlich nicht Abbildungen der wirklichen Verhältnisse; insbesondere dürfen sie nicht dazu verführen, den Ich-Leistungen und den Rollenerwartungen etwa eine räumliche Ausdehnung oder dergleichen zu unterstellen.)

Die Ich-Leistungen, die sich in der ersten Rolle nicht entfalten können, werden bewußt zurückgehalten. Die nicht integrierten Affekte werden statt dessen in eine (oder natürlich auch mehrere) andere Rollen investiert.

2. Identifikation mit dem Aggressor:

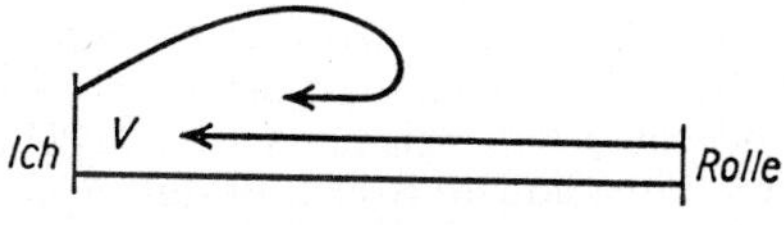

Der Rollenspieler projiziert seine nicht integrierte Affektivität auf die repressiven Rollenerwartungen, wodurch seine Ich-Leistungen zur bloßen aggressiven Aufladung seines den Vollzugsnormen folgenden Verhaltens werden. Seine Ich-Identität fällt dabei mit der Rollenidentität zusammen, d. h. die Person erlebt sich als bloßes Vollzugsorgan von Herrschaftsansprüchen und bezieht allein daraus ihre Selbstgewißheit.

3. Rebellion gegen die Rollenerwartungen:

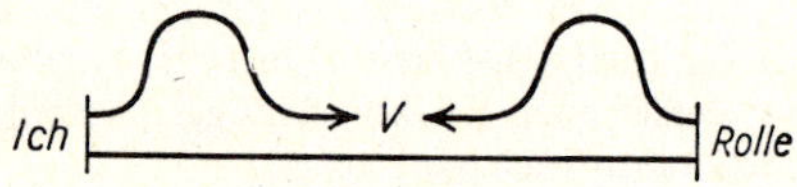

Die Ich-Leistungen sind nicht integriert, d. h. sie liegen außerhalb des Erwartungshorizonts der Rolle. Indem sie gegen die Rollenerwartungen mobilisiert werden, kommt es zu einem anomischen Konflikt, in welchem Rollenerwartungen und Ich-Leistungen sich nicht mehr ergänzen, sondern aufeinanderprallen und dabei in der Regel beide Schaden nehmen.

4. Neurotische Reaktion auf den Druck:

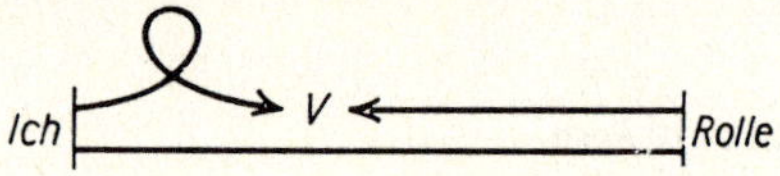

Die Ich-Leistungen, denen der notwendige Raum zur Entfaltung versagt wird, werden zurückgestaut; die nicht integrierte Affektivität sucht einen Ausweg mit Hilfe psychischer und psycho-somatischer Reaktionen, die nicht zum Rollenspiel gehören und die weder Anpassung noch Widerstand gegenüber den Rollennormen bedeuten, sondern nur zu einer Schwächung der Ich-Identität und gegebenenfalls auch der Rollenattribute führen.
Die beschriebenen Formen der Reaktionsbildung auf den repressiven Druck der Rollenerwartungen lassen sich als Abwehrmechanismen verstehen, mit denen sich das Individuum gegen die Überprägnanz der Normen zu behaupten sucht, *wenn* es keine anderen, inoffiziell gebilligten Möglichkeiten gibt, diese Normen zu unterlaufen. Welcher Typ der Reaktionsbildung in einer bestimmten Rollenbeziehung jeweils realisiert wird, hängt immer von der Persönlichkeit sowie dem Rollenhaushalt des Rollenspielers *und* von der „Totalität" der Situation beziehungsweise des Handlungsfeldes ab. Kompensation durch andere Rollen ist nur möglich, wenn dem Rollenspieler solche anderen Rollen zur Verfügung stehen, also

auf jeden Fall nicht in geschlossenen Anstalten. Da aber die individuellen Bedürfnisse verschieden sind und die Kompensationen relativ, kommt es oft vor, daß Individuen, die außerhalb geschlossener Anstalten leben und durchaus über einen gewissen Rollenhaushalt verfügen, dennoch darin keine Kompensationsmöglichkeiten finden; dies hängt wiederum ebenso sehr von dem ab, was einer bestimmten sozialen Gruppe in einer bestimmten Gesellschaft an Bedürfnisbefriedigungen überhaupt möglich ist, wie von der integrativen und vermittelnden Kraft der Ich-Identität des Rollenspielers. Während sich in geschlossenen Anstalten, zum Beispiel im Gefängnis, und in „totalen" Organisationen, zum Beispiel im Militär, in der Regel eine informelle, abweichende Rollenstruktur unter und neben die offizielle Rollenstruktur schiebt (und diese manchmal sogar ergänzt), führt der Mangel an Kompensationen im Rollenhaushalt bei gleichzeitig repressivem Druck in einer personbezogenen oder organisationsbezogenen Rolle oft zu einem *Aufblähen der Rollenidentität* in der jeweils anderen, weniger repressiven Rolle (oder, wenn beide Rollen repressiven Charakter haben, zu einer Identifikation mit dem Aggressor). Der in seiner Arbeitsrolle frustrierte Angestellte mag auf diese Weise zu einem Haustyrannen werden, während umgekehrt der in seiner familiären Beziehungsrolle frustrierte Ehemann zum Bürotyrannen werden kann. In beiden Fällen wird eine Rolle mit Aggressivität aufgeladen, die durch die Frustration in einer anderen ausgelöst ist. Aber auch, wo es nicht zu ausgesprochener Aggressivität kommt, kann sich die Ich-Identität häufig nur mit einer einzigen Rolle identifizieren, so daß sie schließlich mit einer bestimmten Rollenidentität zusammenfällt. Dieser Prozeß ist vor allem bei solchen Rollen häufig zu beobachten, die bei relativ hohen Ich-Leistungen die Person stark in Anspruch nehmen; in diesen Fällen entgeht auch, wer über einen emotional relativ ausgeglichenen Rollenhaushalt verfügt, einer allmählichen Prägung durch die Rolle nicht. Solche Rückwirkungen des Rollenspiels auf die Persönlichkeit des Rollenspielers gehören, wie die Verbreitung entsprechender Witze und Karikaturen zeigt, allenthalben zur Primärerfahrung: das schneidige Auftreten des Offiziers, der seinen Befehlston auch zu Hause nicht ablegen kann; das pastorale Gehabe des Pfarrers, der auch in geselligen Situationen zum Predigen neigt; der professionell mütterliche Habitus der Kindergärtnerin — das wären Beispiele für eine „déformation professionelle", in der die (meistens, aber nicht immer aus dem beruflichen Bereich stammende) Rollenidentität sich aufbläht und in allen Relevanzbereichen wieder durchschlägt[77]. Auch dieser Prozeß muß als eine Regression verstanden werden: die reife, ausgebildete Ich-Identität erfährt eine Verarmung durch die Beschränkung auf die Identifikation mit einer einzigen Rolle.

Als die in den modernen Gesellschaften mit ihrer wachsenden Bürokratisierung der Rollenbeziehungen wohl gefährlichste Form der Regression erweist sich aber die *Koppelung von affektiv neutralem, weitgehend ritualisiertem Rollenhandeln mit dem zur Aggressivität ausschlagenden affektiven Gehalt,* der nicht integriert werden kann. Die Aggressivität zeigt sich hier paradoxerweise gerade in der emotionalen Starrheit und Kälte, mit der das Handeln den Vollzugsnormen nachkommt. Die affektiven Bedürfnisse werden dann entweder aus dem an konventionellen Regeln und Dienstvorschriften allein sich orientierenden Verhalten verdrängt und treten außerhalb und neben dem Rollenspiel als Gehässigkeit wieder zu Tage, oder sie befriedigen sich gerade in der scheinbaren Affektlosigkeit, mit der die Anordnungen ausgeführt werden, weil deren repressiver Charakter dem latenten Sadismus hinreichend entgegenkommt. Welche Art der Koppelung von affektiver Neutralität der Rollennormen und affektiver Frustration des Rollenspielers jeweils zum Zuge kommt, hängt aber ausschließlich von der mehr oder weniger totalitären und repressiven Verfassung einer Gesellschaft ab. Die nationalsozialistische Vernichtungsmaschinerie hat auf brutalste Weise demonstriert, wie gefählich gerade die Aggression im Gewande rationalisierter Bürokratie sein kann und wie sehr die frustrierte Affektivität sich mit dem latenten Sadismus der affektiv neutralen Vollzugsnormen verbinden kann: der „Schreibtischmörder" ist eine Erscheinung, die erst die weitgehend rationalisierte Gesellschaft hervorbringen konnte und die übrigens keineswegs auf den totalitären Staat beschränkt ist, sondern sich in bestimmten Formen des kapitalistischen Gangstertums kaum seltener findet[78].

Die affektiv neutrale Zweckrationalität der modernen Gesellschaft birgt nicht nur wegen, sondern auch in ihrem repressiven Charakter ein aggressives Potential, das je nach gesellschaftlicher Verfassung mehr oder weniger sich mit den Rollennormen selbst legitimieren kann. Wie stark dieses Potential ist, läßt sich auch an der Art der kollektiven Durchbrüche durch die gesellschaftliche Zwangsjacke ablesen: nicht selten wird das Kriegserlebnis in der biographischen Rückschau zu einer Befreiung von der Banalität des Alltags, durch die das Leben wenigstens einmal in seiner Unmittelbarkeit erfahren wurde[79]. Man kann daraus schließen, daß das Potential ungebundener Affektivität auch in Friedenszeiten in dieser Gesellschaft nicht unbeträchtlich ist. Tatsächlich äußert es sich auch hier in aggressiven Durchbrüchen und Begleiterscheinungen des alltäglichen Rollenverhaltens als eine breite Skala pathologischer, wenngleich zumeist als „normal" empfundener Verhaltensweisen — von der Verletzung primitivster Höflichkeitsregeln, in der die wechselseitige Nichtachtung sich ausdrückt, über das mörderische Verkehrsverhalten bis hin zu den weit verbreiteten

Kindesmißhandlungen oder die kollektiven, nicht selten von der Presse angeheizten Wutausbrüche gegenüber irgendwelchen Sündenböcken — am liebsten gegenüber Taximördern und Triebverbrechern. Nur scheinbar ist die vom Konkurrenzdruck erzeugte Aggressivität harmloser: in einer Gesellschaft, die nicht unbedingt soziale Aufstiege, wohl aber eine soziale Aufstiegs*problematik* in großem Umfang kennt, bekommt die Konkurrenz zuweilen einen mörderischen Charakter. Das Problem des sozialen Aufstiegs kann dann leicht zu einer Konkurrenzdestruktivität führen, die sich in der neurotischen Inhibition nicht seltener als in der Aggressivität gegenüber den Rivalen ausdrückt. Mit wachsender Rationalisierung vieler sozialer Rollen wächst somit auch die Chance irrationaler Durchbrüche und Begleiterscheinungen, solange sich nicht in eben dieser Rationalität selbst eine Befriedigung emotionaler Bedürfnisse finden läßt.

5. Ein soziogenetisches Schema der Verhaltensstörungen

Das Verhältnis von Bedürfnisstruktur und Rollensystem, das stets ein Ausdruck der gesellschaftlichen Verfassung ist und doch je individuell bewältigt werden muß, stellt sich im Laufe des Lebenszyklus mit seinen wechselnden Diskurswelten wie auch im Laufe der Entwicklungsgeschichte einer Gesellschaft mit ihren allmählich sich wandelnden Reproduktionsverfahren und den Veränderungen ihres kulturellen Milieus je anders dar. Die in einer Gesellschaft vorherrschenden Konformitätsmodi des Verhaltens und die für eine Gesellschaft charakteristischen Verhaltensstörungen sind also sowohl einer phylogenetischen wie auch einer ontogenetischen Erklärung zugänglich, ja, die besondere Schwierigkeit sozialpathologischer Untersuchungen beruht gerade auf der Notwendigkeit einer Verbindung beider Linien des Fragens und der Forschung. Eine solche Verbindung würde freilich eine Klärung des Verhältnisses von Soziologie und Psychoanalyse vorausetzen, die m. E. gegenwärtig eine der wichtigsten Aufgaben der Sozialwissenschaften darstellt. Dennoch muß die soziologische Reflexion dieses Verhältnisses auf legitime Unterchiede in der Fragestellung hinweisen, die mit der gesellschaftlichen Verfassung selbst zusammenhängen. Dabei sollen die Aufgaben einer weiteren Integration der theoretischen Ansätze in beiden Wissenschaften nicht verkleinert werden. Dazu bedürfte es aber vor allem einer *soziologischen* Weiterentwicklung der Theorienbildung innerhalb der in allzu viele Schulen zersplitterten Psychoanalyse[80]. Denn die ontogenetische Analyse sieht sich immer wieder auf die Untersuchung der Lernmilieus verwiesen, in denen die Identitätsbildung und die Integration der Bedürfnisse und damit die soziale Prägung des Individuums sich vollziehen. In der Perspektive einer kritischen Gesellschaftstheorie, die sich um die historisch-soziologische Analyse gesellschaftlicher Repressionen bemüht, stellt sich daher die Untersuchung gesellschaftlicher Herrschaftsverhältnisse als vorrangig selbst dort dar, wo psychologische Untersuchungen die Eigenständigkeit des Individuums erweisen. Zu Recht sieht Adorno das Verhältnis dialektisch[81]:

„Die Trennung von Psychologie und Soziologie, welche die Landkarte der Wissenschaften verzeichnet, ist kein Absolutes, aber auch kein Nichtiges und beliebig Widerrufliches. In ihr drückt ein perennierend falscher Zustand sich aus, die Divergenz zwischen dem Allgemeinen und seiner Gesetzlichkeit hier, dem Individuellen in der Gesellschaft dort ... Insofern die wissenschaftliche Arbeitsteilung jener realen Divergenz sich anmißt, ist sie legitim ... Zur Kritik steht die Arbeitsteilung der Wissenschaften Soziologie und Psychologie, insoweit sie ihrerseits den Zustand sanktioniert, in dem Individuum und Gesellschaft unversöhnt auseinanderklaffen, und das Getrennte als ein an sich natürlich Verschiedenes vorstellt" (S. 38). „So wenig Psychologie und Gesellschaft derart unmittelbar aufeinander einwirken, wie man nach einem Modell es sich vorstellt, das die Spaltung als ein logisch Äußerliches und zugleich als eine in dinghafte Gegenstände faßt, anstatt strukturell, so wenig verläuft, was nach dem einen Prinzip sich entzweite, tatsächlich nun unabhängig voneinander" (S. 41). „Daß die Trennung der beiden Bereiche nicht absolut sei, wird heute mit Grauen bewiesen" (S. 40).

Dieses Grauen überkommt einen in der Tat angesichts der spezifisch modernen Verbindung von Aggressivität und affektiv neutralen Vollzugsnormen und deren Auswirkungen nicht nur im Nationalsozialismus. Schon deshalb muß sich die soziogenetische Untersuchung von Verhaltensstörungen um eine Verbindung soziologischer und psychologischer Ansätze bemühen.
Diese Verbindung kann im Hinblick auf die Verhaltenspathologie offenbar am ehesten eine Rollentheorie leisten, welche die Nahtstelle zwischen Individuum und Gesellschaft zu ihrem Thema macht. Wie wir inzwischen gesehen haben, läßt sich diese programmatische Behauptung präzisieren. Fassen wir noch einmal zusammen: soziales Handeln ist überwiegend Rollenverhalten; und dieses Rollenverhalten bestimmt sich sowohl an der Ich-Identität und den von ihr ausgehenden Ich-Leistungen, als auch an den sozialen Normen, die als Rollenerwartungen an das Individuum herangetragen werden. Dabei ist einerseits das Rollenspiel eine höchst individuelle Leistung, andererseits ist die Ich-Identität von vornherein gesellschaftlich geprägt. Die soziale Rolle bezeichnet also in der Tat das Verbindungsstück zwischen Individuum und Gesellschaft; sie gibt dem individuellen Verhalten seinen typisierten und intentional auf einen nur gesellschaftlich existenten Relevanzbereich bezogenen Charakter und damit seine Vergleichbarkeit. Das Verhalten ist also auf eine doppelte Weise sozial determiniert, einmal durch die soziale Prägung der Persönlichkeit und

zum anderen durch die Rollennormen und die jeweilige soziale Situation. Beides aber trifft sich in den sozialen Rollen, weil nicht nur eine bestimmte Stärke, sondern auch eine bestimmte Art der Prägung der Persönlichkeit im Erwartungsrahmen der sozialen Rollen mitgedacht ist. Unbeschadet der Möglichkeiten und Notwendigkeiten einer psychopathologischen Forschung müssen sozialpathologische Untersuchungen daher von einer Pathologie der sozialen Rollen ausgehen. Nochmals sei hier festgehalten, daß die Kritik institutioneller Gegebenheiten der Gesellschaft, die Analyse ihrer pathologischen Verfassung, sich anhand einer Pathologie der sozialen Rollen entwickeln ließe, weil sich mit ihr sowohl die repressiven Kräfte der Gesellschaft als auch die Störungen der Ich-Identität beschreiben lassen. Keine Sozialpathologie kann freilich die Deformation der Institutionen unmittelbar analysieren, es sei denn, sie würde zugunsten einer wertesetzenden Sozialphilosophie auf empirisches Aufsuchen der Tatbestände verzichten. Deshalb kann eine Pathologie der sozialen Rollen auch nicht an der Kritik der jeweiligen gesellschaftlichen *Rollenstruktur unmittelbar* ansetzen, sondern muß sich an den Störungen des *Rollenverhaltens* orientieren. Wir sprechen daher nicht von Rollenstörungen, sondern von Verhaltensstörungen, die freilich im Kontext der Rollenanalyse stets Störungen des Rollenverhaltens sind. Als Verhaltensstörungen aber hatten wir die relative Unfähigkeit zu einem normativ orientierten Verhalten bezeichnet. Die Gesetze einer Gesellschaft können ebenso wie die Fähigkeit des Individuums zu nomischen Ich-Leistungen und zur nomischen Definition der Situation einen Grad der Depravation erreichen, bei der die normative Orientierung des Individuums, und damit die Intentionalität seines Verhaltens, nur noch in einem defizienten Modus vorhanden ist. Die Verhaltensstörung wird damit zum Ausdruck einer pathologischen Rollenstruktur. Fragen wir nach der Herkunft und der Ursache der Verhaltensstörungen im Rahmen einer sozialpathologischen Analyse, so fragen wir also nach der *Soziogenese* der Störungen des Rollenverhaltens. Dabei steht nicht zur Debatte, ob diese Verhaltensstörungen im Rahmen einer bestimmten gesellschaftlichen Verfassung als abweichendes Verhalten gelten oder nicht. Dies ist ein Problem der *strukturellen* Analyse der Störungen des Rollenverhaltens. Sondern es ist allein die Frage, ob das Individuum in seiner psychischen und sozialen Verfassung zu einer normativen Orientierung seines Verhaltens in der Lage ist, ob es also überhaupt Rollen spielen kann, und ob es in diesem Rollenspiel ein — gemessen an dem, was in einer Gesellschaft jeweils möglich — ausreichendes Maß an Bedürfnisbefriedigung finden kann. Dabei sollte der individuelle Leidensdruck als ein spekulative Entfremdungstheoreme kontrollierender Faktor beachtet werden, ohne daß man deshalb schon vergessen müßte, wie sehr dieses Leiden auch verdrängt werden und wie sehr die Gesellschaft solchen Verdrängungen Vorschub leisten kann: eine moderne Gesellschaft ist vielgestaltig genug, um hier Möglichkeiten einer wechselseitigen Kontrolle der empirischen Tatbestände zu erlauben, die der Theorienbildung zugrunde gelegt werden.

Die Art und die Stärke der Ich-Identität, die in das Rollenspiel eingebracht wird, sind Gegenstand der Persönlichkeits- und Entwicklungspsychologie. Dennoch folgt sie nicht etwa unveränderlichen Gesetzmäßigkeiten, sondern ist Ausdruck einer *kulturspezifischen* Gesellschaftsverfassung. Die Forschungen der Ethnologie und der „cultural anthropology" haben gezeigt, wie außerordentlich unterschiedlich die „basic personality" in einzelnen Gesellschaften geprägt wird[82]. Entsprechende Unterschiede weisen dann auch die Verhaltensstörungen auf, die auf eine defiziente Ich-Identität zurückgehen[83]. Was in der einen Gesellschaft vollkommen normal ist, kann in einer anderen als krankhaft gelten. Jede Gesellschaft hält für bestimmte psychische Dispositionen soziale Rollen bereit, für andere nicht: Psychotiker können in primitiven Gesellschaften unter Umständen noch die Rolle der Schamanen übernehmen; manche Indianerstämme halten allgemein akzeptierte soziale Rollen für die Homosexuellen bereit, die in unserer Gesellschaft strafrechtlich verfolgt werden, usf. Und auch innerhalb ein und derselben Gesellschaft gibt es erhebliche Unterschiede in der Toleranzbreite gegenüber dem, was für „normal" gehalten wird, und in den Möglichkeiten des Rollenspiels für diesen oder jenen Persönlichkeitstypus. Grundsätzlich aber muß die Sozialisierung immer eins erreichen: den Aufbau einer je nach Gesellschaftstyp unterschiedlich differenzierten Ich-Identität. Erst die Personbildung ermöglicht jene „Als-ob-Haltung"[84], die Voraussetzung jedes Rollenspiels ist. Darüber hinaus kann es *erstens* individuelle Unterschiede des Persönlichkeitstypus geben, und *zweitens* können die Individuen unterschiedliche Einstellungen aus dem Sozialisierungsprozeß mitbringen. Der Persönlichkeitstypus beeinflußt vor allem den je individuellen Stil der Ich-Leistungen beim Rollenspiel[85]. Die Einstellungen oder „attitudes" dagegen sind Erwartungshaltungen, die als Dispositionen die Übernahme bestimmter Rollen und die Entwicklung eines bestimmten Rollenverhaltens begünstigen oder hemmen. Sie gehen als persönlichkeitsbestimmte Faktoren in jene Images ein, die als typisierte Bilder von den Gruppen und Personen der sozialen Umwelt gemeinsam ein milieuspezifisches Orientierungsfeld des sozialen Handelns bilden[86]. Hier gibt es erhebliche Unterschiede zwischen den sozialen Schichten: sowohl die Struktur als auch die Reichweite des Orientierungsfeldes sind schichtspezifisch variabel. Werkstudenten können sich oft nur schwer im Industriebetrieb zurechtfinden; umgekehrt haben Arbeiterkinder auf der Universität manche Anpassungsschwierigkeiten. Oder: die subjektiven Bildungsbarrieren der Arbeiter verweisen auf eine schichtspezifische Begrenzung des Orientierungsfeldes; umgekehrt zeigen die Aufstiegsaspirationen der unteren und mittleren Angestellten- und Beamtenschicht oft eine schichtspezifische Verzerrung des Orientierungsbildes. Solche Differenzen, die freilich genauerer Untersuchung bedürfen, lassen sich auf die unterschiedlichen Lernmilieus der Sozialisierungsphase mit ihren voneinander abweichenden Möglichkeiten der Rollenidentifikation zurückführen.

Eine genauere Analyse des Rollenverhaltens und seiner Störungen müßte die Verschiedenartigkeit der Lernmilieus im interkulturellen Vergleich und im Vergleich zwischen verschiedenen sozialen Schichten untersuchen. Es würde sich dabei eine je charakteristische Abfolge von Lernmilieus im Sozialisierungsprozeß und eine je spezifische Zusammensetzung verschiedener Lernmilieus während des Erwachsenenalters zeigen[87]. Entsprechend den Phasen der Identitätsbildung wird man allerdings in allen Gesellschaften mit einem relativ gleichen Entwicklungsstand der individuellen Differenzierung eine generell *typische Reihenfolge von Lernmilieus* beobachten können: zunächst das sozio-kulturelle Lernmilieu der engeren Familie, dann das Lernmilieu der Großfamilie beziehungsweise des Kindergartens, der Volksschule und der Nachbarschaft, anschließend das adoleszente Lernmilie der Gleichaltrigen, der „peers", und endlich die Lernmilieus des Berufes, der Freizeitsphäre und der eigenen Familie. Jedes dieser Lernmilieus hat eine bestimmte Funktion für den Erwerb einer Grammatik des Verhaltens, für die Rollenidentifikationen und für die Integration der Bedürfnisse. Im familiären Lernmilieu wird die Grundlage des Rollenverhaltens gelegt: der Aufbau der sozio-kulturellen Persönlichkeit, die später als die rollenspielende Person fungiert. Die Persönlichkeitsentwicklung zieht sich freilich durch alle weiteren Lernmilieus hindurch, wobei es zu einer allmählichen Verfestigung erst der Erwartungsdispositionen und dann der Verankerung in spezifischen sozialen Rollen kommt. In der zweiten Phase der Sozialisierung, im Lernmilieu der Kindheitsidentifikationen, wird späteres Rollenverhalten antizipatorisch eingeübt; vor allem aber wird schon hier der Wechsel der Situationen und Relevanzbereiche, die räumliche und zeitliche Segmentierung, die zu den typischen Situationsfolgen, die wir als Handlungsfelder bezeichnet haben, führt, und die unterschiedliche Gegebenheit der Situationsthemen erlernt. Das adoleszente Lernmilieu dient dann mit dem endgültigen Aufbau der Ich-Identität vor allem der Entwicklung von Ich-Leistungen in den personbezogenen Rollen. Wird die Grundlage jener relativ starken Identifikation, die die personbezogenen Rollen verlangen, schon im familiären Lernmilieu gelegt, so muß im adoleszenten Lernmilieu der Ausgleich zwischen Engagement und Distanz in diesen stärkere Ich-Leistungen erfordernden Rollen gefunden werden; in der Terminologie von E. H. Erikson handelt es sich dabei um die Lösung des „Intimitäts-Problems". Möglicherweise ist die Frustration der Jugendlichen durch das Lernmilieu der organisationsbezogenen Rollen im Beruf und in den weiterführenden Schulen gerade deshalb so häufig zu beobachten, weil die Lösung dieses „Intimitäts-Problems" mit einer schwierigen und lang andauernden Identitätskrise verbunden ist. Denn erst auf der Basis einer stabilen Ich-Identität kann der repressive Charakter der organisationsbezogenen Rollen, sei es durch Kompensation in anderen Rollen, sei es durch entsprechende Ich-Leistungen, ertragen und überspielt werden oder wirksamen Widerstand hervorrufen: im Lernmilieu der organisationsbezogenen Rollen geht es um die Integration der individuellen Bedürfnisse und den kompensatorischen Ausgleich des Rollenhaushalts.

Unsere Überlegungen zum Verhältnis von Bedürfnisstruktur und Rollensystem haben nun gezeigt, daß der Sozialisierungsprozeß im Hinblick auf das Rollenverhalten zweierlei zu leisten hat: einmal die Entwicklung einer vergesellschafteten Bedürfnisstruktur und die *Integration der Affekte in das Rollenspiel,* zum anderen den *Aufbau der Ich-Identität* als der Basis jeder Verkörperung in sozialen Rollen. Beides, Affektintegration und Entwicklung der Ich-Identität, ist gesellschaftlich determiniert, sozial geprägt, zugleich freilich von ererbten Anlagen mitbestimmt. Und bis zu einem gewissen Grad sind beide auch voneinander abhängig, aufeinander bezogen: eine befriedigende Integration der individuellen Bedürfnisse und eine ausreichende Affektkontrolle können nur auf der Grundlage einer relativ stabilen Ich-Identität gelingen; umgekehrt wird aber die Stabilität der Ich-Identität ständig von nichtintegrierten Affekten und unbefriedigten Bedürfnissen bedroht. Dennoch müssen Affektkontrolle und Ich-Identität in einer Analyse der Verhaltensstörungen auseinandergehalten werden — beide sind eine Voraussetzung des Rollenspiels, auf das sich ein Zurückbleiben ihrer Entwicklung sofort überträgt. Verhaltensstörungen werden dann stärker durch die Unterentwicklung der einen oder der anderen Seite geprägt, wenngleich auch stets beide Faktoren eine Rolle dabei spielen. In einem gelungenen Sozialisationsprozeß dagegen weisen die Entwicklungsstufen der Ich-Identität und ihrer Integrationsfunktion und die Entwicklungsstufen der Bedürfnisintegration und der Affektkontrolle eine Parallelität auf, die sich schematisch auf folgende Weise darstellen läßt (s. S. 263).

Jede dieser sieben Entwicklungsstufen bezeichnet ein *Stadium* der Sozialisierung, in *welchem die hier angegebenen Aufgaben bewältigt werden müssen.* Die erste Stufe entspricht dem Kleinstkindalter, die zweite und dritte der ödipalen Phase, die vierte der „La-

Ein soziologisches Schema der Verhaltensstörungen

A. Entwicklungsstufen der Ich-Identität und ihrer Integrationsfunktion:	B. Entwicklungsstufen der Bedürfnisintegration und der Affektkontrolle:
1. Reziprozität der Perspektiven; Ich-Bewußtsein;	1. Strukturierung der Triebe; Körperbeherrschung;
2. Reziprozitätsnorm;	2. Introjektions- und Projektionsmöglichkeiten der Affekte; Geschlechtsidentität;
3. Internalisierung allgemeiner Normen; „ÜberIch"-Bildung; Loyalität und Disziplin gegenüber Mitspielern;	3. Selbstkontrolle = innere Affektkontrolle;
4. Inszenierungstechniken des Verhaltens; vielseitige antizipatorische Rollenidentifikationen;	4. Antizipation emotionaler Gratifikationen im Rollenspiel;
5. Ich-Identität;	5. Ausbildung individueller Bedürfnisse; Gleichgewicht im Affekthaushalt;
6. Rollenidentitäten;	6. Integration individueller Bedürfnisse in Rolleninteressen;
7. Rollenhaushalt;	7. Kompensationen.

tenzperiode", die fünfte der Adoleszenzzeit, die dann in die sechste und siebente Stufe im Erwachsenenalter schon übeergeht. Diese letzten beiden Stufen liegen in der biographischen Entwicklung *gleichzeitig;* und natürlich gehen auch die anderen Stufen in Wirklichkeit ineinander über und zeigen vielfache Überschneidungen.

Sieht man die Entwicklungsstufen der Ich-Identität und ihrer Integrationsfunktion mit den Entwicklungsstufen der Bedürfnisintegration und der Affektkontrolle *zusammen,* dann läßt sich daraus nunmehr ein *soziogenetisches Schema der Verhaltensstörungen* entwickeln. Auf jeder Stufe kann die Bewältigung der jeweiligen Aufgaben des Sozialisationsprozesses gelingen oder scheitern. Ist sie gescheitert oder nur halbwegs gelungen, so resultieren daraus Depravierungen der Ich-Identität oder/und der Affektkontrolle, die sich in einer Störung des Rollenverhaltens niederschlagen. Da aber jedes Zurückbleiben auf einer der beiden genannten Entwicklungslinien die andere Seite mit beeinträchtigt, liegen die typischen Störungen quasi auf der Mitte zwischen einer defizienten Ich-Identität und einer defizienten Affektkontrolle. Nur im Normalfall des Schemas freilich sind beide Faktoren in gleicher Weise an der Störung beteiligt. In der Wirklichkeit wird es stets leichte Verschiebungen zuungunsten des einen oder des anderen geben. Je nachdem, welche Seite weiter zurückgeblieben ist, von welcher Seite aus also eine stärkere Beeinträchtigung der rollenspielenden Person ausgeht, kann der Genotypus einer Verhaltensstörung sich nach der einen oder der anderen Seite hin von dieser Mitte entfernen. Dabei ist es immer zu beachten, daß ein soziogenetisches

Soziogenetisches Schema der Verhaltensstörungen

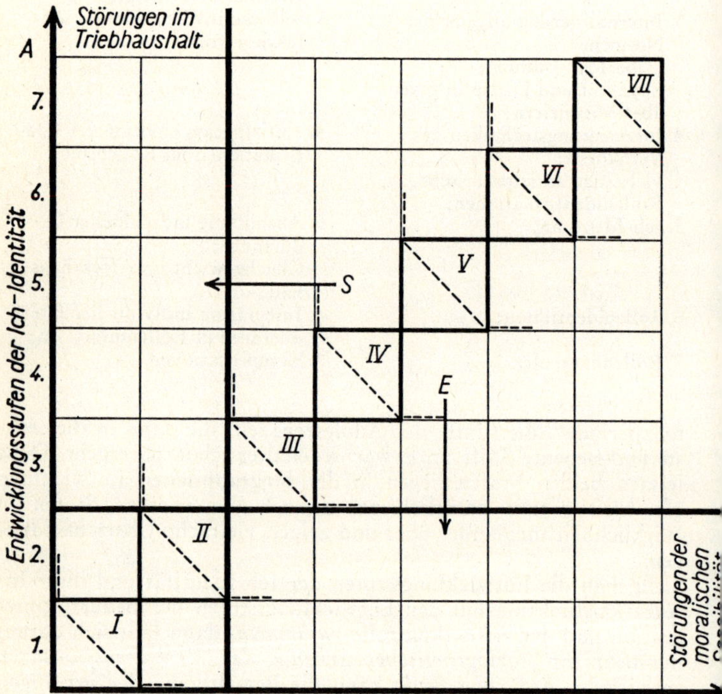

(Die arabischen Zahlen 1. bis 7. geben die Stufen der Aufgabenbewältigung im Sozialisationsprozeß an; die römischen Zahlen I. bis VII. geben die soziogenetische Stellung der typischen Verhaltensstörungen an; die gestrichelten Linien weisen auf die Möglichkeit einer unvollkommenen Bewältigung der Aufgaben *einer* Entwicklungsstufe hin und auf die Richtung, in der die entsprechenden Verhaltensstörungen bei einem *ungleichmäßigen* Zurückbleiben einzuordnen wären.)

Schema der Verhaltensstörungen nicht die Störungen des Rollenverhaltens selbst angibt, sondern deren genetischen Ursprung, nämlich die defizienten Formen der Ich-Identität und der Affektkontrolle. Jeder der hier bezeichneten Genotypen einer Verhaltensstörung ist als eine Disposition zu ganz bestimmten Störungen des Rollenverhaltens zu verstehen, die auf das Stehenbleiben in einer Entwicklungsphase der personalen Entwicklung zurückzuführen ist.

Das Schema zeigt sieben verschiedene typische Störungen im Aufbau der persönlichen Grundlagen des Rollenverhaltens, die durch römische Zahlen gekennzeichnet sind. In systematischer Perspektive sind es quasi die „normalen" Störungen: bei ihnen ist die Entwicklung von Affektkontrolle und Ich-Identität auf der gleichen Stufe stehengeblieben. In den zu beiden Seiten der Stufenfolge von I. bis VII. liegenden Feldern wären dann Störungen anzuordnen, die aus dem stärkeren Zurückbleiben der einen oder der anderen Seite des Entwicklungsprozesses resultieren; dabei darf man annehmen, daß sie mit wachsender Entfernung von den „normalen" Störungen immer seltener und unwahrscheinlicher werden, weil die wechselseitige Abhängigkeit der beiden Variablen relativ groß ist. Die diagonalen Linien in den Hauptfeldern sollen andeuten, daß die Aufgabe einer Entwicklungsstufe oft nur halbwegs und unzureichend bewältigt worden sind, was dann zu einer Regression auf genetisch frühere Verhaltensweisen führt. Sie geben in ihrer Fortsetzung in die umliegenden Felder die Richtung an, in der die Störungen bei einer nicht allein nur halbwegs, sondern auch nur ungleichmäßig bewältigten Entwicklungsstufe aufzusuchen wären. Die zu den Feldern bis VII. gehörigen Störungen lassen sich nun systematisch folgendermaßen angeben:

I. Störungen der Exzentrizität
(bestimmte Formen des Schwachsinns?)

II. Störungen der Personifikationsmöglichkeit
(bestimmte Formen der Schizophrenie?)

III. Störungen im Aufbau der sozio-kulturellen Persönlichkeit (schwere Neurosen)

IV. Störungen der Möglichkeiten zur Verhaltensinszenierung
(beschränkter Verhaltensradius durch das Lernmilieu einer relativen Deprivationslage)

V. Störungen der Ich-Identität
(Identitätsdiffusion: Störungen im Gleichgewicht zwischen Distanz und Engagement bei den Ich-Leistungen)

VI. Störungen der Bedürfnis- und Affektintegration
(aggressive Durchbrüche auf Grund von Frustrationserlebnissen)

VII. Störungen des Gleichgewichts im Rollenhaushalt
(Aufblähen einer bestimmten Rollenidentität)

Die Bezeichnungen für diese „normalen" Störungen beziehen sich jeweils auf den personalen Hintergrund des Rollenspiels, auf dessen Analyse, wie wir gesehen haben, die soziologische Rollen-Theorie nicht verzichten kann. In den Klammern sind die entsprechenden Störungen des Rollenverhaltens selbst kurz angedeutet; sie sind die Schwächen der Verhaltensinszenierung, die uns im Rahmen eines soziogenetischen Schemas der Verhaltensstörungen als *Symptome* gelten für ein Steckenbleiben der personalen Entwicklung auf einer bestimmten Stufe des Sozialisationsprozesses. Die Störungen der Exzentrizität und der Personifikationsmöglichkeiten gehen auf die primäre Sozialisationsphase zurück; diese *primären Störungen* machen ein Rollenspiel überhaupt unmöglich[88]. Es handelt sich dabei wohl vor allem um die Psychosen, soweit diese nicht anlagebedingt sind. Sie sind Gegenstand der Psychiatrie und sollen im weiteren außer Betracht bleiben. Soweit es sich um ungleichgewichtige Störungen handelt, können allerdings andere soziale Rollen durchaus noch gespielt werden. Es handelt sich dabei entweder um schwere *Störungen im Triebhaushalt*, wie zum Beispiel bei Triebverbrechern, die, solange sie unentdeckt bleiben, in anderen Relevanzbereichen ein durchaus normales Verhalten zeigen können[89], oder um *schwere Störungen der moralischen Sensibilität*, wie sie sich bei manchen Kriminellen findet, die mangels jeder moralischen Ansprechbarkeit keine Resozialisierungschance mehr haben. Die soziogenetische Stellung dieser primären Störungen ist im Schema durch dickere Begrenzungslinen gegenüber den anderen Störungen besonders hervorgehoben. Wo diese Linien sich kreuzen, schließen sie vier Felder ein und umgrenzen damit den Bereich derjenigen Störungen, deren Gewicht ein Rollenspiel überhaupt unmöglich macht (I. und II. mit zwei Nebenfeldern).

Seitlich der Felder I. bis VII. befinden sich die Felder der ungleichgewichtigen Störungen. Zwei Beispiele aus dem verbleibenden Bereich der *sekundären Störungen* seien angeführt; in beiden Fällen ist die normalerweise in die Adoleszenzzeit fallende 5. Entwicklungsstufe nicht oder noch nicht bewältigt worden. In dem mit S bezeichneten Feld wären jene Störungen einzuordnen, die sich an einer mangelnden Integration von Sexualität und erotischer Emotionalität zeigen, also an einer relativ hemmungslosen sexuellen Triebbefriedigung ohne emotionale Gratifikationen und die entsprechenden sympathetischen Gefühle: die Inszenierungstechniken des Verhaltens sind erlernt, und antizipatorische Rollenidentifikationen sind vohanden (= Stufe A 4 ist bewältigt), die Ich-Identität ist dagegen noch diffus (= Stufe A 5 ist erst halbwegs bewältigt); auf der anderen Seite ist zwar die Affektkontrolle eingermaßen gewährleistet (= Stufe B 3 ist bewältigt), aber die Antizipation emotionaler Gratifikationen im Rollenspiel gelingt nicht (= Stufe B 4 ist nicht bewältigt). Der Pfeil deutet in die Richtung, in der die schärferen Formen dieser Störung zu suchen sind: bei gleichbleibender Identitätsentwicklung versagt als nächstes auch die Affektkontrolle (= Stufe B 3 nicht bewältigt), und schließlich fehlen sogar die Introjektions- und Projektionsmöglichkeiten der Affekte, und die eigene Geschlechtsidentität wird unsicher (= Stufe B 2 nicht bewältigt) — ein solcher Mensch wird zu unkontrollierten sexuellen Aggressionen neigen. — Nun zum zweiten Beispiel. Auf dem mit E gekennzeichneten Feld wären Störungen einzuordnen, die sich in einer Überbetonung der expressiven Seite des Verhaltens in einer geschlechtsspezifischen Rolle ausdrücken: auf der Seite der Ich-Identität fehlen noch die Inszenierungstechniken des Verhaltens (gegenüber dem anderen Geschlecht), und die antizipatorischen Rollenidentifikationen in diesem Relevanzbereich reichen nicht aus (= Stufe A 4 noch nicht bewältigt); auf der Seite der Bedürfnisintegration ist die Affektkontrolle gewährleistet (= Stufe B 3 bewältigt), und die Antizipation emotionaler Gratifikationen im Rollenspiel hat eine große Bedeutung (= Stufe B 4 ebenfalls bewältigt). Die Überbetonung der expressiven Seite des Verhaltens in geschlechtsspezifischen Rollen führt bei diesen Jugendlichen bezeichnenderweise gerade nicht zu direkter sexueller Betätigung (bzw. nur in rudimentärer Form), um so mehr aber zu einem ausdrucksstarken, pseudomännlichen Verhalten (so z. B. exzessives Motorradfahren, besondere Kleidung, ein „halb-starker" Jargon). Der Pfeil bei E weist auf diejenigen Felder hin, in denen verstärkte Störungen gleicher Art aufzusuchen wären: das expressive Verhalten geht ins Kriminelle über, wenn die Internalisierung allgemeiner Normen nicht gelungen ist (= Stufe A 3 nicht bewältigt), so z. B. bei Einbrüchen ohne materielle Gewinnabsicht, und wird schließlich asozial, wenn es auch gegenüber Gang-Mitgliedern die Reziprozitätsnorm nicht mehr beachtet (= Stufe A 2 nicht bewältigt).

Bei alledem bleibt stets die Möglichkeit von *Regressionen* zu beachten. Wenngleich die Stufen der personalen Entwicklung mindestens bis zur 5. Stufe einer zeitlichen Folge von Sozialisierungsphasen entsprechen, so müssen doch keineswegs die genetisch zu diesen Entwicklungsstufen gehörigen Störungen des Rollenverhalten zum biographischen Zeitpunkt der entsprechenden Sozialisierungsphase auftreten. Die unbewältigten oder halb bewältigten Probleme der personalen Entwicklung können das ganze Leben hindurch mitgeschleppt werden und erst dann zur Ursache von Verhaltensstörungen werden, wenn eine auslösende Situation die schwachen Abwehrkräfte des Ichs durchschlägt. Denn der Aufbau von Ich-Identität und Affektkontrolle ist weithin identisch mit der Entwicklung normaler Abwehrmechanismen, mit denen sich das Individuum gegenüber den gesellschaftlichen Repressionen zur Wehr setzt und behauptet. Das Schema zeigt also von vornherein *nur den soziogenetischen Ort einer Verhaltensstörung, nicht den biographischen Zeitpunkt* ihres Auftretens. Es ist aber keineswegs gesagt, daß nicht auch schon bewältigte Stufen der personalen Entwicklung unter dem Druck „totaler" oder ambivalenter Situationen wieder verlorengehen können. Nicht nur angesichts der Möglichkeiten psychischer Gewalt, die die modernen Gesellschaften (z. B. als „Gehirnwäsche") entwickelt haben, sondern auch angesichts der zahlreichen „stress"-Situationen des Alltags erwiesen sich Affektkontrolle und Ich-Identität normalerweise als wenig stabil. Wie weit bei den dann unvermeidlichen Verhaltensstörungen die Regression allerdings geht oder, besser gesagt, wie weit die Störungen des Rollenverhaltens sich dabei so verschärfen, daß von einer weitgehenden Regression gesprochen werden muß, das ist eben doch eine Frage der mehr oder weniger gut gelungenen Sozialisierung. Diese aber hängt, wenn schon nicht ausschließlich, so doch unmittelbar von den Lernmilieus ab, in denen das Individuum im Laufe seines Lebens und vor allem in der Kindheit seine Existenz zu führen hat. Insofern handelt es sich hier auch, trotz der Verwendung psychologischer Kategorien, um ein soziogenetisches und nicht um ein psychogenetisches Schema der Störungen des Rollenverhaltens: jeder Stufe der Entwicklung von Ich-Identität und Affektkontrolle entspricht ein spezifisches soziales Lernmilieu, dessen Einfluß und Struktur jeweils empirisch überprüft werden muß.

Die Endstufe einer idealtypischen Entwicklung der Ich-Identität müßte jene *Autonomie* des Individuums sein, die zahlreiche Autoren immer wieder als das Ziel einer emanzipierten Gesellschaft ins Auge fassen[90]. Das autonome Individuum würde sich dadurch auszeichnen, daß es in der Lage ist, die anthropologisch notwendigen Vergegenständlichungen immer wieder durch die eigene Praxis einzuholen, so daß die Verdinglichung der natürlichen wie der sozialen Welt ausgeschlossen bleibt. In diesem Sinne konnte Joseph Gabel von einem Kontinuum sprechen, das sich zwischen den Polen der Ich-Stärke und der Schiziphrenie ausspannt[91]. In der soziogenetischen Perspektive würde ein solches Kontinuum eine Folge kritischer Stadien in der Entwicklung der Ich-Identität zeigen, deren Bewältigung vom jeweiligen Lernmilieu abhängt. Autonomie im Sinne einer *endgültigen* Bewältigung jener Aufgaben, vor die sich das Individuum in den verschiedenen Stufen seiner personalen Entwicklung mit ihrer wechselnden sozialen Umgebung gestellt sieht, dürfte freilich ein exotischer Grenzfall sein: nobody is perfect. Dagegen wäre ein kritisches Bewußtsein von den persönlichen und den gesellschaftlichen Ursachen der Störungen des Rollenverhaltens ein Kriterium für Autonomie „diesseits der Utopie"[92].

Zweifellos ist das hier entwickelte soziogenetische Schema der Verhaltensstörungen mehr als unzureichend. Nicht nur die frei gelassenen Felder weisen darauf hin, sondern mehr noch das Fehlen einer Klassifizierung der defizienten Modalitäten verschiedenartiger Lernmilieus und einer systematischen Darstellung jener Auslösesituationen, die zu individuellen Regressionen führen. Weiter müßte eine Symptomatik der Verhaltensstörungen auch auf der soziologischen Ebene entwickelt und deren Zusammenhang mit dem Genotypus der jeweiligen Störungen untersucht werden. Hier liegen weitere Aufgaben der Forschung, deren Bewältigung allerdings eine enge Zusammenarbeit von Psychoanalyse, Soziologie und Sozialpsychologie voraussetzt, und zwar nicht nur bei der Durchführung empirischer Untersuchungen, sondern gerade auch im Hinblick auf die theoretische Problematik einer Verhaltenspathologie. Worauf es in diesem Kapitel ankam, war vorerst nicht mehr, als die *Richtung* anzugeben, in der der rollentheoretische Ansatz in der Sozialpathologie weiterentwickelt und in den Zusammenhang der Fragestellungen einer kritisch orientierten Sozialwissenschaft eingebaut werden könnte. Es handelt sich um die Skizze eines Schemas der Verhaltensstörungen, das den soziogenetischen Ort und damit den bloß symptomatischen Charakter bestimmter Störungen im Rollenverhalten anzugeben ermöglichen soll. Seine volle Bedeutung erhält dieses soziogenetische Schema erst im Zusammenhang mit einem rollenanalytischen Schema der Verhaltensstörungen, das nun aus einer strukturellen Betrachtung des Interaktionsprozesses entwickelt werden soll. Wiederum kann es dabei nur um eine erste Skizze gehen, die den theoretischen Zusammenhang verdeutlicht und die Richtung angibt, in der sozialpathologische Fragestellungen analysiert werden müssen.

Anmerkungen

1 Die in diesem Abschnitt entwickelten Gedankengänge gehen zum Teil auf Anregungen von Jürgen Habermas zurück.
2 Vgl. J. Habermas, Zur Logik der Sozialwissenschaften, aaO, S. 179.
3 Vgl. dazu Dieter Claessens, Familie und Wertsystem — Eine Studie zur „zweiten, soziokulturellen Geburt“ des Menschen. Berlin 1962.
4 Vgl. diesen Ausdruck bei J. P. Sartre, Critique de la raison dialectique, Paris 1960.
5 Für die soziologische Stratifikationstheorie ist dieser Zusammenhang natürlich von größter Bedeutung.
6 Vgl. etwa Muzafer Sherif, The Psychology of Social Norms, New York, 2. Aufl., 1964, S. 143: "Humang beings, like all other organisms, have to satisfy their basic needs if they are to carry on the important business of life. But when we consider the ways in which people of different cultures eat, drink, find shelter, mate and care for children, extraordinary differences appear. We do not simply eat; we eat certain things, in certain ways, at certain places, and more or less at

certain times, all prescribed within limits for a given established group. We do not simply mate, but mate according to prescribed customs, some mates and some ways of choosing mates, that are naturally possible, are barred and certain others are left for us. The same is true in establishing a shelter and in all other vital activities."

[7] Homosexuelle z. B. spielen in der Regel nur dort soziale Rollen, wo ihr sexuelles Verhalten in irgendeiner Weise sanktioniert wird. Sie werden gezwungen, sich einer Subkultur anzuschließen, nur weil ihr Verhalten als ein die ganze Persönlichkeit affizierendes definiert wird und als solches unerwünscht ist.

[8] Vgl. R. Dahrendorf, Soziale Klassen und Klassenkonflikt, Stuttgart 1957, S. 165 ff.

[9] Ebenda, S. 169.

[10] Ebenda.

[11] Die Begriffe Ideologie und Utopie werden hier im gleichen Sinne wie in Karl Mannheims berühmter Untersuchung verwendet (vgl. Ideologie und Utopie, 3. Aufl., Frankfurt 1952), nämlich (partikulare) Ideologie als die täuschende Behauptung der Legitimität einer bestehenden privilegierten Position, Utopie als ein die bestehenden Verhältnisse transzendierendes Gedankensystem. Der sogenannte „allgemeine Ideologiebegriff" bei Mannheim steht hier nicht in Rede.

[12] Vgl. H. Marcuse, Triebstruktur und Gesellschaft, Frankfurt 1955, S. 14. Vgl. dazu auch vom gleichen Autor: Der eindimensionale Mensch, Soziologische Texte, Bd. 39, Neuwied 1967.

[13] Genaueres zu dieser Unterscheidung verschiedener Formen der Rationalität vgl. vom Verfasser: Rationales Handeln und politische Orientierung, aaO. Vgl. auch J. Habermas, Dogmatismus, Vernunft, Entscheidung — Zu Theorie und Praxis in der verwissenschaftlichten Zivilisation, in: Theorie und Praxis, Neuwied 1963, S. 231 ff.

[14] Die marxistische Theorie kennt den Begriff des objektiven Interesses in einem entsprechenden Zusammenhang: „Objektivität" heißt hier Legitimität der Interessen, gemessen an dem gesetzmäßigen historischen Ablauf einer emanzipatorischen Entwicklung. Scheint einem eben diese Gesetzmäßigkeit zweifelhaft, so ließe sich allenfalls die durch rationale Diskussion ermittelte Legitimität eines Interesses als „objektiv" bezeichnen. Rational wäre die Diskussion freilich heute nicht schon nach der liberalen Vorstellung eines geordneten Interessenkonfliktes, sondern erst im Hinblick auf ein den wissenschaftlichen Sachverstand auf allen Ebenen mit einbeziehendes und historisch reflektiertes Verhältnis von Theorie und Praxis.

[15] Vgl. dazu vor allem H. Schelsky, Der Mensch in der wissenschaftlichen Zivilisation, in: Auf der Suche nach Wirklichkeit, Gesammelte Aufsätze, Düsseldorf, Köln 1965, S. 439—480.

[16] Vgl. dazu H. Achinger, Sozialpolitik als Gesellschaftspolitik — von der Arbeiterfrage zum Wohlfahrtsstaat, Hamburg 1958.

[17] Vgl. dazu: J. Habermas, Dogmatismus, Vernunft und Entscheidung; Zu Theorie und Praxis in der verwissenschaftlichten Zivilisation, in: Theorie und Praxis, Sozialphilosophische Studien, aaO, S. 231—260.

[18] In philosophischem Kontext heißt es dazu bei Th. W. Adorno: „Bedürfnis selber, das geistige nicht minder als das materielle, steht zur Kritik, nachdem auch hartgesottene Naivität nicht länger sich darauf

verlassen kann, daß die sozialen Prozesse noch unmittelbar nach Angebot und Nachfrage und damit nach Bedürfnissen sich richten. So wenig diese ein Invariantes, Unableitbares sind, so wenig garantieren sie ihre Befriedigung. Der Schein an ihnen, und die Illusion, wo sie sich meldeten, müßten sie auch gestillt werden, geht aufs gleiche falsche Bewußtsein zurück. Soweit sie heteronom produziert sind, haben sie teil an Ideologie, und wären sie noch so handgreiflich. Freilich ist nichts Reales säuberlich aus ihrem Ideologischen herauszuschälen, sofern nicht die Kritik wiederum einer Ideologie, der vom einfachen natürlichen Leben, erliegen will. Reale Bedürfnisse können objektiv Ideologie sein, ohne daß daraus ein Rechtstitel erwüchse, sie zu negieren. Denn in den Bedürfnissen selbst der erfaßten und verwalteten Menschen reagiert etwas, worin sie nicht ganz erfaßt sind, der Überschuß des subjektiven Anteils, dessen das System nicht vollends Herr wurde. Materielle Bedürfnisse wären sogar in ihrer verkehrten, von Überproduktion verursachten Gestalt zu achten." (Negative Dialektik, Frankfurt 1966, S. 97.)

[19] Vgl. E. H. Erikson, Identität und Lebenszyklus, Frankfurt 1966. Siehe auch: E. H. Erikson, Kindheit und Gesellschaft, Stuttgart 1957.

[20] Vgl. dazu T. Parsons und R. F. Bales, Family, Socialization, and Interaction Process, Glencoe, Ill., 1954.

[21] Vgl. A. Portmann, Zoologie und das neue Bild vom Menschen, Hamburg 1951.

[22] Die Unterscheidung von primären und sekundären Verhaltensstörungen darf nicht verwechselt werden mit der bereits erwähnten Unterscheidung von primären und sekundären *Abweichungen* bei E. M. Lemert!

[23] Damit soll nicht behauptet werden, daß die Psychosen allein der psychopathologischen Forschung zugänglich seien. In den letzten Jahren hat sich in der "sociology of mental illness" und der Sozialpsychiatrie ein Forschungsbereich entwickelt, in dem insbesondere der Zusammenhang zwischen Häufigkeit und Art der Geisteskrankheiten und der sozialen Schicht vielfach untersucht worden ist. Vgl. dazu vor allem A. B. Hollingshead und F. C. Redlich, Social Class and Mental Illness, New York 1958. Siehe auch: H. Strotzka, Einführung in die Sozialpsychiatrie, Hamburg 1965 (mit — allerdings unzureichender — Bibliographie). Insbesondere in den USA sind inzwischen zahlreiche sozialpsychiatrische Feldstudien durchgeführt worden; die meisten dieser Untersuchungen zeigen ein umgekehrt reziprokes Verhältnis zwischen Höhe der sozialen Schicht und Häufigkeit psychotischer Erkrankungen. Siehe dazu vor allem: A. B. Hollingshead, F. C. Redlich, op. cit. Vgl. auch: R. Bastide, Sociologie des maladies mentales, aaO. Diese Beziehung ist einerseits als eine Bestätigung der These einer sozialen Verursachung interpretiert worden, nach welcher das ungünstige Herkunftsmilieu die psychischen Erkrankungen hervorruft, und andererseits als eine Bestätigung der Wirksamkeit sozialer Ausleseprozesse verstanden worden, die dafür sorgen, daß psychisch gestörte Menschen nur einen niedrigen Sozialstatus erreichen können. Vermutlich sind aber soziale Verursachung und soziale Ausleseprozesse bei psychischen Störungen kein Widerspruch, sondern ergänzen einander. Die Schwierigkeit einer empirischen Verifizierung der einen oder der anderen These liegt u. a. darin, daß die Art und der Umfang der Krankheiten, die überhaupt *behandelt* werden, selbst nach sozialen Schichten variieren. Das damit ins Zentrum des Interesses rük-

kende Problem einer Diagnose *unbehandelter* geistiger Erkrankungen ist aber von der psychiatrischen Epidemologie vorläufig noch ungelöst. Vgl. dazu B. P. Dohrenwend, Social Status und Psychological Disorder; An Issue of Substance and an Issue of Method, in: American Sociological Review, Vol. 31, 1966, S. 14 ff.

24 Erikson spricht von „Urvertrauen" und „Autonomie", die in diesem Alter entwickelt werden müßten (Identität und Lebenszyklus, aaO, S. 62—86). Eine genauere Darstellung der primären Sozialisierungsphase würde eine kritische Auseinandersetzung mit den verschiedenen psychoanalytischen Theorien über die Phasen der frühkindlichen, prägenitalen Sexualität voraussetzen, in deren Zusammenhang auch die Begriffe „Urvertrauen" und „Autonomie" von Erikson benutzt werden. Vgl. Kindheit und Gesellschaft, Stuttgart 1965[2], Kap. 2.

25 Aufschlußreich ist hier die Tatsache, daß Heramphroditen gewöhnlich unabhängig vom somatischen Befund diejenige Geschlechtsidentität entwickeln, für die die Eltern sie erziehen. Steht der somatische Befund mit der psychosexuellen Identität in Widerspruch, dann führt eine operative „Geschlechtsumwandlung" in der Regel zu Homosexualität. Dieser Extremfall zeigt sehr deutlich, daß die Geschlechtsidentität nicht schon mit der biologischen Ausstattung des Menschen sich „automatisch" entwikkelt, sondern von den kindlichen Identifikationen mit abhängt.

26 Vgl. dazu vor allem M. Mead, Geschlecht und Temperament in primitiven Gesellschaften, Hamburg, rde, 1959, und: Mann und Weib; Das Verhältnis der Geschlechter in einer sich wandelnden Welt, Hamburg 1958. Siehe auch R. Benedict, Urformen der Kultur, Hamburg 1955.

27 Vgl. T. Parsons und R. F. Bales, Family, Socialization, and Interaction Process, aaO, S. 100: "The boy . . . tends to attempt to act what are symbolic representatives of the instrumental aspects of adult masculine roles . . . He plays with trains, cars, airplances. He more less explicitly assumes relatively tangible adult masculine roles such as fireman and soldier . . . But his play is a less exact copy of the specific father role than his sister's is of the mother. This may well be explained, partly at least, by two facts: First the mother role is far more uniform than the masculine occupational role; the girl has a rather specific rolemodel sterotype. Secondly, being, as we have suggested, under less acute strain, the girl is less driven to the kinds of symbols which tangibly express compulsively tinged sex-qualities. Thus both the difficulties of understanding many middleclass occupations — their remoteness, and the fact that not involving physical prowess or skills, they do not patently symbolize masculinity — may prevent the urban middleclass boy from so directly emulating his father as the girl does her mother."

28 Über weitere Schwierigkeiten der Identifikations-Theorie bei Parsons und deren Unterschiede zu Freud siehe: U. Bronfenbrenner, Parsons' Theory of Identification, in: M. Black, Hrsg., The Social Theories of Talcott Parsons; A Critical Examination, Englewood Cliffs, N. Y., 1961, S. 191—213.

29 In bezug auf die Situation der Studentinnen hat Klaus Dörner dieses Dilemma eindringlich pointiert: „Weshalb wird alles darangesetzt, die Studentin zur Bejahung der sie spaltenden Entscheidung zu bewegen? . . . Offenbar doch nur deshalb, weil sie, solange sie außerhalb des Arbeitsraumes steht, vom Mann als primär dem Geschlecht, der Lust dienend vorgestellt wird; tritt sie jedoch in den ihm als Monopol ureigenen Lei-

stungsbereich ein, sieht sich der Mann der Gefahr der Entlarvung ausgesetzt, daß nämlich ein patriarchalisches Selbstbewußtsein, seine Herrschaft selbst auf der fundamentalen Trennung von Leistung und Lust, auf der Unterjochung des Lustprinzips durch das Leistungsprinzip steht. Um der Entlarvung zu entgehen, bleiben ihm nur die beiden Möglichkeiten: die Frau entweder unmittelbar unter das Leistungsprinzip zu beugen („Arbeitstier") oder sie indirekt diesem dienstbar zu machen („Geschlechtstier"), wozu auch gehört, sie bei Bedarf als die Heile, Ruhe und Heimat Spendende abstrakt zu erhöhen — nämlich wenn es an die Innendekoration der Wertwelt der patriarchalischen Herrschaftsform Familie geht." (Der Zwang zur Dissoziation von Lust und Leistung, in: Das Argument, Jg. 4, H. 4, S. 35 f.) Eine empirische Bestätigung dieser Thesen findet sich in Renate Gerstein, Studierende Mädchen, München 1965, S. 54 ff.

30 Siehe dazu: D. Wyss, Die tiefenpsychologischen Schulen von den Anfängen bis zur Gegenwart, Göttingen 1961.

31 Vgl. über diese Zusammenhänge vor allem: A. Mitscherlich, Auf dem Wege zur vaterlosen Gesellschaft, Ideen zur Sozialpsychologie, München 1967².

32 Vgl. H. Schelsky, Die skeptische Generation; Eine Soziologie der deutschen Jugend, Düsseldorf — Köln 1958.

33 Vgl. A. Freud, Das Ich und die Abwehrmechanismen, London 1946.

34 Vgl. dazu: Th. W. Adorno, E. Frenkel-Brunswik, D. J. Levinson, R. N. Sanford, u. a., The Authoritarian Personality, New York 1950.

35 Die Identifikation mit dem Aggressor kann natürlich auch, wie Anna Freud es gesehen hat, ein *normaler* Abwehrmechanismus sein, mit dem umgekehrt einer Schwächung der Ich-Identität gerade entgegengearbeitet werden soll; zur Bildung eines autoritären Charakters kommt es nur dann, wenn dies die *einzige* Möglichkeit einer Identifikation mit dem Vater und damit einer Lösung des Ödipus-Konfliktes ist.

36 Vgl. dazu die freilich etwas dogmatische Formulierung in den vom Institut für Sozialforschung herausgegebenen „Soziologischen Exkursen" (Frankfurter Beiträge zur Soziologie, Bd. 4, Frankfurt 1956, S. 127): „Das Kind bringt aus der Beziehung zum Vater nur noch die abstrakte Idee willkürlicher, unbedingter Macht und Stärke mit und sucht nach einem stärkeren, mächtigeren Vater als dem realen, der jenem Bild nicht mehr Genüge tut, einem Übervater gleichsam, wie ihn die totalitären Ideologien produzieren. Der Vater wird durch kollektive Mächte wie die Schulklasse, die Sportmannschaft, den Club, schließlich den Staat ersetzt. Die jungen Menschen zeigen Neigung, einer jeglichen Autorität, was immer auch ihr Inhalt sei, sich zu unterwerfen, wofern sie nur Schutz, narzistische Befriedigung, materiellen Gewinn und die Möglichkeit bietet, an anderen den Sadismus auszulassen, in dem sich unbewußte Ratlosigkeit und Verzweiflung verstecken." — Diese Beschreibung wirft ein Licht auf die Soziogenese dessen, was ich weiter unten (vgl. Kap. IV, Abschn. 3) zwanghaften Ritualismus genannt habe: unter Druck können die Ich-Leistungen verkümmern.

37 E. H. Erikson, Identität und Lebenszyklus, aaO, S. 103.

38 Vgl. dazu etwa: W. Jaide, Eine neue Generation? Eine Untersuchung über die Werthaltungen und Leitbilder der Jugendlichen, München 1961.

39 Vgl. dazu statt vieler: H. Roth, Zur Epochal- und Sozialpsychologie

der Zehn- und Zwölfjährigen, in: Jugend und Schule zwischen Reform und Restauration, Hannover 1961. — Wenn in diesem Alter das Lernmilieu ausschließlich oder mit größerem Aufforderungswert abweichende Rollenmodelle anbietet *und* gleichzeitig eine entsprechende "opportunity structure" vorhanden ist, dann wird die Wahrscheinlichkeit späterer Verhaltensstörungen relativ groß, es entsteht eine „soziopathische", d. h. zur Anpassung unfähige Persönlichkeitsstruktur. Vgl. dazu die großartige empirische Untersuchung von Lee N. Robins, Deviant Children Grown Up; A Sociological and Psychiatric Study of Sociopathic Personality; Baltimore 1967.

[40] Vgl. dazu S. N. Eisenstadt, Altersgruppen und Sozialstruktur, in: L. v. Friedeburg, Hrsg., Jugend in der modernen Gesellschaft, Köln, Berlin 1965, S. 54: „Die Funktion differenzierter Altersabgrenzungen besteht darin, den Individuen das Erlernen und Erwerben neuer Rollen zu ermöglichen, um auf diese Weise die soziale Kontinuität aufrecht zu erhalten. Der Unterschied zwischen dem Kind und dem Erwachsenen wird deshalb hervorgehoben, um es dem Kind möglich zu machen, erwachsen zu werden; und seine Identifikation mit dem Erwachsenen kann nur aufrecht erhalten werden, wenn es sich in einer bedeutsamen Beziehung zum Erwachsenen sieht (selbst wenn diese in Opposition besteht). Aber noch wichtiger ist die Tatsache, daß das Kind ein Erwachsener werden muß. Deshalb muß es einige Erwartungen hinsichtlich seiner zukünftigen Rolle als Erwachsener entwickeln, um sie in seine Lebenserwartungen, in sein eigenes Zukunftsbild einzuschließen. Solch eine Beziehung kann nicht aufrecht erhalten werden, wenn Altersunterschiede als dichotom und unverbunden betrachtet werden."

[41] E. H. Erikson, Identität und Lebenszyklus, aaO, S. 140.

[42] Auf die Bedeutung eines „sozialen Schonraums" für die Jugendlichen, der z. B. durch eine Verlängerung der obligatorischen Schulzeit erreicht werden kann, hat besonders energisch H. Roth hingewiesen. Roth unterscheidet eine „Primitivpubertät", die durch rein sexuelle Reife ohne Ausbildung einer klaren Ich-Identität gekennzeichnet ist, von einer „Kulturpubertät", bei der die Identitätsbildung durch eine entsprechende Schonfrist gewährleistet wird. Siehe dazu: H. Roth, Jugend und Schule zwischen Reform und Restauration, aaO.

[43] Erikson meint, daß man statt von Identitäts-Diffusion auch von „Ich-Zerstreuung" oder von einer Zersplitterung des Selbstbildes sprechen könne. „Es ist noch darauf hinzuweisen, daß in der Ich-Diffusion nicht nur die Peripherie, sondern auch das Zentrum mit ergriffen ist: es ist eine Zersplitterung des Selbstbildes eingetreten, ein Verlust der Mitte, ein Gefühl von Verwirrung und in schweren Fällen die Furcht vor völliger Auflösung." Vgl. Identität und Lebenszyklus, aaO, S. 154, Anm. 6.

[44] Vgl. dazu die schon erwähnte Dissertation von George Grosser, Juvenile Delinquency and Contemporary American Sex Roles, aaO.

[45] Bei der in allen modernen Gesellschaften zunehmenden Kriminalität von Jugendlichen müßte geprüft werden, wieviel dabei auf das Konto solcher die Geschlechtsidentität zum Ausdruck bringender Verhaltensweisen geht.

[46] F. H. Tenbruck, Jugend und Gesellschaft, Freiburg 1962, S. 88.

[47] Schärfer als bei Tenbruck ist die These von einer Subkultur der Jugendlichen von F. E. Elkin und W. A. Westley als ein Mythos kritisiert

worden. Vgl.: Der Mythos von der Teilkultur der Jugendlichen, in: L. v. Friedeburg, Jugend in der modernen Gesellschaft, aaO. S. 98—106. Elkin und Westley haben die herrschende Subkulturthese bei Jugendlichen aus der Mittelschicht amerikanischer Kleinstädte empirisch untersucht und keinerlei Belege für sie gefunden: „Die Jugendlichen in ihren 'peer groups' sind weder zwanghaft unabhängig noch verwerfen sie die Normen der Erwachsenen. Sie streben nicht ausschließlich nach Lustgewinn. Außerdem verhalten sie sich gegenüber denjenigen Aspekten ihres Lebens, die als Momente der Jugendkultur betrachtet werden können, bemerkenswert weltklug“ (S. 105).

48 Im Extremfall läßt sich die Identität nur noch im Selbstmord wiederfinden; erst in der vollkommenen Negation vermag sich die Person als solche zu behaupten. Der Selbstmörder will nicht wirklich sterben (das erklärt die Halbherzigkeit vieler Selbstmordversuche gerade bei Jugendlichen), kann aber paradoxerweise nur im Tod eine Lebensmöglichkeit finden. — E. H. Erikson beschreibt eine derartige Fallgeschichte in: Identität und Lebenszyklus, aaO, S. 160.

49 L. v. Friedeburg, Zum Verhältnis von Jugend und Gesellschaft, in: ders., Hrsg., Jugend in der modernen Gesellschaft, aaO, S. 186 f.

50 Vgl. dazu E. H. Erikson, Wholeness and Totality, in: C. J. Friedrich, Hrsg., Totalitarianism, Cambridge, Mass., 1954.

51 Vgl. P. L. Berger, Invitation to Sociology, aaO, Exkurs über „Alternation and Biography" (or: How to Acquire a Prefabricated Past), S. 57: "We can safely assume that this process of reshaping the past (which probably is inherent in the very fact of language itself) is as old as homo sapiens ... Every rite of passage is an act of historical interpretation and every wise old man is a theorist of historical development. But what is distinctively modern is the frequency and rapidity with which such reinterpretation often occurs in the lives of many individuals, and the increasingly common situation in which different systems of interpretation can be chosen in this game of re-creating the world."

52 Vgl. A. S. Strauß, Mirrors and Masks; The Search for Identity, Glencoe, Ill., 1959, S. 38.

53 Vgl. dazu Peter Winch, Die Idee der Sozialwissenschaft und ihr Verhältnis zur Philosophie, Frankfurt 1966, der, von Wittgensteins Philosophie ausgehend, die Methodik einer hermeneutisch verfahrenden Sozialwissenschaft skizziert, die auf der These aufbaut, daß „soziale Beziehungen nur im Rahmen der in einer Gesellschaft herrschenden Idee und durch sie existieren; oder anders ausgedrückt, daß soziale Beziehungen unter dieselbe logische Kategorie fallen wie Beziehungen zwischen Ideen“ (S. 169).

54 Vgl. G. A. Kelly, Der Motivationsbegriff als irreführendes Konstrukt, in: H. Thomae, Hrsg., Die Motivation menschlichen Handelns, Köln, Berlin 1965, S. 505.

55 G. A. Kelly, Der Motivationsbegriff als irreführendes Konstrukt, aaO, S. 499. — Auf S. 508 heißt es: „Jetzt aber sehen wir kein Bedürfnis, einen Motivationsbegriff zu beschwören, um die Richtungen seines Verhaltens zu erklären; die Tatsache, daß der Mensch in der Antizipation lebt, macht dies von selbst verständlich.“

56 Vgl. für eine Synthese dieser Ansätze: P. L. Berger und Th. Luckmann, The Social Construction of Reality, aaO. Der noch immer bedeu-

tendste Versuch einer Theorie des sozialen Handelns aus der Analyse sprachlicher Kommunikation stammt von Charles Morris, einem Schüler G. H. Meads: Signs, Language, and Behaviour, New York 1955.

57 Vgl. J. Habermas, Zur Logik der Sozialwissenschaften, aaO, S. 182.

58 J. Habermas, op. cit., S. 186.

59 Die schwindende Bedeutung des Ritus in der modernen Gesellschaft verstärkt die Identitätskrisen. A. Mitscherlich schreibt dazu „Vor allem, wenn ein vom Kollektiv sanktionierter, ritualisierter Übergang mit seinen Schmerz- und Mutproben fehlt, auch die bündlerischen Bedürfnisse der männlichen Jugendlichen, die ihrem neu erwachten 'esprit combattif' (Piaget) entsprechen, kein Spielfeld finden, dann droht aus der Tendenz in diesem Alter, Angst durch Aggression überwinden zu wollen, jene Verrohung zu werden, die an vielen sozialen Orten unserer Zivilisation festzustellen sicher keine zimperliche Übertreibung ist." (Pubertät und Tradition, in: L. v. Friedeburg, Jugend in der modernen Gesellschaft, aaO, S. 301.)

60 Von Max Scheler stammt der für diesen Zusammenhang interessante und wohl zu wenig beachtete Versuch einer Phänomenologie der sympathetischen Gefühle und ihrer Funktion für den Interaktionsprozeß: Wesen und Formen der Sympathie, 5. Aufl., 1948. Schelers Versuch könnte, von seinen zahlreichen weltanschaulichen Beimengungen gereinigt, ein fruchtbarer Ansatz zur genaueren Analyse der affektiven Gehalte personbezogener Rollen sein.

61 Vgl. A. Mitscherlich, Auf dem Wege zur vaterlosen Gesellschaft, München 1967[2].

62 Vgl. K. Lorenz, Das sogenannte Böse; Zur Naturgeschichte der Aggression, Wien 1963.

63 Die sogenannte Frustrations-Aggressions-Hypothese wurde von John Dollard und seinen Mitarbeitern aus der Yale-Schule vertreten. Siehe: J. Dollard, L. W. Dobb, O. H. Mowrer, R. R. Sears, Frustration und Aggression, New Haven 1939. In einer späteren Fassung sind die genannten Forscher von der These, daß Frustration immer nur Aggression zur Folge haben könne, abgerückt, haben aber den umgekehrten Satz, daß Aggression immer Frustration voraussetze, weiterhin vertreten. Siehe dazu: M. E. Miller, R. R. Sears, O. H. Mowrer, L. W. Dobb, J. Dollard, The Frustration-Aggression-Hypothesis, in: Psychological Review, Jg. 48, 1941, S. 337—342; dtsch: Die Frustrations-Aggressions-Hypothese, in: H. Thomae, Hrsg., Die Motivation des menschlichen Handelns, aaO, S. 205—209. Über den gegenwärtigen Stand der Diskussion zur Frage der Aggressivität vgl. das kleine Büchlein von R. Denker, Aufklärung über Aggression — Kant, Darwin, Freud, Lorenz; Berlin 1966.

64 Vgl. dazu etwa Th. W. Adorno, Sexualtabus und Recht heute, in: Eingriffe, Frankfurt 1963: „Prinzipiell und mit unvermeidlicher Übertreibung wäre wohl zu sagen, daß in Recht und Sitte all das Sympathie findet, worin Verhaltensweisen der gesellschaftlichen Unterdrückung — letztlich der sadistischen Gewalt sich fortsetzen, während unerbittlich reagiert wird auf Verhaltensweisen, die dem Gewalttätigen gesellschaftlicher Ordnung entgegen sind" (S. 116 f.). Was Adorno in zugestandener Pointierung als generelles Prinzip hier formuliert, gilt fraglos um so eher, je autoritärer die gesellschaftliche Verfassung ist.

65 Der Begriff des "tension management" wird an verschiedenen Stellen

im Werk von Parsons benutzt. Siehe vor allem: T. Parsons et al., Family, Socialization, and Interaction Process, Glencoe, Ill., 1955. In Parsons' System der 'functional imperatives" gehört das "tension management" zur "pattern maintainance" eines sozialen Systems. "Tension management is defined as the problem of maintaining a level of motivational commitment sufficient for required role performances. The notion here is that there are continuous changes of state within units (i. e. Handlungseinheiten, H. P. D.) with rise and fall of tension, and unless suitable measures are taken, these changes may potentially serve as instigation to deviance from the patterns established for the system." (E. C. Devereux, Jr., Parsons' Sociological Theory, in: M. Black, Hrsg., The Social Theories of Talcott Parsons, aaO, S. 57.)

[66] Die Aufgabe eines Spannungsausgleichs wird in den modernen Gesellschaften vor allem der Familie angelastet. Tatsächlich genießt das Familienleben selbst in den formalen Organisationen einen gewissen Vorrang: Krankheiten und Todesfälle in der Familie, aber auch Familienfeste wie Hochzeiten etwa, werden bis zu einem gewissen Grad als Urlaubsgrund respektiert, und zwar weil dieser „Spannungsausgleich" der Reproduktion der Arbeitskraft dient. Damit freilich ist die Familie zunehmend überlastet. Siehe dazu: H. P. Dreitzel, (Hrsg.), Family, Marriage, and the Struggle of the Sexes, Recent Sociology, No. 4, New York 1972.

[67] A. Mitscherlich sieht darin tatsächlich die entscheidende Gefährdung der modernen Gesellschaft: „Die Veränderungen der zivilisatorischen Umwelt im ganzen haben nicht wenig an der Situation gewandelt, in die das Kind hineingeboren wird und in der seine ersten Lebensjahre verlaufen. Geburt im Krankenhaus, die Mutter ohne Rückhalt im Sippenverband, Beschränkung des Aktionsradius des Kleinkindes, verringerte Anregungen durch Beobachtung der außerhäuslichen Arbeitsvorgänge, der Tier- und Pflanzenwelt, frühzeitige Ortswechsel, das weitgehende Unsichtbarwerden des Vaters und mehr und mehr auch der Mutter, die Einrichtung der Spielwelt mit mechanisch sich bewegenden oder leistenden und massenhaft gefertigten Produkten — dieser ganze Umbau der Erfahrungswelt ist mit zu berücksichtigen, wenn von Frustration gesprochen wird. Es könnte sich erweisen, daß die affektive Anregung, die im ersten Lebensabschnitt heute immer ausschließlicher von der Mutter her erfolgen muß, die Zuwendung, die sie libidinös zu leisten hat, und die Art, wie sie Verbote zu setzen hat, die durchschnittliche Leistungsfähigkeit der Persönlichkeit übersteigt ... und daß für ein Defizit an dieser Stelle keine Kompensationsmöglichkeiten vorhanden sind, welche die Frustrierung erträglicher machen ... Affektstumpfheit, Lernhemmung, Rücksichtslosigkeit, Unwilligkeit, schließlich auch kleine Triebaufschübe zu ertragen, erzeugen ein unplastisches, zielloses Verhalten. Nur unsublimierte und unmittelbar erreichbare Triebbefriedigungen werden erstrebt." (Zur Wesensbestimmung der Aggression, in: H. Thomae, Hrsg., Die Motivation des menschlichen Handelns, aaO, S. 214.)

[68] Vgl. N. Elias, Über den Prozeß der Zivilisation, aaO.

[69] N. Elias, Über den Prozeß der Zivilisation, aaO, Bd. 2, S. 446.

[70] Vgl. J. G. Gibbs und W. T. Martin, Status Integration and Suicide, Eugene, Oregon 1964, S. 27. — Der Begriff des „status" wird hier entsprechend der von Dahrendorf vorgeschlagenen und hier durchweg benutzten Terminologie mit „Position" wiedergegeben.

[71] Die-Theorie über den Zusammenhang von Selbstmordrate und Positionsintegration erinnert an die Analyse des „anomischen Selbstmords" bei Durkheim: hier wie dort geht es um eine Lockerung der normativen Regulierung des Verhaltens. Sowohl Durkheim wie auch Gibbs und Martin behaupten, daß die Stabilität sozialer Beziehungen ausschließlich von der Verhaltenskonformität gegenüber den Rollenerwartungen derer abhängt, denen diese Beziehungen gelten. Sie übersehen dabei einmal die Häufigkeit und die Funktion sozialer Konflikte, zum anderen die unterschiedliche Gegebenheitsweise der sozialen Normen und die Verflochtenheit von angepaßtem und abweichendem Verhalten.

[72] Siehe dazu: Ch. Helfer, Über „Dienst nach Vorschrift" als rechtssoziologisches Problem, in: Kölner Zeitschrift für Soziologie und Sozialpsychologie, Jg. 17, 1965, S. 98 ff.

[73] Vgl. dazu etwa: K. Thomas, Die betriebliche Situation der Arbeiter, Stuttgart 1964, S. 47: „Was die Arbeiter nun über Ordnung und Kommando hinaus tun, das tun sie in sehr vielen Fällen gegen Ordnung und Kommando. Sie handeln also zu einem guten Teil des Tages, indem sie sich Recht zu schaffen versuchen, widerrechtlich. Denn was sie für die volle Leistung, für das Funktionieren des Apparates, für ihre eigene Lebensfähigkeit leisten, tun sie dann gegen die Anordnung. Daß all solches Unrecht, um es mit diesem Wort zusammenzufassen, möglichst ungenannt bleibt, möglichst nicht laut wird, versteht sich von selbst."

[74] Siehe dazu die Analyse von J. H. v. Heiseler, Militär und Technik, aaO, S. 55. Zahlreiche Beispiele für die Überprägnanz der Normen im Militär und die entsprechenden informellen, abweichenden Verhaltensweisen finden sich bei S. Stouffer et al., The American Soldier, Princeton 1949, Vol. 1, Chap. 8, section III, "Social Control-Attitudes Reflecting Adherance to Informal Codes as well as to Formal Codes for Behavior."

[75] In: Critique de la raison dialectique, aaO.

[76] Herbert Marcuse hat unter diesem Gesichtspunkt die gegenwärtige Entwicklung hochindustrialisierter Gesellschaften insgesamt zu analysieren versucht. Vgl. H. Marcuse, Der eindimensionale Mensch, Studien zur Ideologie der fortgeschrittenen Industriegesellschaft, Soziologische Texte, Bd. 40, Neuwied 1967.

[77] Eine vorzügliche Darstellung der Rückwirkungen des Rollenspiels beim Lehrer stammt von Willard Waller: What Teaching Does to Teachers, in: M. Stein, A. J. Vidich, D. M. White, Hrsg., Identity and Anxiety; Survival of the Person in Mass Society, New York 1960, S. 329—350. Der gleiche "reader" enthält eine Reihe von weiteren Arbeiten, die für unseren Zusammenhang von Bedeutung sind, so z. B. eine Untersuchung über das Problem der affektiven Kompositionen bei jungen Wissenschaftlern: L. S. Kubie, Some Unsolved Problems of the Scientific Career, S. 241—268, sowie den wichtigen Aufsatz von A. S. Strauss und H. S. Becker, Careers, Personality, and Adult Socialization, S. 205—219.

[78] Der Eichmann-Prozeß hat in dieser Hinsicht wichtige Aufschlüsse über einen spezifisch modernen Verhaltenstyp gebracht. Vgl. dazu: H. Arendt, Eichmann in Jerusalem; Ein Bericht von der Banalität des Bösen, München 1964. Siehe dazu auch die Aufzeichnungen des Auschwitz-Kommandanten Rudolf Höss: Autobiographische Aufzeichnungen des

Rudolf Höss, hrsg. von M. Broszat, dtv-Dokumente, Bd. 114, München 1963.

[79] Stärker als bei dem 2. Weltkrieg wirkte diese Art des Kriegserlebens bei dem 1. Weltkrieg nach, wo es sich in einer breiten Literatur niederschlug, die keineswegs nur zu den niederen Gattungen gehörte, sondern mit manchen Formen des Expressionismus eine fatale Verbindung einging.

[80] Vgl. dazu K. Horn, Formierte Demokratie als kollektive Infantilität, in: Das Argument, Jg. 9, 1967, Heft 47, S. 30, Anm. 15: „Im Prinzip wird ... eine phylogenetische Regression in ihren psychologisch auszumachenden Konsequenzen anders aussehen als eine ontogenetische, die man ja immer auf ihre Umgebung bezogen sehen muß. Hier muß die Psychoanalyse neue kategoriale Arbeit leisten." Von verschiedenen Psychoanalytikern ist diese kategoriale Arbeit bereits in Angriff genommen. In Deutschland bemüht sich vor allem A. Mitscherlich um eine Weiterentwicklung der Psychoanalyse zu einer Sozialpsychologie. Siehe seine Arbeit: Auf dem Wege zur vaterlosen Gesellschaft; Ideen zur Sozialpsychologie, aaO. Besonders deutlich werden diese Bemühungen auch in seinem Aufsatz: Das soziale und das persönliche Ich, in: Kölner Zeitschrift für Soziologie und Sozialpsychologie, Jg. 18, 1966, S. 21—36.

[81] T. W. Adorno, Postskriptum, in: Kölner Zeitschrift für Soziologie und Sozialpsychologie, Jg. 18, 1966, S. 37—42.

[82] Vgl. dazu die Arbeiten von A. Kardiner, von dem auch der Begriff der "basic personality" stammt: The Individual and His Society; The Psychodynamics of Primitive Social Organization, New York 1946, und, zus. mit R. Linton et al., The Psychological Frontiers of Society, New York, London 1945. Siehe auch C. Kluckhohn und H. A. Murray, Personality in Nature, Society and Culture, London 1953.

[83] Zu den kultur- und gesellschaftsspezifischen Unterschieden in der Verteilung und Ätiologie psychischer Erkrankungen vgl. vor allem: J. W. Eaton und R. J. Weil, Culture and Mental Disorders; A Comparative Study of Hutterites and Other Populations, Glencoe, Ill., 1955; R. Linton, Culture and Mental Disorders, Springfield 1957; K. M. Opler, Culture and Mental Health, New York 1959.

[84] Diesen treffenden Ausdruck benutzt ähnlich T. E. Sarbin (Role Theory, in: Gardner Lindzey, Handbook of Social Psychology, aaO, S. 256: "as if behavior"), der ihn seinerseits von H. Vaihingers „Philosophie des Als-Ob" (1911) entliehen hat.

[85] Als Persönlichkeitstypus wird hier also ein durch die individuelle Biographie geprägter Typus der personalen Indentität verstanden, der den Stil der Ich-Leistungen prägt. Der Persönlichkeitstypus gibt einen *Index für die Stärke der dem einzelnen in einer Gesellschaft individuell durchschnittlich zur Verfügung stehenden Ich-Leistungen an. — In der* soziologischen Literatur wird der Begriff des Persönlichkeitstypus im übrigen sehr unterschiedlich verwandt. Häufig gehen Verhaltens-, Einstellungs-, Persönlichkeits- und Habitustypen durcheinander. Die Persönlichkeitstypologie ist ein Problem der Psychologie. Mit soziologischen Methoden kann man nur versuchen, die persönlichkeitsdeterminierenden Faktoren der Sozialstruktur und des kulturellen Milieus zu erforschen, wobei zunächst nur der Grad der Ich-Stärke festgestellt wird. In diesem Sinne ist z. B. die Persönlichkeitstypologie von David Riesman zu ver-

stehen (Die einsame Masse, aaO, Teil III): die „Angepaßten" besitzen eine ausreichend kräftige Ich-Identität, die „Autonomen" eine starke Ich-Identität, und die „Anomalen" eine schwache Ich-Identität; mehr wird bei Riesman gar nicht gesagt. Natürlich kann man sozialpsychologisch darüber hinaus fragen und spezifische Kombinationen von Einstellungen ("attitudes") untersuchen, die dann als "Habitustypen" bzeichnet werden können. Aber nur die Persönlichkeitsdiagnostik der Psychologie kann noch weiter gehen und auch die Motivations- und Charakterstruktur selbst berücksichtigen. In der Soziologie kann die Fragestellung über die allgemeinen Feststellungen zur Bedeutung der Ich-Identität und ihrer Stabilität im Hinblick auf das Rollenverhalten hinaus in einer *anderen* Richtung weiterentwickelt werden: indem man nämlich typische Verhaltensweisen in typischen Situationen innerhalb typischer Relevanzbereiche untersucht; diese Verhaltenstypen lassen sich dann aber nicht mehr ohne weiteres einem Individuum zuordnen (vgl. dazu Kap. VI, 1). — Wieviel also mit einer bestimmten Persönlichkeitstypologie ausgesagt werden soll, hängt vom jeweiligen Forschungsinteresse ab. Erst von diesem her läßt sich ausmachen, ob der Begriff, und was unter ihm subsumiert wird, sinnvoll ist oder nicht. In unserem Zusammenhang geht es nur um die Frage der Ich-Identität und ihrer Stärke; dafür eine Typologie zu entwickeln, ist hier überflüssig. Ohnehin muß man wohl von der Voraussetzung ausgehen, daß jedes Verhalten überdeterminiert ist, also dasselbe Verhalten mehrere Ursachen haben kann, die es bereits ausreichend erklären. Gerade dann aber scheint es fraglich, ob man in den Sozialwissenschaften überhaupt von „Ursachen" sprechen kann: der Soziologe wird in der Regel zufrieden sein dürfen, wenn er eine notwendige Bedingung entdeckt hat, und mag sich glücklich schätzen, wenn er von einer hinreichenden sprechen kann.

86 Zum Begriff des Orientierungsfeldes vgl. vom Verfasser, Selbstbild und Gesellschaftsbild, aaO.

87 Ein gutes Beispiel für eine derartige Analyse ist die Untersuchung von Oscar Lewis über die individuell (z. B. geschlechtsspezifisch) und im Hinblick auf die Bezugsgruppen variierende Abfolge von Lernmilieus der vier Kinder einer mexikanischen Slum-Familie: Die Kinder von Sanchez, Düsseldorf/Wien 1963.

88 Gemeint ist hier ein Verhalten im Sinne des Rollenbegriffs, der hier entwickelt worden ist, nicht Verhaltenstypen, Individualitätsmuster, Gruppenfiguren oder dergleichen. Es ist z. B. bekannt, daß Schizophrene in einer bestimmten Phase ihrer Krankheit sich „einbilden", sie seien dieser oder jener, und versuchen, dessen Rolle zu spielen. Derartige Wahnrollen sind hier nicht gemeint. Dabei muß man freilich beachten, daß, wer in den sekundären Gruppen zu einem Rollenspiel nicht fähig ist, im Rahmen der primären Gruppe, der Familie, dennoch nicht aufzufallen braucht. Es gibt offenbar ein schizophrenes Familienmilieu mit einem eigenen Kommunikationssystem, das Außenstehenden kaum verständlich ist. Siehe dazu: L. C. Wynne, M. T. Singer, Denkstörung und Familienbeziehung bei Schizophrenen, in: Psyche, Jg. 19, 1965, S. 82 ff. Ähnliches läßt sich sicher von manchen anderen primären Störungen sagen. Inzest z. B. kann innerhalb der eigenen Familie als „normal" gelten und nach außen hin verborgen bleiben, ohne daß darum unbedingt oder sofort das Verhalten in anderen Relevanzbereichen leiden müßte.

[89] Hierher würden wohl auch die Homosexuellen gehören: bei entwickelter Ich-Identität ist die Vergesellschaftung der Triebstruktur und das Problem der Geschlechtsidentität nicht gelöst worden. Dabei haben es Homosexuelle mit klar ausgeprägter Neigung zum eigenen Geschlecht noch leichter als bisexuell Veranlagte, die dies oft gar nicht wissen und jedenfalls keine entsprechende Subkultur vorfinden. Vgl. dazu: M. Schofield, Sociological Aspects of Homosexuality; A Comparative Study of Three Types of Homosexuals, Boston 1965.

[90] Vgl. die Arbeiten von D. Riesman, A Mitscherlich, E. Fromm, E. Berne u. v. a. Bei manchen Autoren hat man allerdings den Eindruck, daß „Autonomie“ einfach das Kennzeichen jener Menschen ist, deren „Ich-Stärke“ mit jeder Situation fertig zu werden in der Lage ist. In diesem Sinne benutzt etwa Winston White diesen Begriff in einer Kritik der Kulturkritik (vgl. Beyond Conformity, Glencoe, Ill., New York 1961), die die Intellektuellen pauschal jener Nostalgie zeiht, mit der die Friktionen unserer Gesellschaft zwar nicht überwunden, aber wenigstens beklagt werden können. Kein Zweifel, daß die Intellektuellen nicht weniger als andere vor vielen Situationen scheitern — aber es mag von Vorzug sein, daß sie darüber nachdenken, warum. Die Kritik von White an den Intellektuellen vergißt, daß die bloße Fröhlichkeit über das Gebotene kaum ausreicht, um einen Menschen in unserer Gesellschaft — einer Gesellschaft voller Entfremdung — schon als „autonom“ zu bezeichnen. Soll dieser Begriff überhaupt einen Sinn haben, dann muß er zugleich mit Selbst-Bewußtsein auch kritisches Bewußtsein umfassen.

[91] Vgl. J. Gabel, Ideologie und Schizophrenie; Formen der Entfremdung, Frankfurt 1967, S. 333: „Die Schizophrenie läge damit an einem der Enden einer Linie, die von dem Punkt der ‚Kraft des Ich‘ der Normalität über die Neurosen und die manische Depression zur Schizophrenie geht.“

[92] In den unter diesem Titel erschienenen kultursoziologischen Abhandlungen von H. Plessner werden die anthropologischen wie die sozialen Grenzen jeder utopischen Autonomie unter verschiedenen Gesichtspunkten analysiert. Vgl. H. Plessner, Diesseits der Utopie, aaO.

Kapitel VI

Anomie und Entfremdung — Zur Rollenanalyse der Verhaltensstörungen

1. Anpassungsformen als Abwehrmechanismen — Zum Problem des Verhaltenstypus

Die soziologische Rollentheorie hat den Faktor der Persönlichke des Rollenspielers bisher völlig unbeachtet gelassen. Sie sieht d Verhalten als ausschließlich von „äußeren" Umständen beeinfluß besonders natürlich von den sozialen Normen und der mit ihne verbundenen Sanktionsdrohung. Die psychologische Komponen dieser Rollentheorie beschränkt sich auf die (gemessen am Stan der Psychologie arglos anmutende) Unterstellung, die Motive d Rollenspielers bestünden einfach darin, daß er negative Sanktic nen zu vermeiden und Belohnungen zu erhalten sucht. Unser Überlegungen zur Bedeutung des Sozialisierungsprozesses für da spätere Rollenspiel und die Berücksichtigung der zum Erwartung horizont der Rollen gehörigen Ich-Leistungen haben dagegen ge zeigt, daß eine Integration von psychologischer Persönlichkeits theorie und soziologischer Rollentheorie ein dringendes Desidera der Forschung ist[1]. Allerdings stellen sich einer solchen Erweite rung der Rollentheorie nicht unerhebliche Schwierigkeiten entge gen; vor allem fehlt es weitgehend an empirischen Untersuchun gen, die die Analyse von Persönlichkeitstypen mit der Analys von Rollenstrukturen kombinieren. Es kann deshalb in dieser Stu die nur um eine Erweiterung des *begrifflichen Rahmens* der Rol lentheorie gehen, die die Einbeziehung von Persönlichkeitsfakto ren *ermöglichen* soll. Auf die allgemeine Bedeutung des Sozialisie rungsprozesses für die Entwicklung einer starken Ich-Identität de Rollenspielers und auf die interkulturelle Variationsbreite bei de Personbildung bin ich im letzten Kapitel bereits eingegangen auch habe ich die Auswirkungen kontinuierlichen Rollenspiels au die Persönlichkeit schon gestreift. Das Verhältnis von Persönlich keit und sozialer Rolle enthält aber noch zwei weitere Problembe reiche, nämlich: *erstens* die Rekrutierung bestimmter Persönlich keitstypen für bestimmte Positionen und Rollen und *zweitens* di Frage nach den zugleich persönlichkeits- und situationsspezifi schen Typen des Verhaltens. Zum Problem der Rekrutierung vor bestimmten Persönlichkeitstypen für bestimmte Positionen läß sich ohne gründliche empirische Untersuchungen kaum etwas sa gen. Die Forschung ist hier dem von R. K. Merton schon 194C umrissenen Fragenkatalog[2] bislang kaum gefolgt. Studien über die Zusammensetzung bestimmter sozialer Gruppen und Berufe nach Persönlichkeitstypen deuten darauf hin, daß wir es dabei keineswegs mit einer Zufallsverteilung zu tun haben[3]. Man muß also damit rechnen, daß der Typus der Persönlichkeit zur Erklärung von Störungen des Rollenverhaltens von erheblicher Bedeutung ist. Tatsächlich spielt die psychologische Persönlichkeitsdiagnostik denn auch eine immer größere Rolle bei der Berufsberatung, also bei dem Versuch, die Allokation von Positionen zu steuern, um entsprechende Störungen zu vermeiden[4].

Da vor allem in den unteren Schichten die Berufswahl noch immer sehr stark von den Eltern mitbestimmt wird und da ferner Eignung und Neigung sich bekanntlich nicht immer decken, wird man im Bereich der organisationsbezogenen Rollen mit persönlichkeitsbedingten Verhaltensstörungen in relativ großem Umfang rechnen müssen. Zwei Faktoren wirken dabei allerdings wesentlich mit: einmal das jeweilige schichtspezifische Lernmilieu, das sich nicht nur, aber besonders deutlich in der elterlichen Bestimmungsgewalt bei der Berufsfindung artikuliert, und die schichtspezifischen Beschränkungen in der Freiheit der Berufswahl und der Schulausbildung durch die Begrenzung der persönlichen Orientierungsfeldes[5].

Im Unterschied zur Persönlichkeitstypologie der Psychologie bildet die Soziologie Verhaltenstypen als Typen unterschiedlichen Verhaltens in gleichen Situationen. Die Soziologie, die die Problematik der individuellen Motivation in der Regel den Psychologen überläßt, kann zunächst nur typische Verhaltensweisen in typischen Situationen registrieren. Ein *Verhaltenstypus* bezeichnet also die typische Art des Rollenspiels, mit der Individuen auf die Rollenerwartungen in bestimmten Situationen reagieren. Derselbe Rollenspieler kann in anderen Situationen ein anderes typisches Verhalten an den Tag legen. Der Unterschied zwischen Persönlichkeitstypus und Verhaltenstypus wird nicht immer mit genügender Schärfe beachtet: Verhaltenstypen beziehen sich auf *Situationen*, Persönlichkeitstypen auf *Personen*. Tatsächlich ist die Unterscheidung nicht immer leicht durchzuhalten, weil zum einen die Persönlichkeit natürlich den jeweiligen Verhaltenstyp beeinflußt, genauer gesagt, weil die Art des Rollenspiels von der jeweiligen Rollenidentität des einzelnen abhängt, die als eine „externe Ego-Funktion" ein Aspekt der Ich-Identität ist, und zum anderen, weil umgekehrt die erworbenen Rollen-Identitäten auf die Ich-Identität zurückwirken. Jedoch ließe sich der Zusammenhang zwischen Rollenspiel und Persönlichkeit nur dann aufhellen, wenn die empirische Untersuchung der Anpassungsmodi in bestimmten Rollensystemen persönlichkeitsdiagnostische Methoden mit einbezieht. Normalerweise beschränkt sich die soziologische Forschung auf die Beobachtung typischer Regelmäßigkeiten des Rollenverhaltens in einer bestimmten Rolle, ohne Aussagen über das Verhalten der gleichen Person in anderen Rollen zu machen. Solche Untersuchungen liegen vor allem für organisationsbezogene Rollen vor, wobei besonders das Verhältnis von bürokratischer Organisationsstruktur und Verhaltenstypus interessiert hat[6]. Robert Presthus hat in bezug auf Organisationen eine „Typologie der Anpassung" entwickelt[7], in der er drei Idealtypen unterscheidet: den Aufsteigenden, den Indifferenten und den Ambivalenten. Presthus nennt diese Typen „modale Muster des Sich-Anpassens an die bürokratische Situation", wobei ihm allerdings diese Typen unter der Hand zu Persönlichkeitstypem geraten, weil er von vornherein von der These ausgeht, daß die moderne Gesellschaft eine „Organisationsgesellschaft" sei, in der die Individuen in mehr oder weniger autoritären Familien bereits zu Angestellten von Großorganisationen erzogen würden. Obwohl sich Presthus auf eine Fülle von empirischen Untersuchungen beruft, bleibt diese Behauptung wenig überzeugend, weil es ihm an jeglicher Theorie mangelt, die den Bürokratisierungsprozeß ernsthaft als den *alles* beherrschenden gesellschaftlichen Trend begründen könnte. Man kann aber durchaus von dieser allgemeinen und unverbindlichen These der „Organisationsgesellschaft" absehen und sich an seine Untersuchung des Verhaltens *in* Organisationen halten. Als die wesentlichen Kennzeichen formaler Organisationen beschreibt Presthus: Rationalität, oligarchische Herrschaftsstruktur und hierarchischen Aufbau sowie zentralisierte Autorität verbunden mit weitgehender Spezialisierung. Neben diesen formalen Kennzeichen ist die Organisation durch informale Macht-, Prestige- und Kommunikationszentren charakterisiert, die zu Statusängsten, Wertambivalenzen und Rollenkonflikten führen. In dieser sicherlich richtig beschriebenen Struktur bürokratischer Organisationen behaupten sich die Individuen durch die drei Anpassungsmodi der „Indifferenz", der „Aufstiegsaspiration" oder der „Ambivalenz". Der indifferente Verhaltenstyp zeigt nur geringfügiges Interesse an der Arbeit und kompensiert seinen Mangel an Möglichkeiten des Engagements in „Freizeitrollen"; er ist in der Regel politisch desinteressiert und gegenüber allen Angelegenheiten der „community" gleichgültig. Der Verhaltenstyp des Aufsteigenden ist genau umgekehrt: er identifiziert sich mit seiner organisationsbezogenen Rolle so stark wie möglich, respektiert die Autorität der Vorgesetzten rückhaltlos und gewinnt schließlich einen allmählich wachsenden Machtanteil durch bloße Anpassung, die freilich aus Mangel an Ausgleich in anderen Rollen leicht zum Ritualismus ausschlagen kann. Der Verhaltenstyp des Ambivalenten schließlich entsteht vor allem aus der Frustration des Bedürfnisses nach eigener, produktiver Tätigkeit: so werden hier einerseits Autorität und Status als inhaltsleere Formalien abgelehnt, unter Umständen auch die Organisationszie-

le selbst als sinnlos erlebt und kritisiert, andererseits wird doch an dem Wert von Einfluß und Prestige festgehalten.
Es ist interessant, diese Typologie der Anpassungsmodi bei Presthus mit der in vieler Beziehung genaueren Analyse von Robert Kahn und seinen Mitarbeitern zu vergleichen[8]. Kahn spricht ebenfalls von drei Anpassungsmodi, die bei ihm allerdings als *Einstellungen,* die das Rollenspiel bestimmen, verstanden werden: die Haltung des „Fachmanns" („expertise achievement"), die Haltung des Statusaspiranten („status achievement") und die Haltung des Sicherheitsuchenden („security achievement"). Die Beschreibung dieser „attitudes", die nach Kahn das organisationsbezogene Rollenverhalten bestimmen, entspricht weitgehend der Darstellung der drei Verhaltenstypen bei Presthus. Robert K. Merton spricht in einer Vorwegnahme seiner später (im Zusammenhang mit dem Anomie-Theorem) entwickelten „modes of adaptation" in seinem *Aufsatz* zum Verhältnis von Bürokratie und Persönlichkeit von den Verhaltensformen der Überanpassung („over-conformity") und des Ritualismus („ritualism")[9]. Sieht man die Verhaltenstypen von Kahn und Presthus mit den Mertonschen „modes of adaptation" zusammen, so scheinen sich in den organisationsbezogenen Rollen tatsächlich drei typische Verhaltensstile vorzufinden:

Merton:	*Kahn:*	*Presthus:*
1. Konformismus:	der Statussucher;	der Aufsteigende;
2. Ritualismus:	der Sicherheitssuchende;	der Indifferente;
3. Innovation:	der Expertentypus;	der Ambivalente.

Es ist bezeichnend, daß Merton in seinem Bürokratie-Aufsatz von Überanpassung spricht, wo es im Anomie-Theorem nur noch Konformismus heißt: hier zeigt sich deutlich die Tendenz der Anomie-Theorie, die Anpassung an die vorgefundenen gesellschaftlichen Verhältnisse stillschweigend hinzunehmen. Dieses geheime Gefälle des Werturteils weist wiederum auf das zentrale Problem der Sozialpathologie hin: daß sie nämlich keinerlei Aussagen über pathologische Verhaltensweisen wagen kann, ohne zugleich implizit oder explizit ein Urteil über die herrschenden Institutionen der Gesellschaft zu fällen.
Die drei beschriebenen Verhaltenstypen sind persönlichkeitsbestimmte Variationen des Rollenspiels in organisationsbezogenen Handlungsfeldern — sie sind nicht etwa Verhaltens*störungen.* Aber sie bezeichnen doch eine *Richtung,* in der die Verhaltensstörungen sich entwickeln, sobald der Druck der Situation dem jeweiligen Anpassungsmodus des Rollenspiels einen *zwanghaften* Charakter verleiht. Jede soziale Rolle setzt das Individuum durch die Normierung des Verhaltens unter Druck; auch in denjenigen Rollen, die starke Ich-Leistungen verlangen, ist das Verhalten nicht dem persönlichen Belieben überlassen, sondern durch die

vorgegebenen Handlungsfelder und deren Strukturierung durch Machtverhältnisse und Statushierarchien eingeschränkt. Die Integration der individuellen Bedürfnisse in die Rolleninteressen gelingt dabei nur ausnahmsweise vollkommen; in der Regel bleibt ein nicht integrierter Rest. Andererseits freilich entlasten die sozialen Rollen von der Notwendigkeit je neuer Orientierung und ermöglichen erst die Befriedigung individueller Bedürfnisse in einem gesellschaftlichen Kontext, indem sie das Verhalten typisieren und sinnvoll auf einen Relevanzbereich beziehen. Aus vielen sozialen Rollen kann man sich nur unter hohen Kosten zurückziehen. So entwickeln die Individuen rollenspezifische Verhaltensstile, die dem Druck der latenten Frustration entgegenwirken sollen. Die persönlichkeitsbestimmten Formen der Anpassung an bestimmte Rollen und Situationen, die rollenspezifischen Verhaltenstypen also, können deshalb als *Abwehrmechanismen gegenüber den frustrierenden Verhaltenserwartungen der sozialen Rollen* verstanden werden. Solche Verhaltenstypen sind für die organisationsbezogenen Rollen von besonderer Bedeutung, sie sind aber keineswegs auf diese beschränkt[10]. Die besondere Bedeutung der Abwehrmechanismen für die organisationsbezogenen Rollen hängt mit zweierlei zusammen: einmal begegnet das Individuum hier am unmittelbarsten der gesellschaftlichen Herrschaftsstruktur, zum anderen kommt dem Arbeits- und Berufsbereich in unserer Gesellschaft eine zentrale Stellung im persönlichen Rollenhaushalt zu. In ihm verbringt der erwachsene Mensch, jedenfalls wenn er männlichen Geschlechts ist, noch immer den größten Teil seiner wachen Zeit, seine Position in ihm bestimmt weitgehend auch seine Möglichkeiten in anderen Relevanzbereichen, und aus ihm bezieht er zum großen Teil sein Identitätsbewußtsein. Dies gilt besonders für bürokratisierte Organisationen, deren hierarchische Gliederung bis zu einem gewissen Grad die latente Statusunsicherheit vermindert, die mit der wachsenden Mobilitätsorientierung und dem schwindenden Klassenbewußtsein verbunden ist — Prozesse, die offenbar alle industrialisierten Gesellschaften kennzeichnen[11]. Die Stabilität der Ich-Identität hängt weitgehend davon ab, wie die verschiedenartigen Rollenidentitäten integriert werden. Diese Rollenidentitäten bauen sich aber gerade in den zentralen Relevanzbereichen der beruflichen Arbeit zunächst nicht durch Realitätserfahrungen auf, sondern antizipatorisch durch Images von den späteren Rollen und dem späteren Status, — hier darf man die in den Massenmedien verbreiteten Klischees nicht unterschätzen. Dieser Zustand der Antizipation hört in den „white collar"-Berufen bis ins mittlere Alter hinein nicht auf, weil man sich ständig weitere Aufstiegschancen in der Statushierarchie ausrechnet[12]. Gegenüber den frustrierenden Erfahrungen im Handlungsfeld der organisationsbezogenen Rollen werden daher frühzeitig Abwehrmechanismen entwickelt, die entweder die Rollenidentität in diesem Bereich absichern — so bei dem überangepaßten Statussucher und dem ambivalenten Expertentypus — oder den Druck der Rollenerwartungen durch ein Zurückziehen aller affektiven Gehalte und die Verlagerung der individuellen Bedürfnisse auf den Bereich des Privaten mildern — so bei den Indifferenten, Sicherheitsuchenden.

Man wird neben und zwischen diesen drei Verhaltenstypen eine Fülle individueller Ausprägungen des Rollenverhaltens finden. Aber je bürokratisierter das Handlungsfeld ist, je mehr es von rationaler Kompetenzverteilung, oligarchischer Autorität und hierarchischer Statusdifferenzierung geprägt ist, desto eher werden die genannten Verhaltenstypen vorherrschen, wobei freilich die Position eines Rollenspielers so unterschiedliche Tätigkeiten und Rollensektoren implizieren kann, daß er je nach Situation zwischen verschiedenen Anpassungsmodi pendelt — er kann in bestimmten Situationstypen ein ambivalentes Expertenverhalten an den Tag legen, in anderen sich überangepaßt oder indifferent-ritualistisch verhalten. *Verhaltenstypus und Persönlichkeitstypus weisen eben sehr wohl einen Zusammenhang auf — aber sie gehen nicht unmittelbar auseinander hervor, sondern sind ihrerseits beide von den sozialen Rollen und ihren Anforderungen mit abhängig.* Die „Totalität" der alltäglichen Arbeitssituationen bestimmt weitgehend die Stärke der Abwehrmechanismen. Niemand kann auf diese Abwehrfunktion des Verhaltensstils *überhaupt* verzichten — anderes suggerieren höchstens die in Zeitungsannoncen verbreiteten Klischees von den „leitenden Persönlichkeiten" und „Führungskräften". Die Abwehrmechanismen sind bis zu einem gewissen Grad „normal": nämlich funktionale Notwendigkeiten sowohl für die Individuen in organisationsbezogenen Rollen wie für die Organisationen selbst. Von diesem „Normalfall" kann das Verhalten dann *in zwei Richtungen abweichen:* einmal kann die Ich-Identität so stark ausgeprägt sein, daß die Ich-Leistungen im Rollenspiel nicht in das „pattern" der üblichen Verhaltenstypen passen, sondern eine von Abwehrmechanismen relativ freie Variabilität aufweisen; zum anderen kann die Ich-Identität im Gegenteil so schwach sein, daß die Abwehrmechanismen einen zwanghaften Charakter annehmen. Dabei ist noch nicht ausgemacht, ob Art und Stärke der jeweiligen Ich-Leistungen auf der Persönlichkeits- oder auf der Organisationsstruktur beruhen. Persönlichkeit und Rollenstruktur sind sicherlich zwei von einander abhängige Variable; aber erst auf Grund einer beide Variablen gleichzeitig untersuchenden empirischen Analyse läßt sich sagen, ob die Schwächung des Ichs auf den Druck der Rollen zurückzuführen ist oder auf bestimmte Sozialisierungsschäden. Zeigt die überwiegende Mehrheit der Rollenspieler in einer Organisation relativ autonome Ich-Leistungen oder umgekehrt relativ zwanghafte Anpassungsmodi, dann mag allerdings die Vermutung erlaubt sein, daß die Ursache in der Rollenstruktur der Organisation zu suchen ist. Jedoch bleibt auch hier noch zu bedenken, daß bestimmte Organisationen eventuell bestimmte Persönlichkeitstypen besonders anziehen oder bei der Auswahl bevorzugen.

Ein *gestörtes* Rollenverhalten liegt vor, wenn die beschriebenen Verhaltenstypen *zwanghaft* realisiert werden, so daß einerseits der Rollenhaushalt des Individuums unausgeglichen wird, andererseits die sinnhafte Einheitlichkeit des Rollenverhaltens zerbröckelt und die Rollenbeziehungen Schaden erleiden. Die Zwanghaftigkeit des Verhaltens in diesen Fällen beruht, wie T. Parsons dargelegt hat[13], auf der Ambivalenz der Bedürfnispositionen des Rollenspielers gegenüber seinen Bezugspersonen und deren Rollenerwartungen: der affektive Gehalt des Rollenspiels kann sowohl gegenüber den Rollen*beziehungen* als auch gegenüber den Rollen*erwartungen* überwiegend positiv aufgeladen — mit anderen Worten: befriedigend — sein, oder aber überwiegend negativ, also frustrierend wirken. Um nun das jeweils andere, s[wächer vertretene Element nicht durchschlagen zu lassen, werden dann die jeweils stärkeren Bindungen im Verhalten zwanghaft betont. Ob diese zwanghafte Reaktion eintritt, hängt wiederum von der Ich-Stärke und vor allem, damit verbunden, von dem individuellen Rollenhaushalt ab.

Wenn zum Beispiel die Identifikation mit den Rollennormen und der Statushierarchie der Organisation zwanghaft betont wird (wie bei der Überanpassung), dann werden die Bedürfnisse auch in anderen Rollen des Individuums nur schlecht integriert sein, und der unausgeglichene Rollenhaushalt „zwingt" zur Investition nicht integrierter affektiver Gehalte dort, wo Bedürfnisbefriedigung einzig noch möglich scheint: in der Organisation. Die Stabilisierung der Ich-Identität erfolgt dann über die *Identifikation mit dem Aggressor.* Jede negative, kritische oder distanzierte Regung gegenüber den Rollensendern und den Rollennormen wird verdrängt. Dabei führt die nun überstarke Abhängigkeit von der Bewertung des Verhaltens durch die Sanktionssubjekte (die „Vorgesetzten") zu einem verstärkten Rollendruck (Kahn spricht von „role stress"); der Mangel an Kompensation in anderen Relevanzbereichen wird ausgeglichen durch die *Überbetonung und affektive Aufladung von Statuszeichen und fiktiven Rangordnungen,* deren Verletzung sogleich die eigene Rollenidentität (und damit in extremen Fällen auch schon die ganze Ich-Identität) bedroht. Daher kommt es zu neurotischen Verhaltensstörungen häufig dann, wenn die weiteren Aufstiegshoffnungen unrealistisch zu werden beginnen.

Der umgekehrte Fall, bei dem die negative Komponente überwiegt, führt zu einer *zwanghaften Ritualisierung der Arbeitsvoll-*

züge: jede Identifikation mit den Zielen der Organisation und den allgemeineren Rollennormen wird zugunsten einer kleinteiligen, oft pedantischen Erfüllung der Verhaltensvorschriften unterdrückt, und die freiwerdenden affektiven Gehalte werden in andere Rollen des individuellen Rollenhaushalts investiert. Zum zentralen Orientierungsmaßstab dieses Verhaltensstils wird die *Sicherheit;* alle anderen Werte in diesem Relevanzbereich treten demgegenüber so stark zurück, daß die Sicherheit gerade durch ihre allzu starke Betonung gefährdet werden kann.

Der ambivalente Verhaltenstyp schließlich versucht beides zugleich: Identifikation mit der eigenen Rolle, ja besondere Betonung ihrer Wichtigkeit und Bedeutung für die Organisation, und andererseits Distanzierung von den kleinteiligen Verhaltensvorschriften, oft sogar Distanzierung von den Zielen der Organisation. Dabei führen Ich-Schwäche und Frustration durch die wirklichen Rollennormen oft zu einer unrealistischen Aufblähung der eigenen Rollenidentität: der Zusammenhang der eigenen Rolle mit anderen Rollen wird immer weniger gesehen, und wenn die Abhängigkeit deutlich demonstriert wird, kommt es leicht zu aggressiven Durchbrüchen. Der ambivalente Verhaltenstyp findet sich oft bei den Experten, die mit Neuerungen (Innovationsverhalten!) bei der Organisation auf Widerstand stoßen. So wird die Bedeutung der eigenen Rolle überbetont. Die Aufblähung der Rollenidentität führt dann in der Regel zu allmählicher Isolierung oder jedenfalls zu erheblichen Kontaktstörungen. Außerhalb dieses Handlungsfeldes entsteht dagegen leicht eine Art „Imponiergehabe", ähnlich wie es auch bei der Überanpassung des Statussuchenden vorkommt: da eine einzige Rollenidentität zum zentralen Bestandteil der Ich-Identität geworden ist, entwickelt das entsprechende Rollenverhalten quasi eine imperialistische Tendenz und prägt die Ich-Leistungen in allen anderen Rollen mit.

Das *Aufblähen der Rollenidentität* ist ein Abwehrmechanismus, der natürlich auch in anderen als den von der Organisation geprägten Handlungsfeldern vorkommt, wenn er auch dort besonders häufig anzutreffen ist. Bei älteren Menschen zum Beispiel, die jahrzehntelang eine große Ich-Leistungen erfordernde Berufsrolle gespiel haben, ist die Prägung alles Verhaltens durch diese Rollenidentität geradezu die Regel. Einen *zwanghaften* Charakter nimmt diese Prägung aber erst an, wenn es *ständig* zu einer *Vertauschung der Relevanzbereiche* kommt. Personbezogene Beziehungsrollen und situationsbezogene Kontaktrollen etwa werden dann im Stile von Arbeits- oder Leistungsrollen gespielt, oder zumindest wird die zu ihnen gehörige Rollenidentität dauernd dort ins Spiel gebracht. Der Relevanzbereich der Arbeit und des beruflichen Status beginnt alle anderen Relevanzbereiche zu überwuchern, so daß ein ihnen unangemessenes Verhalten zur Regel wird.

Die Vertauschung kann aber auch umgekehrt vor sich gehen: Verhaltensweisen aus dem Intimbereich etwa werden unvermittelt in das Spiel organisationsbezogener Rollen mit eingebracht oder Geselligkeit wird (in „plumper Vertraulichkeit") wie eine Familienangelegenheit behandelt. Die Vertauschungsmöglichkeiten sind so zahlreich wie die Relevanzbereiche, wenn auch die imperialistische Tendenz der organisationsbezogenen Rollen von besonderer Bedeutung ist, weil in einer Leistungsgesellschaft die wichtigsten Rollenidentitäten in ihnen entstehen. Das zeigt, daß die Störungen des Rollenverhaltens durch eine Vertauschung der Relevanzbereiche von unterschiedlichem Gewicht und von unterschiedlicher Dauer sein können. Jeder Mensch wird irgendwann einmal die Relevanzbereiche vertauschen, manche aber neigen auf Grund ihres unausgeglichenen Rollenhaushalts (was immer dafür verantwortlich sein mag) ständig dazu: sie haben eine bestimmte Rollenidentität so einseitig bevorzugt, daß sie nun alle anderen Rollen mit zu beherrschen beginnt. Darüber hinaus wird die Vertauschung bestimmter Relevanzbereiche gelegentlich ideologisch gefördert oder ist eine strukturelle Komponente der Rollenbeziehung. Mit wachsender Bürokratisierung zahlreicher sozialer Rollen wird oft in den Betrieben und Organisationen (z. B. in Schulen) eine Art Pseudo-Gemeinschaft gepflegt, die die freigesetzte Affektivität binden soll, um aggressive Durchbrüche, aber auch kritische Distanzierung, zu verhindern[14]. Es handelt sich dabei also um eine bestimmte Form der sozialen Kontrolle, wie sie extrem im Faschismus mit seinem Zwang zur organisierten „Gemeinschaft" entwickelt wurde. Umgekehrt ließe sich wohl ein „Gesellschafts"-Handeln (im Sinne von Tönnies) im „Gemeinschafts"-Kontext denken — manche Formen der Prostitution wären allemal ein Beispiel, in dem diese Vertauschung der je zu einem Relevanzbereich gehörigen Verhaltensstile eine strukturelle Komponente der Rollenbeziehung bildet. Wiederum kann solcher vom Rollensystem geförderten Vertauschung der Relevanzbereiche ein persönlichkeitsbestimmter Verhaltenstypus entgegenkommen, ja in dieser Vertauschung die wichtigsten Elemente seiner Ich-Identität finden. Das glücklich angepaßte Verhalten wird dann zum Ausdruck falschen Bewußtseins, das Pathologische am Rollensystem läßt sich nicht mehr an den Störungen des Rollenverhaltens ablesen. Bis zu einem gewissen Grad entsprechen die Abwehrmechanismen der Verhaltenstypen einer „normalen" Interaktionssituation; gehen sie zwanghaft darüber hinaus, so stellen sich entweder Verhaltensstörungen ein, die sich rollenanalytisch beschreiben lassen, oder das falsche Bewußtsein wird gedeckt vom System selbst und ist dann nur noch einer ideologie-kritischen Analyse zugänglich: die Rollenanalyse selbst zeigt, daß sozialpathologische Untersuchungen auf Ideologiekritik nicht verzichten können.

2. *Der Kontaktverlust beim Rollenspiel — Relative Deprivation*

Soziale Rollen stehen dem Individuum nicht beliebig zur Verfügung; sie sind an positionelle Verfestigungen im Kontext sozialer Gruppen und Institutionen geknüpft und artikulieren sich im Rahmen von mehr oder weniger fest umrissenen Handlungsfeldern. Aber Positionen und Handlungsfelder stehen andererseits auch nicht nur denjenigen offen, die die entsprechenden Normen und Spielregeln in einem Lernmilieu — antizipierend oder teilnehmend — vermittelt bekommen. Die Rede von dem „offenen" Charakter der modernen Gesellschaften weist darauf hin: die Chancen sozialer Kontakte in ursprünglich fremdem Milieu sind durch den größeren Umfang horizontaler und auch vertikaler Mobilität sowie durch die verkehrstechnisch möglich gewordene Vervielfältigung der Beziehungskreise erheblich gestiegen. Eben darum nicht zuletzt verfestigt sich auch alltägliches Verhalten immer stärker zu Rollenverhalten: nicht mehr an Tabu und Ritualisierung gebunden und zugleich immer häufiger als Fremder unter Fremden (oder doch unter nur halbwegs, nämlich als Rollenträger, Bekannten), bedarf der Handelnde um so eher der Sicherheit eines wechselseitigen Erwartungshorizontes, der sich in den auf Relevanzbereiche bezogenen und an Handlungsfelder räumlich und zeitlich gebundenen sozialen Rollen artikuliert. Und doch setzt sich die gesellschaftliche Differenzierung, wenngleich auf subtilere Weise, auch gegenüber der relativ „offenen" Struktur moderner Gesellschaften noch durch und verhindert die beliebige Austauschbarkeit der Rollenträger: der Zugang zu den meisten Positionen ist auf mannigfache Weise limitiert, und wer nicht die Vorzüge bestimmter Lernmilieus genossen hat oder noch genießt, wird es schwer haben mit dem Rollenspiel, selbst wenn er als Positionsträger akzeptiert wird.

Die Unterprivilegierungen, die sich aus dem Fehlen oder dem Verlust der Kontakte mit den Bezugspersonen in einem rollenspezifischen Lernmilieu ergeben, lassen sich mit dem Begriff der *relativen Deprivation* beschreiben. Dieser Begriff ist von Samuel Stouffer und seinen Mitarbeitern anläßlich ihrer monumentalen Untersuchung über die amerikanischen Soldaten im Zweiten Weltkrieg in die Soziologie eingeführt worden[15], und zwar zur Bezeichnung eines Zustands relativer Benachteiligung bestimmter Rollenträger gegenüber ihren Rollenpartnern. Die im „American Soldier" noch fehlende theoretische Klärung des Begriffs hat R. K. Merton in seinem Beitrag zur Bezugsgruppentheorie nachzutragen versucht[16]. Danach geht es bei der relativen Deprivation um die unterschiedliche Selbsteinschätzung und Zufriedenheit von Rollenspielern im Hinblick auf den (relativ zum) Status anderer Mitglieder des Rollensystems, die der eigenen Verhaltensorientierung als Bezugspersonen oder -gruppen dienen. „Insgesamt zieht also die Bezugsgruppentheorie auf eine Systematisierung der Determinanten und Konsequenzen solcher Prozesse der Bewertung und Selbsteinschätzung, in welchen das Individuum die Werte oder Standards anderer Individuen oder Gruppen zum Vergleichsmaßstab macht.“[17] Fällt dieser Vergleich zu Ungunsten des Rollenspielers aus, der ihn anstellt, so wird er sich benachteiligt fühlen, also eine relative Deprivation erleben, die nicht ohne Folgen für sein Verhalten gegenüber seinen Mitspielern bleibt. Der Vergleich braucht aber keineswegs das Ergebnis einer bewußten Überlegung zu sein (ist er das, so wird das Bewußtsein in der Regel auch tröstende Rationalisierungen bereithalten), sondern er kann die Folge einer Depravierung des eigenen Rollenspiels gegenüber den Bezugspersonen sein, in der sich die Deprivation von vornherein ausdrückt. Anders gesagt: relative Deprivation als das Fehlen bestimmter Vorbedingungen des Rollenspiels, über die die Rollen*partner* verfügen, drückt sich oft unmittelbar in einer Störung des Interaktionsprozesses aus, durch die die Benachteiligung erst zu Bewußtsein kommt.

Ob Störungen des Rollenverhaltens auf Grund relativer Deprivation auftreten, hängt also zunächst von der Art der Bezugsgruppen ab, an denen sich ein Verhalten orientiert. Die Orientierung an *Fremdgruppen* („non-membership groups“ in Mertons Terminologie) muß nicht unbedingt zu Verhaltensstörungen führen, auch wenn der Vergleich mit ihnen zu Ungunsten des Rollenspielers ausfällt: eine solche Orientierung kann zum Beispiel der antizipierenden Sozialisierungen dienen, also der vorsorglichen Anpassung an Statusgruppen, in die aufzusteigen man eine mehr oder weniger berechtigte Hoffnung hegen darf. Aber auch wenn solche Aufstiegsaspirationen von vornherein unrealistisch sind (z. B. wenn eine objektive Unterprivilegierung vorliegt), bewirkt der Vergleich mit höheren Statusgruppen manchmal, daß man den eigenen Status, wenn schon nicht als hoch, so doch als sicher eingebettet in eine hierarchische Ordnung erlebt[18]. In einer Gesellschaft mit relativ hoher Mobilität und weithin verbreiteter Gleichheitsideologie wird allerdings eine allgemeine Statusunsicherheit anzutreffen sein, die sich auch in den unteren Rängen der Statushierarchie bemerkbar macht. Das bedeutet aber, daß das sichere Gefühl, einen festen Platz in der Gesellschaft zu haben, nicht nur faktisch seltener, sondern auch (entgegen etwa den Ordo-Vorstellungen der älteren katholischen Soziallehre) von ihren Bedingungen her zunehmend *unmöglich* wird. Die Folge ist ein Gefühl der Resignation, der Fremdheit und Unsicherheit, das sich nicht nur auf die Menschen, die traditionell in einer objektiv entfremdenden Arbeitssituation leben[19], beschränkt, sondern ebenso, ja in mancher Beziehung sogar stärker[20], bei den Angestelltengruppen sich zeigt[21], bei denen jene oben beschriebenen Verhaltenstypen mit Abwehrfunktion die Folge sind, die, wenn sie zwanghaft übersteigert werden, ernsthafte Störungen des Rollenverhaltens nach sich ziehen. Bei den Arbeitern dürfte die Reaktion dagegen eher eine lähmende Apathie gegenüber den Herrschaftsverhältnissen im Industriebetrieb und in der Gesellschaft insgesamt sein[22], gelegentlich auch eine Nachgiebigkeit gegenüber autoritären Haltungen[23]. Störungen im Rollenverhalten können, aber müssen nicht, die Konsequenz derartiger Resignationsgefühle sein; allgemeine Unzufriedenheit läßt sich zwar relativ leicht diagnostizieren, ist aber als solche noch keine soziologisch relevante, spezifische Ursache bestimmter Verhaltensweisen. Dies um so weniger, als oft genug *falsches Bewußtsein* die objektive Bedürfnislage verschleiert, so daß man sich in der unterprivilegierten Lage einrichtet, sich mit ihr abfindet und sie womöglich rechtfertigt.

Schneller jedenfalls dürfte das Erlebnis relativer Deprivation gegenüber den Mitgliedern der *eigenen Gruppe* („membership group" in Mertons Terminologie) zu Interaktionsstörungen führen. Hier lassen sich zwei Fälle unterscheiden: entweder handelt es sich um einen *Verlust der Reputation*, auf der das Rollenspiel aufbaut, oder um einen *Verlust des Kontaktes* zur eigenen Gruppe, die als Lern- und Verhaltensmilieu des eigenen Rollenspiels fungierte. Zum Rollenspiel gehört stets ein bestimmtes kulturelles Milieu, in dem die „basic rules" des Verhaltens gemeinsame Geltung haben und durch einen Traditionszusammenhang übermittelt werden. Das unmittelbare Medium dieses Milieus ist die eigene Gruppe: zunächst die Familie, dann zusätzlich die „peer group", später die Arbeitskollegen, daneben die Vereine, Organisationen, Verwandtschaftsgruppen usf., denen man angehört. Wird der Kontakt zu den Mitgliedern dieser Eigengruppen gestört, gehen die selbstverständlichen Voraussetzungen des Rollenspiels — die gemeinsamen Normen und Wertvorstellungen, der Horizont gemeinsamer Erfahrungen, die als Basis einer nomischen Gestaltungskraft der Gruppe im Hinblick auf die „basic rules" ihrer Interaktionen fungieren — verloren, und Störungen des Rollenverhaltens lassen sich kaum mehr vermeiden. Der Kontaktverlust kann durch innere oder äußere Trennung von den Gruppenmitgliedern und ihren „cultural patterns" entstehen: das stärkste Beispiel für diesen Milieuverlust bietet der Emigrant, der sich zur Anpassung an eine ihm fremde und neue Gesellschaft gezwungen sieht, ohne doch seine Bedingungen an die Heimat aufgeben oder verleugnen zu können. So wird er zwischen zwei Welten hin und her gerissen und spielt jede Rolle nur halben Herzens. Auch innerhalb einer Gesellschaft kann es bei einem Wechsel von einer Gruppe zur anderen zu solchen Entfremdungserscheinungen kommen, wenn beide, die Herkunftsgruppe und die neue Bezugsgruppe, ein starkes eigenes kulturelles Gepräge besitzen: der Ausbruch aus den Immigranten-Gettos, in denen zu leben die erste Einwanderergeneration in den Vereinigten Staaten in der Regel gezwungen war, brachte regelmäßig Verhaltensunsicherheiten mit sich, die aus solcher ambivalenten Bezugsgruppenorientierung entstand: Robert Park hat dafür bei seinen Untersuchungen der Mobilität zwischen verschiedenen ethnischen Regionen Chicagos den Terminus „marginal man" geprägt, der seitdem zum festen Bestand der soziologischen Terminologie gehört[24]. Er bezieht sich vor allem auf Menschen, deren Assimilationsbemühungen nur halbwegs gelingen, weil sie bereits zu stark durch ihr Herkunftsmilieu geprägt sind. Die Geschichte der Juden bietet eine Fülle von Beispielen für dieses Phänomen, aber auch die Anpassungsprobleme von Arbeiterkindern auf den Universitäten oder von Akademikern im Militär ließen sich hier anführen.

Relative Deprivation durch *äußeren Kontaktverlust* mit der eigenen Gruppe ist natürlich in allen „totalen" Organisationen, wie etwa der Armee, und vor allem in geschlossenen Anstalten die Regel[25]. — Eine *innere* Trennung von der Eigengruppe entsteht dagegen durch eine *Stigmatisierung* physischer oder sozialer Art. Erving Goffman unterscheidet in seiner Studie über den Identitätsverlust durch Stigmatisierung[26] zwischen „discredited" und „discreditable"[27]: einmal ist die Differenz zu den Rollenpartnern sichtbar und bekannt, das andere Mal ist sie unsichtbar, nämlich auf einer moralischen Bewertung beruhend, und eventuell noch unbekannt. Im ersten Fall handelt es sich vor allem um körperliche Gebrechen und Einstellungen, im zweiten um Fehler, die man dem Charakter des einzelnen etwa wegen seiner Vergangenheit anlastet — Aufenthalt im Gefängnis oder in einer psychiatrischen Heilanstalt, Rauschgift- oder Alkoholsucht, Homosexualität oder Verlust einer beruflichen Stellung auf Grund anderer eigener Verfehlungen. Beide Fälle zugleich treffen auf die Stigmata der rassischen, nationalen oder religiösen Herkunft zu: sie lassen sich nicht auf persönliche Verfehlungen zurückführen und werden, wenn sie als Stigma überhaupt erscheinen, doch regelmäßig als solche angelastet. Hier zeigt sich bereits, daß es jeweils auf die sozialen Beziehungen ankommt, ob ein Merkmal als Stigma empfunden wird oder nicht. „Der Ausdruck Stigma soll sich also auf ein Merkmal beziehen, das stark diskreditierend wirkt, aber man sollte dabei sehen, daß man eigentlich einer Sprache bedürfte, die von Beziehungen und nicht von Merkmalen spricht."[28] Was in einem bestimmten sozialen Kontext als Stigma gilt, kann in anderen sozialen Beziehungen für normal gehalten werden. Wiederum kommt es auf die Bezugsgruppen an: die Deprivation ist nur relativ, darum aber nicht weniger wirksam.

Relative Deprivation als Störungsfaktor beim Rollenverhalten kann also, so läßt sich jetzt zusammenfassend sagen, auf drei verschiedene Ursachen zurückgehen:

1. *Unterprivilegierung*
   Durch das Herkunftsmilieu erzwungene Beschränkung der Relevanzbereiche und Handlungsfelder.
2. *Milieuverlust*
   Durch erzwungenen Abbruch oder eine Störung der Kontakte zum Lernmilieu der Eigengruppe(n) verursachte Verunsicherung der Orientierung an den „basic rules" des Verhaltens (Sprache, Gesten, Inszenierungstechniken); in geschlossenen Anstalten; bei dem Typus des „marginal man".
3. *Stigmatisierung*
   Durch die Diskreditierung bestimmter physischer oder sozialer Attribute von seiten der Rollenpartner entstehender Verlust einer gemeinsamen Interaktionsbasis in der wechselseitigen Anerkennung als „vollwertiger" Rollenträger.

In allen drei Fällen kann die relative Deprivation zunächst eine Beschränkung der dem Individuum zur Verfügung stehenden Relevanzbereiche und damit Rollen überhaupt bedeuten. Dem Unterprivilegierten und dem Stigmatisierten bleiben zahlreiche Positionen verschlossen, während dem „marginal man" und wiederum dem Stigmatisierten leicht die Basis verloren geht, die das Rollenspiel im jeweiligen Lernmilieu hat, so daß sich beide von der Kenntnis der entsprechenden „basic rules" ganz oder teilweise ausgeschlossen sehen. Relative Deprivation hat zumeist eine wachsende Isolierung zur Folge, die die Kontaktchancen beschneidet, welche in jedem Relevanzbereich Voraussetzung des sozialen Handelns sind. Verhaltensstörungen entstehen daraus aber erst dann, wenn sich der Rollenspieler in solchen Relevanzbereichen benachteiligt sieht, in denen zu handeln zu den allgemein geltenden *Werten* einer Gesellschaft zählt: in diesem Fall wirkt die Beschränkung als eine Verringerung der Chancen zur Wertteilhabe und Wertverwirklichung im Rahmen der jeweiligen Gesellschaft. Diese Benachteiligung wird sich unmittelbar in einem defizienten Rollenspiel ausdrücken, wenn nicht im Ausschluß von manchen Rollen überhaupt. Ähnlich ist der Kerngedanke in Robert K. Mertons Anomie-Theorem: ausgehend von der Überbetonung materieller Erfolgswerte in der amerikanischen Gesellschaft stellte Merton die Ungleichheit der Chancen zur Teilhabe an diesen Werten fest und meinte, in ihr die Ursache verschiedener Formen des abweichenden Verhaltens sehen zu können[29]. Ziele und Mittel des sozialen Handelns lassen sich vielfach nicht miteinander in Einklang bringen; wenn die Ziele bejaht werden, die Mittel zu ihrer Verwirklichung aber nicht zur Verfügung stehen, dann kommt es nach Merton zu abweichendem Verhalten in Form der Verwendung illegitimer Mittel (in Mertons Terminologie: „innovation"), das heißt: zur Kriminalität in materieller Erfolgsabsicht[30].

Scharf negativ sanktionierte abweichende Verhaltensweisen sind gewiß eine mögliche, aber durchaus keine zwingende Folge der relativen Deprivation. Ein *Legitimitätskonflikt* wird — darin ist Merton recht zu geben — vor allem dann auftreten, wenn es um materielle Erfolgswerte geht und wenn diese so überbetont werden, wie es in der amerikanischen Gesellschaft mit ihrem säkularisierten Puritanismus der Fall ist. Hier kann die Deprivation der unteren Schichten durch die Ungleichheit der Aufstiegschancen zu Wirtschaftskriminalität und eventuell zur Bildung abweichender Subkulturen führen[31]. Ebenso gut kann sich aus dem Legitimitätskonflikt um die Mittel des sozialen Handelns ein *zielorientierter Konflikt* auf der politischen Ebene entwickeln — wenn nämlich die Mittel selbst zu einem Problem der Ziele werden, wie es in Situationen geschieht, deren repressiver Charakter durchschaut worden ist (was zumeist Utopien auf seiten der Unterprivilegierten entstehen läßt). Vor allem wenn es um immaterielle Werte geht, für deren Realisierung sich nicht so leicht handfeste Mittel angeben lassen, bekommen die Legitimitätskonflikte leicht einen politischen Charakter und bleiben — in der Regel jedenfalls — im vorkriminellen Bereich. Oft stehen aber einfach nur bestimmte Praktiken des „impression-management" zur Diskussion: wenn der Arzt zum Beispiel, statt sein Unwissen zuzugeben, geheimnisvoll tut; wenn die Studenten mogeln, um ihre Qualifikationsklausuren nicht zu gefährden. In all diesen Fällen kann es sich um wirkliche Unterprivilegierungen handeln: der Arzt praktiziert vielleicht in einer armen Gegend, besitzt nicht die Apparaturen, um die richtige Diagnose zu stellen, und ist doch auf seine Patienten angewiesen; die Studenten dagegen mögen in der überfüllten Universität nicht gut genug unterrichtet worden sein. Unterhalb der Kriminalitätsschwelle sind Konflikte über die Legitimität bestimmter rollenausdrückender und -sichernder Verhaltensweisen eine fast alltägliche Erscheinung, weil es kaum einen Menschen gibt, der nicht so oder so in der Beziehung zu diesen oder jenen Rollenpartnern relativ benachteiligt wäre. Zu Störungen des Rollenverhaltens, die über die noch tolerierte Variationsbreite der Techniken individueller Erfolgstüchtigkeit hinausgehen, kommt es zumeist erst dann, wenn echte *Diskriminierungen* vorliegen.

Diskriminierung ist ein Sonderfall der Deprivation; sie liegt dann vor, wenn die Benachteiligung auf Grund irgendeines dem Individuum zugeschriebenen Merkmals sich nicht nur auf ganz bestimmte Positionen und Rollen bezieht, in denen dieses Individuum fungiert, sondern auf die *ganze Person* samt all ihren potentiellen und tatsächlichen Positionen und Rollen ausgedehnt wird. „Diskriminierung schließt jedes Verhalten ein, das auf einer Unterscheidung auf Grund natürlicher oder sozialer Kategorien beruht, die weder zu den individuellen Fähigkeiten und Verdiensten noch zum konkreten Verhalten individueller Personen in irgendeiner Beziehung stehen."[32] Der Prozeß der Diskriminierung besteht also in einer *Fremdinterpretation der Gruppenmitgliedschaft:* bestimmte Individuen werden auf Grund irgendwelcher natürlichen oder sozialen Merkmale von anderen als eine Gruppe betrachtet und behandelt, auch wenn zunächst von einer Zusammengehörigkeit dieser Individuen gar keine Rede sein kann[33]. Der Mechanismus der *„selffulfilling prophecy"* wirkt dann freilich rasch gruppenbildend: die gemeinsam erlittene Unbill schafft ein ursprünglich gar nicht vorhandenes Solidaritätsgefühl und damit eine Basis möglichen Widerstandes. Mit der Fremddefinition der Gruppenzugehörigkeit wird einer Kategorie von Menschen eine Hierarchie von Relevanzbereichen aufgezwungen, die nicht die ihre ist, und ihr Verhalten wird nach Typisierungsschemata bemessen, die nicht aus wechselseitiger Interaktion und Interpretation, sondern aus der Oktroyierung fremder Verhaltensmuster durch die Außengruppe entstehen. Das Merkmal der erzwungenen Gruppenmitgliedschaft ist für den Begriff der Diskriminierung ausschlaggebend: in der Diskriminierung wird die relative Deprivation zur absoluten. Wenn die Tatsache, daß jemand ein Neger, eine Frau, ein Jude oder ein Arbeiter ist, auf Grund der Fremdinterpretation schließlich alle Lebensbereiche bestimmt, indem die ihm zugewiesenen oder noch zugestandenen Relevanzbereiche und Handlungsfelder zu einem unsichtbaren Getto werden, das er mit anderen Menschen gleicher Hautfarbe, gleichen Geschlechts oder gleicher Religion zu teilen gezwungen ist, dann werden Störungen des Rollenverhaltens in den Grenzbereichen des Gettobezirks zur Regel werden. Sie können nur dann — und auch dann nur zum Teil — aufgefangen werden, wenn entweder die Grenzen so scharf und eindeutig gezogen sind wie im Grenzfall einer absoluten Kastengesellschaft oder wenn das sich einstellende Solidaritätsgefühl zu einer wirklichen Gruppenkohäsion führt und zusammen mit einem Bewußtsein der eigenen Lage aktiven *Widerstand* ermöglicht. Deshalb sind die gefährlichsten, wenngleich nicht unbedingt die bedrückendsten, Diskriminierungen jene, welche sich auf eine Kategorie von Menschen beziehen, die auf Grund ihrer Zahl oder auf Grund der Allgemeinheit oder Irrelevanz des auslösenden Attributs von vornherein nur schwer in der Lage sind, ihre Lage zu erkennen und zu einer wirklichen Gruppenbildung zu kommen, wie es etwa bei den Frauen und in gewisser Weise auch bei den Juden der Fall war (und ist). Auch hier aber wirkt die „selffulfilling prophecy", ja wo die Chancen zur Ausbildung eines Solidaritätsgefühls fehlen, auf dessen Basis ein Legitimitätskonflikt ausgetragen werden könnte, erst recht: je isolierter der Diskriminierte ist, desto eher wird er sich den ihm auferlegten Typisierungsschemata anpassen und damit schließlich das Stereotyp rechtfertigen, das ihn diskriminiert. Hier ist wiederum gerade das angepaßte, „normale" Verhalten Ausdruck einer defizienten Rollendefinition. Demgegenüber sind relative Deprivationen den Betroffenen bewußter. Ist die Benachteiligung nur vorübergehend oder bezieht sie sich nur auf bestimmte beschränkte Positionen und Rollen, beziehungsweise einzelne Rollensektoren, dann bieten sich eine Reihe von Inszenierungstechniken an, mit denen das Gleichgewicht der Ausgangspositionen des Rollenspiels zwischen zwei oder mehreren Rollenpartnern wiederhergestellt werden kann. Ob es bei relativen Deprivationen zu Störungen im Rollenverhalten kommt, hängt weitgehend davon ab, wieweit der individuelle Rollenspieler solche Techniken beherrscht und wieweit diese von seinen Rollenpartnern als legitim akzeptiert werden: handelt es sich um eine äußerlich sichtbare Stigmatisierung, so eröffnen sich eine Reihe vorgeformter, gemeinhin als legitim geltender Fluchtwege — die Frau kann einer Abwertung im Berufsbereich zuvorkommen, indem sie nun ihrerseits die Tatsache, daß sie eine Frau ist, „einsetzt" und zwischen der Arbeitsrolle und der geschlechtsspezifischen Rolle hin und her pendelt („Sie als Mann verstehen gewiß...“; „Als Frau würde ich ja sagen, daß...“). Wie hier die Geschlechtszugehörigkeit, lassen sich auch andere solcher Attribute als Abwehr benutzen — der Gegner wird, indem man sich auf das Spiel einläßt, mit seinen eigenen Waffen geschlagen: so kann man einsetzen, daß man alt ist, daß man jung ist, daß man krank ist, daß man eine schlechte Bildung besitzt usf. und dadurch den Gegner in gewisser Weise entwaffnen[34]. Man zwingt ihn zu dem stillschweigenden Eingeständnis, daß ja eigentlich niemand ganz und gar den gesellschaftlichen Normalrollen entspricht. Solche Techniken des „stigma management" setzen allerdings eine erhebliche Souveränität und Distanz gegenüber den Rollennormen voraus. Die Resozialisierung plötzlich stigmatisierter Menschen ist daher ein schwieriger und langwieriger Prozeß, der nicht immer erfolgreich endet. Vieles hängt davon ab, wieweit ein Stigma als legitim, beziehungsweise unverschuldet erworben, akzeptiert wird. Aber selbst wenn man mit dem Mitleid anderer rechnen kann, lassen sich interaktionsstörende Verlegenheitssituationen nur selten vermeiden[35].

Häufig fehlen nicht nur dem Stigmatisierten, sondern auch den Rollenpartnern angemessene Reaktionsweisen. (Wie reagiert man z. B. auf einen Todkranken, der um seine Situation weiß?) Die fehlende Distanz zur Situation vernichtet dann die Möglichkeit zu den gerade hier erforderlichen Ich-Leistungen im Rollenspiel und bewirkt oft einen vorübergehenden Zusammenbruch auch der personalen Distanz, der Exzentrizität: hysterisches Lachen oder Weinen oder einfach ein Einfrieren der Gesichtszüge sind Ausdruck solcher Hilflosigkeit des Verhaltens[36]. Wieweit es dann gelingt, die Situation „zu retten", hängt nicht nur vom Stigmatisierten, sondern von allen Mitspielern einer Interaktionssituation ab. Solange die Darsteller und die Zuschauer eines Rollenspiels daran interessiert sind, die Interaktion aufrechtzuerhalten, gibt es genügend dramaturgische Möglichkeiten, um das stets labile und gefährdete Gleichgewicht zwischen den Rollenspielern einigermaßen zu gewährleisten. Schwieriger ist die Lage, wenn das Stigma ernsthaft als diskreditierend gilt: manchmal bleibt dem Stigmatisierten zwar die *Möglichkeit* zum Rollenspiel, auch wenn er ständig in einer benachteiligten Position operieren muß; meistens aber wird er zunehmend isoliert, und man entzieht ihm, manchmal formell, meistens informell, dadurch die Möglichkeit, seine Rolle überhaupt noch zu spielen. Auch hier sind die Rollenpartner auf die Aufrechterhaltung des Interaktionsgleichgewichts bedacht: ihre soziale Kontrolle wird sich im ersten Fall darauf konzentrieren, das Opfer des Gespötts oder der Aggression zu beruhigen und ernsthaften Konflikt zu vermeiden[37], und im zweiten Fall, das Opfer zu isolieren (es wird z. B. nicht mehr mit anderen zusammen eingeladen) und schließlich ganz aus der Gruppe der Rollenpartner auszuschließen. So führt schließlich die Bedrohung des Interaktionsprozesses durch die relative Deprivation eines Rollenspielers, wenn die anderen diese Deprivation als diskreditierendes Stigma betrachten, unmittelbar zur Diskriminierung des Benachteiligten. Freilich läßt sich von Diskriminierung nur sprechen, wenn man die Verurteilung des Opfers für ein Unrecht hält; jede uns bekannte Gesellschaft aber kennt Sanktionen, die als legitim gelten. Das Problem der Diskriminierung entsteht erst in einer Gesellschaft, die einen Pluralismus der Wertmaßstäbe kennt — wobei es dahingestellt sein mag, ob es jenseits der Schwelle der Primitivkulturen je eine Gesellschaft ohne solchen Pluralismus gegeben hat.

Der Übergang von relativer zu absoluter Deprivation zeigt sich an einer zunehmenden Isolierung des Benachteiligten von seinen Rollenpartnern. Schon bei der gerade noch akzeptablen Stigmatisierung sind Kontaktstörungen die Regel. Wird das Stigma als unentschuldbar empfunden, dann kommt es mehr oder weniger unausweichlich zu einem Kontaktverlust, der die Möglichkeiten zum Rollenspiel in vielen Bereichen zerstört. Auf der Skala von relativer zu absoluter Deprivation — zur Diskriminierung also — werden die Kontaktchancen, aus denen sich das Lernmilieu der sozialen Rollen konstituiert, immer geringer: relative Kontaktstörung wird zu absoluter Kontaktstörung. Dann freilich ist das Spielen sozialer Rollen in bestimmten Relevanzbereichen überhaupt unmöglich. Die Störungen des Rollenverhaltens treten an den Grenzen der Gruppenbeziehungen auf, wenn die Tendenz zur Isolierung bereits deutlich ist, die Kontaktchancen dagegen noch nicht vollkommen zerstört sind. Relativer Kontaktverlust durch relative Deprivation führt zu einer Störung im Gleichgewicht des Interaktionsprozesses, die sich in Verhaltensunsicherheiten des Rollenspielers, aber auch seiner Rollenpartner ausdrückt. Die Kontaktstörung bei absoluter Deprivation konfrontiert das Individuum mit der Alternative: Unterwerfung unter die Typisierungsschemata, die ihm von jenen oktroyiert werden, die ihm den Kontakt und damit die Chance verwehren, auf die Rollenerwartungen Einfluß zu nehmen, oder Auflehnung und offener Widerstand.

3. Der Distanzverlust beim Rollenspiel — Selbstentfremdung

Jedes Rollenverhalten setzt eine gewisse Distanz gegenüber den Normen und Erwartungen voraus, die Inhalt der sozialen Rolle sind. Zwar orientiert sich das Rollenverhalten an Typisierungsschemata, die dem Interaktionsprozeß weitgehend vorgegeben sind, aber es bleibt doch stets ein mehr oder weniger großer Rest an freien Gestaltungsmöglichkeiten des Rollenspiels. Innerhalb dieser je nach Rollentyp unterschiedlich großen Toleranzbreite des Verhaltens ist freilich nicht alles der individuellen Verfügung überlassen: es gibt hier subinstitutionelle Spielregeln, die nicht Inhalt spezifischer Rollenerwartungen, sondern in ihnen bereits stillschweigend mit vorausgesetzt sind (die Reziprozitätsnorm sowie Umsicht, Loyalität und Disziplin bei der Aufführung von Rollenspielen, Regeln, die sich als Gebote des Takts und der Höflichkeit, nicht zuletzt auch als sprachliche Normen artikulieren können). Dazu kommt in jeder Interaktion ein Prozeß wechselseitiger Typisierung, in dessen Verlauf sich die vorfindlichen Typisierungsschemata des Rollenverhaltens erheblich abwandeln können, was die eigentliche nomische Leistung des Interaktionsprozesses ausmacht. Wie die Regeln des Rollenspiels selbst sind auch jene subinstitutionellen — also unterhalb der Schwelle *spezifischer* Rollenerwartungen liegenden — Verhaltensregeln stets allgemeiner, als der konkrete Fall es erfordert: auch diese Normen sind allgemeine Regeln, die in jeder aktuellen Situation neu angewendet und interpretiert werden müssen. Außerdem ist es notwendig,im Rahmen einer vorgeformten Rollenbeziehung die wechselnden Situationen jeweils neu zu „definieren“, die jeweilige Interaktion zu thematisieren und damit den vorgegebenen Zusammenhang zwischen sozialen Rolln und Relevanzbereichen des sozialen Handelns erst zu realisieren. Es läßt sich aus diesen nomischen Leistungen nirgendwo ein rein individuelles, gleichsam vorgesellschaftliches Moment isolieren. Dennoch schien es mir sinnvoll, hier von Ich-Leistungen zu sprechen — nicht nur, weil es sich im Verhältnis zu den inhaltlich fixierten Rollenerwartungen um einen stärker persönlichkeitsbestimmten Spielraum des Verhaltens handelt, sondern auch, weil sich darin das Aktivität und Spontaneität erfordernde Spannungsverhältnis zwischen — wie immer schon vergesellschafteter — Person und sozialer Rolle ausdrückt. Denn in der Rollenidentität muß sich die Person zu einer Rolle verstehen, ohne doch je ganz in ihr aufgehen zu können. Dieses Sich-Verstehen zu einem sozial vorgeformten Verhalten stellt jene Leistung der Person beim Rollenspiel dar,die zugleich *Elastizität* der Verhaltensweisen gegenüber wechselnden Interaktionssituationen, *Kontinuität* des Engagements an einen Relevanzbereich und schließlich *Flexibilität* des Rollenhaushalts gewährleisten soll.

Distanz und *Engagement* sind die beiden Elemente der Ich-Leistungen im Rollenspiel. Beide bedingen einander: Engagement ohne Distanz ist blind, Distanz ohne Engagement ist leer, wie man in Abwandlung des Kantwortes sagen könnte. Distanz ist in einem fundamentaleren Sinne freilich schon die Voraussetzung von Engagement: erst in dem über die Rollenidentitäten vermittelten Verhältnis der Person zu sich selbst kann sich diese zu etwas verstehen, kann sie sich an etwas engagieren. Distanz hat also einen doppelten Aspekt — die Distanz der Person zu sich selbst als ein jemand, der Inhaber von Positionen und Spieler von Rollen ist und darum sich engagieren kann und muß, und die Distanz, die dieser Rollenspieler im konkreten Fall gegenüber den Verhaltenserwartungen der Rollensender haben muß, um die Gestaltungsmöglichkeiten seiner Rolle auszuschöpfen und damit einer allgemeinen, nicht inhaltlich fixierten Erwartung nachzukommen, die die spezifischen Rollenerwartungen regelmäßig ergänzt. Wiewohl beide Aspekte auf das engste miteinander verbunden sind, ist es um der terminologischen Klarheit willen sinnvoll, nur im zweiten Sinne von Rollendistanz zu sprechen. Ein vollständiger Zusammenbruch der *Rollendistanz* wird freilich auch die *personale Distanz* mit angreifen; selbst wenn sich im individuellen Rollenhaushalt noch Kompensationsmöglichkeiten finden, verringert sich in diesem Fall die Flexibilität im Hin-und-Herspringen zwischen verschiedenen Rollen und in der Suche nach neuen kompensatorischen Ausgleichsmöglichkeiten.

Eine Verringerung oder gar der Verlust der Rollendistanz bedeutet eine Verringerung oder — im Grenzfall — das Verschwinden der Ich-Leistungen aus dem Rollenverhalten. Da die Ich-Leistungen formal durch Distanz zum und Engagement am Rollenspiel zugleich charakterisiert sind, bedeutet eine Verringerung der Rollendistanz in der Regel auch eine Verringerung des Engagements. Allerdings gibt es auch *Störungen im Gleichgewicht zwischen Distanz und Engagement,* so daß entweder nur ein Verlust an Distanz oder ein Verlust an Engagement auftritt. Das ist aber nur dann möglich, wenn erstens die Ich-Identität relativ stark ausgebildet und zweitens die soziale Kontrolle verhältnismäßig schwach ist. Denn sowohl das Nur-engagiert- wie das Nur-distanziert-Sein sind Verhaltenstypen, die von den Rollennormen so weit abweichen, daß sie eine relativ kräftige Persönlichkeit und relativ geringe Sanktionen voraussetzen. Normalerweise werden dem einzelnen solche Abweichungen durch die Grenzen seiner Persönlichkeit und die Beschaffenheit der sozialen Situation unmöglich gemacht. Zunächst sind Engagement und Distanz also doch dergestalt miteinander gekoppelt, daß der Verlust des einen auch den Verlust des anderen zur Folge hat. Dabei darf Engagement nicht mit Identifikation verwechselt werden: beim Engagement handelt es sich um jene durch die Rollendistanz erst ermöglichte aktive Gestaltung des Verhaltens, wie sie letztlich aus dem Interesse an bestimmten Bedürfnisbefriedigungen erwächst, und die die antizipierende, planende Einstellung des Rollenverhaltens auf das ganze zu einer Rolle oder einem „role-set" gehörige Handlungsfeld mit seinen räumlichen und zeitlichen Regelungen, seinen Interaktionsanlässen und seinen Situationsthemen zur Bedingung hat. Die Identifikation mit einer Rolle kann dagegen relativ unbewußt sein und sagt über die Intensität der Ich-Leistungen noch nichts aus. Art und Stärke des Engagements sind — solange es sich an den Rollennormen orientiert — geradezu ein Index für den Umfang der Ich-Leistungen. Im Engagement an das Rollenspiel artikuliert sich die auf sinnhafte Einheitlichkeit der typisierten Verhaltensweisen, auf Realisierung der Zielwerte und Bedürfnisbefriedigung in bestimmten Relevanzbereichen gerichtete Intentionalität des Handelns im Kontext sozialer Rollen. Aber erst die Orientierung dieses Engagements an den Rollennormen gewährleistet die Legitimität der gewählten Mittel sowie der Techniken des Handelns und sichert den Erfolg des Handelns durch seine Einbettung in den Horizont wechselseitiger Verhaltenserwartungen. Beide Funktionen des Engagements — intentionale Ausrichtung und legitime Mittelwahl beim sozialen Handeln — können nur mit Hilfe der Rollendistanz zum Zuge kommen. Denn erst durch sie und in ihr löst sich der Spieler von seinen Rollen los, wird die Person sich ihrer Darstellung bewußt und kann so ihre Verhaltensinszenierung verbessern, ihr Handeln planen und mit Sinn erfüllen. Deshalb ist alles Engagement, das nicht aus Mangel an Möglichkeiten der Bedürfnisbefriedigung sinnentleert werden oder in Realitätsblindheit sich um jede Erfolgschance im Interaktionsprozeß bringen soll, allererst von der Möglichkeit und der Fähigkeit zur Rollendistanz abhängig.

Wodurch entsteht nun die Verringerung der Rollendistanz und damit jene Beschneidung der Ich-Leistungen beim Rollenspiel, die zu erheblichen Verhaltensstörungen führen kann? Zunächst muß man sich immer wieder vor Augen halten, daß der Umfang der erwarteten Ich-Leistungen in den verschiedenen Rollentypen sehr variiert, und zwar je nachdem, ob Vollzugsnormen, Qualitätsnormen oder Gestaltungsnormen die Rolle prägen. Zwar verschwinden die erwarteten Ich-Leistungen bei keiner sozialen Rolle, auch nicht bei den Vollzugsrollen, völlig; und ebensowenig sprengen die erwarteten Ich-Leistungen den Rahmen bestimmter Verhaltensvorschriften jemals ganz, auch nicht bei den Gestaltungsrollen. Aber die Variationsbreite dessen, was an Stärke der Ich-Leistungen bei einer sozialen Rolle dem Sinn des Handelns in einem Relevanzbereich, den Notwendigkeiten wechselseitiger Orientierung im Interaktionsprozeß und dem von den Rollenpartnern und den Rollensendern als normal Erwarteten jeweils entspricht, ist doch verhältnismäßig groß. Was in Ausführungs- oder Sozialisierungsrollen bereits als kräftige Ich-Leistung beim Rollenspiel gilt, wird bei Leistungs- oder Beziehungsrollen längst nicht ausreichen. Man wird sagen dürfen, daß jeder Rollentyp seine eigenen *Minimalanforderungen* an die Ich-Leistungen des Rollenspielers stellt. Wird diese untere Grenze durch Unfähigkeit des Rollenspielers oder durch Repression durch die Kontrollgewalten unterschritten, kann die Rolle nicht mehr sinnvoll gespielt werden, wird eine Störung des Rollenverhaltens die Folge sein. Das gilt nicht in gleicher Weise im Hinblick auf einen *maximalen* Umfang der Ich-Leistungen: solange Engagement und Distanz sich die Waage halten, solange der individuelle Stil nicht durch eine Trübung des Blicks auf die Realitäten des Interaktionsprozesses exotisch zu wuchern beginnt, führt eine Ausweitung der Ich-Leistungen beim Rollenspiel — die ohnehin wegen der typischen Ich-Schwäche der meisten Rollenspieler selten ist — allenfalls zu einer der Emanzipation des Rollenspielers dienlichen Transformation der jeweiligen sozialen Rolle zu einem anderen Rollentyp mit jeweils größerer Verfügbarkeit. Das kann das Gruppen- oder Organisationsgefüge, in dessen Kontext der Rollenspieler agiert, gelegentlich aus dem Gleichgewicht bringen, dient aber, wenn die Gruppe sich dem neuen, größeren Emanzipationsgrad des Rollenspielers in ihren Erwartungen und Sanktionen anpaßt, auch der besseren Erfüllung der Gruppenziele[38]. Bei der Überschreitung der maximal erwarteten Ich-Leistungen werden gewiß sehr häufig Konflikte auftreten; jedoch handelt es sich dann um fruchtbare Konflikte, die meistens neue Lösungen für die Handlungsprobleme ins Blickfeld rücken[39]. Das Problem der Störungen des Rollenverhaltens entsteht also nicht an der oberen, sondern an der unteren Grenze des erwarteten Umfangs der Ich-Leistungen: kann den Minimalanforderungen an die Ich-Leistungen nicht mehr Genüge getan werden, ist ein adäquates Rollenspiel nicht mehr möglich. Diese Anforderungen ergeben sich zunächst aus dem Sinngehalt der Rolle selbst und nicht unbedingt auch aus den Erwartungen der Rollensender. Eben darin liegt ja der repressive Charakter bestimmter sozialer Organisationen, daß sie die Möglichkeit zu Ich-Leistungen beim Rollenspiel über Gebühr beschneiden, ohne die spezifischen Rollenerwartungen damit gleichzeitig herabzusetzen.

Die Verringerung der Rollendistanz hat also ihre Ursache in der Regel in der „Totalität" der Verhaltenserwartungen, die in einem Handlungsfeld oder in einer Situation an den Rollenspieler herangetragen werden. Die Engmaschigkeit der Rollenvorschriften vermindert die Möglichkeiten einer flexiblen Gestaltung des Rollenhaushalts und die Chancen für eigene Ich-Leistungen; alles ist bereits geregelt, der Rollenspieler kann sich aus der Umklammerung der perfektionistischen Verhaltensanweisungen nicht mehr befreien und verliert mit der Möglichkeit zur Distanz auch die Fähigkeit, sein Verhalten an sinnvollen Zielen zu orientieren. Der Druck der sozialen Kontrolle, die in manchen Organisationen (wie z. B. im Militär) und vor allem natürlich in mehr oder weniger geschlossenen Anstalten (wie in Gefängnissen und Krankenhäusern) schließlich durch keine zeitliche und räumliche Segmentierung mehr eingeschränkt und somit der Tendenz nach „total" wird, verhindert jede selbständige Gestaltung des Rollenspiels und so letztlich die Inszenierung des Verhaltens überhaupt. Je stärker dieser Druck wird, desto geringer sind die Chancen des Rollenspielers, sich seiner durch Anpassung oder Konflikt so weit zu erwehren, daß eine Störung des ganzen Rollenhaushalts noch vermieden werden kann. Sobald eine bestimmte, (freilich je nach Ich-Stärke des Rollenspielers verschieden situierte) Grenze überschritten wird, schlägt der Abwehrmechanismus des Rollenspielers in eine Störung seines Rollenverhaltens um: Konformismus und Ritualismus werden zwanghaft, weil die Rollenidentität des Individuums nur noch durch eine Identifikation mit dem Aggressor, mit den Rollensendern und Sanktionssubjekten, gesichert werden kann[40]. Jede Abweichung von den Rollenvorschriften, auch wenn diese von anderen Bezugspersonen nahegelegt wird, bedroht dann unmittelbar die Identität selbst.

Die Tendenz zur Reduzierung der Ich-Leistungen, zur Formierung und Gleichschaltung der Verhaltensweisen ist aber bei jeder Organisation oder Anstalt mit mehr oder weniger „totalem" Charakter die gleiche: stets geht es darum, durch Überprägnanz der Normen die relative Autonomie und damit die potentielle Widerstandskraft des Rollenspielers zu schwächen oder vollkommen zu zerstören. Die Tendenz zur Repression der Ich-Leistungen kann sich, je nach Rollentyp, auf sehr verschiedenen Ebenen des sozialen Handelns abspielen; keineswegs ist immer eine geschlossene Anstalt oder auch nur eine straffe Organisation vonnöten[41]. Die

Gestaltungsnormen der Beziehungs-, Leistungs- und Kontaktrollen etwa können durch sehr subtile Sanktionen, die zumeist im Kontext umfangreicher Ideologiebildungen erscheinen, auf die Ebene von Qualitätsnormen herabgedrückt werden — die erzwungene Freiwilligkeit, mit der in totalitären Ländern Norm- und Sollerhöhungen oder Einschränkungen der Handlungs- und Meinungsfreiheit akzeptiert werden, ist stets ein Symptom der Repression von Ich-Leistungen auf der Ebene der Gestaltungsnormen. Aber auch ohne direkte, wenngleich subtile, Sanktionen ist der Umfang der Ich-Leistungen für bestimmte Rollen immer wieder ein Gegenstand der Diskussion und oft genug ein Zündstoff für Konflikte — ob es sich nun um die Problematik einer Studienreform oder um eine Machtprobe in der Ehe handelt. Allemal birgt eine Vergrößerung der Rollendistanz auch die Möglichkeit einer kritischen Überprüfung der Legitimität der Rollenerwartungen in sich — und eben dies läuft dem Herrschaftsinteresse der Sanktionssubjekte regelmäßig zuwider.

In der Ehe freilich, wie überhaupt in den Beziehungs- und Kontaktrollen, zeigt sich die Reduktion der Ich-Leistungen durch die Verringerung der Rollendistanz in einer Tendenz zur *Konventionalisierung* des Verhaltens. Dauerhafte soziale Beziehungen, die auf einem starken persönlichen Engagement aufbauen, unterliegen stets der Gefahr, in eine *Konformitätsspirale*, hineinzugeraten, bei welcher jeder sich den von ihm selbst definierten Bedürfnissen des jeweils anderen anpaßt. Damit geht allemal die Chance zu den notwendigen nomischen Leistungen verloren, durch welche der allmähliche Erfahrungsüberhang in der wechselseitigen Beziehung immer neu in die Rolle integriert werden muß. Die moderne Eheauffassung der Mittelklassen mit ihrer starken Betonung einer aus eigenem Vermögen gestalteten, höchst individuellen Liebesbeziehung auf Dauer mutet den Rollenpartnern mehr zu, als sie normalerweise bewältigen können. Die Gleichzeitigkeit von hohem Identifikationsgrad und starken Ich-Leistungen, die für die Beziehungsrollen charakteristisch ist, verträgt sich offenbar nur schwer mit der Institutionalisierung einer auf lebenslängliche Dauer angelegten Bindung. Diese Situation verlangt eine Eingrenzung des Verhaltensspielraums und eine Festlegung der Grenzen beliebiger Ausgestaltung der Beziehungsrolle, kurz: eine Reihe von nomischen Leistungen, die von beiden Partnern im Kontext einer wechselseitigen Bedürfnisbefriedigung aufgebracht werden müssen, damit die für die Dauerhaftigkeit der Beziehung wesentliche wechselseitige Verhaltenssicherheit gewährleistet bleibt. Aber eben diese Leistung beruht auf einer ständig neuen Hinordnung des Rollenverhaltens und seiner im Interaktionsprozeß erst entwickelten Normen auf einen sinnvollen Zusammenhang gemeinsam erfahrener Relevanzbereiche. Darin liegt zweifellos für viele eine Überforderung der Ich-Leistungen, der sie dadurch zu entgehen suchen, daß sie die Relevanzbereiche und die Bedürfnisse des anderen selbst definieren, ja sich gegen deren Wahrnehmung beim anderen sperren, und sich damit (häufig in Anlehnung an anachronistische Ehevorstellungen) die wechselseitige Orientierung ersparen. Dann aber bekommt der Konformismus an die selbstgesetzten Rollennormen leicht einen zwanghaften Charakter: jede Abweichung von der Regel des ehelichen Alltags würde jene Rollendistanz hervorrufen, die in dieser Lage zu einem bedrohlichen Orientierungsverlust führen könnte[42]. Die Störung des Rollenverhaltens liegt hier darin, daß die Angst vor einer anomischen Situation zur zwanghaften Unterwerfung unter den Druck der eigenen Verhaltensnormen führt.

Mit den Kontaktrollen ist es da leichter: sie verlangen einen weit geringeren Identifikationsgrad, sind also relativ stark verfügbar und weniger mit moralischen Traditionen belastet. Der Kontakt zu den Rollenpartnern läßt sich hier jederzeit abbrechen, ohne daß dies unbedingt einen gravierenden Einschnitt im Leben des Rollenspielers bedeuten muß. Andererseits ist auch im Bereich der Geselligkeit oder der beruflichen Kontakte die Konventionalisierung eine ständige Gefahr. Einst war die Etikette der „guten Gesellschaft" ein Verhaltenskorsett, das der individuellen Selbstdarstellung einen sicheren Halt bot. Fehlen aber solche Verhaltensregulierungen im geselligen Bereich, kann es passieren, daß sich die Rollenspieler aus Angst vor vollständiger Verhaltensunsicherheit stillschweigend auf ein *Minimalprogramm konventionalisierter Kontakte* einigen, das eine selbständige Gestaltung der Rolle und schließlich jede Kultur des Gesprächs und der Gastlichkeit überhaupt erstickt[43].

Wiederum verführt die Angst vor einer anomischen Situation zur Repression der Ich-Leistungen. Doch muß man diese psychologisierende Aussage wie andere ihrer Art im Kontext sozialer Verhältnisse sehen: wie bei den Beziehungsrollen kann auch bei den Kontaktrollen die Angst vor einem Orientierungsverlust unmittelbar zu einer Distanzstörung führen; in der Regel aber sind die repressiven Verhaltensnormen hier wie dort bereits vorgegeben, wenn auch nicht mit der gleichen Funktion. Den Rollenspielern wird daher die Gefahr anomischer Situationen oft gar nicht bewußt. Vielmehr geraten sie in eine Situation, die sich durch strikte, die Ich-Leistungen beschränkende Verhaltensvorschriften auszeichnet; sie nehmen oft gar nicht wahr, daß hier Druck in einer bestimmten Richtung ausgeübt wird und überlassen sich den vorgeformten Konventionen. Bemerken sie dagegen, daß etwas mit der Situation „nicht stimmt", so getrauen sie sich doch oft nicht, sie von sich aus zu „definieren" und dadurch von den Rollennormen abzuweichen. Mancher Ehemann fühlt sich wie im Urlaub, wenn er seiner Frau vorübergehend entronnen ist, und nach manchen Geselligkeiten atmet man befreit auf und lockert unwillkürlich die Krawatte; während der Situation hingegen mußte man — mehr oder weniger ängstlich — aufpassen, nicht „aus der Rolle zu fallen".

In den organisationsbezogenen Rollen schließlich ist die repressive Struktur meistens und stärker noch vorgegeben und durch den Herrschaftscharakter der Organisation verbürgt. Die entsprechende Störung des Rollenverhaltens ist ein *zwanghafter Ritualismus*, der freilich nicht mit habitualisiertem Verhalten verwechselt werden darf. Habitualisierungen nämlich machen manche Rollen überhaupt erst spielbar, sind selbstverständlich und notwendig. Ein Autofahrer etwa erfüllt seine Rolle als Verkehrsteilnehmer nur dann, wenn er der Handhabung der Maschine keine Aufmerksamkeit mehr zu widmen braucht. Ebenso steht es mit den rudimentären Formen des höflichen Umgangs, die wir gewohnheitsmäßig einhalten. Wollte man ihnen jedesmal von neuem besondere Beachtung schenken, käme das eigentliche Rollenspiel zu kurz. Zwanghafter Ritualismus im Rollenverhalten hingegen meint, in Anlehnung an Mertons Terminologie, jene distanzlose Befolgung der Rollenvorschriften, die auf das Ziel und den Sinn des eigentlichen Handelns nicht mehr reflektiert — eine „Untugend", die man, vielleicht nicht ohne Recht, oft den Beamten nachsagt. Auch im ritualistischen, sklavisch an die „offiziellen Anweisungen" sich klammernden Verhalten ist die Rollendistanz vermindert, wenn nicht nahezug völlig verschwunden. Die Rolle schluckt gleichsam den Spieler, fällt mit ihm in bestimmten Situationen zusammen und läßt ihm keinen Raum mehr, sie in irgendeiner sinnvollen Weise zu interpretieren. In dem Maße aber, wie die Distanz zwischen Rolle und Rollenspieler schwindet, verliert die Rolle ihren Rollencharakter und wird zu einer Ansammlung bloß mechanisch zu befolgender Vorschriften. Der Ritualismus im Rollenspiel beruht nicht notwendig auf der Unfähigkeit des Rollenspielers zur Distanz gegenüber den Verhaltenserwartungen. Vielmehr kann bei zahlreichen Arbeits- und Ausführungsrollen dem Rollenträger der intentionale Charakter der Rolle gar nicht einsichtig, der Sinn des verlangten Handelns nicht durchschaubar sein, weil er bei der Arbeitsteilung und Funktionsverflechtung bürokratisierter Organisationen zu abstrakt bleibt.

Zwanghafter Ritualismus und ritualistisches Verhalten dürfen nicht miteinander verwechselt werden, auch wenn es sich dabei um eine analytische Trennung, sozusagen um zwei Seiten derselben Sache handelt. Ritualistisches Verhalten bezeichnet einen *Verhaltensstil* von Individuen, zwanghafter Ritualismus dagegen ist eine Störung des Verhaltens in einem bestimmten *Rollentyp*, nämlich den organisationsbezogenen Rollen — wobei eine wechselseitige Anziehung von individueller Disposition und bestimmten Rollen die Grenze im konkreten Fall verwischen mag. Die Repression der Ich-Leistungen in vielen organisationsbezogenen Rollen jedenfalls wirkt dergestalt auf den Rollenspieler ein, daß ihm mehr oder weniger die Möglichkeit genommen wird, innerhalb dieser Rollen sein Verhalten noch intentional auf die Erfüllung der nur im Rahmen des jeweiligen Relevanzbereichs sinnvollen Ziele zu richten.

Wie wir gesehen haben entsteht die Beschränkung der Ich-Leistungen beim Rollenspiel, wenn engmaschige Verhaltensvorschriften das Individuum so umklammern, daß sie seine Rollendistanz und eine sinnvolle Richtung des Handelns zerstören. Zwanghafter Ritualismus und konventionalisiertes Verhalten sind die Folge. Damit verliert die soziale Rolle die Funktion, in der normativen Regulierung der Befriedigung individueller Bedürfnisse die Vermittlung zwischen Person und Relevanzbereich zu leisten. Das Individuum kann sich nicht mehr gesellschaftlich „verwirklichen", weil es zu einer Gesellschaft, die ihm bei zahlreichen Rollen nur in der Form mehr oder weniger lückenloser Verhaltensvorschriften begegnet, keinen Abstand mehr gewinnen kann. Dieser Abstand, diese Distanz, ermöglicht aber dem Individuum erst, sich seiner selbst als eines Wesens gewahr zu werden, das sich zu etwas verstehen, sich mit etwas identifizieren, sich als jemand verhalten kann, kurz: das eine Person ist. Daher läßt sich sagen, daß der Verlust der Rollendistanz gleichbedeutend ist mit dem, was Marx als *Selbstentfremdung* bezeichnet hat. Marx spricht freilich von Selbstentfremdung nur im Zusammenhang von Arbeit:

„Wie würde der Arbeiter dem Produkt seiner Tätigkeit fremd gegenübertreten können, wenn er im Akt der Produktion selbst sich nicht selbst entfremdet? ... Worin besteht nun die Entäußerung der Arbeit? Erstens, daß die Arbeit dem Arbeiter äußerlich ist, d. h. nicht zu seinem Wesen gehört, daß er sich daher in seiner Arbeit nicht bejaht, sondern verneint, nicht wohl, sondern unglücklich fühlt, keine freie physische und geistige Energie entwickelt, sondern seine Physis abkasteit und seinen Geist ruiniert. Der Arbeiter fühlt sich daher erst außer der Arbeit bei sich und in der Arbeit außer sich. Zu Hause ist er, wenn er nicht arbeitet, und wenn er arbeitet, ist er nicht zu Hause. Seine Arbeit ist daher nicht freiwillig, sondern gezwungen, Zwangsarbeit. Sie ist daher nicht die Befriedigung eines Bedürfnisses, sondern sie ist nur ein Mittel, um Bedürfnisse außer ihr zu befriedigen."[44]

Was hier von der Arbeit gesagt wird, gilt generell für jedes Rollenverhalten, dem die Möglichkeiten zur Distanz gegenüber dem normativen Gefüge der Verhaltenserwartungen fehlt: es führt zu einer Selbstentfremdung, die im Extremfall, nämlich dann, wenn die Kompensationsmöglichkeiten in anderen Rollen, „zu Hause" etwa, fehlen, *Identitätsdiffusion* oder *Identitätsverlust* nach sich zieht. Gewiß sind, wie seit Marx immer wieder festgestellt worden ist, soziale Rollen, die ein Handeln in industrialisierten und bürokratisierten Arbeitsvollzügen verlangen, dieser Gefahr besonders ausgesetzt. Man wird aber den Verlust der Rollendistanz einerseits nicht bei jeder Arbeitssituation in gleicher Weise, andererseits auch außerhalb der Arbeitssituationen beobachten können. Zweifellos gibt es Arbeiten, die den Aufbau einer Rollenidentität ermöglichen und eine hinreichende Bedürfnisbefriedigung durch die Entfaltung von Ich-Leistungen gewährleisten. Und selbst entfremdete Arbeit muß nicht unbedingt unglücklich machen — gerade darin besteht ja für das Herrschaftsinteresse die Chance einer Repression emanzipatorischer Entwicklungen[45]. Andererseits sind mit der Bürokratisierung und Organisierung von immer mehr Lebensbereichen zunehmend auch Freizeitrollen durch distanzlosen Ritualismus bedroht. Der Konformitätsdruck in den Nachbarschaften der Vorstädte, die Pseudo-Ritualisierung des Freizeitverhaltens bei Jugendlichen, die Zunahme bestimmter Formen des Massentourismus — in all diesen Erscheinungen finden sich Symptome eines Distanzverlustes beim Rollenspiel. Ob der Teilnehmer einer Reisegesellschaft, die nach einem strapaziösen Zeitplan „Sehenswürdigkeiten" konsumiert, weniger sich selbst entfremdet wird als der Arbeiter in einer Automobilfabrik, ist zumindest fraglich. Allerdings darf man nicht übersehen, daß die Arbeitsrollen noch immer für den sozio-ökonomischen Status und die persönliche Selbsteinschätzung von zentraler Bedeutung sind. Sie bestimmen zumeist das Leben so sehr, daß der entfremdete Konsum und die entfremdete Geselligkeit oft nur die Kehrseite der entfremdeten Arbeit sind:

„Indem die entfremdete Arbeit dem Menschen 1. die Natur entfremdet, 2. sich selbst, seine eigene tätige Funktion, seine Lebenstätigkeit, so entfremdet sie dem Menschen die Gattung; sie macht ihm das Gattungsleben zum Mittel des individuellen Lebens."[46]

So mag die besondere Bedeutung, die Marx der Arbeit für das Problem der Selbstentfremdung beimaß, in der größeren Perspektive einer sozio-ökonomischen Gesellschaftsanalyse, in deren Kontext auch rollentheoretische Erwägungen eingeordnet werden müssen, auch für die Gegenwart noch ihre Richtigkeit haben.
Für das Problem der Störungen des Rollenverhaltens bleibt jedenfalls festzuhalten, daß die Selbstentfremdung, die Ergebnis einer Reduktion der Rollendistanz in einer *bestimmten* Rolle ist, sich sogleich auch auf die anderen Rollen eines Individuums auswirkt. Schon die Kompensation, die an anderen Stellen des Rollenhaushalts gesucht werden muß, kann belastend wirken: man mutet dann leicht der Familie mehr zu, als sie verkraften kann, erwartet von der Freizeit, erhofft sich vom Konsum, verspricht sich von der Geselligkeit zuviel. Wo der Mensch in dem einen Bereich in vollkommener Selbstentfremdung lebt, kann er nicht in anderen Bereichen sich plötzlich „allseitig" entfalten; jeder Druck auf eine

potentielle und aktuelle Rollenidentität greift die Stärke der Ich-Identität insgesamt an. So bekommt das *Ausweichen auf andere Relevanzbereiche* gelegentlich zwanghafte Züge: der Manager möchte für seinen Kunstverstand gelobt werden, das Mannequin für seine Literaturkenntnisse und der Intellektuelle für seine handwerklichen Fähigkeiten. Neben die bedeutungslose Arbeit tritt das im Grunde ebenso bedeutungslose Hobby, in welchem sich der einzelne je eher zu bestätigen sucht, desto mehr ihn seine Arbeit seiner selbst entfremdet. Nur selten gelingt diese Bestätigung, denn bezeichnenderweise gerät das Hobby, sobald es unter dem Druck des Kompensationsbedürfnisses und nicht als Erweiterung des eigenen Erfahrungshorizontes begonnen wird, selbst wieder zu jener Arbeit, der man gerade entrinnen wollte; und dies um so eher, je stärker es bereits in den Griff einer Freizeitindustrie geraten ist. So zieht sich mancher schließlich auf die Möglichkeiten eines heimlichen Konsums zurück, entwickelte abwegige Neigungen oder spielt abweichende Rollen, um seine Identität, wennschon in depravierter Form, vor dem Zugriff einer allgegenwärtigen Verhaltenskontrolle zu retten[47].

Schließlich gibt es die Möglichkeit, das durch den Distanzverlust frei und orientierungslos gewordene Engagement sich außerhalb der entfremdenden Rolle zu bewahren und in eine andere „Rolle“ einzubringen, die man sich quasi selbst auf den Leib schneidert, deren Normen man sich selber setzt. Wenn aber nicht nur die Richtung des Engagements, sondern auch die Normen, an die es sich halten soll, außerhalb eines Interaktionsprozesses rein subjektiv definiert werden, geht die Realitätskontrolle verloren. Sie zu gewährleisten ist eine Funktion der Rollendistanz, welche man aber nur gegenüber Verhaltensnormen aufbringen kann, die von anderen gesetzt worden oder die doch Ergebnis einer gemeinsamen Verständigung im Interaktionsprozeß sind. Das *distanzlose Engagement* ist das Kennzeichen des Querulanten — bestenfalls ein Michael Kohlhaas, oft genug aber ein psychiatrischer Fall. Am Typus des Querulanten zeigt sich noch einmal sehr deutlich die Verflechtung von Individuum und Gesellschaft: distanzloses Engagement entsteht besonders leicht als Ausfallprodukt entfremdender Organisationen mit der Tendenz zur „Totalität“. Es artikuliert sich dann in der Regel in realitätsfernen Aktivitäten oft politischer Art, die freilich ebensosehr Ausdruck eines *individuell* begründeten Distanzverlustes sind: ein bestimmter Persönlichkeitstypus kommt der entfremdenden Tendenz der organisationsbezogenen Rollen entgegen und hypostasiert sie zu einer Situation, in der Rollendistanz prinzipiell nicht mehr möglich ist, so daß das Engagement nur noch außerhalb der Rolle artikuliert werden kann. Im politischen Anarchismus wie bei obskuren Weltverbesserern aller Art wird solche Realitätsblindheit stets zur Ideologie, die sich auf ihren wahren Kern — den entfremdenden Charakter der jeweiligen Rollen — nur schwer noch reduzieren läßt[48]. Die Grenze zwischen chiliastischen Bewegungen, die zu handfesten Legitimitätskonflikten führen, und realitätsfremden Weltverbesserern ist allerdings hauchfein. Sobald die anarchistische Reaktion ideologisch überbaut werden kann, werden aus Weltverbesserern politische Schwarmgeister; kommt schließlich straffe Organisation, zielorientierte Strategie und politische Taktik hinzu, dann handelt es sich nicht mehr um ein Ausweichen vor der entfremdenden Situation, sondern um deren Abwehr und Bekämpfung durch Legitimitätskonflikte.

Das Phänomen des distanzlosen Engagements zeigt deutlich, wie sehr Selbstentfremdung in *einer* Rolle auf den Rollenhaushalt insgesamt einwirkt; nur ausnahmsweise kann das heimatlos gewordene Engagement in andere Rollen noch eingebracht werden. Wenn der Distanzverlust in der entfremdenden Rolle die Inszenierung des Verhaltens unmöglich macht oder erschwert, wenn das theatralische Element, das Spielerische im Rollenspiel verlorengeht, wenn die Engmaschigkeit der Verhaltensvorschriften zum Ritualismus zwingt, dann führt diese Beschränkung der Ich-Leistungen zu einer Verarmung der Ich-Identität überhaupt, zur Entwicklung eines Funktionärstyps, der entweder zur selbständigen Thematisierung von Interaktionssituationen überhaupt unfähig ist oder sich in ein distanzloses Engagement rettet. Offenbar bleiben Ritualismus und Konventionalisierung des Rollenverhaltens nicht ohne Rückwirkungen auf die Person des Rollenspielers; der Druck der entfremdenden Situationen hat einen kumulativen Effekt. Thomas S. Langner und Stanley T. Michael haben in einer großangelegten Erhebung festgestellt, daß der Grad der psychischen Gesundheit weitgehend von der Häufigkeit solcher Drucksituationen im Laufe eines Lebens abhängt[49]. Die Autoren bezeichnen den Druck dichtmaschiger, die Ich-Leistungen erstickender Vorschriften bei bestimmten sozialen Rollen als „stress" und die Auswirkungen dieses Drucks auf den Rollenspieler als „strain". Jedem „stress" entspricht ein „strain", eine Schwächung der Ich-Identität, die in der Regel nicht oder nur unzulänglich kompensiert werden kann. Die Folge ist, daß der „strain" im Laufe des Lebens sich immer stärker akkumuliert, so daß die Möglichkeit eines adäquaten Rollenspiels, einer Distanzierung von Druck-Situationen auf Grund eigener Leistungen, immer geringer wird, beziehungsweise die Störungen des Rollenverhaltens immer mehr zunehmen. Da das Individuum auf die „stress"-Situation häufig neurotisch reagiert, kommt es zu einer Verstärkung des Drucks in Form bestimmter Sanktionen, etwa soziale Isolierung, die ihrerseits den „strain" wiederum verstärken. „Die Belastungsfakten drücken auf die Persönlichkeit und bringen eine Persönlichkeitsdeformation oder ‚strain' hervor... ‚strain' ist eine Reaktion, die versucht, mit dem ‚stress' fertig zu werden. Diese Reaktion wird... in irgendeinem Kompromiß enden, der einen bestimmten ‚strain', beziehungsweise eine Einbuße in der Persönlichkeitsentfaltung mit sich bringt."[50]. Soll „strain" also zugleich eine Deformation der Persönlichkeit *und* die Antwort auf sozialen Druck sein, so handelt es sich offenbar um neurotische Reaktionen, die die Störungen des Rollenverhaltens immer weiter verstärken[51]. Am Endpunkt dieser wechselseitigen Eskalation von „stress" und „strain" würde der „fatalistische" Selbstmord stehen, den Durkheim erwähnte, der aber wohl nur bei fehlenden Kompensationsmöglichkeiten im Rollenhaushalt des Individuums auftreten wird oder bei zwangsweisem Ausschluß von anderen Rollen, wie z. B. in Gefängnis- und KZ-Situationen. Aber selbst dann wird die wechselseitige Steigerung von Druck und Gegendruck, die den Kern des Modells von Langner und Michael ausmacht, kaum je ohne weitere intervenierende Variablen sich abspielen[52].

Ritualismus und Konventionalisierung im Rollenspiel können *zum einen* eine Reaktion auf die „Totalität" der Rollenanforderungen darstellen; in diesem Fall sind sie eher eine Form der Anpassung an die Verhaltensvorschriften als des Widerstands gegen den Rollendruck. Dieser wird sich daher auch nicht direkt verstärken, sondern erst auf dem Umweg über andere Rollenpartner, deren Erwartungen stärker ziel- und weniger mittelorientiert sind und die gegen die Engmaschigkeit der Rollenvorschriften von Rollensendern, die zugleich Sanktionssubjekte sind, nicht ankommen: der Behördenbeamte etwa braucht sich um die Erwartungen seines Publikums kaum zu kümmern, weil dessen Sanktionsmöglichkeiten im Verhältnis zu denen der Vorgesetzten in der Behörde minimal sind. Legt er ein ritualistisches Rollenverhalten an den Tag, so leidet zwar das Publikum darunter, aber sein Verhalten geht mit den Erwartungen seiner Vorgesetzten (und den anonymen Vorschriften, die hier oft die Funktion des Rollensenders übernehmen) konform. Aber Ritualismus und Konventionalismus können *zum zweiten* auch unabhängig von „totalen" Rollenanforderungen auftreten, wenn der Distanzverlust auf soziogenetisch frühere Stadien in der Biographie des Rollenspielers zurückgeht. Sie sind dann Ausdruck einer geschwächten Ich-Identität und erstrecken sich tendenziell auf alle Relevanzbereiche, in denen das Individuum agiert. In diesem Sinn stellen Konventionalisierung und Ritualismus im Rollenspiel „normale" Deformationen des Rollenverhaltens dar — eine gewisse Selbstentfremdung ist in unserer Gesellschaft kein Sonderschicksal. In beiden Fällen sind Konventionalisierung und Ritualismus *Abwehrmechanismen gegen Distanzverlust* im Rollenspiel — mag er nun aus dem Druck „totaler" Rollenanforderungen oder aus einer schwachen Ich-Identität resultieren. Nicht immer jedoch kommt es zu solchen Anpassungen: steigert sich der Rollendruck zu stark und (oder) ist die Ich-Identität von vornherein zu schwach, kann der Rollenspieler seine Identität nur retten, indem er sich aus besonders bedrängenden Rollen vollständig *zurückzieht* und die zu ihnen gehörigen Positionen aufgibt. Sind aber gleichzeitig die Kompensationsmöglichkeiten in anderen Rollenbeziehungen nur gering, dann neigt das Individuum zu distanzlosem Engagement in realitätsblinden Aktivitäten.

Schwere Störungen des Rollenverhaltens in Form von *zwanghaftem Ritualismus und Konformismus, zwanghafter Konventionalisierung und distanzlosem Engagement* kristallisieren sich also unter dem Druck „totaler" Rollenanforderungen und dem Verlust der Rollendistanz heraus, wenn sich keine Rückzugsmöglichkeit bietet und der Rollenhaushalt keine Kompensationen mehr zuläßt oder das Individuum zu solchem Ausgleich nicht in der Lage ist, weil ihm sein (z. B. puritanisches) Herkunftsmilieu dazu keine Lernmöglichkeiten bot. Es mag freilich sein, daß das Lernmilieu der ersten Sozialisierungsphasen immer seltener eine ausreichende Grundlage für späteres Rollenverhalten bietet, weil mit der Beschleunigung sozialer Wandlungsprozesse die Normen der eigenen Jugend tendenziell immer schon wieder antiquiert sind. Stets mitverantwortlich für Störungen des Rollenverhaltens ist daher die „*Gleichzeitigkeit des Ungleichzeitigen*" im normativen Charakter verschiedener Herkunftsmilieus, die den Verhaltensstil der Generationen wesentlich prägen und nicht nur die Kommunikation zwischen ihnen behindern, sondern auch ihre Kompensationsmöglichkeiten auf ein Rollenangebot in jeweils relativ engen „Teilkulturen" einer insgesamt überaus facettenreichen Sozialstruktur beschränken. Noch wichtiger für die Frage nach dem Distanzverlust beim Rollenspiel scheint aber die mit wachsender gesellschaftlicher Funktionsverflechtung zunehmende Tendenz zu sein, daß die Pflicht zur perfekten Handhabung von Situationen, zum perfekten Spiel der Rollen, vom Bereich der Arbeit auf andere Verhaltensbereiche übergreift, wobei die Ich-Leistungen um so eher zurückgedrängt werden, desto mehr der jeweilige Handlungsbereich einer *formalen* Rationalisierung unterworfen ist[53].

4. Der Orientierungsverlust beim Rollenspiel — Anomie

Wie wir gesehen haben, können die Normen einer Rolle so engmaschig sein, daß sie die zum Rollenspiel notwendigen Ich-Leistungen erdrücken. Sie können umgekehrt aber auch so vage und verschwommen sein, daß die Eigenleistungen beim Rollenspiel überfordert werden. Es entsteht dann gewissermaßen ein normatives Vakuum, in welchem die Verhaltenssicherheit gefährdet ist: die Orientierung an der sinnhaften Intentionalität einer Rolle geht verloren, und es kommt wiederum zu Störungen des Rollenverhaltens. Eine Interaktionssituation, deren Zugehörigkeit zu einem bestimmten Relevanzbereich durch die Unschärfe oder das Fehlen des Situationsthemas noch unklar ist, obwohl sie ihrer Rollenstruktur nach vollständig sein müßte, kann als *ambivalente Situation* bezeichnet werden[54]. Diese relative Unschärfe der Rollenerwartungen konstituiert jenen Zustand der Orientierungslosigkeit, der seit Durkheim mit dem Begriff der Anomie bezeichnet wird. Die Ambivalenz der Situation kann verschiedene Ursachen haben. Zunächst kann die *räumliche oder zeitliche Segmentierung eines Handlungsfeldes,* die neben anderem (z. B. der Thematik) einzelne Interaktionssituationen voneinander abgrenzt, fehlen oder unscharf sein. In beengten Wohnverhältnissen zum Beispiel wird es im Familienleben ständig zu Situationen kommen, deren Ambivalenz darin besteht, daß mehrere Situationsthemen gleichzeitig auf der Tagesordnung stehen. Bedenkt man in diesem Zusammenhang, daß eine strikte Aufteilung der Wohnungsräume nach ihrer Funktion trotz mancher Vorformen eine kulturgeschichtlich relativ neue Errungenschaft ist, so zeigt sich auch hier, daß die Vervielfältigung der Rollen, i. e. die Orientierung immer zahlreicherer Verhaltensweisen an sozialen Rollen, erst ein Kennzeichen der modernen Gesellschaften ist. Für die zeitliche Segmentierung gilt ähnliches: die Schwierigkeiten etwa, die bei der Rolle vor allem des reinen Schreibtisch-Wissenschaftlers aus der Unmöglichkeit einer klaren Zeitsegmentierung resultieren, wären ein Beispiel; auch hier entsteht das Problem erst daraus, daß sowohl seine anderen Rollen als auch andere Segmente seiner Rolle als Wissenschaftler oft einer von außen herangetragenen räumlichen und zeitlichen Segmentierung unterliegen, deren Aussparungen sich mit den schöpferischen Phasen in seiner Arbeit — wenn überhaupt — nur zufällig decken[55]. Mit der zeitlichen und der räumlichen Segmentierung hängt die Fixierung von sozialen Anlässen zusammen: wenn Zeit und Ort unklar sind, aber auch wenn das Thema und die Rollenverteilung nicht vorher angegeben sind bei Interaktionen, die einem bestimmten Zweck dienen sollen, dann entstehen natürlich ambivalente Situationen. Was für besondere Anlässe gilt, hat erst recht Bedeutung für den Zusammenhang von Handlungsfeldern: zwar gilt in ihnen jeweils nur ein und dieselbe Rolle, doch muß durch Zeit, Raum, Anlaß, Thema und Anwesenheit bestimmter Personen deutlich sein, welcher Rollensektor, welche Rollenbeziehung gerade relevant ist. Unklarheiten solcher Art sind oft nur eine Frage der Kommunikation: die unterschiedlichen Rollenerwartungen müssen nicht nur in einen systematischen, zeitlich strukturierten Zusammenhang verschiedener Interaktionssituationen gebracht werden — außerdem muß dieser Plan allen Rollenpartnern bekannt sein, damit innerhalb eines relativ fest umrissenen Rahmens jedermann einigermaßen klar ist, wer was wann von wem erwartet. — Häufig treten ambivalente Situationen auch durch Unsicherheit über die Rollenbräuche auf: es beginnt damit, daß man oft nicht genau genug weiß, wie festlich ein bestimmter sozialer Anlaß und welche Kleidung ihm angemessen ist; es geht weiter mit dem Fehlen einer festen Etikette bei „gesellschaftlichen" Ereignissen, und es endet mit der allgemeinen Hilflosigkeit gegenüber den nicht mehr zum selbstverständlichen Traditionsbestand gehörenden Sitten und Gebräuchen bei den regelmäßig wiederkehrenden Festen (z. B. Weihnachten) und den feierlich begangenen Einschnitten im Lebenslauf (wie Taufe, Konfirmation, Hochzeit, Begräbnis). So entstehen ambivalente Situationen und damit Unsicherheiten im Rollenverhalten zunächst immer bei einem Mangel an Fixierung der äußeren Bedingungen des Rollenspiels — bei fehlender Organisation der Handlungsfelder, also der zu einer Rolle gehörigen Situationsabläufe, bei fehlender Klarheit über die sozialen Anlässe, bei Unsicherheit über die Art und den Sinn der Rollenbräuche und bei fehlender oder geringer oder unklarer zeitlicher und räumlicher Segmentierung der Interaktionssituationen.

Die genannten Ursachen für die Ambivalenz von Interaktionssituationen lassen sich weitgehend als *Organisations- und Kommunikationsprobleme* verstehen. Die Rollenerwartungen und ihr jeweiliger Zusammenhang mit bestimmten Situationen und Relevanzbereichen bedürfen einer sichtbaren Artikulierung, wenn den Rollenspielern eine klare Verhaltensorientierung möglich sein soll. Andererseits kann der Orientierungsverlust beim Rollenspiel natürlich auch auf *Wahrnehmungsmängeln* der Person beruhen. Hier ist an die Orientierungsfunktion der Images zu erinnern: sie vermitteln mit einem Bild von anderen Personen und Gruppen sogleich auch eine Vorstellung von dem, was man von ihnen zu erwarten hat, und davon, mit welchen Rollenansprüchen sie an einen herantreten werden. In einer durch soziale Images vermittelten Antizipation des Interaktionsprozesses wird eine Rolle oder eine begrenzte Anzahl zur Auswahl stehender Rollen bereits vorweg angepeilt; fehlen diese Images oder sind sie allzu weit von der Realität entfernt[56], dann entsteht eine offene Situation, die dem Handelnden mit der Thematisierung der Situation zugleich auch deren Einordnung in einen Relevanzbereich selbst überläßt. Images haben deshalb auch eine Entlastungsfunktion — man kann nicht immer aufs neue erst ergründen, welche Rolle der andere spielt und welche Erwartungen er einem selbst gegenüber hegt[57]. Zugleich dienen sie auch als *Maßstab der Abweichung:* erst das Bild davon, wie eine bestimmte Rolle typischer- und üblicherweise gespielt wird, bietet die Möglichkeit zur Bewertung und Einschätzung eines Verhaltens. Es ist deshalb wichtig festzuhalten, daß nicht nur Personen und Gruppen, sondern auch soziale Rollen jeweils ein Image haben, und daß dieses *Rollenimage* für die Möglichkeit zur wechselseitigen Verhaltensorientierung im Interaktionsprozeß von großer Bedeutung ist[58].

Nicht nur die Orientierung an einem Rollenimage, sondern die Konstitution dieses Image selbst ist bis zu einem gewissen Grad eine Leistung der Interaktionspartner, und zwar eine Leistung, die er keineswegs immer erbringen kann. Dabei gibt es typische Täuschungsmöglichkeiten über die Rolle des anderen und dessen Erwartungen: entweder fehlt es überhaupt an der Möglichkeit, sich eine Vorstellung von seiner Rolle zu bilden, oder es kommt zu Fehlinterpretationen und Mißverständnissen[59]. Fehlinterpretationen entstehen besonders häufig bei Personen, die gegenüber ihren eigenen Rollen nur wenig Distanz aufbringen. Denn auf Grund der Wechselwirkung von Rollenspiel und Personbildung wirken sich die Wahrnehmungsmängel bei der Perzeption fremder Rollen sogleich auch auf die Urteilsfähigkeit gegenüber dem eigenen Rollenspiel aus und umgekehrt. Die stärksten Wahrnehmungsmängel finden sich daher einerseits bei einem völlig distanzlosen Aufgehen in der „in-group", das zu krassen Vorurteilen gegenüber Fremdgruppen führt, und andererseits bei dem distanzlosen Engagement des Querulanten. Solche Wahrnehmungsmängel haben eine Unfähigkeit zur wechselseitigen Typisierung im Interaktionsprozeß zur Folge, die um so gravierender sich auswirkt, je offener die Situation ist, je weniger die Handlungsfelder und Anlässe sichtbar strukturiert sind. Das trifft natürlich vor allem bei den situationsbezogenen Rollen zu, bleibt aber auch bei den personbezogenen als das Problem ihrer situationsadäquaten Artikulation von Bedeutung. In diesen Rollen kommt es dann bei entsprechenden Wahrnehmungsmängeln nicht mehr zu jener relativen Übereinstimmung der Interaktionsnormen, die in offenen Interaktionssituationen den Rollenpartnern als nomische Leistung abverlangt wird und die sie doch nur erreichen können, wenn sie entweder von ihrer vorweg bestimmten Rolle oder doch von einer begrenzten Anzahl von Rollen, die zur Auswahl stehen, eine mehr oder weniger deutliche Vorstellung haben. Fehlt es dagegen weniger an der Fähigkeit als an der Möglichkeit zur Bildung von Rollenimages, dann handelt es sich nicht um individuelle, in der Regel auf einem defizienten Lernmilieu beruhende Wahrnehmungsmängel, sondern um die charakteristische Auswirkung eines anomischen Zustandes. *Anomie* als die relative Normlosigkeit in bestimmten Bereichen einer auf Rollendifferenzierung angelegten Sozialstruktur kann auf *zwei Ursachen* beruhen: *erstens auf der Isolierung, die durch eine relative Deprivationslage entsteht, und zweitens auf einer Auflösung der überlieferten normativen Profile bestimmter sozialer Rollen.*

Eine der wichtigsten Auswirkungen der relativen Deprivation besteht in der Beschränkung auf bestimmte, möglicherweise defiziente Lernmilieus. Darüber hinaus, wenngleich damit zusammenhängend, können aber die Kontaktchancen einer Gruppe oder einer Schicht zu anderen Gruppen oder Schichten so beschränkt sein, daß sie von der Erfahrung bestimmter Relevanzbereiche des Verhaltens vollkommen ausgeschlossen sind. Kommt es dann doch einmal zu Kontakten, fehlen die Verhaltensnormen gegenüber dem anderen, und es entstehen Mißverständnisse über die Erwartungen des Partners. Typisch sind hier die Kommunikationsprobleme zwischen Angehörigen verschiedener Schichten, wenn sie sich plötzlich bei familiären Anlässen oder bei gemeinsamer Benutzung von Verkehrsmitteln begegnen. Häufig hat jeder vom anderen nur ein stereotypes Rollenimage, das aus den Massenmedien stammt und gegen das sich der Betroffene schon deshalb nur schwer zur Wehr setzen kann, weil er eine andere Sprache spricht. Je ausgeprägter die Diskurs-Welt einer Gruppe, desto schwieriger die Verständigung: schon zwischen Vertretern verschiedener wissenschaftlicher Disziplinen entstehen häufig Kommunikationsschwierigkeiten, die sich u. a. darin äußern, daß beide voneinander ein Rollenspiel erwarten, das der jeweils andere für unvertretbar hält oder das ihm gänzlich fernliegt. Erst recht treten solche Verständigungsschwierigkeiten zwischen Menschen verschiedener Schichtzugehörigkeit auf. Fachsprachen sind nur ein Sonderfall der sozialen Diskurs-Welten; sie beziehen sich nur auf einen und nicht auf alle Relevanzbereiche, so daß die Verständigungsschwierigkeiten sich sehr stark zuspitzen können, ohne daß dies gleich auf die gesamte Lebenswelt der Rollenspieler wirkt. Liegen die Disziplinen nach Gegenstand und Methode besonders weit auseinander, können die wissenschaftlichen Kommunikationsschwierigkeiten sich bis zur Sprachlosigkeit steigern: keiner weiß, was der andere eigentlich tut und was man also von ihm erwarten kann[60]. Die Störung des Interaktionsprozesses besteht hier darin, daß die an einen herangetragenen Rollenerwartungen der eigenen Position nicht entsprechen. Es handelt sich also wiederum um ein unrealistisches Rollenimage, entstanden aus einem Mangel an Kontakt, aus einer relativen Isolierung des eigenen Handlungsfeldes von dem des anderen[61].

Die andere Ursache von Anomie ist die Auflösung oder das Fragwürdig-Werden kulturell tradierter Verhaltensnormen, die sich auf bestimmte soziale Rollen und die Interaktion zwischen bestimmten Rollenpartnern beziehen. Jede Rolle hat ein *normatives Profil* (die jeweilige Kombination der von T. Parsons untersuchten „pattern variables"), das allgemeine Orientierungsrichtlinien des Verhaltens enthält. Die Rolle des Lehrers etwa ist durch affektive Neutralität gegenüber den Schülern, funktional diffuse Relevanz der Objekte seiner pädagogischen Bemühungen, universalistische Orientierung an den Normen der zu vermittelnden kulturellen Überlieferung, Leistungsbeurteilung und Bezogenheit auf kollektive Werte charakterisiert. Wenn dieses normative Profil unscharf wird, wenn einzelne, bislang selbstverständliche normative Leitlinien des Verhaltens fragwürdig werden, dann kommt es zu einem relativen Orientierungsverlust, zur Anomie. Wie soll der Lehrer sich beispielsweise heute universalistisch an den Normen der zu vermittelnden kulturellen Überlieferung orientieren, wenn eben die Inhalte dieser Überlieferung zu einem Problem geworden sind, das in der Diskussion um die „Bildungskrise" zum Ausdruck kommt? Nicht einfach, daß die Gesellschaft darum schon einen Verlust an „Leitbildern" zu beklagen hätte: zwar geht mit der Beschleunigung sozialer Wandlungsprozesse auch die Zerstörung traditioneller Vorbilder und Verhaltensmuster heute erheblich schneller vor sich; aber es liegt kein Grund vor zu der Annahme, daß dieser Verlust nicht sehr rasch wieder wettgemacht würde und daß unsere Gesellschaft über weniger „Leitbilder" verfüge als andere. Vielmehr ist die Auflösung, Umstrukturierung und Neubildung normativer Rollen-Profile geradezu ein charakteristisches Kennzeichen jener modernen Gesellschaften, die durch eine besondere Akzentuierung und Differenzierung sozialer Rollen sich von anderen unterscheiden. Anders ausgedrückt: das normative Profil einer sozialen Rolle ist in einer Gesellschaft mit starker Rollendifferenzierung niemals ein für allemal fixiert, sondern es paßt sich ständig an neue Rollenaufgaben, neue gesellschaftliche Konstellationen und neue soziale Bewertungen bestimmter Relevanzbereiche an. Es bringt natürlich Unsicherheiten in der Verhaltensorientierung mit sich, wenn allgemeine Unklarheit über das Normal-Profil einer Rolle besteht, Unsicherheiten, mit denen die Ich-Leistungen des Rollenspielers auf irgendeine Weise fertig werden müssen. Wenn diese normative Auflösung eine kritische Grenze erreicht, wird das Orientierungsproblem so groß, daß die Ich-Leistungen überfordert werden. Die Rollenspieler neigen nämlich dazu, sich mit dem normativen Profil ihrer Rolle und mit den Institutionen, von denen es gestützt und (eventuell ideologisch) propagiert wird, zu identifizieren. Andererseits gibt es kaum noch Institutionen, die so unbefragte Werte vertreten, daß man sich guten Gewissens mit ihnen identifizieren könnte. Zudem ist eine starke Identifikation mit einer Rolle immer auch gefährlich, wenn das Individuum über einen relativ reichhaltigen Rollenhaushalt verfügt, weil die anderen Rollen dann nicht mehr genügend zu ihrem Recht kommen. So entsteht zwischen Identifikationen, die problematisch oder gefährlich sind, und der Notwendigkeit, das Rollenverhalten für neue Situationen und Aufgaben flexibel und anpassungsfähig zu halten, ein prekäres Gleichgewicht, das im Interesse eines befriedigenden Rollenspiels wie der Stabilität der Ich-Identität aufrecht erhalten werden muß. Daher die Empfindlichkeit und Schärfe, mit der man auf Störungen im Rollenverhalten der anderen und auf Unklarheiten in den Verhaltenserwartungen an die eigene Rolle reagiert. Gesellschaften mit fest institutionalisierten Statusschranken und starker religiöser Bindung nehmen das Rollenspiel weit weniger ernst als wir; ihre Mitglieder lassen die Masken öfter beiseite, sie fallen leichter „aus der Rolle", als wir es uns erlauben, weil sie sich in den wenigen Rollen, die ihnen zur Verfügung stehen, unbefangen mit ihren relativ stabilen Institutionen identifizieren können. In den modernen Gesellschaften gibt es dagegen kaum eine Rolle, deren unzureichende Darstellung den Spieler nicht sogleich der Gefahr unmittelbarer Auswirkungen auf seine Persönlichkeit und auf seine Legitimation als Inhaber einer Position aussetzt. Die Schwierigkeiten des prekären Gleichgewichts haben daher allenthalben Reizbarkeit und, wenn Störungen im Lernmilieu vorliegen, neurotische Reaktionsbildungen zur Folge. Das Fragwürdigwerden überlieferter Rollenprofile bedroht vor allem die personbezogenen Rollen, wo die normative Festlegung dazu dient, von der ständigen Neuorientierung in überraschenden Situationen zu entlasten. In den situations- und organisationsbezogenen Rollen ist das normative Profil in der Regel schon äußerlich durch die verschiedenen Bestimmungen der Situation und der Organisation festgelegt und kann daher, vorausgesetzt daß die Normenkommunikation funktioniert, auch relativ gefahrlos verändert werden. Die personbezogenen Rollen verlangen dagegen eine latent vorhandene, jederzeit aktualisierbare normative Orientierung des ganzen Rollenspielers, die in jeder denkbaren Interaktionssituation vorweg gewährleistet sein muß. Der Rollenspieler mag sich dabei zum Teil auf Internalisierungen verlassen, zum Teil aber muß er sich auf Rollenvorbilder und -modelle stützen, die in den Zusammenhang der kulturellen Überlieferung gehören. Wenn diese Rollenmodelle fehlen, weil die entsprechenden moralischen Werte und Institutionen in einem Prozeß der Umstrukturierung begriffen sind oder sich aufgelöst haben, dann kommt es zu einem verhängnisvollen Orientierungsverlust, der in manchen Situationen ein Rollenverhalten überhaupt verhindert. Beispiele für solche Orientierungslosigkeit bietet etwa das Konsumentenverhalten[62]: die Umstellung etwa von einer Verhaltensorientierung an den Normen der Sparsamkeit, der Pfleglichkeit und der Vorsorge auf die Normen des raschen Verbrauchs in der „Überflußgesellschaft" kann so schwerfallen, daß Störungen des Rollenverhaltens beim Haushaltungsvorstand die Folge sind[63].

Schwerer noch ist das Problem bei manchen Rollen, deren Norm-Profile entweder ganz verschwunden oder doch immer ambivalenter und verschwommener geworden sind. Das gilt zum Beispiel für alle Rollenbeziehungen, die jenseits der medizinischen und pflegerischen Versorgung mit Krankheit und Tod zu tun haben. Die Verdrängung dieser Phänomene aus dem sichtbaren Bereich unserer Gesellschaft und die Auflösung einer religiösen Verankerung ihrer Interpretation haben eine Situation geschaffen, die sich durch fast völliges Fehlen von Verhaltensnormen gegenüber Kranken und Sterbenden auszeichnet. Die meisten Menschen ziehen sich vom Sterbenden zurück, besuchen ihn schlechten Gewissens nicht mehr, ja meiden selbst den bloß Kranken nach Möglichkeit, weil sie nicht wissen, wie sie sich verhalten sollen. Und das kann ihnen nicht einmal verübelt werden: die großen Einbrüche in das normale Leben — Geburt und Tod, aber auch Krankheit, Krieg und selbst Heirat — entziehen sich mehr oder weniger jeder nicht religiösen Interpretation; alle Gesellschaften haben diese Einbrüche nur durch starke Ritualisierungen bewältigen können. Wird aber die institutionelle Verankerung dieses ritualisierten Verhaltens fragwürdig, dann bleiben nur noch schale Konventionen, wie sie bei Hochzeiten und Begräbnissen heute üblich sind. An sie klammert man sich um so stärker, als man nicht der puren Sprachlosigkeit verfallen darf, der zu entgehen nur die Flucht aus der Rollenbeziehung bliebe. Freilich sind die meisten anomischen Situationen, in die man auf Grund eines gestörten Verhältnisses zur Überlieferung gerät, weniger radikal, wenngleich noch prekär genug. Normalerweise handelt es sich nicht so sehr um Situationen, die nur noch durch Pseudo-Ritualisierung oder schlichten Rückzug zu bewältigen sind, als vielmehr um die Konfrontation mit ambivalenten, oft widersprüchlichen Interpretationen der kulturellen Überlieferung. Dadurch gehen die im Laufe des Sozialisierungsprozesses gewonnenen sicheren Verhaltensorientierungen verloren: bisher selbstverständliche und unbefragte Internalisierungen werden ins Bewußtsein gehoben und geben keine Kriterien für die Wahl zwischen unterschiedlichen Rollenmodellen mehr an die Hand. Ein Beispiel solch ambivalenter, tendenziell anomischer Rollen wäre das Dilemma der Frauen in unserer Gesellschaft: sie schwanken zwischen Emanzipation und Unterordnung, zwischen Beruf und Familie, zwischen Kindern und Karriere, entsprechend den vielfältigen Rollenmodellen und den widerstreitenden Interpretationen ihrer „eigentlichen" Bestimmung und entscheiden schließlich oft einfach auf Grund biographischer Zufälle.

Wie reagiert man, wenn man nicht weiß, wie man reagieren soll? Anders ausgedrückt: welches sind die Folgen einer anomischen Situation für das Rollenspiel? Die Verhaltensmöglichkeiten hängen natürlich von der relativen Stärke der Anomie ab — es gibt Situationen, in denen Rückzug, Abbruch der Beziehungen und, wenn es höflich zugeht (zugehen kann), ein strategisches Absetzmanöver, eine Frontbegradigung der sozialen Beziehungen die einzige Lösung sind. Sofern es sich aber, wie meistens, um ambivalente Situationen ohne völligen Orientierungsverlust handelt, sind vor allem zwei Reaktionsformen immer wieder zu beobachten: erstens der *Verlust des Engagements* bei gleichzeitiger Aufrechterhaltung oder gar Verstärkung der Rollendistanz. Der Rollenspieler tut dann so, als gehöre er eigentlich gar nicht dazu, sei nur zufällig anwesend und könne sich daher sein Urteil (letztlich also seine Verhaltensorientierung) noch vorbehalten. Er spielt die Rolle eines distanzierten Beobachters, der sich seinen Zynismus leisten kann, weil er angeblich gar nicht engagiert ist — wobei in Wahrheit eben jener Zynismus für das verlorene oder fragwürdig gewordene Engagement zumeist nur eine dürftige Kompensation ist. Erving Goffman hat diese Reaktionsform im Hinblick auf die Dynamik informeller *Gesprächssituationen* beschrieben[64]: die Störungen des Rollenverhaltens entstehen hier stets aus einer Verlagerung der Aufmerksamkeit des Rollenspielers vom Thema der Situation und des Gesprächs und vom wechselseitigen Rollenspiel im Verlauf des Interaktionsprozesses weg, wobei diese Störung charakteristischerweise auf einer Überforderung der Ich-Leistungen des Rollenspielers beruht. Die Zurückziehung des Engagements kann Ausdruck eines Desinteresses sein, das, solange man höflich bleibt und den Gesprächspartnern ein Minimum an Aufmerksamkeit nicht entzieht, die Interaktion kaum behindert. Störungen des Interaktionsprozesses aber werden unvermeidlich, wenn ein Rollenspieler entweder seine eigene Darstellung, sein eigenes Rollenspiel, oder das Rollenspiel eines anderen Gesprächsteilnehmers oder schließlich das Funktionieren und den Ablauf des Interaktionsprozesses selbst in den Mittelpunkt seiner Aufmerksamkeit stellt. Im ersten Fall fehlt ihm — paradox gesagt — vor lauter Distanz zu sich selbst die Distanz zu seiner Rolle; er spielt sie so bewußt und so ängstlich zugleich, daß seine Darstellung schlecht wird. Die Folge ist in der Regel, daß man ihn für eitel hält, wenn nicht gar für aufdringlich, und deswegen versucht, ihn möglichst wenig zu Worte kommen zu lassen. Entweder spielt er sich als Schauspieler seines Ich-Ideals selbst in den Vordergrund, oder er frißt sich an einem Thema fest und zwingt die anderen zur schweigenden Hinnahme seiner Vortragskünste. In jedem Fall wird der Interaktionsablauf gestört, denn „des einen Übereifer bewirkt die Entfremdung des anderen“[65]. In organisationsbezogenen Rollen resultieren regelmäßig Arbeitsstörungen aus solchem Verhalten — eine ständige Vertauschung der Situationsthemen und Relevanzbereiche ist hier symptomatisch. — Im zweiten Fall, wenn sich jemand auf das Rollenspiel eines anderen konzentriert, kann es nicht ausbleiben, daß die anderen Teilnehmer der Interaktion dies auf die Dauer bemerken und ebenfalls das Rollenspiel des Opfers zu beobachten beginnen. Damit ist erstens die allgemeine Aufmerksamkeit vom Gesprächsthema abgelenkt, und zweitens wird die Interaktion zusätzlich dadurch gestört, daß der Betroffene allmählich merkt, daß alle ihn beobachten, und darob selbst in seinem Verhalten unsicher wird. — Der „klassische" Fall einer Reaktion auf Rollenerwartungen, die die eigenen Ich-Leistungen überfordern, ist aber natürlich die distanzierte Beobachtung des ganzen Interaktionsprozesses. Man kann dieses Verhalten dann zum Beispiel durch ein hintergründiges Lächeln oder eventuell sogar durch einige wenige entlarvende Bemerkungen unterstreichen, um anzudeuten, daß man ja eigentlich „über der Situation steht". Die Sanktion der verärgerten Rollenpartner wird zumeist darin bestehen, daß man den Betreffenden für „arrogant" hält und ihn, wenn man wirklich einmal „unter sich" sein will, nicht mehr einlädt — also ihn isoliert. Dabei hängt es vom Situationsthema und von der Größe der Gruppe ab, wie viele Rollenspieler wie lange eine solche *engagementlose Distanz* durchspielen dürfen, ohne daß der Interaktionsprozeß ernstlich gefährdet wird: bei Arbeitssituationen kann ein einziger Rollenspieler mit dieser Haltung schon die Situation zerstören, bei Geselligkeiten kann die Gruppe je nach Zusammensetzung etwas mehr verkraften.

Eine zweite Reaktionsmöglichkeit, die neben den Formen der engagementlosen Distanz häufig zu beobachten ist, könnte man als *Thematisierungszwang* bezeichnen. Die Angst vor einem Orientierungsverlust verleitet den Rollenspieler zur vorzeitigen Fixierung von Situationsthemen, was einerseits die labile Konstitution offener Interaktionssituationen sofort zerstört, andererseits die Interaktionspartner vergewaltigt, ohne daß der Rollenspieler dies im geringsten bemerkt. Ein solches Überfahren der Mitspieler gibt es in allen Interaktionstypen, aber es ist besonders störend in einer offenen Situation, die entweder unthematisiert bleiben oder deren Thema erst gemeinsam im Interaktionsprozeß entwickelt werden soll. Mit solchem Vervollständigungszwang bei offenen Situationen hängt auch jene Konventionalisierung der Interaktionsnormen zusammen, die aus der Reaktion der Rollenspieler auf die unerträglich erscheinende Ambivalenz bestimmter Situationen — nämlich solcher, in denen das normative Profil der entsprechenden Rollen fragwürdig geworden ist — entsteht, die aber, wenn sie sich einmal durchgesetzt hat, zur Ursache von Distanzstörungen unter dem Druck *nun* allzu engmaschiger Rollenvorschriften wird. Die Reaktion auf eine Überforderung der Ich-Leistungen kann also die ambivalente Situation in ihr Gegenteil verkehren: die Normen werden so weit ausformuliert, daß für die Ich-Leistungen jetzt überhaupt kein Raum mehr bleibt. Dies ist die Tendenz jeder autoritären Haltung: sterile Ruhe und notfalls mit Gewalt hergestellte Ordnung genießen den Vorzug gegenüber der Vielfalt disparater, von individuellen Ich-Leistungen bestimmter und daher unkontrollierbarer Verhaltensweisen. Perfektionismus der Rollenvorschriften wird als Heilmittel gegen die Orientierungslosigkeit angeboten, die Überforderung der Ich-Leistungen wird mit deren Repression beantwortet. Diese reaktionäre Antwort auf anomische Situationen ist besonders für soziale Rollen mit Gestaltungsnormen eine Gefahr. Aber nur in den organisationsbezogenen Rollen bedarf es dazu einer tendenziell totalitären Organisation; in den situationsbezogenen Rollen kann aus dem Thematisierungszwang in einer Art freiwilliger Selbstkontrolle die zwanghafte Beschränkung auf Sitte und Anstand, auf das Übliche und Hergebrachte werden. In den personbezogenen Rollen dagegen wirkt sich der Thematisierungsdruck auf die ganze Persönlichkeit und ihren individuellen Verhaltensstil aus. Die „Individualitätsmuster", die hier die Rolle eines Abwehrmechanismus gegen die Auflösung der normativen Profile übernehmen, steigern sich zu einem *Originalitätszwang*, bei dem der Rollenspieler die Stärke seiner Ich-Leistungen sich selbst und den anderen demonstriert, indem er die Erwartungen und Bedürfnisse des Partners rücksichtslos überspielt. In den Beziehungsrollen führt dies meistens zur Unfähigkeit, die Bedürfnisse des anderen überhaupt wahrzunehmen, und darum paradoxerweise zu einer Konformitätsspirale, die gerade aus dem Zwang zur Orginalität lebt[66]. Je weniger das Leben eines Menschen von organisationsbezogenen Rollen bestimmt wird, je mehr er sein eigener Herr ist, desto größer wird der Verhaltensspielraum, desto größer auch die Gefahr zwanghafter Originalitätsbezeugungen und Stilisierungen. Sie dürften daher in unserer Gesellschaft bei Frauen, weil sie seltener berufstätig sind, häufiger zu beobachten sein; Wohnung und Kleidung, Essen und Gastlichkeit bieten ein leichtes, freilich längst auch industriell manipuliertes Feld für Demonstrationen dieser Art. Das kann sich bis zur Kauzigkeit und zum Spleen steigern. Nicht ohne Grund denkt man hier an Lords und Ladies — Menschen also, die ungebunden genug sind, um sich ein solches Verhalten leisten zu können.

Neben den rollenimmanenten Verhaltensstörungen, bei denen die Rollenspieler doch noch ständig nach einem sinnvollen Zusammenhang ihres Rollenverhaltens suchen, gibt es auch den sporadischen *Ausbruch aus der anomischen Rolle* und ihre Ablehnung in *zielloser, oft aggressiver Negation*. Eine sinnvolle Einheit typisierter Verhaltensweisen wird gar nicht mehr angestrebt, jeder Bezug auf die Normen einer Rolle wird im harmlosen Fall nur mit Worten, im radikalen Fall auch in Taten geleugnet und verdammt — man ist nur noch „dagegen". Hier wird das Rollenverhalten zum Happening, Unvorhersehbares ist die Regel. Solche Reaktion auf das Erlebnis der Sinnlosigkeit in anomischen Situationen und defizienten Rollen läßt sich nie lange durchhalten, ist immer nur situationsbezogen: gelegentliche Begleiterscheinungen eines distanzlosen Engagements außerhalb der Rollenerwartungen, aber doch innerhalb der Interaktionssituation. Kommt es zu einem vollständigen und andauernden Rückzug, der dann wegen der starken Verflechtung der Handlungsfelder und der Bezugspersonen meistens nicht nur eine Rolle und *ein* Handlungsfeld, sondern schließlich *alle* gesellschaftlich akzeptierten Beziehungen eines Individuums umfaßt, — so entsteht eine Subkultur abweichenden Verhaltens. Wenn aber Ich-Schwäche ein distanzloses Engagement verhindert und zum Rückzug in ein abweichendes Rollensystem die Partner fehlen, dann sind schließlich Rückwirkungen auf die Ich-Identität nicht mehr zu vermeiden, und psychische Störungen ernsterer Art werden die Folge sein.

Neben den beschriebenen Reaktionsmöglichkeiten auf anomische Situationen und ambivalente Rollenerwartungen gibt es zwei Verhaltensweisen, die nicht nur der zwanghaften Abwehr, sondern auch der Bewältigung einer relativen Normlosigkeit mit ihrer Überforderung der Ich-Leistungen dienen können: die *Initiierung von Konflikten* und der *Versuch einer Emanzipation von den anomischen Situationen durch selbständige Orientierung*. Die bewußte Auslösung eines Konflikts ist dabei der leichtere Weg: man findet sich weder mit einer Konventionalisierung der Verhaltensnormen noch mit der Möglichkeit eines Engagements extra muros der Rolle noch gar mit der puren Sprachlosigkeit ab, verzichtet also auf die verschiedenen Formen des Rückzugs, verfällt aber ebensowenig den für anomische Situationen typischen Verhaltensstörungen — engagementlose Distanz und Thematisierungs- oder Originalitätszwang — sondern stellt die Konstellation, aus der sich die Ambivalenz der Normen ergibt, selbst in Frage und greift die Ursachen, z. B. das krampfhafte Festhalten an überlieferten Verhaltensweisen, die ihre Legitimitätsgrundlage im Konsensus der Interaktionspartner längst verloren haben, direkt an. Allerdings wird ein solcher Angriff dadurch erschwert, daß es oft nicht leicht fällt, einen *Gegner* zu finden. Handelt es sich um ein Rollenspiel mit konventionalisierten Normen, dann läßt sich der Konflikt noch verhältnismäßig einfach vom Zaun brechen: man braucht sich nur in irgendeiner Weise abweichend zu verhalten und dieses Handeln mit der einen Angriff enthaltenden Behauptung zu verteidigen, die konventionalisierten Verhaltensweisen entbehrten jeder sinnhaften Grundlage, bezögen sich auf keinen möglichen Relevanzbereich mehr und würden nur aus Angst vor einem Orientierungsverlust eingehalten, dem niemand etwas entgegenzusetzen vermöchte. Normalerweise ruft ein solches Verhalten — sehr beliebt im Generationenkonflikt und stets aktuell bei Familienfesten — sofort einen Streit hervor, der aber meistens zu Ungunsten des Angreifers ausgeht: weil dieser entweder keine überzeugenden Alternativen anzubieten vermag oder weil das neue Spiel auf die

Dauer jeden Partner ermüdet. Denn schließlich ist es in dieser Situation nur der Angreifende, der auf diese Weise ein Problem lösen möchte — die Interaktionsparameter haben sich ja stillschweigend auf die Konventionalisierung der ambivalenten Situation geeinigt und fühlen sich dabei nicht so unwohl, als daß sie an der Auslösung eines Konfliktes ernsthaft interessiert wären: mit dem beliebten Hinweis auf Jugend, Unerfahrenheit oder Charaktereigenschaften des Angreifers entziehen sie ihm die Basis seiner Position und stärken ihre eigene. Wenn dagegen die Konventionalisierung des Verhaltens bei *allen* Rollenspielern einer Interaktionssituation den Orientierungsverlust nicht aufhalten kann, dann hat der Angreifer es schwer, ein *Ziel* für seine Angriffe auszumachen. Häufig genug sind sich alle Interaktionspartner darüber einig, daß man nicht recht weiß, wie man sich eigentlich verhalten soll, und daß dies ein unbefriedigender Zustand ist. Aber wo läßt sich ein Schuldiger finden? Statt eines Konfliktes, aus dem neue Orientierungen erwachsen könnten, entsteht dann eine Situation, in der alle Interaktionspartner ihre Rolle mit engagementloser Distanz spielen und sich gemeinsam etwa in kulturkritischen Klagen ergehen: der anomische Zustand wird zwar ins Bewußtsein gehoben, was wichtig ist, aber er wird nicht überwunden.

In einer leichter zu bewerkstelligenden, aber gefährlicheren Verhaltensvariante der Konfliktinszenierung greift der Rollenspieler nicht die *Ursachen* der anomischen Konstellation, sondern die Interaktionspartner direkt an und steigert so die anomische Situation vollends zum *anomischen Konflikt*. Vor allem ich-schwache Rollenspieler wehren sich gegen ihre eigene Orientierungslosigkeit oft nach dem Prinzip: Angriff ist die beste Verteidigung! und fallen plötzlich über ihre gänzlich überraschten Interaktionspartner her. Der Anlaß ist meistens harmlos und den anderen nicht einsichtig, so daß sie sich um so schwerer des Angriffs erwehren können: irgend etwas brachte das Faß zum Überlaufen, ließ den Druck der anomischen Situation vollends unerträglich werden. Der Überfall auf die Interaktionspartner tritt meistens in Form einer planvollen oder fahrlässigen, jedenfalls bewußten *Inszenierung von Verhaltensstörungen* beim Angreifer auf, mit denen die Rollenpartner dann fertig werden müssen. Die anomische Situation wird offengelegt dadurch, daß einer der Rollenspieler seine nomische Unfähigkeit, wie unverschuldet sie auch immer sein mag, durch aggressives Verhalten kompensiert und an diesem Vorgang möglichst alle Anwesenden teilhaben läßt. Die Aggression ist keineswegs eine unbewußte Reaktion auf die eigene Orientierungslosigkeit (obwohl natürlich erst unbewußte Prozesse sie zu wirklicher Heftigkeit steigern können), sondern ein mehr oder weniger planvoll eingesetzter zielorientierter Abwehrmechanismus, der den Zweck hat, nicht nur Aggressionen abzuleiten, sondern auch die

Interaktionspartner zur Äußerung präziser Rollenerwartungen zu zwingen, mit denen man sich dann auseinandersetzen kann. Der Erfolg eines anomischen Konfliktes — ich nenne ihn so, weil er selbst keinen Regeln unterliegt und deshalb besonders gefährlich werden kann — hängt weitgehend davon ab, ob diese Absicht gelingt: dann nämlich wird er in einen nomischen Konflikt überführt, und die Rollenpartner können gemeinsam im Interaktionsprozeß ihre Verhaltensnormen neu definieren. Wenn dagegen die Mitspieler selbst anomisch-aggressiv reagieren, kommt es zu Regressionen im Rollenspiel, und das heißt: zu einer unfruchtbaren Eskalation des Konflikts, die sich nur durch einen Abbruch der Interaktionssituation aufhalten läßt[67]. Das wird aber vermutlich die Regel sein, denn die Überführung in einen nomischen Konflikt erfordert von den Mitspielern soviel Rollenumsicht und Rollendisziplin, daß sie überfordert sind — auch dieser Bewältigungsversuch ist meistens zum Scheitern verurteilt. Es ergibt sich ein Circulus vitiosus: je anomischer eine Situation ist, desto wahrscheinlicher ist im Falle eines anomischen Konfliktes die Eskalation der Aggressionen, und umgekehrt, bis schließlich einer der Rollenspieler die Konsequenzen aus diesem unerfreulichen Zustand zieht, die diplomatischen (bzw. undiplomatischen) Beziehungen mindestens vorübergehend abbricht und so die Interaktionssituation auflöst.

Seltener, aber erfolgversprechender wird der Versuch sein, sich von der anomischen Situation durch selbständige Orientierung zu emanzipieren. Er setzt voraus, daß das Individuum vorweg über genügend Ich-Leistungen verfügen kann, denen nur der normative Rahmen bestimmter Verhaltensweisen und -ziele noch fehlt. Die *Emanzipationschance* muß also vom Individuum in kontinuierlichem Bemühen um selbständige Verhaltensorientierung im Laufe seines ganzen Lebens wahrgenommen werden, was in aller Regel nur mit Unterstützung von „significant others" und in deprivierten Lagen nur durch die Solidarität der Unterdrückten möglich ist. Ohne diese Kontinuität kann man sich aus einer anomischen Situation kaum befreien. Die jeweilige Interaktionssituation kann ein Übungsfeld für emanzipiertes Verhalten nur dann sein, wenn diese Orientierungsbemühung über die jeweilige Situation hinausgreift, indem sie sich auf die Ich-Identität des Individuums insgesamt und nicht nur auf eine bestimmte Rollenidentität bezieht. In dieser Kontinuität einer Ausweitung der Orientierungsversuche auf die Ich-Identität selbst liegt der Unterschied zu den anderen Versuchen, anomische Situationen zu bewältigen. Gerade in der anomischen Situation wächst ihr eine wesentliche Chance zu: die engagementlose Distanz des Rollenspielers läßt sich zur Überwindung der Orientierungslosigkeit fruchtbar machen, *wenn,* das dem ursprünglichen Thema der Situation beziehungsweise dem intentionalen Zusammenhang der Rolle entzogene Engagement in die

Untersuchung der Ursachen des anomischen Zustands eingebracht wird. Dann — aber auch nur dann — pendeln sich Engagement und Distanz auf einer neuen Ebene wieder ein. Das Rollenspiel bekommt einen anderen Sinngehalt: es entsteht jenes *kritische Bewußtsein*, das die Voraussetzung jeder selbständigen Verhaltensorientierung ist. Solche Verschiebung des Situationsthemas (die nicht zu verwechseln ist mit Thematisierungszwang!) ist nicht jederzeit möglich; sie muß aber wenigstens von Zeit zu Zeit stattfinden, damit der Rollenspieler in die Lage versetzt wird, „*Individualitätsmuster*" für sein Verhalten zu entwickeln, in denen er seine kritische Distanz zu den defizienten Rollennormen artikulieren und damit anomische Situationen bewältigen kann.

5. *Ein rollenanalytisches Schema der Verhaltensstörungen*

Unsere Überlegungen zur Pathologie des Rollenverhaltens können nun zusammengefaßt werden. Es hat sich gezeigt, daß Entfremdung und Anomie, diese beiden Schlüsselbegriffe des soziologischen Denkens, soziale Zuständlichkeiten bezeichnen, die sich unmittelbar im Rollenverhalten auffinden und in der Sprache der Rollentheorie analysieren lassen: *Entfremdung* von sich selbst bedeutet eine Verringerung der Rollendistanz und dadurch eine Unterdrückung der notwendigen Ich-Leistungen beim Rollenspiel durch einen übergroßen Druck der Verhaltensnormen, der in der Engmaschigkeit und Überprägnanz der Rollenerwartungen zum Ausdruck kommt. *Anomie* bedeutet umgekehrt eine Überforderung der Ich-Leistungen durch Normenschwäche, wobei insbesondere das zielorientierte Engagement beim Rollenspiel verlorengeht, weil die sinnvolle Einheit intentional auf einen Relevanzbereich bezogener typisierter Verhaltensformen sich auflöst. Anomie meint deshalb eine Orientierungsstörung im Rollenverhalten, während Selbstentfremdung eine Distanzierungsstörung bezeichnet. Freilich, erst wenn die von der bisherigen Rollentheorie übersehene Bedeutung der Ich-Leistungen und der Identifikation beim Rollenverhalten erkannt wird, ist es möglich, Entfremdung und Anomie als soziale Phänomene aufzufassen, die sich unmittelbar in einer Störung des sozialen Handelns niederschlagen, wobei der defiziente Modus des Rollenspiels allerdings die verschiedenartigsten Formen annehmen kann[68].

Normendruck und *Normenschwäche* sind ein direkter Ausdruck perfektionistischer oder unvollständiger Rollenerwartungen. Sie haben ihren Ursprung also bei den Rollensendern, die aber ihrerseits diese Verhaltenserwartungen nicht unabhängig von ihrer eigenen Rolle und deren Einbettung in ein Rollensystem an den anderen richten. Anders ausgedrückt: die Tatsache, daß es zu den Normen der eigenen Rolle gehört, bestimmte Rollenerwartungen an andere zu richten, weist darauf hin, daß die Unterdrückung oder die Überforderung des anderen sich nicht einfach auf die Willkür des Rollensenders zurückführen läßt, sondern der normativen Struktur eines Rollensystems oder der Verknüpfung mehrerer Rollensysteme entspringt. Soziale Rollen sind niemals isoliert, sie stehen immer in einer Relation zu anderen sozialen Rollen. Eben deshalb ist ihre defiziente Verfassung immer auch die defiziente Verfassung von Organisationen und Institutionen. So kommt in der Repression der Ich-Leistungen beim Rollenspiel durch Normendruck die „Totalität" von Organisationen und Institutionen zur Geltung: die Überprägnanz der Normen ist allemal Ausdruck etablierter Herrschafts- und Produktionsverhältnisse. Deshalb ist Selbstentfremdung nirgends häufiger und wirksamer anzutreffen als in den organisationsbezogenen Rollen, wenngleich sie auch in anderen Rollentypen in dem Maße vorkommt, wie dort Herrschaftsverhältnisse in mehr oder weniger verschleierter Form den Interaktionszusammenhang prägen. Umgekehrt ist die Überforderung der Ich-Leistungen durch Normenschwäche vor allem in den personbezogenen Rollen anzutreffen, weil sie auf eine Unschärfe der normativen Profile zurückgeht, die auf kultureller Überlieferung beruhen und dem Rollenverhalten eine zwar allgemeine, aber um so stärker auf die Sinnhaftigkeit und Intentionalität des Verhaltens gerichtete Orientierung bieten. Dennoch gibt es anomische Situationen auch in anderen sozialen Rollen in dem Maße, wie die Verkörperung in ihnen von den „basic rules" der Verhaltensinszenierung abhängt.

Distanzierungsstörungen und Orientierungsstörungen beim Rollenspiel weisen also auf defiziente Modalitäten im jeweiligen Interaktionssystem hin, die stets auf ihren Ursprung in *Kommunikationsproblemen, Produktionsproblemen oder Herrschaftsproblemen* zurückverfolgt werden können: die Untersuchung von Störungen des Rollenverhaltens führt zu einer soziologischen Kritik der gesellschaftlichen Institutionen. Die normative Verfassung der kulturellen und sozialen Struktur einer Gesellschaft läßt sich an der Art und der Verbreitung von Störungen des Rollenverhaltens ablesen, weil sich der normative Charakter der Vergesellschaftung des Individuums am unmittelbarsten in seiner Verkörperung in sozialen Rollen ausdrückt. Dieser Zusammenhang von individuellem Rollenverhalten und normativer Struktur der gesellschaftlichen Beziehungen zeigt sich besonders deutlich an dem Einfluß, den die Störungen im Verhältnis zu den Eigen- und Fremdgruppen auf die Störungen des Rollenverhaltens selbst haben: nicht notwendigerweise, aber doch sehr oft folgt die Unterdrückung oder Überforderung der Ich-Leistungen beim Rollenspiel aus relativer Deprivation. *Die Kontaktstörungen im Verhältnis zu Eigen- und zu Fremdgruppen entsprechen im Außenverhältnis einer Rolle zu an-*

deren Rollen dem, was Distanzierungs- und Orientierungsstörungen im Binnenverhältnis einer Rolle zu ihrem Spieler sind: Unverträglichkeiten zwischen eigener Typisierung und fremden Typisierungsschemata. Während aber der Rollenspieler mit den überstarken oder allzu schwachen Typisierungsschemata einer einzelnen Rolle immerhin durch einen kompensatorischen Ausgleich in seinem Rollenhaushalt fertig zu werden vermag, wirkt sich der Kontaktverlust zur eigenen wie zu den fremden Gruppen in der Regel auf den ganzen Rollenhaushalt aus und verursacht entfremdende oder anomische Situationen nicht nur in einer Rolle. Die Kontaktstörungen durch relative (oder absolute) Deprivation liegen also auf einer *anderen Ebene* als die Orientierungs- und Distanzierungsstörungen, zu deren Ursache sie werden können: Kontaktstörungen sind Ausdruck von Friktionen in der Sozialstruktur selbst, während Normendruck und Normenschwäche Kennzeichen einzelner Rollensysteme innerhalb dieser Sozialstruktur sind. Daher haben die Kontaktstörungen eine übergeordnete Stellung: sie beeinflussen die Störungen des Rollenverhaltens und die Abwehrmechanismen, die sich dagegen einsetzen lassen, ebenso wie die Richtung des Ausweichens und Abweichens in untypisierte Verhaltensweisen und subkulturelle Gruppierungen.

Wie schon die Kritik an den „types of adaptation" zeigte, die R. K. Merton aus der Analyse der Friktionen zwischen kulturellem und sozialem System entwickelt hat[69], daß die Verhaltensstörungen aus der unterschiedlichen Betonung von Zielen und Mitteln des sozialen Handelns nicht erklärt werden können, so läßt sich dieses Ergebnis an Hand der hier fixierten drei Störungsarten bestätigen: man könnte zum Beispiel sagen, daß bei relativer Deprivation die Ziele gesellschaftlich betont und auch vom Rollenspieler akzeptiert sind, die Mittel zur Erreichung dieser Ziele aber den Unterprivilegierten nicht zur Verfügung stehen. Tatsächlich erklärt Merton aus dieser Konstellation die auf materiellen Erfolg gerichtete Kriminalität der Unterschichten. Was aber bei Kontaktstörungen nicht zur Verfügung steht, sind nicht einfach nur die Mittel, die man benötigt, um es den Privilegierten gleichzutun (also z. B. Kapital oder Ausbildung als Investition), sondern die entsprechenden Rollen selbst, also diese oder jene intentional auf sozialen und ökonomischen Erfolg gerichtete sinnvolle Einheit typisierter Verhaltensweisen. In den sozialen Rollen ist neben spezifischen Verhaltensvorschriften immer auch der intentionale Sinn eines Verhaltens mitgegeben und damit die Erwartung von Ich-Leistungen, die sich an dieser Verhaltensintention orientieren. Wenn bei relativer Deprivation das Individuum an der Verkörperung bestimmter Rollen gehindert wird, dann bedeutet das also viel mehr als das bloße Fehlen der Mittel für ein bestimmtes zweckrationales Handeln: die unmittelbare Einbeziehung von

Handlungszielen, die man sich mehr oder weniger abstrakt an Hand einer gesellschaftlich propagierten Wertskala zu eigen gemacht hat, in ein sinnvoll typisiertes Verhalten kann selbst nicht gelingen. Es *kann* daraufhin zu einer erfolgbetonten Kriminalität kommen, *wenn* ein entsprechendes „asoziales" Lernmilieu (sowohl was die Ziele anbetrifft, als auch hinsichtlich der Mittel) vorhanden ist, das entsprechende, nunmehr freilich abweichende Rollen anbietet. Ebensogut aber kann die Reaktion in Apathie oder Rückzug aus der Gesellschaft in entsprechende „unsoziale" Subkulturen oder auch in bestimmten Ideologiebildungen bestehen, und zwar je nachdem, wie das jeweilige Lernmilieu und die entsprechende „opportunity structure" beschaffen sind und welches die spezielle Art der Kontaktstörung ist. Ähnliches ließe sich von den Distanzierungs- und Orientierungsstörungen sagen: es gibt keinen Sinn, bei Selbstentfremdung und Anomie von einem unausgeglichenen Verhältnis von Zielen und Mitteln zu sprechen, weil es sich beide Male um Störungen innerhalb sozialer Rollen handelt, die Ziele und Mittel, Werte und Normen gemeinsam umfassen. Dennoch kann hier wie bei den Kontaktstörungen auch tatsächlich eine unterschiedliche Betonung und eine unterschiedliche Zugänglichkeit von Zielen und Mitteln vorliegen, deren spezifische Auswirkung aber jeweils im Zusammenhang mit den Kontaktchancen des Lernmilieus und der „opportunity structure" sowie mit den unterschiedlichen Ideologisierungschancen untersucht werden müßte. Erst unter Beachtung dieser Zusammenhänge und im Rahmen einer rollenanalytischen Perspektive könnte die empirische Einzelforschung im Bereich sozialpathologischer Phänomene aus der Sackgasse herausgeführt werden, in die sie durch den gegenwärtigen Stand der Anomie-Theorie hineingeraten zu sein scheint.

In diesem Zusammenhang müßte auch die häufig aufgestellte Behauptung neu überprüft werden, nach der in den Unterschichten eher Normenschwäche, in den Mittelschichten dagegen eher Normenkonflikte anzutreffen sind[70]. Die Richtigkeit dieser These hängt vor allem davon ab, was unter *Normenkonflikten* zu verstehen ist. Handelt es sich um Intra-Rollenkonflikte, also um widersprüchliche Rollenerwartungen der verschiedenen Rollensektoren, dann spricht tatsächlich manches für eine größere Häufigkeit solcher Konflikte in den Mittelschichten. J. D. Snoek hat in diesem Zusammenhang treffend von „role strain" gesprochen[71]: die Belastung und Beanspruchung durch eine Rolle wächst, wie Snoek durch sein Untersuchungsmaterial belegen kann, mit der Anzahl der Rollensender und der Rollenbeziehungen, die zu dieser Rolle gehören. Ein solches „role strain" wird man aber, anders als Snoek, als Überbeanspruchung der Ich-Leistungen interpretieren müssen: der Rollenspieler sieht sich gezwungen, selbständig zwischen den unterschiedlichen Erwartungen der verschiedenen Rollensender einen Ausgleich zu finden, was Distanz und Engagement gegenüber seiner Rolle voraussetzt; dabei wird die Integrationskraft des Rollenspielers leicht überfordert, die sinnvolle Einheitlichkeit seines Verhaltens zerbricht, und sein Verhalten gibt sich in jedem Rollensektor wieder anders. Dieser Typ eines Normenkonfliktes führt also zu einem Orientierungsverlust, zur Anomie. In der Tat wird man sagen dürfen, daß vor allem in den Leistungsrollen eine solche Überforderung der Ich-Leistungen häufig zu beobachten ist und daß die entsprechenden Positionen vorwiegend von den Mittelschichten besetzt werden. Ganz konsequent sieht G. Rose denn auch neben der Normenschwäche diesen Normenkonflikt als die zweite Ursache von Anomie an. Auf der anderen Seite gibt es neben dem Intra-Rollenkonflikt auch andere Konflikte, und zwar vor allem den Konflikt zwischen verschiedenen Rollen. Nach einer verbreiteten Vorstellung ist dieser Intra-Rollenkonflikt besonders häufig bei solchen Personen anzutreffen, die über einen großen Rollenhaushalt verfügen, also wiederum eher in den Mittelschichten als in den Unterschichten. Diese Vorstellung mag einiges für sich haben, lenkt aber von einer wesentlichen Tatsache ab: daß nämlich mit der Größe des Rollenhaushalts keineswegs automatisch auch die Zahl der Rollen zunimmt, mit denen sich der Rollenspieler stark *identifiziert* und zwischen denen ein Ausgleich zu finden für ihn als besonders wichtig wäre. Vielmehr steigt mit der Vergrößerung des Rollenhaushalts in der Regel die Zahl der leicht verfügbaren Rollen, mit denen man sich ohnehin nicht besonders identifiziert (man denke etwa an die situationsbezogenen Repräsentationsrollen von Inhabern hoher Status-Positionen) und aus denen man sich oft genug auch leicht wieder zurückziehen kann (wie z. B. aus Ehrenämtern und dergleichen). Rollen mit hohem Identifikationsgrad können nie sehr zahlreich werden; sie bilden einen *Kern des Rollenhaushalts*, der auch, wenn dieser seinen Umfang verändert, relativ konstant bleibt. Auf der anderen Seite sind diejenigen vom Inter-Rollenkonflikt ernsthaft bedroht, die zwar nur über einen kleinen Rollenhaushalt verfügen, innerhalb dessen sich aber zwei oder drei Rollen mit hohem Identifikationsgrad oder großem „organismic involvement", also mit starker psychischer und physischer Beanspruchung, nicht oder nur schwer miteinander vertragen. In einer solchen Situation werden sich die Mitglieder unterer Schichten sehr viel häufiger befinden, weil sie eher unter dem Normendruck von Arbeits- oder Vollzugsrollen zu leiden haben, die auch die normalen Verpflichtungen einer personalen Rolle schon in Mitleidenschaft ziehen[72].

Ein solcher Inter-Rollenkonflikt ist dabei keineswegs ein Zeichen von Normenschwäche, sondern im Gegenteil Ergebnis der Konfrontation einer normalen Rolle mit einer Rolle, die sich durch

Überprägnanz der Normen auszeichnet. So führt denn diese repressive Situation auch nicht selten zu einem weiteren, nämlich einem *Legitimitätskonflikt*, das heißt: zu einem Konflikt über die Berechtigung bestimmter Rollenvorschriften im Hinblick auf das intentionale Ziel des Rollenverhaltens, wenn nicht gar über die Legitimität der Rolle selbst beziehungsweise über ihre Zuordnung zu diesem oder jenem Relevanzbereich[73]. Solche Konflikte sind im Gegensatz zu den anomischen Konflikten durch eine kräftige normative Orientierung gekennzeichnet, ja, um diese geht eben gerade der Streit. Wie den anomischen Konflikten ist ihnen freilich der Charakter eines Abwehrmechanismus eigen: in beiden Fällen wehrt sich der Rollenspieler gegen eine defiziente Rolle — im einen Fall gegen die Repression und im anderen Fall gegen die Überforderung der Ich-Leistungen. Die Thesen der bisherigen Anomie-Theorie über die Verteilung der Verhaltensstörungen in verschiedenen Schichten bedürfen also einer Differenzierung: von Normenschwäche kann in den Unterschichten vor allem dort gesprochen werden, wo es sich um Relevanzbereiche (und Rollen) handelt, in denen sie teils wegen ihres unzureichenden Lernmilieus, teils wegen des repressiven Charakters ihrer Arbeitsrollen von vornherein relativ oder absolut benachteiligt sind. Umgekehrt werden Normenkonflikte, die nicht zu dem Typus der „role strain" verursachenden Intra-Rollenkonflikte gehören, auch in den Mittelschichten dort auftreten, wo es dem Rollenspieler wirklich gelungen ist, sich in sehr verschiedenen Relevanzbereichen so zu engagieren, daß er mehrere Rollen mit hohem Identifikationsgrad gleichzeitig spielt[74]. Im übrigen aber ist zu vermuten, daß Normenschwäche und Orientierungslosigkeit aus Intra-Rollenkonflikten gerade in den Mittelschichten stärker verbreitet sind, während in den Unterschichten sich umgekehrt eher Inter-Rollenkonflikte und Legitimitätskonflikte finden werden. Hier wird die empirische Einzelforschung mit Hilfe rollentheoretischer Hypothesen zu differenzierteren Ergebnissen kommen beziehungsweise ihre vielfach disparaten Ergebnisse[75] theoretisch besser integrieren können als bisher.

Konflikte stellen allemal den herrschenden Zustand in Frage; sie dienen damit der Abwehr repressiver Zwänge, aber auch unerträglicher Orientierungslosigkeit. Auf die Dauer können freilich nur nomische Konflikte erfolgreich sein — als Abwehrmechanismus und zugleich als Versuch einer Veränderung des herrschenden Zustandes[76]. Anomische Konflikte dagegen werden zu ziellosen, aggressiven Durchbrüchen, wenn sie nicht sehr rasch in nomische Konflikte überführt werden können. Das geschieht am ehesten durch die *planvolle* Inszenierung von Verhaltensstörungen — sofern es gelingt, den Grund dieser Störungen immer wieder zum Thema der Situation zu machen. (Eine ähnliche Chance besteht, wenn in situationsbezogenen Rollen die Reaktion auf die anomische Situation ein Thematisierungszwang ist: gelingt es, das allgemeine *Unbehagen* zum Thema der Situation zu machen, kann die Normenschwäche überwunden werden). Dann freilich entsteht sogleich ein nomischer Konflikt. Als *Abwehrmechanismus* dienen aber viel häufiger als solche Konflikte bestimmte Formen der Anpassung, mit denen in keinem Fall eine Veränderung des Zustands herbeigeführt wird, die aber das Individuum womöglich noch wirksamer gegen Repression und Überforderung absichern können. Es ist nicht so, daß mit diesen Formen der Anpassung (wir haben im Laufe der Untersuchung verschiedene von ihnen analysiert) einfach Selbstentfremdung und Anomie überwunden wären; sie bezeichnen vielmehr einen Zustand, der gewissermaßen jenseits von Glück und Unglück liegt — man kann mit ihrer Hilfe seine Rolle spielen, nicht gut, nicht schlecht, weder besonders befriedigt noch besonders unbefriedigt, ohne allzu große persönliche Einbußen, aber auch ohne Hoffnung auf Änderung. Wird der Druck der Entfremdung oder der Anomie freilich stärker oder verschiebt sich die Position des Individuums auf dem Kontinuum von relativer zu absoluter Deprivation weiter in Richtung auf letztere, dann werden sich die Bastionen der Anpassung allmählich nicht mehr halten lassen, und es kommt zu Störungen des Rollenverhaltens oder zu einem Rückzug aus der Rolle überhaupt. Hier gibt es natürlich fließende Übergänge im Verhalten und auch die verschiedensten Verhaltenskombinationen.

Ein Schema, das die Störungen des Rollenverhaltens skizzieren soll, kann nur die wahrscheinlichste *Richtung solcher Übergänge* andeuten und sich auf *Verhaltenstypen* konzentrieren, die noch nichts über das Verhalten eines Individuums insgesamt aussagen. Der Übergang vom Abwehrmechanismus der Anpassungsformen zu den Störungen des Rollenverhaltens und den Arten des Ausweichens und Abweichens von der Rolle ist oft graduell — nirgends ließe sich eine klare Abgrenzung finden, die nicht der jeweiligen Sachlage durch Wesensbestimmungen Gewalt antäte. Hier liegt eine entscheidende Schwierigkeit sozialpathologischer Untersuchungen: was soll als gestört gelten und was noch als normal, wenn das Normale sich als Anpassung an das Gestörte erweisen kann und das Gestörte vielleicht als legitimer Protest? Die Frage ist im Rahmen eines bloßen Inventarisierungsversuchs falsch gestellt, sie erhält ihren Sinn erst aus der Perspektive einer kritischen Gesellschaftstheorie, die sowohl den historischen Entwicklungsstand wie die individuellen Leiden der Menschen in Rechnung stellt. Hier müssen wir uns zunächst mit dem begnügen, worauf auch eine solche Theorie sich zu stützen hätte: eine formale Bestimmung dessen, was im Rahmen des Rollenverhaltens als typisch im Sinne der Übereinstimmung mit den Typisierungsschemata der

Rolle noch gelten kann, nämlich auch bestimmte Formen von Anpassung und Konflikt, und dessen, was als atypisches Verhalten, überhaupt untypisiertes Verhalten und schließlich abweichendes Verhalten klassifiziert werden muß. Jede inhaltliche Beschreibung muß, wie es auch alle Beispiele dieser Untersuchung zwangsläufig tun, von einer empirisch-historischen Fixierung dessen ausgehen, was jeweils tatsächlich typisch ist, wie also die Typisierungsschemata einer Gesellschaft in ihrer jeweiligen Gegenwart aussehen.

Die oben (S. 306 f.) eingeführte Unterscheidung von Typischem, Atypischem und Untypisiertem im Hinblick auf das Verhalten läßt sich jetzt schärfer fassen: ist das *typische* Verhalten dasjenige, welches mit den jeweiligen Typisierungsschemata in Übereinstimmung sich befindet (was auch und gerade im Konflikt der Fall sein kann), so zeichnet sich das *untypisierte* Verhalten dadurch aus, daß es sich nicht innerhalb des gleichen Relevanzbereiches bewegt, auf den sich die Rolle bezieht, und daher notwendig auch am Thema der Situationen, die zum Handlungsfeld der Rolle gehören, vorbeigeht. Wer sich untypisiert verhält, fällt im eigentlichen Sinne des Wortes „aus der Rolle“. Anders das *atypische* Verhalten: es bewegt sich zwar innerhalb des gleichen Relevanzbereiches, hält sich aber nicht an die üblichen Typisierungsschemata, und zwar unter Umständen so wenig, daß die sinnvolle Einheit des Rollenverhaltens und sein intentionaler Charakter sich auflösen. Es darf also nicht verwechselt werden mit dem individuell variablen Verhalten in Rollen, die (typischerweise) große Ich-Leistungen verlangen, also von Gestaltungsnormen geprägt sind. Denn die variable Gestaltung des Rollenspiels stört nicht den intentionalen Charakter der Rolle, sondern ist im Gegenteil bei bestimmten Rollen gerade dessen Voraussetzung. Schließlich bleibt das *abweichende* Verhalten: zwar untypisiert im Hinblick auf die ursprüngliche Rolle (jener also, von der es abweicht), weil es sich in einem anderen Relevanzbereich bewegt, kann es aber andererseits trotzdem nicht untypisiert genannt werden, weil es eigenen und oftmals sogar viel festeren Typisierungsschemata folgt und nicht etwa außerhalb *aller* normativen Festlegungen sich bewegt. Nur eben, daß diese Normen abweichende Normen, das heißt von anderen nicht gebilligte Normen, sind. Man wird also in formaler Bestimmung zunächst einmal sagen können, daß das normale Rollenverhalten einschließlich aller darin eingehenden Abwehrmechanismen ein typisches Verhalten ist — es bewegt sich im Rahmen des durch die Rolle gegebenen Relevanzbereiches und hält sich an die entsprechenden Situationsthemen. Ein atypisches Verhalten ist dagegen gestörtes Verhalten, ist im eigentlichen Sinne eine Störung des Rollenspiels. Man kann dies sagen, eben weil es sich an den jeweiligen Relevanzbereich hält und dennoch die Intentionalität des Rollenspiels zunichte macht. Unter dem Druck von Kontakt-,

Distanzierungs- und Orientierungsstörungen kann das typische Rollenverhalten nachgeben und atypisch werden, es kann aber auch aus dem betreffenden Relevanzbereich überhaupt in untypisiertes oder abweichendes Verhalten ausbrechen. Dabei ist ein untypisiertes Verhalten auf die Dauer allerdings nicht durchzuhalten, eben weil es im Grunde vollkommen anomisch, nämlich ohne feste, von anderen im Interaktionsprozeß kontrollierte Verhaltensregeln bleibt. Es wird daher das untypisierte Verhalten auf die Dauer entweder in abweichende Rollen integriert werden oder aber zum alten Relevanzbereich zurückkehren und dort wieder typisch oder — wohl eher — atypisch sein.

Nach diesen nicht unwichtigen Unterscheidungen können wir den Versuch wagen, ein rollenanalytisches Schema der Verhaltensstörungen zu skizzieren, das zugleich in äußerster Verkürzung unsere Überlegungen zur Pathologie des Rollenverhaltens zusammenfaßt (siehe Schaubild S. 336).

Die Aufstellungen der Tabelle sind in verschiedener Hinsicht unvollständig: so fehlen zum Beispiel die Angaben über die Anpassungsformen in situations- und personbezogenen Rollen. Ferner gibt es eine Fülle von mehr oder weniger wahrscheinlichen, häufiger oder seltener zu beobachtenden Querverbindungen, die im Rahmen dieser Tabelle nicht mehr skizziert werden konnten.

Eine theoretisch gewichtige Auslassung muß aber gesondert erwähnt werden: in der Tabelle sind die Störungen des Rollenverhaltens nur auf die Rollentypen mit unterschiedlicher *Herkunft* der Normen bezogen, nicht auf die Rollentypen mit unterschiedlicher *Art* der Normen (vgl. dazu die Rollentypologie auf S. 140), so daß die Angaben hier zwischen den durch Vollzugs-, Qualitäts- und Gestaltungsnormen bestimmten Rollentypen oszillieren. Diese Unschärfe kann aber in Kauf genommen werden, *weil die Herkunft der Normen und damit auch der Identifikationsgrad des Rollenspielers tatsächlich von größerer Bedeutung für die Art der Verhaltensstörung ist.* Man kann sich das schematisch leicht klarmachen, wenn man die jeweils drei Felder der Distanzierungsstörungen und der Orientierungsstörungen des Rollenverhaltens in der Tabelle auf je neun Felder erweitert, indem man unter „Normendruck" und „Normenschwäche" je drei Rubriken für Rollen mit Vollzugs-, Qualitäts- und Gestaltungsnormen einfügt. Es wird sich dabei zeigen, daß die *Form* der Verhaltensstörung sich durch die Art der Normen nicht ändert — man wird hier und da vielleicht eine treffendere Benennung finden können, die in der Tabelle bezeichnete Qualität der Störungen aber bleibt prinzipiell die gleiche.

Im Hochformat betrachtet, zeigt die Tabelle in der obersten Spalte die rollenanalytischen URSACHEN der verschiedenen Verhaltensformen. Die dicken Pfeile auf der Tabelle weisen jeweils auf Wirkungszusam-

Rollenanalytisches Schema der Verhaltensstörungen

		DISTANZIERUNGS-STÖRUNGEN *(Selbstentfremdung)* beim Rollenspiel	KONTAKTSTÖRUNGEN *(relative und absolute Deprivation)* im Verhältnis zu Gruppen		ORIENTIERUNGS-STÖRUNGEN *(Anomie)* beim Rollenspiel
URSACHEN		Repression der Ich-Leistungen durch: Normendruck ◀	Isolierung von der Außengruppe: 1. Unterprivilegierung 2. Diskriminierung	Isolierung von der Eigengruppe: 3. Stigmatisierung 4. Milieuverlust	▶ Repression der Ich-Leistungen durch: Normenschwäche
STÖRUNGEN DES ROLLENVERHALTENS *(atypisches Verhalten)*	situationsbezogene Rollen	Unfähigkeit zur Elastizität *(zwanghafte Beschränkung auf Konventionen)* ◀	Kommunikationsunfähigkeit; Mißverständnisse durch Normenunkenntnis		▶ Thematisierungszwang oder engagementlose Distanz
	organisationsbezogene Rollen	Unfähigkeit zur Zielorientierung *(zwanghafter Ritualismus)* ◀	Apathie durch Beschränkung der Relevanzbereiche		▶ engagementlose Distanz und Vertauschung der Relevanzbereiche und Situationen
	personbezogene Rollen	Unfähigkeit zur Wahrnehmung und Artikulation von Bedürfnissen *(zwanghafter Konformismus; Konformitätsspirale)* ◀	Ambivalente Verhaltensorientierung *(typisch: »marginal man«)*		▶ Originalitätszwang *(»spleens«)*
——> ABWEHRMECHANISMEN *(typisches Verhalten)*	Anpassung	in organisationsbezogenen Rollen: Konformismus Ritualismus	1. falsches Bewußtsein 2. »selffulfilling prophecy«	3. Stigma-Management 4. Überanpassung	▶ in organisationsbezogenen Rollen: »innovation«; Aufblähen einer Rollenidentität; »Individualitätsmuster«
	Konflikt	nomischer Konflikt *(Legitimitätskonflikte)* ◀	1. und 2.: Ideologie und Utopiebildungen	3. und 4.: chiliastische Bewegungen; »Schwarmgeister«	anomischer Konflikt durch Inszenierung von Verhaltensstörungen
<—— RICHTUNG DES AUSWEICHENS IN	untypisiertes Verhalten	distanzloses Engagement *(Querulanten)*	1. und 2.: Massenphänomene *(spontane Unmutskundgebungen)*	3. und 4.: Weltverbesserer und »Spinner« *(anarchistischer Terror)*	▶ ziellose Negation; aggressive Durchbrüche *(Zyniker)*
	abweichende Rollen	kriminelle Rollen ◀	»asoziale« Subkulturen *(erfolgsbezogen)*	»unsoziale« Subkulturen *(Rückzug a. d. Gesellschaft)*	Sucht- und Gammlerrollen
AUSWIRKUNGEN auf den Rollenhaushalt		mangelnde Flexibilität im Rollenhaushalt; Schwächung der Ich-Identität *(»heimlicher Konsum«)* ◀	Verringerung der Kompensationsmöglichkeiten durch Verkleinerung des Rollenhaushalts		▶ Diffusion der Handlungsfelder; Schwächung der Ich-Identität

menhänge zwischen den Feldern hin, wobei es zu beachten gilt, daß die Verursachungsketten entweder direkt von DISTANZIERUNGSSTÖRUNGEN oder ORIENTIERUNGSSTÖRUNGEN ausgehen können oder indirekt über die Folgen von KONTAKTSTÖRUNGEN. Die Kontaktstörungen befinden sich also auf einer *anderen Ebene:* sie sind kennzeichnend für das Außenverhältnis der sozialen Rollen (deshalb die Hervorhebung der entsprechenden Felder). Distanzierungs- und Orientierungsstörungen beziehen sich dagegen nicht auf das Verhältnis zum Rollensystem, sondern auf sein Verhältnis zur jeweils gegebenen Rolle. Die Zahlen 1.—4. in den Feldern unter KONTAKTSTÖRUNGEN beziehen sich immer wieder auf die vier URSACHEN der Kontaktstörungen zurück; sie kennzeichnen also Zusammengehöriges. — Die *gestrichelten Pfeile* sollen die Richtung andeuten, in der sich die verschiedenen Verhaltensweisen typischerweise (nicht zwangsläufig) entwickeln. Sie weisen also auf den dynamischen Charakter des Verhaltens hin, das sich ja stets in einem Interaktionsprozeß befindet und darin der sozialen Kontrolle der anderen unterliegt, welche ihrerseit von dem Verhalten beeinflußt werden, das sie kontrollieren. — Im *Querformat* gesehen, zeigt die Tabelle im mittleren Hauptfeld die ABWEHRMECHANISMEN, durch die das typische („normale") Rollenverhalten im allgemeinen schon gekennzeichnet ist. In zwanghafter Form führen diese Abwehrmechanismen zu STÖRUNGEN DES ROLLENVERHALTENS, die (im rechten Hauptfeld) skizziert sind. Kontinuierliche Störungen im Rollenverhalten, zu denen eine Situation den Rollenspieler zwingen kann, sind aber nicht durchzuhalten; er weicht dann der Rollenbeziehung überhaupt aus. Die RICHTUNGEN DES AUSWEICHENS sind im linken Hauptfeld skizziert. Wieder im *Hochformat* gelesen, zeigt die Tabelle dann ganz unten die Auswirkungen der drei Störungsarten auf den ganzen ROLLENHAUSHALT eines Individuums und damit auf seine Ich-Identität. Hier ist der Verbindungspunkt zum soziologischen Schema der Verhaltensstörungen zu suchen.

Dennoch wäre es nicht unwichtig, hier noch zu schärferen Differenzierungen zu gelangen und die feinen Unterschiede zwischen den Verhaltensstörungen nach der Art der gegebenen Rollennormen und damit auch nach dem Umfang der typischerweise erwarteten Ich-Leistungen in einer Rolle zu untersuchen. Hier fehlt es allerdings auch an empirischen Hinweisen, weil die Bedeutung der erwarteten Ich-Leistungen für das Rollenverhalten bisher übersehen worden ist. Dennoch seien zum Schluß *zwei Hypothesen* über das Verhältnis zwischen der Art der Rollennormen und den Störungen des Rollenverhaltens formuliert. Die erste bezieht sich auf die Verteilung des Leidensdrucks nach der Art der Normen: *je größer die erwarteten Ich-Leistungen, desto schwächer werden die Orientierungsstörungen vom Rollenspieler empfunden.* Damit ist nichts über die tatsächlich auftretenden Störungen gesagt, sondern nur über den *Leidensdruck* der Rollenspieler, der bei den Distanzierungsstörungen bei Rollen mit Gestaltungsnormen und bei den Orientierungsstörungen bei Rollen mit Vollzugsnormen größer sein wird. Es erübrigt sich hier, diese Hypothese genauer zu begründen: es ist klar, daß die Unterdrückung von Ich-Leistungen durch die Rollensender in Rollen, die typischerweise und von ihrem intentionalen Sinn her große Ich-Leistungen verlangen, besonders hart empfunden wird; und ebenso ist klar, daß das Fehlen von Normen bei Rollen, die typischerweise gerade sehr genaue normative Regelungen verlangen, den Rollenspieler besonders stark verunsichert.

Verteilung des Leidensdrucks nach der Art der Rollennormen:

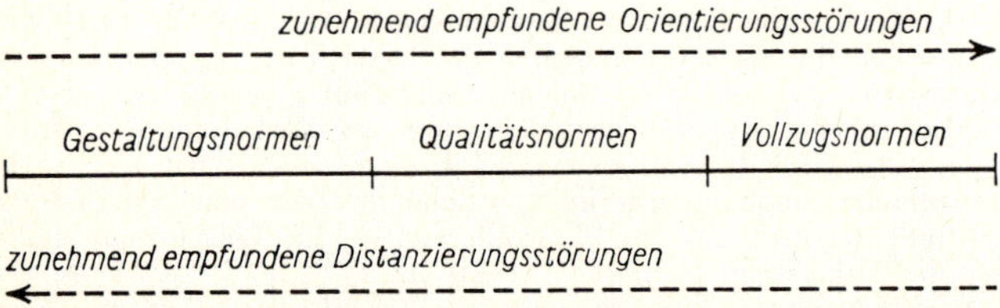

Die Stärke des Leidensdrucks ist nun wichtig für die mögliche Entwicklung eines Verhaltens, beziehungsweise einer Verhaltensstörung, im Interaktionsprozeß. Hier müßte untersucht werden, ob nicht die Tendenz, aus der Rollenbeziehung überhaupt auszubrechen und in abweichenden Rollen oder untypisiertes Verhalten auszuweichen, mit steigendem Leidensdruck sich verstärkt, wobei allerdings die Intensität von Normendruck und Normenschwäche sowie die Stärke oder Schwäche der Ich-Identität und die Kompensationsmöglichkeiten des Rollenhaushaltes als intervenierende Variablen beachtet werden müßten. Bei den Kontaktstörungen, die nicht im Binnenverhältnis zur eigenen Rolle, sondern im Außenverhältnis zu anderen Rollenspielern auftreten, läßt sich die Richtung der Verhaltensstörungen dagegen aus dem Verhältnis zwischen der Art der Rollennormen und der Stärke des Leidensdrucks bereits angeben. Die zweite Hypothese lautet: *Rollenspieler mit Kontaktstörungen werden in Rollen, die große Ich-Leistungen verlangen, tendenziell auf Verhaltensformen ausweichen, die für eine Orientierungsstörung typisch sind, in Rollen, die nur geringe Ich-Leistungen verlangen, dagegen tendenziell auf Verhaltensformen ausweichen, die typisch für eine Distanzierungsstörung sind.* Diese zweite Hypothese ergibt sich aus der ersten: die Dynamik des Verhaltens wird durch den Leidensdruck mitgesteuert, und dies vor allem bei den Kontaktstörungen, mit denen man in jeder entsprechenden Interaktionssituation aufs neue durch bestimmte Techniken des Rollenspiels fertig werden muß. Ein ungestörtes Rollenverhalten ist in diesen Situationen nicht möglich; der Rollenspieler wird aber zu solchen Formen der Störung neigen, die von ihm als weniger drückend empfunden werden. Dieses Ausweichen vor dem individuellen Leidensdruck ist dann freilich der Tendenz nach schon eine *neurotische Lösung*, die dem Rollenspieler die Einsicht in die nun verdrängten Ursachen seines gestörten Verhaltens verbaut. Hier wäre schließlich zu untersuchen, wie weit die Gesellschaft (das jeweils relevante Rollensystem und die vorherrschenden Sozialisierungspraktiken) solchen neurotischen Lösungen Vorschub leistet.

Vermutliche Entwicklung des Verhaltens bei Kontaktstörungen:

in Rollen, die *starke* Ich-Leistungen verlangen (Gestaltungsnormen):	Ausweichen auf Verhaltensformen, die für eine Orientierungsstörung typisch sind:
Beziehungsrollen	= Originalitätszwang
Leistungsrollen	= engagementlose Distanz
Kontaktrollen	= Thematisierungszwang

---

in Rollen, die *schwache* Ich-Leistungen verlangen (Vollzugsnormen):	Ausweichen auf Verhaltensformen, die für eine Distanzierungsstörung typisch sind:
Sozialisierungsrollen	= zwanghafter Konformismus
Ausführungsrollen	= zwanghafter Ritualismus
Spielrollen	= Mangel an Elastizität

Bei Rollen, die eine *mittlere* Stärke der Ich-Leistungen verlangen (also bei den Helfer-, Arbeits- und Bewältigungsrollen), ist die Entwicklungsrichtung des Rollenverhaltens ambivalent. Eine an Leistung orientierte Gesellschaft wie die unsrige legt dem kontaktgestörten Individuum in diesen Rollentypen, die ja durch Qualitätsnormen bestimmt sind, ein *autoritäres Verhalten* nahe, zu dem ich-schwache Individuen dann um so eher neigen, als sie ein ständiges Oszillieren ihres Verhaltens zwischen verschiedenen Formen eines gestörten Rollenspiels kaum ertragen können. Hier entspricht die neurotische Lösung vollends der pathologischen Verfassung der Gesellschaft.

Diese Überlegungen können hier nicht weitergeführt werden; unsere Hypothesen sollen nur die Richtung andeuten, in der eine differenzierte Pathologie des Rollenverhaltens weiterentwickelt werden könnte. Zwar ließen sich leicht Beispiele anführen, jedoch würden sie die Problematik der Hypothesen eher verdecken als sie aufhellen. Denn die Bedeutung, die die Art der Rollennormen und der Umfang der erwarteten Ich-Leistungen für die Störungen des

Rollenverhaltens haben, nämlich als Bestimmungsfaktoren für den individuellen Leidensdruck und damit die Richtung der Entwicklung eines Rollenverhaltens zu wirken, deutet schon darauf hin, daß jede weitere Untersuchung hier zunächst den *Zusammenhang zwischen der rollenanalytischen und der soziogenetischen* Betrachtung pathologischer Verhaltensweisen aufklären müßte. Es mag sein, daß spätere Untersuchungen zu einer Integration beider Betrachtungsweisen führen werden; vorläufig aber wird man sich mit einer Duplizität der Perspektiven abfinden müssen. Jedoch lassen sich auch aus der Konfrontation beider Schemata bereits interessante Einsichten gewinnen. Die letzte Spalte der rollenanalytischen Tabelle, in der auf die Auswirkungen der Verhaltensformen auf den Rollenhaushalt des Individuums hingewiesen wird, enthält schon einige Gesichtspunkte, die auf das soziogenetische Schema verweisen: die Schwächung der Ich-Identität, die eine Folge der Schwächung bestimmter Rollenidentitäten ist, kann, vor allem wenn ein hoher Identifikationsgrad mit der defizienten Rolle oder ein gewaltsames Abschneiden der Kompensationsmöglichkeiten im Rollenhaushalt durch die Einweisung in geschlossene Anstalten vorliegt, zur Identitätsdiffusion und in extremen Fällen zum Identitätsverlust führen. *So ließe sich Durkheims Typ des fatalistischen Selbstmords hier als letzte Konsequenz der Distanzierungsstörung anführen und sein Typ des anomischen Selbstmords als äußerste Konsequenz der Orientierungsstörung* — der Selbstmord ist die Ultima ratio der Identitätsbildung eines Menschen, der keinerlei Identifikationsmöglichkeiten mehr im Interaktionsprozeß findet und sich paradoxerweise als gesellschaftliches Wesen nur behaupten kann, indem er sich der Gesellschaft ein für allemal entzieht. Noch in der vollkommenen Negation der Gesellschaft ist das Individuum Teil dessen, was es negiert.

Anmerkungen

[1] Mit besonderer Schärfe hat dies gerade ein Soziologe, Alex Inkeles, zum Ausdruck gebracht: "... both social structure and personality must be treated as important independent but interacting variables influencing the flow of the social process ... Although sociologists give a central place in their conceptual scheme to the role concept, it is surprising to discover how undeveloped this area of study is. There is, for example, no standard set of concepts or categories which could be used to describe any typical role or set of roles in a way that is sociologically meaningful, does some justice to its complexity, and permits systematic comparison with other roles. The devising of such a set of categories, particulary one which will have meaning with reference to personality variables, is a necessary precondition for launching the program of fruitful research which invites our attention here." (A. Inkeles, Peronality and Social Structure, in: R. K. Merton, L. Broom, L. S. Cottrell, Jr., Sociology Today; Problems and Prospects, 2. Aufl., New York 1965, S. 267.)

[2] Vgl. R. K. Merton, Bureaucratic Structure and Personality, zuerst in: Social Forces, Jg. 18, 1940, S. 560—568, wieder abgedruckt in: Social Theory and Social Structure, aaO, S. 195—206.

[3] Vgl. dazu A. Roe, The Psychology of Occupations. New York 1956. Einige Autoren haben versucht, das Rollenverhalten von Personen zu untersuchen, die vorher mit Instrumenten getestet wurden, die der F-Skala (vgl. T. W. Adorno, E. Frenkel-Brunswik, D. J. Levinson, R. N. Sanford, The Authoritarian Personality, aaO) ähnlich sind: D. Gilbert und D. J. Levinson haben das Rollenverhalten von Krankenschwestern gegenüber Patienten auf diese Art untersucht (Role Performance, Ideology, and Personality in Mental Hospital Aides, in: M. Greenblatt et al., Hrsg., The Patient and the Mental Hospital, Glencoe, Ill., 1957); G. G. Stern, M. I. Stein, B. S. Bloom haben den Erfolg von Studenten gegenüber bestimmten Anforderungen der Universität im Hinblick auf ihre mehr oder weniger autoritäre Persönlichkeitsstruktur verglichen (Methods in Personality Assessment, Glencoe, Ill., 1956).

[4] Vgl. zur Problematik der Schul- und Berufseignungstests: Handbuch für Psychologie, Bd. 6: Psychologische Diagnostik, hrsg. von R. Heiss, Göttingen 1964.

[5] Diese Begrenzung wird vor allem vom Sprachmilieu der Herkunftsschicht mitbestimmt. Siehe dazu: B. Bernstein, Language and Social Class, in: The British Journal of Sociology, Vol. XI, No. 3, 1960.

[6] In allgemeiner Form wird das Verhältnis von bürokratischer Organisation und Typen des Rollenspiels von R. K. Merton, Bureaucratic Structure and Personality, aaO, and D. L. Levinson, Role, Personality, and Social Structure in the Organizational Setting, aaO, untersucht. Mindestens am Rande ist dieses Verhältnis aber ein Thema aller organisations*so*ziologischen Studien, deren Zahl in raschem Wachstum begriffen ist. Einen ersten Überblick vermittelt: R. Mayntz, Soziologie der Organisation, Hamburg 1963. In diesem Buch fehlt allerdings noch die Darstellung der wichtigen Arbeit von M. Crozier, Le phénoméne bureaucratique, Paris 1963. Eine ausführliche Untersuchung zu diesem Thema bringt die Arbeit von R. Presthus, Individuum und Organisation: Typologie der Anpassung, Frankfurt 1966, bei der allerdings zwischen Verhaltenstypus und Persönlichkeitstypus nicht scharf unterschieden wird, so daß die Arbeit eine Reihe von Unklarheiten enthält. Auf eigene empirische Erhebungen stützt sich die vorzügliche Untersuchung von R. Kahn et al., Organizational Stress: Studies in Role Conflict and Ambiguity, New York, London, Sidney 1964.

[7] Vgl. R. Presthus, Individuum und Organisation, aaO.

[8] Siehe R. Kahn et al., Organizational Stress, aaO. Ähnlich wie Kahn et al. auch: B. Levenson, Bureaucratic Succession, in: A. Etzioni, Hrsg., Complex Organizations, New York 1961, S. 362—375.

[9] Vgl. R. K. Merton, Bureaucratic Structure and Personality, aaO.

[10] Soziologische Untersuchungen über die Verhaltenstypen in *person*bezogenen und *situations*bezogenen Rollen, in denen das Problem der Abwehrmechanismen ausdrücklich zum Thema gemacht wäre, fehlen vorläufig. Man darf jedoch vermuten, daß es auch in diesen Rollen spezifische Verhaltenstypen gibt. Hinweise finden sich reichlich in der Romanliteratur, aber auch in soziologischen und sozialpsychologischen Untersuchungen zur Ehe, zur sogenannten Doppelrolle der Frau und zu den

Lebensformen Jugendlicher. Eine interessante *psychoanalytische* Studie über die Abwehrmechanismen in person- und situationsbezogenen Rollen stammt von E. Berne, Games People Play, New York 1964, deutsch: Spiele der Erwachsenen, Hamburg 1967. Berne untersucht Verhaltensstrategien im Alltagsleben in der Ehe, bei sexuellen Beziehungen, bei Geselligkeiten und in therapeutischen und pseudo-therapeutischen Situationen. Diese Strategien, von ihm als „Transaktionsspiele" bezeichnet, zielen alle auf emotionalen Gewinn ab und sind in harmloser Form ins Rollenspiel einzubauen, in scharfer Form aber eine pathologische Regression, die zu erheblichen Interaktionsstörungen führt.

[11] Vgl. dazu Th. Luckmann und P. L. Berger, Social Mobility and Personal Identity, in: Europäisches Archiv für Soziology, Jg. 5, 1964, S. 331 ff.

[12] Luckmann und Berger bemerken zu Recht, daß in diesem Alter, wenn weitere Aufstiegshoffnungen allmählich unrealistisch erscheinen, subjektiv gesehen die Zukunft bereits endet. So entsteht ein spezifisch modernes Altersproblem aus der Frustration weitreichender Aspirationen. Damit mag auch die Verdrängung des Todes aus dem Bewußtsein zusammenhängen, die scharfe Beobachter für die industrielle Gesellschaft festgestellt haben: das Bewußtsein der Endlichkeit kommt unvermittelt über Menschen, deren beruflicher Aufstieg beendet ist und die doch diesem Aufstieg ihre ganze Zukunftshoffnung anvertraut hatten. Vgl. dazu: Ch. v. Ferber, Soziologische Aspekte des Todes, in: Zeitschrift für evangelische Ethik, Jg. 7, 1963, S. 338—359, und: A. Strauß und B. G. Glaser, The Awareness of Dying, Chicago 1965.

[13] Vgl. T. Parsons, The Social System, aaO, S. 254 ff. Siehe dazu Kap. II, Abschnitt 3 dieser Arbeit.

[14] R. K. Merton hat darauf hingewiesen, daß solche Pseudo-Gemeinschaft vor allem auch in den Massenmedien eifrig propagiert wird. Vgl. R. K. Merton et al., Mass Persuasion; Social Psychology of a War Bond Drive, New York 1946. Die ideologische Funktion der Rede von der „Betriebsgemeinschaft" oder der „Schulgemeinschaft" ist deutlich: sie dient der Absicherung der Herrschaftsverhältnisse gegenüber dem Widerstand der entfremdeten Betriebsangehörigen. Interessant wäre in diesem Zusammenhang eine Analyse der Human-Relations-Bewegung in der Industrie. Vgl. dazu die Untersuchung von Loren Baritz, The Servants of Power, Middletown, Con., 1960, die zugleich die Beteiligung der Sozialwissenschaften an dieser Ideologisierung erschreckend deutlich macht.

[15] Siehe S. A. Stouffer et al., The American Soldier, 4 Bde., Princeton 1949—1950. Auf. S. 52, Vol. I, heißt es: "Other conceptual tools, notably a theory of relative deprivation, also are introduced to help in more generally ordering otherwise disparate empirical findings." Vor allem in diesem ersten Band folgen dann zahlreiche Beispiele für relative Deprivation, ohne daß dieser Begriff irgendwo eindeutig definiert würde.

[16] Vgl. K. K. Merton. Contributions to the Theory of Reference Group Behavior, in: Social Theory and Social Structure, aaO, vor allem S. 227—236.

[17] R. K. Merton, Contributions to the Theory of Reference Group Behavior, aaO, S. 234.

[18] Stouffer beschreibt z. B., wie sich Soldaten mit einer geringen Schulausbildung rascher damit abfanden, selten oder gar nicht befördert zu

werden, als solche mit besserer Schulausbildung: "With higher levels of aspiration than the less educated, the better educated man had more to lose in his own eyes and in the eyes of his friends by failure to achieve some sort of status in the Army. Hence, frustration was greater for him than for others if a goal he sought was not attained" (The American Soldier, aaO, Vol. 1, S. 153). Die besseren Aufstiegschancen derer, die eine längere Schulausbildung genossen hatten, diente den anderen eher zur Bestätigung der Angemessenheit des eigenen Status, denn als Grund zur Unzufriedenheit.

19 Vgl. unter den zahlreichen Untersuchungen dazu vor allem: R. Blauner, Alienation and Freedom, The Factory Worker and his Industry, Chicago und London 1964, und: H. Popitz, H. P. Bahrdt, H. Kesting, E. A. Jüres, Technik und Industriearbeit, Tübingen 1957.

20 Vgl. dazu: J. Henry, Culture against Man, New York 1963.

21 Vgl. dazu: S. Braun, Zur Soziologie der Angestellten, Frankfurt 1964, und: W. H. Whyte, The Organization Man, New York 1956.

22 Siehe dazu etwa: H. Popitz, H. P. Bahrdt, H. Kesting, E. A. Jüres, Das Gesellschaftsbild des Arbeiters, aaO, und: A. Andrieux und J. Lignon, L'ouvrier d'aujourd'hui, Paris 1961.

23 Vgl. dazu die von R. Bendix vertretene These eines "working class authoritarianism", in: Herrschaft und Industriearbeit, Frankfurt 1960.

24 Vgl. R. Park, Human Migration and the Marginal Man, in: American Journal of Sociology, Vol. 33, 1928, S. 881—893. Der Terminus "marginal man" wurde später vor allem durch das Buch von E. V. Stonequist, The Marginal Man, New York 1937, bekannt. Die klassische Studie über die Getto-Situation neu eingewanderter ethnischer Minderheiten in den USA stammt von L. Wirth, The Ghetto, Chicago 1928.

25 Stouffer untersucht ausführlich die verschiedenen Benachteiligungen und ihre Wirkung, die bei Rekruten in der Armee auftreten. Daß manche mehr als andere durch die Unterbrechung des beruflichen Werdegangs verlieren, wird glegentlich in Friedenszeiten sogar als Grund für die Befreiung vom Militärdienst akzeptiert. Aber es gibt auch zahlreiche andere Fälle, wie etwa die Benachteiligung Verheirateter, die von ihrer Familie getrennt werden: "Comparing himself with his unmarried associates in the Army, he could feel that induction demanded greater sacrifice from him than from them; and comparing himself with his married civilian friends, he could feel that he had been called on for sacrifices which they were escaping altogether" (The American Soldier, aaO, Vol. I, S. 125).

26 Vgl. E. Goffman, Stigma; Notes on the Management of Spoiled Identity, aaO.

27 op. cit., S. 4.

28 Vgl. E. Goffman, Stigma, aaO. S. 3.

29 Vgl. R. K. Merton, Social Structure and Anomie, und: Continuities in the Theory of Social Structure and Anomie, in: Social Theory and Social Structure, aaO, S. 121—194. Vgl. dazu Kap. II, Abschn. 2 dieser Arbeit.

30 Auch bei psychischen Störungen scheint die Unterprivilegierung im sozioökonomischen Bereich ein auslösender Faktor zu sein. Leo Srole und seine Mitarbeiter stellten in ihrer umfangreichen Untersuchung über "Mental Health in the Metropolis" (New York 1961) fest, daß unter den acht von ihnen kontrollierten Variablen — Alter, Geschlecht, Reli-

gion, Prestige, ethnische Herkunft, Zeitpunkt der Einwanderung der Herkunftsfamilie, sozio-ökonomischer Status und Kindheit auf dem Land oder in der Stadt — der sozio-ökonomische Status bei weitem am stärksten mit dem Grad der psychischen Gesundheit korrelierte. Dabei darf man vermuten, daß der mit niedrigem sozio-ökonomischem Status häufig verbundene Konflikt über die Legitimität der Mittel, die zur Erlangung materieller Erfolgswerte eingesetzt werden, als dauernder Druck auf die psychische Stabilität des Individuums einwirkt. Nicht weniger wirksam aber dürften die entfremdenden Arbeitssituationen sein, in denen sich die Unterschicht häufiger als die Mittelschicht befindet. Vgl. dazu: R. Blauner, op. cit.

[31] Ob relative Deprivation zu kriminellen Subkulturen führt, ist kontrovers; die empirische Forschung in den USA hat hier zu unterschiedlichen Ergebnissen geführt: auf der einen Seite stehen z. B. die Untersuchungen von Sutherland, op. cit., und Cohen, op. cit., auf der anderen Seite haben u. a. F. Elkin und W. A. Westley (Der Mythos von der Teilkultur der Jugendlichen, aaO) sowie L. Daracki und J. Toby (The Uncommitted Adolescent: Candidate for Gang Socialization, in: Sociological Inquiry, Jg. 32, 1962, S. 203—215) energisch bestritten, daß sich die Delinquenz Jugendlicher auf relative Deprivation zurückführen läßt.

[32] So die Definition einer von der UNO erarbeiteten Studie über "The Main Types and Causes of Discrimination and Definition and Classification of Minorities", Ducoument E/Cn 4/Sub 2/85/27 of December, 1949, sec, 33, zitiert nach A. Schütz, Collected Papers. Vol. II, Den Haag 1964, S. 263 f. In Section 37 wird diese Definition weiter konkretisiert: "Discrimination might be described as unequal and unfavorable treatment either by denying rights or social advantages to members of a particular social category; or by imposing special burdens on them: or by granting favors exclusively to the members of another category, creating in this way inequality between those who belong to the privileged category and others."

[33] Vgl. dazu auch: A. Schütz, Equality and the Meaning Structure of the Social World, in: Collected Papers, Vol. II, S. 226—273; siehe vor allem S. 262 ff.

[34] Von Otto Hahn wird erzählt, daß er noch im hohen Alter und als weithin gefeierte Kapazität gern und mit halb gespielter, halb echter Beschämung auf die Tatsache hinwies, daß er „nur" ein Oberrealschüler gewesen sei — womit er dem in Deutschland vorherrschend humanistisch geprägten Bildungsmilieu, in dem er sich im Laufe seines Lebens wohl oft bewegen mußte, sogleich die Waffen nahm. E. Goffman erwähnt zahlreiche Beispiele solcher Techniken bei physisch Stigmatisierten in: Stigma, aaO. Auf S. 136 heißt es z. B.: "Thus a one-legged girl, prone to many inquiries by strangers concerning her loss, developed a game ... in which the play was to answer an inquiry with a dramatically presented preposterous explanation. A different girl with the same plight reports a similar strategy: 'Questions about how I lost my leg used to annoy me, so I developed a stock answer that kept these people from asking further: I borrowed some money from a loan company and they are holding my leg for security!' Brief responses that terminate the unwanted encounter are also reported: 'My poor girl, I see you have lost your leg.' That's the opportunity for the touché, 'How careless of me!'"

[35] Bei physischen Schäden kommt es sehr darauf an, welcher Art diese sind: obwohl generell die Schuldlosigkeit des Opfers anerkannt wird (das Stigma gilt nicht als "discreditable"), gibt es „unreine" Krankheiten und Verstümmelungen, die sozial nicht akzeptiert werden und sich also nicht zum Aufbau einer Position im Interaktionsprozeß einsetzen lassen. Eine ausführliche Analyse dieser Zusammenhänge findet sich in der oben erwähnten Untersuchung von E. Goffman. — Verlegenheit und Unsicherheit lassen sich auch beobachten, wenn ein Stigma zu anderen Zeiten oder von anderen Menschen als diskriminierend betrachtet worden ist. Ein Beispiel dafür ist der in Deutschland nach dem Kriege häufig zu beobachtende schuldbewußt-naive Philosemitismus, der auf jüdische Gesprächspartner mit unangebrachtem Mitleid oder allzu überschwenglicher Begeisterung reagiert. Hier zeigt sich: wenn der Stigmatisierte als unschuldiges Opfer anerkannt ist, versuchen die Rollenpartner oft, dem Stigmatisierten zuvorzukommen — aus Angst, er könne einen durch den Hinweis auf seine Rolle als Opfer entwaffnen.

[36] Vgl. dazu H. Plessners Studie über: Lachen und Weinen; Eine Untersuchung nach den Grenzen des menschlichen Verhaltens, 3. Aufl., Bern 1961.

[37] Vgl. dazu: E. Goffmans Analyse solcher Beruhigungstechniken: On Cooling the Mark Out, in: A. M. Rose, Ed., Human Behavior and Social Process, London 1962, S. 482—505.

[38] Die Vervielfältigung und Komplizierung der Verwaltungsaufgaben hat bei bürokratischen Organisationen mit allzu strikter Kompetenzverteilung häufig zur Ineffizienz im Hinblick auf die Organisationsziele geführt. Insbesondere mit Experten, die ihre Rolle von vornherein nur mit großen Ich-Leistungen spielen können, kommt es dabei leicht zu Konflikten. Die auf dem Prinzip klarer Kompetenzverteilung aufbauende Hierarchie wird von den eher kollegienartig kooperierenden Experten oft durchbrochen — stellt sich die Organisation darauf ein, kann es zu einem fruchtbaren Neben- und Miteinander zwischen "staff" und "line" kommen, tut sie es nicht, werden Ineffizienz und ständige Kommunikationsstörungen die Folge sein. Vgl. zu dieser neueren Entwicklung in bürokratisierten Organisationen, die offenbar eine Revision des Max Weberschen Bürokratie-Modells erfordern, den Diskussionsbeitrag von H. P. Bahrdt auf dem 15. Deutschen Soziologentag: Max Weber und die Soziologie heute, Verhandlungen des 15. Deutschen Soziologentages, hrsg. von O. Stammer, Tübingen 1965, vor allem S. 129 f. Über eine empirische Untersuchung mit ähnlichem Ergebnis zum Thema "staff" und "line" in der Bürokratie berichtet in den gleichen Verhandlungen M. Irle unter dem Titel „Macht, Information und Entscheidung in organisierten sozialen Systemen", aaO, S. 251 ff. Vor allem aber sind die Arbeiten von Michel Crozier für diese Problematik von Bedeutung; vgl. M. Crozier, Le phénoméne bureaucratique, Paris 1963, und ders., L'administration face aux problémes du changement, Numéro spécial de 'Sociologie de Travail', Vol. 8, Heft 3, 1966.

[39] Auf die Fruchtbarkeit sozialer Konflikte hat vor allem R. Dahrendorf immer wieder hingewiesen. Vgl. etwa: Soziale Klassen und Klassenkonflikt in der industriellen Gesellschaft, Tübingen 1957, und: Gesellschaft und Freiheit; zur soziologischen Analyse der Gegenwart, München 1961. Siehe auch: L. A. Coser, Theorie sozialer Konflikte, Neuwied 1966. Der konflikttheoretische Ansatz von Dahrendorf und Coser, der

sich in seiner Formalität von den Integrationstheorien der funktionalistischen Schule von T. Parsons nicht so sehr unterscheidet, wie er vorgibt, übersieht freilich leicht den Unterschied zwischen nomischen und anomischen Konflikten: nicht jeder Konflikt hat automatisch den Fortschritt im Gefolge.

[40] Vgl. dazu die Untersuchung der Rollenbelastung bei Soldaten in der Kriegssituation von R. R. Grinker, J. P. Spiegel: Men under Stress, Blakiston, Philadelphia 1945.

[41] Allerdings ist immer wieder festgestellt worden, daß stark formalisierte Organisationen mit besonders entfremdenden Rollenvorschriften arbeiten. Erst jüngst wurde diese These wieder von einer empirischen Untersuchung bestätigt: M. Aiken und J. Hage, Organizational Alienation, in: American Sociological Review, Vol. 31, 1966, S. 497 ff. Die Autoren untersuchten das Verhältnis zwischen zwei Formen der Entfremdung — Entfremdung von der Arbeit, Entfremdung von „expressiven" Beziehungen — und dem Grad der Zentralisierung und Formalisierung von Organisationen in einem Vergleich von 16 amerikanischen Wohlfahrtsorganisationen und fanden, daß mit der Stärke der Zentralisierung und der Formalisierung der Organisation beide Formen der Entfremdung zunehmen. Eine eindringliche Darstellung der entfremdenden Tendenzen in Großorganisationen bringt die berühmte Studie von W. H. Whyte, jr., The Organization Man, aaO.

[42] In komischer Weise wird dies durch eine beliebte Anekdote illustriert; ein Leben lang glaubte jeder der Ehepartner dem anderen einen besonderen Gefallen zu erweisen, wenn er dem anderen die Oberseite beziehungsweise die Unterseite der Brötchen überließ. Erst auf dem Totenbett des einen stellt sich heraus, daß jeder der beiden gerade jener Seite den Vorzug gab, auf die er zugunsten des anderen verzichtet hatte. — Hier liegt eine Unfähigkeit vor, die Bedürfnisse des anderen zu erkennen und die eigenen zu artikulieren, eine Unfähigkeit, deren Ursache in der Angst liegt, die einmal begonnene Konformitätsspirale zu durchbrechen.

[43] Vgl. dazu die Beobachtungen von Ch. Graf Krockow, Auf der Suche nach der verlorenen Gesellschaft, in: Gesellenstücke, unveröffentlichte Festschrift für H. Plessner, Manuskriptdruck, Göttingen 1957.

[44] MEGA, I, 3, S. 85 f.

[45] Robert Blauner bemerkt dazu treffend: "It is quite likely that the majority of industrial workers are self-estranged in the sense that their work is not particulary involving and is seen chiefly as a means to livelihood. Yet research on job satisfications suggests that the majority of workers, possibly from 75 to 90 per cent, are reasonably satisfied with such jobs. Thus, the typical worker in modern industrial society is probably satisfied *and* self-estranged. Self-estranged workers are dissatisfied only when they have developed *needs* for control, initiative, and meaning in work. The average manual worker and many white-collar employees may be satisfied with fairly steady jobs which are largely instrumental and non-involving, because they have not the need for responsibility and self-expression in work . . . The more education a person has received, the greater the need for control and creativity. For those with little education, the need for sheer activity (working to 'keep occupied') and for association are more important than control, challenge and creativity" (R. Blauner, Alienation and Freedom, aaO, S. 29). — Es ist daher nicht erstaunlich, daß heute ein revolutionäres Bewußtsein sich

vor allem bei der Jugend aus Mittelschichten findet, die einem langen Bildungs- und Ausbildungsprozeß unterworfen ist, über den sie aber keine Kontrolle hat. Revolutionäres Bewußtsein entsteht erst, wenn Selbstentfremdung *und* Unzufriedenheit zusammenkommen, oder anders gesagt: wenn die objektive Selbstentfremdung subjektiv erkannt und erlitten wird. Die Arbeiterschaft könnte erst dann ein revolutionäres Bewußtsein entwickeln, wenn ihr in einem langen Bildungsprozeß die unbefriedigten Bedürfnisse nach "control, initiative, and meaning in work" bewußt werden. Dieser Prozeß kann zweifellos durch bestimmte Maßnahmen einer ideologiekritisch geschulten revolutionären Minderheit beschleunigt werden — vorausgesetzt, daß diese Maßnahmen nicht die relative ökonomische Sicherheit der Arbeiter objektiv oder subjektiv bedrohen. Denn dann werden die Arbeiter stets nach dem bekannten Muster des "working class authoritasianism" reagieren.

[46] MEGA, I, 3, S. 87.

[47] Dies mag einer der Gründe sein, die zur Verbreitung von pornographischer Literatur und von Rauschgiften beitragen. Vgl. dazu: H. S. Becker, Outsiders; Studies in the Sociology of Deviance, aaO, und ders., Hrsg., The Other Side; Perspectives on Deviance, aaO. Heimlicher Konsum freilich muß auf die Gratifikationsmöglichkeiten des Interaktionsprozesses verzichten — geteiltes Vergnügen aber ist doppeltes Vergnügen. Die Erscheinung des sogenannten Gruppensex mag in dieser Erfahrung ihre Ursache haben. Hier lassen sich vorläufig die Zusammenhänge nur vermuten. Eine einleuchtende Hypothese aber ginge dahin, daß Gruppensex sich vor allem bei Menschen findet, die einerseits aus ihrer Herkunftsschicht eine kleinbürgerliche Sexualmoral mitbringen, für die die Libertinage noch den Reiz des Verbotenen hat, und die andererseits ausgesprochen entfremdende Arbeitsrollen haben in denen ihnen „das Gattungsleben zum Mittel des individuellen Lebens" wird — also bei bestimmten Angestelltengruppen.

[48] Die komplizierte Wechselwirkung von entfremdender Situation und ideologischer Kompensation der Selbstentfremdung hat schon in Dostojewskis „Dämonen" eine brillante Darstellung erfahren. Wie einige Formen der politischen Aktivität bei Studenten zeigen, ist das Problem des distanzlosen Engagements aber, Marx zum Trotz, gerade bei manchen seiner Adepten bis heute aktuell geblieben — eben weil das Problem der Selbstentfremdung trotz aller Beteiligung individueller Faktoren *kein* psychologisches Problem ist, sondern mit der Verfassung moderner Gesellschaften selbst zusammenhängt. Für eine eindringliche, wenn auch reichlich schillernde, Darstellung dieser Reaktion des distanzlosen Engagements siehe Jean Luc Godards Film "La Chinoise".

[49] Th. S. Langner, St. T. Michael, Life Stress and Mental Health; The Midtown Manhattan Study, New York 1962. Die Erhebung beruht auf einer Untersuchung von 1660 repräsentativ ausgewählten Personen mit Hilfe eines "Mental Health Rating"-Systems, das freilich eine Reihe schwerwiegender methodischer Probleme aufwirft. Dennoch handelt es sich um eine der größten und sorgfältigsten Untersuchungen, die jemals über den Zusammenhang von sozialen Faktoren und psychischen Störungen durchgeführt worden ist.

[50] op. cit., S. 12.

[51] Eine klare Definition dessen, was 'strain' heißen soll, fehlt bei Langner und Michael. Zweifellos hat das "stress"-"strain"-Modell

einen etwas mechanistischen Charakter; beachtet man jedoch die Bedeutung des Interaktionsprozesses für die Ausbildung von Rollenidentitäten und den dialektischen Zusammenhang von Rollenidentität und Ich-Identität, dann wird die wachsende Persönlichkeitsdeformation durch eine Folge von "stress"-Situationen verständlich. Ob es allerdings im Laufe des Lebens tatsächlich zu einer Akkumulation des "stress" kommt, hängt weitgehend von den wiederum gesellschaftlich bestimmten Möglichkeiten eines Ausgleichs im Rollenhaushalt ab, also von den vorhandenen Kompensationen. Das Material von Langner und Michael spricht für ihre These: psychische Störungen und damit die Unfähigkeit zum Rollenspiel finden sich gehäuft in höheren Altersgruppen; allerdings spielt für dieses Ergebnis sicherlich auch eine Rolle, daß mit zunehmendem Alter in den Arbeiter- und unteren Angestelltenschichten die Kompensationsmöglichkeiten abnehmen, während der "stress" sich allein schon wegen der wachsenden Abweichung von den heute regelmäßig mit dem Akzent des Jugendlichen versehenen gesellschaftlichen „Normalrollen" verstärkt. Jedenfalls bedürfte das Material der "Midtown-Manhattan"-Studie einer tiefergehenden soziologischen Interpretation, die von einem rollentheoretischen Ansatz ausgehen müßte.

[52] In anderem Kontext hat Neil J. Smelser in einem theoretisch anspruchsvolleren Ansatz als Langner und Michael, der dennoch kaum befriedigender ist, die "foci of strain for components of action" zu differenzieren versucht. Vgl. dazu: N. J. Smelser, Theory of Collective Behavior, London 1962, S. 93 ff.

[53] Vgl. dazu die Überlegungen von J. Habermas, Dialektik der Rationalisierung, in: Merkur, Jg. 8, 1954, S. 724 ff.

[54] R. K. Merton und E. Barber haben von „soziologischer Ambivalenz" gesprochen und darunter allerdings mindestens sechs unterschiedliche Formen normativer Unklarheit einer Situation unterschieden (nämlich: Intra-Rollenkonflikt, Positionskonflikt, Inter-Rollenkonflikt, Zweideutigkeit der gegebenen Normen, Normenschwäche und die Situation des 'marginal man'). Vgl. R. K. Merton und E. Barber, Sociological Ambivalence, aaO.

[55] Vgl. dazu näheres in: H. P. Dreitzel und J. Wilhelm, Das Problem der Kreativität in der Wissenschaft; Ein Beitrag zur Wissenschaftssoziologie, in: Kölner Zeitschrift für Soziologie und Sozialpsychologie, Jg. 18, 1966, S. 62—83.

[56] Images müssen, wenn sie ihrer Orientierungsfunktion gerecht werden sollen, eine *mittlere* „Entfernung" zur Realität haben: sie müssen so viel Distanz zur Realität haben, daß ein einheitliches Bild aus den zunächst disparaten Daten entstehen kann, und sie müssen so realitätsnah sein, daß sie das Handeln nicht völlig in die Irre leiten. Vgl. Näheres dazu in: H. P. Dreitzel, Selbstbild und Gesellschaftsbild, aaO.

[57] In dieser Entlastungsfunktion liegt übrigens zugleich der Grund für die Ideologisierungstendenz der Images: je kompletter sie in die Systematik einer vorgestellten Ordnung der Dinge eingepaßt werden können, desto sicherer scheint ihre orientierende Qualität zu sein.

[58] M.-J. und P.-H. Chombart de Lauwe haben im Zusammenhang ihrer Untersuchung über die Vorstellungen von der Rolle der Frau in unserer Gesellschaft die Struktur solcher Rollenimages untersucht. vgl. La femme dans la société: son image dans différents milieux sociaux, Paris 1963. Die Autoren unterscheiden zwischen "perception" und "représen-

tation": "perception", die soziale Wahrnehmung, beruht sowohl auf individuellen Erfahrungen wie auf gesellschaftlich tradierten Vorstellungen, die in der Verhaltensorientierung des Individuums auf je bestimmte Weise zusammengesetzt werden. Als "représentation" werden dagegen die überlieferten Vorstellungsbilder eines „sozialen Gedächtnisses" verstanden. Rollenimages gehören zu diesen "représentations", artikulieren sich aber erst in den individuell verschiedenen "perceptions", wobei die Überlieferung durch die persönlichen, vor allem vom sozialen Status abhängigen Erfahrungen modifiziert wird.

59 Über die Ursachen von Fehlinterpretation der Rolle des anderen im Interaktionsprozeß vgl. G. Ichheiser, Misunderstandings in Human Relations, aaO. Siehe dazu Kap. IV, Abschn. 3 dieser Arbeit.

60 Derartige Kommunikationsprobleme finden sich — die Vielgestaltigkeit moderner Gesellschaften illustrierend — zwischen zahlreichen verschiedenen Gruppen. Ein weiteres Beispiel wäre etwa das Verhältnis von Wirtinnen zu ihren Studenten: daß jemand vernünftig arbeiten kann, auch wenn er morgens schläft, ist beispielsweise eine Tatsache, die Wirtinnen nur deshalb schwer einleuchtet, weil sie die Eigentümlichkeiten wissenschaftlicher Arbeit nicht kennen.

61 Eine der wichtigsten und interessantesten Aufgaben der Wissenssoziologie, die noch der Bewältigung harrt, ist m. E. eine Untersuchung der gruppenspezifischen und schichtspezifischen Abstufungen im Wissen um die Rollen anderer Menschen. Hier wäre die relative Distanz verschiedener Handlungsfelder zueinander zu untersuchen. Die Lösung dieser Aufgabe ist um so wichtiger, als mit ihr sich eines der schwierigsten Probleme der Didaktik des sozialwissenschaftlichen Unterrichts verbindet: wie soll man z. B. industriesoziologische Probleme an Studenten vermitteln, die niemals eine Fabrik von innen gesehen haben? — Das Rollenimage bleibt immer ein Bild von der gesamten Rolle, die sich aus den Erwartungen der verschiedensten Bezugsgruppen zusammensetzt. Aber dieses Bild muß sich doch auf einen gewissen Erfahrungsbestand stützen können, wenn es nicht völlig realitätsfremd werden soll. Man darf wohl annehmen, daß es zahlenmäßig starke Gruppen in unserer Gesellschaft gibt, die von anderen, ebenfalls zahlenmäßig starken Gruppen so gut wie überhaupt nicht wahrgenommen werden. Die wichtigste, wenn auch nicht die einzige Vermittlungsinstanz der Kenntnis fremder Handlungsfelder und Rollen ist sicherlich in den Massenmedien zu sehen, wobei dem Fernsehen wegen seiner Anschaulichkeit und seines — zumindest potentiell — dokumentarischen Charakters eine besondere Bedeutung zukommt. Zugleich ist die Gefahr der Vermittlung realitätsferner, stereotyper Rollenimages gerade bei den Massenmedien besonders groß: allein schon das jeweilige Ausdrucksmittel — Bild, Ton, Schrift — hat seine eigenen Gesetze und verlangt eine spezifische Verdichtung und zugleich Verfremdung der Wirklichkeit; gefährlich aber ist die je nach den Machtverhältnissen in den Massenmedien unterschiedlich starke Tendenz zur Ideologisierung angeblich bloß dokumentarisch vorgeführter Realität.

62 Es soll nicht verschwiegen werden, daß die Rolle des Konsumenten in unserer Typologie der sozialen Rollen nur schwer untergebracht werden kann. Dabei wäre allerdings zu fragen, ob es sich bei dem Konsumenten wirklich um eine soziale Rolle handelt und nicht vielmehr um eine *nicht* rollenspezifische Aufgabe des einzelnen, die er freilich nur im Kontext sozialer Beziehungen erfüllen kann, die einen situationsspezifischen Cha-

rakter haben. „Konsument-Sein" ist eine rollenspezifische Aufgabe nur dort, wo es in den Zusammenhang dauerhafter sozialer Beziehungen und spezifizierbarer Relevanzbereiche gehört, also z. B. bei der Rolle der Hausfrau, die zugleich faktisch, nämlich im Hinblick auf die Budgetverteilung, als Haushaltsvorstand agiert. Dann aber wäre von einer Leistungsrolle zu sprechen.

63 Vgl. dazu etwa E. Egner, Aspekte hauswirtschaftlichen Strukturwandels, in: ders., Hrsg., Beiträge zur Ökonomie von Haushalt und Verbrauch, Heft 3, Berlin o. J., S. 40/41: „In der Vergangenheit konnte man sich vorwiegend mit einem routinemäßigen Verhalten begnügen. Man lebte von der Hand in den Mund, suchte Schulden zu vermeiden, bemühte sich dadurch den Haushaltsausgleich zu sichern, oft auch einen Spargroschen zu erübrigen. Vermutlich gibt es noch heute viele Menschen, die so ihren Haushalt führen. Es kann aber kein Zweifel sein, daß sie sich damit dem bloßen Zufall anvertrauen und einer zweckmäßigen Haushaltsführung fernbleiben. Will man das vermeiden, so ist eine globale Einteilung der für eine Periode geplanten Ausgaben unentbehrlich und ebenso die laufende Kontrolle der tatsächlichen Einkommensverwendungen. Das setzt aber schon die Klärung der Grundfrage voraus, wie man überhaupt über sein Einkommen verfügen will. Die Entscheidung darüber ist heute beträchtlich erschwert. Wie soll man angesichts sich ändernder Einkommen, sich ändernder Preise in einer sich ändernden Güterwelt disponieren? Das gestiegene frei verfügbare Einkommen hat außerdem die Auswahlmöglichkeiten des Haushalts und damit auch die Gelegenheiten zu Fehlgriffen sehr vermehrt."

64 Vgl. E. Goffman, Alienation from Interaction, in: Human Relations, Vol. 10, 1957, S. 47—59.

65 Vgl. E. Goffman, op. cit., S. 52: "What is one man's overeagerness will become another's alienation."

66 Eine vorzügliche künstlerische Analyse dieser Interaktionsdialektik, bei der Originalität in Konformismus umschlägt, bietet der Film „Mahlzeiten" von Edgar Reitz. In der Gegenüberstellung von Wort und Bild gelingt es dem Regisseur, die Klischeehaftigkeit dessen, was sich als Originalität gibt, zu entlarven; während die Frau sich aus ihrem Originalitätszwang niemals befreien kann, weil sie in ihrer sozialen Umgebung stets *nur ihre eigenen Projektionen* wahrnimmt, führt die Konformitätsspirale zusammen mit dem Druck, sich immer irgendwelchen neuen und besonders „tief" empfundenen geistigen und emotionalen Bewegungen hinzugeben, bei dem Ehemann schließlich zum Selbstmord.

67 Hier liegt die Problematik jener Technik der *Provokation*, die von den Studenten im Kampf um ihre revolutionären oder reformerischen Ziele angewandt worden ist: Provokation ist die Inszenierung von Verhaltens- und damit Interaktionsstörungen, durch die die Rollenpartner zu einer neuen „Definition" gezwungen werden sollen.

68 An dieser Stelle sei auf einige Untersuchungen hingewiesen, die bei unseren bisherigen Überlegungen nicht gesondert erwähnt, jedoch bei der Entwicklung eines rollenanalytischen Schemas der Verhaltensstörungen mit berücksichtigt worden sind: P. Vachet, Les maladies de la vie moderne, Paris 1962; J. M. Murphy/H. H. Leighton, Eds., Approaches to Cross Cultural Psychiatry, Ithaca, N. Y., 1965; Y. M.-J. Chombart de Lauwe, Psychopathologie de l'enfant inadapté, Paris 1959; S. Quensel, Sozialpsychologische Aspekte der Kriminologie; Handlung — Situation

— Persönlichkeit, Stuttgart 1964; P. Talalay, Ed., Drugs in Our Society, Baltimore 1964; I. Chein et al., Narcotics, Delinquency and Social Policy, London 1964; H. Benjamin, R. E. L. Masters, Prostitution and Morality, London 1964; J. M. Marten, J. P. Fitzpatrick, Delinquent Behavior; A Redefinition of the Problem, New York 1964; N. M. Bradburn, D. Caplowitz, Reports on Happiness, Chicago 1965; N. Cameron, A. Margaret, Behavior Pathology, Boston 1951.

[69] Vgl. dazu Kap. II, Abschn. 2 dieser Arbeit.

[70] Vgl. statt vieler: G. Rose, Anomie and Deviation; A Conceptual Framework for Empirical Studies, aaO.

[71] Vgl. J. D. Snoek, Role Strain in Diversified Role Sets, in: American Journal of Sociology, Vol. 61, 1966, S. 363 ff.

[72] Ein besonders gravierendes Beispiel dafür bietet die Situation der Schichtarbeiter, denen durch die wechselnden und dem normalen Tagesablauf entgegengesetzten Arbeitszeiten nicht nur eine Reihe von situationsbezogenen Rollen vorenthalten bleibt, sondern die auch erhebliche Störungen ihres Familien- und Ehelebens in Kauf nehmen müssen.

[73] Vgl. etwa die Auseinandersetzung über die Vorrangigkeit bestimmter „Betriebszwecke“ zwischen Arbeitnehmern und Arbeitgebern. Hierher gehört auch der Streit zwischen Professoren und Studenten über Inhalt und Methode des akademischen Unterrichts.

[74] Die Situation von Intellektuellen und Wissenschaftlern, besonders wenn sie politisch engagiert sind, dürfte hier Beispiele bieten.

[75] Vgl. dazu die Zusammenstellung der empirischen Untersuchungen zu unserem Thema von St. Cole und H. Zuckerman: Inventory of Empirical and Theoretical Studies of Anomie, in: M. B. Clinard, Ed., Anomie and Deviant Behavior, aaO, S. 243—289, die eine weite Streuung kaum vergleichbarer, theoretisch nicht integrierter und zum Teil widersprüchlicher Ergebnisse zeigt.

[76] Es scheint daher fraglich, ob die Weigerung vieler rebellierender Studenten in Deutschland wie in anderen Ländern, Alternativen zu den von ihnen kritisierten Institutionen und Rollen zu entwickeln, sehr erfolgversprechend ist. Vielmehr gilt es, immer wieder nach *institutionellen Prozeduren* zu suchen, die den (notwendigen) normativen Orientierungen und Typisierungsschemata ihren *verdinglichten* Charakter nehmen könnten. Hier scheint es bei den Utopisten nicht weniger oft an nomischer sozialer Phantasie zu fehlen, als bei jenen, die sich aus Angst vor anomischen Konflikten an die repressiven Institutionen klammern, nur weil sie schon vorhanden sind. Erfolgversprechend sind nomische Konflikte zur Systemveränderung nur, wenn sie durch den Aufbau von Gegeninstitutionen begleitet werden.

Kapitel VII

Über die Grenzen einer Pathologie des Rollenverhaltens

I.

Die Untersuchung hat sich bemüht, einige Begriffsdifferenzierungen im Bereich der soziologischen Rollentheorie vorzunehmen, mit deren Hilfe die Fruchtbarkeit einer Pathologie des Rollenverhaltens nachgewiesen und zugleich die theoretische Grundlage für eine solche Arbeit gelegt werden sollte. Es ist nun an der Zeit, die Reichweite dieses Versuchs zu bestimmen und die Grenzen einer Pathologie des Rollenverhaltens abzustecken.

Eine erste Bemerkung muß den Möglichkeiten der empirischen Erforschung von Störungen des Rollenverhaltens gelten. Es ist immer mißlich, einen theoretischen Ansatz zu formulieren und dann dessen empirische Überprüfung anderen anzuempfehlen. Deshalb sei dieser Punkt sehr kurz gestreift. Eine empirische Untersuchung kann sich nicht mit beschreibenden Begriffsbestimmungen zufriedengeben; sie muß ein den jeweiligen Untersuchungstechniken angemessenes Begriffsinstrumentarium entwickeln, und das heißt, sie muß die Begriffe, mit denen sie arbeitet, operationell definieren. Solche Definitionen dürfen jedoch nicht einfach beliebig dem Untersuchungsmaterial angepaßt werden, sondern müssen in einem sinnvollen Verhältnis zum theoretischen Ansatz der Erhebung stehen. Die Kriterien, nach denen die zu beobachtenden Phänomene unterschieden werden, sollten also mit dem theoretischen Ansatz, aus dem die Hypothesen der Untersuchung gewonnen wurden, übereinstimmen und gleichzeitig hinreichend praktikabel sein, um eine methodisch gesicherte Beobachtung zu erlauben. Im Zusammenhang der hier diskutierten Problematik müßte man sich die Frage stellen, an Hand welcher Kriterien sich Verhaltensstörungen von ungestörtem Verhalten empirisch unterscheiden ließen. Eine Antwort darauf setzt voraus, daß der Gegenstand der Untersuchung genau eingegrenzt ist und daß Klarheit über die Forschungstechniken und Beobachtungsinstrumente herrscht, die dabei angewandt werden sollen. *Ein* Kriterium, ein sehr allgemeines freilich, sei aber schon an dieser Stelle erwähnt: es scheint mir sinnvoll, bei operationalen Definitionen nur dann von Distanzierungs- und Orientierungsstörungen zu sprechen, wenn der Rollenspieler auf Grund von Normenschwäche oder Normendruck zu einer *Verhaltensänderung* gedrängt wird. Solche Verhaltensänderung kann darin bestehen, daß ein vom Rollenspieler eigentlich gewolltes und von den Rollensendern erwartetes Verhalten unterlassen wird oder, seltener, daß der Rollenspieler ein nicht erwartetes und von ihm auch ursprünglich ungewolltes Verhalten an den Tag legt, das sich nicht mehr sinnvoll in den intentionalen Rahmen des Rollenspiels einfügt. Für den ersten Fall wären etwa die Arbeitsstörungen ein Beispiel, unter denen Studenten häufig leiden: sie wollen durchaus den Anforderungen genügen; gerade weil sie darin einen unrealistischen Perfektionismus anstreben, gegenüber dem sie von vornherein versagen müssen, unterbleibt schließlich auch jene Arbeit, die sich ohne Schwierigkeiten schaffen ließe. Unter Umständen sind solche Studenten sehr fleißig; ihr zwanghafter Ritualismus hindert sie aber an einem Arbeitsstil, der dem Ziel ihrer Bemühungen angemessen wäre. Unter den zweiten Fall fiele etwa die häufige Vertauschung der Relevanzbereiche, die ebenfalls ein Symptom von Arbeitsstörungen sein kann; hier wird ein Verhalten, das eigentlich in einen anderen Zusammenhang gehört, in das Rollenspiel eingebracht und stört den Interaktionsablauf. — Beobachtbare Verhaltensänderungen stellen gewiß sehr grobe Kriterien dar, die keineswegs jede Störung des Rollenverhaltens schon erfassen. Andererseits kann man sicher sein, daß eine derartige Störung vorliegt, wenn sich das Verhalten ändert — vorausgesetzt, es hält sich noch im Kontext einer Rolle, also eines bestimmten Erwartungshorizontes, und vorausgesetzt auch, die Veränderung geht auf Normendruck oder Normenschwäche zurück. Ein gestörtes Rollenverhalten ist immer noch ein Rollenverhalten; nur im Grenzfall wird ein sinnvolles Verhalten dem Rollenspieler überhaupt unmöglich. Die Durchbrüche aus dem Zusammenhang eines erwarteten und gewollten Verhaltens treten hier immer nur gelegentlich auf, stören das Rollenspiel, aber zerstören es noch nicht. Das gilt auch für die Vertauschung der Relevanzbereiche: ein dauerhafter Wechsel des Relevanzbereichs wäre ein untypisiertes oder ein abweichendes Verhalten, gelegentliche *Verwechslungen* aber sind Störungen des Verhaltens innerhalb einer Rolle. Auch dürfen die Störungen nicht mit den Manifestationen der Rollendistanz verwechselt werden, die zwar nicht in dieser oder jener Spezifikation, aber doch insgesamt zum Erwartungshorizont des Rollenverhaltens gehören und überdies vom Rollenspieler gewollt sind.

Wesentlich leichter als die Störungen des Rollenverhaltens werden sich untypisiertes und abweichendes Verhalten empirisch fassen lassen. Für die normale Rollenbestimmung versagen Erhebungsmethoden, die nur die Rollensender nach ihren Erwartungen befragen, ohne zugleich Relevanzbereich und Situation zu kontrollieren, ohne also den intentionalen Zusammenhang eines Verhaltens im Auge zu behalten, der unausgesprochen in die spezifischen Rollenerwartungen mit eingeht. Erst recht wird eine entsprechend verfahrende Untersuchung der *Störungen* des Rollenverhaltens kaum zu hinreichenden Differenzierungen gelangen können. Ein untypisiertes Verhalten dagegen läßt sich ohne weiters daran erkennen, daß es entweder — bei sehr schweren Verhaltensstörungen — überhaupt keinem Relevanzbereich sinnvoll zugeordnet ist oder daß es jedenfalls kein *Rollen*verhalten ist, das heißt, daß sich für eine ganze Verhaltenssequenz niemand finden läßt, der ein solches Verhalten erwartet, und vor allem, daß das Verhalten keinerlei Verknüpfung mit irgendeiner Position aufweist. Kaum schwerer dürfte es sein, abweichendes Verhalten als solches zu registrieren — jedenfalls und paradoxerweise leichter als die Feststellung normalen Rollenverhaltens. Dafür gibt es einen einfachen Grund: gewöhnlich kann man eher darüber Auskunft geben, was einem mißfällt, als über das, was einen nicht stört. Denn das Kriterium für abweichendes Rollenverhalten ist ja, daß es von der ursprünglichen Eigengruppe, gegebenenfalls auch von der Mehrheit einer Population überhaupt, mißbilligt und negativ sanktioniert wird, dennoch aber bestimmten Verhaltenserwartungen, nämlich denen einer Subkultur, genügt.

Mag es sich nun um Störungen des Rollenverhaltens oder um ein Ausweichen vor den Ansprüchen einer Rolle handeln — in jedem Fall müssen die empirischen Untersuchungen in diesem Bereich immer zweierlei beachten: einmal, daß ein beobachtetes Verhalten noch nichts über die Rollenidentität oder gar die Ich-Identität eines Individuums aussagt, solange nicht Methoden der psychologischen Diagnostik mit herangezogen werden: eine Verhaltensstörung kann, aber muß nicht Symptom einer psychischen Störung sein; erst die soziogenetische Analyse und die psychologische Diagnose können darüber zuverlässig Auskunft erteilen. Andererseits aber muß bei einer beobachteten Störung des Rollenverhaltens und erst recht bei einem untypisierten oder abweichenden Verhalten beachtet werden, daß jedes Verhalten das Verhalten eines Individuums ist, das für einen ganzen Rollenhaushalt zu sorgen hat und nicht nur in einer Rolle aufgeht. Deshalb ist die Untersuchung individueller Rollenhaushalte ein besonderes Erfordernis jeder Rollenanalyse. Zudem läßt der typische Umfang der individuellen Rollenhaushalte vieles über den Entwicklungsstand und den Status einer Gesellschaft oder einer Schicht erkennen: je höher die Schicht, desto größer der Rollenhaushalt, so wird man sagen dürfen, und wichtiger noch: je größer der typische Umfang der Rollenhaushalte in einer Gesellschaft, desto differenzierter ist diese Gesellschaft entwickelt. Eine vergleichende Untersuchung über Rollenhaushalte würde also charakteristische Unterschiede zwischen verschiedenen Gesellschaftstypen erkennen lassen.

Auch wenn sich die Untersuchung auf die soziologische Analyse bestimmter Verhaltenstypen in einzelnen gesellschaftlichen Handlungsbereichen beschränkt, wozu die empirische Forschung in der

Regel gezwungen ist, muß sie darüber hinaus den Einfluß übergreifender *Entwicklungstendenzen* auf den jeweiligen Untersuchungsbereich beachten. Erst im Rahmen globaler Prozesse des sozialen Wandels läßt sich der Stellenwert bestimmter Verhaltensweisen bestimmen. Aber gibt es solche Entwicklungstendenzen im Bereich der Störungen des Rollenverhaltens, und wie sehen sie im einzelnen aus? Jede Antwort auf die Frage, mag sie sich auch noch so sehr auf gesicherte Sachverhalte stützen, wird ihren vorläufigen, spekulativen Charakter nicht verleugnen dürfen. Dennoch mag es angebracht sein, am Schluß dieser Untersuchung, die sich bisher auf eine begriffliche Analyse des Interaktionsprozesses und seiner Störungen konzentriert hat, dazu mit allem Vorbehalt einige konkrete Hinweise zu geben. Es handelt sich, soweit ich sehen kann, um drei Entwicklungstendenzen unserer Gesellschaft, die besonders zu den Störungen des Rollenverhaltens beitragen. Es sind dies:

1. die Tendenz zur Überforderung des einzelnen durch die Vervielfältigung seiner Rollen;
2. die Tendenz zur Affektverdrängung beim Rollenspiel, und
3. die Tendenz zur Isolierung der Verhaltensbereiche.

Die Vervielfältigung der Rollen, die *tendenzielle Vergrößerung des individuellen Rollenhaushalts*, ist eine Tatsache, die kaum noch des Kommentars bedarf. Industrialisierung, Demokratisierung und Verstädterung haben seit 1800 und verstärkt seit der Jahrhundertwende dafür gesorgt, daß immer mehr Menschen mit immer mehr Menschen in Berührung kommen, in immer mehr Verhaltensbereichen sich bewegen und immer mehr Lebensaufgaben und -inhalte ihr eigen nennen können. Die größere Differenzierung und Funktionsverflechtung moderner Gesellschaften hat nicht allein eine neue Vielfalt von Gruppen, Organisationen und Institutionen geschaffen, sondern hat auch in den individuellen Rollenhaushalt eingegriffen und diesen durch Vergrößerung und Differenzierung bis zur Unkenntlichkeit umgestaltet. Die Verlagerung der Arbeit aus Haus und Hof, das Entstehen einer Freizeitsphäre mit einem reichen Rollenangebot, die Vermehrung der Kontaktchancen durch die vergrößerten Möglichkeiten zu vertikaler und horizontaler Mobilität und die Vervielfältigung der Rollenimages durch die Massenmedien — das sind nur die wichtigsten Veränderungsprozesse, die zu einer Vergrößerung der Rollenhaushalte beigetragen haben. Der erfahrbare Raum, das technische Instrumentarium und die Anzahl der Normen und Werte, denen sich das Subjekt in der gegenwärtigen Gesellschaft zwar vielfach vermittelt, aber doch wie einer ihm immer wieder äußerlichen Dingwelt gegenübersieht, haben sich wesentlich vergrößert. Erst die Notwendigkeit, sich in eine so vielgestaltige Welt hinein veräußern zu müssen, um sie sich wieder anzueignen, schafft im eigentlichen Sinne das Individuum als den Herrn über seine verschiedenen Rollen. Zugleich aber birgt sie die Gefahr einer Überforderung des Menschen, wenn die Entwicklungsmöglichkeiten seiner Persönlichkeit mit dem Differenzierungsprozeß nicht Schritt halten. Die skizzierten Störungen des Rollenverhaltens sind dann die Folge. In den Worten von Leszek Kolakowski: „Die Erfahrung eines gewissen Widerspruchs zwischen diesen beiden Welten (der Subjektwelt und der Dingwelt) kann sich entweder als Bedürfnis nach schöpferischem Ausdruck oder als selbstmörderische Überzeugung von dem unheilbar monadischen Charakter der Persönlichkeit realisieren oder als Streben nach maximaler Anpassung an die Welt um jeden Preis."[1] Es stellt sich die Frage, wie die Verdinglichungen, als welche die Vielzahl der Rollen dem Individuum zunächst sich entgegenstellt, in subjektiver Praxis aufgelöst werden, wie die Subjekte sich die Dingwelt schöpferisch aneignen können. Dies ist zunächst ein Problem der *Emanzipation* von repressiven Zwängen und eine Frage der *Erfahrung* im Umgang mit verfügbaren Rollen.

Die zweite Tendenz, die *Affektverdrängung beim Rollenspiel*, entspricht jener anderen, von vielen Kritikern beobachteten Tendenz zur Verkürzung der Rationalität des Handelns auf das Technische[2]. Je kalkulierbarer der Einsatz von Mitteln wird, desto mehr scheint das Engagement an das Ziel des Handelns zu schwinden, ja, sofern es eben Affektivität mit ins Spiel bringt, auch zu stören. Zugleich nimmt die Identifikation mit den eigenen sozialen Rollen offenbar allmählich immer mehr ab, der ganze Rollenhaushalt wird immer verfügbarer, die affektive Bindung lockerer, oft ambivalent, oder schwindet ganz. Damit bleibt aber das Bedürfnis nach emotionalem Engagement unbefriedigt, und die freigesetzte Affektivität produziert ein geradezu magisches Verhalten in solchen Bereichen, die die herrschenden Produktionsbedingungen nicht berühren, nichtsdestoweniger aber kulturindustriell manipuliert werden. Das Nebeneinander und eben häufig genug auch Miteinander von technisch höchst rationalisierten Verfahrensweisen und irrational-magischen Einstellungen und Reaktionen scheint ein Charakteristikum der gegenwärtigen gesellschaftlichen Verfassung zu sein. Nicht allein aber die Inanspruchnahme solch normativ ungebundener Affektivität durch bestimmte Herrschaftsinteressen ist hier die Folge, sondern vor allem auch die Häufigkeit affektiv-aggressiver Durchbrüche an unerwarteter Stelle. Die Verdrängung des affektiven Gehaltes im Rollenspiel resultiert stets aus repressiven Rollennormen, denn zu den Ich-Leistungen beim Rollenspiel gehört immer ein bestimmtes Maß an affektiv aufgeladenem Engagement, das dann zusammen mit jenen unterdrückt wird. Offen bleibt hier, ob nicht doch ein Kern des Rollenhaushalts stets eine starke Identifikation verlangt, soll die Ich-Identität des Individuums nicht gleichsam auf Sand gebaut sein. Diese Frage enthält das Problem der Möglichkeit eines *nüchternen* Engagements, einer Verbindung von Affektivität und Rationalität, die dann freilich nicht mehr bloß technische Rationalität sein könnte.

Die dritte Entwicklungstendenz betrifft die *Isolierung der Verhaltensbereiche.* Schon die Vergrößerung des Rollenhaushalts enthält diese Tendenz in ihrem Kern: man kann nicht zwei oder drei Rollen gleichzeitig spielen. Deshalb muß dafür gesorgt sein, daß jede Rolle ihre eigene Bühne und ihre eigene Szenerie hat. Die räumliche und zeitliche Segmentierung der Handlungsfelder und die Informationen über Anlässe und Situationsfolgen dienen diesem Zweck. Doch darf die Trennung der Verhaltensbereiche nicht bis zur Isolierung voneinander getrieben werden, wenn der Rollenspieler, der doch in all seinen Rollen immer ein und dasselbe Individuum ist, nicht selbst zerrissen werden soll. Sehr rasch ist der Rollenspieler dann nicht mehr Herr, sondern Knecht seines Rollenhaushalts. Mit wachsender Rationalisierung und Planung der Handlungsfelder und Handlungsabläufe wird diese Zerrissenheit zu einer dauernden Gefahr. Wenn das Individuum nicht mehr das Integrationszentrum seiner Rollen ist, wirkt sich das auch auf sein Rollenspiel aus, denn die Ich-Identität ist der Rückzugspunkt, der ihm erst die nötige Rollendistanz und damit die verlangten Ich-Leistungen im Rollenspiel ermöglicht. Mit der beliebigen Anpassung an jede Rollenerwartung entsteht jenes ritualistische Verhalten, dem die selbständige Zielorientierung verlorengegangen ist. Wenn es nicht die Flucht in abweichende Subkulturen antritt, wird das Individuum schließlich selbst gespalten. Der Mensch existiert nur noch in seinen verschiedenen Rollen, er spielt sie nicht mehr, sondern geht in ihnen auf und hat sich dadurch mit der Rollendistanz auch aller persönlichen Verantwortlichkeit begeben. Es entsteht jener spezifisch moderne Funktionärstyp, der sich seinen jeweiligen Rollen restlos hingibt, sie aber ebenso spurlos wieder ablegt, wenn es opportun erscheint. Eine Parabel von Günther Anders illustriert diesen Punkt treffender, als es jede formale Beschreibung könnte; sie sei deshalb trotz ihrer Länge hier wiedergegeben[3]:

„Der hohe Beamte G. war zu dem Prozeß, den der molussische Staat dem Ausland zuliebe gegen die Liquidatoren des baranischen Volkes angestrengt hatte, als Zeuge geladen worden.

‚Herr Zeuge', fragte der Staatsanwalt, einen Aufruf schwenkend, ‚haben Sie diese Aufforderung zur Liquidierung verfaßt oder nicht?'

‚Eine derartig unspezifizierte Frage', antwortete G., ‚kann ich in meiner Eigenschaft als Jurist nicht beantworten.'

‚So. Wollen Sie damit andeuten, daß ein anderer den Text verfaßt habe?'

‚Ich habe nichts dergleichen behauptet.'

‚Also doch Sie.'

‚Eben das ist es, was ich als ‚unspezifiziert' bezeichnen muß. Denn der Text, der hier zur Debatte steht, den hat dessen Autor damals ausschließlich in seiner Eigenschaft als Vizeregierungspräsident verfaßt. Die Folgerung, daß er persönlich damit einverstanden gewesen sei, ist reine Unterstellung. Diese muß ich mir verbitten.
Identifiziert habe ich mich mit dem Text niemals.'
Dem Vorsitzenden schien das einzuleuchten.
‚Sie würden also behaupten', fuhr der Anwalt fort, ‚Sie stehen mit sauberen Händen vor uns?'
Der Zeuge warf einen kurzen Blick auf seine manikürten Finger. ‚Wie Sie so etwas auch nur fragen können', meinte er kopfschüttelnd.
‚Sie sprechen von Ihrer damaligen Eigenschaft und von Ihrer gegenwärtigen', fuhr der Anwalt fort. ‚Darf ich Sie vielleicht fragen, in wie vielen Eigenschaften sie existieren?' Der Vorsitzende runzelte seine Brauen.
‚Sonderbare Frage', fand der Zeuge. ‚Das ist natürlich in verschiedenen Zeiten ganz verschieden.'
‚Und wie kommt das?'
‚Weil das stets von der Zahl der Ämter abhängt, mit denen ich jeweils betraut bin.'
‚Und mit alledem wollen Sie sagen, daß wir sie wegen dieses Textes nicht zur Rechenschaft ziehen können?'
‚Wenn Sie mit dieser Frage', antwortete der Zeuge, und er richtete sich in seiner ganzen Würde auf, ‚Flucht vor Verantwortung implizieren wollen, so kann ich Ihnen nur versichern, daß ich damals in meiner Eigenschaft als Vizeregierungspräsident jederzeit dazu bereit war, für diesen Text geradezustehen.'
‚Ich verstehe', brummte der Staatswanwalt, ‚eine Eigenschaft — ein Wort. Und haben Sie etwas dagegen, nun auch uns in dieser Eigenschaft Rede zu stehen?'
‚Heute in dieser Eigenschaft?', fragte der Zeuge, ehrlich erstaunt. — ‚Warum nicht?'
‚Weil das nicht in meiner Macht liegt.'
‚Und warum liegt das nicht in Ihrer Macht?'
G. begriff nicht, daß er nicht begriffen wurde. ‚Weil diese Eigenschaft', erklärte er schließlich, ‚mit dem Zusammenbruch des damaligen Regimes natürlich ebenfalls zusammengebrochen ist. Weil sie also gar nicht mehr existiert. Was ich Ihnen heute zur Verfügung stellen kann, ist natürlich diejenige Eigenschaft, die ich heute vertrete. Also die des Oberpräsidialgouverneurs. In dieser Eigenschaft möchte ich Sie nun freilich höflichst darum ersuchen, mich nicht an Stelle einer anderen Person, gar einer nicht mehr existierenden, aufzuhalten.'
Der Vorsitzende warf dem Staatsanwalt einen vorwurfsvollen Blick zu.
Diesen Blick übersah der Staatsanwalt. ‚Glauben Sie nicht, Herr Oberpräsidialgouverneur, fragte er statt dessen, ‚das Sie mir in dieser Ihrer Eigenschaft Bescheid darüber geben könnten, ob es nicht neben den Eigenschaften, in denen Sie jeweils dies oder jenes tun oder getan haben, doch noch etwas anderes gibt?'
‚Wie meinen Sie das?'
‚Ob es nicht, abgesehen von Ihren Eigenschaften, vielleicht auch — Sie selbst gibt?'
Weder der Vorsitzende noch der Zeuge glaubten recht gehört zu haben.
‚Jawohl: ‚Sie selbst' hatte ich gesagt.'

‚Bedaure', antwortete da der Oberpräsidialgouverneur, und er schien nun sogar in seiner Würde gekränkt, ‚ich möchte sogar zu Protokoll geben, daß mich diese Frage, da sie niemals hätte gestellt werden dürfen, aufs tiefste befremdet. Auch Ihnen, Herr Staatsanwalt, dürfte es ja, und sogar in Ihrer Eigenschaft als Staatsbürger, bekannt sein, daß uns die Unantastbarkeit unserer Privatsphäre — und um diese handelt es sich ja, wenn Sie von meinen Eigenschaften absehen — von unserer neuen Regierung verbürgt worden ist, und sogar verfassungsmäßig. Die Tatsache, daß Sie in Ihrer Eigenschaft als Staatsanwalt trotzdem auf den Gedanken kommen können, diese Sphäre anzutasten, die erfüllt mich, offen gesagt, mit Besorgnis.'
Der Vorsitzende wurde unruhig.
‚Und da auch ich schließlich Staatsbürger bin', fuhr der Zeuge fort, ‚fühle ich mich in dieser meiner Eigenschaft dazu verpflichtet, gegen den Versuch eines solchen Eingriffes Einspruch zu erheben.'
Das war dem Staatsanwalt zuviel. ‚Wissen Sie was?' rief er, ‚verboten müßten alle diese Eigenschaften werden!'
Nach diesem Ausbruch blieb der Gerichtssaal für einige Sekunden stumm.
‚Herr Staatsanwalt', griff dann der Vorsitzende ein, ‚wenn Sie diese Ansicht in Ihrer Eigenschaft als Staatsanwalt geäußert haben sollten, so wäre das bedauerlich.'
‚Aber ich bitte Sie!' rief da der Staatsanwalt, ‚davon kann doch gar keine Rede sein!'
‚Sondern?'
‚Sondern ausschließlich in meiner Eigenschaft als Mensch!'
Da warf der Vorsitzende seine Hände in die Luft, so als hätte der Staatsanwalt mit diesem Worte das Ende der Justiz besiegelt. ‚Aber ich bitte Sie!', rief auch er nun. ‚wie können Sie nur in ihrer Eigenschaft als Staatsanwalt eine solche Antwort erteilen. Und dazu noch mir — in meiner Eigenschaft als Vorsitzenden!' — Den Zeugen aber entließ er."

Dem wäre nichts mehr hinzuzufügen. Wenn die Isolierung der Verhaltensbereiche eine gewisse Perfektion erreicht hat, wird der Rollenhaushalt des Individuums wie durch Zentrifugalkräfte zerrissen und ein distanziertes, selbstverantwortliches Rollenspiel auf der Grundlage der integrierenden Ich-Identität wird zu einem Kraftakt, dem auch moralisch sensiblere Menschen als der „Beamte G." nicht gewachsen sind.

II.

Aber sind die drei genannten Entwicklungstendenzen — Isolierung der Verhaltensbereiche, Affektverdrängung beim Rollenspiel und Überforderung des einzelnen durch die Vervielfältigung seiner Rollen — wirklich in den modernen Gesellschaften so generell zu beobachten? Vieles spricht dafür: die zunehmende Rationalisierung der menschlichen Beziehungen: die Verdrängung affektiver Gehalte in gesellschaftliche Nischen, in denen es zu fast magischen Verhaltensweisen kommt (es sei nur an die enorme Verbreitung der Astrologie erinnert, oder an die kaum geringer gewordene Beliebtheit von Prügelritualen bei der Erziehung der Kinder oder auch an die devote Verehrung, die „public figures" wie der persische Schah genießen); die Trennung von Arbeit und Freizeit; die wachsende Regelhaftigkeit der Arbeit und Terminierung der Kontakte; der Machtzuwachs der „sekundären Systeme", die selbst über den Privatbereich personbezogener Rollen zunehmend Kontrolle ausüben; die Leistungsorientierung in spezialisierten Handlungsbereichen, die, verbunden mit einer apathischen Ignoranz in anderen Sphären, zum Verschwinden eines kultivierten Dilettantismus geführt hat; die defiziente Verfassung der Öffentlichkeit, die sich des Informationsüberflusses nicht mehr erwehren kann, und darum die Auswahl der Informationen mehr oder weniger dem Zufall, beziehungsweise den Interessenten, überläßt. All dies sind charakteristische Kennzeichen der modernen Gesellschaften — und doch sind sie nur die eine Seite der Wahrheit.

Die andere Seite besteht darin, daß moderne Gesellschaften eine Vielgestaltigkeit an Vergesellschaftungsformen, Rollenbeziehungen, Arbeitsverhältnissen und Abhängigkeitsverhältnissen aufweisen, die mit den strukturanalytischen Kategorien einer Soziologie, die sich an früheren Gesellschaftsverfassungen orientiert, nur schwer faßbar ist. Herbert Blumer spricht in einem Aufsatz, der an der Brauchbarkeit einer Reihe soziologischer Kategorien, das Spezifische der modernen Gesellschaft in den Griff zu bekommen, Zweifel äußert, von vier grundlegenden Charakteristika dieser Gesellschaft[4]: „1. Massenhaftigkeit; 2. heterogene Gestaltung der strukturellen Elemente einer Gesellschaft; 3. uneingeschränkter Zugang zu öffentlichen Lebensbereichen und 4. Einschluß in eine ständig sich wandelnde Gesellschaft." Für unsere Frage sind vor allem der zweite und der vierte Punkt von Bedeutung: die einzelnen Bereiche einer industriellen Gesellschaft bilden *nicht* ein geschlossenes Ganzes, in das sie heteronom integriert wären; sie sind vielmehr relativ autonome Bereiche im Hinblick auf den Wissens- und Vorstellungshorizont, die normative Orientierung, die relative Nähe zu den zentralen Wertmustern der Gesellschaft und — last not least — ihre jeweiligen Produktionsverhältnisse. Moderne Gesellschaften bilden einen lockeren Verband sich vielfältig überschneidender sozialer Aggregate, deren Mitglieder in einer nach Umfang und Art je anderen „world of everyday life" (A. Schütz) leben. Und obwohl die im Gegensatz dazu relativ große Integration der ökonomischen Bedingungen und die sehr schnelle Adaptation mancher technischen Neuerungen gesellschaftliche Veränderungsprozesse hervorrufen, die der Tendenz nach alle ihre Teile gemeinsam treffen, wirkt doch der soziale Wandel, dem diese Gesellschaft ständig unterliegt, in den einzelnen sozialen Bereichen unterschiedlich schnell und unterschiedlich stark. Die gesellschaftliche Entwicklung ist also ein heterogener Prozeß, der selbst die größte Mannigfaltigkeit aufweist.

So gesehen läßt sich diese Gesellschaft in der Tat nicht unter dem Aspekt *einer* Sozialstruktur analysieren, die womöglich Systemcharakter hat und deren Teile alle funktional auf das Ganze bezogen wären[5]. Der Einwand trifft aber auch diese Studie. Denn so gesehen ist es auch problematisch, von einem typischen Rollenverhalten zu sprechen und davon atypische und untypisierte Verhaltensweisen abzuheben. So stößt die Reichweite unserer Untersuchung hier auf eine *erste Grenze: die historische und soziale Variabilität der Typisierungsschemata.* Wenn sich diese Gesellschaft in allen ihren Teilen kontinuierlich, aber mit unterschiedlicher Geschwindigkeit verändert, dann betrifft diese Veränderung vor allem die Verhaltensnormen und Verhaltensregeln, die in die Typisierungsschemata der sozialen Rollen eingehen. Eine ähnliche Variabilität werden die Typisierungsschemata auf der sozialen Ebene der gesellschaftlichen Differenzierung aufweisen. Dieser Einwand der historischen und sozialen Variabilität muß ernstgenommen werden; er bezieht sich keineswegs nur darauf, daß manche sozialen Rollen neu entstehen, während andere verschwinden, oder auf die unterschiedliche Verteilung der Rollentypen auf die sozialen Schichten und Gruppierungen. Sondern er geht ebenso auf die Typologie der sozialen Rollen selbst (nicht notwendig: auf deren Klassifikation). Das heißt, daß das typische Verhältnis von Rollennormen und erwarteten Ich-Leistungen und der typische Grad der Identifikation mit einer Rolle so variiert, daß man von Überforderung oder Unterdrückung der Ich-Leistungen bei einer Rolle nicht allgemein, sondern immer nur in einem näher bezeichneten konkreten Fall sprechen dürfte. Letzten Endes handelt es sich hier um den alten Historismus-Einwand: nichts Menschliches darf außerhalb seines sozialen und historischen Kontextes begrifflich fixiert werden.

Zweifellos ist richtig, daß unsere Typologie der sozialen Rollen, was immer die Vorzüge oder Nachteile des ihr zugrunde liegenden Klassifikationsschemas sein mögen, ebenso wie unser rollenanalytisches Schema der Verhaltensstörungen nur in Hinsicht auf eine sehr allgemeine Charakterisierung gegenwärtiger industrieller Gesellschaften passen und nicht nur gegenüber anderen Gesellschaftsformen, sondern vor allem auch gegenüber der spezifischen Situation in einzelnen Regionen dieser Gesellschaft abgeändert und differenziert werden müßten. Eine Pathologie des Rollenverhaltens hat also stets auf den sozialen Kontext zu achten, in dem sie ihre jeweiligen Untersuchungen anstellt; sie muß die subjektive und doch je gemeinsame Lebenswelt der Rollenspieler in ihre Analyse mit einbeziehen und als *einen* bestimmenden Faktor dessen erkennen, was als adäquates Rollenverhalten und was als Störung oder Abweichung zu beurteilen wäre. Hier liegen Möglichkeiten der empirischen Forschung, deren Ausnutzung einer allzu generalisierenden Theorie differenziertere Aspekte hinzufügen könnte.

Dennoch hat die formale Allgemeinheit der Rollentypologie und vor allem des rollenanalytischen Schemas der Verhaltensstörungen auch ihre Berechtigung, weil es neben der Vielgestaltigkeit der modernen Gesellschaft eben auch einheitliche Entwicklungstendenzen gibt, die alle ihre Bereiche früher oder später berühren[6]. Herbert Spencers klassisch gewordene Formel der gesellschaftlichen Entwicklung: „Von unzusammenhängender Homogenität zu zusammenhängender Heterogenität", hat eben doch einen wahren Kern: die Vielgestaltigkeit der modernen Gesellschaft ist Ergebnis eines Differenzierungsprozesses, der zugleich für eine wachsende Funktionsverflechtung der heterogenen Teile sorgt. So ist die moderne Gesellschaft offenbar dadurch charakterisiert, daß sie sich in einem kontinuierlichen dialektischen Veränderungsprozeß befindet, bei dem Differenzierung in Entdifferenzierung jederzeit umschlagen kann und umgekehrt. Die Verhaltenssicherheit wird dabei durch ein Geflecht unterschiedlicher, aber miteinander verbundener Rollensysteme gewährleistet. Die zunehmende Rollenhaftigkeit des Verhaltens, die in der Vergrößerung der Rollenhaushalte ihren Ausdruck findet, ermöglicht den ständigen Umgang mit Menschen, die einem fremd sind, deren Lernmilieu einem vielleicht nicht vertraut ist, und denen man zunächst nur in dieser oder jener Funktion begegnet. Die miteinander verflochtenen Rollensysteme sind allerdings niemals stabil; ihr intentionaler Gehalt, ihre Normen und die ihnen zugrunde liegenden „basic rules" sind in ständiger Veränderung begriffen. Sie unterliegen immer wieder neuen Vereinheitlichungstendenzen, sei es durch veränderte Produktionsbedingungen, durch eine Umschichtung in der Hierarchie der Relevanzbereiche oder durch modisch wechselnde, kulturindustriell verbreitete Rollenmodelle. Die Allgemeinheit dieser Vereinheitlichungstendenzen gibt aber für die jeweils erforderte Neuorientierung des Verhaltens nichts her. Es trifft nicht zu, daß einfach neue Rollen an die Stelle der alten treten, sondern der Inhalt der Rollen selbst wandelt sich allmählich — hier rascher, dort langsamer. Die verlangte Anpassung an neue Aufgaben oder andere Rollenmodelle erfolgt nicht automatisch, sondern ist eine spezifische Leistung der Rollenspieler, die im Interaktionsprozeß gemeinsam ihre Verhaltenserwartungen modifizieren oder neu bestimmen.

In Wahrheit besteht also das Rollenverhalten nicht einfach in der Konformität gegenüber den jeweiligen Rollenerwartungen, sondern aus der immer neuen Entwicklung *arbeitsfähiger Anpassungen,* die in der Regel den Charakter von *Kompromissen* haben, auf die sich die Rollenpartner gemeinsam im Interaktionsprozeß einspielen. Die vereinheitlichenden Normen werden dabei jeweils den besonderen Bedingungen und Bedürfnissen im entsprechenden Sektor der Gesellschaft soweit angepaßt, daß eine wirksame Verhaltensorientierung gewährleistet ist. Auf diese Weise geht ein geordnetes Zusammenleben trotz kontinuierlicher Veränderung weiter; der dauernd neu hergestellte Kompromiß zwischen der Anwendung hergebrachter Rollenvorschriften und den besonderen Erfordernissen des jeweiligen Teilbereichs der Gesellschaft, denen man durch die gemeinsame Suche nach neuen Handlungsgrundlagen gerecht zu werden trachtet, ist das charakteristische Kennzeichen eines selbständigen Rollenspiels[7]. Dieser Sachverhalt zeigt von neuem die große Bedeutung, die die Ich-Leistungen für das Rollenspiel haben; denn sie sind es, was dem Rollenspieler einen arbeitsfähigen Kompromiß zwischen spezifischen Rollenvorschriften und intentionalem Sinn der Rolle und zwischen den Rollenerwartungen aus verschiedenen Rollensektoren ermöglicht. Das alles kann er freilich nie ganz allein, sondern immer nur im ständigen Interaktions- und Kommunikationsprozeß mit seinen Rollenpartnern, mit denen zusammen er die wechselnden Situationen innerhalb bestimmter Handlungsfelder meistern muß. So zeigt sich nun, daß gerade Vielgestaltigkeit und Veränderlichkeit diejenigen Kennzeichen der modernen Gesellschaft sind, die dem Rollenspieler Kontakt und Ich-Leistungen abfordern. Umgekehrt gesagt: die in dieser Gesellschaft immer wieder notwendig werdenden arbeitsfähigen Anpassungen und Kompromisse werden vor allem durch die Kontaktstörungen und durch eine Unterdrückung oder Überforderung der Ich-Leistungen ernsthaft behindert. Kontakt und Ich-Leistungen werden durch jene lockere Verflechtung sich wandelnder Rollensysteme, die ein spezifisches Kennzeichen dieser Gesellschaft ist, in besonderem Maße vom Rollenspieler verlangt. Insofern ist eine Pathologie des Rollenverhaltens, die von der Störung dieser Funktionen ausgeht, trotz ihrer mangelhaften Differenzierungsmöglichkeiten der wesentliche Inhalt einer Sozialpathologie dieser Gesellschaft.

III.

Nun geht die Behauptung, daß es für die Rollenspieler vor allem auf die Entwicklung arbeitsfähiger Kompromisse ankommt, stillschweigend davon aus, daß die Verfassung dieser Gesellschaft prinzipiell allen ihren Mitgliedern die Möglichkeit bietet, derartige Kompromisse zu entwickeln. Tatsächlich zeigt aber schon die Untersuchung der verschiedenen Störungsarten des Rollenverhaltens, wie zweifelhaft eine solche Unterstellung ist. Man könnte allerdings annehmen, daß die Störungen des Rollenverhaltens nur auf einzelne, die Sozialstruktur als ganze nicht berührende Schäden im Lernmilieu und auf gelegentliche Friktionen in der Gegebenheitsweise der Verhaltensnormen zurückzuführen ist. Aber das wäre eine Verharmlosung: die weite Verbreitung von Störungen des Rollenverhaltens spricht dagegen, daß es sich nur um vereinzelte Erscheinungen innerhalb einer prinzipiell glatt funktionierenden Sozialstruktur handelt. In einer bestimmten Perspektive wäre es eher richtig zu sagen, daß ein gestörtes Rollenverhalten der Normalfall, ungestörtes Rollenverhalten dagegen ein seltener Grenzfall ist, gegenüber dem untypisierte und abweichende Verhaltensweisen schon als häufig bezeichnet werden müssen. Anders ausgedrückt: arbeitsfähige Kompromisse sind niemals gut genug, bleiben stets unbefriedigend und besitzen daher eine geringe Stabilität. Dies allerdings ist nicht einer bestimmten Gesellschaftsverfassung, sondern der conditio humana selbst anzulasten — es liegt im Wesen des Menschen, daß er bis zu einem gewissen Grad immer wieder sich seiner selbst entfremden muß, daß er sich in eine natürliche und soziale Umwelt hinein veräußern muß, um sie sich anzueignen. Im Kompromiß verzichtet er auf die Befriedigung eines Teils seiner Bedürfnisse, um den anderen doch noch zu ihrem Recht zu verhelfen, was eben nur im Kontext sozialer Beziehungen möglich ist. Da aber die individuellen Bedürfnisse selbst schon gesellschaftlich geprägt sind, kann von einer Subjektivität jenseits des Sozialen keine Rede sein. Das private Selbst des Menschen existiert nur als Gegensatz zu seinen öffentlichen Rollen. In der Hypostasierung dieser Privatexistenz zur „Persönlichkeit" an sich wäre das Rollenspiel als solches schon Entfremdung. Aber gerade in seinen Rollen *hat* sich der Mensch: auf dem Umweg über die Anforderungen, die die Rolle an ihn stellt, kommt der Mensch zu sich selbst, kann er erst sich auch als privater verstehen. Insofern ist Selbstentfremdung die Entfremdung von den Rollenidentitäten und nicht umgekehrt die Entfremdung von einer Identifikation mit sich selbst. Gerade wenn dem Rollenspieler die Rollen zu entgleiten drohen und er auf sich selbst zurückverwiesen wird, stellen sich die beschriebenen Störungen ein; ohne einen „funktionierenden" Rollenhaushalt, von dem sie sich abhebt und den sie beherrscht, ist die Ich-Identität eine bloße Schimäre, die der Existenz keinen Halt verleihen kann[8]. Wenn also auch arbeitsfähige Kompromisse stets unbefriedigend bleiben, so ließe sich dabei von einer Störung des Rollenverhaltens oder von einer Selbstentfremdung doch nur aus der Perspektive einer möglichen Identität von Mensch und Welt, die zugleich eine Identität des Menschen mit sich selbst wäre, sprechen. Hält man aber daran fest, daß der Mensch gerade dann sein Menschliches verliert, wenn er sich aus seiner Verdoppelung in Rollen zurückzieht, dann ist eben umgekehrt dieser Rückzug in die Innerlichkeit die wahre Selbstentfremdung.

Was der Idee der Entfremdung dennoch zu ihrem Interesse verhilft, ist nicht so sehr die Verbreitung der Innerlichkeitsideologien, als die Tatsache, daß der Mensch zu einem solchen Rückzug gezwungen werden kann. Nicht die psychischen Möglichkeiten eines

Sich-Entgleitens durch den Verlust der Rollenidentitäten hatte Marx im Auge, als er von Entfremdung sprach, sondern vielmehr den sozialpathologischen Tatbestand des gesellschaftlichen Zwangs, der den Menschen an einer menschenwürdigen Existenz hindert. Und gerade Marx hatte gesehen, daß solche gesellschaftlichen Zwänge nicht vereinzelt als dysfunktionale Erscheinungen einer im Prinzip funktionstüchtigen Gesellschaft auftreten, sondern Ausdruck der gesellschaftlichen Verfassung insgesamt sind. Nun weist die Art und die Verteilung der Störungen des Rollenverhaltens immer schon auf bestimmte Charakteristika der Gesellschaft hin, die zu ihren Wesensmerkmalen selbst gehören können. Wenn sich aber der Verdacht einstellt, daß die arbeitsfähigen Kompromisse womöglich nur bestimmte Formen der Anpassung an defiziente Institutionen sind, deren Druck sie mildern und abwehren sollen, dann stößt die Pathologie des Rollenverhaltens auf eine *zweite Grenze: die ideologische Struktur der Institutionen* bleibt ihrem theoretischen Ansatz verborgen. Zwar geht die Untersuchung der Störungen des Rollenverhaltens und der Richtungen des Ausweichens vor dem Normendruck oder der Normenschwäche von den individuellen Leiden an der Gesellschaft aus, um an ihnen die gesellschaftlichen Leiden selbst zu erkennen. Die Störungen des Rollenverhaltens gelten dann als symptomatisch für die defiziente Struktur der Institutionen und Lernmilieus. Aber auf diesem Wege kann man nur zu einer immanenten Kritik der Institutionen kommen; ihre Legitimität und ihr Wert bleiben aus der Fragestellung ausgeklammert. Hier muß die Untersuchung der Störungen des Rollenverhaltens durch den anderen notwendigeren Teil jeder Sozialpathologie ergänzt werden — durch Ideologiekritik.

Der Ideologiebegriff wird hier im vorwissenssoziologischen Sinne von Marx gebraucht: zur Bezeichnung des normativen „Überbaus", der in den Produktions- und Herrschaftsverhältnissen gegründet ist und diese zugleich mit kontrolliert. Ideologiekritik ist also die Rückführung der normativen (der institutionellen) Verfassung einer Gesellschaft auf deren Produktionsbedingungen und Herrschaftsverhältnisse. Da sich die gesellschaftlichen Normen weitgehend in den sozialen Rollen artikulieren, gehört es auch zu den Aufgaben der Ideologiekritik, den ideologischen Gehalt von Rollenerwartungen und Rollenmodellen zu untersuchen. Gerade in der Bewältigung dieser Aufgabe wird sie Teil der Sozialpathologie, die damit auch die Anpassungsformen als Ausdruck eines gestörten Gesamtzusammenhangs begreifen kann. Ideologiekritik, die sich nicht nur auf die Analyse politischer Ideengebäude beschränkt, sondern sich vor allem auf die kritische Untersuchung der Funktionen konzentriert, die die Normen und Normenkomplexe, also die Institutionen, einer Gesellschaft haben, wird nun allerdings — und auch das wissen wir seit Marx — nicht unhistorisch verfahren können, wie etwa die dem vormarxistischen Denken der Physiokraten verwandte Derivaten-Lehre von Pareto. Soll nicht *jedes* kulturelle Phänomen ideologisch heißen, soll also der Ideologiebegriff seine *kritische* Funktion beibehalten, dann muß die ideologiekritische Analyse die Hypostasierungen der Herrschafts- und Produktionsverhältnisse in gesellschaftlichen Normen als das, was sie sind, deutlich machen — nämlich notwendige Ergänzungen des gesellschaftlichen Unterbaus, der selbst ein Produkt der menschlichen Praxis und somit veränderbar ist. Mit anderen Worten: Ideologiekritik weist immer schon über sich selbst hinaus auf die Analyse der jeweiligen Formen von Arbeit und Herrschaft und auf deren Entwicklungsgesetze selbst. Arbeit ermöglicht Bedürfnisbefriedigungen, Herrschaft reguliert die Verteilung der Chancen zur Bedürfnisbefriedigung. Kritik an den gesellschaftlichen Formen von Arbeit und Herrschaft ist deshalb Kritik an dem gesellschaftlichen System der Bedürfnisbefriedigung. Diese Kritik ist es, die also den rollenanalytischen Ansatz der Sozialpathologie ergänzen muß. Sie erst kann zum Beispiel die rollenzerstörenden Formen der Arbeit, die sich in Monotonie und Schichtbetrieb etwa zeigen, und die Herrschaftsfunktion einer Überprägnanz der Normen im Hinblick auf ihre Notwendigkeit und Legitimität wirklich in Frage stellen. Dabei muß sie allerdings auf die Objektivität gesellschaftlicher Bedürfnislagen und die jeweiligen historischen Möglichkeiten ihrer Befriedigung sich beziehen, das heißt, sie muß das Potential der gesellschaftlichen Produktivkräfte und die Friktionen in den gesellschaftlichen Produktionsverhältnissen von einem Standort außerhalb des in den herrschenden gesellschaftlichen Bedingungen befangenen Bewußtseins beurteilen.

IV.

Wer aber könnte sich vom Einfluß der herrschenden gesellschaftlichen Verhältnisse auf sein Bewußtsein befreien? Eine vollständige Lösung des Bewußtseins von seinen gesellschaftlichen Prägungen ist gewiß eine Utopie — und eine schlechte dazu. Alles Bewußtsein ist gesellschaftliches Bewußtsein, niemand kann sich den Einflüssen seiner Zeit und seiner Gesellschaft gänzlich entziehen — hier trifft der von Karl Mannheim formulierte „allgemeine" Ideologiebegriff. Andererseits gibt es Möglichkeiten einer relativen Emanzipation von den gesellschaftlichen Prägungen und Zwängen. Die sozialen Situationen des Menschen besitzen einen Horizont, den man überschreiten kann — nicht in das Niemandsland des Vorgesellschaftlichen, aber doch zu einem neuen gesellschaftlichen Standort, der den alten in einer anderen Perspektive zurückläßt. Immer gebunden an Situationen, ist der Mensch doch niemals an eine Situation gefesselt; er kann sich immer von ihr distanzieren, er kann sein gesellschaftliches Sein reflektieren.

Aber bloße Distanz reicht nicht aus, Engagement muß hinzukommen. Es mag sein, daß es — wie Karl Mannheim vermutete — eine „freischwebende Intelligenz" gibt, deren soziale Standortlosigkeit sie zu ideologiekritischen Analysen befähigt, obwohl man daran seine Zweifel haben kann. Was hier zur Debatte steht, ist etwas anderes, nämlich daß eine solche Elite sozialwissenschaftlicher Intelligenz, selbst wenn es sie geben sollte, der Aufgabe der Ideologiekritik allein nicht gewachsen wäre. Denn Ideologiekritik ist letzten Endes eine politische Aufgabe, bei der die Theorie sich nicht ungestraft von der Praxis trennen läßt. Die Beurteilung der Objektivität von Bedürfnislagen kann nicht einer Kaste modernisierter Philosophen-Könige überlassen bleiben, sondern muß sich in der rationalen Diskussion zwischen allen gesellschaftlichen Gruppen herstellen. Dabei ist der Widerstand gegen die Tendenz zur Zwangsintegration durch das Medium der sozialen Rollen ausschlaggebend. Denn in der Selbstbehauptung gegenüber den repressiven Normen und gegenüber dem Druck relativer Deprivationen hat die ideologiekritische Theorie ihre Praxis, an der sie sich messen können und modifizieren lassen muß. Erst in der Praxis des Widerstandes und in der Reflexion über diese Praxis kann sich die Objektivität der Bedürfnislagen enthüllen, auf die die ideologischen Hypostasierungen reduziert werden müssen. Aufklärung und Rebellion also gehören zusammen, wenn es um die Kritik gesellschaftlicher Zwänge an Hand der jeweiligen Möglichkeiten zur Emanzipation geht[9].

So zeigt sich, daß die Ideologiekritik ihrerseits auf die Rollenanalyse zurückverweist, denn die Praxis des Widerstands müßte sich am Rollenverhalten ablesen lassen. Wie aber wäre Rebellion als ein legitimes Widerstandsverhalten gegen die repressiven oder anomischen Normen von anderen Typen untypisierten oder abweichenden Verhaltens zu unterscheiden? Wann ließe sich von einem berechtigten Aufbegehren sprechen und wann von einem unberechtigten Mangel an Anpassung? Hier stößt die Pathologie des Rollenverhaltens auf ihre *dritte Grenze: die Maximen einer Sozialethik* kann sie weder ersetzen noch auch mit ihren eigenen Mitteln nur erkennen. Die Normen des Rollenverhaltens und auch die intentionale Orientierung der sozialen Rollen gehen nicht bruchlos in moralischen Anforderungen auf; zwischen Ethik und normativer Struktur der Gesellschaft klafft ein Hiatus, den Leszek Kolakowski die „Asymmetrie von Anspruch und Verpflichtung" genannt hat[10]. Was die Gesellschaft von ihren Mitgliedern verlangt, ist nicht notwendigerweise das, wozu sich die Mitglieder verpflichtet fühlen, ja, es kann zwischen den gesellschaftlichen Rollenerwartungen und der persönlichen Verpflichtung ein eklatanter Widerspruch bestehen. Über die Legitimität solcher persönlicher Verpflichtungen kann eine Pathologie des Rollenverhaltens nichts sagen, und zwar auch dann nicht, wenn sich die Verpflichtung nicht nur als persönliche Moral etabliert, sondern als *gesellschaftlicher Widerstand* artikuliert. Anders freilich die Ideologiekritik, die unter den genannten Bedingungen sehr wohl über die Objektivität einer Bedürfnislage sich äußern und damit der Praxis des Widerstands die theoretische Legitimation verschaffen kann.

Die Rollenanalyse dagegen kann diese Praxis selbst aufhellen. Sie kann zum Beispiel zeigen, wo der *Konflikt* als ein Abwehrmechanismus dient, der zunächst nur den Rollenspieler vor der Identitätsdiffusion unter dem Druck gesellschaftlicher Zwänge bewahrt, der aber unter bestimmten gesellschaftlichen Bedingungen auch zur Veränderung der herrschenden Verhältnisse beitragen kann. Sie kann aber auch zeigen, wann ein Konflikt anomische Züge annimmt und daher allenfalls zu einer Verstärkung der Repression beiträgt, und wo er Ausdruck eines distanzlosen Engagements ist, das schon wegen seiner Realitätsblindheit ein zur Veränderung der bestehenden Verhältnisse strategisch untaugliches Verhalten ist. Sie wird auch analysieren können, unter welchen Bedingungen die *Wirkung* eines rebellierenden Verhaltens die bloße Störung des Rollenspiels sein wird und wann Rebellion nur die Funktion eines Ausweichens vor den Ansprüchen und Aufgaben der Gesellschaft hat. Schließlich könnte eine Pathologie des Rollenverhaltens auch erkennen lassen, daß jede dauerhafte Rebellion zu abweichendem Verhalten gezwungen wird, das heißt: zu einem Verhalten, das von den Typisierungsschemata einer Rolle oder eines Rollensystems abweicht und als solche Abweichung auch erkannt und verdammt wird. Sie kann dann aber dennoch sich als dauerhaft etablieren, weil sie ihre eigenen Normen und Rollen entwickelt, also nicht bloß untypisiertes, sondern durchaus normativ orientiertes Verhalten ist. In der Rebellion wird dann aus der Subkultur eine „Gegenkultur", die die normative Struktur der Gesellschaft kontinuierlich in Frage stellt[11].

Der rollenanalytische Ansatz in der Sozialpathologie könnte also zu einer differenzierten Analyse der Formen und Chancen des Widerstands gegen die normative Verfassung einer Gesellschaft beitragen. Im Mittelpunkt dieses Ansatzes wird aber stets die Analyse der normativen Probleme einer Gesellschaft stehen müssen, unter denen die Individuen leiden und für die dieses Leiden symptomatisch ist.

Unsere Überlegungen haben gezeigt, daß sozialpathologische Untersuchungen sich auf die ideologiekritische Analyse gesellschaftlicher Institutionen allein nicht verlassen können. Dieser Sachverhalt hätte sich durch eine Kritik der Ideologiekritik darstellen lassen. Ich bin den umgekehrten Weg gegangen mit dem Versuch, einen Ansatz zu entwickeln, durch den die unmittelbaren Auswirkungen der defizienten gesellschaftlichen Verfassung auf das Verhalten der Individuen in das Zentrum der Analyse rückt. Dabei hat sich ein differenzierter Rollenbegriff als ein besonders geeignetes Instrument erwiesen, weil das Individuum sich der Gesellschaft zunächst in Form von Rollenerwartungen konfrontiert sieht und zugleich selbst nur Individuum sein kann in der Verkörperung sozialer Rollen. Der Rollenbegriff ermöglicht also eine Analyse der Verhaltensstörungen unter dem Aspekt gesellschaftlicher Institutionen, die auf der Ebene des Verhaltens kontrolliert, was die Ideologiekritik auf der Ebene der Institutionen zu zeigen versucht. Keine Diagnose der gesellschaftlichen Leiden kann darauf verzichten, auch das Leiden an der Gesellschaft zu ihrem Thema zu machen. Denn die Individuen sind Ursprung und Opfer der Institutionen; als gesellschaftliche Wesen sind sie deren Subjekt und Objekt, Produzent und Produkt. Gesellschaft ist nur in der soziologischen Perspektive etwas Abstraktes; dem Individuum ist sie in seiner alltäglichen Lebenswelt als die Abhängigkeit seiner eigenen Verfassung von anderen Menschen, als das Medium und der Horizont seiner Selbstverwirklichung in und mit den je konkreten anderen gegeben. Deshalb müssen Ideologiekritik und Verhaltensanalyse bei den Fragestellungen einer Sozialpathologie einander ergänzen. Beide Ansätze haben gewiß ihre eigene Legitimität und Fruchtbarkeit, müssen aber doch so weit miteinander verbunden sein, daß sie sich wechselseitig kontrollieren.

Anmerkungen

[1] L. Kolakowski, Cogito, Historischer Materialismus, expressive Persönlichkeitsinterpretation, in: Traktat über die Sterblichkeit der Vernunft; Philosophische Essays, München 1967, S. 158.

[2] Am schärfsten herausgearbeitet und kritisiert worden ist diese Tendenz wohl von Herbert Marcuse. Vgl. dazu vor allem: Der eindimensionale Mensch, aaO.

[3] Aus: G. Anders, Vietnam und kein Ende, in: Das Argument, Jg. 9. Febr. 1967, Heft 1, S. 7—9.

[4] Vgl. H. Blumer, Über das Konzept der Massengesellschaft, in: A. Silbermann, Hrsg., Militanter Humanismus; Von den Aufgaben der modernen Soziologie, Frankfurt 1966, S. 22.

[5] Von daher wird auch verständlich, warum die soziologische Stratifikationstheorie mit der Aufstellung von Prestige- und Statusskalen immer wieder in Schwierigkeiten kommen muß: die Präferenzordnung und die Zugänglichkeit der gesellschaftlichen Relevanzbereiche sind in den verschiedenen gesellschaftlichen Aggregaten durchaus unterschiedlich.

[6] Ob und in welcher Weise trotz des Historismus-Einwandes von sozialen Entwicklungsgesetzmäßigkeiten zu sprechen ist, ist eine Frage, die hier ausgeklammert bleiben muß. Siehe dazu: H. P. Dreitzel, Über die historische Methode in der Soziologie, in: ders., Hrsg., Sozialer Wandel, Soziologische Texte, Bd. 41, Neuwied 1967, S. 441—465.

[7] Vgl. H. Blumers Bemerkung: „Die Bildung der öffentlichen Meinung, das Spiel der Mode, der politische Vorgang und die Angleichungsversuche, die Interessengruppen untereinander machen, sind einige Beispiele für den weitverbreiteten Prozeß einer arbeitsfähigen Anpassung, der in der Massengesellschaft zwischen Menschen mit auseinandergehenden und wechselnden Werten, Interessen und Schemata für die Begegnung mit der Welt stattfindet. Die Lebensbereiche, in denen dieser Prozeß sich abspielt, können nicht mit Hilfe von Kulturkonzepten analysiert werden, die nur Gültigkeit besitzen für festgelegte und festformulierte Verhaltenstypen.“ (Über das Konzept der Massengesellschaft, aaO, S. 33.)

[8] Vgl. dazu H. Plessner, Das Problem der Öffentlichkeit und die Idee der Entfremdung, in: Diesseits der Utopie, aaO, S. 19: „Gibt es eine bewußte Identifikation des Ichs mit sich selber im Sinne einer echten Zurücknahme der Entfremdung? Psychologisch zweifellos. Der Mensch kann sich verlieren, kann süchtig und neurotisch werden, einem Menschen, einer Idee verfallen, in seiner Tätigkeit so aufgehen, daß sie ihn beherrscht und nicht er sie.“ ... S. 20: „Was uns an ihr (der Rolle) stört, der Moment des Zwanges, den sie auf mein Verhalten ausübt, ist zugleich die Gewähr für jene Ordnung, die ich brauche, um Kontakt mit anderen zu gewinnen und zu halten. Der Abstand, den die Rolle schafft, im Leben der Familie wie in dem der Berufe, der Arbeit, der Ämter, ist der den Menschen auszeichnende Umweg zum Mitmenschen, das Mittel seiner Unmittelbarkeit. Wer darin Selbstentfremdung sehen wollte, verkennt das menschliche Wesen und schiebt ihm eine Existenzmöglichkeit unter, wie sie auf vitalem Niveau die Tiere und auf geistigem Niveau die Engel haben.“

[9] Daß trotz ihrer notwendigen Verbindung mit politischen Fragestellungen diese Kritik auch eine Aufgabe der Sozialwissenschaften ist, soll hier behauptet werden. Demgegenüber wird vielfach die umgekehrte Position vertreten, nach der sich die Sozialwissenschaften um einer positivistischen Objektivität willen jeder Verbindung zur politischen Praxis und damit allerdings auch jeder Ideologiekritik zu enthalten hätten. Hinter einer solchen wissenschaftstheoretischen Einstellung stehen die Bedenken, die zuerst Max Weber im sogenannten Wertungsstreit gegenüber dem politischen Engagement der Kathedersozialisten geäußert hatte. Die Diskussion um die Werturteilsproblematik ist inzwischen zu vielschichtig und komplex, als daß sie hier diskutiert werden könnte. Nur so viel sei gesagt, daß die *selbstverständlich* notwendige Enthaltsamkeit gegenüber Werturteilen in der wissenschaftlichen Arbeit weder ein Engagement an den Werten der Aufklärung noch die Reflexion über die Praxis des Widerstands gegen gesellschaftliche Zwänge ausschließt. Nicht die Werturteile sind das eigentliche Problem, sondern die Frage nach dem *Erkenntnisinteresse* der Sozialwissenschaften. Jürgen Habermas hat den Zusammenhang von Erkenntnis und Interesse an den Wissenschaften analysiert und kommt im Hinblick auf die Sozialwissenschaften zu dem m. E. richtigen Schluß, daß sie sich von einem *emanzipatorischen* Erkenntnisinteresse leiten lassen müßten: „Die systematischen Handlungswissenschaften, nämlich Ökonomie, Soziologie und Politik, haben, wie die empirisch-analytischen Naturwissenschaften, das Ziel, nomologisches Wissen hervorzubringen. Eine kritische Sozialwissenschaft wird sich freilich damit nicht bescheiden. Sie bemüht sich darüber hinaus zu prüfen, wann die theoretischen Aussagen invariante Gesetzmäßigkeiten des sozia-

len Handelns überhaupt und wann sie ideologisch festgefrorene, im Prinzip aber veränderliche Abhängigkeitsverhältnisse erfassen. Soweit das der Fall ist, rechnet die Ideologiekritik, ebenso übrigens wie die Psychoanalyse, damit, daß die Information über Gesetzeszusammenhänge im Bewußtsein des Betroffenen selber einen Vorgang der Reflexion auslöst; ... Selbstreflexion ist von einem emanzipatorischen Erkenntnisinteresse bestimmt. Die kritisch orientierten Wissenschaften teilen es mit der Philosophie." (J. Habermas, Erkenntnis und Interesse, in: Merkur, Jg. 19, 1965, S. 1147/48.)

[10] Vgl. L. Kolakowski, Ethik ohne Kodex, in: Traktat über die Sterblichkeit der Vernunft; Philosophische Essays, aaO, S. 107: „Ist es auf Grund des Kodex jemandes Pflicht, sich in einer bestimmten Situation so und nicht anders zu verhalten, so hat auf Grund desselben Kodex ein jeder das Recht, von diesem Jemand dieses Verhalten zu verlangen; das ist es, was wir die Symmetrie der Verpflichtungen und Ansprüche nennen: Alles, was Gegenstand jemandes Pflicht ist, ist zugleich Gegenstand des legitimen Anspruchs eines jeden. In Wirklichkeit entstehen die kostbarsten moralischen Werte infolge der Asymmetrie zwischen Kodex-Pflicht und Kodex-Anspruch, das heißt, in Situationen, in denen sich jemand dazu entschließt, etwas als eine Pflicht anzuerkennen, von dem kein Dritter das Recht hat, ihm dieses zur Pflicht zu machen."

[11] Vgl. zum Begriff der „Gegenkultur" J. M. Yinger, Contra-Culture and Subculture, in: American Sociological Review, Vol. 25, 1960, S. 625 ff. Siehe dazu auch M. R. Lepsius, Zum Wandel der Gesellschaftsbilder in der Gegenwart, in: Kölner Zeitschrift für Soziologie und Sozialpsychologie, Bd. 14, 1962, S. 449 ff. — Die Chancen einer solchen „Gegenkultur", die über einen Gegenentwurf zu den herrschenden Verhältnissen verfügen müßte (eine „Utopie" im Sinne K. Mannheims), sind gegenwärtig schwer zu beurteilen. Angesichts der zunehmenden Bürokratisierung der Verhaltensweisen wächst die Gefahr, daß sich gegenüber der indifferenten und politisch apathischen Mehrheit eine Minderheit entweder distanzlos engagiert, was zu unfruchtbaren anomischen Konflikten führt, oder sich in die sozialen Nischen unserer Gesellschaft zurückzieht und dort ihre privaten Deutungssysteme entwickelt.

Literaturverzeichnis*

Achinger, H.: Sozialpolitik als Gesellschaftspolitik — Von der Arbeiterfrage zum Wohlfahrtsstaat. Hamburg 1956.

Adorno, Th. W.; Frenkel-Brunswik, E.; Levinson, D. J., und *Sanford, R. N.:* The Authoritarian Personality — Studies in Prejudice, M. Horkheimer und S. H. Flowermann (Eds.). New York 1950.

Adorno, Th. W.: Bemerkungen über Statik und Dynamik in der Gesellschaft, in: Kölner Zeitschrift für Soziologie und Sozialpsychologie, Jg. 8, 1956, S. 321 ff.

Adorno, Th. W.: Eingriffe. Frankfurt 1963.

Adorno, Th. W.: Negative Dialektik. Frankfurt 1966.

Adorno, Th. W.: Postscriptum, in: Kölner Zeitschrift für Soziologie und Sozialpsychologie, Jg. 18, 1966, S. 37 ff.

Aiken, A., und *Hage, J.:* Organizational Alienation, in: American Sociological Review, Vol. 31, 1966, S. 497 ff.

Allport, G. W., und *Portman, L.:* The Psychology of Rumor. New York 1965.

Améry, J.: Jenseits von Schuld und Sühne — Bewältigungsversuche eines Überwältigten. München 1966.

Anders, G.: Vietnam und kein Ende, in: Das Argument, Jg. 9, 1957, S. 1 ff.

Andrieux, A., und *Lignon, J.:* L'ouvrier d'aujourd'hui. Paris 1961.

Anonym: Streetwalker. An Autobiographical Account of Prostitution. London 1959.

Arendt, H.: Eichmann in Jerusalem. Ein Bericht von der Banalität des Bösen. München 1964.

Ariès, Ph.: L'enfant et la vie familiale sous l'ancien régime. Paris 1960. Englische Ausgabe: Centuries of Childhood. London 1962.

Asemissen, U.: Egologische Reflexionen, in: Kantstudien, Bd. 50, Köln 1958/59, S. 262 ff.

Bahrdt, H. P.: Gedanken über einige Formen des gesitteten Betragens, in: Gesellenstücke, unveröffentlichte Festschrift für H. Plessner, Manuskriptdruck. Göttingen 1957.

Bahrdt, H. P.: Industriebürokratie. Stuttgart 1958.

Bahrdt, H. P.: Zur Frage des Menschenbildes in der Soziologie, in: Europäisches Archiv für Soziologie, Jg. 2, 1961, S. 1 ff.

Bahrdt, H. P.: Die moderne Großstadt. Soziologische Überlegungen zum Städtebau. Hamburg 1961.

Bahrdt, H. P.: Mythos und Wirklichkeit der Arbeit. Manuskriptdruck. Göttingen 1965.

Bain, R.: Sociology and Psychoanalysis, in: American Sociological Review, Jg. I, 1936, S. 203 ff.

Banton, M.: Roles. An Introduction to the Study of Social Relations. London 1965.

Barbu, Z.: Problems of Historical Psychology. London 1960.

Baritz, L.: The Servants of Power. Middletown, Conn., 1960.

Barnes, H. E. (Ed.): An Introduction to the History of Sociology. Chicago. 1948.

Bastide, R.: Sociologie des maladies mentales. Paris 1965.

Becker, H., and *Boskoff, A. C.* (Eds.): Modern Sociological Theory. New York 1961.

Becker, H. S.: Outsiders. Studies in the Sociology of Deviance. New York/London 1963.

Bell, W.: Anomie, Social Isolation, and the Class Structure, in: Sociometry, Vol. 20, 1957, S. 105 ff.

Bendix, R.: Herrschaft und Industriearbeit. Frankfurt 1960.

Benedict, R.: Urformen der Kultur. Hamburg 1955.

van den Berg, J. H.: Metabletica. Grundlinien einer historischen Psychologie. Göttingen 1960.

Berger, P. L.: Invitation to Sociology. New York 1963.

Berger, P. L., und *Pullberg, St.:* Verdinglichung und die soziologische Kritik des Bewußtseins, in: Soziale Welt, Jg. 16, H. 2, 1965, S. 97 ff.

Berger, P. L., und *Kellner, H.:* Die Ehe und die Konstruktion der Wirklichkeit, in: Soziale Welt, Jg. 16, 1965, H. 3, S. 220 ff.

Berger, P. L.: Towards a Sociological Understanding of Psychoanalysis, in: Social Research, Vol. 32, 1965, S. 26 ff.

---

* Aufsätze aus mehrfach zitierten Sammelbänden werden nicht noch einmal gesondert aufgeführt.

Berger, P. L., und *Luckmann, Th.*: The Social Construction of Reality. A Treatise in the Sociology of Knowledge. New York 1966.

Berle, A. A., und *Means, G. C.*: The Modern Corporation and Private Property. New York 1932.

Berne, E.: Games People Play. New York 1964. Deutsch: Spiele der Erwachsenen. Hamburg 1967.

Bernstein, B.: Language and Social Class, in: The British Journal of Sociology, Vol. 11, No. 3, 1960.

Bierstedt, R.: Rezension der ersten Auflage von Mertons „Social Theory and Social Structure", in: American Sociological Review, Vol. 15, 1950, S. 140.

Black, M. (Ed.): The Social Theories of Talcott Parsons. Englewood Cliffs, N. J., 1961.

Blau, P. M.: Exchange and Power in Social Life. New York 1964.

Blauner, R.: Alienation and Freedom. The Factory Worker and his Industry. Chicago and London 1964.

Blumer, H.: Über das Konzept der Massengesellschaft, in: A. Silbermann (Hrsg.), Militanter Humanismus. Von den Aufgaben der modernen Soziologie. Frankfurt 1966, S. 19 ff.

Le Bon, G.: Psychologie des foules. Paris 1885 (1).

Bradburn, N. M., und *Caplowitz, D.*: Reports on Happiness. Chicago 1965.

Braun, S.: Zur Soziologie der Angestellten. Frankfurt 1964.

Brecht, B.: Flüchtlingsgespräche. Frankfurt 1961.

Broszat, M. (Hrsg.): Autobiographische Aufzeichnungen des Rudolf Höss. München 1963.

Brotz, H.: Functionalism and Dynamic Analysis, in: Europäisches Archiv für Soziologie, Jg. 2, 1961, S. 170 ff.

Cameron, N., und *Magaret, A.*: Behavior Pathology. Boston 1951.

Chein, I.; Gerard, D. L.; Lee, R. S., und*Rosenfeld, E.*: Narcotics, Delinquency and Social Policy. London 1964.

Chombart de Lauwe, J.-M.: Psychopathologie de l'enfant inadapté. Paris 1959.

Chombart de Lauwe, J.-M., und *P.-H.*: La femme dans la société: son image dans différents milieux sociaux. Paris 1963.

Claessens, D.: Rolle und Verantwortung, in: Soziale Welt, Jg. 14, H. 1, 1963, S. 1 ff.

Clinard, M. H. (Ed.): Anomie and Deviant Behavior. New York 1964.

Cloward, R. A.: Illegitimate Means, Anomie and Deviant Behavior, in: American Sociological Review, Vol. 24, 1959, S. 164 ff.

Cloward, R. A., und *Ohlin, L. E.*: Delinquency and Opportunity. A Theory of Delinquent Gangs. New York 1960.

Cohen, A. K., Lindesmith, A., und *Schnessler, K.* (Eds.): The Sutherland Papers, Teil I. Bloomington 1956.

Cohen, A. K.: The Sociology of the Deviant Act. Anomy Theory and Beyond, in: American Sociological Review, Vol. 30, 1965, S. 5 ff.

Cohen, A. K.: Deviance and Control. Foundations of Modern Sociology Series. A. Inkeles (Ed.). Englewood Cliffs, N. J., 1966.

van Collie, D.: Der begeisterte Selbstmord. Donauwörth, o. J.

Corsini, R. J., und *Cardone, S.*: Roleplaying in Psychotherapy. A Manual. Chicago 1966.

Coser, L. A.: Some Functions of Deviant Behavior and Normative Flexibility, in: American Journal of Sociology, Vol. 68, 1962, S. 172 ff.

Coser, L. A.: Violence and Social Structure, in: Science and Psychoanalysis, Vol. 6, 1963.

Coser, L. A.: Theorie sozialer Konflikte. Soziologische Texte, Bd. 30. Neuwied. 1965.

Coser, L. A.: Gewalt und gesellschaftlicher Wandel, in: atomzeitalter, Nov. 1966.

Coser, R. L.: Some Social Functions of Laughter, in: Human Relations, Vol. 12, 1959, S. 171 ff.

Coser, R. L.: Role Distance, Sociological Ambivalence, and Transitional Status Systems, in: The American Journal of Sociology, Vol. 72, 1966/67, S. 173.

Cressey, D. R.: Other People's Money. A Study of the Social Psychology of Embezzlement. Glencoe, Ill., 1953.

Crozier, M.: Le phénomème bureaucratique. Paris 1963.

Crozier, M.: L'administration face aux problèmes du changement, in: Numéro special de Sociologie de Travail, Vol. 8, Heft 3, 1966.

Cuber, J. F., und *Harper, R. A.*: Problems of American Society. Values in Conflict. New York 1948.

Dahrendorf, R.: Soziale Klassen und Klassenkonflikt. Stuttgart 1957.

Dahrendorf, R.: Gesellschaft und Freiheit. München 1961.

Dahrendorf, R.: Homo Sociologicus. Ein Versuch zur Geschichte, Bedeutung und Kritik der Kategorie der sozialen Rolle. Köln/Opladen 1964 (4).

Dahrendorf, R.: Arbeiterkinder an deutschen Universitäten. Reihe: Recht und Staat. H. 302/303. Tübingen 1965.

Dahrendorf, R.: Gesellschaft und Demokratie in Deutschland. München 1965.

Denker, R.: Aufklärung über Aggression. Kant, Darwin, Freud, Lorenz. Berlin 1966.

Devereux, G.: Maladjustment and Social Neurosis, in: American Sociological Review, Jg. 4, 1939, S. 844 ff.

Samuel Johnson's *Dictionary* of the English Language. R. G. Latham (Ed.). Oxford 1866.

New English *Dictionary*. J. A. W. Murray (Ed.). Vol. I, Bd. B, Oxford 1888.

Dörner, K.: Der Zwang zur Dissoziation von Lust und Leistung, in: Das Argument, Jg. 4, 1962, H. 4, S. 29 ff.

Dohrenwend, B. P.: Egoism, Altruism, Anomie, and Fatalism. A Conceptual Analysis of Durkheim's Types, in: American Sociological Review, Vol. 24, 1959, S. 466 ff.

Dohrenwend, B. P.: Social Status and Psychological Disorder. An Issue of Substance and an Issue of Method, in: American Sociological Review, Vol. 31, 1966, S. 14 ff.

Dollard, J.; Doob, L. W.; Mowrer, C. H., und *Sears, R. R.:* Frustration and Aggression. New Haven 1939.

Dreitzel, H. P.: Selbstbild und Gesellschaftsbild. Wissenschaftssoziologische Überlegungen zum Image-Begriff, in: Europäisches Archiv für Soziologie, Jg. 3, 1962, S. 181 ff.

Dreitzel, H. P.: Rationales Handeln und politische Orientierung. Zur Soziologie des politischen Verhaltens in der wissenschaftlichen Zivilisation, in: Soziale Welt, Jg. 16, H. 1, 1965, S. 1 ff.

Dreitzel, H. P., und *Wilhelm, J.:* Das Problem der Kreativität in der Wissenschaft. Ein Beitrag zur Wissenschaftssoziologie, in: Kölner Zeitschrift für Soziologie und Sozialpsychologie, Jg. 18, 1966, S. 62 ff.

Dreitzel, H. P. (Hrsg.): Sozialer Wandel. Soziologische Texte, Bd. 41. Neuwied 1966.

Dubin, R.: Deviant Behavior and Social Structure. Continuities in Social Theory, in: American Sociological Review, Vol. 24, 1959, S. 147 ff.

Dublin, L. I.: Suicide. A Sociological and Statistical Study. New York 1963.

Durkheim, E.: De la division du travail. Paris 1963.

Durkheim, E.: Le „contrat social" de Rousseau, zuerst in: Revue de Métaphysique et de Morale, Jg. 25, 1918.

Durkheim, E.: Le suicide. Paris 1930 (2). Engl. Ausgabe: Suicide. Glencoe, Ill., 1951.

Durkheim, E.: Regeln der soziologischen Methode. Soziologische Texte, Bd. 3. Neuwied 1961.

Eaton, J. W., and *Weil, R. J.:* Culture and Mental Disorder. A Comparative Study of Hutterites and other Populations. Glencoe, Ill., 1955.

Egner, E.: Aspekte hauswirtschaftlichen Strukturwandels, in: E. Egner (Hrsg.). Beträge zur Ökonomie von Haushalt und Verbrauch, H. 3, Berlin o. J., S. 15 ff.

Eisenstadt, S. N. (Ed.): Contemporary Social Problems. New York und London 1964.

Elias, N.: Über den Prozeß der Zivilisation. Wandlungen des Verhaltens in den weltlichen Oberschichten des Abendlandes. 2 Bde., 1939.

Elliot, M. A., und *Merril, F. E.:* Social Disorganization, New York 1934.

Enzensberger, H. M.: Politik und Verbrechen. Frankfurt 1964.

Erikson, E. H.: Wholeness and Totality, in: C. F. Friedrich (Ed.): Totalitarianism. Cambridge, Mass., 1954.

Erikson, E. H.: Kindheit und Gesellschaft. Stuttgart 1965 (2).

Erikson, E. H.: Identität und Lebenszyklus. Frankfurt 1966.

v. Ferber, Chr.: Soziologische Aspekte des Todes, in: Zeitschrift für evangelische Ethik, Jg. 7, 1963, S. 338 ff.

Ford, D., et al.: Essays on the Ritual of Social Relations. Manchester 1962.

Freud, A.: Das Ich und die Abwehrmechanismen. London 1946.

v. Friedeburg, L.: Umfrage in der Intimsphäre. Beiträge zur Sexualforschung, H. 4, Stuttgart 1953.

v. Friedeburg, L. (Hrsg.): Jugend in der modernen Gesellschaft. Köln, Berlin 1965.

Fromm, E.: Sozialpsychologischer Teil, in: M. Horkheimer (Hrsg.): Studien über Autorität und Familie. Paris 1936, S. 77 ff.

Fromm, E.: Escape from Freedom. New York 1941.
Fromm, E.: Man for Himself, New York 1947.
Fromm, E.: The Sane Society. New York 1955.
Gabel, J.: Formen der Entfremdung. Aufsätze zum falschen Bewußtsein. Frankfurt 1964.
Gabel, J.: Ideologie und Schizophrenie. Formen der Entfremdung. Frankfurt 1967.
Gehlen, A.: Der Mensch. Bonn 1956 (6).
Geiger, Th.: Vorstudien zu einer Soziologie des Rechts. Soziologische Texte, Bd. 20. Neuwied 1964.
Gerstein, R.: Studierende Mädchen. Zum Problem des vorzeitigen Abgangs von der Universität. München 1965.
Gerth, H., und *Mills, C. W.:* Character and Social Structure. The Psychology of Social Institutions. London 1954, 1961 (2).
Deutsche *Gesellschaft* für Soziologie: Max Weber und die Soziologie heute. Verhandlungen des 15. Deutschen Soziologentages. Tübingen 1965.
Gibbs, J. P., and *Martin, W. T.:* Status Integration and Suicide. Eugene, Oregon, 1964.
Gibbs, J. P.: Norms. The Problem of Definition and Classification, in: American Journal of Sociology, Vol. 70, 1965, S. 586 ff.
Gilbert, D., und *Levinson, D. J.:* Role Performance, Ideology, and Personality in Mental Hospital Aides, in: M. Greenblatt et al. (Eds.): The Patient and the Mental Hospital. Glencoe, Ill., 1957.
Goffman, E.: Alienation from Interaction, in: Human Relations, Vol. 10, 1957, S. 47 ff.
Goffman, E.: The Presentation of Self in Everday-Life. New York 1959.
Goffman, E.: Encounters. Two Studies in the Sociology of Interaction. Indianapolis, Ind., 1961.
Goffman, E.: Asylums. Essays on the Social Situation of Mental Patients and other Inmates. New York 1961.
Goffman, E.: Behavior in Public Places. Notes on the Social Organization of Gatherings. New York, London 1963.
Goffman, E.: Stigma. Notes on the Management of Spoiled Identity. Englewood Cliffs, N. J., 1963.
Goffman, E.: Embarrassment and Social Organization, in: The American Journal of Sociology, Vol. 62, 1965, S. 264 ff.
Goode, W. F.: A Theory of Role Strain, in: American Sociological Review, Vol. 25, 1960, S. 483 ff.
Gouldner, A. W.: The Norm of Reciprocity. A Preliminary Statement, in: American Sociological Review, Vol. 25, 1960, S. 161 ff.
de Grazia, S.: The Political Community. A Study of Anomie. Chicago 1948.
Grinker, R. R., und *Spiegel, J. P.:* Men under Stress. Blakiston, Phil., 1945.
Gross, N. C., et al.: Explorations in Role Analysis. Studies on the School Superintendency Role. New York 1958.
Grosser, G.: Juvenile Delinquency and Contemporary American Sex Roles, (Diss.). Harvard University 1952.
Gurvitch, G.: La Multiplicité de temps sociaux. Cours de Sorbonnes, Manuskriptdruck. Paris 1961.
Gutman, R.; Wrong, D. H.: David Riesman's Typology of Character, in: S. M. Lipset, L. Loewenthal (Eds.): Culture and Social Character. The Work of David Riesman reviewed. Glencoe 1961, S. 295 ff.
Habermas, J.: Dialektik der Rationalisierung, in: Merkur, Jg. 8, 1954, S. 720 ff.
Habermas, J.: Theorie und Praxis. Sozialphilosophische Studien. Neuwied 1963.
Habermas, J.: Erkenntnis und Interesse, in: Merkur, Jg. 19, 1965, S. 1139 ff.
Habermas, J.: Zur Logik der Sozialwissenschaften. Sonderheft der Philosophischen Rundschau. Februar 1967.
Halbwachs, M.: Les causes du suicide. Paris 1930.
Halmos, P.: Towards a Measure of Man. The Frontiers of Normal Adjustment. London 1957.
Harary, F.: Merton Revisited. A New Classification for Deviant Behavior, in: American Sociological Review, Vol. 31, 1966, S. 693 ff.
Hartmann, H.: Ich-Psychologie und Anpassungsproblem. Stuttgart 1960.
Hegel, G. W. F.: Grundlinien der Philosophie des Rechts. Berlin 1956 (4).
v. Heiseler, J.: Militär und Technik. Arbeitssoziologische Studien zum Einfluß der Technisierung auf die Sozialstruktur des Militärs, in: Studien zur politischen und gesellschaftlichen Situation der Bundeswehr, Bd. 2, Berlin 1966, S. 66 ff.
Heiss, R. (Hrsg.): Zur Problematik der Schul- und Berufseignungstests: Hand-

buch für Psychologie, Psychologische Diagnostik, Bd. 6. Göttingen 1964.

Henry, J.: Culture against Man. New York 1963.

Hollingshead, A. B., und *Redlich, F. C.:* Social Class and Mental Illness. New York 1958.

Homans, G. C.: Theorie der sozialen Gruppe. Köln, Opladen 1960.

Homans, G. C.: Social Behavior. Its Elementary Forms. London 1961.

Homans, G. C.: Sentiments and Activities. Glencoe, Ill., 1962.

Horkheimer, M. (Hrsg.): Studien über Autorität und Familie. Paris 1936.

Horn, K.: Formierte Demokratie als kollektive Infantilität, in: Das Argument, Jg. 9, S. 26 ff., 1967.

Ichheiser, G.: Die Überschätzung der Einheit der Persönlichkeit als Täuschungsquelle bei der psychologischen Beurteilung des Menschen, in: Zeitschrift für angewandte Psychologie, Bd. 33, 1929, S. 273.

Ichheiser, G.: Misunderstandings in Human Relations, in: American Journal of Sociology, Vol. 55, 1949, S. 1 ff.

Institut für Sozialforschung (Hrsg.): Soziologische Exkurse. Frankfurter Beiträge zur Soziologie, Bd. 4, Frankfurt 1956.

Irle, M.: Soziale Systeme. Göttingen 1963.

Jaide, W.: Eine neue Generation? Eine Untersuchung über die Werthaltungen und Leitbilder der Jugendlichen. München 1961.

Kahn, R., et al.: Organizational Stress. Studies in Role Conflict and Ambiguity. New York, London, Sidney 1964.

Karacki, L., und *Toby, J.:* The Uncommitted Adolscent. Candidate for Gang Socialization, in: Sociological Inquiry, Jg. 32, 1962, S. 203 ff.

Kardiner, A., et al.: The Psychological Frontiers of Society. New York 1945.

Kardiner, A.: The Individual and His Society. The Psychodynamics of Primitive Social Organization. New York 1946.

Kitsuse, J. I.: Societal Reactions to Deviant Behavior. Problems of Theory and Method, in: Social Problems, Jg. 9, 1962.

Kluckhohn, C., and *Murray, H. A.:* Personality in Nature, Society and Culture. London 1953.

Kluth, H.: Sozialprestige und sozialer Status. Stuttgart 1957.

Kolakowski, L.: Traktat über die Sterblichkeit der Vernunft. Philosophische Essays. München 1967.

Koselleck, R.: Kritik und Krise. Beiträge zur Pathogenese der bürgerlichen Welt. München 1959.

Krockow, Chr. Graf: Auf der Suche nach der verlorenen Gesellschaft, in: Gesellenstücke, unveröffentlichte Festschrift für H. Plessner, Manuskriptdruck. Göttingen 1957.

Krockow, Chr. Graf: Soziologie des Friedens. Gütersloh 1962.

Kroeber, A. L., und *Parsons, T.:* The Concepts of Culture and Social System, in: American Sociological Review, Vol. 23, 1958, S. 582 ff.

Kubie, L. S.: Some Unsolved Problems of the Scientific Careers, in: M. Stein, A. J. Vidich und D. M. White (Eds.): Identity and Anxiety. Survival of the Person in Mass Society. New York 1960, S. 241 ff.

Laforgue, R.: Libido, Angst und Zivilisation. Wien 1932.

Langner, Th. S., und *Michael, St. T.:* Life Stress and Mental Health. The Midtown Manhattan Study. New York 1963.

Lasswell, H. O.: Prapaganda and Mass Insecurity, in: Psychiatry, Jg. 13, 1950, S. 283 ff.

Lemert, E. M.: Social Pathology. New York 1951.

Lemert, E. M.: Some Aspects of a General Theory of Sociopathic Behavior, in: Proceedings of the Pacific Sociological Society. State College of Washington. XVI. 1948.

Lepsius, R. M.: Zum Wandel der Gesellschaftsbilder in der Gegenwart, in: Kölner Zeitschrift für Soziologie und Sozialpsychologie, Jg. 14, 1962, S. 449 ff.

Levinson, D.: Role, Personality, and Social Structure in the Organizational Setting, in: Journal of Abnormal and Social Psychology, Vol. 58, 1959, S. 170 ff.

Lewis, O.: Die Kinder von Sanchez. Selbstporträt einer mexikanischen Familie. Düsseldorf, Wien 1963.

v. Lilienfeld, P.: La pathologie sociale. Paris 1896.

Linton, R.: The Study of Man. New York 1936.

Linton, R.: Culture and Mental Disorders. Springfield 1957.

Litt, Th.: Individuum und Gemeinschaft. Leipzig und Berlin 1926 (3).

Löwith, K.: Das Individuum in der Rolle des Mitmenschen. Halle 1928.

Lorenz, K.: Das sogenannte Böse. Wien 1963.

Luckmann, Th., und *Berger, P. L.:* Social Mobility and Personal Identity, in: Europäisches Archiv für Soziologie, Jg. 5, 1964, S. 331 ff.

McCall, G. J., und *Simmons, J. C.:* Identities and Interaction. New York und London 1966.

MacIver, R. M.: The Ramparts We Guard. New York 1950.

Mannheim, K.: Ideologie und Utopie. Frankfurt 1952 (3).

Marcuse, H.: Triebstruktur und Gesellschaft. Frankfurt 1965.

Marcuse, H.: Der eindimensionale Mensch. Studien zur Ideologie der fortgeschrittenen Industriegesellschaft. Soziologische Texte. Bd. 40. Neuwied 1967.

Martin, J. M., und *Fitzpatrick, J. P.:* Delinquent Behavior. A Redefinition of the Problem. New York 1964.

Marx, K.; Engels, F.: Historisch-kritische Gesamtausgabe (MEGA) — Werke, Schriften, Briefe. Marx-Engels-Lenin-Institut, Moskau o. J. (Hrsg.: V. Adoratskij).

Matzner, J.: Der Begriff der Charaktermaske bei Karl Marx, in: Soziale Welt, Jg. 15, 1964, S. 130 ff.

Mayntz, R.: Soziologie der Organisation. Hamburg 1963.

Mead, G. H.: Mind, Self, and Society. Chicago 1934.

Mead, M.: Mann und Weib. Das Verhältnis der Geschlechter in einer sich wandelnden Welt. Hamburg 1958.

Mead, M.: Geschlecht und Temperament in primitiven Gesellschaften. Hamburg 1959.

Meier, D. L., und *Bell, W.:* Anomia and Differential Access to the Achievement of Life Goals, in: American Sociological Review, Vol. 24, 1959, S. 189 ff.

Merton, R. K.: Bureaucratic Structure and Personality, in: Social Forces, Jg. 18, 1940, S. 560 ff.

Merton, R. K.: Social Structure and Anomie: Revisions and Extensions, in: R. A. Anshen: The Family; Its Function and Destiny. New York 1949.

Merton, R. K.: Social Theory and Social Structure. Revised Edition, New York 1957.

Merton, R. K.: The Role-Set. Problems in Sociological Theory, in: British Journal of Sociology, Vol. 8, 1957, S. 106 ff.

Merton, R. K.: Social Conformity, Deviation, and Opportunity Structures. A Comment on the Contributions of Dubin and Cloward, in: American Sociological Review, Vol. 24, 1959, S. 177 ff.

Merton, R. K., und *Nisbet, R. A.* (Eds.): Contemporary Social Problems. An Introduction to the Sociology of Deviant Behavior and Social Disorganization. New York 1961.

Merton, R. K., und *Barber, E.:* Sociological Ambivalence, in: E. A. Tiryakian (Ed.): Sociological Theory, Values, and Socio-cultural Change. London 1963.

Merton, R. K. et al.: Mass Persuasion. Social Psychology of a War Bond Drive. New York 1964.

Merton, R. K.; Broom L., und *Cotrell, L. S. Jr.* (Eds.): Sociology Today, Problems and Prospects. New York 1965 (2) 2 Bde.

Merton, R. K.: The Social-Cultural Environment and Anomie, in: H. L. Wittmer und R. Kotinsky (Eds.): New Perspectives for Research in Juvenile Delinquency. Washington 1965, S. 63 ff.

Miller, N. E.; Sears, R. R.; Mowrer, C. H.; Doob, L. W., und *Dollard, J.:* The Frustration-Aggression-Hypothesis, in: Psychological Review, Jg. 48, 1941, S. 337 ff. Deutsch: in: H. Thomae (Hrsg.): Die Motivation des menschlichen Handelns. Berlin 1965, S. 205 ff.

Mills, C. W.: The Professional Ideology of Social Pathologists, in: American Journal of Sociology, Vol. 49, 1943.

Mills, C. W.: Kritik der soziologischen Denkweise. Soziologische Texte, Bd. 8. Neuwied 1963.

Mitscherlich, A.: Auf dem Wege zur vaterlosen Gesellschaft. Ideen zur Sozialpsychologie. München 1963.

Mitscherlich, A.: Krankheit als Konflikt. Studien zur psychosomatischen Medizin I. Frankfurt 1966.

Mitscherlich, A.: Das soziale und das persönliche Ich, in: Kölner Zeitschrift für Soziologie und Sozialpsychologie, Jg. 18, 1966, S. 21 ff.

Mizruchi, E. H.: Success and Opportunity. A Critical Examination of Class Structure and Anomie in American Society. New York 1964.

Money-Kyrle, R. E.: Psychoanalysis and Politics. A Contribution to the Psychology of Politics and Morals. New York 1951.

Moore, W. E.: Man, Time, and Society. New York 1963.

Morris, C.: Signs, Language, and Behavior. New York 1955.

Müller-Lyer, F.: Soziologie der Leiden. München 1914.

Müller-Suur, H.: Das Psychisch Abnormale, Berlin, Göttingen, Heidelberg 1950.

Murphy, J. M., and *Leighton, A. H.* (Eds.): Approaches to Cross Cultural Psychiatry. Ithaca, N. Y., 1965.

Nadel, S. F.: The Theory of Social Structure. London 1957.

Natanson, M.: The Social Dynamics of George Herbert Mead. Washington 1956.

Neiman, L. J.; Hughes, J. W.: The Problem of the Concept of Role. A Re-Survey of the Literature, in: Social Forces, Vol. 30, 1951/52, No. 1—4.

Newcomb, Th. M.: Social Psychology. London 1950.

Opler, K. M.: Culture and Mental Health. New York 1959.

Packard, V.: The Status Seekers. New York 1959.

Packard, V.: Die wehrlose Gesellschaft. Düsseldorf 1964.

Park, R.: Human Migration and the Marginal Man, in: American Journal of Sociology, Vol. 33, 1928, S. 881 ff.

Parsons, T.: The Structure of Social Action. Glencoe, Ill., 1949.

Parsons, T., und *Shils, E.:* Towards a General Theory of Action. Cambridge, Mass., 1951.

Parsons, T.: The Social System Glencoe, Ill., 1951.

Parsons, T., und *Bales, R. F.:* Family, Socialization, and Interaction Process. Glencoe, Ill., 1954.

Parsons, T.: The Pattern Variables Revisited, in: American Sociological Review, Vol. 25, 1960, S. 467 ff.

Parsons, T.: An Outline of the Social System, in: T. Parsons, E. Shils, K. D. Naegele, J. R. Pitts (Eds.): Theories of Society. Vol. 1, New York 1961, S. 30 ff.

Pfuetze, P. E.: The Social Self. New York 1954.

Plessner, H.: Lachen und Weinen. Eine Untersuchung nach den Grenzen des menschlichen Verhaltens. Bern 1961 (3).

Plessner, H.: Die Stufen des Organischen und der Mensch. Düsseldorf 1964 (2).

Plessner, H.: Conditio Humana. Pfullingen 1964.

Plessner, H.: Diesseits der Utopie. Ausgewählte Beiträge zur Kultursoziologie. Düsseldorf 1966.

Popitz, H.; Bahrdt, H. P.; Jüres, E. A., und *Kesting, H.:* Das Gesellschaftsbild des Arbeiters. Tübingen 1957.

Popitz, H.; Bahrdt, H. P.; Jüres, E. A. und *Kesting, H.:* Technik und Industriearbeit. Tübingen 1957.

Popitz, H.: Soziale Normen, in: Europäisches Archiv für Soziologie. Bd. 2, 1961, S. 185 ff.

Popitz, H.: Der Begriff der sozialen Rolle als Element der soziologischen Theorie. Reihe: Recht und Staat, H. 331/332. Tübingen 1967.

Portmann, A.: Zoologie und das neue Bild vom Menschen. Hamburg 1951.

Presthus, R.: Individuum und Organisation. Typologie der Anpassung. Frankfurt 1966.

Putney, S., und *Putney, G. J.:* Normal Neurosis. The Adjusted American. New York und London 1964.

Quensel, St.: Sozialpsychologische Aspekte der Kriminologie. Handlung — Situation — Persönlichkeit. Stuttgart 1964.

Rex, J.: Key Problems of Sociological Theory. London 1961.

Riesman, D.: Die einsame Masse. Eine Untersuchung über die Wandlungen des amerikanischen Charakters. Hamburg 1958.

Riesman, D.: Wohlstand wofür? Essays. Frankfurt 1966.

Robins, L. N.: Deviant Children Grown Up. A Sociological and Psychiatric Study of Sociopathic Personality. Baltimore 1967.

Rocheblave-Spenlé, A.-M.: La notion de role en psychologie sociale. Paris 1962.

Roe, A.: The Psychology of Occupation. New York 1956.

Rose, A. M. (Ed.): Human Behavior and Social Process. London 1962.

Rose, G.: Anomie and Deviation. A Conceptual Framework for Empirical Studies, in: British Journal of Sociology, Vol. 17, 1966, S. 29 ff.

Rosenberg, B.; Gerver, J.; Howton, F. W. (Eds.): Mass Society in Crisis. Social Problems and Social Pathology. New York, London 1964.

Roth, H.: Jugend und Schule zwischen Reform und Restauration. Hannover 1961.

Rothacker, E.: Philosophische Anthropologie. Bonn 1964.

Routh, J., und *Seagrave, B.:* The Good Loo Guide. Where to go in London. London 1965.

Rüschemeyer, Dietrich: Einleitung zu: Talcott Parsons: Beiträge zur soziologischen

Theorie, Soziologische Texte, Bd. 15. Neuwied 1964.

Russet, C. E.: The Concept of Equilibrium in American Social Thought. New Haven, London 1966.

Sack, F.: Bericht über die 60. Jahrestagung der American Sociological Association, in: Kölner Zeitschrift für Soziologie und Sozialpsychologie, Jg. 18, 1966, S. 201 ff.

Salomon, A.: Fortschritt als Schicksal und Verhängnis. Betrachtungen zum Ursprung der Soziologie. Stuttgart 1957.

Sarbin, Th. R.: Role Theory, in: Gardner Lindzey: Handbook of Social Psychology, Vol. I, London 1954, S. 223 ff.

Sartre, J. P.: Réflexions sur la question juive. Paris 1945.

Sartre, J. P.: Critique de la raison dialectique. Paris 1960.

Schaar, J. H.: Escape from Authority. The Perspectives of Erich Fromm. New York 1961.

Scheler, M.: Wesen und Formen der Sympathie. Frankfurt 1948 (3).

Schelsky, H.: Wandlungen der deutschen Familie der Gegenwart. Stuttgart 1955 (3).

Schelsky, H.: Die skeptische Generation. Eine Soziologie der deutschen Jugend. Düsseldorf, Köln 1958.

Schelsky, H.: Auf der Suche nach Wirklichkeit. Gesammelte Aufsätze. Düsseldorf, Köln 1965.

Scheuch, E. K.: Mißverständnisse über die Ehe, in: Krise der Ehe? Dreizehn Beiträge. München 1966, S. 131 ff.

Schütz, A.: Collected Papers. Vol. 1, Den Haag 1962, Vol. 2, Den Haag 1964.

Scott, M. B., und *Turner, R.:* Weber and the Anomic Theory of Deviance, in: Sociological Quarterly, Jg. 6, 1965, S. 233 ff.

Seeman, M.: On the Meaning of Alienation, in: American Sociological Review, Vol. 24, 1959, S. 783 ff.

Sherif, M.: The Psychology of Social Norms. New York 1964 (2).

Simmel, G.: Soziologie der Geselligkeit, in: Verhandlungen des ersten deutschen Soziologentages. Tübingen 1911, S. 1 ff.

Simmel, G.: Soziologie. Untersuchungen über die Formen der Vergesellschaftung. Berlin 1958 (4).

Simpson, R. L.: A Note on Status, Mobility, and Anomie, in: British Journal of Sociology, Vol. 11, 1960, S. 370 ff.

Simpson, R. L., und *Miller, H. M.:* Social Status and Anomia, in: Social Problems, Vol. 10, 1963, S. 256 ff.

Smelser, N. J.: Theory of Collective Behavior. London 1962.

Snoek, J. D.: Role Strain in Diversified Role Sets, in: American Journal of Sociology, Vol. 61, 1966, S. 363 ff.

Spaemann, A.: Der Ursprung der Soziologie aus dem Geist der Restauration. Studien über L. G. M. de Bonald. München 1959.

Srole, L.: Social Integration and Certain Corollaries. An Exploratory Study, in: American Sociological Review, Vol. 21, 1956, S. 709 ff.

Srole, L.: Mental Health in the Metropolis. New York 1961.

Stern, G. G.; Stein, M. I.; Bloom, B. S.: Methods in Personality Assessment. Glencoe, Ill., 1956.

Stonequist, E. V.: The Marginal Man. New York 1937.

Stouffer, S., et al.: The American Soldier. 4 Bde. Princeton 1949—1950.

Strauss, A.: Mirrors and Masks. The Search for Identity. Glencoe 1959 (3).

Strauss, A., und *Becker, H. S.:* Careers, Personality, and Adult Socialization, in: M. Stein, A. J. Vidich und D. M. White (Eds.): Identity and Anxiety; Survival of the Person in Mass Society. New York 1960, S. 205 ff.

Strauss, A., und *Glaser, B. G.:* The Awareness of Dying. Chicago 1965.

Strotzka, H.: Einführung in die Sozialpsychiatrie. Hamburg 1965.

Sullivan, H. S.: A Note on Formulating the Relationship of the Individual and the Group, in: American Journal of Sociology, Vol. 44, 1939, S. 932 ff.

Sutherland, E. H., und *Cressey, D. R.:* Principles of Criminology. Chicago 1960 (6).

Szasz, T. S.: The Myth of Mental Illness. Foundation of a Theory Personal Conduct. London 1962.

Talalay, P. (Ed.): Drugs in Our Society. Baltimore 1964.

Tenbruck, F. H.: Zur deutschen Rezeption der Rollentheorie, in: Kölner Zeitschrift für Soziologie und Sozialpsychologie, Jg. 13, 1961, S. 1 ff.

Tenbruck, F. H.: Jugend und Gesellschaft. Freiburg 1962.

Thomae, H. (Hrsg.): Die Motivation menschlichen Handelns. Köln, Berlin 1965.

Thomas, K.: Die betriebliche Situation der Arbeiter. Göttinger Abhandlungen zur

Soziologie, Bd. 9, H. Plessner und H. P. Bahrdt (Hrsg.). Stuttgart 1964.

Thomas, K.: Möglichkeiten einer interdisziplinären Erforschung industrialisierter Arbeitsvollzüge. Manuskriptdruck. Göttingen 1967.

Thomas, W. I.: Person und Sozialverhalten. Soziologische Texte, Bd. 26. Neuwied 1966.

Thomas, W. I., und *Znaniecki, F.:* The Polish Peasant in Europe and America. Bd. I. New York 1927.

Touraine, A.: Sociologie de l'action. Paris 1965.

Turner, R. H.: Value-Conflict in Social Disorganization, in: Sociology and Social Research, Vol. 38, 1954.

UNO: The Main Types and Causes of the Discrimination and Definition and Classification of Minorities. Document E/Cn 4/Sub 2/85, 27 of December 1949, sec. 33.

Vachet, P.: Les maladies de la vie moderne. Paris 1962.

Weber, A.: Kulturgeschichte als Kultursoziologie. München 1950 (2).

Weber, M.: Wirtschaft und Gesellschaft. Tübingen 1956 (4).

Westermarck, E.: The Origin and Development of Moral Ideas. London 1908, 2 Bde.

White, W.: Beyond Conformity. Glencoe, Ill., New York 1961.

White, W. H.: The Organization Man. New York 1956.

Winch, P.: Die Idee der Sozialwissenschaft und ihr Verhältnis zur Philosophie. Frankfurt 1966.

Wirth, L.: The Ghetto. Chicago 1928.

Wootton, B.: Social Science and Social Pathology. London 1959.

Wrong, D.: The Over-Socialized Conception of Man in Modern Sociology, in: American Sociological Review, Vol. 26, 1961, S. 183 ff.

Wyss, D.: Die tiefenpsychologischen Schulen von den Anfängen bis zur Gegenwart. Göttingen 1961.

Yinger, J. M.: Contra-Culture and Subculture, in: American Sociological Review, Vol. 25, 1960, S. 625 ff.